KB206100

하임 바이블 아카데미 2

시작되었으되 끝나지 않은 하나님의 갈망

창세기 로드맵

홍림의 마음

넓고 붉은 숲이라는 중의적 의미를 담고 있는 〈홍림〉은, 세상을 향해 그리스도인들이 추구해야할 사유와 그리스도교적 행동양식의 바람직한 길을 모색하고자 노력하고 있습니다. 폭넓은 독자층을 향해 열린 시각으로 이 시대 그리스도인의 역할 고민을 감당하며, 하늘의 소망을 품고 사는 은혜 받은 '붉은 무리'紅林=홍림로서의 숲을 조성하는데 〈홍림〉이 독자 여러분과 함께하고자 합니다.

하임 바이블 아카데미 02

창세기 로드맵

지은이 김재구
펴낸이 김은주

초판 1쇄 인쇄   2018년 05월 15일
초판 1쇄 발행   2018년 05월 20일

펴낸곳 홍 림
등록번호 제312-2007-000044호
등록일자 2007.10.12
주소 서울특별시 서대문구 거북골로 14길 60
전자우편 hongrimpub@gmail.com
전화 070-4063-2617
팩스 070-7569-2617

전자우편 hongrimpub@gmail.com
블로그 http://blog.naver.com/hongrimpub
페이스북 https://www.facebook.com/hongrimbook
트위터 http://mobile.twitter.com/@hongrimpub
카카오스토리 https://story.kakao.com/#hongrimbook

값은 표지에 있습니다.
ISBN 978-89-6934-016-0 (94230)
        978-89-6934-013-9 (세트)

국립중앙도서관 출판예정도서목록(CIP)

창세기 로드맵 / 지은이: 김재구. — 서울 : 홍림, 2018
   p. ;   cm. — (하임 바이블 아카데미 ; 02)

참고문헌 수록
ISBN 978-89-6934-016-0 94230 : ₩37000
ISBN 978-89-6934-013-9 (세트) 94230

창세기[創世記]
성서 주해[聖書註解]

233.211-KDC6
222.11-DDC23   CIP2018012252

하임 바이블 아카데미 2

시작되었으되 끝나지 않은 하나님의 갈망

창세기 로드맵

김재구 지음

홍림

일러두기

1. 이 책은 개역개정 성경을 사용하는 것을 원칙으로 하되, 필요할 시에는 원어 성경에 비추어 일부 사역을 제공하였다.
2. 히브리어와 헬라어 단어와 문장을 원어로 표기할 때는 한글 음역을 제공하여 원어를 모르는 독자들도 읽을 수 있게 하였다.
3. 참고자료에 대한 인용은 미주로 처리하여, 각 부별로 정리하여 제시하였다.
4. 이 책에 사용한 어미 표기는 '-하다'체를 원칙으로 하되 필요에 따라서는 '-합니다'체를 혼용하였다.

하임 바이블 아카데미 시리즈의 정신

　　하임(Heim)은 한글로는 '하나님의 임재'의 줄임말이며 히브리어로는 '생명'(חַיִּים)이라는 뜻이다. 말씀을 통하여 하나님의 임재를 누리고 생명의 길로 나아간다는 의미를 가지고 있다. 하임 바이블 아카데미 시리즈는 '하임'이라는 이름이 품고 있는 이러한 뜻을 이루기 위해 구약과 신약 66권을 하나님께서 의도하신 바대로 연구하여 깨닫고, 깨달은 말씀을 삶으로 살며 전하기 위한 것이다. 이를 통해 이 시대에 안타깝게 공허한 말로 변해 버린 말씀을 다시 육신이 되게 하여 이 땅에 삼위일체 하나님께서 꿈꾸셨던 하나님 나라가 임하는 길을 예비하기 위함이다.

　　하임 바이블 아카데미 시리즈의 주요한 특징은 구약성경의 순서를 기존의 한글성경이 가지고 있는 순서에 준하여 주해해 나가는 것이 아니라, 히브리어 원전의 순서에 따라 주해해 나간다는 것이다. 그 이유는 우리가 사용하고 있는 한글 성경의 모든 내용이 히브리어 원전(마소라 사본)에서 옮겨 왔다는 점에서 히브리어 원전의 순서를 존중하여 그 의미를 파악하는 것이 필요하기 때문이다: (1) 오경(토라/תּוֹרָה): 창세기-신명기, (2) 예언서(느비임/נְבִיאִים): 전기예언서: 여호수아, 사사기, 사무엘상·하, 열왕기상·하 (룻기는 성문서), 후기예언서: 이사야, 예레미야, 에스겔, 열두 소예언서(호세아, 요엘, 아모스, 오바댜, 요나, 미가, 나훔, 하박국, 스바냐, 학개, 스가랴, 말라기), (3) 성문서(케투빔/כְּתוּבִים): 시편, 욥, 잠언, 룻, 아가, 전도서, 애가, 에스더, 다니엘, 에스라, 느헤미야, 역대기상·하. 신약성경은 현재의 순서대로 주해해 나가는 것을 원칙으로 한다.

하임 바이블 아카데미 시리즈의 또 다른 특징은 성경의 흐름을 연결시켜 간다는 점이다. 성경 각 권 안에서의 흐름뿐만 아니라, 각각의 성경들이 어떤 의미를 가지고 서로 긴밀하게 연결되어 있는지를 면밀하게 연구함으로 읽는 이들의 신앙과 삶의 위치를 볼 수 있게 한다는 것이다. 자신의 신앙과 삶의 위치를 봄으로 나아가야 할 방향과 목적지를 파악해 볼 수 있다는 장점이 있다. 이러한 과정을 통해서 말씀과 삶의 일체화를 추구하는 것이 이 시리즈의 목적이다.

들어가는 말

창세기는 무엇을 보여주기 위한 책인가? 창세기의 중요성은 이 책이 66권으로 이루어진 하나님의 말씀인 성경의 가장 선두에 서 있다는 점이다. 하나님께서 주신 말씀의 시작인 것이다. 어느 누구든지 책을 쓰게 되면 서론에 그 책의 의도를 쓰지 않을 사람이 누가 있겠는가? 설사 추리소설일지라도 사건의 발단이 기록되는 장소가 첫 부분이니 그 곳을 놓치고서야 그 다음에 무엇을 이야기할 수 있을 것인가? 창세기는 하나님께서 계획하신 일의 시작을 보여주고 있다. 그런데 그 시작에서 이루고자 하셨던 것이 아직도 이 땅에 실현되지 않고 있다면 창세기는 시작되었으되 아직도 끝나지 않은 하나님의 갈망을 담고 있는 것이다. 이미 수많은 사람들이 하나님의 그 뜻을 받들기 위하여 시도하였고, 실패와 성공이라는 씨줄과 날줄을 엮어가며 역사의 그물을 만들어 왔다. 때로는 튼튼하고 촘촘한 그물망을 만들어 범우주적인 문제들까지 해결하는가 싶다가도, 때로는 어이없이 찢겨져 버린 그물 사이로 그 모든 해결책들이 쏟아져 나가버리기도 한다. 세상은 그렇게 시계추처럼 성공과 실패, 해결과 문제, 거룩과 부정, 순종과 불순종, 예배와 배교 사이를 왕래하는 반복을 거듭하고 있다.

창세기는 분명 수천 년 전에 쓰여 졌고, 지금 우리는 21세기의 초입을 살아가고 있다. 태고적 이야기를 담고 있는 창세기가 지금 현재를 살아가는 우리들에게 어떤 상관성(relevance)을 가질 것인가? 선사시대를 제외하고, 역사시대를 다 합하면 5, 6천년의 누적된 세월이다. 그 사이에 수많은 시행착오들이 반복되어 우리에게까지 왔음은 부인할 수 없는 사실이다. 그리고 우리 또한 그 시행착오의 끝이라고 말할 수 없다. 분명 우리 뒤에 또 다른 세대들이 이 역사를 이어 갈 것이라 여겨지기 때문이다. 이처럼 우리가 서 있는 이 장소, 이 시간은 과거, 현재, 미래를 통하여 전혀 만나지 못한 사람들과 결코 겪어보지 못한 사건들이 통과하는 하나의 정거장이 된다. 지금 우리가 서 있는 장소와 시간은 결코 목적지도, 종착점도 아니다.[1] 이 세상은 우리로부터 시작되지 않았고, 우리에 의해 결론에 이르지도 않을 것이다. 지금 현재를 살아가는 우리는 하나의 과정에 불과한 것이다. 그러므로 우리는 하나님의 영원이라는 시간에 잠시 끼어들어와 있는 것이다. 현재를 살아가는 우리 인생의 이러한 특징을 유진 피터슨은 날카롭게 정의 내리고 있다.

여기서 우리의 지혜로운 성찰은 모두 성경의 진리를 확증해준다. 우리는 우리가 창조하지 않은 세상에 들어간다. 우리는 이미 우리에게 제공된 삶에 접목되어 성장해 간다. 우리는 우리 자신이 개입하기도 전에 이미 왕성한 활동 중에 있던 다른 의지 및 운명들과 복잡한 관계를 맺게 된다. 제대로 인생을 살려면 우리 이전에 시작되었고 우리가 아닌 다른 이에 의해 마무리될 그런 이야기의 중간 대목에 우리가 살고 있음을 알아야 한다. 이 다른 이는 하나님이다.[2]

그렇다면 이러한 특성을 가진 지금 현재를 살아가는 우리에게 창세기는 어떤 책인가? 창세기의 중요성은 시작을 보여주고 있다는 점에서 획기적이다. 창세기는 이 우주의 창조자이신 하나님으로부터 시작된 이야기, 그리고 그 이야기마저도 지금까지 다른 사람들에 의해 엮어져 왔고, 또 우리 이후의 존재들에 의해 완성될 이야기를 보여주고 있다. 창세기는 우리가 시작하지 않은 이야기의 중심주제가 무엇이고, 어디로 가야 할 것이며, 그것에 장애를 주는 산적한 문제가 무엇인지를 선명하게 보여준다. 즉, 가야 할 길에 대한 지도가 주어져 있는 것이다. 그리고 그 안에 우리 앞서 살았던 사람들이 길을 잃고 바른 길을 찾지 못했던 이유도 읽게 된다. 창세기를 통하여 마땅히 걸어야 할 바른 길을 찾아서, 흔들렸던 하나님의 역사를 바로잡고, 우리 후세대에게 걸어가야 할 방향을 제시해 주는 소명을 든든하게 세워야 할 필요가 있다. 21세기의 용어로 창세기를 표현하자면 '하나님의 중심을 향한 로드맵'이라고 할 수 있을 것이다.

이 책의 전체적인 구성은 4부로 이루어져 있다. 서론격의 제1부는 "창세기는 어떤 책인가?"라는 제목으로 문학적인 구성과 더불어 전체의 내용을 개관한다. 본론격인 제2부는 "창세기는 어떤 내용인가?"라는 질문을 중심으로 전체 구조를 일곱 부분으로 나누어 세세하게 설명한다. 이 본론에 해당하는 각 부분은 "1. 이야기 전체를 한 눈에 읽기," "2. 이야기의 문학적 구조 따라 읽기" 그리고 "3. 이야기의 세부적인 주제 따라 읽기"라는 세 단계를 거치며 동일한 범위를 다른 방식으로 세 번을 보는 것을 통해 독자의 이해도를 높이는 방식으로 구성된다. 세 번의 반복은 또한 우리의 기억에도 현저한 도움을 주기에 삶에 적용하기 용이하게 할 것이라 확신한다. 결론격인 제3부는 "창세기의 구조와 메시지는 무엇인가?"라는 질의를 통해 본론에서 논의된 내용을 중심으로 창세기 전체의 구성을 일목요연하게 정리해 제시하고 창세기 전체의 메시지를 드러낸다. 부록격인 제4부는 "창세기가 제시하는 이상적인 미래상은 무엇인가?"라는 질문을 통해 창세기에 드러난 주제와 메시지가 이스라엘의 미래는 물론 우리 현재의 그리스도인들이 어떤 미래를 이루어야 하는지에 대한 소명을 다시 한 번 돌아보게 하는 장이 될 것이다.

이 책이 나오기까지 애써주신 분들이 있기에 생명의 빛을 보게 되었다. 먼저 늘 함께하시며 말씀의 의미를 해석해 주시는 하늘 아버지께 감사와 찬양을 올려 드린다. 베풀어주시는 은혜가 없었다면 한 줄을 써내려 가는 것조차 힘겨웠을 것이며, 삶조차 버거웠을 것이다. 그리고 긴 세월을 말씀을 나누며 함께해 주신 수많은 신앙의 동역자들에게도 감사를 드린다. 여기에 모든 분들의 이름을 기록하지 못함이 아쉽지만 함께 나누는 교통이 없었다면 이 책은 불가능했다는 것을 꼭 전하고 싶다. 또한 부족한 글을 세상의 빛을 볼 수 있도록 꼼꼼하게 살펴서 멋진 책으로 출판해 주신 홍림 출판사의 김은주 편집장님께도 깊은 감사를 드린다.

함께하는 가족들을 향한 감사는 아무리 많이 전해도 부족할 것이다. 늘 함께하며 결혼 20년이 지난 지금도 눈에 콩깍지가 덮여서 마르지 않는 사랑으로 내조해 주는 사랑하는 아내(심희엽)의 기도와 헌신은 늘 마음을 가다듬고, 삶을 추스릴 수 있는 힘이 되었기에 지친 몸을 다시 일으켜 세울 수 있었다. 천국에서는 장가도 가지 않고 시집도 가지 않고 하늘의 천사들처럼 산다고 하셨지만 하나님께 간곡하게 부탁드려서 "심희엽 당신과 함께 천국에서 영원히 부부로 살게 해 달라"고 하고 싶다. 꼭 맞는 배필을 허락하신 하나님께 감사드리며 어렵고 힘겨운 시간들을 믿음으로 함께하는 아내에게 진심어린 감사의 마음을 이렇게 전한다. "이 책의 절반은 당신으로 인해 가능했다"고 전하고 싶다. 마지막으로 하나님께서 주신 꿈을 찾아 삶을 열정적으로 만들어가는 사랑하는 딸 연주에게 감사하고, 현재 진행형인 미국에서의 대학생활이 배움의 환희로 인해 하나님을 향한 기쁨과 감사로 가득하기를 기도한다. 지금도 하나님의 뜻을 향해 꿈을 찾아 가고 있는 사랑하는 아들 영훈이에게도 감사한다. 아직은 뿌연 안개 속을 걸어가는 듯이 앞에 아무것도 보이지 않아 답답함을 가지고 있지만 영훈이를 이 땅에 있게 하신 하나님께서 분명 성령의 바람을 보내시어 안개를 거두시고, 환한 빛으로 인도하실 날을 기도한다. 미래에 이 책이 연주와 영훈이가 하나님을 알아가는데 조금의 보탬이 되기를 기도드리고, 하나님께서 주신 재능을 아름답게 사용할 날을 기대하며, 다른 수많은 사람들에게도 동일하기를 간구드린다.

전능하신 하나님 감사드립니다. 모든 영광, 다 아버지의 것입니다.

2018년 3월
원종동 작은 골방에서
김재구

축약어(Abbreviations)

AB	Anchor Bible
ABD	*The Anchor Bible Dictionary*
ACSup	Amsterdamse Cahiers Sup.
BI	*Biblical Interpretation*
Bib	*Biblica*
BR	*Bible Review*
BibRes	*Biblical Research*
BS	*Bibliotheca Sacra*
BTB	*Biblical Theology Bulletin*
BucR	Bucknell Review
BWANT	Beiträge zur Wissenschaft vom Alten und Neuen Testament
BZAW	Beihefte zur Zeitschrift f? die Alttestamentliche Wissenschaft
CBC	Cambridge Bible Commentary
CBQ	Catholic Biblical Quarterly
CTM	*Concordia Theological Monthly*
DS	*Dominican Studies*
DSB	Daily Study Bible
EI	*Eretz−Israel*
EvQ	*Evangelical Quarterly*
ExpTim	*The Expository Times*
HBT	Horizons in Biblical Theology
HSM	Harvard Semitic Monographs
HTR	*Harvard Theological Review*
HUCA	*Hebrew Union College Annual*
ICC	International Critical Commentary
IDB	*The International Dictionary of the Bible*
Int	*Interpretation*

JAOS	*Journal of The American Oriental Society*
JBL	*Journal of Biblical Literature*
JBQ	*Jewish Bible Quarterly*
JETS	*Journal of the Evangelical Theological Society*
JJS	*Journal of Jewish Studies*
JPS	Jewish Publication Society
JSOT	*Journal for the Study of the Old Testament*
JSOTSup	Journal for the Study of the Old Testament, Supplement Series
NAC	The New American Commentary
NICOT	The New International Commentary on the Old Testament
OBT	Overtures to Biblical Theology
OTL	The Old Testament Library
OTS	Old Testament Studies
SBEC	Studies in the Bible and Early Christianity
SBT	Studies in Biblical Theology
SJOT	*Scandinavian Journal of the Old Testament*
SR	*Studies in Religion/Sciences Religieuses*
ST	*Studia Theologica*
TynBul	*Tyndale Bulletin*
TD	*Theology Digest*
TDOT	*Theological Dictionary of the Old Testament*
TOTC	Tyndale Old Testament Commentaries
TZ	*Theologische Zeitschrift*
VT	*Vetus Testamentum*
VTSup	Vetus Testamentum, Supplement
WBC	Word Biblical Commentary
ZAW	*Zeitschrift f? die Alttestamentliche Wissenschaft*

목 차

제 3 부 창세기의 구조와 메시지는 무엇인가?

제 4 부 창세기가 제시하는 이상적인 미래상은
 무엇인가?

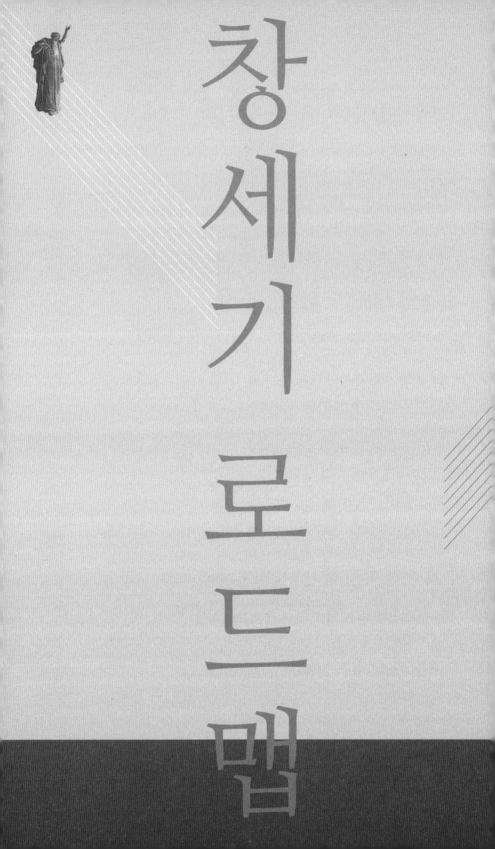

창세기 로드맵

제 1 부

창세기는 어떤 책인가?

I
창세기와 역사의 문제

역사(歷史)를 사전적인 의미로 정의하면 브리태니커 사전에서는 '인간 및 인간이 속하는 자연의 모든 현상에서 과거에 일어난 사실이나, 그 사실에 관한 기술'이라고 말하고, 두산백과사전은 '인간이 거쳐 온 모습이나 인간의 행위로 일어난 사실, 또는 그 사실에 대한 기록'이라고 말한다.[3] 에드워드 카의 견해를 들어보면 '역사란 역사가와 사실 사이에서 끊임없이 이루어지고 있는 상호작용의 과정으로 현재와 과거와의 끊임없는 대화'라고 정의한다.[4] 이와 같은 현대적인 의미에서의 역사개념은 과거에 일어났던 '사실'들에 대한 인식이라는 점에 무게감을 두고 있음을 살펴볼 수 있다. 이러한 현대적인 역사개념을 성경을 해석하는 도구로 삼는다면 성경 속에는 역사는 없다. 그 이유는 성경 속에 나타난 어떤 사건에 대해서도 분명하게 사실이라고 증명할 수 있는 신빙성 있는 자료를 제공할 수 없기 때문이다. 간혹 고고학적인 발견으로 성경의 사건들에 관해 해석할 수 있는 자료들이 발견되지만, 정확하게 성경속의 그 사건을 지시하고 있는 자료는 없다는 것이다. 이것이 현대 역사비평 학자들과 신학자들, 목회자들 그리고 성도들 사이에 때로 건널 수 없는 강이 존재하는 이유가 되게 한다.

　　　그러나 불과 200년 남짓 된 현대적 의미의 역사에 대한 개념으로 수천 년 전의 문서를 평가한다는 것은 큰 문제를 양산한다. 그것이 한 종교의 경전일 경우에는 더욱 그럴 것이다. 유대교, 기독교의 공통의 경전인 구약성경은 특히 이러한 역사비평적인 시각에 의해 수세기동안 수난을 겪어왔다. 하지만 히브리어의 특성을 살펴볼 때 이러한 비평은 본질을 벗어난 것일 수밖에 없다. 구약성경이 쓰여 진 언어가 주로 히브리어이고, 히브리어에는 우리가 말하는 '역사'라는 개념을 가진 단어조차 존재하지 않는다. 그렇다면 우리시대가 생각하는 사실주의에 입각한 역사개념으로 접근해서는 결코 그 진정한 의미를 파악할 수 없다는 결론에 이르게 된다. 구약성경에서 우리가 생각하는 역사라는 개념을 가진 가장 초기의 문서를 들라고 한다면 단연 창세기부터 신명기까지의 오경으로 우주의 창조로부터 이스라엘 민족의 태동까지를 박진감 넘치는 파노라마 형태로 펼쳐가는 내용이다. 만물의 기원과 인류의 탄생, 수많은 인종의 기원 그리고 법의 태동 등을 다루고 있다는 점에서 역사적인 의미가 포함되어 있다고 할 수 있다. 그러나 히브리인들은 '오경'을 결코 '역사'라고 부르지 않는다. 오경은 히브리어로 '토라'라고 불린다. '토라'(תוֹרָה)는 '가르치다, 교훈하다'를 뜻하는 히브리어 동사 '야라'(יָרָה)에서 파생된 명사형으로 '가르침'(teaching) 혹은 '교훈'(instruction)이라고 번역할 수 있다. 즉, 히브리인들에게는 사실에 입각한 '역사'가 존재하는 것이 아니라 삶의 다양한 이야기를 통한 '가르침' 즉, '교훈'이 존재하고 있는 것이다.

미국의 코미디언 휘트니 브라운 (A. Whitney Brown)은 그의 책에서 역사에 관한 심각한 교훈을 말하고 있다.

우리가 역사에서 배울 수 있도록 해야 할 것이 많이 있다. 하지만 역사는 우리가 결코 배우지 않는다는 것을 증명한다. 사실 역사의 주요 교훈은 우리가 역사의 교훈들을 결코 배우지 않는다는 것이다. 이것은 우리를 아주 어리석게 보이도록 하기 때문에 역사를 읽고 싶어 하는 사람은 거의 없다. 사람들은 오히려 역사로부터 상기 받지 않았으면 한다. 어떤 훌륭한 역사책도 대개는 이름들과 날짜들을 전부 갖춘 오류의 긴 목록에 불과하다. 이것은 대단히 당혹스러운 일이다.[5]

이와 같이 역사는 지나간 과거의 사건들을 들추어내어 향수를 자극하려는 것이 아니라, 삶에 교훈을 제공하기 위한 목적이 더 크다고 하겠다. 그렇다면 역사는 단지 사실이냐, 아니냐라는 진실게임의 차원에 머물러 있어서는 안 된다는 것을 주지할 필요가 있다.

이러한 것을 극복하기 위한 길이 역사학자들의 역사 이해에도 드러난다. '역사'라는 단어의 의미를 확장시키는 것이다. 여기 역사에 대한 다섯 가지 정도의 다른 이해들이 있다. 첫째, 역사는 실제로 과거에 일어난 사실을 다룬다는 것이다. 둘째, 역사는 무시간적인 것과 영원한 것에 반대되는 개념이라는 것이다. 즉, 역사는 구체적인 시간 속에서 벌어지는 것이라는 의미를 내포하고 있는 것이다. 셋째, 역사는 특별한 행위나 사건, 상황 등을 말한다는 것이다. 여기서 특별하다는 표현이 따라붙는 이유는 과거에 발생한 사건이나 행위가 미래의 상황에 강한 영향력을 미치고 있음을 지칭하기 위한 표현법이라고 할 수 있다. 이것은 역사를 중요성이 결여된 것이나, 시시한 것이나, 단순한 사실 정도밖에 안되는 것과 구별하려는 경향을 말한다. 즉, 모든 사실이 다 역사가 되는 것은 아니라는 것이다. 넷째와 다섯째는 유사한 것으로 병합이 가능한데 역사는 인간의 존재론적인 의미를 보여주는 야누스의 얼굴과 같다고 보는 견해이다. 즉, 얼굴의 한 면은 뒤를 바라보고, 다른 한 면은 앞을 바라본다는 점에서 인간은 잠정적으로 자신의 과거 행위, 결정, 고통 등에 의해 형성되어 있고, 동시에 그는 미래를 향한 선택과 결정 그리고 모험과 행동으로 열려져 있다는 것이다. 이를 통해 역사는 과거의 행위로 인간을 형성하고, 또 미래의 새로운 선택으로 재형성할 수 있다는 점에서 결코 닫힌 개념이 아닌 열려진 미래(open-ended)의 의미 또한 갖고 있다는 것이다.[6]

위와 같은 역사의 다양한 개념과 더불어 한 가지 더 살펴보아야 할 것은 '역사'는 단순히 '과거'를 의미하는 것이 아니라, '과거에 발생한 사건들을 표현하는 이야기'라는 점을 명심해야 한다. 즉, 발생한 모든 사건들이 다 역사가 되는 것은 아니라는 것이다. 그리고 누가 역사를 기록하느냐에 따라 사건들에 대한 선택이 달라질 것이 분명하다. 그렇다면 역사에는 많은 다양성들이 존재할 것이 자명하다. 왜냐하면 과거 사건을 이야기 하는 방식들은 각자마다 다 다를 것이기 때문이다. 그리고 그 방식의 차이는 결국 과거 사건들을 이야기하는 목적이 각각 다르기 때문에 발생하는 것이란 점을 주지해야 할 필요가 있다. 목적이 다르면 선택된 사건들 또한 달라진다는 것은 자명하다. 이러한 역사 서술 과정을 단순화하면 다음과 같다.

① 발생한 사실이나 사건 혹은 이야기들	과거 사실들
② 필요한 사항들을 취사선택 ③ 원하는 순서에 따라서 배열 ④ 개인적인 주석과 해석으로 완결	역사관(역사를 기술하는 이유)을 따라 기술

현대 역사가에게 있어서 ①번은 결코 조정할 수 없다. 그러나 ②, ③, ④번은 자신의 역사기술 이유인 역사관을 따라 마음대로 조정 가능하다. 만약 한 역사가가 기록한 글을 읽는 독자나 혹은 듣는 청자는 역사가가 글을 기록한 이유를 분명하게 파악하지 못하거나, 혹은 역사가의 주장을 공유하지 못한다면 결국은 논쟁으로까지 발전해 갈 수 있다.[7] 이런 점들을 살펴볼 때 '역사'(history)라는 단어보다는 '역사기술'(history writing; historiography)이란 단어가 창세기를 설명하기 위한 더 나은 표현이 될 것이다.

　　　　창세기를 풀어갈 때 반드시 주의를 기울여야 할 점 또한 이와 다를 바가 없다. 우리는 창세기에 기록된 사건들이 실제로 일어난 사실인지에 대해서는 결코 증거를 제시하며 확신 있게 입증할 수 없다. 그러므로 어느 누구든지 실제 일어났던 역사를 찾고자 한다면 분명 수많은 부분에서 걸림돌을 발견하게 될 것이다. 하지만 영감을 받은 저자가 창세기를 기록한 의도를 분명하게 파악한다면, 역사적 사실에 대한 논증을 넘어서서 이렇게 기록된 목적을 향한 여정을 시작할 수 있을 것이다. 그렇다고 창세기가 전혀 실제 역사와 무관하다는 것을 말하려는 것은 아니다. 창세기 속에도 사건들이 실제라는 것을 전하려는 노력이 들어있기 때문이다. 구체적인 예로 간간히 나타나는 '오늘날까지'(혹은 '지금까지')라는 표현을 들 수 있다(창 19:37, 38; 22:14; 26:33; 32:32; 35:20; 47:26). 이것은 증명하기 어려운 과거에 발생한 사건이 현재 저자의 시대까지 영향을 미치고 있다는 것을 제시함으로 자연스레 그 사건이 사실이라는 논증이 된다. 그리고 에덴동산의 지리적 위치에 대한 상세도(2:10-14)와 창세기의 유명한 인물들과 연관된 장소인 브엘라해로이(16:14), 소알(19:22), 벧엘(28:17), 브니엘(32:30) 등의 이름의 유래는 과거와 저자의 시대를 연결시키는 통로가 되고 있다. 그럼에도 다른 면에서 살펴볼 때 이러한 연결고리들이 과거의 정신이 오늘까지 이어지고 있다는 점을 부각시킨다는 점에서 역사적인 사실을 입증하기 위한 것이라기보다는 교훈적인 목적이 더 강하다고 할 수 있다.

실제적인 역사에 대한 무관심은 여러 군데서 드러나는데 블레셋 왕의 이름은 항상 왕의 칭호로 여겨지는 아비멜렉으로 등장하고 구체적인 실명이 거론되는 법이 없다(창 20:1-18; 21:22-34; 26:6-11, 26-31). 아브라함과 계약을 맺은 아비멜렉이 이삭과 계약을 맺은 동일한 왕인지, 아닌지를 분간할 수 없다. 그리고 애굽의 왕 또한 늘 왕의 칭호인 바로로만 등장한다. 아브라함 사건에 연루된 애굽 왕도 바로라는 칭호로만 나타나고(창 12:10-20), 요셉과 연관된 애굽 왕도 역시 바로라고 불리기는 마찬가지다(창 39-50장). 이로 인해 정확한 역사 추적과 시대 구분이 불가능해 진다. 때로 고대 근동의 왕들의 이름이 제시되기도 하지만 그 이름들은 역사적인 추론을 가능케 하는 증거자료가 되기보다는 지극히 신학적이고 교훈적인 의미를 내포하고 있다. 예를 들면 소돔 왕의 이름은 '베라'이고, 고모라 왕은 '비르사'라고 한다(창 14:2). 먼저 '베라'(בֶּרַע; in evil)라는 이름의 뜻은 "악 가운데 있다"라는 뜻이며, '비르사'(בִּרְשַׁע; in wickedness)는 "사악함 안에 있다"는 뜻이다. 이것은 소돔과 고모라의 미래의 멸망을 미리 예고하고 있는 것으로 이 두 왕의 성품은 곧 소돔과 고모라 전체의 '악'(창 19:7, 9, 19)과 '사악함'(창 18:23, 25)의 원흉이라는 상징성을 가지고 있다. 왕들의 이름에 사용된 단어들이 그 백성들 전체를 특징짓는 성격을 표현하기 위해 동일하게 사용되고 있는 것이다. 그러므로 이 이름들이 실제 이름이라기보다는 죄악으로 멸망한 두 도시를 상징한 신학화된 교훈적인 이름이라할 수 있다. 어느 누구도 희망과 기대를 가지고 탄생한 자식의 이름을 이렇게 짓는 부모는 없을 것이란 점에서 이 이름들은 실명이라고 간주하기가 힘들다. 결국 이 왕들의 이름들은 삶이 그렇게 끝나 버리고 만 이들의 일생에 대한 신앙적인 해석이며, 이러한 이름값을 하게 되면 결국 멸망으로 끝나게 될 것이라는 경고성 교훈이 들어가 있는 것이다. 이러한 경고와 교훈을 가장 심각하게 느끼고 있을 백성은 당연히 창세기의 수신자인 이스라엘일 것이다. 강한 효과를 가진 교훈을 전하고 있다는 것은 하나님의 백성 이스라엘에게는 하나님께서 부여하신 소명, 즉 책임이 있다는 것을 시사하기 위한 방법일 것이다.

심지어 창세기의 저자는 과거의 사건을 다룸에 있어서도 성령의 권능 아래서 전적인 자유를 누린다. 자신이 경험해 보지 못한 사건인 천지 창조, 에덴동산, 아담과 하와, 가인과 아벨 그리고 노아의 홍수 사건이라는 머나먼 과거의 사건을 기술하지만 결코 과거에 머무르는 법이 없다. 그 목적과 관심은 다른 곳을 향하는데 그것은 바로 현재에 관한 것이다.[8] 창세기 저자가 살았던 그 시대가 창세기의 진정한 현재였을 것이며, 그 이후로는 시대와 공간, 민족을 초월하여 어느 누구든지 창세기를 읽는 그 사람이 서 있는 그 시간이 현재가 될 것이다. 그리고 그 시간에 어떤 민족과 인종이 그 곳에 살더라도 그 장소가 책임의 공간이 될 것이다. 특정한 시간과 공간과 배경 속에서 펼쳐졌던 사건들이 하나로 모여서 이제 모든 것을 초월한 전 인류를 위한 하나님의 음성으로 승화 된 책이 바로 창세기인 것이다.

그러므로 이제 창세기 연구에서 더욱 중요하게 부각되는 것은 실제로 일어난 사건이냐, 아니냐는 진실공방보다 창세기는 어떤 목적으로 기록되었는가라는 기록목적에 초점을 맞추어야 할 필요가 있다. 그리고 그 목적을 더욱 효과적으로 전하기 위하여 창세기의 저자가 성령의 영감으로 어떻게 다양한 이야기들을 배열하였는지를 살필 필요가 있다. 사건의 배열과 메시지는 결코 분리될 수 없는 성질의 것이기 때문이다. 그 배열과 메시지 속에 기록 목적 또한 들어있다는 점에서 창세기의 개요와 문학적인 구성을 살펴보는 것이 그 순서가 될 것이다.

II
창세기의 개요[9]

　　창세기는 다년간 신앙생활을 하며 말씀을 귀담아 듣고 살아온 사람들이라면 가장 친숙하게 와 닿는 책임에 틀림없다. 창세기에 나오는 이야기들은 교회 강단에서 가장 자주 들려지는 설교의 주제가 되기 때문이다. 천지창조, 아담과 하와, 선악과, 가인과 아벨, 노아와 홍수 사건, 아브라함, 이삭, 야곱 그리고 요셉과 형제들의 이야기와 같이 모르는 내용들이 거의 없다. 이렇게 친숙한 책이 창세기라는 점에서 한 가지 질문을 던져볼 필요가 있다. 이 모든 이야기들이 하나로 모여서 전해주고자 하는 공통적인 한 주제는 무엇인가? 이는 곧 창세기 전체를 한 마디나, 한 문장으로 요약한다면 어떤 것이 될 것인가라는 질문과 동일하다. 조각난 이야기들은 친숙하지만 전체의 주제를 모른다면 그 각각의 이야기들이 향하는 동일한 목표점을 놓칠 수 있기 때문에 친숙하게 아는듯하면서도 모르는 책이 될 수 있기에 주의해야 할 부분이기도 하다.

창세기 전체의 주제를 파악하기 위해서 가장 좋은 방법은 시작과 끝을 살펴보는 것이다. 어떤 시작으로 출발했고, 어떤 결론으로 그 끝에 이르렀는지를 살펴보면 가는 방향과 주제를 파악할 수 있는 길이 보일 수 있기 때문이다. 창세기의 출발은 천지창조이며, 창조의 하이라이트는 역시 하나님의 형상을 부여받은 인간의 탄생이고 안식일로 창조의 마감이 이루어진다. 그 인간에게 주어진 축복의 소명은 생육하고 번성하여 땅에 충만하고, 땅을 정복하고 모든 피조물을 다스리라는 것이다(창 1:28). 그런데 창세기의 끝에 이르면 이렇게 생육하고 번성하는 한 민족을 만나게 된다. 다름 아닌 이스라엘 12지파로 애굽의 고센 땅에서 "생육하고 번성하였다"고 한다(창 47:27). 창세기의 시작은 천지창조와 생육하고 번성해야 할 인간의 탄생으로 시작하고, 끝은 세상 속에서 생육하고 번성하는 이스라엘 열두 지파의 탄생인 것이다. 그렇다면 창세기의 전체적인 주제를 한 마디로 요약한다면 '창조의 목적인 하나님의 백성의 탄생'이라고 말할 수 있다. 이제 분명하게 살펴보아야 할 것은 왜 하나님께서는 자신의 형상으로 창조된 한 백성을 필요로 하시는지에 대한 이유이다. 그 이유 속에 우리를 하나님의 자녀로 부르신 의미 또한 들어 있기에 우리 그리스도인들에게도 중요하다. 이를 위해 창세기 전체의 개요를 파악해 보는 것이 필수적일 것이다.

이미 언급했듯이 창세기의 시작은 천지창조의 대 서사시로부터 시작한다. 천지창조의 파노라마는 하나님으로부터 시작하여 인간에 이르고 다시 하나님께로 돌아가는 구조를 가지고 있다(하나님-인간-안식일). 즉, 창조의 주체는 분명 하나님이시고, 하나님의 창조세계의 절정은 인간의 창조에 그 초점이 모아지고 그리고 그 인간은 안식일을 준수하는 것으로 창조의 완성에 이르게 된다. 이것은 일곱째 날이 천지창조의 정점이라는 것을 시사한다. 이것을 도표를 통해서 보면 더욱 명확해질 것이다.

땅이 혼돈하고 공허하며 흑암이 '깊음'(תְהוֹם 테홈) 위에 있고 하나님의 신이 수면에 운행하심	
첫째 날: 빛	넷째 날: 해, 달, 별들
둘째 날: (물) 궁창 (물)	다섯째 날: 물-물고기류, 궁창-조류
셋째 날: 육지 – 풀, 채소, 과목	여섯째 날: 땅의 짐승, 인간
일곱째 날: 안식하심	

첫째 날부터 셋째 날까지는 배경을 이루고, 넷째 날부터 여섯째 날까지는 그 배경을 바탕으로 존재하는 피조물들을 다루고 있다. 그리고 '혼돈과 공허'를 일으키는 악의 세력을 의미하는 '흑암의 깊은 물'(תְהוֹם 테홈)이 하나님의 창조질서에 의해서 쫓겨나고 모든 피조물들이 일곱째 날의 안식일로 그 방향을 향하고 있다.[10] 그리고 이사야 51:9-10절에서도 하나님의 창조질서를 무너뜨리려는 악의 세력으로 '라합, 용, 바다와 깊은 물(תְהוֹם 테홈)'을 동일한 것으로 보고 있다.[11]

여호와의 팔이여 깨소서 깨소서 능력을 베푸소서 옛날 옛 시대에 깨신 것 같이 하소서 라합을 저미시고 용을 찌르신 이가 어찌 주가 아니시며 바다를, 넓고 깊은 물(תְהוֹם 테홈)을 말리시고 바다 깊은 곳에 길을 내어 구속 받은 자들을 건너게 하신 이가 어찌 주가 아니시니이까

이렇게 악을 상징하는 칠흑 같은 혼돈의 물이 궁창 위의 물과 궁창 아래의 물로 나뉘며 그 가운데 피조물들이 살아갈 공간인 궁창이 만들어지는 것이다. 그렇다면 창세기 1장이 증거하고 있는 칠흑 같은 어둠의 깊은 물이 악을 상징하고 있다는 점을 어떻게 입증할 수 있을 것인가? 그

대답을 위해 창세기 1장이 창조의 대 서사시라는 점에서 시라는 장르로 풀어가야 하고, 이는 곧 시편과의 비교를 필요로 한다. 그러나 서사시라는 용어로 인해 창세기 1장의 천지창조가 실제가 아니라 상징일 뿐이라고 생각한다는 오해는 금물이다. 천지창조는 결코 부인할 수 없는 분명한 하나님의 전능하신 역사이며, 실제라는 것은 불변의 진리이다. 지금 여기서는 하나님의 천지창조 속에 들어 있는 하나님의 뜻과 목적을 보려는 시도를 하고 있는 것이다.

천지창조가 서사시라는 형태를 가졌다는 점에서 시의 특징을 이해할 필요가 있다. 시의 특징을 두 가지 들라고 한다면 먼저 리듬이라는 운율(저녁이 되고 아침이 되니~저녁이 되고 아침이 되니~)을 들 수 있고, 그 다음은 시의 생명이라 할 수 있는 상징성이다(내 마음은 호수요 그대 노 저어 오오). 동일한 장르로 이루어진 시편 속에 나타난 물의 용례를 살펴보면 천지창조에서 나타난 물의 의미가 더욱 분명하게 드러날 것이다.

물의 상징적 의미		
1	시 18:16-17	그가 높은 곳에서 손을 펴사 나를 붙잡아 주심이여 많은 물에서 나를 건져 내셨도다 (많은 물의 상징의미) – 나를 <u>강한 원수와 미워하는</u> 자에게서 건지셨음이여 그들은 나보다 힘이 세기 때문이로다
2	시 69:1-3, 14-15	하나님이여 나를 구원하소서 물들이 내 영혼에까지 흘러 들어왔나이다 나는 설 곳이 없는 깊은 수렁에 빠지며 깊은 물에 들어가니 큰 물이 내게 넘치나이다. 내가 부르짖음으로 피곤하여 나의 목이 마르며 나의 하나님을 바라서 나의 눈이 쇠하였나이다 (물, 깊은 수렁, 깊은 물, 큰 물의 상징의미) – <u>까닭 없이 나를 미워하는</u> 자가 나의 머리털 보다 많고 <u>부당하게 나의 원</u>수가 되어 나를 끊으려 하는 자가 강하였으니 내가 빼앗지 아니한 것도 물어주게 되었나이다

| 3 | 시 144:7 | 위에서부터 주의 손을 펴사 나를 큰 물과 이방인의 손에서 구하여 건지소서 그들의 입은 거짓을 말하며 그의 오른손은 거짓의 오른손이니이다
(큰 물의 상징의미) - 거짓을 일삼으며 공격하는 이방인 |

이처럼 시편과의 비교를 통해서 궁창 위의 물과 아래의 물로 나뉜 흑암의 깊은 물은 구체적으로 하나님의 창조세계를 파괴하고 피폐하게 만드는 악의 세력이라는 점이 분명해 진다. 하나님께서는 악의 세력을 밀어내시고, 인간과 모든 피조물들이 호흡 할 수 있는 공간을 만드신 것이다.

물론 시편과 다른 성경의 책들 속에서 물이라는 것이 상징적인 의미가 아닌 물리적인 물을 의미할 때도 있고(창 26:19) 또한 악을 상징하기 보다는 하나님께나 사람에게 유익을 끼치는 쪽으로 사용되는 경우가 있다(시 23:2). 하지만 창세기 1장에서는 명백하게 이 흑암의 깊은 물이 혼돈과 공허와 연관관계가 깊고, 그것을 몰아냄으로 창조의 질서가 갖추어져 가는 것을 볼 때 긍정보다는 부정의 의미를 강하게 띠고 있다는 점에서 시편 속에서 동일한 용례를 비교한 것이다.

이와 같이 하나님께서는 악을 밀어내시고 그 공간을 하나님의 형상으로 지음 받은 인간에게 맡기시며 "생육하고, 번성하여 땅에 충만하라 그리고 땅을 정복하라"는 축복의 명령을 주신다. 만약 여기까지만 이루어낸다면 인간은 이기적인 세상을 만들고 말 것이다. 축복만 받고 자신의 것으로 누릴 줄만 알았지 그 축복을 주신 의미가 무엇인지를 모르는 존재가 되고 말 것이기 때문이다. 이렇게 하나님께서 주신 모든 자원들과 재능들을 다 활용하여 인간은 세상을 바르게 다스려야 하는 소명으로 그 결론에 이르러야 한다. 인간이 살아가는 공간에 존재하는 모든 피조물을 바르게 다스리고 이끄는 역할이 인간에게 주어져 있는 것이다. 바르게 다스리기 위해서 반드시 필요한 것이 있다. 그것은 다름 아닌 바로 '하나님의 법'이다. 하나님의 말씀이 없이 세상에서 '선과 악'을 바르게 분별하며 바른 다스림을 구현한다는 것은 불가능하다. 하나님의 법으로 다스릴 때 인간이 가진 모든 자원과 재능들이 가장 아름답게 활용되어 모든 피조물들이 즐겁고, 행복한 세상이 실현될 것이다.

그러한 다스림의 최고의 길은 바로 안식일을 거룩하게 구별하여 지키는 예배를 통하여 이룰 수 있다. 예배의 정의가 '순종'이요, '듣는 것'이라면(삼상 15:22), 하나님의 말씀대로 다스리며, 삶으로 살아가는 예배는 인간을 포함한 모든 피조물들을 진정한 안식의 세계로 이끌 것이다. 그러므로 하나님의 창조의 목표는 인간을 그 대표자로 하는 모든 피조물들이 안식일을 거룩히 구별하여 여호와 하나님께 온전한 찬양과 경배를 올려 드리는 예배하는 세상을 만드는 것임을 살펴 볼 수 있다.[12]

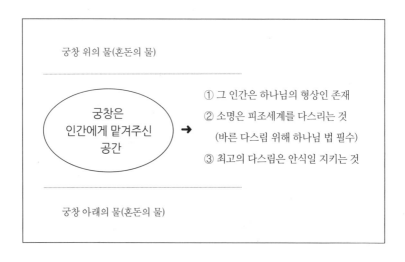

왜 하나님께서는 혼돈을 일으키는 '흑암의 깊은 물'(테홈)을 제거해 버리지 않으시고, 단지 갈라놓기만 하셨을까? 그 물이 세상을 다시 뒤덮는 위협을 가할 수 있음을 아심에도 말이다.[13] 그러나 그 이유에 대해서는

성경의 어디에도 분명하게 대답하는 부분이 없다. 단지 하나님께서는 악에게도 공정하게 기회를 제공하신다는 점에서 그 이유를 유추해 볼 수 있을 뿐이다. 예를 들어 가나안 땅을 아브라함과 그 후손에게 즉각적으로 줄 수 없는 것이 먼저 가나안의 아모리 족에게 그 땅을 대여해 주셨기 때문이며, 그들의 죄악이 가득차지 않는 한은 쫓아내지 않으실 것이기 때문이다(창 15:16; 레 18:24-30). 예수님께서도 사탄을 없애지 않으시고 사탄의 시험을 이기는 법을 우리에게 보여주셨다(마 4:1-11). 이는 악에게도 때가 있다는 것이다. 예수님께서 가다라 지방에서 귀신들린 두 사람에게서 귀신을 내쫓으실 때 귀신들이 내뱉은 말을 살펴보면 이것을 알 수 있다.

> 이에 그들이(귀신들) 소리 질러 이르되 하나님의 아들이여 우리가 당신과 무슨 상관이 있나이까 때가 이르기 전에 우리를 괴롭게 하려고 여기 오셨나이까 하더니(마 8:29)

이들은 자신들의 때가 있다는 것을 알고 있다. 이처럼 악 또한 주어진 기회를 다 소진하고 나면 불 못에 던져지는 끝에 이를 것이다(계 20:10). 그렇다면 우리에게 주어진 사명은 혼돈의 물을 상징하는 악, 즉 사탄을 없애는 것이 아니라 그 악이 우리에게 맡겨주신 이 세상을 더 이상 지배하지 못하도록 묶어 놓는 것이다. 하나님께서 묶어놓으신 그 장소에서 더 이상 넘어오지 못하게 막아내는 것이다(시 104:9; 렘 5:22).[14] 나아가서는 악의 세력을 이 세상 바깥으로 아예 밀어내 버리는 것이다. 이를 위한 유일한 길은 역시 하나님의 뜻을 따라 사는 삶이다. 천지창조가 하나님께서 말씀하시면 그것이 그대로 이루어지는 순종으로 가능했다면 이제 인간의 삶도 그 순종의 결단과 연관이 있을 것이 틀림없다. 예수님께서도 오직 하나님의 말씀만으로 사탄의 모든 시험을 이겨내신 것과 같은 이치인 것이다(마 4:4절과 신 8:3; 마 4:7절과 신 6:16; 마 4:10절과 신 6;13). 사탄이 아무리 우리 삶 앞에 유혹을 뿌려놓아도 오직 하나님의 말씀만을 삶의 길로 삼아서 걸어간다면 유혹은 결코 유혹일 수 없다. 그것은 단지 눈에 환하게 띄는 덫일 뿐이다. 이처럼 하나님의 말씀은 사탄의 덫을 환하게 볼 수 있는 눈을 열어주기에 오히려 그 덫을 발로 차버리며 하나님께서 주신 소명의 길을 걸을 수 있는 것이다. 그리할 때 악의 세력은 결코 우리에게 맡겨진 공간을 침투해 들어올 수가 없다.

천지창조에서는 안식일을 거룩하게 지키는 것 그것이 가장 기초되는 일로 제시된다. 안식일을 지킨다는 것은 하나님을 향한 예배가 살아 있다는 것을 의미한다. 피조물의 대표자인 인간이 앞장서서 이 우주 만물의 주이신 하나님을 찬양하는 예배가 살아있는 곳은 그 어떤 악도 침범할 수 없는 거룩한 공간이 된다(눅 10:17-20). 이와 같이 맡겨진 세상을 지키고 확장해 나가는 것이 우리에게 주어진 거룩한 소명이다. 그래서 천지창조의 주 관심사가 '땅에서 이미 벌어졌던 일'에 대한 보도가 아니라, '땅에서 벌어져야(혹은 지켜져야) 될 일'에 대한 선언이라는 것은 옳은 표현이다.[15] 결국 천지창조는 하나님께서 인간에게 주신 '소명선언서'(vision statement)인 것이다.

이스라엘의 예언자들은 이렇게 하나님께서 이루신 창조의 질서와 인간의 소명이 얼마나 밀접하게 연관되어 있는지를 분명하게 깨달았던 사람들이었다. 이스라엘이 남과 북으로 갈라지고, 북이스라엘이 남유다보다 먼저 망국으로 향한다. 물론 시간차가 있을 뿐 남유다도 그 뒤를 따르는 것은 마찬가지이다. 이렇게 두 나라가 망국으로 갈 때 나타났던 선지자들의 선포를 들어보면 악의 세력을 견뎌내지 못하고 멸망으로 갈 수밖에 없었던 이유가 분명하게 드러난다.

먼저 북이스라엘이 망국으로 갈 때 나타나 하나님께로 돌아올 것을 호소한 호세아의 선포를 들어보면 하나님의 창조는 결코 하나님의 백성과 별개의 것이 아님을 알 수 있다.

> 그러므로 이 땅이 슬퍼하며 거기 사는 자와 들짐승과 공중에 나는 새가 다 쇠잔할 것이요 바다의 고기도 없어지리라(호 4:3)

들짐승과 새는 그렇다고 쳐도 이 세상 역사가 시작된 이래 바다의 고기가 다 없어진 적이 있었던가? 호세아의 선포 속에는 사람도, 들짐승도, 공중의 새도, 바다의 고기도 그대로 존재한들 무슨 의미가 있냐는 반문이 들어있다. 이 땅을 지켜낼 수 있는 소명을 받드는 사람이 없는데 무슨 소용이냐는 절망의 탄식인 것이다. 이렇게 될 수밖에 없는 상황이 있다.

> 이스라엘 자손들아 여호와의 말씀을 들으라 여호와께서 이 땅 주민과 논쟁하시나니 이 땅에는 진실도 없고 인애도 없고 하나님을 아는 지식도 없고 오직 저주와 속임과 살인과 도둑질과 간음뿐이요 포악하여 피가 피를 뒤이음이라(호 4:1-2)

하나님의 뜻을 받들어 이 땅을 예배하는 하나님 나라로 만드는 것이 이스라엘의 소명이다. 그러나 하나님의 뜻을 이루는데 가장 기초가 되는 하나님의 법이 다 무너지고 있다. 먼저 하나님을 아는 지식이 없어지고 그 다음으로 저주, 속임, 살인, 도둑질, 간음, 강포가 뒤따른다. 이것은 하나님의 법의 핵심인 십계명이 산산조각 난 삶을 증거하며, 창조세계의 파괴라는 결과를 야기한다. 피조세계를 다스리라는 소명을 받은 하나님이 백성들이 바른 다스림에 필수적이라 할 수 있는 하나님의 법의 기본인 십계명을 헌신짝처럼 버린 것이다. 결국 물밀 듯이 밀려들어오는 악의 세력을 막아낼 힘을 다 상실한 것이다.

그러므로 하나님의 창조세계는 완성된 것을 의미하는 것이 아니라 완성을 향하여 전진할 준비가 이루어진 것을 의미하는 것이다. 그 준비의 절정은 창조의 완성을 이루어갈 '하나님의 형상'으로 지어진 '인간의 존재'이며, 하나님의 형상은 곧 인간 존재의 목적이며, 소명이 되는 것이다. 그리고 창조의 완성을 이루는 방법은 하나님의 뜻을 받드는 날인 안식일을 거룩하게 구별하여 지키는 예배하는 삶이라는 것이다.

이러한 현상은 남유다가 멸망할 즈음에도 역시 동일했다. 남유다가 멸망으로 가는 정점에서 소명을 받은 예언자 예레미야 또한 동일한 것을 본 것이다.

> 보라 내가 땅을 본즉 혼돈하고 공허하며 하늘에는 빛이 없으며 내가 산들을 본즉 다 진동하며 작은 산들도 요동하며 내가 본즉 사람이 없으며 공중의 새가 다 날아갔으며 보라 내가 본즉 좋은 땅이 황무지가 되었으며 그 모든 성읍이 여호와의 앞 그의 맹렬한 진노 앞에 무너졌으니 (렘 4:23-25)

이 구절들 속에는 창세기 1장에 나타난 천지창조의 용어들이 대거 등장하고 있다. '땅,' '혼돈하고, 공허하며,' '하늘,' '빛,' '사람,' '공중의 새' 등이 그것들이다. 그러나 천지창조의 질서와는 다르게 예레미야의 선포는 창조의 파괴와 무질서와 혼돈의 복귀를 말하고 있다는 점에서 극적인 대조를 이룬다. 도대체 무엇이 이러한 절망적인 반전이 벌어지게 한 것인가? 그것은 위 구절의 바로 앞부분과 그 뒷부분을 읽어보면 쉽게 알 수 있다.

> 내 백성은 나를 알지 못하는 어리석은 자요 지각이 없는 미련한 자식이라 악을 행하기에는 지각이 있으나 선을 행하기에는 무지하도다 (렘 4:22)

너희가 예루살렘 거리로 빨리 다니며 그 넓은 거리에서 찾아보고 알라 너희가 만일 정의를 행하며 진리를 구하는 자를 한 사람이라도 찾으면 내가 이 성읍을 용서하리라 그들이 여호와께서 살아 계심을 두고 맹세할지라도 실상은 거짓 맹세니라(렘 5:1-2)

역시 북이스라엘의 상태와 동일하게 하나님을 알지 못하고, 갖은 악이 자행되는 세상이 이루어진다. 즉 하나님의 법이 완전히 무너져 있는 세상인 것이다. 그리고 아무리 눈을 씻고 찾아보아도 사람이 없다. 예레미야의 눈에 사람이 보이지 않기 때문이 아니라, 사람이 많은들 무슨 소용이 있냐는 반문인 것이다. 하나님의 뜻을 알고 행하는 사람이 하나도 없으니 이 땅의 질서를 어떻게 지키고 가꾸며 확장시켜 나갈 수 있을 것인가? 바른 다스림이 철저하게 무너져 버렸다. 결국 하나님께서 이루어 놓으신 창조질서가 무너지고 세상이 흑암의 깊은 물이 침범해 들어와 혼돈과 공허의 세계로 돌아가는 것은 시간문제일 뿐이기 때문이다.

여호와의 말씀이니라 너희가 나를 두려워하지 아니하느냐 내 앞에서 떨지 아니하겠느냐 내가 모래를 두어 바다의 한계를 삼되 그것으로 영원한 한계를 삼고 지나치지 못하게 하였으므로 파도가 거세게 이나 그것을 이기지 못하며 뛰노나 그것을 넘지 못하느니라 그러나 너희 백성은 배반하며 반역하는 마음이 있어서 이미 배반하고 갔으며(렘 5:22-23)

물이 한계를 넘지 못하게 하나님께서 모래로 경계를 삼으셨다면, 하나님의 백성의 삶에서 악의 세력이 침범치 못하게 경계로 주신 것이 하나님의 말씀인 법이다. 그러나 남유다는 하나님의 길을 버리고 끝내 죄악의 길로 행했다. 그 죄악은 두 방향으로 나타난다. 첫째, 이른 비와 늦은 비를 때를 따라 주시고 추수 기한을 정하시는 하나님 여호와를 경외하자 말하지도 않는 것이며, 둘째는 백성 중에 악인들이 매복하여 덫을 놓아 사람을 잡고, 속이고, 이익을 얻으려고 고아와 빈민의 재판을 공정치 않게 행하는 것이다(렘 5:24-28). 이것은 결국 하나님과 사람과의 관계를 온전케 하기 위해 주신 법의 근본인 십계명을 다 무너뜨렸다는 것을 드러내고 있다. 하나님께서 이에 대해 "내가 이 일들에 대하여 벌하지 아니하겠으며 내 마음이 이같은 나라에 보복하지 아니하겠느냐"(렘 5:29)고 선언하시며 마지막 일격을 준비하신다. 이렇게 남유다는 멸망의 순간을 향하여 속도를 높이고 있다.

이처럼 창조세계의 완성을 향한 길 위에는 늘 위험이 도사리고 있다. 그것은 바로 갈라놓은 흑암의 세력인 혼돈의 물이 호시탐탐 침범할 준비를 갖추고 있다는 것이다. 창세기 안에서도 창조의 대대적인 파괴가 일어나는 사건이 벌어진다. 갈라놓았던 '혼돈의 물'이 세상을 뒤덮는 사건이 노아의 시대에 벌어지고 말았다. 노아의 시대에 있었던 홍수는 어느 모로보나 천지창조의 질서가 다시 혼돈의 무질서로 돌아가는 대 격변이었다. 노아가 육백세 되던 해 둘째 달 곧 그 달 열이렛날에 깊음의 샘들(תהום 테홈)이 터지며 하늘의 창문들이 열려 사십 주야를 비가 땅에 쏟아졌다"(창 7:11-12)라고 선언하고 있다. 하나님께서 갈라놓으셨던 '궁창 위의 물'(하늘의 창이 열리고)과 '궁창 아래의 물'(큰 깊음의 샘들이 터지며)이 또다시 하나로 만나서 세상을 혼돈의 물바다로 만들어버린 것이다(창 1:2, 7). 우리는 이제 예언자들의 선포를 통해 그 이유가 무엇인지에 대한 충분한 지식을 가지고 있다. 노아의 시대 또한 분명 사람의 죄악과 깊은 연관이 있을 것이다.

그 때에 온 땅이 하나님 앞에 부패하여 포악함이 땅에 가득한지라 하나님이 보신즉 땅이 부패하였으니 이는 땅에서 모든 혈육 있는 자의 행위가 부패함

<u>이었더라</u> 하나님이 노아에게 이르시되 모든 혈육 있는 자의 <u>포악함</u>이 땅에 가득하므로 그 끝 날이 내 앞에 이르렀으니 내가 그들을 땅과 함께 멸하리라(창 6:11-12)

　　눈을 씻고 찾아보아도 사람이 없다. 이런 현상은 분명 갑작스레 벌어진 일은 아닐 것이다. "땅에 있는 모든 혈육 있는 자의 행위가 부패하였다"라는 말은 창조의 이야기 속에 뚜렷이 명시되어 있는 사람의 소명이 철저히 무효화되고 있음을 강조하고 있다. 인간이 하나님께서 맡겨주신 공간을 지키고 다스릴 수 없는 존재가 되어 버렸고 악은 그 경계를 무너뜨리고 세상을 다시 혼돈으로 뒤덮어버렸다. 인간의 소명이 울려 퍼지고 있는 천지창조의 대 서사시와 노아의 홍수사건 사이(창 1-6장)에 도대체 무슨 일이 벌어졌기에 인류가 이렇게도 죄악의 길을 걸어가고 있는 것인가? 그 원인을 파악하는 것은 문제를 해결할 수 있는 좋은 길을 열어갈 수 있을 것이다.

　　먼저 노아시대에 만연한 죄악상이 어디에서 유래한 것인지 죄의 근본을 찾는 것이 필요하다. 근본 원인을 모른다면 해결은 불가능하기 때문이다. 그 원인은 분명 창세기 1-6장 사이에 존재할 것이 분명하다. 그리고 그 범위를 세분화하여 좁혀갈 필요가 있다. 우선 명확하게 해당 사항이 없다고 여겨지는 장들은 제외하며 범위를 줄여야 할 것이다. 창세기 1:1-2:3절은 "하나님이 보시기에 (심히) 좋았더라"는 화음이 울려 퍼지고 있으므로 제외될 것이고, 2:4-25절까지는 에덴동산 창설과 아담과 하와가 조화를 이룬 부부로 선다는 점에서 문제가 없다. 창세기 6:1-8절은 노아 홍수 때와 같은 죄악이 세상에 가득함을 보인다는 점에서 근본 원인보다는 결과를 제시하고 있다. 창세기 5장은 전적으로 아담의 후손들의 족보라는 점에서 제외된다. 그렇다면 이제 남은 것은 창세기 3장과 4장 밖에 없다. 창세기 3장은 에덴동산에서 아담과 하와가 연루된 사건이고, 4장은 에덴동산

밖에서 그들의 아들들인 가인과 아벨이 연루되어 벌어지는 사건을 소개하고 있다. 이 두 사건은 공통적으로 인간이 저지르는 최초의 죄악상을 보여주고 있다는 점에서 죄의 근본이 무엇인지를 알려줄 것이다. 그러므로 아담과 하와 그리고 가인과 아벨의 이야기를 분명하게 파악하고 나면 노아 이후의 이야기 전개를 전망해 볼 수 있을 것이다. 그 차후의 이야기는 이러한 죄악의 원인을 해결하는 길로 나아갈 것이기 때문이다.

여기서는 창세기의 개관이라는 점에서 상세한 비교대조는 차후의 내용 설명부분으로 미루고 이 두 죄악 된 사건이 벌어졌을 때 하나님께서 사건의 당사자들에게 나타나서서 질문하시는 내용을 중심으로 죄의 본질을 살펴보기로 한다. 아담과 하와가 선악과를 따먹은 것은 '하나님과 같이 되는 것'(창 3:5)에 대한 갈망이었다. 하나님의 그늘 아래서의 삶이 아니라 동일한 권위를 휘두르기를 원했다. 그러나 그가 발견한 것은 자신이 벌거벗고 있다는 것밖에는 없다. 이런 돌이킬 수 없는 죄를 저지른 태초의 사람 아담에게 하나님께서는 날카로운 실존적인 삶의 질문과 함께 다가오신다. 하나님의 음성을 듣고 두려워 자신의 몸을 숨기고 있는 아담이라는 인간을 향해서 하나님께서는 질문하신다. 그리고 인간은 떨리는 음성으로 응답한다.

하나님	"아담아 네가 어디 있느냐?"(창 3:9)
아 담	"내가 동산에서 하나님의 소리를 듣고 내가 벗었으므로 두려워하여(ארי; 야레) 숨었나이다"(창 3:10)

인간이 하나님의 소리를 두려워하며 외면하고 숨는다. 두려움이라고는 알지도 못했던 인간이 하나님의 말씀을 듣기를 거부한 불순종의 죄악을 저지른 이래 하나님께 대한 두려움으로 가득 차 버리고, 그 아름답던

관계가 파괴되어 버린 것이다. 이와 같은 유사한 경험을 인간은 일상생활을 살아가며 겪어보게 된다. 아이 적에 부모의 말을 거역한 경험이 있다면 이러한 상황은 낯설지 않을 것이다. 자신이 부모에게 잘못했다는 생각이 들기 시작하면 부모의 멀리서 부르는 소리는 물론, 그 얼굴을 대하는 것조차 두려워진다. 아무도 보지 못하는 곳으로 도망가고 싶은 마음밖에는 들지 않는 것이 바로 잘못을 저질렀을 때의 심정인 것이다. 동일한 심정이 아담과 하와의 마음속에 가득했을 것을 짐작해 볼 수 있다.

하나님께서는 아담에게 "네가 네 아내의 말을 듣고 내가 너더러 먹지 말라 명령한(צוה 짜바) 나무 실과를 먹었은즉"(창 3:17)이라고 심판을 선언하신다. 사람의 말(물론 사탄의 유혹에 따른)과 하나님의 말씀 중에 사람의 말에 더 권위를 두고 따라간 인생의 불순종이 그대로 드러나고 있다. 이제 인간이 하나님 앞에서 갖게 된 이 '두려움'(ירא 야레)을 하나님 '경외'(ירא 야레)로 바뀌게 하는 삶의 길이 필요하다. 히브리어 단어 '야레'는 '두려워하다'와 '경외하다'라는 두 가지 뜻으로 사용되기에 충분히 가능하며 기대되는 것이다. 결국 '여호와 경외'가 하나님과의 관계회복의 길인데 그것은 바로 여호와의 말씀에 절대적인 믿음으로 응답하는 순종으로만 가능하다. 이 믿음의 순종을 이루어내는 그 사람을 통해 새 시대가 열릴 것이며, 문제들이 해결될 것이다.

하나님과의 관계상실로 인해 방황하는 인간이 그 다음으로 저지른 죄악이 바로 형제살해이다. 이것은 하나님의 소리를 외면하는 사람은 곧이어 사람의 소리를 외면하는 존재가 되고 말 것이라는 절망적인 진행 방향을 뜻한다. 그 진행은 이미 아담과 하와 사건을 통해 예고된 과정이다. 하나님과의 관계가 파괴된 인간의 입에서 나온 말은 그 다음 단계가 무엇인지를 예시하고 있기 때문이다. 아담은 "내가 네게 먹지 말라 명한 그 나무 열매를 네가 먹었느냐?"(창 3:11)는 하나님의 질문에 주저함 없이 "하나님이 주서서 나와 함께 있게 하신 여자 그가 그 나무 열매를 내게 주므로 내가 먹었다"(창 3:12)고 응수한다. 인간은 자신의 죄책을 면하기 위해 하나님이 사건의 궁극적인 원인자라고 책임을 전가함과 동시에 바로 자신 앞에 서 있는 여자인 상대방에게도 죄의 동기를 돌림으로 인간 공동체의 관계파괴를 예고하고 있다. 이처럼 죄를 같이 저지른 공범의 관계에도 불구하고 그 죄는 인간을 하나님 앞에서 결합이 아닌 개별적인 고립의 길을 걷게 하는 것이다.[16] 이처럼 하나님과의 관계가 끊어지면 사람과 사람 사이는 보장할 수 없는 관계가 되고 만다. 사람을 바라보는 올바른 판단 기준이 사라지기 때문이다. 동일한 하나님의 걸작품으로서의 동료(you)가 아니라, 자신의 생존이나, 이익을 위해 사용해야 할 물건(it)으로 전락하기 때문이다.[17] 사람이 사람을 해롭게 하는 것이다(전 4:1; 8:9).

　　가인은 단 하나밖에 없는 형제를 질투심으로 죽이고도 하나님의 질문에 무관심한 대답을 보낸다. 그 형제의 핏소리가 사방에서 아우성 치고 있음에도 불구하고 말이다(창 4:10).

하나님	"네 아우 아벨이 어디있느냐?"(창 4:9) "네 아우의 핏소리가 땅에서부터 내게 호소하느니라"(창 4:10)
가 인	"내가 알지 못하나이다 내가 내 아우를 지키는(שָׁמַר 샤마르) 자 입니까?"(창 4:9)

가인은 회개하기 보다는 오히려 하나님 앞에 반기를 들고 일어서는 악행을 저지르고 있다. 이제 죄악은 더욱 더 확장되어 사람과 사람 사이마저도 끊어놓는 결과를 초래하고 만 것이다. 여기서 '아우'라고 번역된 히브리어는 일반적으로 하나님의 백성 안에서 사람끼리의 관계를 나타내는 동료 인간인 '형제'(자매도 포괄하는)를 의미하는 표현이다. 인간이 동료 인간의 핏

소리 즉 살려달라는 아우성을 외면해 버리는 존재가 되는 것이다. 첫 번째가 하나님의 소리를 외면하는 것이었다면, 그 다음은 이렇게 사람의 소리를 무시하는 것이다. 이제 그 해결점이 있다면 형제를 외면하는 삶이 아닌 어떤 여건 속에서도 하나님의 뜻을 헤아리는 믿음으로 형제를 지키는 삶의 길이 절실히 요구된다. 형제를 끝까지 지키고 돌보는 삶을 통해 분열이 아닌 연합이 이루어질 것이다.

　　　이상의 경우로 볼 때 가인과 아벨의 이야기는 인간의 타락을 아담과 하와의 사건에 이어서 단순히 반복해서 설명하려는데 목적이 있는 것이 아니라 죄의 성장과 그로 인한 인간 부패의 심각성을 명확하게 보여주기 위한 목적이 있다. 먼저 하나님과 인간 사이가 더욱 더 멀어지게 되면서, 자연스레 인간과 인간 사이의 관계마저도 산산이 부서져 버린 현실을 날카롭게 지적하고 있다. 이 사실은 위에서(6:11-12) 노아 시대의 죄악상을 이야기 할 때 사용된 두 개의 단어를 통해서도 분명히 드러난다. '부패하여'(שָׁחַת 샤하트)가 세 번, 그리고 '포악함'(חָמָס 하마스)이 두 번 사용된다. 특징적으로 '부패하다'라는 단어는 성경의 다른 부분에서 주로 하나님을 떠나 다른 우상을 숭배하여 타락한 경우에 사용되며(출 32:7; 신 4:25; 9:12; 삿 2:19; 시 14:1; 53:1; 겔 16:47; 23:11), '포악함'은 예언자들의 선포에 주로 나타나며 사람이 그 동료 이웃에게 저지르는 폭력을 의미한다(암 3:10; 6:3; 미 6:12; 합 1:2, 3, 9; 습 1:9; 말 2:16). 이와 같이 노아 시대는 아담과 하와, 가인과 아벨이라는 가족의 차원을 넘어서 '하나님과의 관계'와 '이웃과의 관계'가 땅의 모든 사람들이 다 연루되어 깨어진 시대를 의미한다.

　　　이제 하나님께서 기다리는 사람들이 있다. 바로 이 두 가지를 회복할 사람들이다. 불순종을 끊고 순종의 믿음으로 하나님과의 관계를 연결할 사람과 형제 사이의 분열을 오직 하나님의 뜻을 이해하는 믿음으로 극복하고 연합을 이루어 내는 사람을 기다리고 계시는 것이다. 이들을 통하여 세상은 하나님 앞에서 또다시 새롭게 시작할 수 있는 기회를 부여받을 수 있을 것이기 때문이다.

첫 번째 하나님과 인간의 끊어진 관계를 연결시키는 사람은 분명 철저한 순종의 사람이어야 한다. 그럼 창세기에서 그러한 이상에 합한 인물은 누구인가? 마침내 아브라함에게서 그 기다림이 결론에 이른다. 두 번째 사람과 사람 사이의 부서진 관계를 연결시키는 사람은 그 어떠한 여건 속에서도 형제를 지킬 수 있는 사람이어야 한다. 창세기에서 그는 누구인가? 그 인물은 다름 아닌 요셉이라는 것이 창세기의 마지막 결론으로 제시된다.

아담과 하와	가인과 아벨
* 죄의 종류: 불순종 (하나님 소리 외면 – 듣고 두려워 숨음) 하나님과 인간의 관계 파괴	* 죄의 종류: 형제살해 (형제의 핏소리 외면 – 내가 내 형제를 지키는 자입니까?) 사람과 사람의 관계 파괴
*해결점: 하나님 말씀에 대한 철저한 순종 하나님과의 관계 연결 – 아브라함	* 해결점: 형제를 끝까지 지키는 삶으로 사람과의 관계 연결 – 요셉과 형제들

이것이 창세기가 이스라엘의 선조 이야기를 믿음의 조상이라 불리는 아브라함으로부터 시작하여(창 12장) 용서와 화해의 사람인 요셉과 그의 형제들의 연합 이야기로 끝을 맺고 있는 이유일 것이다(창 50장). 이들의 삶을 통하여 이러한 회복이 이루어졌으니 이제 새로운 시작으로의 길을 향하여 나갈 수 있게 되었기 때문이다. 창세기 1-11장은 이처럼 우리가 살아가는 세상이 안고 있는 모든 문제점과 죄악상을 그대로 보여주고 있다. 하나님께서 자신의 백성을 그 죄악 된 세상에서 불러내시는 이유는 바로 그들을 구별하여 세워서 이 세상의 죄악을 해결하기 위함이다. 물론 이 해결이 결코 완전한 것일 수는 없다. 그러나 최소한 수천 년 뒤에 메시아가

오셔서 인류의 죄악을 십자가로 일소하기까지는 인간 삶에 파고든 죄악을 최선을 다해 이기고 극복하는 길은 분명하게 제시되어야 하기 때문이다. 그러므로 하나님의 백성을 선택함은 결코 배타적인 분리를 위함이 아니라 세계의 구속을 위함이다. 아브라함으로 시작되는 믿음은 이제 세상을 회복케 하는 길을 열고, 하나님과 함께 하는 삶이 무엇인지를 보여준다. 그리고 요셉을 통한 형제애의 회복은 세상을 하나로 묶어가는 길을 제시한다. 하나님의 백성이 존재하는 의미가 바로 여기에 있다. 세상의 악을 끊고, 새로운 세상을 열어가는 것이다.

세상을 혼돈과 공허, 흑암으로 몰아가는 악은 구체적으로 두 가지로 집약된다는 것을 알 수 있다. 그것은 다름 아닌 하나님과의 관계 파괴와 사람과의 관계 파괴를 의미한다. 하나님께서 천지창조 때 하나님의 형상을 부여받은 사람을 창조하신 목적은 그들이 하나님만 예배하는 안식의 세상을 이루기를 소망하시기 때문이다. 이를 위해서는 혼돈의 물과 흑암의 세력인 죄악을 이겨내고 막아내며 물리쳐야 한다. 결국 창세기의 마지막에 한 백성이 만들어진 것이다. 하나님의 백성인 이스라엘 12지파가 바로 그들이다. 아브라함부터 요셉과 형제들까지 이스라엘은 드디어 세상의 죄악을 이기고 이 땅에 선 것이다. 이제 이 백성이 가는 곳, 서 있는 곳은 하나님만 예배하는 진정한 안식이 이루어지는 장소가 될 것이다.

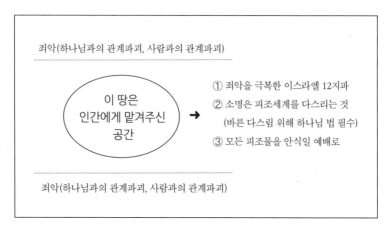

이제 드디어 천지창조의 이상을 이 땅에 실현할 한 백성이 섰다. 그리고 창세기는 마감될 것이다. 왜냐하면 죄악으로 가득한 세상을 회복할 하나님의 백성이 탄생되었기 때문이다. 이 백성은 더 이상 애굽에 머무를 필요가 없다. 소명의 길을 향하여 약속의 땅으로 가야하는 것이다. 창세기가 마감되고 출애굽의 대 역사가 펼쳐지는 이야기가 전개되는 것은 당연한 순서라 하겠다.

비록 가나안 땅이 가나안 7족속의 죄로 더 이상 견딜 수 없어 그들을 뱉어낼 수밖에 없을 만큼 더러워져 있을지라도 괜찮다. 하나님의 백성 이스라엘이 걸어가는 길마다 부서진 하나님과의 관계가 회복되고, 부서진 인간의 관계가 회복될 것이기에 이들이 거하는 곳은 곧 젖과 꿀이 흐르는 땅으로 변화될 것이기 때문이다. 이스라엘이 걸어가야 할 길은 이 세상 모든 사람들이 오직 하나님만 예배하는 세상을 이 땅에 실현하는 것이다. 창세기는 이처럼 하나님의 백성 이스라엘의 존재 의미를 분명하게 각인시켜 주고 있다. 하나님께서 시작하신 창조의 역사를 완성시킬 창조의 동역자로 이스라엘을 부르셨고, 이제는 그들의 삶이 우리 그리스도인의 소명이 되어 이 땅에 하나님 나라를 이루는 그 완성의 길에 동참하기를 촉구하고 있는 것이다.

III
창세기의 문학적인 구성

각 글에 사용된 문학적 구조를 이해하는 것은 그 글의 중심내용을 이해하는 가장 좋은 길이 된다(The Structure employed is the Message proclaimed). 성경을 공부하는 방법 또한 여기서 출발할 필요가 있다. 먼저 전체적인 구조를 이해한 후에 세부적인 사항으로 들어가는 것이다. 성경 각권이 전체적으로 어떤 의미를 가지고 있는가를 파악한 후에 세부적인 이야기들로 초점을 맞추어간다면 성경 안에서 길을 잃지 않고 주제를 명확하게 이해하는 가장 좋은 방법이 될 것이기 때문이다. 이것은 흡사 우리가 등산을 시작할 때 먼저 등산로 입구에 세워져 있는 거대한 지도를 보고 전체적인 등산로를 파악한 후 어디를 어떻게 등산할 것인가를 결정하는 것과 비슷하다고 하겠다.

창세기는 성경전체의 출발선이며, 모든 것의 시작을 보여준다. 시작이 있다는 것은 결론을 전제로 하는 것이며, 그 결론에 이르기 위한 과정 또한 내포하고 있는 것이다. 그러니 만큼 창세기의 의미를 올바르게 이해하는 것은 성경전체를 어떻게 볼 것인가라는 질문에 바른 대답을 줄 수 있는 길을 제공할 수 있을 것이다. 그러므로 창세기의 메시지가 무엇인가를 분명하게 깨닫는 것은 성경전체가 나아갈 방향을 보는 것과 같다. 이 목적을 달성하기 위해 먼저 창세기 전체가 어떻게 구성되어 있는가를 파악하는 것이 순서일 것이다. 이를 통해 전체를 아우르는 핵심주제는 물론이요, 세부적인 사항들이 어떻게 연결되어 그 핵심주제를 강화하고 있는지를 쉽게 파악할 수 있기 때문이다.

성경 속에서 자주 발견되는 구조 중에 대칭과 평행의 방식을 확대한 '교차대칭구조'(chiastic structure)라는 것이 있다. 교차대칭구조는 이야기의 흐름에서 전반부의 내용이 후반부에서 서로 역순으로 연결되어 평행을 이루는 형태를 말한다. 예를 들면 A-B ∥ B'-A'의 배열을 가지거나, 혹은 사건의 반전이나 전환점을 갖는 부분을 중심에 두고 역순으로 대칭하는 중앙집중구조인 A-B ∥C∥ B'-A'의 형태를 갖는 경우이다. 즉, 전반부, 중심부 그리고 후반부의 세 단계로 나뉘며 대부분 가장 중심에 핵심적인 메시지가 자리하고, 전반부와 후반부는 유사한 내용이나, 발전된 양상 혹은 반전된 양상들이 자리 잡게 되는 대칭구조를 형성하는 것이다.[18] 그리고 대칭은 주로 서로 역으로 대칭이 된다. 이러한 구조는 구약과 신약성경을 통하여 가장 많이 사용되고 있는 문학양식으로 특히 고대 이스라엘을 비롯하여 근동의 대부분의 나라들에서 공통으로 사용된 방식이기도 하다.[19] 이 방식이 즐겨 사용된 이유는 책이 널리 보급되지 않은 환경에서 이야기들 대부분이 독서가 아닌, 기억에 의해서 다른 이들에게 입으로 전달되었기 때문에 사람들이 듣고, 기억하기 쉬웠기 때문이라 여겨진다. 기억을 용이하게 한다는 것은 전하는 자에게도, 듣는 자에게도 필요한 일이다. 전하기 위해서는 이야기를 잘 기억할 필요가 있기 때문이다.

　　　성경 속에 나타난 교차대칭구조는 주로 7중 구조로 이루어질 때가 많은데 그 형태는 7개의 세분화된 단위들이 가운데 전환점을 중심에 두고 역순으로 배열된 A-B-C ‖D‖ C'-B'-A'의 구성을 갖는다.[20] 심리학자들은 이러한 7에 대한 개념을 잠재된 인간 내면의 정신세계를 반영하는 것이라 보기도 한다. 그러나 성경 속에서 사용된 7중 구조는 단순히 인간 심리의 반영이라기보다는 이스라엘 신앙의 중심이라 할 수 있는 성막이나, 성전에 위치한 금 촛대인 메노라의 형태를 본 뜬 것이라고 보는 것이 더 설득력이 있다. 메노라는 중앙에 있는 촛대를 중심으로 그 양옆으로 각각 3개씩의 가지가 솟아나와 전체가 7개의 촛대를 이루며 중심으로 좌우 대칭을 이루는 구조를 갖고 있다(출 25:31-40).[21]

　　　성전의 메노라와 성경의 이야기들 속에 사용된 7중 구조가 갖는 공통점은 둘 다 하나님의 말씀에 내재된 완전성을 증거 한다는 점이다. 메노라의 기능은 어두운 성막 안을 비추는 역할을 한다(출 25:37; 레 24:2). 즉, 빛을 발함으로 길을 비춰준다는 의미인 것이다. 여호와의 말씀 또한 어둔 세상 속에서 갈 길을 밝혀 준다는 점에서 이와 같은 역할을 한다. 메노라와 하나님의 말씀인 성경의 동일한 역할이 시편 119:115절 속에 녹아져 있다.

주의 말씀은 내 발에 등이요 내 길에 빛이니이다

하나님의 말씀이 삶의 길을 비추는 등불의 역할을 해야 한다는 점을 강조하기 위해 실제로 성전에서 가시적인 빛을 비추고 있는 메노라의 구조와 같은 형태로 말씀을 구성하는 것보다 더 좋은 방법이 있을까? 이처럼 하나님의 말씀을 메노라의 형태로 구성하는 것은 말씀의 기능을 분명하게 보여주는 구실을 한다. 그리고 이러한 하나님의 말씀으로 인해 7일 동안에 천지창조가 완전하게 이루어진다는 점을 감안하면 7중 구조만으로도 하나님의 숭고한 뜻을 드러내는 길이 될 수 있다.

창세기는 하나님의 말씀이 처음으로 울려 퍼지는 장소라는 점에서 빛을 비추는 메노라와의 구조적 연관성이 더욱 강할 것을 유추해 볼 수 있다. 실제로 창세기는 그 기대를 저버리지 않고 의도적인 7중 구조를 가지고 있다.[22] 이에 대한 구체적인 논증은 "제 2 부 창세기는 어떤 내용인가?"에서 일곱 개의 이야기 단위를 세세하게 분석한 후에 "제 3 부 창세기의 구조와 메시지는 무엇인가?"에서 다루게 될 것이다. 여기서는 일곱 개의 이야기 단위가 무엇이며, 각각의 이야기의 범위가 어디까지 인가를 나누며, 이렇게 나누는 기준을 간략하게 제시하는 것으로 만족하기로 한다.

■ 창세기에 나타난 교차대칭구조 – 창조로부터 이스라엘의 형성 까지

A. 서론: 천지창조와 인류의 탄생(아담) 이야기(창 1:1-6:8)

B. 노아 이야기(창 6:9-11:26)

C. 아브라함 이야기(창 11:27-22:24)

D. 중심: 이삭-리브가 이야기(창 23:1-25:11)

C'. 야곱 이야기(창 25:12-36:43)

B'. 요셉 이야기(창 37:1-46:34)

A'. 결론: 하나님의 백성의 탄생(이스라엘) 이야기(창 47:1-50:26)

창세기를 이처럼 일곱 개의 이야기 단위로 나누는 가장 중요한 기준은 단연 각 이야기에 등장하는 주요 인물들의 족보라 할 수 있다. 이것은 각각의 이야기에는 한 사람의 주요 인물이 등장하고 있다는 점에서 입증된

다. 첫 번째 이야기는 아담이 중심이 되고, 두 번째 이야기는 노아가, 세 번째 이야기는 아브라함이, 네 번째 이야기는 이삭과 리브가가, 다섯 번째 이야기는 야곱이, 여섯 번째 이야기는 요셉이 그리고 마지막 일곱 번째 이야기는 이스라엘 12지파가 중심이 되며, 이야기의 초점이 민족으로 맞춰진다. 주요 인물들의 이야기가 중심에 자리하고 있다는 점에서 각 이야기의 구별과 분리는 역시 족보가 담당하고 있다. 창세기에는 족보를 나타내는 특별한 용어가 등장하는데 바로 '톨레도트'(תולדות)로 에돔의 족보가 중복된 것(창 36:1, 9)을 제외한다면 열 번 나타나며 '족보, 세대, 이야기, 내력' 등 다양하게 번역된다(창 2:4; 5:1; 6:9; 10:1; 11:10, 27; 25:12, 19; 36:1[9]; 37:2). 단순히 족보라고만 번역할 수 없는 이유는 톨레도트가 나타날 때 다섯 번은 이름들의 나열인 족보가 그 뒤를 잇고(창 5:1; 10:1; 11:10; 25:12; 36:1), 나머지 다섯 번은 족보가 아닌 후손들의 이야기가 펼쳐지기 때문이다(창 2:4; 6:9; 11:27; 25:19; 37:2). 이처럼 톨레도트는 단순히 족보라는 의미를 넘어서, 그 족보에 들어간 주요 인물들의 삶의 이야기까지도 포괄하는 의미를 갖고 있는 것이다. 톨레도트는 이렇게 여러 기능을 맡고 있는데 이 중의 창 2:4절의 두 창조 이야기를 가르는 것을 제외하면 톨레도트가 이야기를 이끌고 있는 나머지 네 번의 경우는 각각의 인물들의 이야기를 가르는 중요한 기능을 한다. 창 6:9절의 톨레도트는 아담 이야기에서 노아 이야기로의 전환점이 되고, 11:27절의 톨레도트는 노아 이야기에서 아브라함 이야기로의 전환을 이루고, 25:19절의 톨레도트는 이삭-리브가 이야기에서 야곱 이야기로 선회하게 하고, 37:2절의 톨레도트는 야곱 이야기에서 요셉 이야기로의 변화를 이끈다.

그런데 아브라함 이야기에서 이삭-리브가 이야기로의 전환점과 요셉 이야기에서 이스라엘의 탄생 이야기로의 전환을 이끄는 톨레도트가 빠져있다. 이렇게 이야기의 전환점을 이끄는 톨레도트가 빠진 부분에는 항상 또 다른 형태의 중요한 족보가 등장하여 이야기의 전환과 더불어 다음 이야기의 주제를 이어가는 기능을 한다. 아브라함과 이삭 이야기의 전환점은 아브라함의 형제 나홀의 족보가 맡고(창 22:20-24) 그 족보의 중심에 다음 이야기의 주인공이 될 '리브가'가 소개된다. 즉, 이야기의 분기점을 제공하는 것과 더불어 이삭과 리브가의 만남을 미리 예시하는 기능까지 하고 있는 것이다. 요셉 이야기와 이스라엘의 탄생 이야기는 애굽에 내려간 야곱의 70명의 후손들의 족보가 그 전환점을 이루며(창 46:8-27) 그 다음 이야기가 이들의 생육과 번성을 다룰 것을 짐작케 한다. 야곱의 후손 70명을 소개하는 족보 이후로는 이야기가 결코 요셉 중심이 아닌, 이스라엘의 뼈대가 되는 열두 지파들의 성장을 다루고 있다는 점에서 초점이 이스라엘 중심적으로 완전히 전환된 것을 살펴볼 수 있다. 이렇게 중심인물들의 전환을 보여주는 족보가 이야기를 가르는 중요한 역할을 하고, 그 외의 기준으로는 지리적인 변환과 주제적인 전환 등을 들 수 있다.

　　창세기가 보여주는 7중으로 이루어진 교차대칭구조는 '이삭-리브가'라는 약속의 씨와 그 배우자를 중심으로 전반부와 후반부의 두 부분이 교차대칭구조를 이룬다. 전반부는 전 세계의 상황을 보여주며 세계가 따라야 할 믿음의 본으로 아브라함에게 초점이 맞춰지고, 후반부는 이스라엘의 진정한 시조라 할 수 있는 야곱이라는 인물을 시작으로 선택된 민족인 이스라엘 열두 지파의 탄생으로 그 결론에 이른다. '천지창조와 인류의 탄생(아담) 이야기'와 '하나님의 백성의 탄생(이스라엘) 이야기'가 대칭을 이루고(A-A'), '노아 이야기'와 '요셉 이야기'가 만나며(B-B'), '아브라함 이야기'와 '야곱 이야기'가 서로를 비춰준다(C-C'). A-B-C의 이야기들이 세상이 안고 있는 문제들을 날카롭게 파헤치며, 결국 아브라함에게서 그 해결점을 찾고 있다면, 모든 문제들을 해결하는 민족이 바로 아브라함을 믿음의 조상으로 하는 이스라엘이라는 것을 시사하는 것이다. 즉, 하나님께서 택하신 민족 이스라엘이 세계 속에서 어떤 역할을 감당해야 하는가라는 하나님께로부터 부여받은 '책임과 의무, 권리'를 말하고 있는 것이다. 그 책임과 소명의 구체적인 실행은 C'-B'-A'에 세세하게 드러나고 있다. 세상이 안고 있는 문제들을 하나님의 백성이 바르게 해결하기 위해 부름 받았다는 사실이 창세기 전체를 통하여 강조된다.

이것은 창세기의 시작과 끝만 살펴보아도 쉽게 느껴볼 수 있다. 태초의 인간은 뱀의 유혹에 넘어가 선악(וָרָע טוֹב 토브 와라)을 아는 일에 하나님 같이 되기를 갈망하며 선악과를 취하는 죄악에 빠져든다(창 3:4-6). 그로 인해 세상은 사람이 평안하게 살아갈 수 없는 가시덤불과 엉겅퀴로 가득한 황폐한 불모지로 변해간다(창 3:18). 하지만 창세기의 마지막에 극적인 용서와 화해로 탄생된 이스라엘은 요셉을 통해 이 모든 죄악을 극복하는 길을 걸어간다. 자신들의 잘못을 용서해 달라는 형제들의 간곡한 말에 요셉은 눈물을 흘리며 "내가 하나님을 대신하리이까"라는 반문으로 자신은 결코 하나님 같이 되어 그의 주권을 넘어가 사람의 생명을 좌지우지 하는 죄악을 범하지 않을 것임을 선언한다. 그리고 형제들에게 "당신들은 나를 해하려(רָעָה 라아/악) 하였으나 하나님은 그것을 선으로(טבה 토바/선) 바꾸사 오늘과 같이 많은 생명을 구원하게 하시려 하셨다"(창 50:19-20)고 고백한다. 하나님의 주권을 넘어가지 않으려 최선을 다하는 요셉의 순종으로 인간이 저지른 악까지도 선으로 바뀐다.[23] 즉, 선으로 악을 이기는 것이다. 하나님께 순종하는 이런 사람이 있을 때 세상이 비록 기근으로 거칠고 황폐함이 가득할지라도 사랑의 돌봄으로 생명이 살아나는 기적이 펼쳐진다. 이것이 세상 속에서 하나님의 백성이 이루어야 할 사명인 것이다. 창세기는 이처럼 인류가 안고 있는 죄악이 하나님의 백성을 통하여 해결되는 미래를 기대하고 있다. 시작과 끝이 이와 같은 극적인 반전으로 가기 위해서 수많은 비교와 대조라는 과정의 다리를 건너가야 한다. 창세기의 많은 인물들의 이야기가 서로 대칭되는 이유가 바로 여기에 있다. 이러한 비교를 통해서 하나님의 백성을 찾아가는 것이다.

이러한 양 대칭의 중심에 '이삭-리브가 이야기'(D)가 있다. 아마도 창세기에서 가장 무시되는 인물 중의 한 명이 바로 이삭이라는 인물일 것이다. 이삭은 그의 아내 리브가의 역할보다도 미미하게 사람들에게 인식되는 불운을 겪어왔다. 그러나 정작 창세기의 전체 이야기 속에서 가장 핵심되는 인물이 이삭이며, 그것은 이삭을 창세기 구조의 가장 중심에 위치시키는 것만 보아도 잘 알 수 있다. 이삭-리브가 이야기의 중심성과 그 목적은 각각의 이야기들을 세세하게 풀어나갈 때 분명하게 드러날 것이다. 여기서는 이 두 사람의 이야기가 창세기의 신앙적인 의미를 논할 때 결코 무시되어서는 안 되는 존재들이라는 운만 띄우기로 한다.

먼저 다루어야 할 것은 여기에 제시된 교차대칭구조를 이루는 창세기의 7중 구조가 본래 창세기가 현재 형태로 완성될 때 의도된 것인지, 아니면 본문과는 무관하게 창작된 것인지를 밝히는 작업이다. 이를 바르게 살피기 위해서는 먼저 창세기의 각 부분을 면밀히 연구할 필요가 있다. 각각의 이야기가 명백한 독립성과 개별적인 의미를 가진 것인지, 서로 대칭이 되는 이야기들이 어느 누가 보아도 설득력 있는 내용을 포함하고 있는지 그리고 그 대칭 이야기들이 창세기 전체의 주제의 발전과 완성에 분명한 기여를 하고 있는지를 면밀히 분석해 보아야 할 것이다. 이를 위해 먼저 7개의 이야기들을 차례로 세심하게 다루고, 그 후에 대칭되는 내용을 비교하며 7중 구조의 목적과 의미를 밝힐 것이다.

[1부 주석]

1) 인간은 자신이 사라진 뒤에도 세상이 아무 일도 없다는 듯이 계속 유지된다는 것에 일종의 회의와 두려움을 느낀다. 이러한 인생의 유한성에서 오는 허무함을 극복하려는 몸부림이 시한부 종말론이라는 극단적인 운동을 낳게 한다. 즉, 자신의 시대를 목적지와 종착점으로 하여, 자신을 새로운 세상으로의 출발선으로 삼으려는 것이다. 그러나 그 때와 그 시는 오직 하나님의 손 안에 있는 것이며(마 24:36; 행 1:7; 살전 5:1-2), 그것의 단축과 연장 또한 전적으로 하나님의 주권에 있는 것이다(단 2:21).

2) 유진 피터슨(E. H. Peterson), 『주와 함께 달려가리이다(*Run With the Horses*)』(홍병룡 역) (서울 : IVP, 2003), 45쪽.

3) http://chang256.new21.net/technote7; http://cafe.daum.net/EastAsianPhTh/Jg3S

4) E. H. 카(E. H. Carr), 『역사란 무엇인가(*What Is History?*)』(서울: 범우사, 1996), 53쪽.

5) A. Whitney Brown, *The Big Picture: An American Commentary* (New York: Harper Perennial, 1991), 12쪽. J. 클린튼 매캔의(J. Clinton McCann) 『새로운 시편여행(*A Theological Introduction to the Book of Psalms: The Psalms as Torah*)』(김영일 역) (서울: 은성, 2000), 153-154쪽에서 재인용.

6) Will Herberg, "Five Meanings of the Word 'Historical'," *CS* XLVII (1964), 327-330쪽.

7) K. L. 놀(Noll), 『고대 가나안과 이스라엘의 역사(*Canaan and Israel in Antiquity: An Introduction*)』(소형근 역) (한국구약학총서 10; 서울: 프리칭아카데미, 2009), 41-42쪽.

8) Thomas L. Brodie, *Genesis as Dialogue: A Literary, Historical, & theological Commentary* (Oxford: Oxford University Press, 2001), 98쪽.

9) 이 부분은 필자의 책 『구약성경 로드맵』(서울: 홍림, 2017), 55-74쪽에서 재인용하여 사용하였다. 먼저 쓴 책이 구약 전체의 개관이기에 창세기 개관 부분이 이 주석 강해서의 서론 부분에 적합하다는 점에서 일정부분을 조금 보완하여 수록하였다.

10) Bruce K. Waltke & Cathi J. Fredricks, *Genesis: A Commentary* (Grand Rapids, MI: Zondervan, 2001), 59-60쪽.

11) Victor P. Hamilton, *The Book of Genesis Chapters 1-17* (NICOT; Grand Rapids, MI: Eerdmans, 1990), 110-11쪽.

12) Gordon J. Wenham, *Genesis 1-15* (WBC; Waco, Texas: Word Books, 1987), 6-10쪽.

13) Jon D. Levenson, *Creation and the Persistence of Evil: The Jewish Drama of Divine Omnipotence* (Princeton, NJ: Princeton University Press, 1988).

14) Levenson, *Creation and the Persistence of Evil: The Jewish Drama of Divine*

Omnipotence.

15) 왕대일,『구약신학』(서울: 감신대성서학연구소, 2003), 384쪽.

16) 게르하르트 폰 라트(G. von Rad),『창세기(*Das erste Buch Mose: Genesis*)』(국제성서 주석; 서울: 한국신학연구소, 1983), 97-98쪽.

17) 마르틴 부버(Martin Buber),「나와 너(*Ich und Du*)」(김천배 역) (서울: 대한기독교서회, 1991).

18) 데이빗 돌시(D. A. Dorsey),『구약의 문학적 구조: 창세기-말라기 주석(*The Literary Structure of the Old Testament: A Commentary on Genesis-Malachi*)』(서울: 크 리스챤출판사, 2003), 48쪽; S. Bar-Efrat, "Some Observations on the Analysis of Structure in Biblical Narrative," VT 30 (1980), 170쪽.

19) John Breck, "Biblical Chiasmus: Exploring Structure for Meaning," *BTB* 17 (1987), 70-74쪽; John W. Welch(ed), *Chiasmus in Antiquity: Structure, Analyses, Exegesis* (Hildesheim: Gerstenberg Verlag, 1981).

20) John Beekman, John Callow & Michael Kopesec, *The Semantic Structure of Written Communication* (Dallas: Summer Institute of Linguistics, 1981), 15쪽.

21) C. J. Labuschagne, "The Setting of the Song of Moses," M. Vervenne and J. Lust (eds.), *Deuteronomy and Deuteronomic Literature, Festchrift C. H. W. Brekelmans* (Leuven: Leuven University Press, 1997), 111-129쪽.

22) Jae Gu Kim, "Chiasmus - The Redactional Structure of the Book of Genesis," (Uni. of St. Michael's College in Uni. of Toronto, Unpublished Dissertation, 2003).

23) Bruce T. Dahlberg, "On Recognizing the Unity of Genesis," *TD* 24 (1976), 360-67쪽.

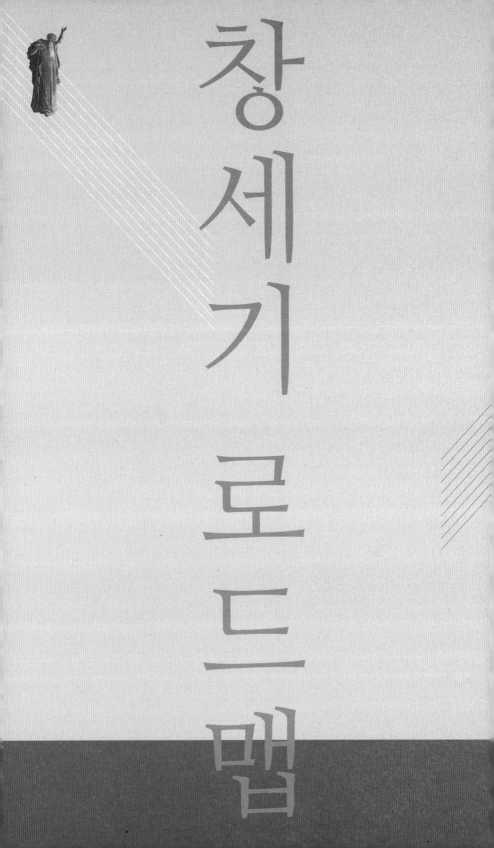

창세기 로드맵

제 2 부

창세기는 어떤 내용인가?

본론에 해당하는 제2부에서는 창세기의 내용을 이 책이 가지고 있는 문학적인 구성을 따라서 세부적으로 추적하며 해석해 나갈 것이다. 창세기가 7개의 거대한 단락(cycle)으로 이루어졌다는 것은 이미 개관에서 제시하였다. 그 일곱 단락은 다음과 같다.

1. 천지창조와 인류의 탄생(아담) 이야기(창 1:1-6:8)
2. 노아 이야기(창 6:9-11:26)
3. 아브라함 이야기(창 11:27-22:24)
4. 이삭 이야기(창 23:1-25:11)
5. 야곱 이야기(창 25:12-36:43)
6. 요셉 이야기(창 37:1-46:34)
7. 하나님의 백성의 탄생(이스라엘) 이야기(창 47:1-50:26)

여기서는 7개의 단락을 차례차례 집중적으로 분석하며, 각각의 단락이 보여주는 신학적이고 신앙적인 내용들을 파헤칠 것이다. 그 순서는 먼저 각각의 단락을 개관하고, 그 개관을 기초로 하여 각 단락의 문학적인 구성을 그려보는 것을 통해 전체를 살펴본 후에 세부적으로 들어가 각 단락 안에 나타난 중요주제들을 심도 있게 다룰 것이다.

주제의 중요도에 따라서 때로는 개개의 절 단위로 세심하게 다루기도 할 것이며, 그렇지 않을 때에는 굵직한 주제를 풀어가는 형태를 취할 것이다. 이를 통해 창세기의 시작을 열고 있는 천지창조가 마침내 어떤 결론에 다다르게 되는지를 이스라엘의 탄생을 통해 살피며, 인류를 향한 하나님의 뜻이 하나님의 백성과 어떤 연관관계가 있는지를 분명히 드러낼 것이다. 창세기가 보여주고자 하는 하나님의 계획을 선명하게 깨닫기 위하여 창조(창 1-2장)와 이스라엘의 탄생(창 47-50장)이라는 시작과 끝을 연결하는 과정 중에 있는 많은 인물들의 이야기는 필수적으로 통과해야 할 관문들이다. 하나님께서는 결과보다도 과정을 더욱 중요하게 여기시기 때문이다. 성취와 형통이라는 결과를 인간은 수단과 방법을 가리지 않고 만들어 낼만한 여력을 가지고 있다. 그러나 동일한 성취에 다다랐을지라도 그 과정에 차이가 있다면 그 성취는 곧 다른 길을 향할 것이다. 그러기에 아담-노아-아브라함-이삭-야곱-12지파의 선조들인 요셉과 형제들이라는 믿음의 사람들의 길을 돌아보며 하나님께서 이루기를 원하시는 그 성취가 무엇인지를 바르게 살펴볼 필요가 있는 것이다. 이러한 과정을 이루어 가며 자연스레 창세기가 전하고자 하는 핵심 신앙이 표면에 드러날 것을 기대해 본다.

I
천지창조와
인류의 탄생(아담) 이야기(창 1:1-6:8)

1. 이야기 전체를 한눈에 읽기

창세기 1-2장은 하나님의 웅장한 창조의 대 서사시로 시작하여 그 창조의 실체이며, 창조질서를 성취해 가야 할 땅인 에덴동산의 완성으로 그 결론에 이른다. 천지창조는 결코 무(無)로부터의 창조가 아니라 땅이 '혼돈하고 공허하며 흑암이 깊음 위에 있는 상태'에서 시작된다(창 1:2). 이러한 무질서의 상태를 극복하는 것이 바로 하나님의 창조에 주로 나타나는 단어들인 "보시기에 좋았더라"(טוֹב 토브/선; 창 1:4, 10, 12, 18, 21, 25), "보시기에 심히 좋았더라"(טוֹב מְאֹד 토브 메오드; 창 1:31) 그리고 "복을 주다"(בָּרַךְ 바라크; 창 1:22, 28; 2:3)라는 반복적인 문구들이다. 하나님이 보시기에 좋은 세상은 곧 '선(בוֹט 토브/좋다)이 이루어지는 세상'이며, '축복이 넘치는 세상'이다. 하나님께서 만드신 세상에 '선과 축복'을 이루는 것을 방해하는 모든 것은 '혼돈과 공허, 흑암의 깊은 세력'이라 할 수 있다. 하나님께서는 하나님의 형상을 부여받은 인간이 생육하고, 번성하여, 땅에 충만하게 되고, 나아가 땅을 정복하여 피조세계 전체를 바르게 다스림으로 이러한 혼돈의 세력을 이 세상에서 몰아내기를 원하셨다. 그리고 다스림의 최고의 방법은 안식일을 거룩하게 지키는 예배하는 삶을 통해서라는 것을 가르치셨다. 세상은 이렇게 창조되었고, 하나님께서는 아담을 만드시고 그를 자신이 특별히 지으신 가장 살기 좋은 땅인 에덴동산에 두셨다. 이와 같이 창세기의 처음 두 장은 하나님의 창조가 이루어진 세상은 보기에 '매우 좋았고, 질서정연하며, 조화로운 상태'였음을 강조하고 있다.[24]

특히 에덴동산은 그 특징만으로도 인류를 향한 하나님의 뜻을 보여주기에 충분하다. 그 특징들을 세밀하게 살펴보면 에덴동산은 단순한 땅이 아니라 하나님을 예배하는 성전의 모형이라는 것을 알 수 있어서다.[25]

첫째로, 에덴에는 보기에 아름답고 먹기에 좋은 나무들이 가득하다(창 2:9). 동일하게 성전 내부에는 종려와 핀 꽃 형상을 아로새겨 풍성함을 상징했고(왕상 6:29, 32, 35; 겔 41:16-26), 또한 에스겔이 본 성전의 환상 가운데는 그 주변으로 만국을 살리는 실과를 맺는 나무들이 즐비하게 늘어서 있다(겔 47:7-12; 계 22:1-3).

둘째로, 강이 에덴에서 발원하여 동산을 적시고 네 갈래로 갈라져 세계를 적시는 것은(창 2:10) 성막과 성전의 물두멍과 놋 바다(출 30:17-21; 왕상 7:23-40)와 성전 문지방에서 흘러나온 생수의 강을 연상시킨다(겔 47:1-12; 계 22:1-2).

셋째로, 에덴의 금과 베델리엄과 호마노(창 2:12)와 같은 보석의 언급은 성막과 성전을 짓는 중요한 재료들과 깊은 연관이 있다. 금은 성막을 짓는 주 재료에 들어가며, 호마노는 대제사장 복장에 사용되고(출 25:7; 28:9, 20), 베델리엄은 구약성경에 단 두 번 나타나는데 만나가 베델리엄(식물성 진주) 같다고 하며(민 11:7), 그 만나를 담은 항아리가 지성소에 보관된다(출 16:33).

넷째로, 사람을 만드시고 에덴동산을 '다스리고(경작하고) 지키게'(עָבַד וְשָׁמַר 아바드 웨샤마르)하셨다(창 2:15). 이 두 단어가 오경(토라) 속에 함께 한 문장에서 동시에 나타나는 경우는 세 번으로 모두다 아론과 그 아들들 그리고 레위인들에 대한 성막에서의 직무수행을 설명할 때만 사용된다(민 3:7-8; 8:26; 18:5-6). 이것은 에덴동산에서의 아담의 일이 제사장들이 희생제물을 준비하고 바치는 직무와 동일함을 보이는 것이다.

다섯째로, 동산을 '거니시는'(מִתְהַלֵּךְ 미트할레크) 여호와의 모습이다(창 3:8). 이 '거닐다'라는 동사는 사람에게 자주 쓰이는 단어이나, 하나님과 관련해서는 항상 성막에서 '거니시는' 것과 관련해서 나타나는 특징이 있다(레 26:12; 신 23:15; 삼하 7:6-7).

여섯째로, 하나님께서 아담과 하와에게 가죽옷을 지어 '입히시는 것'(יַלְבִּשֵׁם 알비셈; 창 3:21)은 모세가 하나님께서 지시하신 대로 제사장 복장을 만들어 아론과 그의 아들들에게 입히는 것과 동일한 표현이다(출 28:41, 42; 29:8; 40:13, 14; 레 8:13). 이것은 아담이 앞으로 서게 될 속죄의 제사장 직분을 상징하는 것일 수 있다.

일곱째로, 에덴동산 가운데에는 생명나무와 선악을 아는 나무가 있었다고 한다(창 2:9). 선악을 바르게 판단하는 것과 충만한 생명을 누리는 것은 인간 삶에서 결코 분리될 수 없는 것이다. 선과 악이 왜곡되는 재판이 이루어질 때 죽음이 그 결론이 될 때가 많기 때문이다(왕상 21:11-16). 그러나 선악을 바르게 판단하는 재판이 이루어질 때는 생명이 살아난다(왕상 3:16-28). 사람들에게 바른 판단력을 주어 선과 악을 정확하게 분별하고, 사람들을 생명의 길로 인도하는 기본이 되는 것은 역시 여호와의 율법이라 할 수 있다(신 30:15-16; 왕상 3:14). 이 율법의 핵심이요, 정수라고 할 수 있는 십계명을 적은 두 돌 판이 성막의 중심이요, 가장 깊은 곳인 지성소에 놓인 법궤 안에 보관되어 있다(출 25:21; 신 10:1-5).

마지막으로, 에덴 동편에 그룹들과 두루 도는 불 칼을 두어 생명나무로 가는 길을 지키게 하셨다는 것은 그 쪽에 들어가는 입구가 있다는 암시로 볼 수 있다(창 3:24). 성막과 성전 또한 동쪽에만 출입구가 존재한다. 그리고 그룹은 성막과 성전 안 지성소에 좌정한 하나님의 보좌를 호위하는 존재들로 나타난다(출 25:18-22; 왕상 6:23-28).

이와 같이 에덴동산에 대한 상세한 분석을 통해서 살펴볼 수 있는 것은 이곳이 바로 하나님에 의해서 주어진 완전한 성전의 원형이라는 사실이다. 성막과 성전은 에덴동산의 모형(模型)으로 결국 잃어버린 원형을 회복하는 장소가 되는 것이다. 에덴은 하나님과 인간사이의 친밀하고 가장 이상적인 아름다운 관계가 살아 있는 곳이다. 옷을 입지 않아도 하나님 앞에서나 다른 인간들 앞에서 거리낌이 없었던 장소이며, 하나님과의 친밀한 대화와 동행이 있는 온전한 예배의 모범이 살아있던 장소이다. 그리고 하나님과의 만남에 지장을 초래하는 그 어떤 이물질도 발견할 수 없다. 천지창조가 창조의 정점인 인간의 창조를 넘어서 그 목적지인 안식일 예배에 이르며 마감되었다면, 그 다음은 에덴동산이 완성됨으로 인간이 하나님을 예배하는 완전한 성전이 건축된 것이다. 그 성전은 어떠한 분리의 벽도 필요치 않고, 죄를 속하기 위한 제단도 필요치 않은 가장 이상적인 조화가 살아있는 장소였다. 인간이 해야 할 일이란 성전의 완전한 모범이 되는 에덴동산에서 안식일을 거룩하게 구별하여 지키고 하나님의 뜻을 행하며 살아가는 것이다.

그러나 그 다음 장들인 창세기 3-4장으로 넘어가면 이러한 조화의 상태가 산산이 부서진 반전이 펼쳐진다. 먼저 창세기 3장에는 하나님께서 창조하시고, 가장 알맞은 삶의 장소까지 선물로 부여받은 아담이 저지른 불순종이 무엇인가를 보여준다. 첫 사람 아담이 지켜야 할 것은 바로 하나님의 명령이었다. 모든 것이 다 가능하나 '선악을 알게 하는 나무의 열매'는 절대로 먹지 말라는 명령에 순종하는 것이다. '선악을 알게 하는 나무'라는 말이 어떤 특정한 나무의 형태를 표현하기에 그 초점이 열매가 있는 나무의 시각적인 요소에 놓일 수 있다. 그러나 그 보다는 그 열매를 먹고 난 다음의 하나님의 반응에서 그 강조점이 결코 나무에 있지 않음을 알 수 있다. 아담과 하와가 선악과를 먹은 후 그 특별한 나무의 특성은 사라지고 단지 "내가 너더러 먹지 말라 명한(צִוָּה 짜바) 나무의 열매"(창 3:11, 17)라는 표현법으로 하나님의 명령에 대한 불순종이 강조되어 나타나고 있다. 인간 스스로가 그 자신의 선택에 의해 하나님의 명령을 어긴 것이다. 이점에서 이 열매는 하나님과 인간의 관계 속에서 인간이 하나님이 되려는 의지를 파악하는 기능을 하고 있다.[26]

　　"아담이 저지른 이 불순종은 정확하게 무엇을 의미하는가?" 그리고 "그 파급효과는 무엇인가?"를 살피는 것은 차후의 역사를 이해하는 시금석이 된다. 아담의 불순종 후에 내려진 하나님의 판결문은 아담의 죄가 무엇인지를 분명하게 보여준다. 하나님께서는 두려워 숨어 있는 아담에게 "네가 네 아내의 말을 듣고 내가 너더러 먹지 말라 명한 나무의 실과를 먹었느냐"(창 3:17)라고 질문하신다. 여기에는 아담이 하나님의 명령을 어긴 근본 이유가 제시되고 있다. 그것은 바로 "네가 네 아내의 말을 듣고"라는 질책을 통해 알 수 있다. 인간의 죄는 하나님의 명령을 거역하고 사람의 말을 따른 것이다. 그 곳에는 인간 창조의 본질인 예배가 전적으로 파괴된다. 그리고 그 결과는 심각하다. 하나님께서 주신 좋은 땅에서의 추방과 사람이 몸 붙여 살아가는 '땅이 저주를 받아서'(אֲרוּרָה הָאֲדָמָה/아루라 하아다마)

고역의 노동을 통해서야 겨우 먹고 살만큼의 소산을 얻는 고통이 시작된 것이다.

그것과 연이어서 나타나는 현상이 창세기 4장이 전하는 형제 사이의 다툼이며 분열이다. 하나님의 형상이 되기보다는 하나님처럼 되려는 욕망으로 가득한 인간은 결코 다른 사람을 향하여 관대할 수 없다. 더 갖기 위하여, 더 누리기 위하여, 더 높아지기 위하여 인간은 다른 동료 인간을 언제든지 적으로 간주할 준비가 되어있으며, 자신의 목적을 이루는 수단과 도구로 전락시킬 수 있다. 가인과 아벨 사건은 죄를 바르게 다스리지 못하는 인간이 걸어가는 길을 보여준다. 가인이 선택받지 못한 질투심에 불타 아벨을 죽이는 악을 저지른다. 불순종으로 하나님과 사람사이가 파괴되었고, 이제 인간의 시기심이 사람과 사람사이를 파괴한다. 이러한 관계의 파괴는 다스림의 파괴로 이어진다. 형제를 죽인 가인에게 하나님께서 "네가 땅에서 저주를 받으리니(אָרוּר אָתָּה/아루르 아타)…땅이 다시는 그 효력을 내게 주지 아니하리라"(창 4:11-12)고 선고하신다. 인간은 땅을 다스리는 존재가 아니라 땅이 더 이상 소출을 내지 못할 정도로 저주를 받아 피폐해 짐으로 그 땅에서조차 살아가기 힘든 운명에 빠져버린 존재가 되었다. 땅에는 인간으로 인해 계속적인 저주가 퍼부어진다. 창조의 이상이 인간의 죄악으로 파괴되기 시작한다. 하나님의 '복 주심'(בָּרַךְ/바라크)은 사라지고 '저주'(אָרוּר/아루르)가 온 세상을 가득 채우게 된 것이다. 복이라는 단어가 창세기 1-2장의 중심 이상을 드러내는 단어였다면, 그 다음의 3-4장에는 복이라는 단어는 완전히 사라지고 저주라는 단어만이 등장한다(창 3:14, 17; 4:11). 인간이 저지르는 죄는 하나님의 원래 계획인 축복을 끊어내고, 저주를 끌어들이는 길이라는 것을 분명하게 살펴볼 수 있다. 그리고 인간은 점점 더 에덴동산으로부터 멀어지게 된다(창 4:16).[27]

그리고 창세기 4:16-6:8절까지는 아담의 후손들의 이야기가 펼쳐진다. 그 이야기는 주로 족보라는 형태로 주어지고 있다. 하지만 족보는 단순히 인간의 계보를 기록하기 위한 목적이 아니라 하나님과 인간의 소망이 공존하는 장소라는 점에서 그 중요성이 더욱 강조될 필요가 있다. 하나님께서 인류의 적이라 할 수 있는 뱀에게 내리신 심판 선언을 살펴볼 때 이 소망이 무엇인가를 분명하게 알 수 있다. 하나님께서는 미래에 펼쳐질 뱀의 후손과 여자의 후손간의 계속되는 싸움을 예고하신다.

> 내가 너로 여자와 원수가 되게 하고 네 후손도 여자의 후손과 원수가 되게 하리니 여자의 후손은 네 머리를 상하게 할 것이요 너는 그의 발꿈치를 상하게 할 것이니라 하시고(창 3:15)

이로써 후손을 둔다는 것은 든든한 응원군을 얻는 것이며, 사탄과의 전쟁을 수행할 영적 군사를 얻는 것이다(시 127:3-5). 그러므로 족보는 그 이름들 안에 이미 전쟁이야기가 내포되어 있는 것이다. 그런데 안타깝게도 아담의 후손들의 족보가 서로 대립되는 길로 갈라져 나간다. 가인을 통한 족보(창 4:16-24)와 셋을 통한 족보(창 4:25-5:32)가 바로 그것이다. 인간이 저지른 죄악을 더욱 확장시켜 나가는 가인의 후손들과 여호와의 이름을 부르며 하나님을 예배하는 셋의 후손들은 세상과 교회가 걸어가고 있는 대립과 분리와 동일한 것이라 할 수 있다. 그러나 이 구별과 분리는 그리 오래가지 않는다. 10대가 지나며 구별선은 희미해지며, 사람의 길을 걷는 자와 하나님의 길을 걷는 자들 간에 교류와 연합을 통하여 악이 선을 잠식하게 되는 것이다. "의와 불법은 결코 함께 할 수 없으며, 빛과 어둠은 결코 사귈 수 없는 것이며, 믿는 자와 믿지 않는 자는 결코 일치될 수 없다"(고후 6:14). 이 양자가 연합하기 위해서는 반드시 어느 한 쪽이 자신의 주장과 이념을 포기해야만 하는 것이다.

아담의 후손들이 걸어가는 양 갈래 길은 가인의 후손인 사람의 딸들과 셋의 후손인 하나님의 아들들의 불길한 연합으로 하나로 통합되었다. 어느 쪽의 이념이 승리했느냐는 그 연합의 결과를 통해서 분명하게 살펴볼 수 있다. 사람의 죄악이 세상에 가득하고 그의 마음에 생각하는 모든 계획이 항상 악할 뿐이라는 것이 그 결론이 되었다(창 6:5). 선악(ורע טוֹב 토브 와라)을 아는 일에 하나님 같이 되기를 원했던 사람들로 인해 이 세상이 마침내 선(טוֹב 토브)이 사라지고 악(רע 라)으로 가득 찬 장소가 된 것이다(창 6:5). 천지창조 때 "보시기에 좋았더라"(טוֹב 토브/선)와 "심히 좋았더라"(טוֹב מְאֹד 토브 메오드)와 같이 선한 것으로 가득 찼던 하나님의 창조가 결국은 "사람의 악이 가득한 세상"(רַבָּה רָעַת הָאָדָם 라바 라아트 하아담)으로 그 첫 번째 결론에 이른 것이다.[28] 악이 세상을 온통 뒤덮은 것이다. 온 천지가 흑암의 깊은 물로부터 갈라지기 전의 그 혼돈과 공허의 상태로 되돌아가버린 것이다.[29] 이제 누가 이 '저주'와 '악'의 순환을 끊고, 하나님의 창조의 목적인 '복주심'과 '보시기에 좋은 상태'의 회복을 만들어갈 것인가가 중요한 과제로 남아있다. 그것은 하나님의 명령에 전적으로 순종하는 헌신으로 인해 가능할 것이 분명하다. 끝은 늘 시작과 연결된다. 아담의 이야기가 결국은 실패의 이야기로 마감된 그 자리에 노아라는 이름이 등장하고 있다는 것은 새로운 미래를 향한 시작을 예시하고 있는 것이다.

2. 이야기의 문학적 구조 따라 읽기

창세기 1:1-6:8절 전체를 한 눈에 놓고 읽은 내용을 살펴보면 이 단락이 결코 무작위로 배열되어 있는 것이 아님을 알 수 있다. 이 단락은 크게 세 부분으로 나눌 수가 있는데 각 이야기마다 두 가지의 동전의 양면 같은 사건을 다루고 있다는 특징이 있다. 먼저 두 개의 창조 이야기를 다루고 있는 부분(창 1:1-2:25), 다음은 세상의 질서를 파괴하는 두 가지 죄를 폭로하는 부분(창 3:1-4:15) 그리고 가인과 셋의 후손이 보여주는 분리의 길과 혼합의 길이라는 두 가지 길을 다루는 부분(창 4:16-6:8)이다. 이러한 이야기 전개는 자연스럽게 평행구조를 형성하며 시작과 반전과 그 결과라는 극의 흐름을 보여준다.

조화로운 시작 (창 1:1-2:25)	A. 1:1-2:3 천지창조와 인간의 소명 A'. 2:4-25 에덴동산 창조와 그 상징적 의미
조화가 깨어지는 반전 (창 3:1-4:15)	B. 3:1-24 하나님의 형상이 아닌 하나님처럼 되려는 인간 (하나님과 사람의 관계 파괴) B'. 4:1-15 나아가 하나님의 형상을 파괴하는 인간 (사람과 사람의 관계 파괴)
반전의 결과 (창 4:16-6:8)	C. 4:16-5:32 가인과 셋 그리고 선악의 분리 C'. 6:1-8 가인과 셋 그리고 선악의 혼합

천지창조와 에덴동산에서의 창조는 창조라는 점에서 공통점이 있으나 창조가 점점 구체화 된다는 점에서 발전을 보이고 있다. 하늘에서 말씀으로 창조하시던 하나님께서 이 땅으로 장소를 옮기셔서 손으로 직접 세상을 창조하시며 구체적인 이름이 주어진다. 단순히 땅이요, 남자와 여자요, 나무요, 짐승들이었으나, 땅은 구체적인 에덴동산으로, 나무들은 생명나무와 선악을 알게 하는 나무로, 남자와 여자는 아담과 하와가 된다. 창조가 점점 현실세계로의 구체화가 이루어지듯이, 인간이 저지르는 죄 또한 구체적으로 확장된다. 아담과 하와가 저지른 하나님과의 관계 파괴는 눈에 드러나지 않는 비가시적인 현상이다. 그러나 그것의 구체적인 실체가 바로 형제살해라는 가시적인 증상으로서 사람사이의 관계파괴로 드러난다는 것을 보여준다(요일 4:20-21). 그러므로 이 둘은 뗄 수 없는 함수관계에

있는 것이다. 사람과의 관계로 하나님의 관계를 살펴볼 수 있다는 것이다 (롬 13:8; 갈 5:14). 가인과 셋의 후손들의 족보는 처음에는 서로 만날 수 없는 구별과 분리의 길을 걷는다. 그러나 결국은 혼합되는 것으로 인간 죄악의 마지막 종착점이 무엇인지를 보여주고 있다. 악의 승리를 말하고 있는 것이다.

이러한 평행적인 흐름은 또 다른 구조에 자리를 양보하고 있는데 '조화-죄-조화의 반전'라는 대칭적인 구조이다. 우선 시작부분(창 1:1-2:25)과 끝부분(창 4:16-6:8)에서 반전이 벌어지고 있다는 것을 쉽게 살펴볼 수 있다. 시작은 천지창조의 조화로운 화음으로 시작했다면 끝은 그 화음이 완전히 파괴된 상황이 펼쳐진다. 동일한 표현과 단어들이 대거 등장하며 두 부분의 연결성을 드러낸다. 시작부분에서 창조의 파노라마가 인간에게 이르러서는 구체적인 계획과 더불어 인간을 창조하신다. 하나님의 형상과 모양을 따라서 남자와 여자를 창조하시고 그들에게 복을 주셨다고 한다(창 1:26-28). 이 내용은 아담의 아들인 셋의 족보를 말할 때 동일하게 서술된다(창 5:1-2). 결국 셋의 계보를 통해서 이러한 하나님의 뜻을 연결시켜 보겠다는 의지가 들어 있음을 느껴볼 수 있다. 그리고 창조에서 인간에게는 생육하고 번성하라는 축복의 명령이 주어졌다(창 1:26, 28). 그 축복의 성취는 창세기 6:1절의 "사람이 땅 위에 번성하기 시작할 때에"라는 구절에서 분명하게 살펴볼 수 있다. 그러나 그 실제적인 내용에 있어서는 천지창조 때 하나님께서 바라셨던 선과 축복의 확장이 아닌 '사람의 악이 가득(번성)한 세상'이 된 것이다(창 6:5). 매일 매일의 창조를 바라보시며 "보시기에 좋으셨고" 마침내 사람을 창조하신 후에는 "보시기에 심히 좋았(선하였)더라"(창 1:31)는 극도의 기쁨을 감추지 못하셨던 하나님께서 마지막에는 "땅 위에 사람 지으셨음을 한탄하사 마음에 근심하시는 지경"에 까지 이르셨다(창 6:6). 그리고 천지창조 때 만드셨던 피조물들인 사람으로부터 가축과 기는 것과 공중의 새까지 지면에서 쓸어버릴 결심을 하셨다(창 6:7). 어느 모로 보나 이 단락의 끝부분(창 4:16-6:8)은 천지창조의 반전이라고 말하기에 충분하다. 그렇다면 이러한 반전이 일어난 이유는 무엇인가? 그것은 분명 이 단락의 중심에 자리 잡고 있는 하나님처럼 되려는 인간의 죄로 인해 벌어진 현상일 것이다. 이러한 상황을 구조화시키면 A-B-A' 형태의 교차대칭구조(chiasm)를 형성한다.

A. 1:1-2:25 창조의 조화(하나님 보시기에 심히 **선**하였더라)

　　B. 3:1-4:15 인간의 죄(아담-가인)(**선악**을 아는 일에 하나님처럼 된 인간)

A'. 4:16-6:8 창조조화의 전적인 파괴(인간의 모든 계획이 항상 **악**할 뿐임을 보심)

　　이 구조를 따라 읽으면 창조조화의 파괴는 그 분명한 원인을 가지고 있다는 것을 알 수 있다. 하나님께서는 천지창조와 에덴동산의 창조에서 이미 이 세상이 어떻게 걸어가야 할 것인가에 대한 모든 청사진을 다 제공해 주셨다. 그러나 인간의 죄가 모든 것을 파괴한다. 그렇다면 이 죄의 해결이 급선무일 것이다. 죄가 사라지지 않는 한 이 세상이 아무리 많이 '창조-파괴-재창조'의 순환을 반복한다 할지라도 결코 새로워질 수 없다는 것은 자명하다. 이렇게 구조를 따라 읽으면 하나님의 갈망도 인간의 문제도 그리고 해결을 위한 다음 단계를 볼 수 있는 눈이 생긴다. 이 두 구조를 참조하여 세부적인 주제의 해석은 6가지로 나누어진 평행구조의 주제들을 따라서 분석하고 그 결론에서는 교차대칭구조가 제시하는 반전을 통해 이 단락이 제시하는 신학을 설명할 것이다.

3. 이야기의 세부적인 주제 따라 읽기

1) 천지창조와 인간의 소명(창 1:1-2:3)

(1) 창조세계와 인간

창세기의 시작은 천지창조의 대 서사시로부터 시작한다. 천지창조의 이야기를 살펴보면 창조는 하나님께서 무에서 유를 창조하셨느냐, 유에서 유를 창조하셨느냐에 대한 관심으로 시작하지 않는다. 그리고 창세기의 천지창조 이야기는 창조 때에 아무 것도 없었다라고 말하지 않는다. 창조 때에 무언가가 존재하고 있었다는 것을 분명히 살펴볼 수 있기 때문이다.

> 태초에 하나님이 천지를 창조하시니라 땅이 혼돈하고 공허하며 흑암이 깊음 위에 있고 하나님의 영은 수면 위에 운행 하시니라(창 1:1-2)

성경은 하나님께서 창조를 시작하실 때 그 땅이 어디로부터 기인된 것인가에 대하여는 중요하게 생각하지 않는다. 기원보다는 그 땅의 상태를 더욱 중요하게 생각한다. 과학적이고 이성적인 사고를 만족시키는 태초의 시작과 기원을 설명하기에는 부적합한지 모르겠지만 인간의 실존적인 상태를 말하는 것에 이것보다 더 좋은 길은 없을 것이다. 하나님께서는 천지창조 이야기를 지적인 만족을 채우는 기능보다는 인간의 실체를 바르게 설명할 수 있는 기능으로 활용하시는 것이다. 그러나 오해하지 말아야 할 것은 이 시작이 하나님은 무로부터 모든 것을 창조하실 수 있는 능력이 없다는 것을 결코 의미하는 것이 아니다. 사도신경의 고백처럼 하나님은 무로부터 천지를 창조할 수 있는 전능자시라는 진리는 결코 변함이 없다.

하지만 천지창조 이야기는 무로부터의 창조냐, 유로부터의 창조냐에 대한 대답을 하기위한 의도가 아니라, 다른 메시지를 증거 하기 위한 목적을 갖고 있다는 것을 뜻하는 것이다.

우리는 창세기 1장의 천지창조 이야기만 가지고는 결코 창조 때에 이미 존재하고 있던 땅이 무엇을 의미하는지를 분명하게 설명할 수 없다. 그러나 조금만 더 진행하여 노아의 홍수까지만 나가면 창조 전에 존재한 혼돈과 공허가 가득한 그 땅이 무엇을 의미하는지를 분명하게 조명해 볼 수 있다. 천지창조와 노아의 홍수에 나타난 다음의 구절들을 비교해 보면 쉽게 이해할 수 있을 것이다.

천지 창조	태초에 하나님이 천지를 창조하시니라 땅이 혼돈하고 공허하며 흑암이 깊음(테홈) 위에 있고 하나님의 영(루아흐/바람, 영)은 수면(마임/물) 위에 운행 하시니라(창 1:1-2)
노아 홍수	그 때에 온 땅이 하나님 앞에 부패하여 포악함이 땅에 가득한지라(창 6:11) 그 날에 큰 깊음(테홈)의 샘들이 터지며 하늘의 창문들이 열려(창 7:11) 하나님이 노아와 그와 함께 방주에 있는 모든 들짐승과 가축을 기억하사 하나님이 바람(루아흐/바람, 영)을 땅 위에 불게 하시매 물(마임/물)이 줄어들었고 (창 8:1)

노아의 홍수를 살펴보면 천지창조의 이상이 무너지고, 다시 새 창조가 일어나는 사건이 펼쳐지고 있다. 천지창조에서 '혼돈하고 공허하며 흑암의 깊은 물로 가득 찬 땅'은 곧 노아홍수 사건에서 인간의 죄악으로 인해 '부패하고 포악함으로 가득한 인간 세상'과 평행을 이룬다. 이것을 하나님의 백성의 삶으로 적용하면 그들의 죄악으로 인해 존재의 의미가 상실된 장소를 의미한다. 그러므로 창조 때에 존재한 것으로 나타나는 혼돈의

땅은 곧 죄악으로 가득 찬 세상을 상징하며, 그러한 땅에서부터 하나님은 창조의 새 역사를 시작하심으로 새로운 질서를 만드시며 하나님의 뜻을 펼칠 백성을 이끌어 내시는 것을 나타낸다. 그러나 성경의 어디에서도 그 혼돈과 흑암의 세력이 어디에서 기인하는지에 대하여는 침묵하고 있다. 이러한 악의 세력은 그 기원을 추적하는 것 보다는 그것을 극복하는 길이 더 중요하다는 점을 강조하는 것이다. 즉 악은 인간이 살아가는 구석구석 어디에서나 공격적이고 파괴적인 위력을 발휘하고 있으나 그 모든 위력이 일순간에 무너지는 유일한 길이 있다는 것이다. 그것은 다름 아닌 천지창조가 혼돈에서 질서로 전이되는 것이 유일하신 하나님의 말씀으로 이루어진다는 점에서 말씀의 중요성은 아무리 강조해도 지나치지 않을 것이다.

이렇게 혼돈으로부터 천지가 새롭게 질서를 찾아간다는 것은 하나님의 인자하심과 긍휼하심을 뜻하며, 인간에게 있어서는 희망을 의미한다. 이러한 창조의 의미를 받아들인다면 하나님의 백성은 다시 시작할 수 있는 기회를 가질 수 있기 때문이다. 만약 천지창조 이야기가 하나님께서 아무것도 없는 무(無)로부터 창조를 시작하셨음을 강조한다면 첫 시작은 있을 수 있지만 모든 것이 실패하고, 타락한 역사의 끝에서는 아무런 희망도 가질 수 없을 것이다. 무로부터의 창조는 결국 타락하고 실패한 것은 그 흔적도 없이 모조리 다 쓸어버리고, 아무것도 남지 않은 백지상태에서 새로운 시작을 갖는다는 의미이기 때문이다.

히브리어에서 '창조하다'라는 뜻으로 주로 두 단어가 사용되는데 '바라'(בָּרָא)와 '아싸'(עָשָׂה)이다. 이 두 단어의 차이점은 '바라'는 전적으로 오직 하나님만을 주어로 가지며, '만들다'를 뜻하는 '아싸'는 하나님과 인간 모두를 주어로 할 수 있다. 이러한 차이로 인해 학자들은 '바라'는 하나님만이 하실 수 있는 '무로부터의 창조'를 의미하며, '아싸'는 이미 존재하는 재료를 가지고 무언가를 만드는 것을 뜻한다고 주장한다. 태초의 시작인 천지창조 이야기인 창세기 1장에서는 '바라'가 쓰이고(1:1), 흙이라는 재료를 가지고 인간과 동물세계를 조성하는 에덴동산 이야기가 나타나는 창세기 2장에서는 '아싸'가 사용되는 것(2:18)을 통해 이를 입증하려 한다. 그러나 이러한 의미를 통한 두 단어의 구별선은 창세기 1장에서부터 무너져 내린다. 하나님께서 해와 달과 별들을 만드실 때 분명히 '유로부터'를 뜻하는 '만들다'(עָשָׂה 아싸)라는 단어를 사용하고 있기 때문이다(창 1:16). 이 광명체들만 있던 재료를 가지고 만드셨다는 것을 뜻하지는 않을 것이다. 그리고 인간을 창조하실 때는 이 두 단어가 조합되어 사용된다는 점에서 이러한 무로부터냐, 유로부터냐의 논쟁이 무의미해진다.

> 하나님이 이르시되 우리의 형상을 따라 우리의 모양대로 우리가 사람을 만들고(עָשָׂה 아싸) 그들로 바다의 물고기와 하늘의 새와 가축과 온 땅과 땅에 기는 모든 것을 다스리게 하자 하시고 하나님이 자기 형상 곧 하나님의 형상대로 사람을 창조하시되(בָּרָא 바라) 남자와 여자를 창조하시고(בָּרָא 바라) (창 1:26-27)

이처럼 하나님께서 사람을 만드시겠다고 하시고, 남자와 여자를 창조하셨다. '만들다'와 '창조하다'라는 두 단어가 어떤 뜻의 차이 없이 사용되고 있다는 것은 분명하다. 또한 에덴동산 창조 이야기에는 한 단어가 더 등장하는데 바로 '지으시다'로 번역된 '야짜르'(יָצַר)로 흙이라는 재료를 가지고 인간과 동물과 새들을 만들 때 사용된다(창 2:7, 19). 이 단어는 구약성경에서 사람에게 적용될 때는 흙을 다루는 '토기장이'(대상 4:23; 시 2:9; 사 29:16; 렘 18:2)라는 뜻으로 사용되기도 한다. 명백하게 재료를 가지고 만든다는 점에서 이 단어는 무로부터가 아닌 유로부터 만드는 것이라 할수 있다. 그러나 창세기 1장에서 아무것도 없이 말씀으로 새, 짐승 그리고 사람을 창조하신 하나님의 이야기와 2장에서 흙으로 사람, 짐승, 새를 만드셨다는 이야기를 비교해 보면 이 두 창조 이야기의 주제는 명백하게 무로부터냐 유로부터냐에 대한 것이 아님을 숙고해 볼 수 있다. 왜냐하면 창세기 1장의 천지창조는 새, 짐승, 사람의 순서로 말씀으로 창조하신 것으로, 2장의 에덴동산 창조 이야기는 역으로 사람, 짐승, 새의 순서로 흙이라는 재료를 가지고 만드시기 때문이다. 이런 명백하게 모순되는 듯한 두 창조 이야기를 연이어 연결시키는 것은 창조의 목적을 분명히 하기 위한 의도라 할 수 있다. 그 목적은 에덴동산을 다룰 때 드러날 것이다.

그리고 '바라'가 전적으로 하나님만을 주어로 갖는 것은 사실이지만 성경의 그 어느 곳에서도 '바라'가 전적으로 무로부터의 창조를 의미하는 용도로 사용되고 있지는 않다는 것이다. 오히려 '바라'는 무로부터의 창조라기보다는 인간이 스스로 회복할 수 없는 상태에서 자비와 긍휼로 회복시키시는 전적인 하나님의 갱생능력이라 할 수 있다.[30] 이러한 하나님만의 고유한 능력은 개인에게도 이스라엘 전체 공동체에게도 희망이 된다. 다윗의 회개의 시편을 살펴보면 죄로 인해 모든 것이 무너져 인간 스스로는 회복의 기대조차 할 수 없는 상태에서 하나님께 정한 마음을 창조(בָּרָא 바라)해 주실 것을 간구한다(시 51:10). 죄로 인해 모든 것이 부서지고, 무너진 인간의 상태는 오직 하나님만이 새롭게 시작하실 수 있기 때문이다. 또한 이스라엘이 죄악으로 약속의 땅을 더럽혀 결국 그 땅으로부터 쫓겨나 칠흑 같은 어둠과 혼돈과 무질서의 땅인 바벨론이라는 곳에 내던져졌을 때 그 상태는 인간의 힘으로는 아무것도 할 수 없는 상태가 된 것이다. 이미 언약을 깨고 모든 것이 다 무너진 상태이기에 스스로는 결코 그 혼돈과 공허, 흑암의 세계에서 헤어 나올 수 없는 죄에 빠진 존재가 되어 버린 것이다. 인간이 주어가 될 수 있는 '아싸'(עָשָׂה 만들다)로는 결코 다시 시작할 수 없게 되었다. 이때 등장하는 단어가 역시 오직 하나님만이 하실 수 있는 일, 하나님만이 주어가 될 수 있는 단어 '바라'인 것이다. 이 단어가 등장하여 혼돈과 공허, 흑암의 상태에서 새 역사를 일으키는 하나님의 전능하심과 긍휼하심을 드러낸다. 바벨론 포로기에 불꽃같은 희망을 제시한 이사야서를 보면 이를 분명하게 알 수 있다.

> 나 곧 나는 여호와라 나 외에 구원자가 없느니라 내가 알려 주었으며 구원하였으며 보였고 너희 중에 다른 신이 없었나니 그러므로 너희는 나의 증인이요 나는 하나님이니라 여호와의 말씀이니라 과연 태초로부터 나는 그이니 내 손에서 건질 자가 없도다 내가 행하리니 누가 막으리요 너희의 구속자요 이스라엘의 거룩한 이 여호와가 말하노라 너희를 위하여 내가 바벨론에 사람을 보내어 모든 갈대아 사람에게 자기들이 연락하던 배를 타고 도망하여 내려가게 하리라 나는 여호와 너희의 거룩한 이요 이스라엘의 창조자요(בָּרָא 바라) 너희의 왕이니라(사 43:11-15)

인간이 결코 손댈 수 없고, 할 수 없는 그 상태에서 다시 시작하실 수 있는 분은 오직 하나님뿐이시다. 창조주라는 뜻이 내포된 단어인 '바라'는 이와 같이 전적인 하나님의 전능하심과 긍휼하심으로 인해 가능한 새 역사를 일으키는 능력과 깊은 연관이 있는 단어인 것이다. 창조신학에서 우리의 초점이 어디로 향해야 할 것인가에 대해 로드스(A. B. Rhodes)의 결론은 들어봄직 하다: "여하간 하나님은 혼돈으로부터 질서를 세워놓으셨는데 그것은 곧 하나님이 항상 여하한 혼돈으로부터도 질서를 세우실 수 있음을 의미해 주는 것이다."[31]

　　때때로 사람들의 고백 속에 하나님은 무로부터 천지를 창조하실 수 있는 하나님이실지라도(마카비하 7:28; 롬 4:17; 히 11:3) 하나님은 그러한 능력을 단 한 번도 과시한 적이 없으시다.[32] 늘 모든 것이 끝나버린 혼돈되고, 공허한 타락의 땅과 백성을 가지고 다시 새로운 질서를 만들어 가신다는 점에서 인간에게는 미래와 희망이 되는 것이다(사 43:7; 65:18; 렘

33:6-9; 겔 37:1-14). 그러므로 하나님의 창조행동인 '바라'는 곧 전적인 하나님의 은혜를 뜻하는 구원역사에 더욱 초점이 맞춰지는 것이다.

창조 속에 들어있는 하나님의 이러한 뜻을 깨달은 사람들은 하나님께서 모든 것을 쓸어버리시려는 순간에도 희망을 버리지 않을 수 있다. 혼돈과 공허로 가득한 땅으로부터의 창조는 하나님의 깊은 속에는 창조세계가 아무리 타락한 가운데 거할지라도 결코 전적으로 파괴하지 않으려는 소망이 있으심을 볼 수 있는 눈을 가질 수 있기 때문이다(렘 4:27). 그리고 그러한 하나님의 마음을 볼 줄 아는 사람은 모세처럼 죄악으로 돌아가 버린 백성을 놓고 하나님 앞에서 그 깊으신 자비와 긍휼의 뜻을 세우시기를 간구할 수 있는 사람이 될 수 있다(출 32:9-10; 민 14:11-12).

이처럼 천지창조의 출발선에는 온 땅이 흑암의 깊은 물로 가득 차 있다. 물이라는 것은 인간의 생명에 없어서는 안 되는 필수적인 것이지만 성경 속에서 물은 신앙적으로 두 가지의 의미를 내포하고 있다. 하나는 생명을 주는 것이고, 다른 하나는 생명을 죽이는 것이다. 그리고 이 둘은 그 근원에서 차이가 난다. 생명을 주고, 삶을 소성시키는 물은 늘 그 근원이 하나님께로부터 기인한다. 하나님의 보좌로부터 흘러나오는 것이다(겔 47:1; 계 22:1). 에덴에서 근원이 된 강 또한 동일한 의미를 내포하고 있는 물이다(창 2:10). 이에 반하여 하나님께서 천지창조를 시작하기 전부터 존재하고 있던 물이 있다. 바로 혼돈과 공허를 일으키는 흑암의 깊은 물이다. 고대 근동의 신화적인 세계상에서 깊은 물을 뜻하는 히브리어 '테홈'(תְּהוֹם)은 바벨론의 마르둑 신과 대적하는 '티아맛'과 유사하며 또한 가나안의 바알 신과 대결하는 바다의 신인 '얌'과 유사한 상징적 의미를 갖는다. 근동의 주신들은 대부분 이렇게 혼돈의 세력으로 일컬어지는 물과의 전쟁을 치르고 승리하여 신들의 왕으로 등극하게 된다. 그러나 성경 속에는 그 어디에도 물이 신격화된 적은 없다. 단지 하나님으로부터 근원되지 않은 물은 상징적으로 혼돈과 악의 세력을 의미할 뿐이다. 이러한 물의 상징성은 세상의 악으로 인해 탄식하는 시편에 자주 등장한다(시 46:1-3; 69:1-2, 14; 93:3-4; 104:7-9).

세상이 칠흑 같은 혼돈의 세력인 물로 한치 앞도 내다볼 수 없는 것이다. 이것이 바로 창조 전의 상황이다. 그런데 이러한 곳에 성령께서 운행하시자 드디어 빛이 비춰기 시작한다. 그리고 그 무질서한 상태가 보이기 시작한다. 창조의 질서는 이렇게 시작되는 것이다. 성령의 빛이 들어오기 전에는 우리의 상태는 혼돈과 공허, 무질서의 어둠으로 가득 찼었음에도 느끼지 못한다. 그러나 빛이 들어오면 그때는 보이기 시작한다. 우리의 무질서하고 무의미한 삶의 모습이 드러나는 것이다. 창조는 바로 거기에서부터 본격적으로 시작된다(사 9:1-2; 42:7; 60:1-3; 마 4:14-15). 사도 바울 또한 이와 같은 창조의 의미를 전하고 있다.

어두운 데서 빛이 비치라 말씀하셨던 그 하나님께서 예수 그리스도의 얼굴에 있는 하나님의 영광을 아는 빛을 우리 마음에 비추셨느니라(고후 4:6)

천지창조는 완전을 의미하는 7일이 소요된다. 천지창조의 순서는 셋째 날까지만 이해한다면 우리는 쉽게 그 이후의 과정을 그려볼 수 있다. 왜냐하면 첫째 날부터 셋째 날까지는 배경이 되고, 넷째 날부터 여섯째 날까지는 그 배경을 바탕으로 존재하는 피조물들을 만들어가고 있기 때문이다. 이것을 도표화 하면 다음과 같다.

땅이 혼돈하고 공허하며 흑암이 '깊음'(תהום 테홈) 위에 있고 하나님의 영은 수면에 운행하심	
첫째 날: 빛	넷째 날: 해, 달, 별들
둘째 날: (물) 궁창 (물)	다섯째 날: 물-물고기류, 궁창-조류
셋째 날: 육지 – 풀, 채소, 과목	여섯째 날: 땅의 동물, 인간
?	

여섯째 날까지의 과정은 "저녁이 되고 아침이 되니 이는 _____ 째 날이니라"(창 1:5, 8, 13, 19, 23, 31)는 리듬 속에서 움직인다. 그러나 이러한 저녁과 아침의 흐름을 우리가 가지고 있는 과학적인 시간의 개념으로 해석하려는 경향은 피하여야 할 필요가 있다. 성경은 결코 과학을 입증하기 위함이 아니라는 점이 그 첫째 이유이고, 그 다음은 해와 달과 별들이 넷째 날 만들어 지기에 우리의 24시간 개념은 아니라는 점을 들 수 있다. 그보다 더 중요한 사항은 해와 달과 별들이 없이도 첫째 날의 빛이 존재한다는 사실이다. 그 빛의 근원은 분명 하나님이시다. 하나님께서 빛이 있으라고 말씀하시니 빛이 있었다고 분명하게 전하고 있다. 하나님의 말씀이 곧 이 혼돈과 어둠의 세상에 유일한 생명의 빛이 되는 것이다: "주의 말씀은 내 발에 등이요 내 길에 빛이니이다"(시 119:105).

세상은 해와 달과 별들의 운행을 통해 낮과 밤, 빛과 어둠을 나눈다. 그러나 하나님의 백성은 오직 하나님의 빛, 즉 말씀으로 빛과 어둠을 나누는 삶이어야 함을 전하고 있다. 물론 해와 달과 별들을 만드신 후에 이것들이 낮과 밤 그리고 빛과 어둠을 나누게 하라고 하셨지만(창 1:18), 그럼에도 해와 달과 별들이 빛의 근원이 아니라 하나님의 빛을 드러내는 도구로써의 역할일 뿐임을 알아야 한다. 성경에 해와 달과 별들이 여전히 존재함에도 하나님의 백성이 빛인 말씀을 버리고 망했을 때 흑암 가운데 거한다고 하는 것이 바로 그 이유일 것이다(사 42:7; 마 4:16). 그래서 이스라엘은 결코 해와 달과 별들을 그 비추는 빛으로 인해 신으로 섬길 필요가 없다. 이러한 것들로부터 나오는 빛은 하나님께 그 근원을 두고 있기 때문이다. 그러므로 빛의 근원이신 이 하나님을 모르면 피조물을 숭배하는 어리석은 우상숭배가 시작되는 것이다. 단지 하나님의 뜻을 전하는 도구의 역할(징조와 계절과 날과 해의 변화 나타냄)을 하는 피조물을 신격체로 섬기는 어리석은 짓을 하는 것이다. 이렇게 고대 근동 세계에서 해와 달과 별들이 숭배의 대상이 아님을 선포한 나라는 이스라엘이 유일한 나라일 것이다. 이처럼 천지창조는 빛과 어둠은 해와 달과 별들이 아닌 빛되신 말씀이 가르는 구별선이며 일곱째 날 안식일의 예배가 삶속에 완성되는 날 더 이상의 저녁이 되며 아침이 되는 어둠과 빛의 공존이 없게 된다. 예배의 완성은 오직 하나님의 말씀대로 사는 것이기 때문이다. 그 예배가 성취되면 어둠은 더 이상 우리의 삶에 차지할 공간에 없게 되는 것이다. 그러므로 천지창조는 이러한 세상을 기대하시는 하나님의 소망이며 또한 우리의 소명의 길인 것이다.

이러한 숭고한 소명을 이 땅에서 온전하게 이루게 하려고 하나님의 배려가 인간과 다른 피조물들에게 주어진다. 그 배려는 창조의 막바지에 모든 생명체의 생존을 위한 먹을거리를 제공해 주시는 것에서 절정에 이른다.

> 하나님이 이르시되 내가 온 지면의 씨 맺는 모든 채소와 씨 가진 열매 맺는 모든 나무를 너희에게 주노니 너희의 먹을거리가 되리라 또 땅의 모든 짐승과 하늘의 모든 새와 생명이 있어 땅에 기는 모든 것에게는 내가 모든 푸른 풀을 먹을거리로 주노라 하시니 그대로 되니라(창 1:29-30)

하나님은 먹을거리를 주심에 있어서 인간과 생물세계가 서로 갈등과 경쟁 관계에 처하지 않도록 세심하게 배려하셨다. 인간에게는 '씨 맺는 모든 채소와 씨 가진 열매 맺는 모든 나무'를 주셨고, 다른 모든 생물들을 위하여는 '모든 푸른 풀'을 먹을거리로 주셨다. 이러한 먹을거리에서 또한 살펴볼 수 있는 것은 인간이나 동물에게 본래 육식은 거리가 먼 것이었다. 육식의 부재는 하나님께서 창조하신 세상이 나아가야 할 방향을 드러낸다. 그 세상은 평화(샬롬)와 공존이 주가 되고, 폭력과 살상은 결코 일어나서는 안 되는 세상인 것이다. [33] 어느 쪽도 다른 쪽을 지배하거나, 생존의 수단이나 도구로 삼아서는 안 된다는 정신이 내포된 것이며, 해함도 없고, 상함도 없는 세상을 만들어야 한다는 이념이 들어 있는 것이다(사 11:6-9; 65:25).

그리고 먼저 배경을 만드시고, 그 다음에 그 배경을 기반으로 살아가는 피조물을 만드셨다는 창조의 순서를 통해 우리는 하나님의 깊은 배려를 살펴볼 수 있다. 즉, 하나님께서는 필요를 먼저 만드시고, 그 다음에 그 필요를 바탕으로 살아갈 존재를 만드셨다는 것이다. 이처럼 하나님의 창조 속에는 하나님께서는 우리가 구하기 전에 우리에게 있어야 할 것이 무엇인지 이미 아신다는 선언이 들어가 있다. 그렇다면 인간이란 존재의 진정한 가치는 무엇인가? 이미 하나님께서 필요를 아시고 만들어 주신 것에 관심을 집중하기 위한 존재가 아니라, 자신이 이루어야 할 미래에 초점을 맞추어야 한다는 사실이다. 즉, 생계를 위한 것에 대한 초점이 아니라, 하나님의 뜻을 이루는 소명에 집중하여야 한다는 사실이다. 왜냐하면, 우리의 생계를 위한 것은 이미 하나님께서 다 마련하셔서 우리에게 허락하셨기 때문이다. 그것은 우리의 책임이 아니다. 이는 예수님께서도 우리에게 가르쳐주길 원하셨던 것이다.

> 또 기도할 때에 이방인과 같이 중언부언하지 말라 그들은 말을 많이 하여야 들으실 줄 생각하느니라 그러므로 그들을 본받지 말라 구하기 전에 너희에게 있어야 할 것을 하나님 너희 아버지께서 아시느니라…그러므로 내가 너희에게 이르노니 목숨을 위하여 무엇을 먹을까 무엇을 마실까 몸을 위하여 무엇을 입을까 염려하지 말라…이는 다 이방인들이 구하는 것이라 너희 아버지께서 이 모든 것이 너희에게 있어야 할 줄을 아시느니라(마 6:7-8, 25, 32)

이방인들은 중언부언하면서 땅의 것을 구한다. 여기서 중언부언은 헬라어 '바톨로게오'(βαττολογεω)로 술사들이 중얼거리며 주문을 외우는 것을 뜻한다. 주문은 자신이 원하는 것을 얻기 위해 인간이 신을 조종하기 위한 목적을 가지고 있다. 그렇다면 우리는 무엇을 향하여 나아가야 할까? 그것에 대해 예수님은 계속해서 말씀해 주신다.

> 그런즉 너희는 먼저 그의 나라와 그의 의를 구하라 그리하면 이 모든 것을 너희에게 더하시리라 그러므로 내일 일을 위하여 염려하지 말라 내일 일은 내일이 염려할 것이요 한 날의 괴로움은 그 날로 족하니라(마 6:33-34)

이방인, 즉 하나님을 알지 못하는 세상 사람들처럼 살지 말라는 명령이다. 우리의 삶은 달라야 한다. 세상의 길이 아니라 하나님 나라와 그의 의를 이루는 삶이 되어야 한다. 예수님께서는 그것을 이루는 길은 결코 중언부언이라는 주문으로는 불가능하며, 오직 자신이 가르쳐 주신 기도를 통해서 가능하다는 것을 피력하신다(마 6:9-13). 주기도문을 이루는 삶이 마침내 이 땅 위에 하나님 나라와 그의 의를 이루는 길을 열 수 있기 때문이다. 하늘에 계신 우리 아버지의 이름이 거룩히 여김을 받는 것으로부터 시작하여, 하나님 나라가 임하기를 간구하고, 뜻이 하늘에서 이루신 것처럼 땅에서도 이루어지길 소망하며, 오늘 필요한 일용할 양식은 오직 하나님께서 채워주실 것을 믿으며, 죄를 사해주시며, 시험에 들지 않게 지키시기를 바라며, 마침내는 나라와 권세와 영광이 모두 아버지께 있는 세상에 모든 초점을 맞추는 것이다. 그 곳에 진정한 미래가 있고, 생명이 있으며, 창조의 이상이 실현되는 하나님 나라가 있다.

하지만 주문을 통하여 우리가 우리 자신에게 초점을 맞추기 시작하면 우리는 천지창조의 진정한 의미 또한 상실할 수 있다. 흡사 인간이 탄생한 여섯째 날이 창조의 마지막 날인 것처럼 오해하고 모든 초점을 인간적인 삶에 맞추어 살아가게 될 수 있기 때문이다. 그리고 우리 마음대로 모든 것을 지배하고, 통치하며, 군림하는 것을 다스리는 것이라고 착각하며 살게 될 것이다. 그러나 천지창조는 여섯째 날로 마감되지 않는다. 거기에 우리가 나아가야 할 길이 있다. 하나님께서 이미 예비해 놓으신 뒤를 돌아보는 것이 아니라, 인간이 창조된 영화로운 목적을 지시해 주는 앞을 바라보라는 것이다. 그것은 바로 일곱째 날의 안식일로 향하는 예배의 길이다. 그 안에 하나님 나라와 그의 의를 구하는 길이 있다. 이 안식일을 올바로 지키기 위해서는 인간이 하나님의 형상이라는 것을 인식하는 것이 먼저 선행되어야만 한다. 하나님과 인간이 어떤 관계성을 가진 존재인가를 깨달을 때 안식일은 새로운 옷을 입고 세상을 이끄는 선도적인 날이 되는 것이다.

그러므로 천지창조의 대 서사시는 역사적이며 사실보고적인 차원이라기 보다는 신학적이며 진리교육적인 목표가 두드러지게 주어져 있다고 보는 것이 더 타당할 것이다. 그 증거는 단 한순간 만에 모든 것을 있게 하실 수 있는 전능하신 하나님께서 6일의 시간을 보내시며 각 단계 별로 세상의 질서를 만드시며 마침내 일곱째 날의 안식일로 완성되는 가장 기본적인 삶의 주기를 제공하는 것 속에서 역력히 드러난다. 이 창조의 7일은 하나님의 형상을 부여받은 인간이 삶으로 재현해야 할 소명이라는 점에서 지극히 신학적이며 진리교육적인 것이라 할 수 있다.

(2) 하나님의 형상으로서의 인간(창 1:26-28)

천지창조의 절정 중의 하나는 역시 인간의 창조를 들 수 있다. 인간 창조는 하나님의 창조사역이 그 끝에 도달하게 되고, "하나님이 보시기에 좋았더라"(창 1:4, 10, 12, 18, 21, 25)는 여섯 번의 화음이 그 완성인 일곱 번째의 최고조에 이르는 "하나님이 보시기에 심히 좋았더라"(창 1:31)로 결론 나는 동기가 된다. 그러나 자칫 이러한 인간중심의 창조이해는 인간교만이라는 부작용으로 창조신앙의 핵심인 하나님의 절대적인 주권과 전능성에 장애를 초래할 수 있다. 인간교만은 자신이 피조물이 아닌, 창조자의 위치를 점하려는 오류를 말하는 것이다. 이것을 극복하는 길은 하나님께서 품으신 인간창조 목적을 바르게 이해하는 것에 달려있다.

하나님이 가라사대 우리의 형상을 따라 우리의 모양대로 우리가 사람을 만들고 그로 바다의 고기와 공중의 새와 육축과 온 땅과 땅에 기는 모든 것을 다스리게 하자 하시고(창 1:26)

하나님이 자기 형상 곧 '하나님의 형상'(צֶלֶם אֱלֹהִים 젤렘 엘로힘)대로 사람을 창조하시되 남자와 여자를 창조하시고 하나님이 복을 주시며 하나님이 그들에게 이르시되 생육하고 번성하여 땅에 충만하라 땅을 정복하라 바다의 물고기와 하늘의 새와 땅에 움직이는 모든 생물을 '다스리라'(רָדָה 라다) 하시니라(창 1:27-28)

하나님께서 언급하신 사람의 창조에 대한 위의 구절들을 살펴볼 때 사람을 사람답게 하는 두 중요한 요소가 있는데 첫 번째는 '하나님의 형상'이요, 두 번째는 그 형상의 최종 결과인 '다스림'이다. 형상을 뜻하는 히브리어 단어 '젤렘'(צֶלֶם)은 보통 '조각상'을 뜻하며, 이 단어는 구약성경에서 추상적이지 않은 항상 구체적인 형상을 의미한다. 그래서 하나님의 형상 이외의 뜻으로 쓰일 때는 대부분이 눈에 보이는 '우상'의 의미로 사용 된다(민 33:52; 삼상 6:5; 왕하 11:18; 대하 23:17; 시 73:20; 겔 7:20; 16:17; 암 5:26). 창조의 대 서사시에서 하나님의 형상이 인간이라는 점에서 죽은 우상들과 극명한 대조를 이루지만 그럼에도 그 맡은 기능에 있어서는 인간이나 우상이나 동일하다는 점에서는 공통점이 있다. 즉, 인간이나 우상이나 누군가를 대리한다는 점에서는 동일하다. 그 예로 고대 근동지역에서 우상이나 조각상이 세워져 있는 곳에는 그 형상의 주체가 되는 존재의 통치권이 미치고 있음을 보여주는 구실을 한다. 이러한 사실은 고대에 절대 주권자들이 정복한 지역에 자신들의 조각상이나 신상을 세움으로 자신들의 권력이 미치고 있음을 천명하고 그 곳에서 대리 통치를 하는 총독들에게 권위를 부여해 주는 기능을 하게 한 것을 통해서도 살펴볼 수 있다.

실제로 메소포타미아 지역에서 발굴되는 문서들에는 바벨론 왕을 지칭하여 바벨론 최고신인 '마르둑(Marduk) 신의 형상'이라고 부르기도 하고, 또한 태양신 '샤마쉬(Shamash) 신의 형상'이라고 부르기도 하며, 때로는 '벨(Bel) 신의 형상'이라고도 부르기도 한다. 고대 애굽의 기록을 보면 애굽 왕 바로도 신의 형상이라 불리는데 태양신 '레(Re)의 형상' 또는 '오노프리스 (Onophris) 신과 이시스(Isis) 신의 형상'이라고 동시에 불리는 기록도 발견된다. 바로가 남신인 오노프리스와 여신인 이시스의 형상을 동시에 갖고 있다는 확언 속에 '신의 형상'은 외양보다는 왕권에 포함된 권위를 강조하는 표현이라 할 수 있다. 주전 14세기의 기록에 의하면 애굽의 최고신인 '아몬-레 (Amon-Re) 신'이 바로 아메노피스 III세(Amenophis III, 1403-1364 BC)를 향해 다음과 같이 말했다고 전한다: "너는…내가 세상에 세워준 나의 형상이다. 나는 세상을 평화롭게 통치하게 하기 위해서 너를 세웠다." 그리고 로제타 석비(the Rosetta Stone)에는 헬라시대의 바로인 프톨레미 5세 에피파네스를 '살아있는 제우스의 형상'(*eikōn zōsa tou Dios*)이라고 칭하고 있다.[34]

이상에서 볼 수 있듯이 고대 근동세계에서 '신의 형상'이라는 말은 곧 왕을 지칭하는 말로 통할 수 있다. 그렇다면 하나님의 형상인 인간은 이 땅에서 하나님의 통치권을 드러내는 존재라고 할 수 있다. 이러한 사실에서 '하나님의 형상'과 '다스림'은 뗄 수 없는 함수관계를 가지게 된다. 그러므로 창세기의 인간창조 목적에서 '하나님의 형상'이라는 표현과 '다스리다'(רדה 라다)라는 명령형 동사가 밀접하게 연관되어 있다는 것은 결코 우연이 아닌 것이다. 그렇다면 하나님 앞에서 모든 인간은 왕적인 권위를 가지고 있는 존재라는 사실이 드러난다. 이 사실은 '다스리다'라는 단어가 성경 속에서 주로 왕의 통치와 관련되어 사용된다는 점에서 분명하게 입증된다(레 26:17; 민 24:19; 왕상 4:24; 시 72:8; 110:2; 사 41:2; 렘 5:31). 하나님께서는 각각의 인간을 왕적인 존재로 이 땅에 보내신 것이며, 이러한 인간이해는 고대 근동에서는 그 유래를 찾아볼 수 없는 것이다. 그러나 왕권의 민주화는 이미 태초부터 하나님이 품으셨던 꿈이다(신 17:14-20). 그런 점에서 이 땅에 존재하는 인간은 하나님의 형상을 보여주는 유일한 피조물이면서 동시에 하나님의 통치권을 이 땅에 실현해야 할 소명을 지고 있는 것이다. 그리고 하나님의 인간창조는 인간을 왕과 같은 존재로 창조하셨고, 하나님이 창조하신 다른 피조물들을 통치하고 다스리게 하려는 것이 그 근본 목적임을 살펴볼 수 있다.[35]

이것은 바벨론의 창조 서사시인 '에누마 엘리쉬'의 내용과는 상반되는 것으로 거기서 인간은 신들을 위해 평생 노동하기 위하여 만들어진 반역적인 존재로 그려지고 있다. 이에 반해 신의 아들로 격상된 왕들은 신과 같이 군림할 수 있는 특권이 주어진 존재라는 암시가 주어진다.

구분	창세기	바벨론 신화[36]
창조 계획	우리의 형상을 따라 우리의 모양대로 우리가 사람을 만들고	내가(마르둑) 피를 만들고 뼈대를 형성하고, 그리고는 야생인을 만들고 그 이름을 인간이라 부르겠다.
	그로 바다의 고기와 공중의 새와 육축과 온 땅에 기는 모든 것을 다스리게 하자 하시고	인간에게는 신을 섬기는 의무를 부과하여 신들은 편히 쉬게 될 것이다.
창조	하나님이 자기의 형상 곧 하나님의 형상대로 사람을 창조하시되 남자와 여자를 창조하시고 =>**하나님의 형상대로 창조**	분쟁을 시작한 킹구(티아맛으로 하여금 반역하게 부추긴 자)의 핏줄을 끊음으로써 그에게 형벌을 내렸다. 그리고 그의 피를 가지고 인간을 창조하였다. **=> 반역자의 피로 창조** (인간은 이미 반역자의 피가 섞였으니 강제적인 통제가 필요하다는 것 시사함)

창조 목적	하나님이 그들에게 복을 주시며 그들에게 이르시되 생육하고 번성하여 땅에 충만하라 땅을 정복하라 바다의 고기와 공중의 새와 땅에 움직이는 모든 생물을 다스리라 하시니라 => 창조의 목적이 생육하고 번성하며 다스리기 위함	이아는 인간에게 신들을 섬기게 하고 신들을 풀어주었다. => 창조 목적이 신들을 위해 노동하는 데 있다.

그러나 창세기는 고대 근동의 특권층의 지배이념을 거부하고 이러한 왕권을 모든 인간에게로 확대하고, 하나님의 통치권을 부여한다. 인간에 대한 이러한 이념은 창세기의 흐름이 그 끝인 결론에 다다르며 더욱더 선명해진다. 창세기의 초반에서는 하나님께서 세우기를 원하는 인간이 서기까지 이 세상의 모든 것을 주관하고 계신 분은 하나님이셨다. 그러나 하나님의 뜻에 순종하는 사람들이 서 나가며(아브라함, 이삭, 야곱, 요셉과 형제들) 서서히 하나님은 인간 역사의 무대 뒤로 자리를 옮기시고 인간이 하나님께서 행하셨던 일들을 진행해 나간다. 바로 이것이 하나님의 형상의 진정한 의미이기 때문이다. 여기서는 하나님의 형상에 대한 신학적인 의미를 파악하는 것으로 만족하고 상세한 통치권의 이전에 대한 것은 차후로 미루기로 한다. 창세기 안에서의 흐름은 계속 진행될 것이기 때문이다. 하나님의 형상은 하나님의 통치권의 위임을 의미하며, 이 땅을 다스리기 위해 가장 중요한 요소인 것이다. 이 하나님의 형상을 잃을 때 인간은 통치권을 상실하고 파멸의 길로 나아간다.

그렇다면 이미 창세기 개요를 통해서 나누었던 것처럼 인간이 천지창조를 가꾸어 갈 수 있는가, 없는가가 바로 여기에 달려 있다. 인간이 죄로 인해 잃어버린 것은 단지 통치권만이 아니라, 하나님의 형상도 이에 포함된다. 아담이 잃었던 것은 하나님과의 관계성이었고, 가인이 잃었던 것은 사람과의 관계성이다. 그렇다면 하나님의 형상은 하나님과의 관계와 사람과의 관계, 즉 하나님 사랑과 이웃 사랑이 연결되는 것을 포함하고 있다는 것을 살펴볼 수 있다.

　　　이 두 사건을 통해서 이스라엘이 그렇게도 애타게 부르짖는 하나님 앞에서의 의로움(하나님과의 관계) 그리고 사회 정의와 공의, 평등, 평화(형제 사랑의 법) 등이 왜 그렇게도 중요한 것인지 이해할 수 있으리라 본다. 그것은 하나님께서 이루어 놓으신 원래의 창조의 세계로 돌아가는 길이며 인간이 죄악으로 파괴한 세상을 하나님께서 계획하시고 꿈꾸셨던 세계로 되돌려 놓는 길이기 때문이다. 설사 아브라함과 요셉이 유한한 생명을 다하고 사라질지라도 상관없다. 하나님의 백성에게는 하나님께서 부여해 주신 지고의 법이 있기 때문이다. 그리고 아브라함이 보여준 하나님을 향한 철저한 순종과 요셉이 보여준 형제애가 단순히 추상적인 이념으로 비쳐질 수 있지만 하나님께서는 그 구체적인 삶의 적용점들을 세세한 율법의 조문들을 통하여 삶에 실천할 수 있게 하신다. 그러므로 하나님의 백성 이스라엘에게 율법의 실천은 바로 하나님의 형상의 실현이 되는 것이다. 율법의 대표격인 십계명을 볼 때 그 이상이 그대로 드러나 있음을 볼 수 있다. 하나님 사랑과 이웃사랑의 결정체 바로 그것이 율법의 정신인 것이다. 선악을 알게 하는 나무의 열매를 취함으로 인해 하나님과 인간의 관계가 상실되었다면 십계명의 제1계명으로부터 제4계명까지가 그 회복의 길을 보이며, 그리고 가인이 형제 살해를 통해 인간과 인간간의 관계 상실을 가져왔다면, 십계명의 제5계명(네 부모를 공경하라)을 시작으로 제10계명까지가 그 관계회복으로의 방향을 제시하고 있는 것이다. 그러므로 창세기의 사건들은 앞으로 시작될 하나님의 선택된 백성들의 삶의 길을 제시하고 있으며, 그 공동체의 목표와 방향을 뚜렷하게 제시하고 있는 것이다.

이제 우리 기독교 공동체가 이룩해야 할 과제가 결코 이것과 동떨어진 것이라 생각되지 않는다. 예수 그리스도께서는 율법 중에서 어느 계명이 가장 크냐는 질문으로 시험하는 율법사에게 율법의 정신을 단 두 마디로 요약하셨다.

> 네 마음을 다하고 목숨을 다하고 뜻을 다하여 주 너의 하나님을 사랑하라 하셨으니 이것이 크고 첫째 되는 계명이요 둘째는 그와 같으니 네 이웃을 네 몸과 같이 사랑하라 하셨으니 이 두 계명이 온 율법과 선지자의 강령이니라(마 22:34-40)

예수 그리스도께서 이 땅에 오신 것이 바로 이 두 가지 인간이 잃어버렸고, 인간 스스로의 힘으로는 되찾을 수 없는 이것을 회복하기 위함이라는 것을 알 수 있다. 이제 우리 모두에게 주어진 책임이 바로 주님의 뒤를 이어서 그 일을 완수해 가는 것이라는 사실을 자각할 필요가 있다. 그 옛날 이스라엘이 하나님의 선택된 백성으로서 느꼈던 그들의 책임, 바로 그 책임이 우리 기독교인들의 어깨에 고스란히 놓여져 있는 것이다. 이처럼 하나님의 계획은 창세로부터 지금까지 변하지 않았다. 하나님의 형상을 회복함으로 올바른 다스림의 길을 걸어감으로 하나님 나라를 이루는 것이다. 그러나 인간의 죄로 인해 그 원대하신 계획이 계속해서 늦춰지고 있다는 것은 분명하다.

(3) 안식일을 거룩히 지키는 것(창 2:1-3)

하나님 나라를 이루는 온전한 다스림은 안식일의 이념에서 그 동력을 제공받는다. 그러나 정작 이렇게 중요한 날임에도 천지창조에 나타난 안식일의 기원을 제외하면 성경의 그 어디에서도 안식일 형성동기에 대한 분명하고 일관된 보도를 발견하기가 힘들다는 것은 아이러니하다. 그리고 이러한 현상은 고대근동 세계 속에서도 동일한데 성경의 안식일에 버금가는 날에 대한 의식을 찾아보기 드물기는 마찬가지이다. 바벨론이나 세계 여러 다른 나라들에서 불길한 날로서 특정한 노동이 금지된 날들이 있었으나 정확하게 일주일 단위로 모든 노동으로부터 금기시 된 것은 아니기 때문이다.[37]

이처럼 안식일의 기원에 대해서는 어느 누구도 분명하게 증명할 수 없는 아쉬움이 있다. 그러므로 이렇게 불분명한 기원을 찾는 일에 초점을 맞추기 보다는 천지창조와 그 외에 성경의 다른 부분들 속에서 안식일을 통하여 전하고자 하는 신앙적인 이념을 찾는 일에 초점을 맞추는 것이 올바른 방향이라 할 수 있다.

천지창조의 파노라마는 하나님으로부터 시작하여 인간에 이르고 다시 하나님께로 돌아가는 구조를 가지고 있다(하나님-인간-안식일). 즉, 창조의 주체는 분명 하나님이시고, 하나님의 창조세계의 절정은 인간의 창조에 그 초점이 모아지고 그리고 그 인간은 안식일을 준수하는 것으로 창조의 완성에 이르게 되는 것이다. 이것은 일곱째 날이 천지창조의 최고의 정점이라는 것이며, 피조물인 인간이 바라보아야 할 목표라는 것이다. 이러한 방향성은 구체적으로 하나님의 말씀으로 시작하여 인간을 거쳐 마침내 인간을 중심으로 모든 피조물이 하나님을 예배하는 안식일로 마감되는 구조를 가지고 있다. 이런 구조는 하나님의 창조의 영광스러움과 모든 피조물을 다스리는 권위를 부여받은 인간의 감사가 어우러진 시편 8편에도 드러나 있다.

A. 여호와 우리 주여 주의 이름이 온 땅에 어찌 그리 아름다운지요(시 8:1)
　　B. 피조물인 인간의 영광스러운 지위에 대한 찬양(시 8:2-8)
A'. 여호와 우리 주여 주의 이름이 온 땅에 어찌 그리 아름다운지요(시 8:9)

이 땅에서 아무리 인간의 지위가 높고, 숭고할지라도 이 시편은 하나님으로 시작하여 인간을 거쳐 역시 하나님으로 마감하고 있다. 이것이 인간의 자리라는 것이다. 영광스러운 여호와 하나님의 이름 안에서 자신의 자리를 찾고, 하나님을 찬양하는 그 테두리를 벗어나지 말아야 한다는 것이다. 이것은 신에 대한 굴종이 아니라, 창조자이신 여호와 하나님 안에서 발견한 인간의 가장 가치 있는 정체성을 고백하고 있는 것이다. 인간이 이 삶의 보호막을 벗어나는 순간에 하나님 같이 되는 길이 아니라 혼돈과 공허의 나락으로 떨어지는 것이다.

　　천지창조는 '혼돈과 공허'를 일으키는 악의 세력을 상징하는 '흑암의 깊은 물'(תְּהוֹם 테홈)이 하나님의 창조질서에 의해서 쫓겨나고 모든 피조물들이 일곱째 날의 안식일로 그 방향을 향하고 있다. 그러므로 하나님의 창조의 목표는 인간을 그 대표자로 하는 모든 피조물들이 안식일을 거룩히 구별하여 여호와 하나님께 온전한 찬양과 경배를 올려 드리는 예배하는 세상을 만드는 것임을 분명히 볼 수 있다.[38]

땅이 혼돈하고 공허하며 흑암이 '깊음'(תְּהוֹם 테홈) 위에 있고 하나님의 영은 수면에 운행하심	
첫째 날: 빛	넷째 날: 해, 달, 별들
둘째 날: (물) 궁창 (물)	다섯째 날: 물-물고기류, 궁창-조류
셋째 날: 육지 - 풀, 채소, 과목	여섯째 날: 땅의 짐승, 인간
↓↓↓↓↓↓↓↓↓↓↓ 일곱째 날: 안식일 예배	

우리는 예배의 위력과 능력을 무시할 때가 많다. 예배는 세상을 새롭게 창조하는 능력이 그 안에 내재되어 있는 시간이다. 예배하는 그 시간으로 인해 세상은 정화되고 새롭게 된다. 이러한 역사는 시편의 찬양 속에 여실히

드러난다. 하나님의 창조를 찬미하는 시편 8편이 그 시작이며, '안식일의 찬송시'인 시편 92편이 그 결정체이다. 구약성경 속에 유일하게 나타나는 안식일에 불려지는 시편 92편은 안식일 예배 속에서 하나님의 백성이 어떤 결단과 소명을 새롭게 했는지를 알 수 있게 한다.

	성경구절	주요내용
1	**하나님께서 행하신 일** (창조 때) (시 92:1-6)	하나님께서 세상을 아름답게 창조하기 위해 행하신 일을 아침마다 밤마다(주야) 묵상하고 찬양한다. - 혼돈과 공허, 흑암의 악을 밀어내고, 선한 세상을 만들어 주심
2	**인간의 소명** (창조의 완성위해) (시 92:7-11)	하나님께서 행하신 일은 곧 안식일 예배를 통해 예배자의 소명으로 전이된다. 그 소명은 세상의 악인을 없애고, 의를 높이는 것으로 원수들이 패망하는 세상이다. - 맡겨주신 공간을 지키고, 악의 세력을 세상 밖으로 밀어내는 것
3	**인간의 소명 성취의 결과** (하나님이 보시기에 심히 좋은 세상) (시 92:12-14)	이러한 소명 성취로 인해 악인이 사라지고 의인이 종려나무처럼 번성하고, 백향목 같이 성장하는 세상을 이루는 것이다. 의인들은 여호와의 집과 뜰 안에서 번성하고 늙어도 여전히 결실하는 삶을 이룬다.
4	**찬양으로 마감** (시 92:15)	마침내 하나님의 의로우심과 바위 되심 그리고 불의가 없으심이 만방에 선포된다.

이처럼 안식일에는 하나님께서 행해주신 놀라운 창조의 역사를 주야로 묵상하며 그 사명을 이어받아 행해야 할 것을 결단하는 날이다. 그러한 결단은 이 세상에 혼돈과 공허를 일으키는 흑암의 세력인 악인들을 끊어내는 것이다. 주의 원수들을 물리침으로 세상을 질서 있게 만들어 나가는 것이다. 그리고 원수들은 보응 받고, 의인들이 종려나무 같이 번성하고, 레바논의 백향목처럼 성장하는 세상을 이루어 간다. 그리고 여호와

의 정직하심과 바위 되심과 불의가 없으심을 찬양하는 예배로 마감을 하는 것이다. 안식일의 예배는 하나님께서 창조 때 의도하셨던 것처럼 하나님이 보시기에 심히 좋은 세상을 만드는 삶으로의 결단이며 실행의 시작점이다. 하나님께서 이 일곱째 날을 복되게 하사 거룩하게 하셨다. 거룩은 모든 불의와 부정, 세상의 속됨으로부터 구별된 삶을 의미한다(레 10:10-11; 20:22-26). 그러므로 안식일은 혼돈과 공허, 흑암에 대한 반전이며 창조질서의 완성을 의미한다.

이러한 예배를 통한 질서의 완성은 곧 하나님 나라의 완성을 향한 것이 된다. 이를 통해 안식일은 6일 동안의 노동에서 해방되어 쉬는 날의 의미가 아니라 하나님 나라의 이상을 실현하는 지속적인 길인 것이다. 땅 끝까지 창조하신 하나님은 결코 피곤하거나 곤비치 않으시는 분이시기에 안식이 필요 없으신 분이시다(사 40:28). 또한 하나님은 지금도 주무시지도 않으시고, 졸지도 않으시며 창조하신 세계는 물론, 자신의 백성을 불철주야 돌보시는 분이시다(시 121:4). 그렇다면 하나님께서 안식하셨다는 것은 분명 특별한 의미가 있는 표현일 것이다. 구약성경 속에서 안식이 하나님께서 임재하시는 처소가 밀접하게 연관되어 있다는 점이 해석의 한 가지 열쇠를 제공해 줄 수 있다. 이사야 66:1절은 "하늘은 나의 보좌요 땅은 나의 발판이니 너희가 나를 위하여 무슨 집을 지으랴 내가 안식할 처소가 어디랴"라고 하며, 시편 132:14절은 "이는 내가 영원히 쉴 곳이라 내가 여기 거주함은 이를 원하였음이로다"라고 하나님의 말씀을 전한다. 두 구절 다 안식과 하나님의 처소의 밀접한 연결 고리를 전하고 있다. 하나님의 처소는 성막이나, 성전을 의미한다는 점에서 하나님께서 왕으로 좌정하신 궁전의 의미를 갖는다. 이러한 연결 고리를 통해 하나님께서 안식하신다는 것은 자신이 창조하신 세계에 임하시어 왕좌에 앉으셔서 다스리신다는 의미인 것이다.[39] 안식일 다음의 이야기가 성막과 성전의 최초 모형인 에덴동산이라는 점이 이를 입증한다. 에덴동산과 성막과 성전의 유비관계는 위에서 이미 설명한 바 있다. 안식일은 악의 세력이 무너지고 하나님이 왕이 되셔서 통치하시는 하나님 나라의 전형적인 모습을 드러내고 있는 것이다. 그러므로 안식일은 혼돈과 공허, 흑암이 거할 곳이 없는 빛으로 가득한 정의와 공의가 실현되는 하나님 나라의 시작점이며 또한 결론인 것이다.

안식일의 예배는 하나님께서 행해주신 일에 대한 찬양으로 시작한다. 창조가 오직 하나님의 말씀으로 이루어지는 질서를 보여준다면, 하나님의 백성에게 가장 필요한 것은 결국 그 하나님의 말씀에 일치하여 살아가는 것이다. 말씀에 대한 절대적인 순종이 이 땅에 질서를 가져오고, 악의 세력에 대항할 수 있는 가장 강력한 힘을 제공해 준다. 천지창조는 조화로운 질서도 존재하지만 그것을 송두리째 날려버릴 수 있는 혼돈의 세력도 그대로 존재하고 있음을 보여준다. 바로 궁창 위의 물과 궁창 아래의 물이라는 혼돈의 세력이다. 그러나 인간이 하나님의 말씀을 따라 순종하고 예배하는 삶을 살아가며 안식일을 거룩하게 구별하여 지키는 한 그 어떤 악의 세력도 두려워할 필요가 없다. 안식일은 이처럼 악에 대한 하나님의 승리를 선포하는 영광스러운 날이며 그 승리를 지키고 확장시켜 나가야 할 인간의 소명이 다져지는 날이 된다. 십계명의 안식일 이해는 이러한 소명을 분명히 하고 있다.

안식일을 기억하여 거룩하게 지키라 엿새 동안은 힘써 네 모든 일을 행할 것이나 일곱째 날은 네 하나님 여호와의 안식일인즉 너나 네 아들이나 네 딸이나 네 남종이나 네 여종이나 네 가축이나 네 문안에 머무는 객이라도 아무 일도 하지 말라 이는 엿새 동안에 나 여호와가 하늘과 땅과 바다와 그 가운데 모든 것을 만들고 일곱째 날에 쉬었음이라 그러므로 나 여호와가 안식일을 복되게 하여 그 날을 거룩하게 하였느니라 (출 20:8-11)

이처럼 안식일은 남녀노소, 빈부격차를 초월하고, 심지어 말 못하는 짐승들에게까지도 정의와 공의가 바르게 실현되는 근간이 되는 날이다.

하나님의 백성 이스라엘은 '안식일의 찬송시'(시 92편)를 통해 이렇게 자신들의 소명을 일깨웠을 것이 틀림없다. 안식일마다 이 찬송을 부르며 자신들이 해야 할 일이 무엇인지, 진정한 예배가 무엇인지를 되새겼다는 것이다. 이제는 하나님께서 허락하신 땅에서 이 찬송을 부르며 창조질서를 이 땅에서 지키며 확장시켜 나갈 책임이 우리 그리스도인들에게 주어져 있는 것이다.

천지창조의 목적	구원의 목적
혼돈, 공허, 흑암의 세계로부터 ⬇	죄의 속박으로부터 ⬇
하나님의 형상인 인간의 창조를 통해 ⬇	십자가의 인간 구원역사를 통해 ⬇
모든 피조물의 예배(안식일) ⬇	구원받은 자들의 예배로(주일) ⬇
열방의 예배로 확장(미래상)	모든 인류의 예배로 확장(미래상)

천지창조는 이렇게 인간의 소명이 어떻게 펼쳐져야 할 것인가에 대한 분명한 길을 제시하고 있다. 그것은 다름 아닌 예배하는 삶이다. 그리고 그것은 하나님께서 선물로 부여해 주신 아름다운 땅에서 이루어져야 할 일이다.

그렇다면 안식일을 지킨다는 것은 단순히 하던 일을 멈추고 아무것도 하지 않는 날이라는 부정적인 의미가 아니라는 것을 알 수 있다. 오히려 멈춤 속에 들어 있는 역동적인 힘을 깨닫는 것이다. 세상을 질서 있게 창조하신 하나님의 뜻을 마음에 새김으로 심장이 하나님의 마음으로 고동치게 하는 날이다. 6일 동안 인간이 하던 일을 멈추고 흔들렸던 시선을 모아서 하나님께서 행하신 일로 모든 초점을 맞추는 시간이 바로 안식일인 것이다. 즉 안식일은 꼼짝도 하지 않는 날이 아니라 인간 스스로가 생계를 책임져야 한다는 강박증을 내려놓는 날이다. 인간의 노력으로 평안과 행복을 확보하려는 삶의 투쟁을 벗어나, 삶의 질서와 진정한 생명은 하나님으로부터 공급되는 것임을 고백하는 날이다. 천지를 가장 아름답게 창조하신 하나님을 바라봄으로 그 하나님의 능력이 인간의 삶을 이끌어 창조의 완성을 향해 나아가게 하는 날이다. 이 안식일을 통해 인간이 스스로 행했던 모든 노력은 상대화되고, 오직 하나님만이 절대화가 되는 날인 것이다.

> 그러므로 안식일을 지킨다는 것은 이 세상 일을 절대로 우상화하지 않는다는 의미이다. 즉 '내가 하는 일로 말미암아 나에게 구원이 있다.' '이 일에 나의 구원이 달렸다.' '내가 내게 하나님 노릇 하겠다.' '내재의 자원으로 내가 스스로 살 수 있다'는 식의 태도를 취하지 않는 것이다. 다시 말해, 이 세상 일을 과격하게 상대화하는 것이다. 그래서 나의 구원이 오직 하나님께 달려있고, 나의 일은 어디까지나 하나님을 섬기고 내 이웃을 섬기는 장이라고 생각하는 태도이다. 자신의 일을 절대화하지 않고 자신의 일을 하나님과 이웃을 섬기는 소명의 장으로 보는 태도이다. [40]

이처럼 안식일을 거룩하게 구별하여 지키는 것은 하나님 이외의 그 어떤 것도 절대화 되지 않음으로 인간 욕망의 상징인 우상이 결코 존재할 수 없는 세상을 만들어 간다. 인간이 만든 우상이 존재하지 않는다는 것은 악이 도망가고 하나님의 정의와 공의가 실현되는 가장 아름다운 질서를 이루는 하나님 나라가 이 땅에 서는 것을 의미한다. 이를 통해 하나님께서 시작하신 천지창조의 완성의 길은 하나님의 형상을 부여받은 인간이 안식일을 거룩히 구별하여 지키는 삶에 있다는 것을 분명하게 살펴볼 수 있다. 이것은 하루아침에 이루어지는 것이 아니라 천지창조의 과정이 보여주듯이 '저녁이 되고 아침이 되니~저녁이 되고 아침이 되니~저녁이 되고 아침이 되니~'를 반복하며 '어둠과 빛'이 교차하는 삶의 과정을 통해 완전한 성취를 향해 나아간다. 이 삶의 과정 속에서 마침내 오직 하나님만 예배하는 안식의 삶이 완성되는 그 날 어둠은 더 이상 우리의 삶에 침투할 공간이 없을 것이다. 안식일 이후로는 더 이상 '저녁이 되고 아침이 되니'의 반복이 나타나지 않는다는 것은 예배하는 삶만이 어둠을 몰아내는 길임을 증거하고 있는 것이다.

이와 같이 하늘과 땅의 창조에 관한 이야기는 세상이 있게 된 근본에 대한 지식을 제공하기 위한 목적이 아니라, 감사하며 찬양하는 완성의 날인 안식일로 그 초점이 향하고 있다. 즉 창조 이야기는 세상이 어떻게 있게 되었는가에 대한 설명이 아니라, 세상이 있게 된 그 영광을 노래하며 묵상하는 것이다. 그러므로 "하나님이 보시기에 심히 좋았더라"(창 1:31)는 말은 우리에게 던지는 하나의 도전이다. 하나님의 목표에 우리의 삶을 조화시키라는 도전인 것이다.[41] 그리고 그 숭고한 도전은 인간이 지음 받은 원형인 '하나님의 형상'이라는 표현에 농축되어 있으며, 안식일마다 되새겨야 하는 내용이 된다. 하나님의 형상으로 지음 받은 인간은 이 세상을 하나님 보시기에 심히 좋은 곳으로 만들어 나갈 소명을 가지고 있는 것이며, 안식일 예배는 그 소명에 추진력을 더해 주는 기능을 한다. 그리고 그 소명의 실행은 하나님께서 맡기신 최초의 공간인 에덴에서 이루어져야 할 것이다.

2) 에덴동산 창조와 그 상징적 의미(창 2:4-2:25)

(1) 에덴동산과 인간의 소명

그렇다면 이제 에덴동산에서는 어떤 일이 일어나야 할 것인가? 이미 천지창조에서 보였듯이 하나님께서 허락하신 그 땅에서는 진정한 예배가 실현되어야만 한다는 당위성이 있다. 시편 92편의 안식일 찬송시가 보여주고 있듯이 첫째는 "십현금과 비파와 수금으로 여호와께 감사하며 주의 이름을 찬양하고 아침마다 주의 인자하심을 알리며 밤마다 주의 성실하심을 베풂이 좋다"(92:1-3)고 고백하는 것처럼 여호와의 행하심을 찬양하는 것이다. 그리고 둘째는 여호와의 명령을 받들어 이 세상의 악을 철저하게 배격하며 주의 원수들과 죄악을 행하는 자들이 완전히 흩어져 사라지게 하는 삶을 사는 것이다(92:7-11). 마지막에는 마침내 의인이 흥왕하고, 번성하는 공의로운 세상을 이루어 여호와의 정직하심과 바위 되심과 그에게는 불의가 없음을 찬양하는 세상을 만드는 것이다(92:15). 안식일에 벌어지는 이러한 삶의 결단은 십계명과의 비교에서도 분명하게 드러난다. 그리고 십계명의 구조와 천지창조-에덴동산 이야기의 구조를 비교하면 에덴동산에서 일어나야 할 일이 무엇인지를 바르게 알 수 있다.

	십계명 (출 20:1-17; 신 5:6-21)	사명의길	천지창조-에덴동산 (창 1:1-2:25)
하나님께서 행하신 일을 기억할 때	나는 너를 애굽 땅 종 되었던 집에서 인도하여 낸 네 하나님 여호와니라 1. 나 외에 다른 신을 두지 말라 2. 새긴 우상을 만들지 말라 3. 여호와의 이름을 망령되게 부르지 말라 (이 명령들이 무너질 때 하나님과 하나님께서 행하신 일들은 인간의 삶 속에서 사라져 버린다)	말씀하신 대로 그대로 이루어질 때 하나님이 보시기에 (심히) 좋았더라 (7번) ↓	하나님이 태초에 천지를 창조하시니라 땅이 혼돈하고 공허하며 흑암이 깊음 위에 있었으나 첫째 날 빛으로부터 여섯째 날 하나님의 형상인 인간의 창조까지 온전한 세상의 질서가 이루어진다.
안식일 예배로 향하고	4. 안식일을 기억하여 거룩히 지키라	안식일 예배 통해서	일곱째 날 안식하시며 그 날을 복되고 거룩하게 하심

인간이 행할 일로 나아간다	5. 네 부모를 공경하라 6. 살인하지 말라 7. 간음하지 말라 8. 도둑질 하지 말라 9. 거짓 증거 하지 말라 10. 네 이웃의 소유를 탐내지 말라	↓ 말씀대로 행함으로 하나님이 보시기에 심히 좋은 세상 이루기	(에덴동산에서 이루어져야 할 일들)

십계명이나 천지창조-에덴동산의 이야기는 둘 다 안식일을 중심으로 하나님께서 행하신 일과 인간의 소명이 양분되어 나타난다. 이러한 초점의 전환은 천지창조-에덴동산 이야기의 구조 속에도 그대로 드러난다. 이것은 천지창조의 시작과 에덴동산 이야기로의 전환점에 나타난 표현들만 살펴보아도 관심의 초점이 전환되고 있음을 쉽게 느껴볼 수 있다.

A. 태초에 하나님이 천지(하늘과 땅)를 창조하시니라(창 1:1)
　B. 안식하시며 그 날을 복되게 하심(창 2:1-3)
A'. 이것이 천지가 창조될 때에 '하늘과 땅'의 내력이니
　여호와 하나님이 '땅과 하늘'(지천)을 만드시던 날에 여호와 하나님이 땅에
　비를 내리지 아니하셨고 땅을 갈 사람도 없었으므로 들에는 초목이 아직
　없었고 밭에는 채소가 나지 아니하였으며(창 2:4-5)

천지창조는 '하늘과 땅'의 순서로 이루어진다. 하늘에서 땅으로 이어지는 창조질서의 실현이다. 즉, 하늘에서 이루어진 하나님의 뜻이 이 땅으로 옮겨지는 것이다. 하나님과 인간의 교통인 안식일을 거룩하게 구별하는 것으로 하나님께서 행하신 창조질서가 이 땅에 온전히 이루어 졌을 때 관심은 이제 '땅과 하늘'의 순서로 뒤바뀐다. 초점이 전적으로 땅에 맞춰지며, 인간

의 소명이 강조되는 것이다. 땅을 가꿀 사람이 없기에 하나님이 비를 땅에 내리지도, 초목을 내지도, 채소가 자라게도 하지 않으셨다(창 2:5)는 것은 하늘의 뜻을 받들 사람이 없다는 것을 의미한다. 이것은 진정한 소명을 깨달은 사람이 없다는 것을 뜻하며, 하늘에서 이루어진 하나님의 뜻을 이 땅에 실현할 사람을 찾고 계시는 것을 의미한다. "하나님이 보시기(רָאָה 라아)에 좋았더라"는 창조의 이상이 하나님의 형상을 부여받은 인간에 의해 이 땅에서 동일하게 실현되는 미래를 기대 하는 것이다. 하나님께서 인간에게 맡겨주신 에덴에서 벌어져야 할 일이 바로 이것인 것이다. 이처럼 중심에 위치한 안식일 예배는 '하늘과 땅'(하나님➡인간)이 '땅과 하늘'(인간➡하나님)로 전환되며 하나님과 사람이 만나 하나로 어우러지는 축제의 한 마당이 된다. 그러나 에덴동산에서 후에 "여자가 그 나무를 본즉(רָאָה 라아)" 자신을 만족시킬 만큼 탐스럽다는 상황의 출현(창 3:6)은 이러한 창조의 이상을 일시에 무너뜨릴 조짐이라는 점에서 심각성을 띠고 있다. 에덴에서 하나님 보시기에 좋은 세상이 이루어질 것인가, 아니면 인간이 보기에 좋은 세상이 이루어질 것인가라는 질문이 대두되고 있는 것이다.

이런 관계성을 바르게 이해하면 천지창조 이야기(창 1:1-2:3)와 에덴동산 이야기(2:4-25)에 나타난 창조의 순서가 다름에 대해 개의치 않을 수 있다. 안식일 예배를 통과하며 천지창조에서 나타난 창조의 순서가 에덴동산에서는 소명의 순서로 바뀌는 것이기 때문이다. 창세기 1장의 천지창조에서는 땅의 초목과 공중의 새와 땅의 짐승들이 인간보다 먼저 창조된 것으로 나타나며 인간의 다스림이라는 주제로 집중된다. 그 다스림의 실체는 창세기 2장의 에덴동산 이야기에서 여호와 하나님께서 아담을 먼저 만드시고, 그 후에 초목이 나게 하시고, 각종 들짐승과 공중의 각종 새를 만드시고 아담에게 이끌어 오셨을 때 아담이 각 생물에게 이름을 지어주는 것에서 그 절정에 이른다. 이름을 지어 준다는 것은 인격적인 앎을 의미하고, 권위를 뜻하며, 다스림 안에 있다는 것을 말하는 것이다.

A. 초목과 공중의 새와 각종 동물을 창조하심(창 1:11-25)

B. 인간을 창조하심(창 1:26-28) – 다스리라

C. 안식일(창 2:1-3)

B'. 아담을 창조하심(창 2:7-8) – 각 생물에게 이름을 지어줌

A'. 각종 초목과 들짐승과 공중의 각종 새를 창조하심(창 2:9, 19)

이러한 구도는 밖에서 안으로 들어가며(A⇨C) 자연만물은 인간의 올바른 다스림을 필요로 하고, 인간은 하나님께서 원하시는 다스림을 위하여 그 삶의 중심을 안식일을 거룩하게 지키는 것에 두어야 한다는 것이다. 이것은 다시 안에서 밖으로 나오며(C⇨A') 안식일 예배를 중심으로 인간이 바로서고, 예배하는 인간을 통하여 자연만물이 아름다운 조화와 질서를 이루는 것을 의미한다. 곧 하나님께서 창조하여 맡기신 모든 생명 세계를 사람이 안식의 예배를 통하여 그 창조의 질서를 가꾸고 지켜나갈 소명이 주어져 있다는 것을 뜻하는 것이다. 그러므로 이러한 순서의 역전은 모순이 아닌, 사람이란 존재의 사명에 대한 분명한 강조라 할 수 있다.

이와 같은 안식일 예배가 바르게 살아있는 곳에는 먼저 하나님께서 우리를 위하여 행하신 일을 기억하며 찬미하는 예배가 살아날 것이 틀림없다.

여호와 우리 주여 주의 이름이 온 땅에 어찌 그리 아름다운지요 주의 영광을 하늘에 두셨나이다…주의 손가락으로 만드신 주의 하늘과 주께서 베풀어 두신 달과 별들을 내가 보오니 사람이 무엇이기에 주께서 그를 생각하시며 인자가 무엇이기에 주께서 그를 돌보시나이까 그를 하나님보다 조금 못

하게 하시고 영화로 존귀로 관을 씌우셨나이다 주의 손으로 만드신 것을 다 스리게 하시고 만물을 그의 발 아래 두셨으니 곧 모든 소와 양과 들짐승이 며 공중의 새와 바다의 물고기와 바닷길에 다니는 것이니이다 여호와 우리 주여 주의 이름이 온 땅에 어찌 그리 아름다운지요 (시 8편)

여호와여 주께서 행하신 일로 나를 기쁘게 하셨으니 주의 손이 행하신 일로 말미암아 내가 높이 외치리이다 여호와여 주께서 행하신 일이 어찌 그리 크 신지요 주의 생각이 매우 깊으시니이다 어리석은 자도 알지 못하며 무지한 자도 이를 깨닫지 못하나이다 (시 92:4-6)

이 속에는 삶을 돌아보며 베풀어 주신 은혜에 대한 감사가 있다. 그 은혜가 우리로 하여금 다음 단계로 나아가게 하는 원동력을 제공한다. 그러나 어 리석고 무지한 자는 이러한 은혜를 전혀 깨닫지도 못하고, 심지어 잊기까 지 한다. 그 결과는 십계명의 첫 세 개의 계명을 어기는 것으로 그 증상이 나타나며 다른 신을 따르고, 우상을 숭배하며, 여호와의 이름을 멸시하는 길로 나가는 것이다. 그렇다면 이러한 금지 명령은 결코 하나님의 시기나 질투에 근본을 둔 것이 아니라 하나님을 잊어버림으로 하나님께서 창조하 신 세계의 아름다움과 그 세계를 향한 비전까지도 상실하고 말 것에 대한 염려로 인한 것임을 알 수 있다. 이러한 역행은 당연히 안식일 예배를 무너 뜨리고, 하나님의 간절한 소망인 하나님이 보시기에 좋은 세상이 아닌 사 랑과 긍휼, 정의와 공의가 파괴되어 사람이 사람을 해롭게 하는 일로 나아 가며 (암 2:6-8; 전 8:9), 자연만물의 질서가 파괴되는 현상으로 이어질 것이 다 (창 3:18; 신 28:23-24; 렘 7:33). 이것은 최악의 시나리오다. 천지창조-에 덴동산 이야기는 하나님께서 이루시기를 간절히 바라시는 창조의 완성에 대한 소망을 담고 있다. 하나님께서 이루어주신 창조의 질서(천지창조)를 유지하고 확장시켜 나가는 사명(에덴동산)인 것이다. 그것은 십계명의 후반부에 개관적으로 그려져 있다. 에덴동산에서 이루어져야 할 일들이 바로 그러한 삶의 길임을 살펴볼 수 있다.

에덴동산의 위치는 어느 누구도 명확하게 추적할 수 없다. 이것은 흡사 시내 산(호렙 산)의 정확한 위치가 베일에 가려져 있는 것과 같다 할 수 있다. 에덴동산은 그 위치로 중요한 것이 아니라 신앙적인 의미에서 중요성을 제공해 주고 있다. 에덴동산에서 시작된 강이 흘러서 동산을 흠뻑 적시고 거기서부터 갈라져서 네 근원으로 나뉜다는 것이다(창 2:10). 그리고 그 네 근원은 고대 근동의 세계관을 그대로 반영하며, 세계 전체를 포괄하는 의미를 내포하고 있다. 첫째는 비손이며 하윌라 온 땅에 둘렀다라고 한다. 이곳은 동쪽지역으로 아라비아를 상징하며, 아라바에 위치한 헤스본 왕 시혼과 바산 왕 옥의 영토와 연관이 있을 것이다(창 10:7, 29; 25:18; 삼상 15:7; 대상 1:9, 23). 둘째는 기혼이며 구스 온 땅에 둘렀다는 것으로 보아 최남단의 애굽 강이 흐르는 지점을 의미한다(창 15:18; 신 1;7; 왕상 4:21).[42] 셋째는 앗수르의 힛데겔이다. 이 명칭은 티그리스 강에 대한 히브리어 명칭이다(창 15:18; 신 1:7; 왕상 4:21). 넷째는 유브라데, 즉 유프라테스를 의미한다. 이 두 강은 최북단을 의미한다. 이런 지리적인 정황을 살펴볼 때 모세가 "아라바 산지와 평지와 남방과 해변과 가나안 족속의 땅과 레바논과 큰 강 유브라데까지 가라"(신 1:7)는 그 약속의 땅의 지리와 흡사하다. 이것은 더욱 분명하게 하나님께서 아브라함에게 주신 약속에서도 드러난다: "내가 이 땅을 애굽 강에서부터 그 큰 강 유브라데까지 네 자손에게 주노니"(창 15:18). 서쪽지역은 아마도 지중해라는 바다가 위치하고 있기에 제시되지 않은 것으로 보인다. 이 모든 정황들을 살펴볼 때 시기상조일지는 모르나 이런 좌표를 잡는 중심이 의미심장하게도 약속의 땅인 가나안이라는 암시를 느껴볼 수 있다.[43] 하나님께서는 이러한 암시가 하나님의 말씀을 따르는 삶을 통하여 이 땅에 실체가 되기를 소망하시는 것이다. 아담과 하와의 이야기는 암시가 실체가 되는 길은 물론 실체를 또다시 암시로 바꿔버리는 길 또한 보여주고 있다는 점에서 어느 시대의 신앙인이든 숙고해야 할 필요가 있다.

(2) 아담과 하와 그리고 남녀의 관계(창 2:18-25)

> 내 뼈 중의 뼈요 내 살 중의 살이라(창 2:23)

아담과 하와의 이야기는 언뜻 보기에는 '남존여비 사상'을 조장하는 듯하지만 하나님의 뜻 가운데서는 태초의 남녀의 만남을 통하여 '올바른 결혼관'을 가르치고 있는 것이다. 하나님의 백성은 태초의 남녀의 모습 속에서 자신들이 걸어야 할 신앙의 길을 본다. 창세기는 결혼의 순수성에 관해서 신명기와 같은 법조문의 형태도 아니고(신 7:1-6), 아가서와 같은 서정시의 형태도 아닌 이야기의 형태로 강조하고 있는 유일한 책이다. 창세기의 처음부터 하나님께서는 하나의 특별한 민족을 창조하기를 계획하셨다는 것은 특히 사람을 창조하신 후의 하나님의 명령으로부터 느껴볼 수 있다.

> 하나님이 자기 형상 곧 하나님의 형상대로 사람을 창조하시되 남자와 여자를 창조하시고 하나님이 그들에게 복을 주시며 하나님이 그들에게 이르시되 생육하고 번성하여 땅에 충만하라 땅을 정복하라 바다의 물고기와 하늘의 새와 땅에 움직이는 모든 생물을 다스리라 하시니라(창 1:27-28)

결혼의 순수성에 대한 특별한 명령은 인간을 중심으로 창조의 이야기를 엮어나가는 창세기 2-3장의 에덴동산 이야기에서 드러나기 시작한다. 인류 최초의 남자와 여자가 어떻게 창조되었으며 어떻게 한 쌍의 온전한 부부로 서게 되었는가는 여자가 남자로부터 나온다는 신학적인 조명으로부터 가능해진다. 남자의 갈비뼈로 만들어진 여인을 만났을 때 남자의 입에서 쏟아진 탄성은 단순한 아름다움과 놀라움에 대한 감탄사가 아님을 알아야 할 필요가 있다. 이 탄성 속에는 하나님의 백성이 반드시 지켜야 할 신앙의 순수성이 들어있다.

> 이는 내 뼈 중의 뼈요 내 살 중의 살이라 이것을 남자에게서 취하였은즉 여자라 부르리라 하니라 이러므로 남자가 부모를 떠나 그의 아내와 합하여 둘이 한 몸을 이룰지로다 아담과 그의 아내 두 사람이 벌거벗었으나 부끄러워하지 아니하니라(창 2:23-25)

바로 이 감탄사 속에는 하나님께서 자신의 백성에게 원하시는 결혼의 첫째 원칙이 들어가 있음을 지나쳐서는 안 될 것이다. 그리고 단순히 결혼만을 의미하는 것이 아니라 사람과 사람의 연합의 원칙 또한 살펴볼 수 있다. 먼저 아담이 하와를 보자마자 부르짖었던 **"내 뼈 중의 뼈요 내 살 중의 살"** 이라는 표현이 무엇을 의미하는지를 살펴보아야 할 것이다. 분명한 의미를 이해하기 위해서는 이와 동일한 히브리어 표현이 나타나는 부분을 분석해 보면 쉽게 해석해 낼 수 있을 것이다. 여러 용례를 찾아보고 비교해 보면 그 표현이 어떤 때 사용되는 것인지를 알 수 있기 때문이다. 구약성경에 이 표현은 여러 군데에 등장한다. 그러나 히브리어를 한글로 번역하며 표현이 희석된 아쉬움이 있다는 점을 먼저 숙지해야 한다. 그로 인해 원문과의 대조는 불가피하다.

가장 먼저 '내 뼈요 내 살이라'는 표현이 다시 언급되는 곳은 창세기 안에서 야곱의 이야기이다. 야곱이 결혼할 친족 여인을 찾아서 그리고 형의 살기어린 분노를 피해서 외삼촌의 집이 있는 밧단아람에 도착했을 때 외삼촌 라반은 야곱을 만나서 그의 자초지종을 모두 듣고 "너는 참으로 내 혈육이로다"(창 29:14)라고 하며 그를 환영한다. 아쉽게도 아담이 부르짖었던 동일한 히브리어 표현을 '나의 혈육'으로 번역함으로 서로간의 긴밀한 연관성을 놓치고 있다.『쉬운성경』은 이것을 원문 그대로 아담의 말과 같이 번역하고 있다.

> 야곱의 말을 듣고 라반이 말했습니다. "정말로 너는 내 뼈요 내 살이다." 야곱은 그 곳에서 한 달 동안 머물렀습니다. (창 29:14)

물론 '나의 혈육'이라는 말 속에는 "내 뼈요 내 살이다"라는 의미를 의역한 것만은 사실이지만 이야기 간의 긴밀한 연계를 놓치게 만드는 일관성이 없는 번역이 되어 아쉬움이 있다. 그리고 이 표현은 그 외 여러 곳에서 더 등장하지만 또 다른 표현을 사용한다. 사사기에서 아비멜렉이 자기 어머니의 집안인 세겜 사람들을 자신의 음모에 가담시키기 위해 그들에게 "나는 너희와 골육임을 기억하라"(삿 9:2)고 말한다. 이스라엘 모든 지파가 다윗에게 나아가 "보소서 우리는 왕의 한 골육이니이다"(삼하 5:1; 대상 11:1)하며 다윗과의 유대관계를 천명하고, 다윗은 유다지파 사람들에게 "너희는 내 형제요 내 골육이거늘"(삼하 19:12,13; 대상 11:1)이라 하며 자신을 지지할 것을 강조한다. 여기에 쓰인 공통적인 표현인 '골육'이라는 단어가 히브리어로 '뼈와 살'이라는 표현이다. 즉 일관성을 위해서 '너의 뼈 너의 살' 혹은 '내 뼈 내 살'이라고 해석해야 하는 것이다. 이 모든 정황들을 살펴볼 때 이스라엘에서 이 표현은 혈연관계를 가진 친족들에게만 사용되는 것임을 알 수 있다.

결국 아담과 하와의 만남으로부터 우리가 생각해 볼 수 있는 것은 하나님께서는 자신의 백성들이 순수한 혈통을 지키는 민족 내에서의 결혼을 합당한 것으로 인정하고 있다는 것을 알 수 있다. 그렇다면 아담과 하와의 시대인 태초의 상태는 아직 민족적인 분리가 이루어지지 않았음에도 왜 이러한 혈연을 함께하는 부족, 민족 안에서의 결혼을 심각하게 강조하고 있는지에 대해 생각해 볼 필요가 있을 것이다. 단순히 이것이 혈연 공동체만을 의미하는 것인지, 아니면 다른 확장된 의미가 있는지를 규명할 필요가 있다.

우리가 성경 전체를 하나님의 백성을 위한 삶의 지침서라고 인정한다면, 그들의 역사 속에서 이러한 명령을 지키고, 어기는 것이 어떤 결과를 야기하는지를 살펴보면 답이 있을 것이라 여겨진다. 아브라함 이후로 왜 그렇게 멀리 떨어져 있는 자신의 부족을 찾아가서 친족들과 결혼을 해야만 하는지 이것은 이스라엘의 역사를 자세히 살펴보지 않으면 이해할 수 없는 것이다. 신명기의 결혼에 관한 법을 살펴볼 때 이방인과의 잡혼이 결코 용납되지 않는다. 그 이유는 그들이 이스라엘의 신앙을 잠식한다는 것이다(신 7:1-4; 수 23:12-13). 이스라엘 역사 속에서 이방여인들과 결혼해서 자신은 물론 이스라엘의 역사를 타락의 길로 이끌고 간 치명적인 예는 두말할 필요도 없이 솔로몬 왕이다. 열왕기상 11:1-11절에는 솔로몬이 이방의 많은 여인들, 애굽, 모압, 암몬, 에돔, 시돈과 헷족의 여인들을 왕비(700명)와 첩(300명)으로 맞이해, 그들의 이방 종교를 인정하고 그들을 좇아 그들이 섬기는 신들을 섬겼다고 기록하고 있다. 이로 인해 이스라엘은 신앙적인 퇴보를 겪게 되고, 하나님의 진노가 내려 결국 이스라엘은 남유다와 북이스라엘로 갈라지는 비운을 맞이하게 된다. 이 역사는 하나님의 백성이 잊을 수 없는 역사이고 다시는 반복되지 말아야 될 일이다. 그리고 북이스라엘의 아합 왕의 이야기도 역시 다를 바가 없다. 시돈 땅의 왕 엣바

알의 딸인 이세벨을 아내로 맞아 북이스라엘을 바알 신앙으로 물들여 버린다. 그리고 어느 모로 보나 북이스라엘의 멸망은 아합의 죄가 가장 커다란 원흉이 되기도 한다(왕상 16:29-34). 결국 동족이 아닌 이방 여인들은 나라가 갈라지고, 망국으로 가는 길을 열어간다는 것을 보여주는 분명한 증거가 되고 있다.

그렇다면 이방인들은 도저히 이스라엘이 될 수 없는 것인가? 이에 대해 성경은 단호하게 "그렇지 않다"라고 답한다. 성경의 이야기들은 이방인으로서 이스라엘이 된 사람들이 있음을 보여주고 있기 때문이다. 하나님께서는 모압 여인인 룻을 다윗의 선조로 만드셨고, 또한 여로보암 2세 시절엔 거역하는 이스라엘을 버리시고 오히려 요나를 니느웨로 보내셔서 이방인을 구원하는 이야기는 이방인 또한 가능성이 있음을 보인다.

여호수아서와 열왕기서에서 보면 오히려 이방인들이 이스라엘보다 더 높은 차원의 신앙고백을 올리고 있음을 볼 수 있다. 여리고성의 기생 라합은 보지 못하고 오직 듣기만 한 여호와를 향한 신앙고백만으로도 여호와 신앙의 진수를 보여주고 있다.

> 여호와께서 이 땅을 너희에게 주신 줄을 내가 아노라 우리가 너희를 심히 두려워하고 이 땅 백성이 다 너희 앞에 간담이 녹나니 이는 너희가 애굽에서 나올 때에 여호와께서 너희 앞에서 홍해 물을 마르게 하신 일과 너희가 요단 저편에 있는 아모리 사람의 두 왕 시혼과 옥에게 행한 일 곧 그들을 전멸시킨 일을 우리가 들었음이라 우리가 듣자 곧 마음이 녹았고 너희의 연고로 사람이 정신을 잃었나니 너희 하나님 여호와는 상천하지에 하나님이시니라 (수 2:9-11)

그 외에 기브온 주민(수 9:9-10) 그리고 나아만 장군의 신앙 고백(왕하

5:15-18) 또한 눈여겨볼 필요가 있다. 이런 신앙고백과 회개는 이스라엘에게 분명 커다란 도전이 되었을 것이며, "누가 이스라엘이냐?"라는 질문에 대한 해답을 제시하는 도구가 되었을 것을 짐작해 볼 수 있다. 그러므로 하나님의 백성 이스라엘은 배타적인 혈연공동체만을 지칭하는 것이 아니라, 동일한 하나님을 통한 구원체험과 그 하나님의 법아래 공고한 언약을 체결한 신앙공동체를 의미하는 것이다(고후 6:14; 마 10:34-39). 마침내 결론으로 "내 뼈 중의 뼈요 내 살 중의 살이라"는 선언은 동일한 신앙을 고백하는 언약 공동체를 포괄하는 표현이라 할 수 있다. [44]

돕는 배필(창 2:18)

사람은 혼자 사는 것이 좋지 않은 존재이다. 이것은 인간의 말이 아니라 하나님께서 내리신 진단이다. 단순히 결혼이라는 것에만 초점을 맞추면 독신이 많아지는 현대인들에게 별반 설득력이 없을 수도 있다. 이것을 인간관계의 측면에서 접근하면 사람과 사람 사이라고 말할 수 있을 것이다. 사람은 서로의 남는 부분은 나누고, 모자라는 부분은 보충하기 위해서 협력하며 살아야 한다는 교훈이 들어 있는 것이다.

여기서 '돕다'라는 단어는 말 그대로 도움을 제공하는 것을 의미한다. 그러므로 돕는 배필이란 협력자, 조력자란 의미가 될 것이다. 돕는 자가 없이는 아담도 바르게 설 수 없다. 돕는다는 의미 속에는 하나님께서 맡기신 에덴동산에서는 지켜야 할 것이 있고, 해야 할 것이 있다는 것이다. 그리고 그 일은 결코 혼자서는 완성할 수 없다는 것을 의미하는 것이다. 돕는 배필은 하나님께서 부여해 주신 소명을 지키고, 이루어 나갈 수 있도록 서로에게 도움이 되어야 하는 존재이다. 그렇다면 하나님의 뜻과 길을 잘 아는 사람만이 그 돕는 배필의 역할을 잘 해 낼 수 있을 것이다. 그 역할을 하는데 동일한 신앙을 고백하는 공동체보다 더 나은 존재는 없을 것이다. 그러나 하와의 이야기는 돕는 배필이 제 역할을 하지 못할 때는 오히려 그 반대 현상이 나타날 수도 있다는 것을 보이고 있다. 그리고 오히려 룻이라는 여인은 이방 여인이었지만 하나님의 법을 바로 알고 있었기에 이스라엘 남자인 보아스에게 하나님의 법(기업 무를 자)을 지킬 것을 종용하고 있다. 이렇게 남성이 하나님의 법을 지킬 수 있도록 여성이 바르게 돕는 역할을 할 때 하나님 마음에 합한 '다윗 왕조 또한 세울 수 있는 길'이 열릴 수 있다는 것을 기억할 필요가 있다.[45] 이것은 그 반대 또한 마찬가지다. 보아스가 하나님의 뜻을 따라 룻을 도울 때 이스라엘과 이방인이 하나 되어 하나님의 나라를 이룰 수 있기 때문이다.

남자(אִישׁ 잇쉬)와 여자(אִשָּׁה 잇샤)의 의미분석

아담과 하와의 이야기를 통해 현대인들은 양성평등을 옹호하려 하든지 비판하려 하든지 한다. 그러나 현대적인 의미에서의 남녀평등이라는 차원을 성경에서 찾으려는 것은 의미가 없는 것이다. 왜냐하면 그러한 성차별이나 평등에 관한 것은 그 안에 들어있는 삶에 대한 신앙적인 측면에 비교하면 큰 의미를 찾지 못하게 된다. 지금 현재 우리가 가지고 있는 시각으로 왜 이 속에는 현재 우리의 모든 것을 만족시키는 표현과 용어, 내용이 들어있지 않는가의 질문은 공정하지 못한 것이라 여겨진다. 성경은 시대를 초월하고, 언어를 초월하며, 문화를 초월하여 들려주고자 하는 진리의 음성이 있다. 그것을 보기를 뒤로하고 지금 우리에게 필요한 내용만을 찾아내길 원한다면 성경은 우리의 삶을 설명하기 위해 조각조각 잘려져 나가 새롭게 편집되어야 할 것이다. 이것은 현대 성서 해석학의 한 조류인 해체주의 신학에 잘 드러나고 있다. 본문이 말하고자 하는 것보다는 지금 현재 자신이 처한 상황을 해석하기 위해 성경을 사용하는 해방신학, 민중신학, 여성신학, 흑인신학 등이 그 예가 될 것이다.

남성을 뜻하는 잇쉬(אִישׁ)와 여성을 뜻하는 잇샤(אִשָּׁה)는 주지하는 바와 같이 동일한 어근을 가진 낱말이다. 이는 동일한 근본을 가지고 있다는 것을 의미하며, 결국 부부가 되는 남자와 여자는 동일한 근본을 가진 신앙 공동체의 일원이어야 한다는 것에 대한 신학적인 조명이라고 여겨진다. 다음의 순서를 살피면 동일한 신앙 공동체가 아닌 여성과의 결혼이 무엇을 의미하는지를 말해주고자하는 날카롭고, 신랄한 풍자가 있다.

A. 창 2:18	여호와 하나님이 이르시되 사람이 혼자 사는 것이 좋지 아니하니 내가 그를 위하여 돕는 배필을 지으리라 하시니라
B. 창 2:19	여호와 하나님이 흙으로 각종 들짐승과 공중의 각종 새를 지으시고 아담이 무엇이라고 부르나 보시려고 그것들을 그에게로 이끌어 가시니 아담이 각 생물을 부르는 것이 곧 그 이름이 되었더라
C. 창 2:20	아담이 모든 가축과 공중의 새와 들의 모든 짐승에게 이름을 주니라 아담이 돕는 배필이 없으므로

이 순서를 그대로 따라가 보면 하나님께서는 아담을 위한 돕는 배필로 먼저 각종 짐승들과 새를 지으시고 아담이 그 중에서 돕는 배필을 찾을 수 있는 가를 보신다. 아담이 그들 모두에게 이름을 붙여주지만 그 중에는 여자라고 이름 붙일만한 존재가 없다는 것으로 결론난다. 비록 동물들이 인간과 같이 흙이 재료가 되고, 동일한 '지으시고'(יָצַר 야짜르)라는 동사가 사용되는 피조물적 근친성이 있는 존재들이라 할지라도 인간의 배필이 될 수는 없다는 것이다.[46] 오직 아담의 뼈와 살에서 나온 존재만이 합당한 배필이 될 수 있다는 것이다. 이는 동일한 근본을 가진 신앙공동체에서 나온 친족을 의미한다. 그러므로 아가서에 나타나는 '나의 누이 나의 신부'(아 4:9,

10, 12; 5:1)라는 표현은 가장 합당한 신부감을 표현할 때 쓰인다는 것을 알 수 있다. 아브라함에게는 사라, 이삭에게는 리브가, 야곱에게는 레아와 라헬이 모두 친족 누이들이다. 그렇다면 이것은 풍자적으로 동족 여인이 아닌 경우는 결코 합당한 배필이 될 수 없는 동물들을 아내로 맞아들이는 것과 같다는 꼴이 되어 버린다.

이러한 이념의 구체적인 예는 창세기에서 히위족속 하몰의 아들 세겜이 야곱의 딸 디나를 욕보이고 야곱에게 결혼허락을 요청하는 사건 속에 나타난다(창 34장). 히위 족인 하몰과 세겜이 야곱과 아들들에게 "너희가 우리와 통혼하여 너희 딸을 우리에게 주며 우리 딸을 너희가 데려가고"(창 34:9)라는 제안을 했을 때, 야곱의 두 아들인 레위와 시므온이 그들을 속여 할례를 행하게 한 후에 모든 남자를 전멸시킨다. 그 마을의 모든 남자를 전멸시킨 것은 잔혹한 살상행위였음에 틀림없다. 그러나 이 속에는 이방인과 통혼하는 것에 대한 강력한 반발 또한 들어가 있다. 히위 족속 하몰과의 연합이다. 여기서 '하몰'(חֲמוֹר)이라는 이름은 풍자적으로 사용된 상징성이 내포되어 있다. 그 뜻은 '당나귀'(ass, donkey)로 이스라엘에서는 부정한 짐승으로 취급된다(레 11장; 신 14장). 즉 부정한 짐승과 연합할 수 없다는 의미가 내포된 것이라 할 수 있다. 그리고 실제로 레위기에는 가나안 땅에 거하는 족속들의 혐오스러운 풍습을 낱낱이 전하고 있는데 그 중에 한 가지가 짐승과의 성적인 교접이다.

> 너는 짐승과 교합하여 자기를 더럽히지 말며 여자는 짐승 앞에 서서 그것과 교접하지 말라 이는 문란한 일이니라 너희는 이 모든 일로 스스로 더럽히지 말라 내가 너희 앞에서 쫓아내는 족속들이 이 모든 일로 말미암아 더러워졌고(레 18:23-24; 20:15-16)

이러한 행위를 저지르며 살아가는 이방인들과 연합하여 공동체를 이룬다는 것은 곧 동물적인 삶으로의 전락이라는 암시가 들어가 있는 것이다.

이 모든 정황을 살펴볼 때 합당한 배필이 되는 남성(잇쉬)과 여성(잇샤)의 비교는 차별의 의미가 아니라, 동일한 근본을 상징하는 의미가 들어가 있을 것임을 확인해 볼 수 있다. 하나님의 "우리의 형상을 따라 우리가 사람을 만들고"(창 1:26)에서 '사람'을 뜻하는 단어는 '아담'(אָדָם)이다. 그리고 "하나님이 자기 형상 곧 하나님의 형상대로 사람을 창조하시되 남자와 여자를 창조하시고"에서 볼 수 있듯이 사람, 즉 아담이 잇쉬(남자)와 잇샤(여자)로 나뉜 것이다. 이는 사람이 남녀라는 독립적인 개체가 되었지만 상대 없이 존재할 수 없다는 것이며, 심지어 하나님의 형상을 온전하게 이루기 위해서는 서로 상호보완적이어야 한다는 것을 표명한다. 그리고 서로가 모자란 부분을 올바르게 채워주기 위해서는 같은 이념과 사상, 종교는 필수불가결한 요소임에 틀림없다. 그러므로 "남자가 부모를 떠나 그의 아내와 합하여 둘이 한 몸을 이룰지로다"(창 2:24)는 동일한 신앙공동체의 일원과의 연합을 전제하고 있음을 짐작해 볼 수 있다.[47]

만약 남녀사이에 순서적인 의미가 들어가 있다면 위와 아래라는 의미보다는 오히려 권위와 질서의 차원이라고 볼 수 있다. 남녀의 우열을 가리는 것은 상대 없이 존재할 수 있다는 인간 자만이며, 의지하고 보완해야 하는 인간의 특성인 '함께'(together)의 의미를 파괴하는 것이다. 천지창조 때 남녀를 포괄했던 '사람'(아담)이란 단어를 에덴동산에서 남성을 부르는 이름으로 그대로 사용하여 '아담'이라 지칭하는 것 또한 이러한 관계를 보여주는 것이라 여겨진다. 즉, 아담이란 이름 속에 남녀는 공존하고 있는 것이다. 이것은 타락으로 인해 아담과 하와가 하나님께 징계를 받고 난 다음에도 동일하다. 아담은 여인의 이름을 동일한 근본을 의미하는 '잇샤'에서 미래의 회복을 꿈꾸는 '하와'(חַוָּה)로 바꾼다(창 3:20). 처음으로 여성의 소명이 담긴 인격적인 이름이 등장하는 것이다. '하와'는 '생명'이라는 의미이며, 여자의 후손을 통해 새로운 길이 열릴 것이라고 하셨으니 여인은 새 생명을 잉태하는 존재가 되는 것이다. 이 여인의 '생명 잉태'가 없다면 새 시대는 꿈도 꿀 수 없는 것이다. 아담이 지어준 여인의 이름은 결코 지배와 군림, 통치의 의미가 아니라, 이 여인이 없이는 결코 미래가 없다는 의미가 담겨 있다. 모든 산 자의 어미가 된다는 것이다. 남성보다는 오히려 여성에게 더 거대한 희망의 촛불이 놓여져 있다는 의미이기도 하다. 미래를 열어갈 생명을 잉태하는 여인을 지배하고 군림하고 억압할 수는 없는 것이다.

이와 같이 창세기의 시작은 모든 잘못된 관계를 규명하고 새로운 시작을 열어갈 충분한 길을 우리에게 제시해 주고 있다. 과거의 남자와 여자의 결합이 잘못된 신학적인 길을 걸어갔다면 다가올 미래에는 올바른 신학적인 조명을 가지고 새 시작을 열어가라는 당부가 들어 있는 것이라 할 수 있다. 지배가 아니라 질서의 차원에서 남녀의 관계를 바라보는 것이다. 지배나 군림이 아닌 권위와 질서의 차원을 아름답게 이루어 나가기 위해서는 남성과 여성에게 공통적으로 필요한 것은 영적인 바로 섬이다. 영적인 권위가 사라질 때 인간에게 다가오는 가장 큰 유혹은 힘과 권력으로 통제하고 억압하며 지배하는 것이기 때문이다. 사람과 사람 사이의 관계는 영적인 권위와 질서로 이루어져가야 하는 것이지 힘과 권력을 동원해서는 안 되는 것이다. 그러나 영적인 능력이 사라지는 곳에는 늘 지배와 군림이 왕 노릇할 수밖에 없다. 그것이 잃은 권위를 신속하게 만회할 수 있는 유일한 길이기 때문이다. 남녀차별에서 올바른 남녀평등으로의 전이는 언어나 법적인 차원에서가 아니라, 하나님께서 채워주시는 영적인 능력으로 인하여 제 자리를 찾아가는 것이다. 왜냐하면 남자와 여자는 모두 같은 근원을 가진 한 몸이기 때문이다. 그러므로 한 몸에는 위계질서가 아니라 조화로운 질서가 절대적으로 요구되는 것이다.

3) 아담과 선악과(창 3:1-24)

(1) 선악과의 정체와 그 현대적인 의미(창 3:1-3:7)
인간의 양면성

　　　　생물학적으로 인간을 분류할 때 인간은 '포유류'에 속한다. 포유류라 함은 젖을 먹고 자라는 종류를 뜻하며 우리가 동물이라고 부르는 종류가 이에 해당된다. 이런 단순한 분류가 인간을 바르게 정의한 것일까라는 의문을 가져볼 필요가 있다. 단순히 포유류라고 한다면 동물과 다를 바 없는 동물군의 한 종류일 뿐이기 때문이다. 만약 생물학자들이 나눈 이 인간에 대한 정의가 맞다면 인간이 굳이 윤리적일 필요가 있을까? 왜냐하면 지금 갇혀서 사육되고 있는 가축들이나, 혹은 자유롭게 산과 들에서 살고 있는 야생동물들이 인간과 전혀 다를 바가 없는 같은 종류에 속하기에 지금 우리들도 그저 동물들처럼 이리저리 배회하면 된다는 결론이 나올 수 있기 때문이다. 하나님의 말씀인 성경은 결코 그렇게 인간을 정의하지 않는다. 인간은 신에 대한 의식이 있으며, 그 뜻을 따라 살려고 애를 쓴다. 그리고 이 세상에 신에 대한 의식을 가지고 제사나 예배를 드리는 동물은 인간밖에는 없다는 점 또한 포유류로서의 한 동물군으로 인간을 분류하는 것에 물음표를 던진다. 존 칼빈 또한 이러한 인간의 독특한 특성에 대해 그의 불후의 명저인 『기독교 강요』에서 이교도인 키케로(BC 106-43)의 말까지 인용하며 강조하고 있다.[48]

> 하나님이 계시다는 깊은 확신이 없을 만큼 그 정도로 야만적이고 미개한 족속은 세상에 없다. 그리고 삶의 다른 면에서는 짐승들과 별로 다를 바 없는 것 같은 미개한 사람들에게도 여전히 종교의 씨앗 같은 것이 어느 정도 있는 것을 보게 되는 것이다.

설사 신의 존재를 믿지 않더라도 윤리적이어야 한다는 면에서는 거의 의견의 일치를 보고 있다. 그럼 인간은 도대체 무엇인가?

하나님의 말씀인 성경은 이에 대해 인간의 양면성을 분명하게 전해주고 있다. 양면성이라는 것은 한 면만으로는 결코 인간을 설명할 수 없다는 것을 의미한다. 동물이면서도 동물을 뛰어 넘는 무엇인가가 인간에게는 내재되어 있다는 것이다. 그 양면성은 에덴동산에서의 인간 창조를 면밀히 살펴보면 명확하게 알 수 있다. 하나님께서 사람을 창조하실 때 먼저 흙으로 사람을 지으셨다고 한다(창 2:7a). 만약에 여기까지라면 인간은 정말 동물과 전혀 다를 바가 없는 포유류일 뿐이다. 왜냐하면 창세기 2:19절에 가면 "여호와께서 흙으로 각종 들짐승과 공중의 새를 지으셨다"라고 하기 때문이다. 그럼 동물과 사람은 똑같은 재료로 지어진 존재라는 것이다. 그러나 사람에게는 한 단계 더 나아가는 것이 있다. 흙으로 사람을 지으시고 하나님께서는 생기를 그 코에 불어 넣으신 것이다(창 2:7b). 하나님의 생명이 흙으로 지어진 사람의 안으로 들어왔다. 사람은 동물들이 가지고 있지 않은 한 가지가 더 포함되어 있는 것이다. 바로 하나님께로부터 나온 생기이다. 이것을 에스겔서는 마른 뼈같이 죽어버린 포로지의 이스라엘에게 불어 넣는 생기로 표현한다. 에스겔서에서 '생기'로 번역된 단어는 히브리어 '루아흐'(רוח)로 '하나님의 영'을 뜻하는 단어가 사용된다는 점에서 이 생기는 곧 성령이라고 할 수 있다(겔 37:5-10). 요한복음은 죄를 사함 받고 회복된 제자의 무리에게 부활하신 예수님께서 숨을 불어 넣으시며 "성령을 받으라"고 선언하시는 것에서 또다시 생기가 회복된다는 사실을 통해 생기가 곧 성령임을 입증한다(요 20:22). 우리가 동물들과 달리 영원을 사모하는 마음(전 3:11), 천국에 대한 소망을 갖는 것(마 13장)은 우리가 단지 포유류가 아니기 때문인 것이다. 사람은 유한한 육체적인 존재로서 시간 안에 살고 있지만 그와 더불어 사람은 영적인 존재로서 영원한 세계에 속해 있기 때문인 것이다. 어디에 더 오래도록 머물러 있는지만 보아도 더 소중한 것이 무엇인지를 우리는 분간해 볼 수가 있다. 육체적인 채움인가, 영적인 채움인가?

　　하나님께서는 에덴동산을 만드시고 그 안에 이러한 양면성을 가진 인간을 위해서 두 종류의 음식을 마련해 두신다. 흙으로 만들어 졌기에 육적인 생명을 유지하기 위한 음식과 또한 하나님의 생기를 부여받은 존재이기에 영적인 생명을 유지하기 위한 영의 양식을 다 만들어 주신 것이다. 창세기 2:9절을 살펴보면 하나님이 그 땅에 "보기에 아름답고 먹기에 좋은 나무가 나게 하셨다"라고 한다. 그렇다. 우리는 땅의 흙으로 지어졌기에 흙으로 된 육체를 유지하기 위해 그 흙에서 난 것을 먹어야 한다. 그러나 육체를 위해서 먹어도 좋은 것과 먹지 말아야 할 것을 구별하는 것이 필요하다. 그리고 거기서 멈추지 않고 동산 가운데에는 "생명나무와 선악을 알게 하는 나무도 있더라"고 한다. 이 두 나무는 분명 하나님께서 불어넣으신 생기와 깊은 연관이 있는 음식이 될 것임에 틀림없다. 이 두 나무의 특징은 하나님의 말씀에 대한 순종을 평가하는 시금석이라는 점에서 중요하다. 즉 하나님께서 불어 넣으신 생명을 성장시킬 것이냐, 죽일 것이냐를 판가름하는 영의 음식이 될 것이다. 하나님의 말씀에 대한 순종은 생명으로, 그 말씀에 대한 거역과 불순종은 결국 사망으로 나아갈 수밖에 없는 갈림길을 의미하는 것이다. 만약 영의 양식을 등한히 하며 살아간다면 인간은 단지 흙으로 지어진 포유류의 한 종류로 전락해 버리고 말 것이다.

　　우리의 육체를 위해서 먹기에 좋은 음식들을 분별해야 하듯이 또한 영적 생명을 위하여 영의 양식을 분별해야 한다. 우리의 영을 살리는 생명나무도 있고 또한 우리의 영적 생명을 쓰러뜨리는 선악을 알게 하는 나무도 있기 때문이다. 그러므로 생명나무와 선악을 알게 하는 나무에 대한 바른 이해가 반드시 있어야만 한다.

선악을 아는 것

하나님께서는 사람에게 돕는 배필까지 붙여주시며 주어진 소명을 바르게 이루기를 소망하신다. 그것은 다름 아닌 에덴에서의 예배하는 삶이다. 그 예배의 실체는 하나님 사랑과 이웃 사랑의 실현인 것이며, 이를 통해 하나님 나라가 이 땅에 이루어지는 것이다. 그러나 인간의 삶은 또한 예배를 무너뜨리는 죄에 항시 노출되어 있다. 이에 대해 한 시라도 경각심을 늦추면 어느새 죄가 문에 엎드려 있는 것을 발견하게 된다(창 4:7).

에덴동산에서 예배를 방해했던 것이 무엇인지를 발견한다면 우리는 지금 우리의 삶과 예배를 바르게 할 수 있다. 에덴동산에서 예배를 망치는 위험요소로 '선악을 아는 나무의 열매'를 들 수 있다. 우리는 이 나무에 대해서 분명히 알아야 할 필요가 있다. 이것이 그 때만 존재하고 지금은 존재하지 않는 것이라면 별로 심각할 것도 없지만, 그러나 지금도 동일하게 우리의 삶 주변에 도사리고 있기에 심각하다. 선악과는 무엇인가? 그와 동일한 표현을 구약성경에서 찾아보면 그 의미를 추적해 볼 수 있다.

인간의 죄가 선과 악을 인식하는 나무의 열매를 따 먹은 다음의 필연적인 결과라면, 우리는 여기에서 확실하게 선과 악을 아는 나무의 열매가 무엇인지를 규명하고 넘어가는 것이 그 순서라 여겨진다. 다양한 해석들이 시도되었고 또 참고 할만한 좋은 해석들이 있어 왔음 또한 부인할 수 없는 사실이다. 몇 가지 예를 들면 먼저 선악을 아는 것은 성적인 지식(sexual knowledge)과 관련된다는 의견이 있다. 아마도 잉태하는 고통을 더한다는 심판 선고를 통해 유추한 것으로 보인다. 그 다음은 모든 것을 꿰뚫어 볼 수 있는 전지한 통찰(universal knowledge)을 뜻하는 것이라 보는 견해가 있다. '하나님처럼'이라는 의미를 통해 하나님의 전지함에 접근하려는 인간욕망을 표현한 것이라 보는 것이다. 또 세속적인 지식(secular knowledge)을 뜻하는 것으로 하나님의 길을 벗어난 지식을 의미한다고 보기도 한다. 마지막으로 법적, 도덕적 판단력(moral judgment)이라고 보는 견해가 있다. 선과 악은 늘 인간의 앞에 놓여 있으되 바른 선택이 요구되기 때문에 선악을 안다는 것은 바른 판단과 관계된 것이란 견해인 것이다.[49] 이 다양한 견해 속에서 '선악을 아는 것'의 의미를 정확하게 알기 위해서는 성경 속에 나타난 동일한 용례를 찾아보는 것이 급선무이다. '선악'이라는 표현이 어떻게 사용되고 있는지를 밝히는 것이 '선악을 아는 것'의 의미를 분명히 하는 길이 될 것이다.

여기에서 선악이 상징하는 의미를 찾으려는 것은 선악과라는 과일이 실제의 나무의 열매였을 수 있다는 사실을 부정하려는 것이 아니라, 그것보다는 선악과라는 과일 속에 숨어있는 이스라엘 민족의 신앙과 희망을 찾아보려는 것이다. 창세기 2장과 3장에 나타난 사실만으로는 선과 악을 안다는 개념을 분명하게 밝힐 수는 없다. 이것은 구약성경 전체를 통해서 선과 악이라는 단어들이 함께 어떠한 상황 속에서 쓰여 지고 있는지 그리고 어떠한 의미를 보이고 있는지를 살펴봄으로 해결되리라 본다. 성경 속에서 선악이라는 단어가 등장하는 여러 구문들을 먼저 기록하고 비교해 보는 것이 도움이 될 것이다.

열왕기상 3:9	누가 주의 이 많은 백성을 재판할 수 있사오리까 듣는 마음을 종에게 주사 주의 백성을 재판하여 **선악**을 분별하게 하옵소서
사무엘하 14:17	계집종이 또 스스로 말하기를 내 주 왕의 말씀이 나의 위로가 되기를 원한다 하였사오니 이는 내 주 왕께서 하나님의 사자같이 **선과 악**을 분간하심이니이다 원컨대 왕의 하나님 여호와께서 왕과 같이 계시옵소서
이사야 7:14-16	그러므로 주께서 친히 징조를 너희에게 주실 것이라 보라 처녀가 잉태하여 아들을 낳을 것이요 그의 이름을 임마누엘이라 하리라 그가 **악을 버리며 선을 택할 줄** 알 때가 되면 엉긴 젖과 꿀을 먹을 것이라 대저 이 아이가 **악을 버리며 선을 택할 줄** 알기 전에 네가 미워하는 두 왕의 땅이 황폐하게 되리라

창세기 31:24, 29	밤에 하나님이 아람 사람 라반에게 현몽하여 가라사대 너는 삼가 야곱에게 **선악 간** 말하지 말라 하셨더라……너를 해할만한 능력이 내손에 있으나 너희 아버지의 하나님이 어제 밤에 내게 말씀하시기를 너는 삼가 야곱에게 **선악 간에** 말하지 말라 하셨느니라
예레미야 42:3, 6	당신의 하나님 여호와께서 우리의 마땅히 갈길과 할 일을 보이시기를 원하나이다 …… 우리가 당신을 우리 하나님께 보냄은 그의 목소리가 우리에게 **좋고 좋지 아니함(선과 악)**을 물론하고 청종하려 함이라 우리가 우리 하나님 여호와의 목소리를 청종하면 우리에게 복이 있으리라
신명기 1:39	또 너희가 사로잡히리라 하던 너희의 아이들과 당시에 **선악을 분별하지** 못하던 너희의 자녀들도 그리로 들어갈 것이라 내가 그 땅을 그들에게 주어 산업이 되게 하리라

열왕기상 3:9절에 나타난 솔로몬의 경우 선과 악을 아는 것이 재판과 관련되며, 하나님의 뜻을 분별하는 지혜를 구하는 내용이다. 그리고 이 일 바로 직후에 솔로몬의 재판광경이 나타나며, 이러한 재판의 바른 판결이 사람으로부터 오는 것이 아니라 하나님께서 주시는 지혜로부터 오는 것임을 강조한다(왕상 3:16-28). 사무엘하 14:17절 역시 동일하게 재판에서의 분별을 의미하며, 재판의 올바른 판단이 하나님의 지혜로부터 오는 것임을 나타낸다. 두 경우 다 지혜로운 왕은 선과 악을 바르게 분별할 수 있으며, 그 이유는 하나님의 지혜가 그 안에 있기 때문이라고 한다. 창세기 31:24, 29절에 나타난 라반의 말은 하나님께서 라반에게 나타나셔서 그 스스로 선악을 판단하여 어떤 인간적인 복수나 조치도 취하지 말라는 의미가 내포되어 있다. 결국 선과 악을 분별하여 시시비비를 가리는 것을 하나님께 맡기라는 것이다. 예레미야 42:3, 6절 또한 바벨론 포로를 면하고 가나안에 남은 유다 잔류민들이 애굽으로 내려가야 하나, 가나안에 잔류해야 하는가를 예레미야를 통해 하나님께 여쭈며 자신들에게 선하게 들리든지, 악하게 들리든지 하나님의 뜻을 따르겠다는 서약을 하는 것이다. 이것도 역시 선

택에 대한 결정을 의미한다. 신명기 1:39절은 자신들의 판단대로 선택하여 하나님을 거역하다 죽은 구세대와는 다르게 모세가 이스라엘 신세대를 지칭하는 표현은 '당시에 선악을 분별하지 못하던 자들'이다. 아직 올바른 선택을 하지 못하는 나이인 20세 미만을 의미하며, 그 나이 이상이 될 때에는 자신의 선택에 책임을 져야 한다는 의미가 들어있다(민 14:29).

위의 예들을 통해서 알 수 있는 것은 선악을 안다는 것은 선한 것과 악한 것을 분별할 수 있는 능력과 관계가 있음을 알 수 있다. 즉 올바른 판단력과 관계된 것으로 이것은 인간에게 반드시 필요한 것이다. 그러나 하나님께서는 "이 사람이 선악을 아는 일에 우리 중 하나 같이 되었으니 그가 그의 손을 들어 생명나무 열매도 따먹고 영생할까 하노라"(창 3:22)시며 아담과 하와를 에덴에서 쫓아내신다. 여기서 "우리 중 하나가 되었다"는 것이 오해의 소지가 있다. 그렇다면 하나님께서는 인간이 스스로 바르게 판단도 할 수 없는 무지함을 원하셨는가? 그것은 분명 아닐 것이다. 왜냐하면 솔로몬이 왕이 되었을 때 하나님께 간구한 것이 "듣는 마음을 종에게 주사 주의 백성을 재판하여 선악을 분별하게 하옵소서"(왕상 3:9)라고 간구하고 있기 때문이다. 시편에는 자주 악으로 선을 갚는 자들에 대해 비판하고 있고(시 35:12; 38:20; 52:3; 53:1; 109:5; 36:3-4), 또한 악을 버리고 선을 행하라고 종용한다(시 34:14; 37:27). 그렇다면 분명히 선악은 알아야 한다. 그러나 아담과 하와처럼은 아니고, 솔로몬의 간구 속에 들어있는 정신 같아야 함을 알 수 있다. 이 둘의 차이점은 선악과의 특징을 살펴보면 쉽게 파악해 볼 수 있다.

선악과에 유혹되는 근본 원인

선악을 알게 하는 나무의 실과가 어떤 특정한 나무의 형태로 제시됨으로 그 강조점이 열매가 달린 나무라는 시각적인 요소에 무게가 실려 우리의 생각을 분산시킬 수 있다. 하지만 그 보다는 그 열매를 따 먹고 난 다음의 하나님의 반응에서 그 강조점이 결코 나무에 있지 않음을 알 수 있다. 아담과 하와가 선악과를 따서 먹은 후부터는 '선악을 알게 하는 나무'라는 특별성은 이내 사라지고 단지 '내가 너더러 먹지 말라 명한(צוה 찌와/법적으로 명령하다) 나무의 실과'(창 3:11, 17)라는 지칭에서 알 수 있듯이 하나님의 명령에 전체적인 무게중심이 쏠린다.[50] 이제 강조점은 선악을 알게 하는 나무의 시각적인 요소가 아니라 바로 '하나님의 명령'이라는 청각적인 요소가 되고 있는 것이다. '먹지 말라 명한' 하나님의 명령을 인간 스스로가 자신의 판단으로 선택하여 어긴 것이다. 그렇다면 선악을 아는 것은 판단의 주권에 따라 두 가지의 갈림길에 설 것임을 직감해 볼 수 있다. 하나는 오직 하나님의 말씀에 기초한 판단이라면, 다른 것은 인간의 주권에 기초한 판단이다. 즉 하나님의 말씀이 선택의 판단기준이 될 것인가, 아니면 인간의 욕망이 판단기준이 될 것인가라는 양갈래 길이다. 그 욕망은 다름 아닌 인간 스스로 선과 악을 판단하기를 원하는 주권의 독립이요, 스스로 주인이 되고 싶은 열망의 표출이다. 피에르 신부는 이러한 인간의 죄악성을 다음과 같이 설명하고 있다

죄란 더 이상 하느님에게 의존하기를 원치 않고, 하느님의 도움 없이 오로지 우리의 힘으로 우리의 운명이 실현된다고 주장하는 것이다. 선과 악을 혼자서 구분할 수 있으며 혼자 힘으로 구원에 이를 수 있다고 주장하는 것이며, 하느님께 아무것도 신세지고 싶어 하지 않는 것이다. 진짜 죄는 우리가 어리석게도 되풀이해서 말하는 것처럼 육욕의 결과가 아니라 자만심인 것이다…바로 이 순간 카인이 아벨을 죽이며, 가장 강한 자가 가장 약한 자를 짓밟는다. 한 마디로 인류의 전 역사가 범죄와 폭력과 불의의 무리와 더불어 우리 눈앞에 펼쳐지기 시작하는 것이다. 어째서 그런가? 우리가 자유

로이 하느님으로부터 스스로를 단절시킴으로써 자유의 의미를 잃었기 때문이다. 우리는 자유가 사랑에 봉사할 때만 그 의미를 가진다는 사실을 잊은 것이다.[51]

그렇다면 태초의 여인이 선악과를 따 먹은 근본 원인 또한 동일할 것이다. 하나님의 말씀을 벗어난 것에서부터 시작되었을 것을 직감해 볼 수 있기 때문이다. 이 세상에 유혹은 늘 존재하지만 그것이 유혹의 실체가 될 것인가 아니면 믿음의 확증이 될 것인가라는 양 갈래 길로 나뉠 수 있다. 즉 인간은 "반드시 죽는다"(창 2:16-17)라는 하나님의 말씀과 "결코 죽지 아니하리라"(창 3:4-5)는 뱀의 말이라는 두 음성 사이에서 선택하며 살아간다. 인간은 이 두 음성 사이에서 갈등하고, 흔들리며 살아간다. 하나님께서는 이 모든 상황을 아시기에 이 갈등을 능히 극복하고 바른 선택을 하며 걸어갈 만큼의 은혜를 이미 주셨다. 동산 모든 나무의 열매는 먹을 수 있으나, 선악을 알게 하는 나무의 열매만은 먹지 말아야 한다는 것이다. 무수히 많은 것 중에 한 가지만 피하면 된다. 그러나 선택은 인간의 몫으로 남아 있다. 하나님의 말씀에 절대적인 신뢰를 두고 살아갈 것인가, 아니면 틀린 말에 귀를 기울일 것인가에 따라 결과는 완전히 달라진다.

여인이 뱀에게 하는 말을 살펴보면 하나님의 말씀에 대한 태도를 알 수 있다.

여자가 뱀에게 말하되 동산 나무의 열매를 우리가 먹을 수 있으나 동산 중앙에 있는 나무의 열매는 하나님의 말씀에 너희는 먹지도 말고 만지지도 말라 너희가 죽을까하노라 하셨느니라(창 3:2-3)

하나님의 말씀은 먹지 말라는 말씀은 하셨으나 "만지지도 말라"는 말씀은 하신 적이 없다. 여인은 하나님의 말씀에 스스로의 말을 더하고 있다. 그리고 "너희가 죽을까 하노라"는 말을 통해 "반드시 죽으리라"는 강조를 빼고 있다. 이렇게 하나님의 말씀에 가감하게 되면 어떤 일이 벌어지는가? 유혹을 이길 힘을 상실하고 이미 그 유혹에 빠질 준비가 다 갖추어진 것이다. 말씀이 무너지는 순간에 인생 앞에 다가오는 그 어떤 유혹도 이겨낼 힘이 상실된 것이다. 여인이 하나님의 말씀에 가감을 한다는 것은 이미 말씀에 대한 의심과 회의를 품고 있다는 것이며, 이는 곧 올바르게 선악을 판단할 기준이 사라졌다는 것을 뜻하는 것이다. 이제 선악과의 유혹에 무너지는 것은 시간문제일 뿐인 것이다.

아담이 선악과를 먹은 근본 원인 또한 이와 다르지 않다. 아담이 선악과를 먹은 후에 하나님께서 내리신 심판선언 속에 분명하게 드러나고 있다.

네가 네 아내의 말을 듣고(שמע לקול 샤마 레콜/순종하여) 내가 네게 먹지 말라 한(צוה 찌와/법적으로 명령하다) 나무의 열매를 먹었은즉 땅은 너로 말미암아 저주를 받고 너는 네 평생에 수고하여야 그 소산을 먹으리라(창 3:17)

아담은 하나님께서 먹지 말라고 명령한 나무의 실과를 먹었다. 그 근본 원인은 '아내의 말을 들은 것'이다. 히브리어에는 이스라엘 신앙의 가장 중요한 요소인 '순종하다'를 뜻하는 단어가 없다. 그 대신으로 '듣다'(שמע 샤마)라는 단어를 사용하여 '순종하다'라는 뜻을 만들어 낸다. 즉, '듣다'와 '목소리'를 합하여 '목소리를 듣다'(שמע לקול 샤마 레콜, 혹은 שמע בקול 샤마 베콜)라는 숙어적인 표현을 통해 '순종하다'를 만들어 낸다.[52] 곧 듣는 것은 순종의 의미까지 포괄하고 있는 것이다. 그래서 누구의 음성을 듣는가에 따라 삶의 길이 전혀 다르게 나타날 수 있다. 하나님께서 아담에게 하신 말씀인 "네 아내의 말을 듣고"는 더 정확하게 "네 아내의 말에 순종하여"라는 뜻이다. 즉, 아담은 순종의 대상을 바꾼 것이다.

여기 두 가지가 부딪치고 있다. '사람의 말'과 '하나님의 명령'이다. 아내의 말, 즉 사람의 말은 그 근본을 추적하면 뱀에게서 나왔다는 점에서 결국 사탄의 유혹임을 알 수 있다. 인간은 평생을 살아가며 '사탄의 말'과 '하나님의 말씀' 이 둘 사이에 서 있을 것이다. 예수님의 삶이 그랬다. 사역의 시작은 '네가 하나님의 아들이어든' 이라는 사탄의 교묘한 유혹'과 '하나님의 말씀' 사이에서의 선택과 함께였고(마 4:1-11), 그 끝 또한 십자가 위에서 '네가 하나님의 아들이어든 너를 구원하고 그 위에서 내려오라는 유혹'과 '하나님의 뜻' 사이에서의 선택과 함께였다(마 27:40-44). 사역의 시작부터 끝까지 이 둘 사이에서의 선택은 끝이 없을 것이다. 그리고 분명한 것은 이 둘은 다른 것이 아니라 한 쪽은 완전히 폐기해야만 하는 틀린 것이다. 아담은 하나님의 명령이 아닌 사탄이 제시한 유혹의 길을 택했다. 하나님의 말씀이 삶의 판단 기준이 아니라, 사람의 말이 행동의 기준이 되어 버린 것이다. 사람의 말이 무작정 나쁘다는 것이 아니라, 하나님으로부터 시작된 말이 아닐 때 문제가 된다는 것이다. 이러한 예는 이스라엘 역사 속에 계속해서 드러난다.

하나님께 버림받은 사울의 경우도 다를 바가 없다. 사울은 하나님께 제사를 드리려고 좋은 것을 남겼다고 궁색한 변명을 한다. 하지만 하나님의 마음은 다른 곳에 있으시다.

여호와께서 번제와 다른 제사를 그의 목소리를 청종하는 것을 좋아하심 같이 좋아하시겠나이까 순종이 제사보다 낫고 듣는 것이 숫양의 기름보다 나으니 이는 거역하는 것은 점치는 죄와 같고 완고한 것은 사신 우상에게 절하는 죄와 같음이라 왕이 <u>여호와의 말씀을 버렸으므로</u> 여호와께서도 왕을 버려 왕이 되지 못하게 하셨나이다(삼상 15:22-23)

하나님의 심판 선언에 사울은 자신이 하나님의 명령을 어긴 근본 이유는 "백성들을 두려워하여 그들의 말을 청종하였다"는 것이다(삼상 15:24). 즉, 사울 또한 순종의 대상을 바꾼 것이다. 사울은 여호와의 말씀을 버리고, 인간의 말을 자신의 삶의 판단기준으로 삼고, 자신의 욕망에 끌려 불순종의 길을 걸어간 것이다. 이것은 우상숭배와 다를 바가 없다는 선고가 내려진다. 다윗도 역시 하나님의 말씀을 벗어난 동일한 죄악에 빠졌다.

그러한데 어찌하여 네가 <u>여호와의 말씀을 업신여기고</u> 나 보기에 악을 행하였느냐 네가 칼로 헷 사람 우리아를 치되 암몬 자손의 칼로 죽이고 그의 아내를 빼앗아 네 아내로 삼았도다(삼하 12:9)

결국 모양과 형태, 강도는 다를지 모르겠지만 모든 죄는 한 길 위에 서 있다. 하나님의 말씀을 버리고, 결국은 틀린 방식인 다른 길을 따라 가는 것이다. 즉, 하나님의 말씀이 아닌 다른 것이 삶의 기준이 되고, 방향이 되는 것이다. 이러할 때 나타나는 현상을 하나님의 말씀은 날카롭게 지적하고 있다. 바로 올바른 판단 능력의 상실로 선을 악하다 하고 악을 선하다 하는 죄악의 길과 악으로 선을 갚는 행위이다(삼상 25:21; 시 35:12; 38:20; 109:5; 잠 17:13; 사 5:20; 렘 18:20).

　　　인간은 이처럼 가장 안전하고 기름진 생명의 터전을 박차고 자신의 뿌리를 스스로 뽑아버린 나무와 같은 어리석은 존재라 할 수 있다. 풍성한 땅으로부터 뿌리를 뽑아서 더 이상 그 땅의 양분을 공급받지 못한다면 한 순간은 견딜 수 있을지 모르겠지만 결국은 죽음에 이르게 되는 것은 기정사실이다. 즉 삶의 근본인 땅으로부터 뿌리를 뽑은 그 순간부터 이미 인간에게 죽음은 시작된 것이며, 그것을 보여주는 분명한 증거가 바로 인간의 한계성이라는 것이다. 영원하시고, 전지전능하시며, 자비와 긍휼, 사랑이 한이 없으시며, 무소부재하신 하나님으로부터의 공급이 끊어진 인생에게 무엇을 바랄 수 있을 것인가? 즉 무한으로부터 공급받던 삶이 끊어진 것이니 그 한계가 분명하며, 인간의 한계는 곧 삶의 결핍으로 증상이 드러나며 죽음의 길을 걷는다. 시간의 제약을 받아 병들고 죽어가고 있으며, 지혜가 부족하여 바른 결정을 내리지 못하고, 내일 무슨 일이 일어날지 몰라 두려워하고 불안해하며, 능력이 부족하여 인생의 어려운 문제들을 해결하지도 못하여 방치해 버리고, 자비와 긍휼과 사랑은 메말라 인간관계는 갈등 속에서 허덕이며, 공간의 제약을 받아 자유를 잃어버린지 오래이다. 이러한 삶이 바로 전능하신 하나님의 무한한 풍성함에 의존하기를 거부하고 스스로 신이 되겠다고 한 인간의 처참한 몰골이다.[53]

그렇다면 하나님의 말씀과 그 뜻을 따라 하나님의 무한한 은혜 안에 거하며 선악을 바르게 분별할 것을 끊임없이 종용함에도 불구하고 이렇게 어처구니없는 실패가 왜 발생하는 것인가? 바로 그것은 선악과와 밀접하게 연관되어 있는 인간의 욕심 때문이다. 사람들은 왜 하나님께서 선악과를 만들어 놓으셔서 인간을 시험에 빠지게 하는가라고 불평을 일삼는다. 아예 만들지 않았다면 그렇게 죄에 빠질 일도 없었을 것이라는 논리를 들이민다. 하지만 하나님의 말씀은 단호하다.

사람이 시험을 받을 때에 내가 하나님께 시험을 받는다 하지 말지니 하나님은 악에게 시험을 받지도 아니하시고 친히 아무도 시험하지 아니하시느니라 오직 각 사람이 시험을 받는 것은 자기 욕심에 끌려 미혹됨이니 욕심이 잉태한즉 죄를 낳고 죄가 장성한즉 사망을 낳느니라 내 사랑하는 형제들아 속지 말라 온갖 좋은 은사와 온전한 선물이 다 위로부터 빛들의 아버지께로 부터 내려오나니 그는 변함도 없으시고 회전하는 그림자도 없으시니라 그 가 그 피조물 중에 우리로 한 첫 열매가 되게 하시려고 자기의 뜻을 따라 진 리의 말씀으로 우리를 낳으셨느니라 (약 1:13-18)

인간의 선택이 하나님의 뜻을 따르지 않는 것은 스스로의 욕심에 빠진 것 이다. 삶에 계속해서 닥쳐지는 문제들이 시험거리가 될 것이냐 아니냐는 각자의 태도에 달려있다는 것이다. 동일한 문제 앞에 부딪칠 때 각 사람의 선택과 결정 그리고 삶의 결과가 다른 것은 어디에 초점을 맞출 것인가에 달려있다. 자신의 욕심에 끌린 선택을 할 것인가, 아니면 진리의 말씀을 따 라 위로부터 오는 온전한 선물을 기대할 것인가에 따라 결과는 전혀 다른 방향을 향할 것이다.

선악과의 특징

이제 이러한 말씀까지도 다 알고 있음에도 뿌리칠 수 없을 정도로 인간의 욕망을 자극하는 선악과의 유혹적인 특징을 살펴볼 필요가 있다. 선악과가 보여주는 세 가지 특징은 가히 인간의 절제를 파기할 수 있을 정 도로 위력적이다. 그리고 이 세 가지 특징이 어우러져서 인간은 '눈이 밝아 져 하나님과 같이 선악을 알 것이라는 확신'(창 3:5)에 빠진다.

여자가 그 나무를 본즉 먹음직도 하고 보암직도 하고 지혜롭게 할 만큼 탐 스럽기도 한 나무인지라 여자가 그 열매를 따 먹고 자기와 함께 있는 남편 에게도 주매 그도 먹은지라 (창 3:6)

선악과는 한눈에 보기에도 '먹음직, 보암직, 지혜롭게 할 만큼 탐스러운' 것이다. 이 세 가지가 도대체 무엇이기에 '하나님처럼' 된다는 것인가? 그 연관관계는 선악과의 이러한 특징들이 보여주는 각각의 의미들을 파악하면 쉽게 이해될 수 있을 것이다. 선악과의 이 특징은 결코 유일한 것이 아니다. 성경의 곳곳에서 이러한 요소들이 등장하고 있기 때문이다. 그 연결점을 살펴보면 선악과가 무엇을 의미하는 지를 분명히 느껴볼 수 있으며, 우리가 어떻게 대처해야 할 것인가도 살펴볼 수 있다. 먼저 선악과의 특징과 요한일서 2:15-17절이 증거 하는 인간의 모든 죄악 된 요소들과 비교해 보자.

이 세상이나 세상에 있는 것들을 사랑하지 말라 누구든지 세상을 사랑하면 아버지의 사랑이 그 안에 있지 아니하니 이는 세상에 있는 모든 것이 <u>육신의 정욕과 안목의 정욕과 이생의 자랑이니</u> 다 아버지께로부터 온 것이 아니요 세상으로부터 온 것이라 이 세상도 그 정욕도 지나가되 오직 <u>하나님의 뜻</u>을 행하는 자는 영원히 거하느니라(요일 2:15-17)

여기도 역시 두 가지가 부딪치고 있는데 세상으로부터 오는 정욕과 하늘 아버지께로부터 오는 그 분의 뜻이다. 세상으로부터 오는 정욕은 '육신의 정욕, 안목의 정욕, 이생의 자랑'이라는 이 세 가지로 축약되는데 모든 죄악의 근본이 바로 이 안에 있다는 것이다. 이러한 죄악의 특징은 선악과의 특징과 일치된다는 점에서 선악과가 무엇인지를 알 수 있는 길이 열린다.

모든 죄(요일 2:16)	선악과(창 3:6)
육신의 정욕	먹음직도 하고
안목의 정욕	보암직도 하고
이생의 자랑	지혜롭게 할 만큼 탐스러움

이 비교는 선악과가 가지고 있는 '먹음직함, 보암직함, 지혜롭게 할 만큼 탐스러움'이라는 요소들은 사람이 이 세상을 살아가며 겪는 모든 유혹적인 욕구들을 총망라하고 있다는 것을 보여준다. 먹는 것으로 대표되는 육체의 욕구로부터 시작하여, 사람들에게 보여주고 싶은 과시욕으로 나아가고, 마침내는 자기의 지혜를 자랑하며 스스로 삶을 이끄는 주권자가 되는 것이다. 마지막 단계인 지혜로움과 이생의 자랑은 왕권과 불가분의 관계에 있다. 지혜란 자신의 삶을 살아가는 자치권을 의미한다. 특히 고대의 왕들, 그 중에서도 바로와 솔로몬이 지혜를 통치의 원리로 삼았던 것을 보면 그 연관성을 입증할 수 있다.[54] 지혜는 좋은 것이로되 '스스로 지혜롭다 하는 것'은 가장 치명적인 결과를 가져온다는 것을 하나님의 말씀은 누누이 강조하고 있다(욥 37:24; 잠 3:7; 26:5, 12; 사 5:21; 롬 1:22; 11:25; 12:16).

만약 이 관계가 정확하다면 선악과는 이 세상이 안고 있는 모든 죄악을 다 내포하고 있는 것이다. 즉 세상 악의 집합이며, 죄의 온상인 것이다. 그리고 아버지께로부터 온 것이 아니라는 것이다. 즉, 하나님의 말씀을 벗어난 인간의 소리, 세상의 소리, 결국은 사탄의 소리에 자신을 맡긴 것이다. 이렇게 죄악이라는 것이 분명함에도 왜 사람들은 선악과에 빠져들어가는가? 그 분명한 이유는 인간이 몸담고 살아가는 세상은 이러한 요소들을 결코 죄악이라고 표현하는 법이 없기 때문이다. 세상은 이것을 부드럽게 중화시켜서 인간의 본질 속에 내재된 당연한 '인간의 욕구'라고 해석을 한다. 그리고 그 욕구는 인간의 자아실현이라는 숭고한 이상을 이루기 위해 필수불가결한 것이라고 광고한다. 이러한 논리는 인간행동과 동기연구에 관한 전문가로 꼽히는 심리학자 매슬로(A. H. Maslow)가 제시한 인간욕구 5단계 설에 잘 드러나 있다.[55]

매슬로의 욕구 5단계 위계설[Maslow's Hierarchy of Needs]

　　매슬로의 주장에 따르면 인간의 욕구는 이렇게 중요도에 따라 5단계로 나누어 질 수 있다. 인간의 욕구는 낮은 단계로부터 시작하여 가장 높은 단계로 그 추구를 이동하며 자아실현을 이루어 간다는 것이다. 최저단계는 생명유지에 가장 기본적인 의식주와 성적욕구 등을 포함하는 생리적 욕구이고, 이러한 생리욕구가 충족되고 나면 그 다음으로 위험이나 고통에서 자신을 보호하려는 안전욕구가 나타난다고 한다. 그것이 만족되고 나면 더 상위욕구로 이동하는데 가족과 친구 등 자신이 원하는 집단에 소속되고 싶어 하는 욕구와 남들로부터 존경받고자 하는 자기존중욕구를 말한다. 그리고 마지막에는 계속적인 성장을 추구하는 자기실현 욕구가 자리잡는다는 것이다. 매슬로가 제시한 이 같은 욕구단계 이론은 인간의 마음의 본질이 결국은 자기실현을 향한 욕구로 가득 차 있다는 것이다.[56]

홍미로운 것은 세상 심리학자가 선악과와 연관된 인간의 죄악성을 날카롭게 직시하고 있다는 것이다. 물론 죄악이라는 단어를 욕구라는 것으로 포장하고 있지만 그 본질에 있어서는 다를 바가 없다는 점에서 실증된다. 결국 하나님의 말씀도, 세상도 인간에 대한 이해에 있어서는 공통분모를 가지고 있는 것이다. 기본적인 두 욕구인 생리적 욕구와 안전욕구가 먹음직함과 일치하고, 그 다음의 두 단계인 사회적 소속욕구와 자기존중욕구가 보암직함과 맞상대가 되며, 마지막의 최상의 단계인 자기실현욕구와 지혜롭게 할 만큼 탐스러움이 만난다.

매슬로의 욕구 5단계 위계설	선악과(창 3:6)
자기실현욕구 (잠재력을 활용, 독립성, 창의성, 자기만족)	지혜롭게 할 만큼 탐스러움 (이생의 자랑)
↑ 자기존중욕구 (책임감, 자신감, 자신의 중요성 인식, 성취감) ↑ 사회적 소속 욕구 (동료의식, 친화, 관심과 배려, 소속감)	↑ 보암직도 하고 (안목의 정욕)
안전욕구 (생활안정, 위협회피, 고통회피, 불확실성회피) ↑ 생리적 욕구 (음식, 의복, 집, 육체적 평안함)	↑ 먹음직도 하고 (육신의 정욕)

세상 속에서는 이러한 욕구를 가지고 상위단계로 올라가며 스스로 쟁취해 나가는 것이 아무런 문제없이 제시된다. 단지 매슬로는 자신의 책 곳곳에서 올바른 욕구경영을 위하여, 인간 이기심을 극복해야 함을 강

조한다. 그리고 기업의 이기적 초성장주의 보다는 기업이 사회에 진 빚을 생각하고 이윤을 사회에 환원해야 할 것을 촉구하기도 한다.[57] 그러나 그것은 한 인간의 외침에 지나지 않으며 어떠한 구속력이나 실천력을 제공하지 못한다는 허점이 있다. 결국 인간이 욕구로 가득 찬 존재라는 것은 밝혀냈지만 그 욕구를 바르게 통제할 수 있는 길의 제시에는 실패한 것이다.

이 세상에서 육체적, 정신적 안정과 존중감, 성취감, 만족감 등을 마다할 사람은 없을 것이다. 그리고 인간 삶의 최고점을 찍을 수 있는 자기실현은 인간에서 있어서 버릴 수 없는 매력임에 틀림없다. 이러한 욕구가 있고, 이루고 싶다는 점에서는 그 어떤 사람도 차이가 없을 것이란 점은 분명하다. 이제 남겨진 숙제가 있다면 이러한 욕구가 선악과가 되게 할 것인가, 아니면 생명나무가 되게 할 것인가라는 선택인 것이다. 그 갈림길은 누가 주권자가 될 것인가에 달린 것이다. 하나님처럼 될 것인가, 아니면 하나님의 뜻을 따를 것인가라는 선택에 바르게 응답하는 것이다.

그렇다면 이렇게 매력적인 인간욕구를 어떻게 바르게 다룰 수 있을 것인가? 분명 그 길이 있을 것이다. 이러한 극심한 삶의 유혹을 이겨낼 수 있는 길은 역시 여호와의 율법(말씀)에 맞춘 삶이다(신 17:14-20; 왕상 2:2-3). 이 길만이 삶과 죽음의 갈림길에서 죽음을 피하고 진정한 생명을 취할 수 있게 한다(신 30:15-20). 시편 19편은 율법의 이러한 기능을 찬양하고 있는데 아래의 비교를 살펴보면 율법의 고유한 특징이 선악과의 유혹을 능히 상쇄하고도 남음이 있음을 살펴볼 수 있다.[58]

모든 죄 (요일 2:16)	선악과 (창 3:6)	여호와의 율법/말씀 (시편 19편)
육신의 정욕	먹음직도 하고	영혼을 소성시키고(19:7a) 꿀과 송이 꿀보다 더 달다(19:10) ➡ 육신의 정욕을 대체

안목의 정욕	보암직도 하고	눈을 밝게 하시도다(19:8) ➡ 안목의 정욕 대체 "너희 눈이 밝아져 하나님처럼 된다"(창 3:5).
이생의 자랑	지혜롭게 할 만큼 탐스러움	우둔한 자를 지혜롭게 한다(19:7b) ➡ 이생의 자랑을 대체

하나님의 말씀을 따르는 삶이 우리에게 선악과가 보장해 준다고 믿어졌던 욕구의 충족을 이루어 준다. 인간의 욕망이라는 것은 아무리 채우려 해도 결코 만족될 수 없는 특징이 있다. 육신의 만족은 먹는 것, 입는 것, 성적인 것 등으로 이것들을 더 추구하면 할수록 채워짐이 아닌 갈증이 더 커진다는 것은 결코 인간의 욕망은 끝이 없다는 것을 깨닫게 한다. 다른 이들에게 과시하는 삶도 역시 그 한계를 모른다. 항상 더 높이, 더 크게라는 올라가지 못한 곳에 대한 갈망만 더해 갈뿐이다. 특히 최고점이라는 장소까지 다다라 모든 것을 다 이루었다고 하는 사람들의 삶이 결국 타락으로 순식간에 무너져 내리는 것을 보면 이생의 자랑도 덧없음을 알 수 있다.

그러나 하나님의 율법인 말씀은 이 모든 인간의 욕구를 가장 아름답게 채워준다. 육체의 만족뿐만 아니라 텅 비어 있던 영혼까지 소성시키는 위력이 있는 것이다. 눈이 밝아 선과 악이 분별되어 인간 욕망의 끝이 무엇인지 깨달음으로 바른 방향을 바라보고 나아갈 수 있게 해 준다. 그리고 최고의 삶은 여호와를 경외함에 있다는 진정한 지혜를 갖게 한다. 그러므로 인간의 욕망만을 따를 때는 하나님의 형상이 파괴되며 공동체가 피폐해지고 파괴되지만, 하나님의 말씀을 따른 인간의 길은 인간 스스로가 바로 서고, 공동체가 아름답게 사랑과 긍휼, 정의와 공의의 균형을 이루는 길을 걷게 한다는 것이다. 왜냐하면 이 여호와의 율법을 묵상하고 지켜 행하는 삶이 죄에 대한 신호등은 물론이거니와 마음의 생각과 입술의 말까지 정화하는 기능을 해주기 때문이다.

> 또 주의 종이 이것으로(율법/말씀) 경고를 받고 이것을 지킴으로 상이 크니이다 자기 허물을 능히 깨달을 자 누구리요 나를 숨은 허물에서 벗어나게 하소서 또 주의 종에게 고의로 죄를 짓지 말게 하사 그 죄가 나를 주장하지 못하게 하소서 그리하면 내가 정직하여 큰 죄과에서 벗어나겠나이다 나의 반석이시오 나의 구속자이신 여호와여 내 입의 말과 마음의 묵상이 주님 앞에 열납되기를 원하나이다(시 19:11-14)

요한일서 2:15-17절은 '육신의 정욕과 안목의 정욕과 이생의 자랑'은 다 아버지께로부터 온 것이 아니라 세상으로부터 온 것이기에 곧 멸망으로 가는 선악과처럼 될 것이지만 오직 하나님의 뜻을 행하는 자는 영원히 거한다는 점에서 생명나무와 같다는 암시를 드러낸다. 여기서 하나님의 뜻은 하나님의 말씀(율법)과 일맥상통하는 것이라 할 수 있다.

예수님은 이러한 말씀의 위력을 익히 잘 알고 계셨다. 예수님께서도 동일한 선악과의 시험 앞에 섰었다. 그러나 아담과 예수님의 차이점은 아담은 하나님의 말씀을 버렸지만, 예수님은 철저하게 하나님의 말씀을 믿고 신뢰했다는 점이다. 인간은 너무도 쉽게 육체의 욕구(성욕, 식욕, 수면욕), 사람들 앞에서 과시하고 싶은 욕구(외모, 학벌, 지위, 명예 등), 그리고 이 세상을 좌지우지 하고 싶어 하는 욕구(권력과 힘) 앞에 힘없이 무너진다. 예수님께서도 동일한 시험 앞에 섰다는 것은 우리 또한 결코 예외일 수 없다는 것이다. 자신의 삶을 자기 마음대로 하겠다는 하나님처럼 되고 싶은 욕망이며, 이것은 결코 하나님께로부터 온 것이 아니라 세상을 좇아 온 것이다. 바로 사탄의 계략인 것이다. 그것은 마침내 우리를 죽음으로 몰아가는 것이다. 승리와 극복의 길은 오직 한 길, 하나님께만 절대적인 신뢰를 두고, 하나님의 말씀만이 이 세상을 바르게 세울 수 있다는 확신으로 철저히 무장하는 것이다. 이때 사탄은 물러가고 천사가 수종드는 삶이 될 것이다(마 4:11). 그리고 잃어버린 에덴동산은 우리 눈앞에서 회복되기 시작할 것이다.

모든 죄 (요일 2:16)	선악과 (창 3:6)	여호와의 율법 (시편 19편)	사탄의 시험(예수님) (마 4:1-11)
육신의 정욕	먹음직도 하고	영혼을 소성시키고(19:7a) 꿀과 송이 꿀보다 더 달다(19:10) (육신의 정욕을 대체)	이 돌들이 떡덩이가 되게 하라 -(신 8:3)사람이 떡으로만 아니라 하나님의 말씀으로 산다
안목의 정욕	보암직도 하고	눈을 밝게 하시도다(19:8) (안목의 정욕 대체 - 너희 눈이 밝아져 하나님처럼 된다[창 3:5])	성전 꼭대기에서 뛰어 내리라 -(신 6:16)여호와를 시험치 말라
이생의 자랑	지혜롭게 할 만큼 탐스러움	우둔한 자를 지혜롭게 한다 (19:7b) (이생의 자랑을 대체)	엎드려 경배하면 이 모든 것을 주리라 -(신 6:13)오직 여호와를 경외하고 섬기라

예수님은 동일한 인간적인 욕구충족의 유혹을 전적으로 하나님의 말씀으로 극복하신다. 세상의 소리가 세상을 바르게 이끄는 것이 아니라, 오직 하나님의 뜻만이 세상을 아름답게 세우는 유일한 길임을 확신하셨기에 가능한 것이다. 심지어 사탄이 하나님의 말씀을 교묘하게 왜곡시킬 때에도 하나님의 말씀 속에 내재된 그 진심을 깨달았기에 결코 무너지지 않으실 수 있었다. 시편 91편 10-11절에는 "그가 너를 위하여 그의 천사들을 명령하사 네 모든 길에서 너를 지키게 하심이라 그들이 그들의 손으

로 너를 붙들어 발이 돌에 부딪치지 아니하게 하리로다"라는 구절이 있다. 예수님을 시험할 때 사탄이 사용한 구절이다. 사탄은 예수님을 성전 꼭대기에 올려놓고 천사들이 보호할 것이라 하나님이 약속하지 않았느냐고 뛰어 내려보라고 유혹한다(마 4:6). 이 유혹의 본질은 하나님의 보호하신다는 약속을 자신 스스로의 뜻과 행동의 통제 아래 두라는 것이다. 하나님의 자유로우신 주권을 인간의 의지로 변질시키라는 시험이다. 예수님은 이것을 하나님에 대한 믿음이 아니라 하나님에 대한 시험으로 간파하셨다. 진정한 믿음은 하나님을 시험하거나 그분의 신실하심을 증명하려 들지 않는다.[59] 하나님을 하나님 되게 하는 것은, 내가 원하는 대로 될지라도, 혹은 아니 될지라도 그 분의 주권에 전폭적인 신뢰를 두는 것이다. 결국 하나님을 시험하는 것은 "하나님의 고유한 주권을 자신의 것으로 삼으려는 인간의 안전장치"가 될 수 있기에 위험성을 내포하고 있다. 하나님의 말씀을 통하여 하나님과 긴밀한 교통을 하는 사람이라면 사탄이 아무리 세상의 가장 좋은 것으로 유혹할지라도 하나님의 뜻을 세우는데 최선을 다할 것이다.

선악과를 따 먹은 가장 큰 이유

고대로부터 현대에 이르기까지 인간이 선악과의 유혹에 넘어간 이유를 다시 한 번 분명히 할 필요가 있다. 그러한 역사가 더 이상 펼쳐지지 않기를 바라기 때문이다. 선악과가 매혹적인 이유는 사탄의 상징이라 할 수 있는 뱀의 유혹의 말 속에 들어가 있듯이 "너희 눈이 밝아져 하나님과 같이 되어 선악을 알 것이다"(창 3:5)라는 것이다. 여기서 눈이 밝아진다는 것은 세상에서 벌어지는 모든 사건과 행위를 판단하고, 분석하고, 결론 내릴 수 있는 능력을 소유할 수 있다는 가능성이 비쳐진다. 즉, 인간 스스로의 주권확립이다. 세상의 모든 것이 다 자신의 손 안에 들어온다는 것은 굉장한 것으로, 그 어떤 것도 마음대로 하지 못할 것이 없다는 것이 된다.

그렇다면 세상을 손 안에 넣고 좌지우지 할 수 있는 능력 또한 생기는 것이다. 그러한 능력이 없는 사람들을 마음대로 부릴 수 있는 권력도 창출할 수 있다. 이 세상에는 사태를 정확히 아는 사람보다는 모르는 사람이 더 많기 때문이다.

그러나 어떤 방식으로 세상의 사건들을 해석할 것인가라는 틀만큼은 차이점을 발휘할 수 있다. 인간이 선악과를 따 먹음으로 눈이 밝아져 하나님처럼 세상을 자신의 손아귀에 거머쥘 수 있다. 즉, 인간의 말이 하나님의 말씀과 대립함으로 인간이 하나님 위에 서는 것이다.[60] 뱀의 유혹이 있기 전에도 인간은 이미 이러한 속성을 그 안에 갖고 있음을 살펴볼 수 있다. 뱀이 여인에게 "하나님이 동산 모든 나무의 열매를 먹지 말라더냐?"라는 부정적인 금지령으로 인간의 자주권을 교묘히 자극할 때 그 여인은 선악을 아는 나무만이라고 정정은 하지만 "먹지도 만지지도 말라 너희가 죽을까 하노라"(창 3:3; 비교 창 2:16-17)고 했다 함으로 하나님의 금지령에 과장하여 덧붙이고 있다. 그리고 동시에 죽음의 형벌은 경감시키고 있다. "반드시 죽으리라"가 "죽을까 하노라"로 바뀐 것이다. 폰 라트는 이것을 "그녀는 그렇게 과장함으로써 자기에게 하나의 율법을 부과하려는 듯하다"고 표현한다.[61] 이 말은 다른 말로 하면 여자는 하나님의 말씀보다 자신의 판단에서 나온 말에 더 큰 의미를 두고 있다는 것이다. 형벌 또한 경감시킴으로 하나님의 심판 또한 자신의 생각으로 희석시키고 있는 것이다. 뱀은 이렇게 인간의 양자택일의 선택 사이에서 스스로 눈이 밝아지는 쪽으로 유혹이라는 불씨를 당길 뿐이다. 그 불씨는 인간의 욕심, 욕망과 만나 끌 수 없는 죄의 활화산이 되어 분출되는 것이다. 그러므로 사람이 시험을 받을 때에 하나님께 시험을 받는다고 말할 수 없다. 그 이유는 "오직 각 사람이 시험을 받는 것은 자기 욕심에 끌려 미혹됨이니 욕심이 잉태한 즉 죄를 낳고 죄가 장성한즉 사망을 낳기 때문이다"(약 1:13-15).

하지만 그럼에도 좀더 부연 설명을 해야만 할 존재가 있다. 바로 뱀이라는 존재이다. 성경은 결코 분명하게 이 뱀의 정체를 규명하려 하지 않는다. 단지 고대 근동에서 뱀이라는 피조물을 통해 보여주고자 하는 악의 상징적인 의미에 초점을 맞추어야 할 것이다. 악은 그 근원을 확실하게 설명할 수는 없지만 이 세계 안에 편만해 있으며, 인간을 숨어서 노리고 엿보며, 도처에서 인간과 생사를 건 투쟁을 벌이는 살아있는 인격적인 존재이다.[62] 이 악의 실체에 대한 규명은 늘 인간의 논리적인 설명을 벗어나는데 그것은 하나님의 심판 선언에서도 동일하다. 하나님께서는 불순종의 죄에 연루된 모든 당사자들을 심문하시는데 유독 뱀에게 만은 그 근본 동기를 묻지 않으신다. 아담에게 "누가 너의 벗었음을 네게 알렸느냐?" 그리고 여자에게는 "네가 어찌하여 이렇게 하였느냐?"고 질책하신다. 이에 대해 남자는 하나님과 여자를 원인자로 돌리고, 여자는 "뱀이 나를 꾀므로 내가 먹었나이다"고 대답한다(창 3:12-13). 그렇다면 이제 뱀이 질문을 받고 대답할 차례이다. 그러나 하나님은 뱀이 여자를 유혹한 동기가 무엇인지에 대하여 어떠한 질문도 하지 않으시고, 단지 심판만 단행하신다. 결국 죄악을 일으킨 최초의 원인자인 뱀의 의도는 설명되지 않은 채 범죄의 사실만이 제시되고 있는 것이다.[63] 이와 같이 하나님의 말씀인 성경은 악의 실체에 대한 규명보다는 인간이 이 세상을 살며 겪는 유혹은 어떤 것이며, 그리고 그 유혹에 빠질 때 이 세상이 어떻게 무너지는가에 대한 것에 초점을 맞춘다. 즉, 인간이 제 소견(보기)에 옳은 대로 행동하는 것은(삿 17:6; 21:25) 하나님 보시기에 악한 것이 되기 십상으로(왕상 11:6; 14:22; 15:26; 15:34) "하나님이 보시기에 좋았더라"(창 1:4, 10, 12, 18, 21, 25, 31)는 천지창조의 이상으로부터의 역행인 것이다. 그러므로 뱀의 유혹인 인간 스스로 눈이 밝아지는 것은 결국은 창조 전 악이 지배하던 혼돈과 공허가 가득한 흑암으로의 복귀를 의미하는 것이다.

그런데 성경은 또 다른 한 가지의 눈이 밝아지는 길을 제시하고 있다. 그것은 시편 19편으로 여호와의 율법, 즉 "주의 말씀(율법)이 눈을 밝게 한다"라고 강조한다. 그렇다면 이 세상에는 수시로 발생하는 사건과 사고, 행위들을 분석하고, 통찰할 수 있는 두 가지 길이 있다는 것이다. 즉, 눈을 밝게 만드는 두 가지 길이 있다는 것이다. 하나는 선악과를 취하는 것이고, 다른 하나는 하나님의 말씀을 따르는 삶이다. 어떤 것이 이 세상을 더욱더 바른 길로 이끌 것인가? 어떤 것이 공동체의 유익을 위한 것인가? 이것은 중요한 질문이다. 선악과를 취하는 것은 통찰력과 분석력, 판단력을 활용하여 세상의 사물과 사건들을 해석하여, 오직 자신의 유익을 위해 봉사하게 한다는 의미를 갖고 있다. 그러나 여호와의 율법을 통한 통찰력은 세상의 모든 사건을 하나님의 뜻 안에서 하나님의 마음으로 해석하여 그 뜻을 이루어 내는데 헌신하게 한다는 것이다.

한 가지 예를 들면, 정의에 관한 것에서 선악과를 통한 것은 인간의 손 안에 정의의 판단기준을 놓고 그 잣대로 사건과 상황들을 저울질하고 판단하여 결론을 내리면 이것은 어떤 특정한 개인이나 공동체, 혹은 특정 집단을 옹호하는 정의가 되기 십상이다. 그러나 하나님의 말씀을 통한 정의는 하나님 나라와 뜻을 펼쳐가는 길을 열어간다는 것이다. 내게 손해가 되고, 내가 속한 공동체가 큰 위기를 겪게 될지라도 하나님께서 말씀하신 대로 정의롭고, 공의롭게 또한 자비롭고, 긍휼하게 행동할 수 있기 때문이다. 어떤 것을 판단기준으로 쓰느냐에 따라, 판단의 가치관이 달라지고, 그 결과가 달라진다. 눈이 밝아지는 것은 인간에게 꼭 필요한 일이지만 이기적인 눈빛을 번득일 것인가, 아니면 하나님의 마음으로 모든 것을 해석함으로 이타적인 눈이 될 것인가 그것이 과제이다.

우리 그리스도인들은 하나님의 말씀으로 이 세상의 모든 것을 해석할 수 있고, 바르게 분석할 수 있는 통찰력을 가짐으로 눈이 밝아지는 삶을 살아야 한다. 하나님께서 원하시는 밝은 눈은 바로 하나님의 말씀으로 세상을 바라보는 것이며, 하나님의 말씀으로 모든 것을 해석할 줄 아는 통찰력을 의미한다. 그리고 하나님은 우리가 이러한 밝은 눈을 갖기를 원하신다. 그러할 때 선악과는 모자이크 처리가 되고 생명나무가 선명하게 눈에 들어오게 될 것이다.

(2) 하나님의 심판 선언(창 3:8-24)

인간 죄악의 출발선인 아담과 하와의 선악과 사건은 단 한 마디로 하나님의 말씀에 대한 불순종이라 할 수 있다. 하나님의 말씀을 거역한다는 것은 인간의 독립선언서와도 같다. 이제 스스로 하나님처럼 되기를 선택한 것이다. 그 어떤 간섭도 제재도 받지 않는 인간 스스로 필요충분조건을 갖추고 이 땅에서 살아가겠다는 의지의 표명인 것이다. 인간이 창조하지 않은 세상 속에서, 인간이 시작하지 않은 시간을 인간이 지배하겠다고 공표한 것이다. 이러한 불신앙은 하나님을 향한 전폭적인 신뢰를 그 바탕으로 하고 있는 시편의 신앙을 완전히 비껴간다: "여호와는 나의 목자시니 내게 부족함이 없으리로다"(시 23:1). 그리고 그 결과 또한 극적인 대조를 이룰 것이 분명하다. 시편 23편이 '사망의 음침한 골짜기'와 '원수들의 목전'이라는 정황 가운데서도 두려워하지 않을 수 있고, 쉴만한 물가로 향할 수 있으며, 잔이 풍성하게 넘치는 것은 주께서 함께 하시기 때문이라고 선언하고 있다. 그러나 아무 것도 모르는 인간이 자신의 목자가 되려고 한다.

이 세상이 무엇을 위해 창조되었는지조차 모르는 인간이 하나님처럼 되어서 통치하겠다는 과감한 선언을 한 것이다. 하나님과의 관계가 끊어진 인간이 이 세상을 어디로 이끌고 갈지는 불을 보듯 뻔하다. 창조의 의미를 모르니, 어디로 가야할지에 대한 청사진이 없다. 즉, 자신의 근본을 모르고, 가야 할 미래를 모른다는 것이다. 이제 이러한 인간이 저지를 일이 무엇일까? 결국 눈앞에 보이는 상황에만 얽매여서 이것이 모든 것인 줄 착 각하고 자신의 욕망에 사로잡혀 이기적이고, 개인주의적인 세상을 만들고 말 것이다. 하나님의 말씀이라는 판단기준이 사라졌으니, 인간 스스로 만 들어낸 답으로 자신 앞에 펼쳐진 수많은 질문에 응답하며 살아갈 것이다. 그 결과는 단지 시간차일 뿐 온 세상이 가시덤불과 엉겅퀴로 가득한 황폐 한 세상이 될 것이 자명하다. 인간이 자신의 욕망만 추구하는 세상은 곧 불 의와 부정의로 가득할 것이기 때문이다. 하나님처럼 되려했던 아담과 하와 에게 선언하신 심판은 그 죄가 일으킬 결과를 그대로 반영하고 있다.

아담에게 이르시되 네가 네 아내의 말을 듣고 내가 네게 먹지 말라 한 나무 의 열매를 먹었은즉 땅은 너로 말미암아 저주를 받고 너는 네 평생에 수고 하여야 그 소산을 먹으리라 땅이 네게 가시덤불과 엉겅퀴를 낼 것이라 네가 먹을 것은 밭의 채소인즉 네가 흙으로 돌아갈 때까지 얼굴에 땀을 흘려야 먹을 것을 먹으리니 네가 그것에서 취함을 입었음이라(창 3:17-19)

여호와 신앙을 떠남으로 발생하는 이러한 상황은 하나님의 백성 이스라엘 의 역사 속에서 속속 등장하며, 예언자들은 이것을 안타까이 증언한다.

이스라엘아 너는 이방 사람처럼 기뻐 뛰놀지 말라 네가 음행하여 네 하나님 을 떠나고 각 타작 마당에서 음행의 값을 좋아하였느니라…보라 그들이 멸 망을 피하여 갈지라도 애굽은 그들을 모으고 놉은 그들을 장사하리니 그들 의 은은 귀한 것이나 찔레가 덮을 것이요 그들의 장막 안에는 가시덩굴이 퍼지리라(호 9:1, 6)

슬프다 범죄한 나라요 허물진 백성이요 행악의 종자요 행위가 부패한 자식이로다 그들이 여호와를 버리며 이스라엘의 거룩하신 이를 만홀히 여겨 멀리하고 물러갔도다…너희의 땅은 황폐하였고 너희의 성읍들은 불에 탔고 너희의 토지는 너희 목전에서 이방인에게 삼켜졌으며 이방인에게 파괴됨 같이 황폐하였고(사 1:4, 7)

내 소유(유다)가 숲 속의 사자 같이 되어서 나를 향하여 그 소리를 내므로 내가 그를 미워하였음이로다…무리가 밀을 심어도 가시를 거두며 수고하여도 소득이 없은즉 그 소산으로 말미암아 스스로 수치를 당하리니 이는 여호와의 분노로 말미암음이니라(렘 12:8, 13)

하나님과의 관계가 파괴된 세상에서 인간과 인간 사이는 보장할 수 없는 관계가 될 것이 분명하다. 이제 더 이상 사람은 하나님의 형상을 부여받은 동료가 아니기 때문이다. 하나님을 떠난 인간에게 있어서 다른 인간이란 단지 경쟁자이면서 제거해야 할 존재이거나, 기껏해야 수단과 방법을 가리지 않고 착취하여 자신의 유익을 얻어내야 할 존재 밖에는 안 되기 때문이다. 이제 회복이 이루어지기까지 인간은 잠시 하나님께서 허락하신 완전한 땅 에덴에서 추방되어야 한다. 그 곳은 죄악이 자리 잡을 수 없는 곳이며, 영원한 생명을 누리는 장소이고, 죽음이 결코 지배할 수 없는 장소이다. 만약 그 곳에서 인간이 죄악으로 가득한 삶으로 생명나무를 취한다면 영생은 축복이 아닌, 저주가 되고 말 것이다.

여호와 하나님이 이르시되 보라 이 사람이 선악을 아는 일에 우리 중 하나 같이 되었으니 그가 그의 손을 들어 생명나무 열매도 따먹고 영생할까 하노라 하시고 여호와 하나님이 에덴동산에서 그를 내보내 그의 근원이 된 땅을 갈게 하시니라 이같이 하나님이 그 사람을 쫓아내시고 에덴동산 동쪽에 그룹들과 두루 도는 불 칼을 두어 생명나무의 길을 지키게 하시니라(창 3:22-24)

비참한 상태로라도 영원히 살기를 바라는 사람은 결국 선악의 판단을 자신의 소견에 두고 자신이 옳은 대로 행동하는 인생일 것이다. 그 세상은 마침내 가진 자, 힘 있는 자, 기득권자들만이 누리는 세상이요, 다수는 그들을 섬기느라 고통 가운데 거하는 사악한 세상으로 결론 나고 말 것이다. 언젠가 인간의 죄가 사해지는 날 에덴의 입구를 지키는 그룹들과 두루 도는 불칼을 지나 생명나무를 향한 길이 활짝 열릴 것이다. 그리고 잃어버린 에덴동산이 이 세상에 다시 그 자리를 든든하게 잡을 것이다.

이와 같은 잃어버린 에덴동산의 회복은 다음의 비교를 통해 더욱 분명해질 수 있다. 이 비교는 창조로부터 구약과 신약 전체를 통하여 하나님께서 우리에게 바라시는 이 땅에서의 소명이 무엇인지를 반복적으로 드러내고 있다는 점에서 중요하다. 아래의 삼중비교는 에덴동산의 의미가 무엇이며, 그 땅에서 벌어져야 할 일이 무엇인지를 분명하게 드러낼 것이며, 우리가 지금 드려야 할 예배가 어떤 모습인지 또한 살펴볼 수 있게 한다.

	에덴동산 (인류)	약속의 땅 (이스라엘)	온 세계 (그리스도인)
1	**창조**(혼돈/공허-구원)	**새 창조**(애굽-구원)	**새 창조**(죄-구원)
2	**아담**(동산을 선물로 주심) - 보기에 아름답고 먹기에 좋은 나무(창 2:9)	**이스라엘**(땅을 선물로 주심) - 성읍, 집, 우물, 포도원, 감람나무 등(신 6:10-12)	**그리스도인**(온 세상 복음화) - 무엇을 먹을까, 입을까, 마실까 염려하지 말라(마 6:25)
3	**하나님의 명령** - 두 나무 ①**생명나무**(창2:9) (עץ חיים 에쯔 하임) - 생명의 길 ②**선악을 알게 하는 나무** (창 3:6)(עץ הדעת טוב ורע 에쯔 하 다아트 토브 와라) - 사망의 길 **[선악과의 특징]** a.먹음직도 하고 b.보암직도 하고 c.지혜롭게할만큼 탐스러움	**하나님의 명령** - 율법(두 길) ①**생명과 선**(신 30:15) (חיים טוב 하임, 토브) - 생명의 길 ②**사망과 악**(מות ורע 마웨트, 라) - 사망의 길 **[시 19편- 율법]** a.송이꿀보다 달고(영혼을소성) b.눈을 밝게 하고 c.우둔한 자로 지혜롭게	**예수님의 명령**-산상수훈(두 문) ① **좁은 문** - 반석위의 집 - 생명의 길 ② **넓은 문** - 모래위의 집 - 사망의 길(마 7:13-14, 24-27) **[사탄의 유혹]** a. 돌이 떡이 되게하라 b. 성전꼭대기서 뛰어내리라 c. 절하면 세상만국 주리라

4	어기면 죽으리라	어기면 반드시 망하리라	어기면 망하리라
5	**어겼을 때 - 추방**	**어겼을 때 - 추방**	**어겼을 때- 바깥 어두운데서 이를 갊이 있을 것임** (마 8:12; 13:42, 50; 22:13; 24:51; 25:30)
6	에덴의 동쪽으로 추방	약속의 땅의 동쪽인 바벨론으로 추방됨	결국 천국에 이르지 못함

이 세 개의 비교가 선명하게 드러내는 것은 바로 '하나님의 명령'에 대한 인간의 반응이다. 그 반응에 따라 인간 삶의 정황이 양극단의 방향으로 갈라지고 있다. 하나님께서는 인간에게 계속해서 기회를 허락하신다. 이 도표만 보아도 세 번의 거대한 기회를 허락하셨다. 분명히 '죽는다'라고 계속 강조하면서도 이 때까지 인간의 죄에 대하여 완전한 멸망의 죽음으로 끝내신 적이 없다. 이것 또한 하나님의 긍휼하신 마음이다.

인간을 죽음으로 몰아가는 것은 결국 불순종의 죄악이라는 것이 드러난다. 하나님의 말씀을 어기는 것이다. 이것을 다른 말로 표현하면 우리의 예배를 망치는 것은 결국 불순종이라는 것이다. 그리고 그 결과는 심각하다. 하나님께서 선물로 주신 땅에서의 추방이다. 에덴동산과 가나안 땅에서의 추방보다도 더 심각한 것은 지금 우리 앞에 놓여 있는 마지막 기회인 미래이다. 그것은 결국 하나님께서 최종적으로 허락하신 천국이라는 영원한 선물과 관계가 있기 때문이다. 이 세 개의 연결고리를 통해서 우리가 심각하게 생각해야 할 것은 에덴동산을 잃어버렸던 인류의 죄악을 따라가면 예배를 상실하게 되고, 결국은 추방으로 끝이 나는 동일한 길이 주어져 있다는 점이다. 그 추방은 마지막에는 천국에서 제외되어 바깥 어두운데서 이를 갈며 슬퍼하는 것이란 점에서 경각심을 가져야 할 필요가 있다. 그러므로 에덴동산에서의 사건을 분명하게 깨닫는 것은 변함없는 하나님의 갈망을 이해하는 것이며, 우리의 소명을 일깨우는 것이고, 지금 우리의 삶을 통해 하늘과 땅을 일치시키는 길을 여는 것이다.

그렇다면 이러한 회복에 대한 희망은 어디에 있는 것인가? 그것은 뱀에게 선고한 하나님의 심판선언 속에 나타난 여성의 역할 속에서 찾아 볼 수 있다.

내가 너로 여자와 원수가 되게 하고 네 후손도 여자의 후손과 원수가 되게 하리니 여자의 후손은 네 머리를 상하게 할 것이요 너는 그의 발꿈치를 상하게 할 것이니라(창 3:15)

이 구절은 보통 예수 그리스도를 통해 열려질 미래의 구원을 예시하는 '최초의 복음'으로 여겨진다. 물론 예수 그리스도의 십자가 구속을 통하여 뱀의 머리를 상하게 하는 완전한 실현이 이루어졌다는 것은 부인할 수 없는 사실이다. 그러나 인류는 그리스도가 오시기까지 비록 부분적일지언정 계속적인 구원이 필요하다. 그 임시적인 구원의 길은 여인의 이름 변화에서 살펴볼 수 있다. 아담이 하나님의 선고를 듣고 아내의 이름을 미래의 희망이 담긴 "모든 산 자의 어머니가 될 것이라"는 의미로 '하와'(חַוָּה 생명)라고 부른다(창 3:20). 하와는 이렇게 저주 가운데서도 생명을 이어갈 여인의 사명을 감당해야 할 최초의 여성이 되며, 자녀를 출산하는 것은 구원의 빛을 열어갈 기회를 부여받는 길이 된다. 후손을 통하여 뒤엉킨 불순종의 길이 끊어지고, 이 땅에 내려진 저주가 해소되기를 원하는 것이다. 이러한 염원은 하와가 아들을 낳고 기뻐 소리치는 것에 처음으로 나타난다: "하와가 임신하여 가인을 낳고 이르되 내가 여호와로 말미암아 득남하였다"(창 4:1). 그리고 기나긴 절망의 세월을 보내며 구원의 빛을 바라는 사람들의 염원이 결국 '노아'라는 이름 속에 들어있다.

라멕이 백팔십이 세에 아들을 낳고 이름을 노아라 하여 이르되 여호와께서 땅을 저주하시므로 수고롭게 일하는 우리를 이 아들이 안위하리라 하였더라(창 5:28-29)

이처럼 하나님께서 여성에게 주신 선물인 자녀를 임신하고 출산하는 것은 미래의 희망을 잉태하는 것이요, 새로운 세상에 대한 기대를 낳는 것이다. 이러한 염원은 메리 보탐 호위트의 **"신이 아이들을 보내는 이유"**라는 시에 잘 나타나 있다.

신이 우리에게 아이들을 보내는 까닭은
시합에서 일등을 만들라고 보내는 것이 아니다.
우리의 가슴을 더 열게 하고
우리를 덜 이기적이게 하고
더 많은 친절과 사랑으로
우리 존재를 채우기 위해서다.
우리 영혼에게 더 높은 목적을 깨우기 위해서다.
신이 우리에게 아이들을 보내는 까닭은
신께서 아직 포기하지 않았다는 뜻이다.
여전히 우리에게 희망을 걸고 있다는 뜻이다.

가인과 아벨의 탄생은 결국 하나님께서 아직 포기하지 않으셨다는 뜻이며, 희망을 걸고 있다는 뜻이 된다. 이것을 이해하고 그 뜻을 이루어 낼 사람이 누가 될 것인가? 그것이 차후의 사건전개에 대한 기대인 것이다.

4) 하나님의 형상을 파괴하는 인간(창 4:1-15)

(1) 가인과 아벨 사건(창 4:1-15)

가인과 아벨의 이야기 속에는 지금도 우리의 궁금증을 자아내는 수수께끼 같은 내용이 두 가지 들어 있다. 첫째는 하나님께서 왜 아벨의 제사는 받으시고, 가인의 제사는 받지 않으셨는가에 대한 명확한 이유가 제시되어 있지 않다는 것이다. 왜 아벨의 양은 받으시고, 가인의 곡식은 안 받으신 것인가? 두 번째의 어려움은 가인이 아벨을 죽인 후에 땅에서 유리하는 자가 될 것이라는 심판을 받은 후에 하나님께 "내가 땅에서 피하며 유리하는 자가 되면 나를 만나는 자가 나를 죽이겠나이다"(창 4:14)라고 호소한다. 누가 가인을 죽일 것인가? 그렇다면 아담, 하와, 가인 말고 또 다른 사람들이 존재하고 있다는 결론을 내릴 수밖에 없다. 그리고 가인이 여호와 앞을 떠나서 놋 땅에 거주하며 아내와 동침하매 아들을 낳았다고 한다(창 4:16-17). 이 여인은 어디서 온 것인가?

먼저 성경이 굳이 설명하기를 회피한 가인을 죽일 수 있는 사람들과 가인이 결혼한 여인은 누구인가? 고대 근동의 법체계를 살펴보면 가장 일반적으로 동태복수법이라 할 수 있는 "눈에는 눈 이에는 이 생명에는 생명"(레 24:20; 신 19:21)이라는 다른 사람에게 상해를 입힌 그대로 가해자에게 행하는 법이 있다. 이렇게 행하는 사람들은 피해자의 가까운 친족으로 '피의 복수자'(גֹּאֵל 고엘)라 불린다(민 35장; 신 19:1-13). 가인은 지금 자신이 동생을 죽였으니 그 피에 대하여 자신에게 갚으려 하는 친족들의 보복을 두려워하고 있다. 아담과 하와가 가인과 아벨 그리고 셋 이외에 얼마나 많은 아들들과 딸들을 낳았는지는 미지수다(창 5:3-5). 그리고 가인과 아벨이 아담과 하와에게 첫째와 둘째 아들이라는 것 또한 분명치 않다. 성경 이야기가 모든 사건의 기록이 아닌 중요한 사건의 선택이라면 가인과 아벨 사건이 기록된 것은 이들이 보여주는 신학적인 중요성 때문이라 할수 있다. 즉, 하나님의 백성에게 간과해서는 안 되는 신앙적인 삶의 교훈을담고 있다는 것이다. 그 외에 다른 자녀들과 그들이 일으킨 사건은 생략되었다는 것이다. 그렇다면 가인을 죽이려는 자들도, 가인이 결혼한 여인도근친이라고 할 수 있다. 그러나 성경을 읽으며 귀를 기울이고, 초점을 맞추어야 할 부분은 이렇게 설명을 생략한 부분이 아니라 오히려 하나님의 거대한 구원사와 하나님의 백성이 이루어가야 할 사명이라는 것을 간과해서는 안 된다.

가인과 아벨의 제사에 대한 선택의 문제에 대해서는 물론 신약의히브리서 11:4절에 믿음으로 아벨이 가인보다 더 나은 제사를 하나님께 드림으로 의로운 자라 하시는 증거를 얻었다고 하며, 하나님께서 그 예물에대하여 증언하고 계시다고 전한다. 이것에 의지하여 대부분의 사람들이 아벨은 양의 첫 새끼와 기름으로 정성스런 예물을 준비했고, 가인은 성의 없이 준비한 곡식 단을 하나님 앞에 갖다 놓은 것으로 해석한다. 또 어떤 사람들은 인간이 에덴동산에서 타락한 후에는 하나님께 나아가기 위해 속죄의 제사를 드려야 하기에 "피 흘림이 없이는 죄 사함이 없느니라"(히 9:22;레 17:11)는 것을 근거로 아벨의 제사를 받으셨다고 주장하기도 한다. 심지어는 가인과 아벨을 문명적인 대결로 생각하고, 농경문화와 유목문화의대립에서 결국은 농경문화가 유목문화를 잠식시킨 이스라엘 역사를 살피며 농경문화에 대한 반감을 드러낸 것이라고 해석하기도 한다. 그 근거로유목민이었던 이스라엘이 농경문화가 주축인 가나안 땅에 정착하여 우상숭배적인 그 문화에 무너지고 말았다는 것을 들고 있다.

그러나 이 중의 그 어떤 것도 창세기에 나타난 본문의 내용이나창세기 전체의 틀 안에서의 내용을 정확하게 반영하는 것은 없다. 가인은농사하는 자였기에 자신의 생산물 중에서 하나님께 드리는 것은 당연하다. 신명기 26장에도 약속의 땅에 들어가서 만물을 거두어서 하나님께 곡물 제사를 드리라고 하고 있다. 아벨은 물론 양치는 자였기에 자신의 가축 중에 첫 새끼를 드렸을 것이다. 그리고 피 흘림이 없은즉 사함이 없다는 속죄의 제사라는 측면에서는 레위기에 죄를 사하는 속죄제물로 동물들뿐만 아니라 형편에 따라서는 '고운 곡식가루'를 가져다가 죄 사함을 위한 제물로 드릴 수 있다는 점에서 가인의 곡식제사 또한 그 정당성이 입증된다(레 5:11). 또한 이스라엘 역사에 가나안 땅에서의 문화적인 충돌이 있었음은 분명하나 농경문화가 나쁘다는 인식은 잘못된 것이다. 그렇다면 하나님께서는 농경이 주업이 되는 약속의 땅 가나안이 아니라 유목만이 가능한 광야를 이스라엘의 목적지로 정하셨을 것이다.

가인과 아벨 이야기는 이러한 인간적인 만족감을 누릴 수 있는 해답의 제시를 의도적으로 거절한다. 오히려 이들의 이야기는 장자와 차자의 순서가 뒤바뀌는 불가해한 이야기로 읽어야 할 필요가 있다. 창세기 전체에는 이렇게 이해할 수 없는 하나님의 선택의 섭리가 작용하고 있다. 이스마엘과 이삭, 에서와 야곱, 요셉과 형제들 그리고 베레스와 세라, 므낫세와 에브라임이라는 수많은 예들이 존재한다. 이 모든 불가해한 선택 속에는 그 어떤 설명도 제시되지 않는다. 심지어 에서와 야곱은 태중에 있을 때에 이미 "큰 자가 어린 자를 섬기리라"(창 25:23)는 운명적인 신탁이 주어진다. 이 설명 불가능한 하나님의 전권적인 선택의 섭리를 누가 믿음으로 받을 것이며, 하나님의 그 뜻에 전폭적인 신뢰를 보일 것인가가 늘 과제로 남아있다. 창세기는 결국 그 뜻을 받드는 순종의 백성을 이루는 것을 향하여 나아간다. 그러므로 선택받았느냐, 아니냐의 차원보다 더 중요한 것은 그 하나님의 뜻에 어떤 태도를 취하느냐가 더욱 중요한 관건이다. 이러한 해석의 정당성은 가인과 아벨 이야기에서 전반부에 나타난 하나님께서 아벨의 제물을 선택하고, 가인의 것은 받지 않으신 사건보다도 더 심혈을 기울여 집중하고 있는 것은 후반부에 나타나는 가인의 반응이라는 점에서 입증된다. "A다 B다"라는 선택보다 더 중요한 것이 있다는 것이다. 이 곳에서는 선택이 벌어진 후에 나타난 가인에 대한 하나님의 간섭과 가인의 반응에 대하여 집중적으로 다루기로 한다.

하나님께서 아벨의 제사를 받으시고, 가인의 것은 받지 않으셨다. 이 후에는 아벨의 모습은 완전히 가려지고, 오직 가인의 이야기만 나타난다. 그렇다면 이 사건 속에는 아벨의 제사가 얼마나 온전했으며, 그것이 얼마나 하나님을 기쁘시게 했느냐에 초점을 맞추어 해석한 히브리서 4:11절과는 달리 가인의 반응에 모든 초점이 맞추어져 있음을 살펴볼 수 있다. 이처럼 어디에 초점을 맞추느냐에 따라 그 강조점은 완전히 다른 방향을 향할 수 있다는 것을 알 필요가 있다. 가인은 이 거절의 경험으로 몹시 분하여 안색이 변했다(창 4:5). 이러한 변화를 알아차린 하나님께서 가인에게 나타나 권면하시고, 차후의 사건에 대하여 바른 행동을 취하지 않는다면 벌어질 일에 대해 경고하신다.

> 네가 분하여 함은 어찌됨이며 안색이 변함은 어찌 됨이냐 네가 선을 행하면 어찌 낯을 들지 못하겠느냐 선을 행하지 아니하면 죄가 문에 엎드려 있느니라 죄가 너를 원하나 너는 죄를 다스릴지니라(창 4:6-7)

분노가 심각한 것은 차후에 벌어질 일 때문이다. 인간은 살아가면서 분노에 휩싸일 때가 많다. 그러나 그 분노를 바르게 다스리는 것이 필요한 것이다. 그래서 지혜로운 삶을 가르치는 잠언은 분노의 위험에 대하여 여러 번 강조한다(잠 12:16; 15:18; 22:8, 24; 24:19; 27:3, 4). 에베소서의 "분을 내어도 죄를 짓지 말며 해가 지도록 분을 품지 말고 마귀에게 틈을 주지 말라"(엡 4:26-27)는 말씀은 가인의 이야기를 그대로 옮긴 듯한 인상을 준다.

분노가 심각한 것은 화를 내는 것에서 멈추지 않고 죄를 향하여 질주한다는 것에 있다. 빠르게 선함으로 돌이키지 않으면 분노는 곧 죄로 연결되고 만다는 것이다. 선택받지 못했기에 화가 발할지라도 그 순간에 하나님의 뜻을 확신하는 믿음으로 선한 길을 선택하며 걸어가는 것이 필요하다. 다 이해할 수 없을 때라도 하나님의 뜻을 신뢰하는 것이다. 가인은 선한 길을 택해야 했다. 그러나 인간은 이미 선악과를 취함으로 선과 악을 판단하는 기준으로 자신의 생각을 앞세우기 시작했다. 아담과 하와의 불순종은 하나님이 아닌 인간이 선악의 판단기준이 되었다는 것을 증거 하는 것이다. 하나님께서 가인에게 선을 택함으로 죄악의 길에서 벗어나라는 권면의 말씀을 직접 전해주심에도 불구하고 가인은 자신의 생각과 판단대로 움직인다. 이미 자신이 모든 상황의 판단기준이 되었다. 그는 문에 엎드려 있는 죄를 다스리기보다는 자신이 상황의 주인이 되어 하나님의 말씀이 아닌 자신의 분노를 만족시키는 삶을 택한 것이다.

가인은 아벨을 들판에서 쳐 죽이고 말았다. 죄는 드디어 한 단계를 더 진행하여 하나님을 향한 불순종이 인간을 향한 폭력으로 성장했다. 그럼에도 인간은 결코 양심의 가책을 느끼지 않는 괴물이 되어있다. 하나님께서 "네 아우 아벨이 어디 있느냐?"는 질문과 함께 가인에게 다가오셨다. 회개를 향한 마지막 기회를 제공하고 있는지도 모른다. 그러나 인간의 대답은 잔혹하다. "내가 알지 못하나이다 내가 내 아우를 지키는 자니이까?"(창 4:9). 동료인간이 그저 분노를 삭이는 도구 정도밖에는 안 되는 세상, 동료의 생명이 그저 기분풀이 정도로 전락한 세상이 삭막하고, 저주스런 세상으로 변하는 것은 시간문제일 것이다. 하나님과의 관계가 끊어지면서 선악의 바른 판단기준은 사라지고, 인간끼리의 관계가 파괴되며, 마침내 인간이 살아갈 땅 또한 인간과 멀어지는 격리의 길을 걷게 된다. 공존해야 할 하나님, 인간, 세계가 모두 소외의 길을 걸어가는 것이다. 이렇게 아담과 하와, 가인과 아벨 사건은 이 땅의 모든 것을 파괴시키는 죄악의 두 요소가 된다. 이 두 사건이 보여주는 신학적인 심각성은 이 둘의 철저한 비교를 통해 더욱 분명하게 드러날 것이다.

(2) 아담과 하와(창 3장) 그리고 가인과 아벨 사건(창 4장)의 비교

창세기에 기록된 시조들인 아담과 하와 이야기와 그 자손들인 가인과 아벨 이야기는 동전의 양면과 같이 분리되어서는 안 되는 언어와 구조, 주제의 연결고리를 갖고 있다. 가인과 아벨 이야기는 아담과 하와 이야기에 비교해서 흡사 부록처럼 취급되기도 하지만 그 실체에 있어서는 동일한 중요성을 가지고 있다. 한 치의 틈도 없이 연이어서 나타나는 이 두 이야기는 여러 가지 면에서 공통점을 가지고 있음을 볼 수 있다.

먼저 구조적인 면에서 비교를 해 보면 이 두 사건에는 각각 두 중요 인물들이 나타나며 이들은 모두 직업적인 소개가 주어진다. 아담은 땅을 가는 농부의 역할이며(창 2:5; 3:23), 하와는 그를 돕는 배필이 된다. 그리고 가인 또한 땅을 경작하는 농부였고, 아벨은 양을 치는 자였다(창 4:2). 그리고 이들은 처음에는 모두 조화로운 관계를 유지하고 있었으나 죄가 들어온 후부터는 조화가 파괴되고 분리의 길을 간다. 두 사건 다 공통적으로 사건이 발생하기 전 하나님께서 미리 경고를 주셨다(창 2:17; 4:7). 아담에게는 선악을 알게 하는 나무의 열매는 절대 먹지 말라는 것이었고, 가인에게는 죄가 문에 도사리고 있으니 죄를 다스리라는 것이다. 두 사건 다 각각의 죄가 저질러진 다음에 하나님께서 나타나셔서 심판을 단행하시고, 죄인들은 추방이라는 벌을 받게 된다. 이들이 추방되는 장소는 에덴의 동쪽으로 더 멀리 멀리 계속해서 밀려가는 것이다(창 3:24; 4:16).[64]

이러한 전체적인 구조적 평행관계는 언어적인 면에서 더욱 심화되어 나타난다. 이것은 다음의 도표를 통한 비교가 분명하게 드러낸다.

	아담과 하와 이야기(창 3장)	가인과 아벨 이야기(창 4장)
1	네가 어디 있느냐?(3:9)	네 아우 아벨이 어디있느냐?(4:9a)
2	하나님의 소리를 듣고 내가 벗었으므로 두려워하여 숨었나이다(3:10)	- 내가 알지 못하나이다 내가 내 아우를 지키는 자니이까?(4:9b) 네 아우의 핏소리가 땅에서부터 내게 호소하느니라(4:10)
3	네가 어찌하여 이것을 하였느냐?(3:13)	네가 무엇을 하였느냐(4:10)
4	너는 남편을 원하고(תְּשׁוּקָה 테슈콰/동경, 갈망,사모함, 열망) 남편은 너를 다스릴 것이니라(מָשַׁל 마샬/다스리다)(3:16)	죄가 너를 원하나(תְּשׁוּקָה 테슈콰/동경, 갈망,사모함, 열망) 너는 죄를 다스릴지니라(מָשַׁל 마샬/다스리다)(4:7)
5	땅은 너로 인하여 저주를 받고(3:17)	네가 땅에서 저주를 받으리니(4:11)
6	너는 종신토록 수고 하여야 그 소산을 먹을 것이요 땅이 네게 가시덤불과 엉경퀴를 낼 것이라(3:17-18)	네가 밭 갈아도 땅이 다시는 그 효력을 네게 주지 아니할 것이요 너는 땅에서 피하며 유리하는 자가 되리라(4:12)
7	아담과 하와의 가죽옷(3:21) - 돌봄과 보호의 상징	가인의 표(אוֹת 오트)(4:15) - 구원상징
8	하나님이 그 사람을 쫓아 내시고(גָּרַשׁ 가라쉬)(3:24)	주께서 오늘 이 지면에서 나를 쫓아 내시온즉(גָּרַשׁ 가라쉬)(4:14,16)
9	이같이 하나님이 그 사람을 쫓아내시고 에덴 동산 동쪽에 그룹들과 두루 도는 불 칼을 두어 생명나무의 길을 지키게 하시니라(3:24)	가인이 여호와 앞을 떠나서 에덴 동쪽 놋 땅에 거주하더니(4:16)
10	아담과 하와는 죄를 저지른 후 무화과로 옷을 해 입음 자신을 보호하려 함(3:7)	가인은 죄에 대한 심판을 받은 후에 성을 쌓음으로 자신을 보호하려 함(4:17)

* 인간은 이처럼 죄악으로 인해 하나님께서 선물로 주신 가장 아름다운 땅 에덴으로부터 점점 더 멀어지게 된다.

언어의 표현에서나, 문체의 구조 그리고 이야기의 전개 방식에서 이 두 이야기는 서로가 서로에게 영향을 주고 있음을 알 수 있다.[65] 이러한 공통점뿐만 아니라 두 이야기 속에는 뭔가 점층 되어 가는 현상이 눈에 띈다. 그것은 첫째, 하나님의 질문 속에서부터 나타난다. "네가 어디있느냐?" 는 질문에서 "네 형제 아벨이 어디 있느냐?"는 질문으로 옮겨가는 것이다. 이 질문에 어떻게 응답할 것이냐는 사람을 찾으시는 '하나님의 소리'와 억울함을 호소하는 '형제의 핏소리'에 반응하는 자세로 드러날 것이다. 하나님의 나라는 하나님의 소리를 듣고 두려워 숨는 장소가 되어서도, 형제-자매의 억울한 호소를 듣고 외면하는 곳이 되어서도 안 된다. 은밀하게 말씀하시는 하나님의 소리에 귀가 열리고, 동료 인간의 탄식의 소리에 마음이 열리는 장소가 되어야 하는 것이다. 이 세상에는 이 두 가지 소리가 항상 울려 퍼질 것이며, 이에 대한 응답에 따라 하나님 나라는 회복과 상실이라는 반복을 경험하게 될 것이다.

둘째로, 아담과 하와 이야기 에서는 하나님과 인간 사이에 어떤 소원한 관계나 제사제도의 필요성도 느낄 수 없었다. 그러나 가인과 아벨 이야기에서는 하나님과 인간의 만남을 위해 제사제도라는 특별한 도구가 필요한 것으로 보여 진다. 인간의 죄는 이처럼 아무것도 입지 않아도 거리낄 것이 없었던 관계를 파괴하고, 하나님 앞에서 그 죄를 가릴 도구를 필요로 한다.

셋째로, 하와가 하나님의 명령에 거역하라는 유혹에 넘어갔다면, 가인은 하나님께서 직접 나타나셔서 "선을 행치 아니하면 죄가 문에 엎드리니 주의하라"(창 4:7)는 강권하심에도 불구하고 죄 속으로 빠져 들어가는 현상을 보인다. 죄의 심각성이 드러나는 것이다. 죄는 이제 스스로 살아 움직이는 인격체가 된 듯이 인간의 삶 속에서 활개를 친다. 여인이 남편을 간절히 사모하듯이 그렇게 죄가 사람에게 강력한 흡착력을 가진 열망을 뿜어낸다.

너는 남편을 원하고(תְּשׁוּקָה 테슈콰/동경, 갈망, 사모함, 열망) 남편은 너를 다스릴 것이니라(מָשַׁל 마샬/다스리다) (창 3:16)

죄가 너를 원하나(תְּשׁוּקָה 테슈콰/동경, 갈망, 사모함, 열망) 너는 죄를 다스 릴지니라(מָשַׁל 마샬/다스리다) (창 4:7)

인간이 죄에 빠지고 난 다음에는 사랑이 왜곡되고 변질되어 집착이 되고, 자기주장이 되기 시작한다. 사랑이 지배와 군림으로 퇴색되는 것이다. 가 인의 범죄 이후에는 이러한 사랑의 집착이 이제 죄의 특성이 되었다. 죄가 집착하는 사랑처럼 사람에게 달라붙어 떠나려 하지 않으려는 심각한 상태 가 된 것이다. 남편이 아내를 다스리듯이 죄를 다스려야 할 책임이 남아있 는 것이다.

넷째로, 저주의 강도가 점점 더 거세진다. 시작은 인간의 죄로 인 해 땅이 저주를 받는 것이다(창 3:17). 그러나 그 다음은 인간으로 인해 저주받은 땅의 복수가 시작된다. 인간이 땅에서 저주를 받는 것이다(창 4:11). 아담과 하와의 불순종으로 인해 저주받은 땅은 그 생산량을 제대로 내지 않아, 아무리 수고해도 먹고살기조차 힘든 세상이 된 것이다. 그런데 불순종의 죄에다, 다른 동료 인간의 억울한 피가 땅을 적심으로 땅은 더 이 상 소출을 내지 않게 되었다. 이것은 인간 사이에 벌어지는 불의와 부정의 가 땅을 오염시킨다는 것이다. 그리고 인간은 더 이상 먹을거리를 제공하 지 못하는 그 땅에서 방랑하는 존재가 된 것이다. 이러한 땅의 오염을 벗기 는 것은 그 억울함을 제거하는 것밖에는 없다.

너희는 너희가 거주하는 땅을 더럽히지 말라 피는 땅을 더럽히나니 피 흘림 을 받은 땅은 그 피를 흘리게 한 자의 피가 아니면 속함을 받을 수 없느니라 (민 35:33)

결국 형제의 억울한 피를 쏟게 한 가해자인 가인의 피가 땅을 회복케 한다는 것이다. 이것은 가인을 만나는 자마다 그를 죽이려 하는 중요한 이유가 된다. 저주받은 땅의 회복을 위한 것이다. 심지어 신명기의 법에는 범인을 알 수 없는 살인사건이 났을 때 그 무죄한 피의 저주가 실행되지 않도록 행해야 할 예식을 가르치고 있다. 그 시체와 가장 가까운 마을의 장로들이 암송아지 희생 위에 손을 씻으며 "우리 손이 이 피를 흘리지 않았고 우리 눈이 이것을 보지 못하였노라"고 말하고 무죄한 피를 흘린 것에 대한 죄 사함을 받아야 한다는 것이다(신 21:1-9). 이처럼 무죄한 피에 대해서는 가해자의 피든지 혹은 동물의 피든지 그 피를 덮어야 할 필요가 있다. 그러나 죽어 마땅한 자임에도 형벌을 약화시켜 땅에서 소외된 삶을 살 것이라는 하나님의 심판마저 가인은 받을 용의조차 없다. 아담과 하와 그리고 뱀 모두 하나님의 심판을 이의 없이 받아들이나, 가인은 세상에서 방랑하면 누군가 자신을 죽이려 할 것이기에 자신의 죄벌이 너무 중하다고 이의를 제기하고 있다. 그는 자신의 회개의 피로 땅의 저주를 풀기 보다는 오히려 자신이 살고, 다른 사람들이 몸 붙여 사는 땅의 저주를 택한 것이다. 그럼에도 하나님의 긍휼하심은 끝이 없다. 아담과 하와에게는 가죽옷을 입히시고, 가인에게는 어느 누구도 그를 죽일 수 없는 구원의 표를 제공하신 것이다.

다섯째로, 아담과 하와가 에덴의 동쪽으로 쫓겨났다면(창 3:24), 가인은 그 동쪽 편인 놋 땅으로 더 멀리 추방된다(창 4:16). 히브리어 '놋'(ד נוד)은 '방랑, 방황, 쫓겨남'이라는 뜻으로 가인이 두려워한 '유리하는(נוד 누드) 삶'(창 4:14)과 같은 어근을 가진 단어이다. 지명 자체가 죄악에 빠진 인간의 숙명적인 운명을 포함하고 있는 것이다. 이것은 결국 인간은 스스로의 죄악으로 인해 하나님께서 허락하신 가장 살기 좋은 그 동산으로부터 점점 더 멀어지는 방랑의 불행을 겪게 되는 것이다.[66] 그리고 인간의 삶은 축복이 아닌 저주가 지배하는 고통 속에 거하게 된다. 그렇다면 이제 미

159

래에 벌어져야 할 일도 이 속에는 들어가 있다. 아담과 하와가 저지른 죄와 가인과 아벨 사이에 벌어진 죄가 상쇄되면 인간은 하나님께서 허락하신 가장 아름다운 땅으로 복귀할 수 있다는 희망이 들어가 있기 때문이다. 그러나 죄 가운데서는 결코 이루어질 수 없는 것이며, 이루어져서도 안 되는 것이다. 죄에 빠진 인생에게 에덴동산과 생명나무로 가는 길은 차단된다. 인간의 죄는 가장 아름다운 땅과 영원한 생명이라는 하나님의 고귀한 선물을 한 순간에 망가뜨릴 저주스런 위력이 있기 때문이다. 이 죄를 극복하는 그날 축복의 선물은 또다시 하나님의 은혜로 주어질 것이다. 하나님의 백성은 이점을 상기해야 할 것이다.

마지막으로 죄악을 저지른 후에 아담과 하와는 무화과 잎으로 옷을 만들어 입는다. 하나님의 말씀을 떠남으로, 하나님과의 관계가 파괴되니 스스로의 보호막이 필요하다. 이것이 옷의 시작이며, 인간문명의 시작이다. 가인은 죄악에 대한 심판으로 하나님의 낯을 피하여 유리하는 자가 된다. 그리고 자신을 만나는 자마다 자기를 죽일 것이라고 두려워한다. 이제 옷 정도로는 이러한 살해의 위협을 피할 수 없다. 그는 자신의 성을 쌓게 된다. 이것이 성의 시작이며, 도시문명의 시작이다. 그러나 시편 속에서는 계속해서 "하나님은 우리의 피난처가 되신다"(시 14:6; 46:1; 59:16; 61:3; 62:7; 71:7; 73:28; 91:2; 142:5)라고 고백한다. 그리고 신약성경에서 사도 바울은 "예수 그리스도로 옷 입으라"(롬 13:14) 혹은 "하나님의 전신갑주를 입으라"(엡 6:13)고 강조한다. 오직 우리의 보호막과 피난처는 하나님이심을 강조하고 있는 것이다. 인간이 이러한 신앙적 확신을 갖기 까지는 오랜 시간이 필요하다. 지금 당장은 창세기를 통하여 죄와 그 파급효과가 무엇인지를 살피고, 또 그 해결점이 어떻게 주어질 수 있는지를 보는 것이 급선무이다.

아담과 하와, 가인과 아벨 사건을 비교하며 얻을 수 있는 결론은 죄가 무엇인가라는 점이다. 인간이 저지르는 모든 죄는 두 가지의 질문 속에 내재되어 있다. 아담을 향한 "네가 어디 있느냐?"와 가인을 향한 "네 아우 아벨이 어디 있느냐?"이다. 전자가 하나님과 인간의 관계성의 파괴에 대한 질문이라면, 후자는 사람과 사람 사이의 관계성 파괴에 대한 질문이 된다. 먼저 하나님과의 관계가 단절되며, 그 다음 단계인 사람사이의 단절이 이루어진다. 인간이 하나님의 소리를 듣고 두려워 숨게 되고, 동료인간에 대한 책임을 회피하게 된다. 이것을 해결해야 할 책임이 인생에게 주어져 있다. 인간에 대한 기대가 대를 이어 나타나는 것 그것이 바로 족보이다. 족보는 결코 지루한 이름의 나열이 아니라, 생과 사를 가르는 갈림길이 될 것이다. 누가 인생의 죄악을 해결하는 길을 여는 존재가 될 것인가라는 질문이 대를 이어 주어질 것이기 때문이다. 그러므로 아담과 하와, 가인과 아벨 사건 후에 기나긴 족보가 나열되는 것은 논리적인 순서인 것이다. 하나님도 인생도 모든 것을 원래로 돌릴 수 있는 사람을 기다리고 있는 것이다.

5) 가인과 셋 그리고 선악의 분리(창 4:16-24 vs 4:25-26; 5:1-32)

아담과 하와의 두 아들 중에 아벨이 죽고 가인만 남았다. 하나님께서는 죽은 아벨 대신에 아담과 하와에게 셋이라는 아들을 주셨다. 아담이 셋을 낳았을 때 아담의 말을 통하여서 셋에 대한 기대가 무엇인지를 엿볼 수 있다.

> 아담이 다시 자기 아내와 동침하매 그가 아들을 낳아 그의 이름을 셋이라 하였으니 이는 하나님이 내게 가인이 죽인 아벨 대신에 다른 씨(זֶרַע 제라/ 후손)를 주셨다 함이며(창 4:25)

가인은 살인을 저질렀으니 자격상실이요, 아벨은 비록 선택된 씨였을지라도 그 이름 '헤벨'(הֶבֶל 한 호흡, 한 순간, 안개, 연기 등)의 뜻처럼 한 순간에 아무것도 남기지 않고 안개처럼 사라져 버렸다. 하나님께서 셋을 주셨을 때 아담은 '아벨 대신 다른 씨'를 주셨다고 말한다. 이 속에는 씨에 대한 기대가 들어가 있다. 하나님께서 뱀에게 "여자의 후손(זֶרַע 제라/씨)은 네 머리를 상하게 할 것이요"(창 3:15)라는 선언을 하셨다. 그 때 사용된 그 씨라는 단어가 다시 등장하는 곳이 바로 셋과 관련해서라는 점에서 셋에 대한 기대가 무엇인지를 살펴볼 수 있다. 이러한 소망은 가인과 셋의 족보를 비교해 보면 분명하게 드러난다.

1대	아담과 하와	
2대	가인 (창 4:16-24)	셋 (창 4:25-5:32)
3대	에녹 가인이 성을 쌓고 그 이름을 에녹성이라 부름(사람의 이름을 높임)	에노스 이때에 사람들이 비로소 여호와의 이름을 부름(하나님의 이름 높임)
4대	이랏	게난
5대	므후야엘	마할랄렐
6대	므두사엘	야렛
7대	라멕 "내 목소리를 들으라, 내 말을 들으라"고 종용함(사람의 말)	에녹 삼백 년을 하나님과 동행함으로 그를 데려가심(하나님과 동행)
8대	야발, 유발, 두발가인, 나아마(딸)	므두셀라
9대		라멕
10대		노아 라멕이 아들을 낳고 그 이름을 노아라 짓고 "여호와께서 땅을 저주하시므로 수고롭게 일하는 우리를 이 아들이 안위하리라 하였더라"(여호와께서)
11대		셈, 함, 야벳
	오직 사람	**오직 하나님**

이 두 계보는 정확하게 정반대의 길을 걸어간다. 가인의 후손들은 하나님을 떠난, 자신을 의지하는 삶을 살아가는 인간문화를 시작하며, 셋의 후손은 여호와의 이름을 부르며 하나님께로 나아가기 위하여 애쓰는 삶을 살아간다. 그 분리의 벽은 첫째 가인이 하나님께로부터 쫓겨난 후 성을 쌓고 그 아들 에녹의 이름을 따서 에녹성이라 이름(שֵׁם 셈) 한 것에서 출발한다(창 4:17). 사람이 만든 것이 피난처의 구실을 하며 사람의 이름이 드러난다. 그러나 셋의 아들 "에노스 때에는 사람들이 비로소 여호와의 이름(שֵׁם)을 불렀다"(창 4:25-26). 여호와의 이름을 부른다는 것은 여호와의 성품과 뜻에 일치하여 살아가는 것을 의미하며, 하나님의 이름을 드높이며 예배하는 세상을 열어가는 것이다. 이렇게 가인과 셋의 아들들의 시대부터 드러나는 뚜렷한 대조현상은 이 두 족보가 향하는 반대의 길을 비추기 시작한다.

이제 가인과 셋을 통한 아담의 7대손을 비교하면 그 분리의 벽은 점점 더 거대해진다. 아담을 통한 가인의 7대손인 라멕은 인간 교만과 오만의 극치를 보여주고 있다. 라멕은 어떤 소년이 자신에게 상처를 입혔다는 이유만으로 분노하여 그 소년을 죽이고도 아무 거리낌이 없이 가인에게 복수하는 자는 하나님께로부터 벌을 7배나 받는다면 자신에게 복수하는 자는 77배의 벌을 받게 될 것이라 호언장담한다. 고대근동의 법체계에 있어서도 과한 보응이다. 자신이 당한 만큼 보복해야 하는 '눈에는 눈 이에는 이'라는 법이 인간 자의로 해석되어 인간 자신의 판단이 기준이 되어있다. 선악의 올바른 판단은 인간의 생각에 선해 보이든지 악해 보이든지 하나님의 뜻에 전적인 신뢰를 두고 그 뜻을 믿고 따르는 것에 달려있다(렘 42:3, 6). 인간의 생각과 말이 사라지고, 오직 하나님의 뜻이 살아나는 것이다. 이것은 결국 누구의 이름을 높이느냐에 따라 선과 악을 가르는 판단기준이 뒤바뀌게 되는 것이다. 그러나 이것이 뒤섞이면 인간은 올바른 판단능력을 상실하게 된다. 라멕은 하나님께서 가인에게 긍휼하심으로 부여한 가인을 죽이는 자는 7배의 벌을 받는다는 구원의 표를 자의로 해석하여 이제 자신을 죽이는 자는 77배의 벌을 받을 것이라 선포하고 있다(창 4:23-24). 라멕은 스스로가 법을 만드는 자가 되어 있다. 즉, 자신의 힘이 법이 되어 있는 것이다. 힘을 법으로 삼는 세상은 그 잔혹함에서 비길 데가 없는 불의한 세상을 만들 것이 분명하다(합 1:11). 그럼에도 라멕은 전혀 개의치 않고 자신의 아내들을 향하여 "내 목소리를 들으며(שְׁמַע 샤마) 내 말에 귀를 기울이라(אָזַן 아잔)"고 호령하며, 자신의 행동이 얼마나 위대한가를 자랑하고 있다. "들으라" 그리고 "귀를 기울이라"는 이 두 명령형은 성경에서 하나님의 말씀을 전할 때 주로 사용되는 표현법이다(신 32:1; 시 49:1; 사 1:2; 49:1; 호 5:1). 이것은 인간이 신이 되어 있는 세상을 그대로 보여주고 있다. 즉 아담과 하와가 가졌던 하나님 같이 되겠다는 죄악이 가인의 후손인 라멕의 시대에는 돌이킬 수 없는 극을 향하여 달려가고 있는 것이다. 이와 같이 가인의 후손이 가는 길은 오직 사람의 모습만이 드러나며 하나님의 길과 극적인 대조를 이룬다. 이러한 흐름은 가인의 후손에게서 뱀의 머리를 상하게 할 '여자의 후손(זֶרַע 제라/씨)'을 발견하는 것은 기대조차 가져볼 수 없는 이유가 될 것이다.

그에 반해 아담을 통한 셋의 7대손인 에녹은 자신의 조상 에노스 때부터 되찾기 시작한 하나님을 향한 예배를 세우며, 하나님만 철저히 섬기며, 예배하는 길을 걷는다. 그는 300년을 하나님과 동행했다(창 5:22). "하나님과 함께 동행했다"는 것은 "하나님이 그와 함께 걸은 것이 아니라" "그가 하나님과 함께 걸었다(אֶת־הָאֱלֹהִים 에트-하엘로힘/with God)"는 뜻이다. 사람이 아닌 하나님이 주체임을 나타내는 표현이다. 즉, 하나님과 함께 걷기 위해서는 하나님의 보폭에 맞추어야 하듯이, 하나님의 뜻에 맞추어야 한다는 의미가 들어있다. 뜻이 맞지 않으면 결코 두 사람이 동행할 수 없듯이(암 3:3) 하나님의 뜻과 일치하지 않는다면 300년의 동행은 불가능할 것이다. 그리고 에녹은 이렇게 하나님과 동행하는 삶을 살다 결국 하나님께서 그를 데려가시므로 세상에 있지 아니하였다라고 한다. 이러한 삶은 세상에 홍수가 밀어 닥쳐도 걱정할 것이 없다. 하나님께서 그를 보호하고 지키실 것이기 때문이다.

가인은 성을 쌓고 사람의 이름을 부르며(창 4:17), 라멕 때에 와서는 사람의 말을 앞세우며, 마지막 후손은 수금, 퉁소 등으로 음악을 시작하고(창 4:21), 그리고 동철로 각양 날카로운 무기를 만들며 인간문명을 형성한다(창 4:22). 그에 반해 셋의 후손은 '여호와의 이름'을 부르는 예배를 시작하고(창 4:26) 하나님과 동행하는 삶을 계속해서 살아가며 하나님 중심의 삶을 살아간다. 그리고 마침내는 인간의 죄로 인해 이 땅에 드리워진 저주스런 삶을 해결할 날을 고대하는 간절한 소망과 함께 노아가 탄생한다(창 5:29; 비교, 창 3:17). 이렇게 가인과 셋의 두 족보는 분리의 길을 걸으며, 연합이 이루어지지 않는다. 사람의 말을 높이는 부류와 오직 하나님의 이름과 영광을 드러내는 사람들이 같은 선상에 있을 수는 없다. 넓은 길을 선호하는 사람들과 좁은 길을 걷는 사람들이 같은 목적지를 향할 수는 없기 때문이다. 가인의 후손과 셋의 후손들은 동일한 아담과 하와에게서 나온 사람들이지만 그 가는 길은 정반대 방향을 향하고 있다. 사람의 길과 하나님의 길이라는 갈림 길인 것이다.

이제 기대해 볼 수 있는 미래는 이러한 신앙의 구별선을 바르게 지킴으로 노아라는 이름 속에 들어있는 간구가 이 땅에 실현되는 새 세상인 것이다. 그러나 이 두 족보가 그 일단락의 끝에 이르자마자 기대했던 것과는 다른 상황이 펼쳐진다. 죄의 힘은 결코 약화되지 않고 인간의 삶을 계속적으로 피폐하게 만든다. 사람의 이름을 높이는 사람들의 위력이 세상을 뒤덮기 시작하는 것이다. 그 위력이 어쩌나 대단한지 하나님의 사람들에게도 커다란 위협과 유혹이 되기도 한다. 지금 현재 21세기에 펼쳐지고 있는 정황들은 결코 유일한 현상이 아니라 고대로부터 지금까지 결코 사라진 적이 없는 동일한 현상의 연속일 뿐이다. 그러나 그 결과가 무엇인지를 분명하게 살펴보는 것은 미래를 새롭게 하는 길이 될 것이다.

6) 가인과 셋 그리고 선악의 혼합(창 6:1-8)

창세기 6:1-8절은 이러한 배경의 틀 속에서만 이해할 수 있는 부분이다. 이미 벌어졌던 사건들과 결코 분리되지 않는 연결된 이야기이기 때문이다. 이 부분은 주제에 따라 둘로 나뉠 수 있는데 창세기 1:1-6:8절까지의 전 단락을 결론짓는 이야기인 사람의 딸들과 하나님의 아들들을 다루는 부분(창 6:1-4)과 그 결론의 결과와 더불어 벌어질 미래 사건과 또한 새로운 시작으로의 발돋움을 기대하는 비전을 제시하는 부분(창 6:5-8)이다. 천지창조의 생육하고 번성하는 축복의 명령을 받은 인간(הָאָדָם 하아담/인류mankind; 창 1:27)이 마침내 땅에 번성함으로 그 축복이 실현되었다: "사람(הָאָדָם 하아담/인류mankind)이 땅 위에 번성하기 시작할 때에"(창 6:1). 그러나 안타깝게도 그 성취는 하나님의 뜻을 받들어 바르게 다스리는 사람들의 번성이 아니라, 자신들의 명성을 떨치려는 사람들의 번성이 되었다는 점에서 부정적인 결론에 이른 것이다. 이렇게 하나님의 천지창조의 이상은 인간에 의해 실패한 것이 되었고 새로운 시작은 불가피한 것이 되고 말았다. 그로 인해 모든 것을 쓸어버리는 대격변이 예고되고 있다. 하지만 모든 것이 끝나는 그 순간에 희망의 불꽃이 번쩍이고 있다. 하나님께서 노아라는 또 한 사람을 선택하신 것이다. 그러므로 창세기 6:1-8절은 한 단락을 결론짓고(1-4절) 다음 단락으로의 연결(5-8절)을 이루는 양면적인 기능을 하고 있다.

(1) 사람의 딸들과 하나님의 아들들(창 6:1-4)

사람들은 이 부분에서 갑작스럽게 등장하는 사람의 딸들과 하나님의 아들들이라는 명칭으로 인해 해석의 혼선을 빚는다. 특히 하나님의 아들들이라는 칭호를 놓고 다양한 해석을 통해 이 사건의 의미를 설명하려고 한다. 크게 세 가지 정도의 해석이 경쟁하고 있는데 첫째는 하나님의 아들들은 타락한 천상의 존재들인 천사로 보고, 사람의 딸들은 죽어야 할 육체를 가진 인간으로 보는 것이다. 욥기에 천상의 존재를 하나님의 아들들로 부른 예를 들고 있다(욥 1:6; 2:1; 참조, 유 1:6-7). 하지만 성경 속의 그 어디에도 천사와 인간이 만나 결합하여 자녀를 낳는 경우는 등장하지 않는다. 그리고 창세기 6장까지 그 어느 곳에도 천사의 존재에 대해 언급한 경우가 없고, 타락한 천사와의 결합으로 인간이 벌을 받는 것은 의문의 여지가 많다. 둘째는 하나님의 아들들을 지상의 통치자들인 왕들로 해석하는 경우이다. 성경에 통치자들이 가끔 신들로 언급된 경우도 있고(출 4:16; 21:6; 22:8, 9, 28; 시 82:1, 6), 때로는 왕들이 신의 아들로 불린 적도 있다(삼하 7:14; 시 2:7)는 점을 증거로 든다.[67] 하지만 창세기는 왕이라는 존재의 구별이나 특권보다는 오히려 왕권의 민주화를 주창하고 있다. 그것은 모든 인류가 '하나님의 형상'으로 지음 받았다는 것에서 분명하게 드러나고 있다. 왕들만이 하나님의 형상이 아니라 모든 인류가 동일하다는 것을 통해 새로운 해석이 가능하게 된 것이다. 이 두 가지의 해석은 모두 커다란 문제점을 안고 있는데 둘 다 창세기에서 펼쳐진 지금까지의 이야기와는 전혀 별개의 이야기를 시작하고 있다는 것이다. 이야기 전개는 결코 의미 없는 사건들의 나열이 아닌 각각의 사건들이 연합하여 뚜렷한 주제의 발전을 이루고 마침내 결론에 이르러야 하는 것이다.

이러한 문제점을 보완하는 것으로 세 번째 방식은 지금까지 펼쳐진 창세기의 사건들을 연결하여 '사람의 딸들'은 사람의 이름을 끊임없이 높이는 가인의 후손을 지칭하는 것으로, '하나님의 아들들'은 오직 하나님의 길을 따라가는 셋의 후손들을 의미하는 것으로 해석한다. 이 해석은 왕들을 신의 아들로 불렀던 고대근동의 전통이나 이스라엘에 남아있는 흔적들까지도 포용할 수 있는 것이라 여겨진다. 왕들은 하나님께서 세우신 대표자이면서, 하나님의 뜻과 명령을 전할 사명을 지고 있다(시 2:7)는 점에서 하나님과의 깊은 연관성을 살펴볼 수 있다. 천지창조에서 모든 인간은 하나님의 형상을 부여받은 존재로서 바로 이러한 사명을 띠고 이 땅에 존재하게 된 것이며, 가인과 셋 이후로는 안타깝게도 이 길이 갈라져버렸다. 하나님의 뜻을 이어받아 그 사명을 이루어가는 사람들과 하나님의 뜻과 관계없이 자신들의 욕구만을 채우려는 사람들로의 분리인 것이다.

그런데 마지막 순간에 이들이 섞이기 시작하며, 수많은 문제들이 터져 나온다. 사람의 이름을 높이는 존재들이 땅 위에 번성하기 시작하며 그들에게서 딸들이 난다. 천지창조에서 생육하고 번성해야 할 존재는 '하나님의 형상'을 간직한 사람들이어야 한다. 그러나 하나님의 아들들이 사람의 딸들의 아름다움을 보고 자기들이 좋아하는 모든 여자를 아내로 삼는다(창 6:1-2). 에덴동산의 아담과 하와의 만남에서 결혼은 '뼈 중의 뼈요 살 중의 살'과 이루어져야 함을 이미 제시했다. 같은 신앙과 이념을 소유한 남녀가 만나야 하는 것이다. 그러나 결혼이 신앙과 이념의 만남이 아니라, 오직 육체적인 먹음직, 보암직, 탐스러움에 현혹된 욕구충족적인 만남이 되고 만다. 하와가 선악과를 취했던 일개 개인의 욕망이 하나님의 아들들이 사람의 딸들을 취하는 집단적이고 전 지구적인 사건으로 확장되었다.[68]

여자가 그 나무를 본즉(הָרְאָה 라아) 먹음직도 하고(כִּי טוֹב 키 토브) 보암직도 하고 지혜롭게 할 만큼 탐스럽기도 한 나무인지라 여자가 그 열매를 따(לְקַח 라콰흐) 먹고(창 3:6)

하나님의 아들들이 사람의 딸들의 아름다움(הָ כִּי טֹבֹת 키 토보트)을 보고(הָ רָאָ 라아) 자기들이 좋아하는 모든 여자를 아내로 삼는지라(לְקַח 라콰흐) (창 6:2)

이 두 사건의 비교를 통해서 죄는 결코 그 자리에 머물러 있지 않다는 것과 바르게 다스리지 못할 때 그 성장을 결코 막을 수 없다는 것을 깨달을 필요가 있다. 한 개인의 주도권과 하나님 같이 되고자 하는 삶이 모든 후손들의 삶으로 퍼져나간 것이다.

마침내 인간은 하나님의 영이 영원히 머물 수 없는 육체적인 존재로 전락해 버리고 만다: "나의 영이 영원히 사람과 함께 하지 아니하리니 이는 그들이 육신이 됨이라"(창 6:3). 흙으로 만들어진 존재로서의 인간의 가치는 바로 하나님의 영이 함께하심에 있다. 바울 사도의 고백 속에서도 이것은 분명하게 드러난다: "우리가 이 보배를 질그릇에 가졌으니 이는 심히 큰 능력은 하나님께 있고 우리에게 있지 아니함을 알게 하려 함이라"(고후 4:7). 여호와의 영이 함께 하심으로 인생은 영원을 계획하며 꿈 꿀 수 있으며, 하나님의 영원하신 뜻을 이룰 수 있다. 그러나 하나님의 영이 떠났다는 것은 인생이 영원과 관계없는 육체만 남은 존재로 전락하고 말았으며, 그 끝이 이르렀음을 상징하는 표현이 된다. 육에 속한 사람과 하나님의 형상인 영에 속한 사람의 삶은 결코 만날 수 없는 반대의 극을 향하기 때문이다.

육체의 일은 분명하니 곧 음행과 더러운 것과 호색과 우상숭배와 주술과 원수를 맺는 것과 분쟁과 시기와 분냄과 당 짓는 것과 분열함과 이단과 투기와 술 취함과 방탕함과 또 그와 같은 것들이라 전에 너희에게 경계한 것 같이 경계하노니 이런 일을 하는 자들은 하나님의 나라를 유업으로 받지 못할 것이요(갈 5:19-21)

오직 성령의 열매는 사랑과 희락과 화평과 오래 참음과 자비와 양선과 충성과 온유와 절제니 이같은 것을 금지할 법이 없느니라 그리스도 예수의 사람들은 육체와 함께 그 정욕과 탐심을 십자가에 못 박았느니라 (갈 5:22-24)

인생들이 모두 육에 속한 존재로 전락해 버렸다는 것은 그 후에 나타나는 현상들로 인해 심각하다. 모두 다 하나님의 나라를 파괴시키는 길로 나아가는 것이다. 하나님의 심판이 불가피한 이유가 바로 여기에 있다. 더 이상의 파괴를 막고 회복의 길로 향하기 위한 것이다. 하나님의 영이 떠났던 삼손과 사울이라는 인물들이 죽음의 멸망을 향하여 곤두박질쳤던 것을 보면 육체가 되어버린 인생의 결론이 무엇인지를 짐작해 볼 수 있다 (삿 16:20; 삼상 16:14). 그러므로 "그러나 그들의 날은 백이십 년이 되리라"(창 6:3)는 하나님의 선고는 인간의 수명이 최대 120년으로 제한된다는 의미라기보다는 120년 뒤에 임하게 될 멸망의 날을 예고하는 것이라 해석하는 것이 더 바람직하다. 흡사 삼손과 사울이 여호와의 영이 떠나는 심판이 이루어졌을 때조차도 죽음으로 그 생이 끝나기까지 회개의 기회가 남아 있듯이 이 120년은 40의 3배수로 충분한 기회가 홍수심판 전에 아직도 주어져 있음을 암시하고 있다.

이런 심판을 초래한 하나님의 아들들과 사람의 딸들의 혼합을 통하여 탄생한 존재가 있는데 그것이 바로 네피림이다.

당시에 땅에는 네피림이 있었고 그 후에도 하나님의 아들들이 사람의 딸들에게로 들어와 자식을 낳았으니 그들은 용사라 고대에 명성이 있는 사람들이었더라 (창 6:4)

하나님의 아들들과 사람의 딸들이 혼합하여 만들어낸 네피림은 어떤 존재인가? 세상과 신앙이 혼합하여 만들어낸 것과 다를 바가 없을 것이다. 이것은 곧 세상적인 이념과 신앙의 이념을 뒤섞어서 탄생시킨 기괴한 것이 된다. 이 시대로 표현하자면 하나님의 교회 안에서 활개를 치고 있는 성공논리도 그 중의 하나일 것이다. 하나님을 이용하여 자신의 이름을 높이고, 명예를 높이며, 배를 채우는 거인들이 바로 이들일 것이다. 네피림의 특징이 바로 그것을 분명하게 설명해 주고 있다. 네피림은 용사면서, 또한 고대에 명성이 있는 사람들이었다. '명성이 있는 사람'은 히브리어 원어로 '안세이 하셈'(אַנְשֵׁי הַשֵּׁם)으로 '이름의 사람들' 혹은 '이름의 남자들'로 의역하면 '이름깨나 날리는 사람들'이란 뜻이다. 가인의 족보에서 끊임없이 계속되었던 사람의 모습이 결국 네피림이라는 존재로 종국에 이르고 말았다. 여기에는 하나님의 아들들도 한 몫을 담당했다. 자신들이 가지고 있던 신앙과 신념을 결국은 자신의 이름을 내는 것으로 바꾸어버린 인생의 종착점인 것이다. 인간은 이렇게 '이름,' 명예라는 것에 약점을 가지고 있다. 과시하고 싶고, 보여주고 싶고, 자랑하고 싶은 그 욕구는 지배욕이 되어 세상을 악으로 가득 채우는 것은 이제 시간문제일 뿐이다.

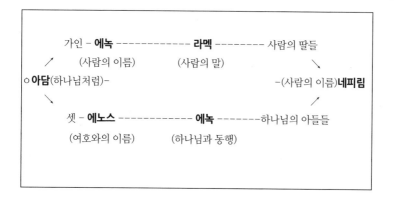

창세기 1:28절과 6:1절을 비교해 보면 천지창조 때 사람을 향한 하나님의 축복의 명령인 "생육하고 번성하라"라는 것이 이 땅에 실현되었

음을 알 수 있다. 하나님께서 원하셨던 동일한 결과인 번성임에도 불구하고 결코 기쁘지 않은 이유는 무엇인가? 분명 그 과정 중에 문제점이 들어가 있을 것이다. 죄가 해결되지 않았고, 그 죄는 그대로 존속한다. 그리고 그것을 당연시 하며 살아가는 사람들이 이 땅을 덮어가고 있는 것이다. 그로 인해 발생될 결과 또한 심각한 것일 수 있기에 더욱 위험스러운 것이다.

창세기 1장의 천지창조의 대 서사시에서 이 땅에 하나님의 형상을 부여받은 인간이 서기까지의 과정은 인간이 반드시 걸어가야 할 사명의 길 또한 제시되고 있다. 천지창조에서 땅이 혼돈하고 공허하며 흑암이 깊음 위에 있을 그 때부터 하나님의 형상인 인간이 서기까지 반복적으로 이루어졌던 일이 있다. 그리고 그 반복적인 사건은 동일한 한 단어를 통해 이루어진다.

> 하나님이 빛과 어둠을 <u>나누사</u>(창 1:4)
> 하나님이 이르시되 물 가운데에 궁창이 있어 물과 물로 <u>나뉘라</u> 하시고(창 1:6)
> 하나님이 궁창을 만드사 궁창 아래의 물과 궁창 위의 물로 <u>나뉘게</u> 하시니(창 1:7)
> 하나님이 이르시되 하늘의 궁창에 광명체들이 있어 낮과 밤을 <u>나뉘게</u> 하고(창 1:14)
> 하나님이…낮과 밤을 주관하게 하시고 빛과 어둠을 <u>나뉘게</u> 하시니(창 1:18)

첫째 날부터 넷째 날까지 하나님께서는 계속해서 나누신다. '나누다'라는 뜻으로 여기에 사용된 히브리어 단어는 '바달'(בָּדַל)로 이 세상의 창조에 없어서는 안 되는 중요한 요소로 천지창조 때 5번에 걸쳐 집중적으로 나타난다. '바달'은 단순히 나누는 것만을 의미하는 것이 아니라 '구별되고, 분리된 것'으로의 의미 확장이 이루어지며 먹는 것의 구별(레 11:47), 부정과 정함의 구별(레 10:10), 특별한 사람이나 백성의 구별(민 8:14; 왕상 8:53)에까지 적용된다. 그렇다면 창세기의 천지창조의 이념에는 하나님의 형상을 부여받은 사람들이 걸어가야 할 삶의 길은 혼돈과 공허, 흑암으로부터 반드시 나뉘어져 구별되어야 한다는 것이다.

이러한 해석의 정당성은 이 '바달'이라는 단어가 구약성경에서 주로 이스라엘 민족이 살아가야 할 삶의 방식을 제시하기 위하여 사용되고 있다는 것에서 찾을 수 있다. 특히 이스라엘이 하나님의 뜻을 따르지 않는 이방인들과 구별되어야 한다는 의미로 자주 사용된다(스 6:21; 9:1; 10:11; 느 9:2; 10:28; 13:3). 그리고 이 '바달'이라는 단어가 창세기 1장과 같이 집중적으로 등장하는 장소가 한 군데 더 있는데 바로 레위기 20장으로 24-26절까지 4번이나 나타난다(레 20:24, 25[2번], 26). 레위기 20장에서 '바달'이라는 단어는 가나안 땅의 이방인과 구별되어야 함을 강조하며 그들이 살아가는 풍속으로부터 철저하게 분리되어야 할 것을 명령하고 있다.

너희는 내가 너희 앞에서 쫓아내는 족속이나 풍속을 따르지 말라 그들이 이 모든 일을 행하므로 내가 그들을 가증히 여기노라 내가 전에 너희에게 이르기를 너희가 그들의 땅을 기업으로 받을 것이라 내가 그 땅 곧 젖과 꿀이 흐르는 땅을 너희에게 주어 유업을 삼게 하리라 하였노라 나는 너희를 만민 중에서 구별한(בָּדַל 바달) 너희의 하나님 여호와이니라 너희는 짐승이 정하고 부정함과 새가 정하고 부정함을 구별하고(בָּדַל 바달) 내가 너희를 위하여 부정한 것으로 구별한(בָּדַל 바달) 짐승이나 새나 땅에 기는 것들로 너희의 몸을 더럽히지 말라 너희는 나에게 거룩할지어다 이는 나 여호와가 거룩하고 내가 또 너희를 나의 소유로 삼으려고 너희를 만민 중에서 구별하였음이니라(בָּדַל 바달) (레 20:23-26)

이처럼 하나님께서 뜻하셨던 창조의 이상이 실현되기 위해서는 구별과 분리는 필수적인 것임을 알 수 있다.

그렇다면 창세기 1장과 6장의 차이점이 분명하게 드러난다. 하나님께서는 구별되고 성별되어 하나님의 형상을 이루어 내는 사람들의 번성을 기대하셨으나 마지막에는 사람의 뜻을 세우는 무리들과 하나님의 사람들이 혼합되어버린 것이다. 그 결과는 하나님이 보시기에 좋은 선이 아닌 그 반대의 악일 것임을 미리 짐작해 볼 수 있다. 그리고 인간의 명성의 대명사인 네피림은 그러한 인간 이상의 실체가 되어 역사의 선상에 등장한다. 그러므로 네피림은 인간 역사 속에서 한 번 나타났다 사라지는 존재가 아니라 구별과 분리의 선이 사라지는 순간에는 언제나 나타날 수 있는 존재들임을 알 수 있다(창 6:4; 민 13:33).

(2) 아담에서 노아로(창 6:5-8)

하나님처럼 되려는 아담의 그 욕구가 결국은 네피림이라는 인간의 명성을 높이는 종족으로 실체가 되었다. 그리고 곧바로 창세기 6:5절은 "여호와께서 사람의 죄악이 세상에 가득함(רָבָה 라바)과 그의 마음으로 생각하는 모든 계획이 항상 악할 뿐임을 보셨다"(창 6:5)고 한다. "죄악이 가득하다"에서 "가득하다"라는 단어는 하나님께서 인간을 창조하시고 주신 축복의 말씀인 "생육하고(פָּרָה 페루) 번성하라(רָבָה 레부/가득함)"(창 1:28)의 두 번째 것으로 죄악 대신에 하나님의 사람들이 세상을 가득 채우기를 원하셨던 하나님의 뜻을 표현하고 있다. 하지만 "인간이 땅위에 번성(רָבָה 라바/가득함) 하기 시작하면서"(창 6:1) 하나님의 뜻과는 반대로 인간의 죄악이 더욱더 세상을 가득 메우게 되었다는 것을 보여준다. 결국 세속과 하나님의 것이 구별이 없이 죄악으로 가득 찬 세상이 된 것이다.

그 결과는 인간이 마음으로 생각하는 모든 계획이 항상 악하게 되는 것이다. 인간은 에덴동산에서 하나님처럼 자신들이 선악을 분별하겠다고 야심 차게 출발했다. 그런데 결국 마지막에 선은 사라지고 악밖에는 남은 것이 없다. 그렇게 된 주요한 이유는 하나님의 아들들과 사람의 딸들이 뒤섞여 선악을 분별하는 구별선이 없어진 것에서 찾을 수 있다. 올바른 판단능력을 상실한 인생에게 남는 것은 단 한 가지이다. 악이 선을 잠식해 버리고 인간의 모든 생각을 지배하는 것이다. 결국 인간 스스로의 능력으로 선악을 안다는 것은, 선악의 판단이 인간에게 있다는 것을 의미하며, 마침내는 "선을 악하다. 악을 선하다"라고 정의내리고 "악으로 선을 갚는" 형국에 이르고 말 것이다(사 5:20; 시 38:20; 잠 17:13; 렘 18:20).

> 너희가 그것을 먹는 날에는 너희 눈이 밝아져 하나님과 같이 되어 선악을 알 줄 하나님이 아심이니라(창 3:5)

> 하나님의 아들들이 사람의 딸들의 아름다움을 보고 자기들이 좋아하는 모든 여자를 아내로 삼는지라(창 6:2)

> 여호와께서 사람의 죄악이 세상에 가득함과 그의 마음으로 생각하는 모든 계획이 항상 악할 뿐임을 보시고(창 6:5)

아담이 선악을 알기를 갈망(창 3:22)	하나님의 아들들과 사람의 딸들 혼합 (셋의 후손과 가인의 후손) 네피림 인간의 명성추구(창 6:1-4)	악만 남음(창 6:5)

이러한 정황은 가장 지혜로운 자라는 칭호를 받은 솔로몬의 삶 속에서도 그대로 드러난다. 솔로몬 또한 하나님께 선악을 분별할 수 있게 해달라는 간구를 하고, 하나님께서는 쾌히 이에 응답해 주셨다. 그런데 결국 그의 생의 마지막에는 악밖에는 남지 않았다. 그 이유는 솔로몬의 수많은 이방인 아내들이 그를 우상숭배에 빠지게 했다. 즉, 하나님의 아들의 대표

격(삼하 7:13-14)인 솔로몬과 사람의 딸들(이방 여인들)이 뒤섞인 것이다 (왕상 11:1-5). 하나님께 듣고자 했던 신앙의 이념이 인간의 종교로 돌아서 버렸다. 그 결과는 선은 사라지고 악밖에는 남지 않게 된다.

> 누가 주의 이 많은 백성을 재판할 수 있사오리이까 듣는 마음을 종에게 주사 백성을 재판하여 선악을 분별하게 하옵소서(왕상 3:9)

> 솔로몬 왕이 바로의 딸 외에 이방의 많은 여인을 사랑하였으니 곧 모압과 암몬과 에돔과 시돈과 헷 여인이라(왕상 11:1)

> 솔로몬이 여호와의 눈앞에서 악을 행하여 그의 아버지 다윗이 여호와를 온전히 따름 같이 따르지 아니하고(왕상 11:6)

솔로몬이 선악을 분별하길 갈망(왕상 3:9)	솔로몬의 명성 높아짐(왕상 10:1) 하나님의 아들과 사람의 딸의 혼합 (솔로몬과 이방 여인들)(왕상 11:1)	악만 남음 (왕상 11:6)

태초에 인간들이 빠져든 타락의 길이 솔로몬의 삶 속에도 그대로 나타나고 있다는 것은 이것은 단순히 한 번 있는 일이 아니라, 인간 삶 속에 늘 발생할 수 있는 문제라는 것을 증거하고 있는 것이다. 그리고 솔로몬의 이야기 속에서 하나님의 아들과 사람의 딸들이 구체적인 실체가 되어 등장한다는 점에서 창세기의 이야기는 결코 신화적인 요소를 담은 것이 아님을 알 수 있다. 구체적인 명칭을 숨기는 것은 오히려 특정한 소수의 사람만을 위한 것이 아닌 전 인류를 향하신 하나님의 뜻을 전하시기 위한 목적일 것이다. 그렇지만 분명한 것은 하나님의 사람과 세상이 섞이는 것이며, 하나님의 백성과 이방인이 혼합되는 것을 지적하고 있는 것이다.

이렇게 인간의 계획이 성립되는 곳에는 하나님의 계획은 안타깝게 무너져 내리고 만다. 태초에 천지창조의 놀라운 역사가 펼쳐질 때 하나님의 목표는 분명하게 일곱 번에 걸쳐서 선포되었다. "하나님이 보시기에 좋았더라"라는 여섯 번으로 시작하여 마침내 마지막 일곱 번째는 "하나님이 보시기에 심히 좋았더라"로 그 결론에 이르렀다. 여기서 '좋았더라'라는 단어가 히브리어로 선과 악이라는 단어의 '선'(טוב 토브)이라는 단어였다는 것은 하나님의 창조세계에는 오직 선한 것만이 의도되었다는 것을 분명하게 살펴볼 수 있다. 그러나 선악을 바르게 분별하지 못하는 인생들로 인해 결국 선이 사라지고 악만 남은 세상이 되었다는 것이 인류의 첫 이야기의 결론이 되고 말았다.

창 1장	창 3장	창 6장
하나님 :보시기에 (심히) 좋았더라(선)	인간 :선악을 아는 일에 하나님 같이 되리라	인간 :마음으로 계획하는 바가 항상 악할 뿐이라

이와 같이 하나님의 뜻이 산산이 부서지는 그 곳에 하나님께서는 하나님의 새 역사를 일으키실 준비를 하신다. 그 새 역사는 파괴된 옛 창조의 모든 것을 다 말끔히 씻어내고 거기에 새로운 창조의 역사를 일으키는 것 그 속에 새 희망이 있음을 보여준다. 이것은 하나님의 썩어진 옛 창조의 파괴에 대한 선포 속에 잘 드러나 있다:

이르시되 내가 창조한 사람을 내가 지면에서 쓸어버리되 사람으로부터 가축과 기는 것과 공중의 새까지 그리하리니 이는 내가 그것들을 지었음을 한탄함이니라 하시니라 (창 6:7)

이것은 분명히 모든 생명체를 창조하시고 보시기에 좋았더라고 기뻐하신 창세기 1:24-26절의 반전이다. 아름답게 완성된 창조의 질서가 혼돈으로 돌아가며 하나님께서 창조의 무효를 선언하신 것이다. 그러므로 이 부분은 천지창조 이야기(창 1:1-6:8)의 결론임과 동시에 그 다음에 펼쳐질 노아 홍수 사건(창 6:9-11:26)의 서론격으로 전 세계적인 재난이 왜 일어나야만 했는가라는 질문에 대한 근본 원인을 말하고 있다. 그 해답으로 하나님의 길을 벗어난 가인의 후손의 계보(사람의 딸들)와 하나님의 길 위에서 그 이상의 실현을 위해 살아가야 할 셋의 후손의 계보(하나님의 아들들)가 구별이 없이 혼합되어 버렸기 때문이라고 대답한다. 즉 세상과 하나님의 것이 구별이 없이 뒤섞여서 혼돈과 공허의 세계로 돌아간 것을 의미한다. 천지창조의 질서정연했던 화음과 더불어 일곱 번에 걸쳐서 하나님이 보시기에 (심히) 좋았던(טוֹב 토브/선) 완전했던 세상이(창 1:4, 10, 12, 18, 21, 25, 31) 악(רָעָה 라아)한 것으로 전락하고, 하나님께서 땅 위에 사람 지으셨음을 한탄하는 것으로 끝나고 말았다. 이것을 간략하게 도표화 하면 다음과 같다.

	창조 때	반전의 내용		홍수 전
1	창 1:28	생육하고 번성하여 땅에 가득하라	생육과 번성이 부정적인 길로	창 6:1
2	창 3:6	하와가 선악과를 자기의 고집대로 취함(개인에서)	하나님의 아들들이 자기들이 보기에 좋은 것을 취함(공동체 전체로)	창 6:2
3	창 1:27	인간을 하나님의 형상대로 창조하심	하나님의 영이 영원히 함께 하지 않으심으로 인간이 육신이 됨	창 6:3

4	창 3:5	선악을 아는 일에 하나님과 같이 될 것이라 (개인에서)	사람이 마음으로 계획하는 바가 항상 악을 뿐임 (공동체 전체로)	창 6:5
5	창 1:31	지으신 모든 것을 보시니 보시기에 심히 좋았더라	땅위에 사람 지으셨음을 한탄하고 근심하심	창 6:6
6	창 1:24-26	땅 위의 모든 생명체를 사람까지 다 지으시니 보시기에 좋으심	창조한 모든 것을 사람부터 가축과 기는 것과 공중의 새까지 쓸어버리실 것	창 6:7

이 도표를 통해 아담과 하와라는 한 가족 안에서 시작된 선악과가 모든 사람들에게로 확장되어 죄악으로 물든 세상이 되어 버린 것을 분명하게 살펴볼 수 있다.

여자가 그 나무를 본즉(רָאָה 라아) 먹음직도(טוֹב 토브/좋은) 하고 보암직도 하고 지혜롭게 할만큼 탐스럽기도 한 나무인지라 여자가 그 열매를 따(לָקַח 라콰흐/취하다)먹고 자기와 함께 있는 남편에게도 주매 그도 먹은지라(창 3:6)

하나님의 아들들이 사람의 딸들의 아름다움(טוֹב 토브/좋은)을 보고(רָאָה 라아) 자기들이 좋아하는 모든 여자로 아내를 삼는지라(לָקַח 라콰흐/취하다) (창 6:2)

이 비교만 살펴보아도 하나님의 뜻과는 관계없이 인간 자신의 선호도대로 모든 것을 판단하여 행동하는 삶임을 알 수 있다. 위의 반전들을 모두 종합하면 노아 시대의 죄악은 역시 선악과의 확장이 분명하다.

	아담과 하와의 선악과 (창 3:6)	인류의 선악과로 (창 6:1-5)
선악과의 특징	먹음직도 하고(3:6a)	자기들이 좋아하는 모든 여자로 아내를 삼음 그들이 육신이 됨(6:2b-3)
	보암직도 하고(3:6b)	하나님의 아들들이 사람의 딸들의 아름다움을 보고(6:2a)
	지혜롭게 할 만큼 탐스러움 (3:6c)	네피림-그들은 용사라 고대에 명성 있는 사람들 (6:4)
결과	하나님과 같이 되어 선악을 알 줄 하나님이 아심이라 (3:5, 22)	여호와께서 사람의 죄악이 세상에 가득함과 그 의 마음으로 생각하는 모든 계획이 항상 악할 뿐임을 보시고(6:5)

이러한 인류의 상태는 천지창조와 에덴의 이상이 모두 무너져 버
린 것을 보여준다.

천지창조(창세기 1:1-2:3)	홍수심판 직전(창세기 6:1-8)
궁창 위의 물(혼돈의 물) ⋯⋯⋯⋯⋯⋯⋯⋯⋯⋯ **궁창은 인간에게 맡겨주신 공간** 　안식일을 지키는 ➜ 　인간의 　다스림을 통해 ⋯⋯⋯⋯⋯⋯⋯⋯⋯⋯ 궁창 아래의 물(혼돈의 물)	사람의 딸들(혼돈의 세력) ⋯⋯⋯⋯↓(혼합됨)⋯⋯⋯ **땅이 죄악으로 가득함** 　하나님의 아들들 ➜ 　세상과 　뒤섞임 ⋯⋯⋯⋯↑(혼합됨)⋯⋯⋯ 사람의 딸들(혼돈의 세력)

이렇게 태초의 천지창조와 함께 인류가 가졌던 첫 번째 기회는 무
효로 돌아가 버리고 만다. 하지만 인류역사는 이것으로 끝이 나는 것이 아

니다. 언제나 하나의 끝은 또 새로운 시작을 가져온다는 것이 성경속의 진리이다. 하나님의 길을 새롭게 이끌고 나갈 선택된 사람 노아에게 새로운 희망이 모두 옮겨지며 새 삶의 길이 열리는 것이다.

그러나 노아는 여호와께 은혜를 입었더라(창 6:8)

이 사실은 아담의 계보 속에서 노아에 대한 표현에 와서는 좀더 특별한 것을 발견할 수 있다는 것으로 살펴볼 수 있다. 그 표현에는 그의 아버지 라멕과 그 당시 모든 사람들의 희망이 바로 이 노아에게 있었음을 느낄 수 있다.

라멕은 백팔십이 세에 아들을 낳고 이름을 노아(חַנ 안식)라 하여 이르되 여호와께서 땅을 저주(אֲרָרָה 아라르) 하시므로 수고롭게(יִצָּבוֹן 이짜본) 일하는 우리를 이 아들이 안위하리라 하였더라(창 5:28-29)

이것은 최초의 인간 아담과 하와가 불순종의 죄를 저지른 후에 하나님께로부터 받는 심판의 내용에 대한 반전을 기대한다는 점에서 의미가 있다.

아담에게 이르시되 네가 네 아내의 말을 듣고 내가 네게 먹지 말라 한 나무의 열매를 먹었은즉 땅은 너로 말미암아 저주(אֲרָרָה 아라르)를 받고 너는 평생에 수고(יִצָּבוֹן 이짜본)하여야 그 소산을 먹으리라(창 3:17)

이 비교에서 볼 수 있듯이 사람들은 노아가 아담이 저지른 그 과오로 인해 저주 받은 땅에서 쉼 없이 일해야 겨우 삶을 영위해 나갈 수 있는 인간들의 고난과 죄 된 삶을 끝내고 새 시대를 가져 올 것을 기대하고 있다. 즉, 노아는 셋의 족보를 통해 미래를 바꿀 '희망의 씨'라는 것이다. 이 기대는 인간의 타락 이후 하나님께서 여자의 후손을 통해 다시 회복하겠다고 하신 약속(창 3:15) 위에 근거를 둔 것으로 인간들의 삶에 언제나 커다란 희망으로 존재했었음을 알 수 있다. 이렇게 세상과 하나님의 사람이 혼합하여 믿음의 경계선이 사라질 때 하나님께서는 새로운 경계를 만드시기 위하여 오신다. 즉, 하나님의 것과 세상 것을 구별하시기 위해 새로운 시작을 여신다는 것이다. 노아의 홍수는 그런 점에서 세상의 모든 때를 씻어내는 하나님의 새 창조의 역사가 될 것이며, 노아는 새 역사를 열어가는 선택된 주인공이 되는 것이다.

II
노아 이야기(창 6:9-11:26)

1. 이야기 전체를 한눈에 읽기

세상이 혼돈으로 가득 차고, 모든 것을 일시에 쓸어버릴 하나님의 계획이 진행되려는 그때에 하나님께서 예비하신 새 인물이 등장한다. 이 사람은 하나님뿐만 아니라 저주와 극심한 노동의 고통을 겪고 있는 인류에 게도 기다림의 대상이었다. 이 사실은 라멕이 아들을 낳고 그 이름을 지을 때부터 드러나고 있다: "이름을 노아라 하여 이르되 여호와께서 땅을 저주 하시므로(אָרַר 아라르) 수고롭게 일하는 우리를 이 아들이 안위하리라 하 였더라"(창 5:29). 노아는 이렇게 인간의 죄악으로 이 세상이 대격변을 겪 게 될 순간에 부름 받고 자신의 사명을 시작한다.

이 대격변은 홍수라는 형태로 나타나며, 그 홍수는 단순히 비가 많이 내리는 것을 통해 이루어지는 것이 아니란 점에서 상징적인 의미가 더 크다. 세상을 완전히 뒤덮어 버린 그 물은 "큰 깊음의 샘들이 터지며 하늘의 창문들이 열려서"(창 7:11) 이루어진 것이다. 이것은 천지창조에서 궁창 위의 물과 궁창 아래의 물로 막아놓았던 것이 일시에 터져 나오는 현상을 표현한 것이다. 그리고 물이 계속 불어나서 천하의 높은 산들이 다 잠겨 육지에서 호흡이 있는 모든 것들이 죽게 된다(창 7:19-24). 결국 인간의 죄 때문에 세상이 창조 전의 상태로 돌아가 버리고 만 것이다. 이 비교를 통해 노아가 경험한 대홍수는 창조의 철저한 파괴를 상징한다고 할 수 있다.

그러나 노아의 이야기는 거기에서 멈추지 않는다. 모든 것이 죽고 물로 가득 찬 그 상황 속에서 하나님의 바람(רוּחַ 루아흐/영)이 다시 수면에서 움직이기 시작한다(창 8:1; 1:2). 바람과 영은 동일한 히브리어 단어이다. 이 영(바람)의 운행과 함께 다시 물이 밀려가기 시작한다. 그리고 물과 물 사이에 땅이라는 공간이 만들어진다. 아라랏 산이라 불리는 지역이 드러난 것이다(창 8:2-5). 그리고 물이 줄어들며 그 당시에 항해자들이 나침반처럼 사용하던 새들을 내보내고, 비둘기가 새로운 창조의 생명을 상징하는 감람 새 잎사귀를 물고 들어오고, 마침내 방주의 문이 열리며 동물들이 나가고, 사람들이 땅에서 새 삶을 시작한다(창 8:6-22). 노아와 그 가족들에게 하나님의 축복의 명령이 주어지는데 그 내용만 살펴보아도 하나님께서 하신 것이 무엇인지를 분명하게 알 수 있다. 그 축복의 명령은 "생육하고 번성하여 땅에 충만하라는 것"(창 9:1-2)으로 천지창조 때 주어졌던 것을 그대로 반복하고 있다. 이러한 전체적인 과정을 통해서 분명히 알 수 있는 것은 홍수로부터 회복되는 이야기는 천지의 재창조를 의미한다는 것이다. 이 사실은 다음의 도표를 통해 일목요연하게 살펴볼 수 있다.[69]

	천지창조(창 1:1-2:3)	노아의 홍수(7-9장)
1	혼돈의 물인 '깊음의 샘'(תהום 테홈)이 온 세상을 지배-온 세상이 물 속에(1:2a)	혼돈의 물인 깊음의 샘(תהום 테홈)이 다시 터져 나옴-온 세상이 물 속에(7:11)
2	하나님의 영(רוח 루아흐/바람)이 수면에 운행함(1:2b)	바람(רוח 루아흐/영)으로 땅 위에 불게하심(8:1)
3	천하의 물이 한 곳으로 모이고 뭍이 드러남(1:9-10)	방주가 아라랏 산에 머물고, 물이 점점 감하여 산들의 봉우리가 보임(8:4-5)
4	땅은 풀과 씨 맺는 채소와 각기 종류대로 씨 가진 열매 맺는 과목을 냄(1:11-12)	저녁때에 비둘기가 노아에게 돌아왔는데 그 입에 감람 새 잎사귀가 있는지라 (8:11)
5	조류, 어류, 생물과 육축들을 창조 하시고 생육하고 번성하고 땅에 충만라라는 축복을 주심(1:20-25)	모든 혈육있는 생물 곧 새와 육축과 땅에 기는 모든 것을 다 이끌어 내라 이것들이 땅에서 생육하고 땅에서 번성하리라 하심(8:17)
6	인간을 창조하시고 복을 주시며(ברך 바라크) 생육, 번성, 땅에 충만, 땅을 정복할 것을 명하심(1:26-28a)	하나님께서 노아와 그 아들들에게 복을 주시며(ברך 바라크) 그들에게 이르기를 생육하고, 번성하여 땅에 충만할 것을 명하심(9:1)
7	바다의 고기와 공중의 새와 땅에 움직이는 모든 생물을 다스리라 하심(1:28b)	땅의 모든 짐승과 공중의 모든 새와 땅에 기는 모든 것과 바다의 모든 고기가 너희를 두려워하며 너희를 무서워하리니 이들은 너희 손에 붙였음이라 하심(9:2)
8	씨 맺는 모든 채소와 씨 가진 열매 맺는 모든 나무를 식물로 주심(1:29)	산 동물이 인간의 식물이 됨, 채소 같이 이것들을 음식으로 허락하심(9:3)
9	안식일을 거룩히 지킴(하나님 창조의 완성의 표)(2:1-3)	무지개를 새 창조의 언약으로 주심, 더 이상 물 심판은 없을 것임을 약속하심(9:8-17)

하나님의 새로운 창조가 노아를 통해 완성되었다. 그리고 '복주심'(ברך 바라크)이 다시 나타나고 있다(창 9:1). 이제 노아와 그의 가족은 이 땅에 하나님의 질서와 조화, 그리고 축복을 회복할 사명을 띠고 하나님

께서 예비하신 새로운 땅에서 그 삶을 시작한다. 이런 이유로 노아를 아담이라는 '원형'(原型)에 대한 '올바른 회복이나 복원을 상징하는 맞상대'가 되는 '모형'(模型)이나 '대형'(對型), 또는 제2의 아담이라고 부를 수 있다. 그리고 방주가 머무른 아라랏 산 지역을 에덴동산을 대신하는 장소라고 할 수 있다.[70] 이것은 노아가 방주에서 나와 가장 먼저 여호와께 제단을 쌓았다는 사실을 통해 그 땅을 성전의 모형이었던 에덴으로 회복코자하는 의지를 느껴볼 수 있기 때문이다(창 8:21). 에덴동산과 아라랏 산의 차이점은 제단의 존재 유무일 것이다. 에덴에는 처음에 죄가 없었기에 제단이 불필요했으나 이제 아담의 죄 이후로는 어느 곳에서든지 사람이 사는 곳이면 제단은 필수적인 것이 되었다. 이렇게 하나님은 인간에게 새 창조를 이루어 주셨고, 살아갈 수 있는 땅을 허락하심으로 또 한 번의 기회를 허락하신다.

노아는 그 출발선에서 '의인이요 당대에 완전한 자며 하나님과 동행하는 사람'이라는(창 6:9) 화려한 믿음의 칭호로 불리며 홍수 후에는 하나님과 인류의 모든 기대와 축복 그리고 희망의 아이콘이 된다. 그러나 그 또한 새로운 시작을 갖자마자 실패의 길로 들어가고 만다. 노아가 포도나무를 심어서 포도열매를 거두고 포도주를 만들게 되었다는 것은 원래 희망의 상징이다. 그 이유는 비둘기가 물고 온 감람 새 잎사귀에서도 드러났듯이 드디어 땅이 심판의 저주에서 풀려나며 또다시 그 생명력을 발휘하기 시작했다는 것을 의미하기 때문이다(창 3:17; 4:12; 8:21).[71] 또한 이스라엘 신앙에서 포도주는 하나님께서 부여해 주시는 풍요와 축복의 상징이 되기도 한다(신 7:13; 11:14; 삿 9:13; 시 104:15; 호 2:22). 그러나 이에 반하여 포도주를 마시고, 취하는 것이 하나님을 벗어난 죄악의 근본으로 비판되기도 한다(호 4:11; 암 2:8, 12; 6:6; 미 2:11).

노아는 거기서 한 걸음 더 나아간다는 점에서 단순한 비판의 차원에 머무는 정도가 아니라 치명적인 심각성을 드러내고 있다는 것을 살펴볼 수 있다. 그는 포도주를 만들어 마시고 '취하여'(רָכָשׁ 샤카르) 장막 안에서 벌거벗은 채로 드러누웠다(창 9:21). 그리고 아들 함이 그 아버지의 하체를 보게 된다. "아버지의 하체를 본다"는 것은 히브리적 표현에서 "아버지의 하체를 범한다"는 의미와 상통하는 것으로 아버지의 아내와의 근친상간을 뜻할 때 사용되는 표현이다(레 18:7-8; 20:11, 17). 레위기에서 이러한 성적인 관행은 가나안 땅의 풍속과 규례에 속한 것이란 강조점을 볼 때 가나안의 풍요제의와 분명 연관이 있는 행태일 것을 추측해 볼 수 있다(레 18:3; 20:23; 호 4:11-14). 그리고 그런 불순한 행위를 저지른 함이 저주를 받는 것이 아니라 그의 아들인 가나안이 세 번이나 저주의 선고를 받는다는 점에서 이 사건의 정체를 어렴풋이 느껴볼 수 있다(창 9:25-27). 이 사건이 이스라엘 법으로 금지되어 있는 근친상간의 죄악을 상징하는 것이든지, 아니면 가나안의 풍요제의에 물든 타락을 의미하는 것이든지, 혹은 그 둘 다를 포함하는 복합적인 범죄이든지 간에 노아의 실패는 그 시사하는 바가 크다.[72] 이 둘 다 이방적인 요소로 이스라엘 신앙에서는 반드시 죽여야만 할 정도로 엄중하게 금지하고 있다는 사실이 그 심각성을 드러내기에 충분하다(레 18, 20장). 노아가 포도주에 취하여 옷을 벗고 드러누웠다는 보도 속에는 단순히 노아의 한 빗나간 행동을 보여주고자 하는 의도를 넘어서 에덴동산에서의 아담의 실패를 연상시키는 작용을 하고 있다는 점 또한 심각성을 가중시킨다. 두 사건 모두 다 땅을 경작하는 사람과 연관되고, 한 특정한 나무와 그 나무의 과실을 먹는 것, 그리고 벌거벗음과 연관된다. 그렇다면 노아의 이 사건은 아담 이후로 새로운 기회를 부여받은 인간이 또다시 아담이 저지른 범죄의 나락으로 빠져들며 그 기회를 실패로 마감하는 두 번째 타락(the second fall)이라는 것이다.[73] 이것은 이 사건 다음으로 나타나는 현상을 살펴보면 분명하게 이해 할 수 있다.

즉각적으로 아비의 하체를 본 함의 후손인 가나안이 노아에게 저

주를 받는다: "가나안은 저주를 받아(אָרוּר כְּנַעַן 아루르 케나안) 그 형제의 종들의 종이 되기를 원하노라"(창 9:25). '저주'를 끊고 하나님께서 의도하셨던 '복'을 회복하기 위해 부름 받은 노아가 오히려 이 땅에 저주를 더욱 가중시키고 있다. 이 저주는 형제간의 사이를 갈라지게 만든다. 흡사 가인과 아벨 그리고 셋의 이야기처럼, 함과 야벳 그리고 셈의 이야기가 펼쳐진다. 특히 함과 셈은 가인과 셋의 이야기를 그대로 반복하고 있는 듯하다.[74] 먼저 가인과 함의 후손인 니므롯에게만 나타나는 공통적인 특징을 살펴보기로 하자.

> 가인이 여호와 앞(מִלִּפְנֵי יְהוָה 밀리프네 야웨)을 떠나서(יָצָא 야짜) 에덴 동쪽 놋 땅(בְּאֶרֶץ־נוֹד 베에레쯔-노드)에 거주하더니 아내와 동침하매 그가 임신하여 에녹을 낳은지라 가인이 성을 쌓고(בָּנָה 바나) 그의 아들의 이름으로 성(הָעִיר 하이르)을 이름(שֵׁם 셈)하여 에녹이라 하니라(창 4:16-17)

> 니므롯은 여호와 앞에서(לִפְנֵי יְהוָה 리프네 야웨) 용감한 사냥꾼이 되었으며…그의 나라는 시날 땅(בְּאֶרֶץ שִׁנְעָר 베에레쯔 신아르)의 바벨과 에렉과 악갓과 갈레에서 시작되었으며 그가 그 땅에서 앗수르로 나아가(יָצָא 야짜) 니느웨와 르호보딜과 갈라와 및 니느웨와 갈라 사이의 레센을 건설하였으니(בָּנָה 바나) 이는 큰 성읍(הָעִיר 하이르)이라(창 10:9-12)

셈과 함과 야벳의 족보를 다루는 창세기 10장 속에서 유일하게 자신의 이야기를 가진 사람이 바로 함의 후손인 니므롯이다. 여호와 앞에서 나가는 것과 거주하는 장소의 지명이 주어지고 또한 성을 쌓는 다는 점에서 가인이나 함이나 다를 바가 없다. 그리고 두 가문 다 저주를 받은 것에서도 동일하다.

가인과 함의 이야기가 유사하듯이 아담의 세 번째 아들인 셋과 노아의 아들 셈의 족보를 나열하기 위한 표현 또한 유사하다. 그리고 그러한 표현은 함과 야벳의 족보에는 사용되지 않는다는 점에서 셋과 셈의 유사성이 더욱 강조된다.

> 셋도 아들을 낳고(בֵן־יָלַד הוּא־גַם לְשֵׁת 레세트 감-후 율라드-벤) 그의 이름(שֵׁם 셈)을 에노스라 하였으며 그 때에 사람들이 비로서 여호와의 이름(שֵׁם 셈)을 불렀더라(창 4:26)

> 셈은 에벨 온 자손의 조상이요 야벳의 형이라 그에게도 자녀가 출생하였으니(בָּנִי־כָל...הוּא־גַם יֻלַּד לְשֵׁם 레셈 율라드 감-후 콜-베니) 셈의 아들은 엘람과 앗수르와 아르박삿…(창 10:21-22)

이 비교는 분명 노아의 실패가 아담의 실패 그 이후의 과정을 그대로 반복하고 있음을 보이고자 하는 강조점이 있음을 살펴볼 수 있다.[75] 아담의 범죄와 저주 후에 아들들인 가인과 셋이 갈라지듯이, 노아의 범죄와 저주 후에도 역시 아들들인 셈, 함, 야벳 또한 분열의 길로 나아간다. 부모들의 실패가 자녀들의 분열을 가져온 것이다. 특히 함은 신앙적인 측면에서 가인의 뒤를 잇는 것으로 드러나며, 셈은 셋의 뒤를 잇는 것으로 나타난다. 그러나 세월이 흐른 후에는 온 땅에 언어가 하나가 되고, 말이 하나가 되어 분리와 구별의 벽이 사라지고 모든 족속이 연합하여 바벨탑을 쌓아 자신들의 '이름'(שֵׁם 셈)을 높이는 길로 나아간다는 점에서 역사는 비정한 반복을 계속한다(창 11:4). 여기서 언어와 말이 하나가 된다는 것은 종교, 문화, 사상과 이념이 하나로 통합된 사회를 의미한다. 하지만 선을 향한 연합이 아니라, 그 반대인 악을 향한 것이란 점에서 이 통합은 불길한 미래를 예고하고 있다. 이것은 흡사 아담과 가인의 죄악의 결과를 그대로 연상시킨다. 사람의 딸들과 하나님의 아들들이 연합하여 '네피림'이라는 '고대의 용사이며 유명한 사람'을 낳은 것과 동일한 것이다. '유명한 사람'은 '안세이 하셈'(אַנְשֵׁי הַשֵּׁם)으로 그대로 번역하면 '이름의 사람들'이다. 즉 자신의 이름을 내는 사람들이라는 뜻이 될 것이다. 여기서 누구의 이름을 낼 것인가가 중요한 관건이다. 네피림이나, 바벨탑이나 그 공통점은 인간이 '여호와의 이름'이 아닌 자신의 이름을 높이는 악을 행하는 길로 나아감으로 실패를 거듭한다.[76] 그 마음의 생각과 모든 계획이 항상 악할 뿐이라는 경구(창 6:5)로 그 결론에 도달했던 아담의 후손들은 이제 노아의 후손에 이르러서 그 어느 누구도 그들이 '하고자 하는 일(יָזְמוּ 자맘)을 막을 수 없는 단계'에까지 이르렀다(창 11:6).

안타깝게도 제2의 아담으로서 회복의 사명을 부여받았던 노아 또한 희망의 문턱에서 무너지고 만다. 그 출발선에서 믿음으로 화려했던 노아가 처음에 쌓았던 예배의 제단은 사라지고, 그 종착점에서 인간의 야망을 보여주는 바벨탑의 흔적만이 남게 된 것이다. 새 창조의 주역으로 부름받았던 노아는 의인이요 당대에 완전한 자며 하나님과 동행하는 사람으로 시작하여(창 6:9), 술 취함으로 뒤틀리고(창 9:21), 마침내는 그 후손들이 자신의 이름을 내려는 악한 일을 도저히 막을 수 없는 단계까지 가고 만 것이다(창 11:6; 비교, 창 6:5).[77] 하나님의 복 주심은 더 강력해진 저주가 되었고, 이제 노아 때의 대홍수와 같은 전면적인 심판이 또다시 불가피해진 세상이 되어버렸다. 그리고 인간은 하나님께서 주신 땅에서 흩어지는 불행을 겪는다. 누가 온전한 예배를 이루어 이 분열을 막고, 저주대신 이 땅에 축복이라는 회복을 가져올 것인가? 모든 사람들이 흩어지는 혼돈의 그 순간에 하나님께서 또 한 사람을 부르신다. 바로 그 사람이 새로운 기회를 부여받고 희망의 문을 열어갈 것이기 때문이다. 바벨탑 사건 이후에 주어지는 셈의 족보는 결국 노아가 셋의 족보에서 희망의 씨앗이 되었듯이 미래의 희망이 된다. 셈의 족보에서 마지막으로 나타난 아브람이란 이름은 또 다른 시작을 향한 발돋움이 될 것이다(창 11:10-26).

셈…아르박삿…셀라…에벨…벨렉…르우…스룩…나홀…데라…아브람, 나홀, 하란

2. 이야기의 문학적 구조 따라 읽기

노아 이야기 전체를 한 눈에 읽은 것에 의하면 이 단락 전체가 구성된 특별한 방식이 있음을 느껴볼 수 있다. 그것은 '창조이야기와 인류의 시작'(창 1:1-6:8)을 다룬 창세기의 첫 단락과 그 구성과 전개에 있어서 우연이라 할 수 없을 만큼 일치되는 평행관계를 가지고 있다는 것이다. 이 두 거대한 이야기를 각 이야기의 중심인물의 이름을 따서 비교해 보면 '아담이야기'(창 1:1-6:8)와 '노아이야기'(창 6:9-11:26)의 비교라 할 수 있겠다. 창세기 1-11장을 두 부분으로 나누면 크게 아담이야기와 노아이야기로 구분될 것이기 때문이다. 물론 이들의 후손들에 대한 이야기도 중요하게 연결되고 있지만 처음에 인류의 시조로서 시작을 열어가는 출발선이 바로 이 두 사람과 함께였기 때문이다. 이 두 사람은 각 시대의 책임을 맡은 중요한 사람들로 그 시대를 만들어 나갈 기회를 부여받은 사람들이다. 이들이 보여주는 두 번의 거대한 역사의 수레바퀴는 지금 현재를 살아가는 우리에게도 중요한 교훈을 제공하기에 단순한 반복이라고 치부해서는 결코 안 될 것이다. 순환적인 반복은 우리에게 경각심을 일깨우기에 충분한 경고가 들어있기 때문이다. 이 두 이야기의 연관관계는 다음과 같다.[78]

	아담 이야기(창 1:1-6:8)	노아 이야기(창 6:9-11:26)
1	혼돈의 깊은 물에서 창조(1:1-2:3)	혼돈의 물에서 새 창조(6:9-9:17)
2	아담과 하와	노아가족
3	에덴동산(2:4-25)	아라랏산지역(9:18-19)
4	아담과 하와의 타락(3:1-24)	노아의 타락(9:20-29)
5	아담의 아들들- 분열과 저주(4:1-16)	노아의 아들들- 분열과 저주(9:22-29)
6	아담의 후손들의 계보 분리(4:17-5:32) * 가인 - 에녹 ----- 라멕 * 아벨(살해됨) * 셋 - 에노스 ---- 에녹	노아의 후손들의 계보 분리(10:1-32) * 함 ------------ * 야벳 ---------- * 셈 ------------
7	아담의 아들들 가인과 셋의 후손의 연합 * 네피림 탄생(6:1-6) - 인간의 교만 **(사람의 이름을 내는 것)**	노아의 아들들 셈, 함, 야벳의 후손의 연합 * 바벨탑 탄생(11:1-9) - 인간의 교만 **(사람의 이름을 내는 것)**
8	지면에서 쓸어버리실(מחה 마하) 계획(6:7)	온 지면에서 흩어버리심(פוץ 푸쯔)(11:9)
9	선택된 노아(6:8)	선택된 아브람(11:10-26)
10	**(새로운 기회 - 창조의 파괴와 새 창조)**	**(새로운 기회 - ??????????????????????)**

　　일반적으로 '원역사'(the primeval history)라고 불리는 이야기 군(창 1-11장) 속에는 이렇게 두 개의 커다란 실패의 이야기가 중복되고 있다. 사건의 진행과정과 내용에 있어서도 결코 다름이 없는 동일한 것이 연속으로 펼쳐진다. 인류는 이렇게 하나님께로부터 거대한 기회를 연속해서 부여받은 것이다. 이러한 두 단락의 평행적인 관계는 자연스레 '노아 이야기'의 구조를 짐작케 하는 길로 인도한다. 이미 동일한 내용의 전개를 가지고 있는 '아담 이야기'의 구조를 살펴보았다. 창세기 1:1-6:8절은 두 가지의 구조를 보여주었는데 AA'-BB'-CC'의 평행구조와 A-B-A'의 교차대칭구조가 바로 그것들이다. 그렇다면 우리는 동일한 이야기 전개와 내용의 흐름

을 가지고 있는 '노아 이야기'(창 6:9-11:26)에서도 이와 같은 구조들을 쉽게 발견할 수 있을 것을 기대해 볼 수 있다. 먼저 평행구조는 다음과 같은 형태를 취하고 있다.

조화로운 새 시작 (창 6:9-9:19)	A. 6:9-7:24 노아와 창조의 파괴 A'. 8:1-9:19 노아와 새 창조(아라랏 산)
조화가 깨어지는 반전 (창 9:20-29)	B. 9:20-23 노아와 포도나무(하나님과의 관계 파괴) B'. 9:24-29 파괴되는 형제들의 관계(사람과의 관계 파괴)
반전의 결과 (창 10:1-11:26)	C. 10:1-32 셈과 함과 야벳 그리고 선악의 분리 C'. 11:1-26 셈과 함과 야벳 그리고 선악의 혼합

A는 천지창조의 역전을 의미하는 창조의 파괴를 철저히 다루고 있고, A'에서는 천지창조의 과정을 동일하게 반복하며 새 창조가 조화롭게 이루어지며 새로운 에덴이 되어야 할 아라랏 산 지역에서 삶의 시작을 갖는 노아가족을 보여주고 있다. 노아의 세 아들로부터 사람들이 온 땅에 두루 퍼져나가는 것이다. B는 노아의 죄가 그려지고 있으며 회복된 에덴이 되어야 할 장소가 또다시 노아의 죄악으로 복이 아닌 저주가 실현되는 장소가 된다. B'에는 그 후속적인 상황으로 형제들의 사이가 죄와 저주로 갈라지는 것을 보이며 조화가 깨어진 반전의 상황을 이야기 한다. 그 반전의 결과는 C에서는 세 아들들이 서로 분리의 길을 걸어가며 죄악 된 족보와 선택된 족보가 구별되는 길을 걷지만 결국에 C'에서 저주받은 함의 후손이 주축이 되어 구별선이 사라지고 모두 혼합되어 버리는 상황으로 그 끝에 이른다.

이러한 평행구조는 다시 '조화-반전-조화의 파괴'라는 형태의 교차대칭구조를 가능케 한다. 새 창조는 전적으로 하나님에 의해 이루어졌으나 창조조화의 전적인 파괴는 인간의 주도권에 의한 인간 자신의 이름을 내려는 고안물, 즉 인간 창조물에 의해 벌어진다. 하나님의 주권을 떠난 인간의 창조행위는 결국 세상을 가꾸기 보다는 파괴하는 길로 나아간다는 것이다.

A. 6:9-9:19 새 창조의 조화

B. 9:20-29 인간의 죄(노아-함)

A'. 10:1-11:26 창조조화의 전적인 파괴와 새 희망

이 구조를 따라 읽으면 역시 새 창조의 조화로움이 파괴되는 이유도 천지창조의 파괴 때와 동일하다는 것을 알 수 있다. 바로 인간의 죄와 그로 인해 야기된 저주가 모든 것을 파괴한다는 것이다. 죄악으로 인해 인류가 온 지면에 흩어지는 심판의 순간에 아브람의 이름이 제시되는 것은 하나님께서 아직도 포기하지 않으셨으며, 희망을 품고 계시다는 증거이다. 새로운 부름은 바로 이러한 실패와 악의 흐름을 끊기 위한 하나님의 인내이시며 또한 하나님의 백성을 이루시기 위한 기다림의 표현이다. 이 속에는 하나님께서 이 땅에 세우기를 원하시는 백성은 어떤 존재인가라는 정체감을 인식케 하고자 하는 목표가 있다. 세상의 죄를 해결하고, 하나님의 뜻을 세우는 것이 바로 그것이다. 노아 이야기는 이러한 구조와 주제적인 연결을 가지고 전개된다. 아담 이야기의 새로운 시작으로 노아 이야기를 풀어가노라면 그 다음에 펼쳐질 아브라함의 중요성 또한 더욱더 강하게 부각된다. 이러한 사람들의 흥망성쇠를 통하여 인간의 간절한 회복의 기다림만큼이나 하나님의 간절함 또한 애틋하게 다가오는 기다림의 세월을 읽을 수 있다. 그 기다림의 결정체가 또 한 사람 아브람이 된 것이다.

3. 이야기의 세부적인 주제 따라 읽기

1) 노아와 창조의 파괴(창 6:9-7:24)

(1) 노아시대 홍수의 원인

　　　　노아시대의 홍수는 결코 한 순간에 우연히 발생한 사건이 아니다. 그 안에는 분명한 이유가 존재한다. 하나님께서 창조하신 세계가 한 순간에 창조 전의 혼돈의 물바다로 돌아갔다. 이것은 하나님께서 혼돈의 깊은 물을 성령의 역사로 궁창 위의 물과 아래의 물로 갈라서 막아놓으시고 공간을 든든하게 세우신 것을 무효화하는 사건이다.

> 하나님이 이르시되 물 가운데에 궁창이 있어 물과 물로 나뉘라 하시고 하나님이 궁창을 만드사 궁창 아래의 물과 궁창 위의 물로 나뉘게 하시니 그대로 되니라(창 1:6-7)

> 노아가 육백 세 되던 해 둘째 달 곧 그 달 열이렛날이라 그 날에 큰 깊음의 샘들이 터지며 하늘의 창문들이 열려 사십 주야를 비가 땅에 쏟아졌더라 (창 7:11-12)

이렇게 막아두었던 것들이 터져 나올 때는 분명히 이유가 있을 것이다. 세상이 다시 혼돈으로 돌아간 원인을 바르게 살펴본다면 지금 현재를 살아가는 우리들에게도 하나님의 뜻을 깨닫고 이 땅을 지킬 수 있는 길을 발견할 수 있을 것이기에 중요하다.

　　　　노아시대에 하나님께서 홍수로 땅을 멸하신 이유는 분명하게 제시되어 있다. 하나님의 노아시대에 대한 평가가 바로 주요한 원인이 된다.

그 때에 온 땅이 하나님 앞에 부패하여(תחשׁ 샤하트) 포악함(חמס 하마스)
이 땅에 가득한지라 하나님이 보신즉 땅이 부패하였으니 이는 땅에서 모든
혈육 있는 자의 행위가 부패함이었더라 하나님이 노아에게 이르시되 모든
혈육 있는 자의 포악함이 땅에 가득하므로 그 끝 날이 내 앞에 이르렀으니
내가 그들을 땅과 함께 멸하리라(תחשׁ 샤하트) (창 6:11-13)

하지만 이러한 상황은 결코 하루아침에 이루어진 것이 아니며 거의 천년
의 기간이 소요된 과정이 있다. 그 시작은 아담과 하와의 불순종이었고, 가
인의 형제 살해라는 구체적인 죄악과 연결된다. 하나님과의 관계파괴, 사
람과의 관계파괴라는 이 죄악이 세대에 세대를 거듭하며 그 성장을 멈추지
않음으로 마지막 순간에는 기형적인 거대한 죄악덩어리의 세상이 되어버
린 것이다.

하나님께서 선포하신 노아시대 파멸의 원인을 살펴보면 크게 두
가지 단어가 눈에 띈다. 첫 번째는 '부패함'이고 두 번째는 '포악함'이다. 부
패함(타락)은 하나님과의 관계에서 그리고 포악함(폭력)은 사람과의 관계
에서 벌어지는 일이다. 이것은 '부패하다'라는 단어가 주로 하나님을 떠나
우상을 숭배하여 타락한 경우에 사용되며(출 32:7; 신 4:25; 9:12; 삿 2:19;
시 14:1; 53:1; 겔 16:47; 23:11), '포악하다'라는 단어가 사람이 그 동료 이웃
에게 저지르는 폭력을 의미한다(암 3:10; 6:3; 미 6:12; 합 1:2,3,9; 습 1:9; 말
2:16)는 점에서 증명된다. 이와 같이 노아 시대도 '하나님 사랑'과 '이웃 사
랑'이 철저하게 깨어진 시대를 의미한다. 하나님의 형상이 파괴됨으로 부
패함과 포악함이라는 이 두 가지가 인간의 삶을 지배하고 통제하게 된 것
이다. 그래서 하나님께서는 이 세상을 멸하기로(תחשׁ 샤하트/부패하다)작
정하셨다. 여기서 하나님을 떠난 죄악을 표현하는'부패하다'(샤하트)라는
단어와 하나님의 심판을 의미하는 '멸하신다'(샤하트)라는 단어는 의도적

으로 동일한 단어를 사용하고 있다. 이것은 인간의 타락은 곧 인간 스스로가 자멸의 길을 가고 있는 것이란 사실을 강조하기 위한 목적이 있다.[79] 인류는 하나님의 심판 없이 자신들의 죄악만으로도 충분히 세계를 파괴시킬 수 있는 소지를 갖고 있기 때문이다. 그렇다면 스스로 자멸할 수 있는 인간 세상에 하나님께서 심판을 단행하신다는 것은 분명 멸망 그 이상의 의미를 내포하고 있을 것이란 사실을 유추해 볼 수 있다.

(2) 홍수사건의 신학적인 의미(창 6:9-9:19)

　　　하나님께서 홍수를 통하여 세상을 심판하기로 하셨다(창 6:17). 하지만 그 홍수의 물은 결코 하나님께로부터 기인한 것이 아니다. 하나님께서는 온 세상을 뒤덮고 있던 물을 갈라놓으시고 그 가운데 궁창을 만드시고 모든 피조물들이 살아갈 수 있는 공간을 제공해 주신 것이다. 하나님께서 갈라놓으신 것이 인간의 실패로 다시 돌아와 땅을 뒤덮는 꼴이 되는 것이다. 이것은 성경적 세계상에서 전 세계 질서구조의 붕괴를 의미한다. 하나님은 이를 위해 그저 그 경계에 틈을 내실 뿐이다. 그런데 그 틈 또한 결국은 인간의 죄 때문이라는 점에서 경계의 벽이 허물어지는 것은 인간으로 인한 것이라는 점을 되새길 필요가 있다. 그럼에도 하나님은 완전한 끝을 의도하지는 않으신다. 노아와 그의 가족을 선택하시는 것이다. 그렇다면 노아는 무엇 때문에 새로운 시작을 위한 인물로 선택 되는 것인가? 이에 대한 분명한 이해가 홍수에서 새로운 기회로 나아가는 길을 바르게 볼 수 있게 한다.

　　　노아에 대한 평가는 어느 누구보다도 대단하다. "노아는 의인이요 당대에 완전한 자라 그는 하나님과 동행하였으며"(창 6:9)라고 한다. 그리고 하나님께서도 노아에게 "이 세대에서 네가 내 앞에 의로움을 내가 보았다"(창 7:1)라고 하시며 그 평가에 대해 긍정하신다. 그러나 이것이 노아가 선택된 근본적인 이유일까? 그렇다면 하나님의 선택과 구원이라는 것이 공로에 기인한 것이란 주장에 무게를 실어줌으로 인간으로 자랑할 것이 있게 만드는 결과를 초래하고 말 것이다. 인간의 올바른 삶은 결코 구원의 조건이 될 수는 없다. 노아가 선택된 것은 결코 노아의 의로움에서 출발하지 않는다. 인간의 행동은 그 출발선이 있다. 노아의 의로운 삶을 이야기하기 전에 분명하게 밝히는 것이 있다.

그러나 노아는 여호와께 은혜를 입었더라(창 6:8)

인간의 행위가 구원을 좌우하는 것이 아니다. 그 출발선은 바로 하나님의 은혜에 기인한다. 노아도 마찬가지이다. 하나님 앞에서 우리의 삶은 바로 이러한 하나님의 은혜에 응답하는 삶이기에 결코 내세울 것이 없다. 하나님의 은혜가 없었다면 우리의 삶 자체가 의미가 없기 때문이다. 그 은혜에 대한 감사와 감격의 응답이 우리의 의로운 삶이기 때문이다. 하나님은 은혜에 응답하여 감사함으로 의롭게 살아가는 것뿐임에도 그것을 기뻐하시며 우리를 의롭다고 인정해 주신다. 당연한 길을 걸어가고 있을 뿐임에도 높이 인정해 주시는 것이다. 노아의 선택은 그의 의로움으로 인한 구원의 출발선을 말하는 것이 아니다. 노아는 이미 하나님께 은혜를 입은 사람이며, 그는 그 은혜에 바르게 응답하는 삶을 살아가고 있는 사람인 것이다. 그러므로 그의 의롭고 완전하고 하나님과 동행하는 삶은 그의 공로가 되는 것이 아니라 하나님의 은혜에 대해 응답하는 삶이 되는 것이다. 하나님께서 노아를 택하신 이유는 그의 바르게 응답하는 삶이 새로운 시작을 가능케 한다는 것을 보여주시기 위한 목표가 있다. 하나님의 은혜를 기억하며, 감사함으로 예배하며 살아가는 삶이 새 시대를 만드는 길임을 제시하고자 하는 것이다.

지금 우리에게 주는 교훈 또한 이것이다. 우리가 살아가는 힘과 능력은 바로 하나님의 은혜에 기인한 것이라는 사실을 깊이 자각하고 있는 사람은 항상 기뻐하고, 쉬지 않고 기도하며, 범사에 감사할 수 있다. 그리고 주어진 물질도, 시간도, 능력도 기꺼이 다른 이들을 위하여 나눌 수 있다. 그러나 하나님의 은혜가 사라지면(부패한 사람) 우리는 무정한 사람, 원망하는 사람, 불평하는 사람, 완악한 사람이 되어 다른 이를 해치는 삶을 살아가게 된다(포악한 사람). 노아에게 있었던 것은 하나님의 지극한 은혜였고, 그는 이것을 기억하는 삶을 살았으며, 하나님께 감사하는 삶을 살았다. 이것이 그가 새 역사의 주역이 될 수 있었던 비결이다. 은혜에 바르게 응답하는 사람만이 세상을 올바르게 다스릴 수 있을 것이기 때문이다.

홍수심판 전에 이미 여호와의 영이 사람들에게서 떠나셨다는 것을 통해서도 노아의 삶의 의미를 살펴볼 수 있다(창 6:3). 오경 안에서 여호와의 영의 임재는 주로 특별한 사명과 관련될 때가 대부분이다. 하나님의 영에 감동된 요셉은 꿈을 해몽하는 은사가 탁월했고(창 41:38), 성막 건축을 담당한 브살렐은 하나님의 영으로 인해 성막에 필요한 정교한 기구들을 만드는 지혜가 출중했으며(출 31:2-3), 여호수아는 하나님의 영이 임한 후 이스라엘을 이끄는 새로운 지도자가 된다(민 27:17-18). 구약성경의 다른 부분에서도 이러한 양상은 다르지 않다. 사사들은 하나님의 영이 함께함으로 전쟁을 승리로 이끌어 이스라엘을 구원하는 사명을 완수하고, 사울과 다윗도 여호와의 영의 임재와 더불어 왕의 사명을 시작한다. 이사야서에서 여호와의 종 또한 여호와의 영으로 말미암아 이방에 정의를 베푸는 길로 나아간다: "내가 붙드는 나의 종, 내 마음에 기뻐하는 자 곧 내가 택한 사람을 보라 내가 나의 영을 그에게 주었은즉 그가 이방에 정의를 베풀리라"(사 42:1). 이처럼 하나님의 영의 임재는 사명으로의 부르심을 의미한다. 신약성경 또한 이와 다르지 않다. 사도행전 1:8절은 "오직 성령이 너희에게 임하시면 너희가 권능을 받고 예루살렘과 온 유대와 사마리아와 땅 끝까지 이르러 내 증인이 되리라"는 선언으로 제자들을 통한 복음 선포의 길이 성령의 임재와 함께 활짝 열릴 것을 증거하고 있다. 그리고 갈라디아서 5:22-23절은 "오직 성령의 열매는 사랑과 희락과 화평과 자비와 양선과 충성과 온유와 절제니 이같은 것을 금지할 법이 없느니라"는 선포를 통해 성령의 임재를 통해 그리스도인들이 이루어갈 하나님 나라의 질적인 양상을 기대하고 있다. 구약과 신약이 이처럼 동일하게 하나님의 영의 임재는 곧 사명으로의 길임을 강조하고 있다. 이러한 사실을 망각할 때 여호와의 영은 그 임재를 거두실 수 있다. 그 불운한 예가 몇몇 경우를 통해 주어지고 있다. 마지막 사사인 삼손의 방종은 영의 떠나심으로 종국에 이르고, 사울 또한 여호와를 경외하는 왕도를 버림으로 영이 떠나신다. 예루살렘의 멸망을 다루고 있는 에스겔서 또한 선택된 자로서의 사명을 망각한 유다로부터 여호와의 영이 떠나시는 것으로 그 멸망의 길로 향하게 된다(겔 8:6; 11:22-25). 이와 같이 사명을 망각할 때 개인이든 단체든 관계없이 하나님의 영은 거처를 옮기실 수 있으며, 그 결과는 개인과 단체의 멸망이라는 점을 알 수 있다.

이러한 사실은 노아시대를 바라보는 눈을 열게 한다. 하나님의 영이 함께했던 노아시대에 모든 사람들이 하나님의 뜻과는 관계없이 자신들이 원하는 대로 행동하고 선택하며 살아간다. 부여된 숭고한 사명과는 관계없이 자신들이 보기에 좋은 대로 살아가는 것이다. 그렇다면 하나님의 영이 그들과 함께할 하등의 이유가 없다. 하나님께서 사람들에게서 자신의 임재를 거두시는 것은 타락한 사람들에게 계속해서 은혜를 베풀 수만은 없다는 단호한 결정이라 할 수 있다.[80] 은혜는 은혜를 가치 있게 여기며 가꿀 줄 아는 사람에게 선물이 되는 것이다. 그러므로 하나님의 은혜를 받은 사람의 삶에는 다음과 같은 소리가 흘러넘치는 것이 당연하다 할 수 있다.

노아가 그와 같이 하여 하나님이 자기에게 명하신 대로 다 준행하였더라 (창 6:22)

노아가 여호와께서 자기에게 명하신 대로 다 준행하였더라 (창 7:5)

무엇을 명령하든지 간에 인간의 이성적이고 논리적인 판단으로 어리석어 보이는 명령일지라도 그것에 토를 달지 않고 실행하는 그 삶을 통해 하나님께서 역사하신다. 얼마나 오랫동안 노아가 방주를 만들었는지, 산 위에서인지, 바닷가에서인지, 강가에서인지, 혹은 허허벌판에서인지 아무도 알 수는 없지만 그 당시에 이렇게 거대한 배를 짓는 다는 것은 결코 작은 일은 아니었을 것이다. 길이 135m(300규빗), 폭 22m(50규빗), 높이 13m(30규빗)나 되는 축구장만한 대규모 작업이다. 하지만 하나님의 은혜 가운데 사는 사람은 하나님께서 명령하신 그대로 이루어 내는 삶을 살 수 있다. 그리고 그 삶이 또한 더 큰 하나님의 은혜 가운데 거하는 길로 이끌게 된다.

방주를 만들 때 하나님께서는 구체적인 나무는 물론 그 안팎을 칠하는 방식까지도 상세하게 알려주신다.

너는 고페르(גֹפֶר) 나무로 너를 위하여 방주를 만들되 그 안에 칸들을 막고 역청(כֹּפֶר 코페르)을 그 안팎에 칠하라 (כָּפַר 카파르) (창 6:14)

고페르 나무는 성경 전체에서 여기서만 나오는 단어이며 정확하게 어떤 나무인지는 미지수이다. 하지만 '역청'(כֹּפֶר 코페르)이나, '칠하다'(כָּפַר 카파르)라는 단어와 의도적으로 유사한 발음을 골라냈다는 느낌이 들며 '칠하다'의 '카파르'(כָּפַר)가 레위기에서 동물의 피로 '속죄하다'(레 1:4)는 단어와 동일하다면 방주 전체는 유사한 죄사함의 신학을 내포하고 있음을 직감해 볼 수 있다. 칠하는 것과 동물의 피로 속죄를 행하는 것의 공통점은 무언가를 가리고 덮는 것이란 점에 있다. 고페르 나무부터, 코페르의 역청 그리고 칠하는 카파르 모두가 그 발음상의 소리에서 속죄와 의도적 연관성이 주어지기 때문이다. 그러므로 방주 안은 모든 것을 덮고 가리는 하나님의 은혜가 있는 장소임을 느껴볼 수 있다. 방주는 전적으로 하나님께서 재료, 규격, 모양, 짓는 양식까지 상세하게 지시하시고(창 7:14-16), 노아가 하나님께서 명령하신 대로 다 준행하였다(창 7:22)는 점에서 흡사 출애굽기에서 성막을 짓는 것과 같은 유비관계를 갖는다. 성막 또한 하나님께서 모든 것을 세세하게 지시하시고(출 25-31장), 이스라엘이 하나님께서 명령하신 대로 다 준행함으로(출 35-40장) 이 땅에 존재하게 되었다. 그리고 성막이 지성소, 성소, 바깥 뜰 이라는 세 단계를 갖는다면, 방주 또한 상-중-하 삼층으로 구성된다는 점도 우연은 아닐 것이다(창 7:16). 에덴동산이 성전의 원형이었듯이, 이제 방주 또한 이동하는 성전의 원형이 되고, 그것이 아라랏산에 머문다는 것은 그 지역에서부터 에덴의 회복과 확장을 꿈꾸는 것이라 할 수 있다. 그러므로 방주는 구원이면서 동시에 하나님과의 관계회복을 이루는 길이다.

노아의 홍수는 점진적으로 이루어진다.

① 창 7:11 그 날에 큰 깊음의 샘들이 터지며 하늘의 창문이 열렸다
② 창 7:17 홍수가 땅에 사십 일 동안 계속된지라 물이 많아져 방주가 땅에서 떠올랐고
③ 창 7:19 물이 땅에 더욱 넘치매 천하의 높은 산이 다 잠겼더니
④ 창 7:21-22 땅 위에 움직이는 생물이 다 죽었으니
곧 새와 가축과 들짐승과 땅에 기는 모든 것과 모든 사람이라

이 과정 속에는 하나님의 천지창조가 서서히 파괴되어 가는 과정을 그대로

보여주고 있다. 이제 희망은 어디에 있는가? 새로운 시작은 어떻게 이루어질 수 있는 것인가? 노아의 방주는 인간이 조종하고, 제어할 수 있는 그 어떤 것도 없다. 거기에는 추진력을 제공할 수 있는 노와 돛도 없으며, 방향을 잡을 키도 없다. 하나님께서 주신 기회를 다 망쳐버리고 온 세상이 심판 가운데 거하게 만든 것은 인간이다. 이제 인간 스스로는 새로운 시작이라는 것을 꿈도 꿀 수 없는 존재가 되어버렸다. 오직 하나님께서 인도하시는 길 밖에는 없다. 이것이 새로운 시작을 가능케 한다. 그리고 하나님께 온전히 맡겨진 삶이 바로 그 기초이다.

2) 노아와 새 창조 그리고 아라랏 산의 상징적 의미(창 8:1-9:19)

(1) 새로운 시작을 향하여(창 8:1-22)

혼돈과 공허로 가득한 흑암의 물이 온 세상을 다시 뒤덮었다. 인간이 할 수 있는 것은 아무것도 없다. 그 물에 잠식되지 않게 지금까지 지켜 주신 분도 하나님이셨듯이 그 혼돈이 물을 가르고 새로운 시작을 열어갈 수 있게 해 주시는 분도 하나님 밖에는 없으시다. 모든 것이 끝난 그 곳에서 하나님께서 시작하신다.

> 하나님이 노아와 그와 함께 방주에 있는 모든 들짐승과 가축을 기억하사 (זָכַר 자카르) 하나님이 바람을 땅 위에 불게 하시매 물이 줄어들었고(창 8:1)

하나님께서 기억하시면 새로운 역사가 일어난다. 그것은 바로 구원의 역사이다. 그래서 새로운 시작은 늘 하나님의 은혜에 기댈 수밖에 없는 것이다. 인간에게는 그것을 시작할 능력도 없고 자격도 없기 때문이다.

하나님께서 기억하시면 늘 새로운 역사가 시작된다.

> 하나님이 그 지역의 성을 멸하실 때 곧 롯이 거주하는 성을 엎으실 때에 하
> 나님이 아브라함을 생각하사(זָכַר 자카르/기억하다) 롯을 그 엎으시는 중에
> 서 내보내셨더라(창 19:29)

> 하나님이 그들의 고통 소리를 들으시고 하나님이 아브라함과 이삭과 야곱
> 에게 세운 그의 언약을 기억하사(זָכַר 자카르) 하나님이 이스라엘 자손을
> 돌보셨고 하나님이 그들을 기억하셨더라(출 2:24-25)

> 그들이 아침에 일찍이 일어나 여호와 앞에 경배하고 돌아가 라마의 자기 집
> 에 이르니라 엘가나가 그의 아내 한나와 동침하매 여호와께서 그를 생각하
> 신지라(זָכַר 자카르/기억하다) (삼상 1:19)

하나님께서 노아와 그와 함께 방주에 있는 모든 것을 기억하신다. 이제 새
로운 시작이 열려질 것을 기대해 볼 수 있다. 그 새로운 시작은 결코 없었
던 유일한 것이 아니라는 점에서 우리가 깊이 생각해야 할 부분이 있다. 하
나님께서는 결코 자신의 원래 계획을 폐기하지 않으신다는 점에서 그렇다.
우리가 이러한 하나님의 뜻을 깊이 마음에 새기고 살아간다면 이 세상은
하늘 아버지의 뜻이 이루어 질 것이다. 하나님이 기억하시자 파괴되었던
천지창조가 다시 차근차근 새로운 질서를 되찾아간다. 홍수로 인한 파괴와
하나님의 기억하심으로 시작되는 새창조의 역사가 정확하게 역으로 대칭
이 되며 질서를 되찾아 간다는 것은 하나님의 은혜의 위력을 느껴볼 수 있
는 분명한 길이다.[81] 파괴가 인간의 죄의 결과였다면 새로운 시작은 전적
인 하나님의 은혜로 가능한 것이다.

A. 노아(6:9)

 B. 셈, 함, 야벳(6:10)

  C. 방주만들기 --- 혈육 있는 자가 부패(6:11-16)

   D. 홍수를 일으키실 것(6:17)

    E. 언약(6:18-20)

     F. 먹을 식물 - 방주 안에서(6:21)

      G. 방주로 들어가라는 명령(7:1-3)- 정결한 짐승, 부정한 짐승

       H. 칠일 뒤에 홍수(7:4-5)

        I. 칠일 뒤에 홍수가 시작(7:6-10)

         J. 방주에 들어감(7:11-15)

          K. 여호와께서 방주를 닫으심(7:16)

           L. 40일 동안의 홍수(7:17)

            M. 물이 점점 불어남(7:18)

             N. 천하의 산들이 다 덮힘(7:19-20)

              O. 150일 동안 홍수가 있으며 모든 생물이 다 죽음(7:21-24)

**P. 하나님께서 노아와 그와 함께 방주안에 있는 모든 생명체를 기억하심
바람이 불어 물이 감하고 깊음의 샘과 하늘의 창이 막힘 (8:1-2)**

              O'. 150일 후에 물이 감함(8:3)

             N'. 산 봉우리가 보임(8:4-5)

            M'. 물이 점점 감함(8:5)

           L'. 40일이 지남(8:6a)

          K'. 노아가 방주 창문을 엶(8:6b)

         J'. 까마귀와 비둘기를 내어보냄(8:7-9)

        I'. 칠일 동안 물이 감하길 기다림(8:10-11)

       H'. 칠일을 더 기다림(8:12-13)

      G'. 방주에서 나오라는 명령(8:15-17 (22)) - 정결한 짐승과 새를 번제로

     F'. 먹을 식물 - 방주 밖에서(9:1-7)

    E'. 언약(9:8-10)

   D'. 더 이상 홍수가 없을 것(9:11)

  C'. 방주를 떠남 --- 혈기 있는 생물(9:12-18a)

 B'. 셈, 함, 야벳(9:18b)

A'. 노아(9:19)

하나님이 기억하사 모든 것이 역전된다. 하나님의 기억하심은 구원사로 연결되는 길을 여는 것이다. 이러한 조화로운 구조는 그 때나 지금이나 우리가 마땅히 걸어가야 할 길을 바라보게 한다. 기억하시는 하나님의 은혜를 기억하는 우리의 응답인 것이다.

이렇게 천지가 새롭게 창조되었다. 그렇다면 이제 인간의 사명은 무엇인가? 아담과 하와가 에덴동산에서 마땅히 했어야만 하였는데 상실한 것이 무엇인가? 그것을 반드시 이루어 내야 하는 것이 노아와 그의 가족의 사명으로 주어져 있다. 그것은 바로 안식일을 거룩하게 구별하는 예배이다. 에덴동산은 예배가 이루어지는 장소이다. 새롭게 주어진 땅에서 안식일의 찬양이 울려 퍼지고, 하나님을 향한 예배가 살아나야 하는 것이다. 항상 새로운 땅이 주어지면 사람은 하나님을 향한 이러한 소명을 불태워야 하기 때문이다. 노아와 그의 가족들 또한 이러한 소명 앞에 세워진 것이다. 노아와 그의 후손들이 이루어야 할 소명은 아담에게 주어진 것에 비한다면 더 커졌다고 할 수 있다.

천지창조와 같은 질서가 이루어졌음에도 태초의 창조에 비해 변질된 것이 있기 때문이다. 인간과 다른 피조물들 간의 부조화가 존재한다. 동물들, 새들, 기는 것들 심지어는 바다의 물고기들까지 인간을 두려워하는 관계가 되는 것이다. 이것은 곧 인간 또한 야생동물들을 두려워하는 환경이 될 것을 예고하고 있다. 서로가 적이 되는 것이다. 이것은 인간에게 산 동물도 먹을거리가 될 것이라는 육식의 허용에서 분명하게 드러난다(창 9:1-3). 인간과 동물이 서로를 먹이로 삼는 약육강식의 생존경쟁이 벌어지는 세상이 되어버린 것이다. 그 이유는 다름 아닌 홍수로도 쓸어버릴 수 없는 "사람의 마음의 계획하는 바가 어려서부터 악함이라"(창 8:21)는 것 때문이다. 그나마 이러한 서로를 향한 피조세계의 적개심을 조금이라도 누그러뜨릴 수 있는 길은 피를 먹지 말라는 하나님의 명령을 지키는 것이다. 이는 피와 생명의 연결성을 강조하며 피를 통하여 생명존중사상을 가르치시려는 의도를 가지고 있으시다. 이 피는 사람의 피만을 의미하는 것이 아니라 동물의 피까지도 포함한다는 점에서 인간이 동료 인간이나, 다른 피조물에게 가하는 위해를 최소화시키려는 의도를 가지고 있다. 인간이 다른 동료 인간의 피를 흘렸을 때에는 그의 피도 흘릴 것이라는 심판선언이 들어가 있고, 그 이유는 인간은 하나님의 형상으로 지음 받은 숭고한 가치를 가진 존재라는 것에서 찾는다. 또한 육식을 행할 때에도 동물의 피를 하나님께 드림으로 먹는 것이 세속적인 차원에 머무르게 하는 것이 아니라 하나님을 향한 제의가 됨으로 무분별한 살육이 되지 않게 한다. 그러므로 하나님의 백성에게 오락용으로 스포츠화 된 사냥은 있을 수도 없다. 피는 이렇게 생명과 직결되어 희생제의를 통한 동물의 피는 인간의 죄를 대속하는 거룩한 기능을 하기도 한다. 하지만 언젠가 인간이 동료인간의 피를 흘리는 것도, 육식을 행함으로 동물의 피를 흘리는 것도 또한 피 흘림을 통한 희생제사까지도 다 사라질 그 날을 모든 피조세계는 기다리고 있다(롬 8:18-25).

노아에게는 창조질서의 유지와 확장은 물론이요 이런 모든 깨어진 관계까지도 회복의 길로 나아가게 해야 할 사명이 주어져 있다. 노아의 그 이후의 삶을 살펴보면 이러한 표준을 이루어 내었는지 아닌지를 알아볼 수 있다. 만약 노아가 진정한 예배를 이루어냈고 그 후손들 또한 그랬다면 인류는 더 이상의 흩어짐을 면하고 아라랏 산 지역이 바로 하나님 나라를 이루는 장소가 될 것이다. 그리고 그 곳으로부터 하나님 나라가 세상 모든 곳으로 퍼져 나가는 기초가 될 것이다.

(2) 아라랏 산의 상징적 의미(창 9:1-19)

노아의 방주가 아라랏 산(הָרֵי אֲרָרָט 하레 아라라트/아라랏 산들)

지역에 머물렀다. 지리적으로는 아라랏이라는 명칭이 다시 등장하는 부분들을 살펴보면(왕하 19:37; 렘 51:27) 아르메니아의 우라르트(Urartu) 지역으로 유프라테스와 티그리스 강 위의 북쪽 땅을 지칭하는 것으로 앗시리아 지역에서 훨씬 위로 올라가는 북부에 위치하고 있다. 현재는 터키의 동부, 러시아의 남부 그리고 이란의 서부 지역쯤이라고 할 수 있다.[82] 이러한 위치는 전통적으로 고대 문명이 발생된 지역이기도 하지만 그 보다는 이스라엘의 선조들이 기원한 장소로서의 중요성을 갖는다. 아브라함이 갈대아 우르에서 이동한다는 것은 방주가 정착한 아라랏이라는 장소와의 근접성을 갖고 있다는 점에서 설득력이 있다. 하지만 성경기록이 방주가 머무른 장소로 한 산을 정확하게 지칭하지 않고 '아라랏 산들'(הָרֵי אֲרָרָט 하레 아라라트)이라고 아우르는 것을 보면 정확한 지리적 위치보다는 다른 어떤 것에 대한 관심으로 향하고 있다는 것을 느껴볼 수 있다. 그것은 다름 아닌 "일곱째 달 곧 그 달 열이렛날에 방주가 아라랏 산에 머물렀다"(창 8:4)는 구절에서 '머물렀다'라는 단어가 갖는 그 장소에 대한 신학적이면서 신앙적인 중요성의 부각이다. '머물렀다'의 히브리어 단어는 '노흐'(נוח)로 '쉼과 휴식, 안식'을 뜻하는 '노아'(נח)와 같은 어원의 단어이다. 라멕이 아들을 낳고 이름을 노아라 하면서 "여호와께서 땅을 저주하시므로 수고롭게 일하는 우리를 이 아들이 안위하리라(נוח 노흐/쉬다)"(창 5:29)는 간절한 갈망이 이제 홍수 후에 방주가 머무른 이 지역에서부터 이루어질 것에 대한 기대감이 들어가 있는 것이다.

　　　태초의 존재였던 아담이 모든 창조의 질서가 만들어진 후에 하나님께서 예비하신 한 장소에서 그의 생을 시작했다면 이제 노아 또한 동일한 새 창조의 질서가 세워진 후에 아라랏 산에 정착하게 되었다. 이것은 에덴동산과 아라랏 산의 연계성을 살피기에 충분한 연결고리가 된다. 에덴동산에서 이루어져야 할 일은 이미 분명하게 주어져 있다. 안식일을 거룩하게 구별하여 지키는 것이다. 이는 안식일 예배를 통하여 세상에 하나님의 뜻이 이루어지게 하려는 하나님의 계획인 것이다. 그 하나님의 계획은 안식일을 통해 기념되고 찬양되며 인간의 소명으로 자리 잡고, 그 소명은 다시 인간이 살아가는 삶의 터전인 에덴동산에서 실제가 되어야 하는 것이다. 이 안식일 예배에서 기념되고 찬양되어야 하며 인간의 소명이 되어야 할 것이 노아 이야기에서는 더욱 구체적으로 드러난다.

　　홍수가 끝난 후 안식일에 대한 명령이 주어져야 할 장소는 인간에게 음식에 대한 명령을 주신 후인 창세기 9:8-17절이 될 것이다(비교, 창 1:29-2:3). 그러나 이 부분에는 안식일이란 단어는 전혀 나타나지 않고 한 특별한 단어가 전체를 장식하고 있다. 그 단어는 다름 아닌 '언약'이라는 말로 더 구체적으로는 모두 다 하나님의 주도권이 드러나는 '내 언약' 혹은 '내가 세우는 언약'이다(창 9:9, 11, 12, 13, 15, 16, 17). 그리고 '언약'(בְּרִית 베리트)이라는 단어가 일곱 번 등장하며 하나님의 언약의 완전함에 대한 의미를 더해준다. 하나님께서 주시는 언약의 주요 내용은 다시는 모든 생물과 인간을 멸하는 홍수를 이 땅에 내리지 않을 것이란 결심이다. 그리고 그 증거로 하늘에 무지개를 두시겠다고 하신다. 비를 내리시다가도 무지개를 보시면 마음을 돌이키시겠다는 것이다. 우리가 보기에 자연적 현상이라고 여기는 것이 지금까지 인류가 생존할 수 있었던 언약의 증거라는 것을 선언하고 있는 것이다.

　　많은 사람들이 하나님께서 노아와 그리고 모든 피조물과 맺으신 언약은 일방적으로 하나님께서 맺으신 것으로 전적으로 인간의 의무가 전제되지 않은 무조건적인 언약이라고 이해되어 왔다. 그러나 어떻게 언약이라는 단어에 쌍방간의 신의가 전제되지 않을 수 있을 것인가? 노아에게는 이미 언약을 말씀하시기 전에 피를 먹지 말 것과 사람의 피를 흘리지 말 것을 명령하고 있다(창 9:4-6). 하나님께서 맺으시는 언약은 분명 영원한 언약이며 이것은 전적인 하나님의 은혜로 인해 가능하다는 것은 확실하다. 이 언약의 영원성을 지키기 위해서는 언약을 가꾸어가는 삶이 동반되어야 하는 것 또한 분명하다. 이는 언약을 맺기 위한 대가로서의 삶이 아니라 값 없이 맺어주신 영원한 언약에 대한 감사로서의 삶으로 기쁨의 응답이 되는 것이다. 이러한 예는 이스라엘의 구원과 하나님의 언약이라는 출애굽과 시내 산 사건에서도 동일하게 나타나는 현상이다. 애굽에서 이스라엘을 구원 하신 후에 하나님께서는 시내 산에서 이들과 언약을 맺으신다.

> 세계가 다 내게 속하였나니 너희가 내 말을 잘 듣고 내 언약을 지키면 너
> 희는 모든 민족 중에서 내 소유가 되겠고 너희가 내게 대하여 제사장 나라
> 가 되며 거룩한 백성이 되리라 너는 이 말을 이스라엘 자손에게 전할지니라
> (출 19:5-6)

그렇다면 하나님께서 언약을 신실하게 지키시는 것에 발맞추어 이스라엘 또한 그 뜻을 이 땅에서 받들어야 할 소명이 있는 것이다. 하나님께서는 하 나님의 사람들이 하나님과의 언약에 동참함으로 이루고자 하는 목적이 있 으시다. 그것은 다음과 같은 비교를 통해서 더욱 분명하게 드러날 수 있다.

천지창조의 목적	노아홍수의 목적	이스라엘의 구원	십자가의 구원
혼돈, 공허, 흑암의 깊음의 세계로부터 ↓	부패와 포악, 홍수의 물이 가득한 세계로부터 ↓	바로의 압제로부터 ↓	죄의 속박으로부터 ↓
하나님의 형상인 인간의 창조를 통해 (아담) ↓	하나님의 형상인 인간의 구원을 통해 (노아) ↓	한 민족의 구원역사를 통해(이스라엘) ↓	인간의 구원역사를 통해(인류) ↓

모든 피조물의 예배 **(안식일)**	모든 피조물의 예배 **(언약지킴)**	구원받은 자들의 예배로**(언약지킴)**	구원받은 자들의 예배로**(주일)**
↓	↓	↓	↓
모든 인류의 예배로 확장(미래상) (에덴 강 온 땅 적심) 창 2:10	열방의 예배로 확장 (미래상) (사람이 온 땅에 퍼짐) 창 9:19	열방의 예배로 확장 (미래상) (세계가 다 내게 속함) 출 19:5	모든 인류의 예배로 확장(미래상) (모든 민족의 제자화) 마 28:19

　　　　노아에게는 영원한 언약이 늘 현실이 될 수 있게 하여야 한다. 왜 냐하면 이 홍수의 물은 언제나 인간의 삶을 피폐하게 만들려고 호시탐탐 노리고 있기 때문이다. 시편은 삶 속에서 공격해 오는 흑암의 물로 인해 부르짖는 수많은 기도를 보이고 있다(시 18:16; 32:6; 46:3; 69:1, 2, 14, 15; 124:4, 5; 144:7). 하나님의 사람은 이러한 부르짖음을 찬양으로 바꾸어가는 사명을 이 땅에서 이루어가야 할 것이다. 즉, 탄식에서 예배로의 반전을 일으키는 삶인 것이다. 그리고 그 구체적인 언약실천의 길은 동일한 언약 속에 담겨 있는 이스라엘의 소명을 기억하면 쉽게 이해할 수 있다. 이스라엘은 시내 산에서 하나님과 언약을 맺고 그 언약을 지키는 길을 제시 받는다. 그것은 다름 아닌 하나님의 말씀을 잘 듣고 지키는 것이다. 그 구체적인 실체는 이스라엘 전체가 하나님께로부터 직접 들은 십계명에 분명하게 제시되어 있다(출 20:1-17).

	십계명(출 20:1-17; 신 5:6-21)	**새 창조-아라랏 산**(창 6:9-9:19)
하나님께서 행하신 일	**새 창조의 역사를 이루어 주신 하나님을 기억하라** 나는 너를 애굽 땅 종 되었던 집에서 인도하여 낸 네 하나님 여호와니라 1. 나 외에 다른 신을 두지 말라 2. 새긴 우상을 만들지 말라 3. 여호와의 이름을 망령되게 부르지 말라	하나님께서 홍수에서 천지를 새롭게 창조하시고 질서를 회복하심

211

안식일 예배	↓ 4. 안식일을 기억하여 거룩히 지키라 ↓	↓ 영원한 언약을 지키는 예배를 통하여 ↓
인간이 행할일	**하나님께서 행하신 것처럼 새 창조의 역사를 이루는 삶을 사는 것** 5. 네 부모를 공경하라 6. 살인하지 말라 7. 간음하지 말라 8. 도둑질 하지 말라 9. 거짓 증거 하지 말라 10. 네 이웃의 소유를 탐내지 말라	아라랏 산 지역에서부터 이루어져야 할 일들

안식일과 언약이 한 선상에서 만날 수 있는 것은 둘 다 하나님께서 행해주신 놀라운 창조역사의 은혜에 기초하고 있다는 것이다. 그리고 둘 다 하나님께서 주신 율례와 규례를 지키는 삶과 밀접하게 연관되어 있다는 점에서 동일한 이념을 내포하고 있다고 할 수 있다(겔 20:10-26). 출애굽기 31:16절에는 "이같이 이스라엘 자손이 안식일을 지켜서 그것으로 대대로 영원한 언약을 삼을 것이니"라는 말씀을 통해 안식일을 지키는 것과 영원한 언약의 밀접한 상관관계를 표현하고 있다(참조, 레 24:8). 그러므로 안식일과 언약을 거룩하게 지키는 것은 하나님께서 행해주신 그 은혜에 삶으로 응답하는 것이다. 이제 방주에서 나온 노아와 그의 아들들인 셈과 함과 야벳이 걸어가야 할 길은 다름 아닌 하나님의 말씀을 이루는 삶이다. 아담과 하와, 가인과 셋 그리고 그들의 후손들이 저지른 실패를 딛고 이제 새로운 순종의 세계를 열어가야 할 것이다.

방주에서 나온 노아의 아들들은 셈과 함과 야벳이며 함은 가나안의 아버지라 노아의 이 세 아들로부터 사람들이 온 땅에 퍼지니라(창 9:18-19)

그러므로 아라랏 산 지역은 끝이 아니라 시작이 되는 장소가 되어야 한다. 하나님께서 은혜로 맺어주신 영원한 언약을 값지게 여기며 살아가는 삶을 통해 온 땅이 회복되는 그 날을 기대하고 있는 것이다.

3) 노아와 포도나무(창 9:20-29)

(1) 노아가 포도주에 취하다(창 9:20-23)

　　　　노아와 그의 가족이 이렇게 새 창조와 더불어 하나님과 새 언약을 맺고, 새로운 출발을 시작하였다. 가장 먼저 이루어져야 할 것은 당연히 예배하는 삶이다. 관계의 회복을 통해 하나님 사랑과 이웃 사랑이라는 삶의 예배가 살아나야 하는 것이다. 그러나 어이없게도 출발하자마자 그 반대 현상이 벌어지고 있다. 예배가 아닌 타락의 길이 펼쳐지는 것이다. 그 타락이 무엇인지를 살펴보면 하나님의 백성의 역사를 돌아볼 수 있다. 홍수 이후 새 땅에서 새 시작을 가진 노아는 포도농사를 짓고 포도주를 만들어 마시고 취하여 벌거벗고 드러누워 잠을 잔다. 이것을 아들인 함이 보고 형제들에게 알린다. 그리고 노아가 술이 깨어 함이 한 일을 듣고 저주를 한다. 이러한 사건의 순서를 아담의 삶과 비교해 보면 지금 무슨 일이 벌어지고 있는지를 알아 볼 수 있다.

	아　담	노　아
새 창조	혼돈의 물에서 창조로	혼돈의 물에서 창조로
새　땅	하나님께서 만드신 동산에 두심	하나님께서 새롭게 주신 땅에 두심
직　업	농부(땅[אֲדָמָה]을 경작) (창 2:5; 2:15; 3:23)	농부 (땅의 사람[אִישׁ הָאֲדָמָה]; 창 9:20)
행　위	선악을 알게 하는 나무의 열매를 따 먹음	포도나무의 열매로 포도주를 만들어 먹음

과 정	열매를 따먹고 무화과 잎으로 옷을 해 입음	포도주를 만들어 먹고 취해 옷을 벗고 누움
그 후	아들들의 분열 (아들들 중에 한 아들이 저주를 받음)	아들들의 분열 (아들 중에 한 아들의 가문이 저주를 받음-함의 아들 가나안이 저주를 받음)

이 두 과정은 동일하게 예배가 아닌 하나님의 뜻을 벗어난 사건들로 결론난다. 특히 노아는 아담이 저질렀던 죄악을 그대로 따라가고 있다는 점에서 그 심각성이 드러난다. 노아의 소명은 아담과 하와, 가인의 죄로 인해 벌어진 땅의 저주를 풀고, 저주스런 수고와 고생으로부터 인간을 구해내는 것이었다(창 5:29). 그러나 노아의 실패는 이 땅에 저주를 더욱 가중시키는 결과를 가져왔고, 형제들 사이는 또다시 저주로 분열의 길을 걷게 된다.

그렇다면 노아가 저지른 이 죄악은 도대체 무엇인가? 포도농사를 지어 포도주를 만들어 먹고, 술 취하여 옷을 벗었다는 것의 의미는 무엇이며, 또 함이 아비의 하체를 보았다는 것은 어떤 의미를 가지는 것인가? 지금 현대를 살아가는 우리들에게는 의미가 분명치 않은 수수께끼 같은 이야기일 따름이다. 왜냐하면 공중목욕이나, 찜질방 문화가 발달한 우리나라에서는 아버지의 하체를 보는 것은 흔히 있는 일이기 때문이다. 이것은 우리 문화에서 이해해야 할 사건이 아니라, 고대 근동 그 중에서도 이스라엘의 문화 속에서 이해해야 할 사건임에 틀림없다.

"아버지의 하체를 보았다"라는 뜻은 레위기와 연결시켜야 분명하게 알 수 있다. 레위기 18, 20장에서는 가나안 땅의 풍속을 결코 따라 가지 말라는 경고를 주며 "하체를 본다"는 말과 "하체를 범했다"는 것은 동일하다는 것을 보여주고 있다(레 20:17). 레위기의 이 장들에는 주로 근친상간을 다루며 이것은 가나안의 이방종교제의에서나 볼 수 있는 타락한 행동들이라는 것을 선언하고 이에 대해 강력한 제제를 가하며 결코 이런 행동을 따라가지 말 것을 강조한다. 그 결과는 죽음으로 끝나고 말 것이라는 점 또한 계속해서 부각시키고 있다(레 20:11, 17).

　　이것은 곧 신앙의 변절, 즉 신앙적인 타락을 의미한다. 노아가 구별된 거룩한 삶이 아니라 결국 세상적인 방식의 삶을 추구하는 방향으로 나아가고 있음을 살펴볼 수 있다. 그리고 여기에 포도주가 연결되었다는 것 자체가 농경문화가 자랑하는 종교제의의 단면을 보여주는 것이라 할 수 있다. 이스라엘 신앙에 포도주는 분명 하나님의 축복의 상징이다. 그러나 그것은 하나님을 향한 절대적인 신앙을 지켜낼 때야 축복으로 남는 것이다. 그렇지 않으면 포도주는 술 취함으로의 길을 열고 그것은 사람의 판단력을 상실하게 하는 요소로 결국 타락의 상징이 될 수도 있다(잠 23:29-35). 이사야서는 집중적인 6번의 "화 있을진저"를 선포하는 5장에서 2번이나 포도주에 취하여 이러한 길로 가는 유다 백성을 신랄하게 비판하고 있다. 그런데 그 두 가지는 이스라엘 신앙의 가장 핵심적인 신앙을 포괄하고 있다는 점에서 포도주에 취하는 것의 심각성을 느껴볼 수 있다.

아침에 일찍이 일어나 독주를 마시며 밤이 깊도록 포도주에 취하는 자들은 화 있을진저 그들이 연회에는 수금과 비파와 소고와 피리와 포도주를 갖추었어도 여호와께서 행하시는 일에 관심을 두지 아니하며 그의 손으로 하신 일을 보지 아니하는도다(사 5:11-12)

포도주를 마시기에 용감하며 독주를 잘 빚는 자들은 화 있을진저 그들은 뇌물로 말미암아 악인을 의롭다 하고 의인에게서 그 공의를 빼앗는도다(사 5:22-23)

첫째, 포도주에 취하여 사는 삶이 일으키는 현상은 여호와께서 행하시는 일에 관심을 두지 않고, 그가 행하신 일을 멸시하는 것이다. 이것은 하나님과의 관계가 파괴되는 지름길을 만들게 되는 것이다. 둘째, 포도주에 취함으로 하나님과의 관계가 끊어져 나감으로 선악의 판단력이 상실되어 뇌물을 받고 악인을 의롭다하고 의인을 핍박하는 악을 선하다 선을 악하다하는 결과로 치달으며 사람과의 관계가 파괴되는 길로 가고 만다는 것이다. 그러므로 그리스도인들을 향한 "술 취하지 말라 이는 방탕한 것이니"(엡 5:18)라는 말씀은 방탕함의 끝이 무엇인지를 알기에 아예 금지하고 있는 것이라 할 수 있다. 모든 회복된 관계를 파괴하는 원흉이 되기 때문이다.

호세아서와 아모스서 또한 이와 유사한 사항들을 죄악으로 단죄한다. 거기도 역시 동일한 일들이 발생하는데, 먼저 호세아서는 포도주로 인하여 하나님을 버리고 우상을 따르는 삶이 가속화되는 것을 폭로하고, 아모스서는 포도주에 취하여 사람 사이의 정의와 공의가 무너지고, 근친상간의 악행을 저지르는 가나안의 종교풍습이 그대로 자행되고 있는 것을 드러낸다.

음행과 묵은 포도주와 새 포도주가 마음을 빼앗느니라 내 백성이 나무에게 묻고 그 막대기는 그들에게 고하나니 이는 그들이 음란한 마음에 미혹되어 하나님을 버리고 음행하였음이니라 그들이 산 꼭대기에서 제사를 드리며 작은 산 위에서 분향하되 참나무와 버드나무와 상수리나무 아래에서 하니 이는 그 나무 그늘이 좋음이라 이러므로 너희 딸들은 음행하며 너희 며느리들은 간음을 행하는도다 너희 딸들이 음행하며 너희 며느리들이 간음하여도 내가 벌하지 아니하리니 이는 남자들도 창기와 함께 나가며 음부와 함께 희생을 드림이니라 깨닫지 못하는 백성은 망하리라 (호 4:11-14)

여호와께서 이와 같이 말씀하시되 이스라엘의 서너 가지 죄로 말미암아 내가 그 벌을 돌이키지 아니하리니 이는 그들이 은을 받고 의인을 팔며 신 한 켤레를 받고 가난한 자를 팔며 힘 없는 자의 머리를 티끌 먼지 속에 발로 밟고 연약한 자의 길을 굽게 하며 아버지와 아들이 한 젊은 여인에게 다녀서 내 거룩한 이름을 더럽히며 모든 제단 옆에서 전당 잡은 옷 위에 누우며 그들의 신전에서 벌금으로 얻은 포도주를 마심이니라(암 2:6-8)

그리고 이러한 악행은 나실인 서원을 한 사람에게까지 포도주를 마시게 하고 선지자에게 예언하지 말 것을 명령하는데 까지 치닫게 된다(암 2:12). 이와 같은 형태의 삶은 하나님의 백성이 이방인의 삶의 방식으로 완전히 뒤바뀌어 버린 것을 의미한다.

위의 비교를 통해서 살펴볼 때 노아가 포도주에 취한 사건은 단순히 한 번 벌어진 사건을 말하고자 하는 의도가 아니라 노아가 살아가는 삶의 방식을 하나의 행태를 통해서 표현하고 있는 것이라 할 수 있다. 그것은 다름 아닌 아담과 같은 불순종의 길을 걸었다는 사실의 단적인 입증인 것이다. 아담의 930년의 인생을 요약하는 단 한 가지 사건이 선악과 사건이요, 노아의 홍수 후의 350년 인생길이 포도주 사건 단 하나로 요약되고 있다면 이 두 사건은 결코 별개가 아닌 동일한 사건의 두 가지 다른 버전이라고 할 수 있다. 아담의 930년(창 5:5)과 노아의 홍수 후 350년의 삶(창 9:28-29)이 각각 한 사건으로 요약되는 안타까운 일이 반복되고 있는 것이다. 그리고 노아의 이야기에서 함의 후손인 가나안은 저주를 받아 형제들의 종이 되라는 것이 회복의 이상을 품고 새 시작을 가진 노아의 입에서 나온 350년 기간의 최초의 말이란 점 또한 비관적이다(창 9:25-27). 이것은 저주를 풀고 축복을 회복해야 할 그의 사명이 실패로 끝나고 말았다는 것을 드러내는 증거라 할 수 있다.

술 취함으로 인해 하나님과의 관계가 끊어지고 사람과의 관계를 위협하는 길로 나아가는 그의 삶의 정황은 하나님을 떠난 세상이 살아가는 방식과 다를 바가 없다. 흡사 홍수 전의 세상을 그대로 답습하는 것과 같다. 그리고 하나님과의 관계가 끊어지면서 행하는 모든 일은 인간의 눈에 선하든 악하든 모든 우상숭배적인 종교에 속하는 것이라 할 수 있다. 이 땅에는 오직 한 가지 선한 것이 있는데 하나님이 보시기에 좋은 것만이 거기에 속한다. 하나님만이 선과 악을 바르게 가를 수 있는 정의의 판단기준이시기 때문이다.

포도주에 취하는 것과 아버지의 하체를 보는 것이 이방의 근친상간적인 풍습과의 관련임을 여실히 보여주는 사건이 창세기에 전해지고 있다. 그 예는 소돔과 고모라의 죄악상을 그대로 물려받은 롯과 그의 두 딸들에게서 드러나고 있다(창 19:30-38). 롯의 두 딸은 아버지에게 포도주(יין 야인/술)를 마시우고 취하게 하여 자신들과 동침하게 한다. 근친상간으로 모압과 암몬이라는 나라가 탄생한 것은 이 나라들의 유래가 아버지의 하체를 통한 근친상간적인 타락에 의한 것임을 밝히고 있다. 이것은 축복의 상징인 포도주가 잘못 사용되고 있는 것을 보여주는 것이기도 하다.

노아의 이야기와 롯의 이야기를 비교해 보면 그 동질성에 놀라게 된다. 노아의 홍수나 롯이 겪은 소돔과 고모라의 파멸은 그 사건의 시작부터 유사한 배경을 가지고 있는데 다음과 같은 공통점을 들 수 있다. 첫째, 전적으로 하나님의 심판에 의해 일어난 천재지변으로 파멸에 이른다. 둘째, 한 남자와 그의 가족이 구원을 받는다. 셋째, 그 구원 후에 포도주(יין 야인/술; 창 9:21; 19:32-35)에 취함과 아버지의 하체를 보는 근친상간의 죄악이 저질러진다. 넷째, 구원받은 자에 의해서 새로운 민족이 시작된다. 그 외에 언어적인 연결성도 나타나는데, 노아 시절이나 소돔과 고모라는 새로운 기회를 위해 '의인'(צדיק/짜디끄; 창 6:9; 7:1; 18:22-33)이 강조되고, 심판을 말할 때에도 '멸하다'(שחת/샤하트)라는 단어의 분사형이 공통적으로 쓰이고 있다는 점을 들 수 있다(창 6:13; 19:13).[83]

노아(창 6-10장)	롯(창 19장)
죄악에 대한 하나님의 대대적인 심판 단행(온 세계)	죄악에 대한 하나님의 대대적인 심판 단행(한 지역 - 소돔과 고모라)
의인을 찾는 것에 대한 관심	의인을 찾는 것에 대한 관심
한 가족이 구원됨	한 가족이 구원됨
구원된 후 포도주(ייִן 야인)에 취하고 (9:21), 자식이 아버지의 하체를 보는 사건 벌어짐	구원된 후 포도주(ייִן 야인)에 취하고 (19:33), 자식이 아버지의 하체를 보는 사건 벌어짐
아버지의 하체를 본 사람의 후손 - **가나안족**	아버지의 하체를 본 사람의 후손 - **모압과 암몬족**
아버지의 하체를 본 함의 후손 중 대표적인 인물이 가나안이며 그의 후손들이 퍼져나간 장소가 소돔과 고모라이다(창 10:19).	이러한 근친상간적인 행동은 롯이 살았던 가나안 땅의 소돔과 고모라 사람들에 의해 영향 받았을 것이다(레 18장).

이 비교를 통해서 노아의 실패는 롯의 실패와 직결되며 술 취함으로 인한 근친상간은 이방인들인 모압과 암몬족이나 행하는 풍속이며 또한 함의 아들인 가나안이 계속해서 나타나고 저주를 받는 것을 보면(5번; 창 9:18, 22, 25 26 27) 가나안 족속들이나 하는 짓이라는 것이 강조된다. 롯이 포도주에 취해 잠들었다는 변명으로 벌어진 일에 대해 면죄부를 받을 수 없듯이 노아 또한 함과 연루된 그 일에 대하여 변명의 여지가 없는 것이다. 롯과 그의 딸들이 강하게 영향을 받은 소돔과 고모라 지역 또한 가나안의 후손들이 퍼져 나가는 지역에 포함된다는 점에서 노아와 가나안 풍요신앙의 연관성을 살펴볼 수 있다(창 10:15-19). 가나안의 만신전의 주신으로 등장하는 엘 신은 잔치자리에서 때때로 만취하여 아래 신들이 부축하여 그의 왕좌가 있는 방으로 옮겨야 할 정도가 되기도 하는 것으로 나타난다. 여

기서 풍요제의를 추구하는 종교에서 포도주에 취하는 것은 다산의식을 위한 중요한 요소로 성적인 욕망에 자극을 가함으로 다산능력을 고양하는 기능을 했을 것을 추측해 볼 수 있다.[84] 그러나 이러한 행동은 하나님의 약속을 유업으로 이어받은 하나님의 백성에게는 결코 있을 수 없는 일이다. 소돔과 고모라 이야기에서 믿음의 조상 아브라함은 심지어 이런 이방인들의 구원을 위해서도 중재하는 사람이다(창 18:22-33). 이것이 바로 아브라함을 부르신 하나님의 계획이시기 때문이다: "땅의 모든 족속이 너로 말미암아 복을 얻을 것이라"(창 12:3; 22:18).

이 모든 정황을 살펴볼 때 노아는 하나님의 길이 아닌 세속화의 길을 걷는다. 그 세속화는 후손들에게 삶이 되고 종교가 된다. 그의 아들함이 깊이 연루되었고 가나안을 향한 저주 선언을 볼 때 함의 후손들 또한 동일한 길로 나아갔다는 것이 분명하게 드러난다. 구체적으로 가나안 족들의 삶과 종교가 그 대표적인 예라 할 수 있다. 이 모든 증거들이 입증하는 것은 노아는 가나안 종교의 뿌리요 원조라 할 수 있다. 노아는 결국 해결이 아닌 더 큰 문제만을 던져주고 말았다. 이를 통해 노아와 하나님의 관계가 파괴되었을 것이며, 그 아들들 또한 분열의 길을 걸었을 것이다. 그리고 잃어버린 축복은 더 멀어지고, 또다시 저주라는 단어가 인간 삶을 뒤덮는다. 저주받은 세상에 노아는 더한 저주를 퍼붓고 있는 것이다.

4) 파괴되는 형제들의 관계(창 9:24-29)

이처럼 홍수 이후의 사건들은 또 다른 한 인간의 실패를 보여주는 전형적인 예라고 하겠다. 하지만 그 실패는 한 세대에만 머물지 않는다는 점에 그 심각성이 있다. 노아의 행동은 함에게 악영향을 미치고, 함의 행동은 또다시 그의 장자인 가나안으로 연결되어 연쇄현상이 된다. 이 속에는 토라에 혐오스럽고 가증스러운 것으로 정죄된 가나안의 풍속과 규례가 어디에서 유래하였는가에 대한 열쇠를 제공해 준다. 바로 하나님의 뜻을 떠난 인간 욕구를 만족시키는 것에 있다는 것이다.

함과 그의 후손에 대한 저주의 선포는 이제 하나로 연합되어 새 시대를 이끌고 가야 할 계보에 흠집을 낸다. 형제 사이에 분리의 벽이 형성되는 것이다. 함의 행동과는 다르게 셈과 야벳은 뒷걸음질해서 아버지 노아의 부끄러운 일을 가렸다. 그러한 행동은 결코 보지도 않고, 따르지도 않는 삶의 모습을 보여주는 것이다. 옷으로 알몸을 가리는 것에 대한 사항은 시내 산에서 주어진 율법 속에 나타나고 있다. 이웃의 옷을 전당잡을 때 반드시 해가 지기 전에 돌려주어 그 사람이 밤에 알몸을 가리는 옷이 되게 하여 따스하게 밤을 지낼 수 있게 하라는 것이다(출 22:26-27). 이 법이 셈과 야벳의 행동을 평가하는 기준이 될 수 있는가에 대해서는 확신 있게 말할 수 없지만 이처럼 하나님의 법을 이루었다는 점만큼은 확신 있게 말할 수 있을 것이다.

그렇다면 당연히 노아의 아들들의 계보는 다른 방향을 향하여 나아가는 분열의 길을 보일 것이다. 한쪽은 부정적인 방향을 향하여 다른 쪽은 긍정적인 방향을 향하여 나아갈 것이다. 함의 계보는 저주받은 가문으로 하나님을 거역하는 길로, 셈과 야벳은 같은 장막에 거하며 복을 누리는 순종의 길로 나아갈 것이다. 이러한 분리의 길은 셈과 함과 야벳의 계보의 흐름을 설명하고 있는 창세기 10장에 잘 나타나고 있다.

5) 셈과 함과 야벳 그리고 선악의 분리(창 10:1-32)

창세기 10장은 노아의 세 아들들을 통한 계보를 보이고 있으며, 홍수 후에 이들이 온 세상에 퍼져 나가는 것을 말하고 있다. 셈과 함과 야벳의 계보를 기술함에 있어 그 순서는 나타난 이름의 순서를 따르지 않고 오히려 그 역순을 택하고 있다. 먼저 '셈-함-야벳'이라는 형제의 순서를 '야

벳-함-셈'으로 족보를 나열함으로 교차대칭구조인 '셈-함-야벳-야벳-함-셈'
이라는 구조를 통해 기억과 낭송을 용이하게 하기 위한 목적이 있을 것이
라 볼 수 있다. 그리고 노아 다음의 이야기를 엮어갈 인물이 셈의 족보에서
등장하기에 의도적으로 셈의 족보를 마지막에 두고 그 다음에 인류의 실패
를 다루는 바벨탑 사건을 기술한 후에 또다시 셈의 족보를 연결시켜 마침
내 아브람이란 이름을 제시함으로 그 실패를 회복하는 희망을 제시하려는
것이라 할 수 있다. 즉 '셈의 족보-바벨탑 사건-셈의 족보'의 구조인 것이다.
어떤 목적이 작용하고 있는 것이든지 창세기 10장의 셈과 함과 야벳의 족
보는 그 자체만으로도 하고자 하는 말이 있다.

　　이 족보가 말하고자 하는 핵심은 먼저 세 명의 노아의 아들들 중
에 누구에게 가장 많은 분량을 할애하며 설명하고 있는가에서 찾을 수 있
을 것이다. 세 명의 후손들을 나열하는 계보는 함의 족보를 가운데 두고 야
벳과 셈이 감싸는 형태를 취함으로 저주받은 함의 후손들을 강조하는데 있
다. 이것은 족보의 길이와 상세한 설명에서도 여실히 드러난다. 야벳의 족
보에 4절이 할애되어 있고(2-5절), 셈의 족보에는 11절이 할애되어 있으나
(21-31절) 함의 족보에는 가장 많은 15절이 할애되어 있다(6-20절). 후손들
의 숫자도 야벳이 14명, 셈이 26명인데 함은 30명이나 등장하고, 거기에 덧
붙여 다른 족보에는 거의 나타나지 않는 도시 이름도 17 곳이나 나타난다.
그리고 함의 족보에는 유일하게 니므롯이라는 그 당시에 근동을 제패하여
대 제국을 형성한 유명한 인물의 전기가 5절이나 들어가 있다. 이 한 명의
전기가 야벳의 전체 족보보다 그 양에서 더 많다.

　　그렇다면 창세기 10장이 제시하고 있는 셈과 함과 야벳의 족보는
그 목적이 결코 이 세상에 존재하는 모든 사람들의 기원을 전하려는 역사
기술이 아니라 다분히 그 당시의 상황을 담은 정치적이고 신학적인 의미를
내포하고 있는 것이라 하겠다. 이것은 가장 중심에 있는 저주받은 함의 후

손들을 살펴보면 쉽게 이해될 수 있는 부분이다. 다음은 창세기 10장을 도표화하여 야벳, 함 그리고 셈의 족보를 후손들의 이름을 강조체로 기록하고 그들의 총 숫자를 분리하여 표기한 것이다.

	창세기 10장 노아의 후손들 계보
서문	1 노아의 아들 셈과 함과 야벳의 족보는 이러하니라 홍수 후에 그들이 아들들을 낳았으니
야벳 (4절)	2 (야벳의 아들)은 **고멜**과 **마곡**과 **마대**와 **야완**과 **두발**과 메섹과 디라스요 3 고멜의 아들은 **아스그나스**와 **리밧**과 **도갈마**요 4 야완의 아들은 **엘리사**와 **달시스**와 **깃딤**과 **도다님**이라 5 이들로부터 여러 나라 백성으로 나뉘어서(פָּרַד 파라드) 각기 언어와 종족과 나라대로 바닷가의 땅에 머물렀더라 **(14명)**
함 (15절)	6 (함의 아들)은 **구스**와 **미스라임**과 **붓**과 **가나안**이요 7 구스의 아들은 **스바**와 **하윌라**와 **삽다**와 **라아마**와 **삽드가**요 라아마의 아들은 **스바**와 **드단**이며 8 구스가 또 **니므롯**을 낳았으니 그는 세상에 첫 용사라 9 그가 여호와 앞에서 용감한 사냥꾼이 되었으므로 속담에 이르기를 아무는 여호와 앞에 니므롯 같이 용감한 사냥꾼이로다 하더라 10 그의 나라는 시날 땅의 바벨과 에렉과 악갓과 갈레에서 시작되었으며 11 그가 그 땅에서 앗수르로 나아가 니느웨와 르호보딜과 갈라와 12 및 니느웨와 갈라 사이의 레센을 건설하였으니 이는 큰 성읍이라 13 미스라임은 **루딤**과 **아나밈**과 **르하빔**과 **납두힘**과 14 **바드루심**과 **가슬루힘**과 **갑도림**을 낳았더라(가슬루힘에게서 블레셋이 나왔더라) 15 가나안은 장자 **시돈**과 **헷**을 낳고 16 또 **여부스** 족속과 **아모리** 족속과 **기르가스** 족속과 17 **히위** 족속과 **알가** 족속과 **신** 족속과 18 **아르왓** 족속과 **스말** 족속과 **하맛** 족속을 낳았더니 이후로 가나안 자손의 족속이 흩어져 나아갔더라 19 가나안의 경계는 시돈에서부터 그랄을 지나 가사까지와 소돔과 고모라와 아드마와 스보임을 지나 라사까지였더라 20 이들은 함의 자손이라 각기 족속과 언어와 지방과 나라대로였더라 **(30명)**

셈 (11절)	21 셈은 에벨 온 자손의 조상이요 야벳의 형이라 그에게도 자녀가 출생하였으니 22 (셈의 아들)은 엘람과 앗수르와 **아르박삿**과 **룻**과 **아람**이요 23 아람의 아들은 **우스**와 **훌**과 **게델**과 **마스**며 24 아르박삿은 **셀라**를 낳고 셀라는 **에벨**을 낳았으며 25 에벨은 두 아들을 낳고 하나의 이름을 **벨렉**(פֶּלֶג 펠렉)이라 하였으니 그 때에 세상이 나뉘었음이요(פָלַג 팔락) 벨렉의 아우의 이름은 **욕단**이며 26 욕단은 **알모닷**과 **셀렙**과 **하살마웻**과 **예라**와 27 **하도람**과 **우살**과 **디글라**와 28 **오발**과 **아비마엘**과 **스바**와 29 **오빌**과 **하윌라**와 **요밥**을 낳았으니 이들은 다 욕단의 아들이며 30 그들이 거주하는 곳은 메사에서부터 스발로 가는 길의 동쪽 산이었더라 31 이들은 셈의 자손이니 그 족속과 언어와 지방과 나라대로였더라 <div align="right">**(26명)**</div>
결문	32 이들은 그 백성들의 족보에 따르면 노아 자손의 족속들이요 홍수 후에 이들 에게서 그 땅의 백성들이 나뉘었더라(פָרַד 파라드) <div align="right">**(총 70명)**</div>

야벳, 함 그리고 셈의 후손들을 모두 합하면 공교롭게도 70명이 된다. 이것은 결코 우연이 아닐 것이다. 이들을 통하여 70명의 후손들이 온 세상에 퍼져 나갔다는 것으로 완전히 충만하게 되었다는 의미가 내포되어 있을 것을 추측해 볼 수 있다. 야벳은 주로 지중해 주변의 해변 가에 정착한 민족들의 조상이 되고, 함은 가나안을 위시하여 현재의 이디오피아인 구스 그리고 애굽을 비롯한 아프리카 지역으로 퍼져나간다. 셈은 시리아와 메소포타미아 그리고 그 위쪽인 엘람을 주축으로 하는 동방지역으로 퍼져나간다. 역시 특기할 사항은 함의 족보일 것이다. 아람, 엘람, 앗수르 등 메소포타미아 지역은 분명 셈의 자손들이 퍼져나가는 지역이다(창 10:22). 그러나 함의 아들인 구스에게서 탄생한 니므롯은 셈의 지역을 대거 정복하고 대제국을 형성하는 것으로 나타난다. 그의 나라는 시날 땅인 바벨, 에렉, 악갓, 갈레, 앗수르, 니느웨, 르호보딜, 갈라 그리고 레센까지 미치며 이

도시들에 큰 성읍들을 건축한다. 여기서 이스라엘에게는 악명 높은 나라들이 등장하는데 바로 바벨론과 앗시리아의 수도인 니느웨이다.

함의 또 다른 아들인 미스라임은 애굽의 히브리어 명칭이라는 점에서 그는 애굽의 선조가 된다. 그리고 미스라임은 가슬루힘을 낳고 가슬루힘에게서 블레셋이라는 나라가 기원했다고 한다. 이 두 나라들 또한 이스라엘에게는 만만치 않은 위해를 가하는 나라들이 된다.

함의 족보에서 또 한 명 눈여겨보아야 할 사람은 가나안과 그의 후손이다. 가나안은 창세기 10장에 나타난 셈과 함과 야벳의 그 어떤 후손들보다도 먼저 등장한 인물이다. 노아의 포도주 사건 전부터 소개되어 그 사건의 중심에서 저주를 받는 인물이 된다(창 9:18, 22, 25, 26, 27). 가나안은 열한 명의 아들을 두는데 이것은 셈의 계보에서 욕단이라는 사람의 열세 명(창 10:26-29) 다음으로 번성하는 인물이다. 가나안의 열한 명의 아들들의 이름은 주지할 필요가 있다.

시돈, 헷, 여부스 족속, 아모리 족속, 기르가스 족속, 히위 족속, 알가 족속, 신 족속, 아르왓 족속, 스발 족속, 하맛 족속(창 10:15-18)

이들 대부분은 이스라엘이 애굽을 탈출하여 가나안 땅에서 부딪쳐야 할 족속들로 진멸해야 할 대상들이다. 그리고 가나안의 경계 또한 시돈에서부터 그랄을 지나 가사까지와 소돔과 고모라와 아드마와 스보임을 지나 라사까지로 약속의 땅을 포괄하는 지리적인 위치를 차지하고 있다.

결국 아버지의 하체를 본 함의 직계 후손들은 모두가 하나님의 백성 이스라엘을 대적하는 민족들이란 사실을 살펴볼 수 있다. 대표적으로 미스라임(애굽), 블레셋, 가나안 족속들 그리고 니므롯이 세운 제국인 시날 땅의 바벨론, 앗수르 등을 들 수 있겠다. 이와 같이 함의 후손들 대부분은 이스라엘과 깊은 적대적 관계에 있는 나라들의 이름이 총출동하고 있다는 점에서 저주가 어떤 일을 벌이는지를 깊이 숙고할 필요가 있다. 저주는 하나님과의 관계는 물론 사람과의 관계를 갈라서게 하고 서로 끊임없이 대적하게 함으로 불필요한 소모전으로 하나님 나라를 피폐하게 한다. '야벳-함-셈'이라는 족보의 구조처럼 언젠가 함의 후손들이 가장 강한 힘으로 중심이 되어서 세상을 호령할 때 그 때는 세상이 혼돈으로 또다시 가득 차게 될 것을 짐작해 볼 수 있다. 왜냐하면 함의 아들들 중에서 가장 큰 비중을 차지하고 있는 자들이 구스와 가나안으로 이들의 후손들에게 각각 최대의 분량인 5절씩 할애가 되어 있다는 점만 살펴보아도 익히 알 수 있다. 구스는 니므롯을 통해 바벨론과 앗시리아 제국을 형성하고(창 10:8-12), 가나안은 약속의 땅 전체를 뒤덮는 족속들을 탄생시킨다(창 10:15-19). 이것은 하나님의 백성과 함의 후손들이 영토, 정치, 문화, 종교, 이념에서 극렬한 갈등과 충돌을 일으킬 미래상을 노아의 후손들을 다루고 있는 족보는 이미 내다보고 있는 것이다.

홍수 후에 노아의 세 아들들을 통해 탄생한 후손들이 그 족속과 언어와 지방과 나라대로 이렇게 나뉘게(פָּרַד 파라드) 되었다(창 10:32). 이것이 이 족보의 결론이다. 여기서 '나뉘다'의 히브리어 단어 '파라드'는 강줄기가 갈라지듯 자연스레 갈라져 가는 것을 의미한다. 그러나 언젠가는 세계가 여호와 하나님을 믿는 믿음 안에서 통일되어야 한다. 그 일은 반드시 하나님의 백성이 주축이 되어야 하며, 세상의 힘이 그 일을 이루어서는 안 된다. 생육하고, 번성하고, 땅에 충만하기 위하여 각각 나뉘어져 세상을 향하여 나가는 것은 바람직하나, 마침내는 땅을 정복하고, 하나님의 형상을 받들어 바르게 다스리는 세상을 열어가야 하는 것이 그 종착점이 되어야 한다. 이렇게 이 땅에 하나님의 창조질서를 이룰 수 있는 길은 오직 하나님의 뜻을 따르는 사람들로 인해 가능해 질 것이다. 그러기 위해서는 먼저 자연적인 차원을 넘어서 의식적인 나눔이라는 뚜렷한 구별선이 필요하다. 그 구체적인 예를 셈의 족보 속에 등장하는 아주 간단한 전기를 통해 살펴볼 수 있다. 바로 벨렉이라는 인물이다. 그의 이름 벨렉은 히브리어 '펠렉'(פֶּלֶג 나뉨)으로 "그 때에 세상이 나뉘었기 때문"(창 10:25)에 주어진 이름이다. 여기서 '나뉘었다'라는 히브리어 단어는 '펠렉'의 동사형인 '팔라그'(פָּלַג 나뉘다)이다. 이 단어는 강줄기가 갈라지는 자연적인 분리를 뜻하는 것이 아니라 인공수로를 만들어 강제적이고 인위적으로 나뉘는 것을 의미한다.[85] 이처럼 셈의 후손인 벨렉은 시대를 나누고, 삶의 방식을 나누는 신앙적 구별을 갖는 출발선이 되는 것이다. 즉, 선택된 백성과 그렇지 않은 자들의 삶과 신앙의 분리와 구별이라고 할 수 있다. 언젠가 이러한 구별이 언어와 종족과 나라대로 분리된 세상을 바르게 하나로 연합하는 길로 이끌 수 있을 것이기 때문이다.

가장 긴 전기를 가지고 있는 함의 후손인 니므롯은 이러한 이상에 대한 반대의 특징을 보인다. 그는 세상에 첫 용사로 여호와 앞에서 용감한 사냥꾼이 되었다(창 10:9). 여기서 '여호와 앞에서'라는 표현이 흡사 그의 신앙의 모습을 보여주는 듯한 인상을 풍기지만 이 표현은 그의 믿음을 상징하기 보다는 "신이 평가하기에도 그는 대단한 인물일 것이다"라는 의미를 갖는 최상급 표현이라 할 수 있다. 즉, '여호와 앞에서'(before the Lord)는 '이 땅 위에서(on the earth) 최고'라는 의미를 내포하는 것이다. 그 구체적인 예는 니므롯이 건설한 도시 중의 하나인 니느웨에 대한 평가에서 나타나고 있다: "요나가 여호와의 말씀대로 일어나서 니느웨로 가니라 니느웨는 사흘 동안 걸을 만큼 하나님 앞에 큰 성읍이더라"(욘 3:3).[86] 그리고 니므롯(נִמְרֹד)이라는 이름은 '반항하다, 대적하다'의 뜻을 가진 '마라드'(מָרַד)의 일인칭 복수형으로 "우리는 대항 한다"(We shall revolt)로 보기도 한다.[87] 그렇다면 니므롯은 인간의 힘을 통합하여 누군가를 대항하는 문화를 형성하는 존재라는 것을 느껴볼 수 있다. 그가 세상에 첫 용사라는 칭호가 홍수로 인해 심판받고 사라진 네피림에게 주어졌던 칭호인 "그들은 용사라 고대에 명성이 있는 사람들이었더라"(창 6:4)를 상기시키는 역할을 한다는 점에서 그 저항의 대상을 짐작해 볼 수 있다. 또다시 하나님 앞에서, 하나님과 견줄 수 있는 인간의 위용이 과시되고 있는 것이다. 이것은 또한 죄악으로 저주받은 삶으로 나간 가인의 후손에게서 보였던 삶의 방식과 일치한다는 점에서 안타까운 역사의 회귀성을 느껴볼 수 있다. 가인의 후손 중의 한 명인 라멕은 가벼운 상처를 입힌 소년을 죽이고서 자신의 무용담을 자랑한다. 그리고는 자신에게 복수하는 자는 77배의 보응을 받을 것이라고 호언장담한다(창 4:23-24). 이미 자신을 신적인 심판자의 위치에 올려놓으며, 하나님과 같이 되어버린 인생의 모습을 살펴볼 수 있다.

누가 이런 세상 속에서 여호와 신앙의 위대함을 삶으로 증거 할 것인가? 창세기 10장은 이처럼 아직 이스라엘이 소개되기 전에 열방을 향한 여호와 하나님의 소망을 족보를 통하여 전한다. 열방은 결국은 하나님을 필요로 하고 아브람을 부르신 하나님의 뜻이 거기에 있음을 전하는 것이다. 설사 니므롯이 강대하게 큰 소리 치더라도 그리고 그의 후손들의 왕국인 시날 땅의 니느웨와 바벨론이 천하를 호령할지라도 하나님의 백성에게는 이들이 오히려 하나님께서 자신들에게 맡겨주신 축복을 전해야 할 장소인 것이다. 창세기에 셈과 함과 야벳의 족보에 기록된 70개의 나라들은 마침내 창세기의 결론에 다다르면 70명의 이스라엘 백성과 만나게 된다(창 46:8-27). 70개의 나라들로 바람에 나는 겨처럼 뿔뿔이 흩어졌던 나라들이 여호와 신앙으로 든든히 결속된 70명의 하나님의 백성 이스라엘에 의해서 새롭게 결속되고 복을 누릴 미래를 기대하고 있는 것이다. 계보를 통하여 세계가 동일한 근원을 가진 하나라는 의식은 고대근동 세계에서 유래를 찾아보기 힘들다. 그에 덧붙여 이러한 의식이 세계를 향한 책임과 소명을 고취시킨다는 점 또한 어디에서도 찾아보기 힘든 신학이 된다. 천하를 호령하던 니므롯의 후손에서가 아니라 마침내 세상과 나뉘어져 구별된 삶을 걸어갔던 벨렉을 통해서 하나님의 뜻을 이룰 아브람이 온다는 사실은 우리의 소명을 새롭게 하는 선언이 되는 것이다.

하지만 창세기 10장의 노아의 후손의 족보는 함의 계보를 강조하는 의도가 짙다. 구별의 길을 걸어가는 셈의 계보가 확대되고 힘을 얻는 것이 아니라 천하를 힘으로 호령하는 함의 후손이 점점 더 강대해진다. 그 중에서 니므롯은 함족을 대표하는 영웅-호걸이라 할 수 있다. 니므롯이 셈족 지역인 페르시아만 연안의 엘람평야, 티그리스 강 상류지역인 앗수르, 시날 평지 지역인 아르박삿, 터키 지역인 룻 그리고 다메섹 지역인 아람을 차츰 점령하여 결국 함의 후손이 주축이 되어서 창세기 11장의 시날 땅에서 하나님을 대적하는 바벨탑 사건을 벌이는 것이다.

6) 셈과 함과 야벳 그리고 선악의 혼합(창 11:1-26)

(1) 바벨탑 이야기(창 11:1-9)

셈과 함과 야벳의 후손들은 각기 족속과 언어와 지방과 나라대로 나뉘어졌다(창 10:5, 20, 31). 이들은 온 세상으로 퍼져나가며 분명 다른 문화와 풍습과 언어를 가지게 되었을 것이다. 그러나 갑작스럽게 바벨탑 사건의 서두는 이 모든 것들을 무효화 시키는 한 마디로 시작하고 있다. "온 땅의 언어가 하나요 말이 하나였더라"(창 11:1). 그래서 사람들은 셈과 함과 야벳의 후손들이 퍼져나가는 족보를 보여주는 창세기 10장이 11장의 바벨탑 사건 이후의 상황을 보여주는 것이라고 보고 이 두 장의 순서를 바꾸는 것이 논리적이라고 주장하기도 한다. 그러나 사건의 정황은 오히려 성경의 흐름을 따라가는 것이 실제적이다. 왜냐하면 바벨탑 사건은 동방으로 삶의 터전을 옮기며 대대적인 정복이 이루어지는 상황을 전제하고 있기 때문이다. 그리고 그 정복된 땅의 중심에 시날이라는 지역이 있다. 이미 우리에게는 시날 땅은 친숙한 지명이 되었다. 그 누구도 아닌 정복자 니므롯의 땅이다. 시날 땅은 바벨과 에렉과 악갓과 갈레를 포함하고 있는 것으로 나타난다(창 10:10). 시날과 바벨탑의 만남은 이렇게 미리 예고되었다.

그렇다면 언어가 하나라는 것은 어떤 의미를 가지고 있는가? 세계를 제패한 나라치고 자신의 언어를 퍼뜨리지 않은 나라가 어디에 있는가? 바벨론은 아람어를 세계통용어로 만들었고, 그리스는 헬라어를, 로마는 라틴어를 그리고 근대 식민지 전쟁에서 포루투칼, 스페인, 영국, 미국, 일본까지도 자신들이 점령한 지역에 자신들의 언어를 심으려고 애썼다. 언어의 통합은 모든 것을 뒤바꾼다. 정치, 경제, 문화, 사상, 종교까지 뿌리째 뽑아 다른 것을 심어버릴 수 있는 토양을 만드는 것이다. 누가 이러한 통합을 시도할 것이냐에 따라서 세상은 완전히 달라질 수 있다. 하나님은 하나님의 백성이 이렇게 세상을 뒤바꾸기를 원하신다. 셈의 후손인 벨렉과 그의 후손들이 구별된 삶으로 이러한 역사를 만들어야 했다. 그러나 극히 자주 세상의 힘 앞에 하나님의 백성이 무력하게 주저앉을 때가 많다. 니므롯과 그의 후손들의 위력은 가히 세상을 집어삼킬 듯이 포효하며 정복에 정복을 거듭하여 대 제국을 형성했다. 여호와 하나님과 견줄 만한 영웅주의로 가득한 이들이 하고자 하는 것이 무엇인가? 그것은 바벨탑 사건의 구조를 분석해 보면 쉽게 알 수 있다.

바벨탑 사건은 정확하게 두 부분으로 나뉘는데 전반부는 인간들이 벌이는 교만의 행태를 드러내고, 후반부는 그에 대한 하나님의 심판이 나타난다. 인간의 행위와 하나님의 심판을 통해 하나님을 떠난 세상이 걸어가는 길이 무엇이며 하나님은 그에 대해 어떻게 응답하시는가를 통해 우리의 길을 돌아볼 필요가 있다.

전반부-인간의 의도(창 11:1-4)
A. 온 땅의 언어가 하나였다(11:1)
B. 자, (우리가) 벽돌을 만들고 견고히 굽자(11:3)
C. 성읍과 탑을 건설하여 그 탑 꼭대기를 하늘에 닿게 하자(11:4a)
D. 우리 이름을 내고(11:4b)
E. 온 지면에 흩어짐을 면하자(11:4c)

하나로 통합되고 통일되는 것은 바람직한 것이다. 그러나 무엇을 하기위한 연합인가가 더욱 중요한 요소이다. 인간이 도시문명을 건설하고 살아가는 것은 흔히 있을 수 있는 일이다. 그러나 그 문명의 존재목적이 무엇인가에 대한 자각이 반드시 필요하다. 이들은 통합된 힘을 가지고 벽돌을 굽는다. 하나님께서 주신 재료에다 인간의 기술을 가미하여 화려한 문명을 건설하는 것이다. 하나님의 창조성에다 초점을 맞출 것인가(흙이나, 다듬지 않은 돌의 제단), 인간의 기술을 찬미할 것인가(벽돌이나, 다듬은 돌로 만든 계단식 제단)라는 갈등이 존재하고 있다(출 20:24-26). 그 결론은 그 탑이 하늘을 향하여 치솟으며 드러난다. 그 목적은 다름 아닌 '우리 이름'을 내자는 것이다. 하나님의 아들들과 사람의 딸들이 결합하여 고대에 유명한 용사들인 네피림이 탄생하듯이, 이 탑 또한 인간의 이름, 명성을 드높이자는 목적을 가지고 있다. 그리고 흩어짐을 면하자 라고 서로를 독려한다. 여호와의 이름이 사라지고 인간의 이름이 높임을 받는 곳은 올바른 판단기준이 사라진 세상이다. 선악의 구별이 모두 인간의 논리에 달려있게 된다. 이들이 만들어낼 세상은 긍휼과 자비, 정의와 공의와는 관계가 없는 장소가 될 것이다. 긍휼의 잣대를 대어야 할 때 정의를 들이밀어 잔혹한 세상을 만들고, 정의를 이루어야 할 때에 긍휼히 여김으로 불의와 부정의가 판을 치는 세상을 만드는 것이다. 이들은 니므롯과 같이 여호와 앞에서 위대함을 과시하고 있다.

이에 대해 하나님의 심판은 단호하다. 왜냐하면 이들을 그대로 좌시했다가는 세상을 사악함으로 물들일 것이 분명하기 때문이다. 인간이 야심 차게 도전하고 있는 하늘 꼭대기에 닿는 탑은 하나님께 아무런 위해도 가할 수 없다. 메소포타미아 지역에서 발견되는 거대한 탑인 지구라트(Ziggurat)는 학자들의 추정에 의하면 가장 높은 것이 고작해야 91.5m(297피트)정도인 것으로 드러난다.[88] 그 당시의 기술로는 대단한 업적인지는 모르겠지만, 그들이 아무리 높이 쌓아도 여호와께서는 그 탑을 보기 위해 하늘에서 내려오셔야만 하는 정도밖에는 안 된다(창 11:5). 그런 인간이 천하의 주인이 되게 할 수는 없는 것이다. 하나님의 심판이 즉각적으로 실행된다. 그 실행은 전반부에서 인간이 저지른 그 행동을 전적으로 무효화하며 진행되는 평행관계를 이룬다.

후반부-하나님의 심판(창 11:5-9)
A'. 이 무리가 한 족속이요 언어도 하나이므로(11:6)
B'. 자, 우리가 언어를 혼잡하게 하고 알아듣지 못하게 하자(11:7)
C'. 그들이 그 도시 건설하기를 그쳤더라(11:8)
D'. 그러므로 그 이름을 바벨이라 하니 여호와께서 언어를 혼잡하게 하셨음이라(11:9a)
E'. 여호와께서 거기서 그들을 온 지면에 흩으셨더라(11:9b)

하나님께서는 언어를 강제적으로 하나로 통합하여 잘못된 소통을 하고 있는 그들이 더 이상 악을 저지르는 힘을 규합하지 못하도록 언어를 혼잡케 하신다. 서로 간에 소통이 좌절되는 것은 곧 인간의 악한 규합을 막을 수 있고, 그들이 하는 악행을 막을 수 있는 길이다. 결국 이들은 언어적 소통이 단절됨으로 탑 건축을 그치고 분리의 길을 걷는다. 자신들의 명성을 높이려고 했던 시도가 결국 조롱 섞인 이름으로 그 결말에 이르렀다. 여기서 언어의 유희를 찾아볼 수 있는데 '바벨'(בָּבֶל)이라는 단어와 언어를

'혼잡케 하셨다'(בָּלַל 발랄)와의 상관관계 속에서 느껴볼 수 있다. 인간의 명성이 높임을 받는 '바벨'의 건설은 결국 '발랄,' 즉 혼란의 대명사일 뿐이라는 것이다. 이 속에는 중요한 신학적 반향이 울려나고 있는데 인간의 이름을 높이려는 것은 혼란밖에는 기여하는 것이 없다는 것이다. 이러한 혼란과 혼돈은 마침내 뿔뿔이 흩어지는 것으로 그 결론에 이를 수밖에 없다.

온 세상이 또다시 노아가 사명을 부여받아 출발 할 때의 상태로 복귀해 버렸다. 노아 시대가 선악과가 온 세상을 가득 채운 상태였다면, 그와 그의 후손들이 새로운 기회를 다 소진해 버린 뒤의 세상도 이와 다를 바가 없음을 보인다.

	아담과 하와의 선악과 (창 3:6)	인류의 선악과로 (창 6:1-5)	노아의 실패가 또 인류의 선악과로 (창 11:1-9)
선악과의 특징	먹음직도 하고 (3:6a)	자기들이 좋아하는 모든 여자로 아내를 삼음; 그들이 육신이 됨 (6:2b-3)	온 땅의 언어가 하나요, 만족스런 장소인 시날 평지를 만나 거류하며 돌과 진흙 대신 벽돌과 역청을 취하여 (11:1-3)
	보암직도 하고 (3:6b)	하나님의 아들들이 사람의 딸들의 아름다움을 보고 (6:2a)	성읍과 탑을 건설하여 그 탑 꼭대기를 하늘에 닿게 하자 (11:4a)
	지혜롭게 할 만큼 탐스러움 (3:6c)	네피림-그들은 용사라 고대에 명성 있는 사람들 (6:4)	바벨탑-우리 이름을 내고 온 지면에 흩어짐을 면하자 (11:4b)
결과	하나님과 같이 되어 선악을 알 줄 하나님이 아심이라 (3:5, 22)	여호와께서 사람의 죄악이 세상에 가득함과 그의 마음으로 생각하는 모든 계획이 항상 악할 뿐임을 보시고(6:5)	여호와께서 이르시되 이 무리가 한 족속이요 언어도 하나이므로 이같이 시작하였으니 이 후로는 그 하고자 하는 일을 막을 수 없으리로다 (11:6)

한 언어가 연합의 길로도 혹은 흩어짐의 길로도 가게 할 수 있다. 어떤 자세로 그 언어를 구사할 것이냐에 따라 그 결과는 달라지는 것이다. 인간이 스스로 이름을 높이려고 사용하는 언어는 그 결국이 흩어짐으로 끝날 것이로되 동일한 언어를 가지고 하나님의 이름을 높일 때에는 깨어지지 않는 결속이 주어진다. 이러한 결속은 성령강림사건이 발생했을 때 분명하게 가시화 되었다. 오순절 예루살렘에 모인 사람들은 여러 나라에서 예루살렘으로 순례를 온 사람들이었으나 모두가 성령의 부어주심을 인하여 자기나라 말로 하나님의 큰일을 말하는 것을 들었다. 사도들이 성령이 임하자 방언으로 말씀을 전할 때에 '바대인, 메대인, 메소포타미아, 유대와 가바도기야, 본도와 아시아, 브루기아, 밤빌리아, 애굽, 구레네에 가까운 리비아, 로마, 그레데인, 아라비아인들'이 모두 제각기 자기 나라말로 사도들의 말을 알아들었다. 바벨탑 사건 때 혼란스런 언어로 인해 흩어져버린 셈과 함과 야벳의 후손들이 성령의 언어 안에서 하나가 되는 것이다(행 2:1-13).

하지만 창세기는 이러한 신앙적 연합에 반하는 흩어짐으로 그 결론에 이른다. 두 번의 거대한 역사의 수레바퀴가 이렇게 실패로 끝나고 만다. 모두 구별되어야 할 삶이 혼합으로 퇴색되어 버림으로 세상에 어떤 영향력도 줄 수 없는 신앙적 추락이 일어나는 것이다. 이러한 역사의 흐름을 도표로 간략하게 표현하자면 다음과 같다.

횟수	구별이 사라진 혼합	그 결과	심판	역사적 실제
1	**가인** – 가인의 후손 **셋** – 셋의 후손	사람의 이름을 높이는 **네피림** 탄생	쓸어버림	**가나안 족속**은 혼합의 대명사
2	**함** – 함의 후손 **셈, 야벳** – 셈, 야벳의 후손	사람의 이름을 내는 **바벨탑** 건축	흩어버림	**바벨론**은 연합적인 힘의 대명사

이 도표는 인간이 걸어간 두 번의 실패의 역사를 보여주고 있다. 실패를 뒤로하고 새 창조의 역사로 시작한 대장정이 결국은 다시 또 다른 실패라는 원점으로 돌아온 것이다. 하나님을 떠난 인간의 삶은 결국 아무리 긴 시간이 흐르고, 아무리 많은 기회가 주어질지라도 가야 할 방향을 잃고 반복해서 제자리에서 돌기만 하는 목표를 상실한 경주를 하고 있는 것일 뿐이다. 그리고 이렇게 태초에 반복적으로 실패한 인간의 역사는 단지 태초의 이야기로 끝나는 것이 아니라는 점에서 바르게 되새겨야 할 필요가 있다. 왜냐하면 인간의 이름을 드높이는 네피림은 역사 속에 다시 등장할 것이며, 바벨탑 또한 이것이 끝이 아니기 때문이다. 하나님의 아들들과 사람의 딸들이 뒤섞이는 혼합으로 인해 탄생한 네피림은 가나안 거인족의 선조라는 점에서 하나님의 백성 이스라엘이 곧 부딪쳐야 할 역사적 실제가 된다(민 13:33). 그리고 거대한 인간문명의 대명사가 되어 "나뿐이라 나 외에는 다른 이가 없도다"(사 47:8)라고 자랑하며 오만하게 "하늘에 올라 지극히 높은 이와 같아지리라"는 선포로 하나님과 한껏 겨루어 보려는 바벨론 제국의 황제(사 14:12-14)는 바벨탑의 구체적인 실체가 된다. 이렇게 역사는 동일한 반복을 계속한다. 특히 가나안의 종교, 문화, 사상과 혼합을 이루어 살다 결국은 바벨론의 연합된 힘에 무릎 꿇고 만 이스라엘 백성에게 창세기 1-11장에 나타난 이 두 거대한 이야기들은 세상과의 혼합도 그리고 세상의 연합된 힘에의 의지도 결코 인류의 문제를 해결할 길이 아님을 보여주는 것이다. 지금 현재에도 이 두 가지는 하나님의 백성을 무너뜨리는 가장 큰 시험거리가 되고 있다. 태초의 이야기를 통해 바르게 배우지 못한다면 하나님의 백성 또한 계속되는 혼합으로 쓸어버림을 당하고, 흩어져 버리는 동일한 운명에 처하고 말 것이다. 이 모든 것을 일소할 수 있는 유일한 길은 오직 참된 믿음으로 하나님의 뜻을 받드는 것이다. 이제 희망은 또다시 나타나는 한 이름에 있다.

(2) 이름(שֵׁם)의 신학과 아브람(창 11:10-26)

　　이 땅에 존재하는 인간은 두 가지의 갈림길에서 자신이 걸어갈 길을 택한다. 이 땅에 수많은 길이 있는 듯하지만 그 모든 길들은 이 두 가지 길로 모두 축약될 수 있기 때문이다. 인간 자신의 이름을 높이는 길과 하나님의 이름을 높이는 길이다. 누구의 이름을 높이느냐에 따라 가인의 계보와 셋의 계보가 갈라지고 사람의 딸들과 하나님의 아들들로 갈라진다. 그러나 이름에 대한 인간의 집착은 마침내 하나님의 아들들과 사람의 딸들이 뒤엉켜서 인간의 명성을 높이는 세상을 만들고 만다. 이렇게 첫 번째 역사는 인간의 이름을 높일 것인가, 여호와의 이름을 높일 것인가라는 삶의 선택에서 결국 인간의 이름으로 마감되어 버린다. 여호와의 이름을 부르는 사람들이 세상의 힘과 권력, 화려함이라는 유혹에 지고 만 것이다.

　　새로운 창조 후에 나타난 인간의 위대함에 대한 갈망은 최초의 영웅적인 인간 니므롯에게서 나타나고 그의 영웅주의적 정신은 바벨탑 건설이라는 열매가 되어 세상에 나타난다. 바벨탑의 목적이 인간의 '우리 이름을 내고'라는 점에서 이 또한 명성이라는 유혹 앞에 힘없이 무너진 것이다. 인간은 이처럼 끊임없이 자신의 이름을 높이려한다. 하나님의 이름이 아닌 자신의 명성을 위해서 모든 것을 다 바친다. 이것이 타락한 인생이 저지르는 죄악의 본질이다. 자신의 이름을 높이는 것은 결국 이 세상에서 하나님같이 호령하며 자신의 주권을 높이고, 자신 마음대로 살려는 인간 갈망의 표출인 것이다. 이러한 현상은 문명의 최고점을 찍고 있다고 자부하는 21세기에도 결코 다르지 않다. 낮아져 종이 되어 섬김의 도를 온전히 이루게 하려고 부름 받은 성직자들까지도 뿌리 깊은 죄악성의 상징인 명성에 무릎 꿇고 말 때가 많기 때문이다.

　　그렇다면 하나님께서는 인간의 이름, 즉 명성을 없애시려는 것인가? 아예 이 땅에서 인간의 이름이 들려지지 않기를 바라시는 것인가? 그 대답은 일언지하에 "No!"이다. 분명 그렇지 않다. 만약 그랬다면 하나님께서는 아예 인간을 자신의 형상으로 만들지도 않으셨을 것이다. 하나님께서 우리에게 이 땅의 모든 피조물들을 다스리는 권한을 맡기셨다는 것은 우리를 하나님의 동역자로 부르신 것을 의미한다. 그렇다면 우리에게 하나님과 같은 명성을 이미 계획하고 계신 것이다.

이러한 사실은 바벨탑 사건이 위치한 문학적인 구조를 통해 명백해 진다. 특기할 사항은 바벨탑 이야기를 의도적으로 한 사람의 족보 사이에 끼워놓은 것이다. 바로 셈이라는 노아의 첫째 아들이다. 창세기 10장은 노아의 아들이 '셈과 함과 야벳'이라고 명명했음에도 불구하고 그 순서를 거꾸로 하여 '야벳-함-셈'의 순서로 족보를 나열하고 있다. 그리고 바벨탑 사건이 나오고 그 다음에 또 셈의 족보가 나타나게 된다. 그러므로 바벨탑 사건은 바로 셈의 두 족보 사이에 끼이게 되는 것이다. 셈의 첫 번째 족보는 수평적인 족보로 형제관계를 명백히 하고자 하는 목적이 있고, 바벨탑 사건 다음의 족보는 수직적인 족보로 직계로 한 사람씩만 거론하여 처음 거론된 사람과 마지막 거론된 사람의 관계를 통해 마지막 인물의 정통성을 수립하려는데 목적이 있다: '셈-아르박삿-셀라-에벨-벨렉-르우-스룩-나홀-데라-아브람, 나홀, 하란'(10대).[89]

A. 셈의 수평적 족보(창 10:21-32)

B. 바벨탑 사건(창 11:1-9)

A'. 셈의 수직적 족보(창 11:10-26)

무슨 이유로 이렇게 셈의 족보 사이에 자신들의 이름을 높이려는 사람들의 이야기를 넣어두게 되었을까? 그것은 '셈'이라는 단어의 뜻을 파악하면 쉽게 알 수 있다. '셈'(שם)은 그 뜻이 '이름'이다. 지금까지 사람들은 계속해서 자신의 '이름'(םֵשׁ 셈)을 높이려고 안간힘을 써왔다. 자신의 이름을 높이려는 사람들의 이야기인 바벨탑 사건이 '이름'을 뜻하는 사람의 족보 사이에 끼이게 된다. 그리고 셈은 하나님께서 선택한 사람이다. 즉, 하나님께서 택하신 이름인 것이다. 이 '이름,' 즉 '명성'이라는 뜻의 이름을 가진 셈의 족보를 통해 하나님께서 택하실 '명성의 사람'이 나타날 것이다. 그는 바로 그 다음 이야기를 열어갈 사람 '아브람'이다. 하나님께서 아브람을 부르실 때 분명하게 약속하시는 것이 있다. 그것은 바로 이름에 대한 확증이다.

> 내가 너로 큰 민족을 이루고 네게 복을 주어 네 이름(םֵשׁ 셈)을 창대하게 하리니 너는 복이 될지라(창 12:2)

하나님의 계획 속에는 사람의 이름을 높이시는 계획이 분명하게 들어있다. 그런데 인간은 그것을 기다리지 못하고 자신이 스스로 이름을 높이려고 안간힘을 쓴다. 하나님의 백성에게 있어서 이름은 자신이 높이는 것이 아니라 하나님께서 높여주시는 것이다.[90] 하나님의 때에 하나님의 계획하심 가운데 가장 아름답게 높여주실 날을 기다리는 믿음이 필요하다. "무릇 높이는 일이 동쪽에서나 서쪽에서 말미암지 아니하며 남쪽에서도 말미암지 아니하고 오직 재판장이신 하나님이 이를 낮추시고 저를 높이시는 것"(시 75:6-7)이기 때문이다. 다윗에게도 하나님께서는 그와 영원한 언약을 맺으실 때 "땅에서 위대한 자들의 이름 같이 네 이름을 위대하게 만들어 주리라"(삼하 7:9)는 동일한 약속을 해 주신다. 그렇다. 하나님의 때에 모든 것이 가장 아름답게 이루어질 것이며, 오직 하나님의 그 뜻에 일치하여 살아가는 사람은 그에게 주어진 그 명성까지도 전적으로 하나님의 영광을 위하여 사용할 것이다. 그 구체적인 길은 단 한 가지 하나님께 부름 받은 사람이 먼저 하나님의 이름을 높이는 삶을 사는 것이다. 그를 통하여 하나님의 이름이 높아질 때 하나님께서 그 사람의 이름을 높이실 것이다. 그 순서가 중요한 이유는 하나님을 향한 예배가 바로 설 때 주어진 명성까지도 사용하여 하나님 나라를 위해 사용할 것이기 때문이다. 아브람이 가나안 땅에 제단을 쌓고 '여호와의 이름'을 부르는 것이 바로 그 시작인 것이다(창 12:8). 이는 예수님의 말씀처럼 "먼저 그의 나라와 그의 의를 구할 때 이 모든 것을 채워주실 것"(마 6:33)이라는 순서와 그 맥을 같이 한다.

셈의 계보에서 10대만에 한 인물을 찾으신 하나님은 과거의 역사에서 이루지 못한 그 뜻을 이루기 위한 목적이 있으시다. 과거에도 하나님께서는 세상이 온통 뒤섞여 자신의 이름을 내려고 혈안이 된 세상 속에서 한 사람을 부르셨다. 그 또한 10대를 기다려 얻은 소중한 인물이었다: '아담-셋-에노스-게난-마할랄렐-야렛-에녹-므두셀라-라멕-노아'(10대)(창 5:1-32).

결국 선악과도 네피림도, 바벨탑도 모두 하나님 같이 되려는 인간의 몸부림이라는 것을 알 수 있다. 그러나 그것을 막는 길은 하나님의 뜻에 얼마만큼 순종하며 하나님의 길을 걸어가느냐에 달려있다. 아담도, 노아도 실패하고 말았다. 그리고 그 후손들 또한 동일한 길을 걸어가고 말았다. 이제 새로운 기회는 아브람에게 주어져 있다. 그는 어떻게 하나님의 뜻을 받들 것인가? 그것에 미래가 달려있다. 우리에게 있어서 주권은 하나님께 있고, 우리 삶의 최고의 우선순위는 오직 하나님 나라와 그의 의를 이루는 것 그리하면 이 모든 것을 더하신다는 것이 하나님의 뜻이다. 지금 우리에게도 하나님 같이 되려는 마음이 아니라, 하나님의 뜻을 이루려는 열망이 필요하다. 그리하면 우리의 이름을 높이실 것이다. 하나님께서 수천 년의 세월동안 얼마나 안타깝고, 답답하셨으면 아브람을 부르실 때는 제발 스스로 이름을 높이려고 애쓰지 말라는 의미에서 아예 큰 이름을 약속하신다. 이름이라는 명성과 명예는 신경 쓰지 말고 하나님의 뜻만을 가장 큰 우선순위로 두고 살아갈 것을 명하시는 것이다.

이제 새로운 시작은 아브람과 함께이다. 그리고 역사는 지금까지 있었던 불운한 반복을 원하지 않는 다는 것과 또한 이러한 반복이 사라질 때 하나님의 목표를 향하여 빠르게 진행할 수 있다는 것을 보여주고 있다. 역사의 수레바퀴를 멈추어 악순환이 사라지게 하는 그가 바로 하나님이 원하시는 새 역사를 이끄는 주역이 될 것이다.

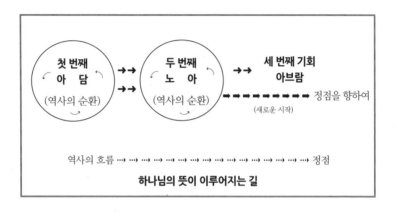

이처럼 하나님의 계획은 변함이 없다. 그러나 인간의 실패로 인해 하나님의 숭고하신 뜻이 계속해서 뒤로 후퇴한다. 기약도 없이 밀려가는 것이다. 아담이 실패했을 때, 하나님은 기다리셨다. 또 한 사람의 인물을 세우시기 위해서 기나긴 세월을 준비하시며 기다리신 것이다. 아담이 성경의 연대기로 보자면 약 BC 4000년경의 인물이고, 노아가 3000년경 그리고 아브람이 2000년경의 사람이다. 그렇다면 한 사람의 인물을 준비하고 기다리는 세월이 무려 1000년이다. 인간은 단 몇 년도 못 기다려서 "언제까지입니까?"라고 아우성을 치는데 하나님은 무려 천년의 세월을 한 사람을 기다리시며 인내하신다. 이것이 바로 하나님 앞에 서 있는 우리 인간의 자각이 되어야만 한다. 내가 바로 하나님의 천년의 세월의 기다림을 해소시킬 바로 그 사람이라는 자각이 있을 때 하나님의 뜻은 이 땅에서 새롭게 펼쳐질 수 있다. 더욱 많은 사람들이 이러한 소명에 임할 때 하나님 나라는 앞당겨질 것이다. 이를 위해 가장 먼저 버려야 할 것이 있다. 인간에게 있는 '하나님 같이' 되려는 욕망이다. 이것을 버리기 위해서는 인간 스스로의 이름을 추구하는 어리석음을 내려놓아야 할 것이다. '하나님 같이'(like God)가 아니라 '하나님의 마음같이'(after God's own heart) 살아가는 삶이 필요하다.

이 거대한 천년의 세월이 두 번 흘러가는 동안 반복적으로 인간의 삶을 실패로 몰아간 죄악의 근본은 명백하다. 그럼에도 실패로 끝나버린 인간에 대해 하나님께서는 무한한 가능성을 버리지 않으시고 자신의 뜻을 펼치시기 위해 또 사람을 불러내신다. 그리고 부름 받은 인간은 또다시 선택의 갈림길에 서게 된다. 자신의 이름을 높일 것인가, 아니면 하나님의 이름을 높일 것인가? 하나님께서는 아브람을 부르실 때 그 시작부터 그의 이름을 창대하게 하실 것이라는 약속을 주신다. 이 약속을 믿음으로 자신의 이름은 오직 하나님께 맡기고, 평생의 삶을 통하여 하나님의 이름만 높이는 것이 아브람의 사명이다. 그리고 언젠가 하나님의 때에 하나님께서 아브람의 이름을 새롭게 바꾸어 주실 것이다.

III
아브라함 이야기(창 11:27-22:24)

이스라엘 역사와 하나님의 역사가 새로운 국면에 접어들 시기가 되었다. 그러나 아직까지 해결되지 못한 문제가 있다. 분명 창세기 1-11장에는 계속되는 문제들이 있을 뿐이지 아직 해결된 것은 없다. 특히 인간의 죄와 그로 인한 저주는 심각하게 인간 삶을 피폐하게 만든다. 우리는 그 원인을 분명히 파악할 필요가 있다. 그 원인을 분명히 알 때 하나님의 뜻을 바르게 깨달을 수 있기 때문이다. 인류가 저지른 죄의 원인은 두 가지이다.

> * 아담과 하와 – 하나님께 불순종(말씀을 어김) – 하나님과의 관계 파괴
> * 가인 – 형제 살해 – 사람과의 관계 파괴

세상의 죄는 이렇게 이 두 가지로 집약된다. 그리고 그로 인해 땅과 세계,

인간은 저주 가운데 빠진다. 하나님께서 원하셨던 것은 천지창조에서 보이듯이, "복을 주시고, 생육하고, 번성하고, 땅에 가득 차서, 땅을 정복하고, 올바른 다스림의 세계를 열어가는 것"이다. 하나님께서 계속해서 이루고자 하는 것은 '회복'이다.

* 첫째, 누가 하나님과의 끊어진 관계를 회복할 것인가? 그리고 어떻게?
* 둘째, 누가 사람 사이의 끊어진 관계를 연결시킬 것인가? 그리고 어떻게?

하나님께서 노아를 부르셨다는 것은 이것을 회복코자 함이었다. 어떻게 하나님과의 관계를 회복할 것인가? 그것은 아담이 하나님의 말씀을 무시했던 것과는 다르게 오직 하나님의 말씀을 철저하게 경외함으로 순종하는 것이다. 노아의 시작은 그랬다. "하나님께서 명령하신 대로 그대로 준행했다"는 것이 그의 시작이기 때문이다. 그러나 그의 마지막은 그렇지 못했다. 거역과 타락의 길, 자신을 만족시키는 불순종의 길을 걸었다. 아담이 에덴동산에서 거역한 것과 같은 것을 새로운 땅에서 동일하게 행했다는 점에서 그렇다. 그리고 땅은 저주가 더욱 기승을 부리는 장소가 되었다. 또한 연속적으로 노아의 아들들의 삶에서 분리가 일어난다. 형제 사이에 화해와 연합이 일어나는 것이 아니라, 저주로 인한 분열이 일어나고(셈, 야벳과 함의 후손의 분리), 이것은 가인과 아벨 그리고 그들의 후손들의 분리와 정확하게 평행을 이룬다는 점에서 노아의 사명은 실패로 끝났다. 또다시 저주받은 자의 자손들의 대부분이 세상을 어지럽히고, 하나님의 백성과 계속적인 대립을 일으키는 민족들이 된다는 점에서 이를 분명하게 말할 수 있다.

이렇게 아담이 실패했고, 노아도 실패했다. 천년의 기다림이 무위로 끝나버리고 만 것이다. 우리는 이 실패의 주요인을 파악할 필요가 있다.

물론 불순종이라는 거대한 수레바퀴가 움직이고 있는 것이 사실이지만 엄밀하게 그 불순종은 왜 발생하는가에 대한 깊은 깨달음이 필요하다. 하나님의 말씀에 대한 불순종이 문제라는 사실은 익히 알고 있지만 그 불순종이 발생하는 동기를 깨달을 때 우리는 그 근본부터 바로잡아 갈 수 있기 때문이다. 감사하게도 창세기 1-11장은 그 주 원인이 무엇인가에 대하여 반복적으로 뚜렷이 보여주고 있다. 아담과 하와가 하나님의 말씀을 거역한 이유가 무엇인가에 그 해답이 들어있다. 왜였는가? 그것은 다름 아닌 '하나님 같이 되려는 야심'이다. 하나님 같이 되려는 야망은 한 가지 분명한 행동으로 역사적 실체가 된다. 그것은 아담과 그의 후손들의 결말과 노아와 그의 후손들의 결말을 살펴보면 분명해진다. 바로 인간의 이름을 드높이는 것이다.

	아담 이야기(창 1:1-6:8)	노아 이야기(창 6:9-11:26)
1	혼돈의 깊은 물에서 창조(1:1-2:3)	혼돈의 물에서 새 창조(6:9-9:17)
2	아담과 하와	노아가족
3	에덴동산(2:4-25)	아라랏 산 지역(9:18-19)
4	**아담과 하와의 타락**(3:1-24) ① 혼돈의 물에서 창조 ② 하나님께서 만드신 동산에 두심 ③ 농부(땅을 경작하며 지키게 하심) ④ 선악과를 따 먹음 ⑤ 무화과 잎으로 옷을 해 입음 ⑥ 저주(축복이 저주로 바뀜)	**노아의 타락**(9:20-29) ① 혼돈의 물에서 재창조 ② 하나님께서 새롭게 주신 땅에 두심 ③ 농부(땅의 사람) ④ 포도열매로 포도주 만들어 먹음 ⑤ 포도주에 취해 옷을 벗음 ⑥ 저주(저주를 축복으로 바꾸는 사명실패)
5	아담의 아들들- 분열과 저주(4:1-16)	노아의 아들들- 분열과 저주(9:22-29)
6	**아담의 후손들의 계보 분리**(4:17-5:32) • 가인 - 에녹 ----- 라멕 • 아벨(살해됨) • 셋 - 에노스 ---- 에녹	**노아의 후손들의 계보 분리**(10:1-32) • 함 ---------- 니므롯 • 야벳 ---------- • 셈 ---------- 아브람

	아담의 아들들 가인과 셋의 후손의 연합	노아의 아들들 셈, 함, 야벳의 후손의 연합
7	아담 가인 아벨(×) 셋 후손들의 연합 (사람의 딸과 하나님의 아들들) ⬇ * 네피림 탄생(6:1-6) - 인간의 교만 **(사람의 이름을 내는 것)**	노아 함, 야벳, 셈 후손들의 연합 (온 땅의 언어가 하나) ⬇ * 바벨탑 탄생(11:1-9) - 인간의 교만 **(사람의 이름을 내는 것)**
8	지면에서 쓸어버리실(מחה 마하) 계획(6:7)	온 지면에서 흩어버리심(פוץ 푸쯔)(11:9)
9	선택된 노아(6:8)	선택된 아브람(11:10-26)
10	(새로운 기회 - 창조의 파괴와 새 창조) ➡➡➡➡➡➡➡➡➡➡➡➡➡➡	(새로운 기회 - 어떻게 할 것인가?) ➡➡➡➡➡➡➡➡➡➡➡➡➡➡

이렇게 아브람이라는 인물이 나타나기까지의 역사를 또다시 반복하는 이유는 이를 통해 그가 부름 받아 나온 세상이 어떤 문제를 가진 곳이며 그가 서있을 새로운 땅은 어떠해야 하는지를 분명하게 볼 수 있기 때문이다. 과거를 명확하게 이해하는 것은 현재 우리가 서 있는 자리의 의미를 분명히 이해할 수 있고 미래를 향한 소명을 바로 잡을 수 있기 때문이다. 하나님과의 관계가 부서지고, 사람 사이의 관계가 산산조각 난 곳, 모두 다 하나님처럼 되려고 자신의 이름을 드높이는 세상이 아직도 건재하다. 땅이 혼돈과 공허, 흑암의 무질서로 가득 찬 세상으로 돌아간 것이다. 하나님께서는 이렇듯 무너진 세상을 바로 세우기 위해 또 한 사람을 불러 내신다. 아담과 노아가 실패했고, 이제 아브람에게 그 소명이 주어져 있다.

1. 이야기 전체를 한눈에 읽기

창세기 1-11장을 지칭하기 위하여 학자들이 전문용어로 쓰고 있는 '원역사'(the primeval history)와 12-50장을 가리키는 '족장사'(the patriarchal history)는 정말로 존재하는 것인가? 용어를 놓고 말장난을 하기 위한 것이 아니라 이러한 역사에 대한 특정한 지칭과 구분이 하나님의 계획인가, 아니면 단지 사람의 편의를 위한 고안물인가를 질문하고 있는 것이다. '사람의 편의'라는 말은 성서해석에서 흔히 벌어지는 현상으로 이해할 수 없는 부분에 대한 사람의 담합을 의미할 때가 많기 때문이다.

창세기의 오분의 일밖에 차지하지 않는 '원역사'는 무려 20세대를 신속하게 서술하고 있으나, 그 대부분을 차지하는 '족장사'는 아브라함을 시작으로 요셉과 형제들까지 단지 네 세대만을 상세하게 그리고 있다.[91] 이 갈림길의 중심에 서 있는 사람이 바로 아브라함이라는 인물이다. 그의 존재는 분명 새로운 시대, 즉 그 전의 시대와는 구별되는 무언가를 제시하기 위한 목적이 있음에 틀림없다. 아브라함의 이야기가 나타나는 부분이 열세 장(창 11:27-25:11) 정도로 '원역사'라고 불리는 20세대보다 더 많은 분량을 할애하고 있다는 것만 보아도 쉽게 알 수 있다. 즉, 수천 년의 역사보다 아브라함이 부름 받은 후의 신앙의 여정인 100년의 세월이 더 무게감 있게 다뤄지고 있는 것이다. 그리고 그의 후손들의 이야기 또한 한 사람 한 사람 신중하게 그려지고 있다는 점에서 아브라함과 그의 후손들을 통해 이루어진 새 시대는 창세기의 중심이 되기에 충분하다고 할 수 있다. 그러나 아브라함의 존재의미는 결코 그보다 앞서 나타났던 인물들과 분리해서는 올바르게 평가할 수 없다. 그러므로 아브라함과 그 보다 앞섰던 두 주요 인물인 아담과 노아와의 비교는 필수적인 요소이다. 이들과의 비교를 통해 아브라함이 갈대아 우르에서 하나님의 부름을 받은 이유와 그의 믿음이 높이 평가 되는 이유를 동시에 추적해 볼 수 있기 때문이다.

아브라함의 이야기 전체는 아브라함이 '세 번째 아담'이며, 또한 '두 번째 노아'로서의 이상을 실현한 것이 면면히 강조된다. 즉, 아브라함으로 인해 가능하게 된 회복된 세상을 제시하는 것이다. '회복'이라 함은 뭔가 부서진 '원형'이 있다는 것을 암시한다. 아브라함 이야기를 면밀히 살펴보면 아브라함은 이삭과 야곱으로 연결되는 족장들과의 연계성보다 오히려 아담과 노아가 이루지 못한 소명을 이루어 내는 중요한 사명을 부여받은 존재라는 것을 분명하게 알 수 있게 된다.

또다시 세상이 인간의 죄악으로 인해 혼돈으로 가득 찬다. 인간이 하나님 같이 되려고 그 보좌를 하늘 높이 올려 전능자와 견주려한다. 이 속에는 인간이 모든 선악의 주권자가 되어 세상을 호령하려는 야심이 들어 있는 것이다. 하나님께서 이런 인생의 악한 계획을 보시고 온 지면으로 흩어버리신다. 그 연합된 힘으로 세상을 어떻게 만들지 아시기 때문이다. 무질서가 온 세상을 뒤덮었다. 새로운 시작은 불가피하고 지금까지와는 달라야 한다. 실패한 수천 년의 역사를 다시 반복할 수는 없기 때문이다.

하나님께서 아브라함을 부르시고 그의 길을 인도하시는 여정 속에는 아담과 노아의 이야기 속에 나타난 모든 요소들이 그대로 들어있다. 창조(혹은 재창조) 이미지, 하나님께서 예비하신 땅, 명령에 대한 순종여부, 축복과 저주, 아들들과 후손들의 이야기(불화와 분열) 등의 공통점들이 아브라함이 아담과 노아의 뒤를 잇는 새로운 기회라는 것을 확신케 한다. 창조 이야기나 홍수 이야기에서처럼 혼돈의 물을 가르는 대 파노라마는 펼쳐지지 않지만 세상 악의 혼돈 속에서 한 사람을 구별해 내시는 사건이 새로운 창조의 이상을 그대로 보여주고 있기 때문이다. 천지창조가 하나님께서 말씀하시면 그것이 그대로 이루어지는 순종의 사건이요, 그 순종으로 인해 나타나는 질서를 보여주는 것이라면, 아브라함의 시작은 분명 창조의 대 파노라마가 펼쳐지는 순간이 된다. 하나님의 말씀에 한 마디의 토도 달지 않고 순종하며 묵묵히 그 명령을 수행하는 그의 삶 속에 하나님의 창조 질서가 이루어지기 때문이다. 그리고 이것은 곧 순종의 사람 아브라함이 걸어가는 길에서도 또한 그가 머무는 장소에서도 그와 같은 질서가 펼쳐질 것이란 기대를 갖게 한다.

아브라함에게 주신 하나님의 첫 말씀은 "가라!"(창 12:1)라는 명령이다. 그리고 그에게 그 명령과 더불어 많은 약속을 부여해 주신다. 그 약속의 내용을 살펴보면 하나님께서 지금까지 이루기를 간절히 소망하셨으나 아직 이루어지지 않은 마음의 갈망을 담고 있다. 이것이 아브라함을 부르신 이유이며 그가 삶의 여정을 통해 이루어내야 할 사명인 것이다. 하나님께서 부여해 주신 약속의 내용은 크게 세 가지를 내포하고 있다.

첫째	창 12:1	내가 네게 보여줄 땅으로 가라 (창 12:7 - 내가 이 땅을 네 자손에게 주리라)	땅
둘째	창 12:2	너로 큰 민족을 이루고 네 이름을 창대하게 하리니	자손
셋째	창 12:3	너는 복이 될지라 너를 축복하는 자는 축복, 저주하는 자는 저주 받을 것 땅의 모든 족속이 너로 말미암아 복을 얻을 것이라	축복

이처럼 하나님의 약속은 땅, 자손, 축복으로 구성되어 있다. 아담에게는 에덴동산을, 노아에게는 아라랏 산 지역을 이제 아브라함에게는 새롭게 시작할 수 있는 땅을 주시는데 그 장소가 바로 가나안 땅이 된다. 그 곳에서 하나님께 순종하는 자손들이 퍼져나감으로 세상에서 저주를 씻어내고 하나님의 축복을 전달하는 통로가 되어야 한다는 것이다. 결국 최종적으로는 온 세상에 드리운 저주를 벗겨내고 그 곳에 축복을 심는 것 그것이 바로 아

브라함과 그의 후손이 해야 할 사명인 것이다. 아브라함을 부르시는 창세기 12:1-3절의 단 세 절에 복이라는 단어가 5번이나 나타나는 것을 보면 축복의 통로로서의 사명이 얼마나 중요한 것인가를 살펴볼 수 있다.

아브라함은 하나님의 말씀을 좇아 가나안 땅에 도착했다. 그리고 그 땅에 제단을 쌓고 여호와의 이름을 부르기 시작한다(창 12:4-9). 창조질서가 이루어진 후에 에덴동산과 아라랏 산 지역에서 이루어져야 했던 것이 바로 이러한 여호와의 이름을 부르는 예배였다. 그러나 아담과 노아가 그 반대의 길로 역행했다면 아브라함은 그 땅에 도착하자마자 제단을 쌓고 여호와의 이름을 부르는 예배를 행하고 있다는 점에서 새로운 미래를 기대해 볼 수 있다.

그러나 그에게도 시련은 닥쳐오는데 하나님의 약속을 받고 출발한 신앙여정임에도 기근이나 이방인의 위협과 같은 환경의 요인들이 그를 두렵게 만든다. 가나안에 기근이 들었을 때 아브라함은 주저 없이 애굽으로 내려가기도 하고, 아내의 미모로 인해 자신이 해를 당할까 두려워하여 아내를 누이라고 속이기도 한다(창 12:10-20). 하지만 이러한 환경적인 요인보다도 그를 더욱 고통스럽게 하는 시련은 오랜 시간동안 성취되지 않는 하나님의 약속이었다. 하나님께서 그를 부르실 때에 주신 약속들인 '큰 민족, 이름의 창대, 복의 근원 그리고 이 땅을 그의 자손에게 주심'이라는 대명제들이 단 한 가지 후손이 없이는 결코 이루어질 수 없다. 그러나 이미 하나님의 명령에 따른 신앙의 출발 전에 아브라함의 아내 "사래는 임신하지 못하므로 자식이 없었다"(창 11:30)라고 선언하고 있다. 아브라함의 기나긴 신앙여정은 환경과의 씨름이라기보다는 하나님의 약속과의 씨름이었다. 그는 기근이나, 이방인의 두려움이라는 외부적인 환경 속에서는 계속해서 하나님의 지켜주심을 경험했다(창 12:17; 20:3). 그러나 하나님의 약속성취를 기다리는 것은 자신과의 싸움임과 동시에 곧 하나님을 신뢰하는 믿음의 훈련인 것이다. 그로 인해 아브라함의 신앙여정은 순종의 출발로 시작했으나 그 과정은 계속적인 의심과 흔들림의 연속이 된다.

　　아브라함은 자신 스스로 하나님의 약속을 이룰 길을 마련한다. 이것은 인간이 늘 빠지는 함정이기도 하다. 하나님의 때는 너무도 멀게 느껴지고, 인생이 얼마나 유한한가를 느낄 때 흔히 벌어지는 현상이기 때문이다. 때와 시기는 우리 하나님의 손에 있고, 하나님의 그 때가 가장 완전한 시간이라는 것을 믿을 때 인간은 하나님 앞에서 잠잠히 기다릴 수 있을 것이다(시 37:4-7). 하지만 이러한 고요함은 많은 시행착오 후에 온다는 점에서 훈련은 불가피한 것인지도 모른다. 아브라함은 스스로 세 명의 상속자를 마련한다. 그리고 마지막 네 번째에 가서야 하나님의 약속의 씨가 탄생한다.

　　첫 번째는 조카 롯을 데리고 떠나는 그의 심정 속에서 그를 자신의 양자로 삼으려는 계획을 느껴볼 수 있다. 이것은 롯과 헤어지는 것을 두려워하는 그의 심정 속에서 읽을 수 있다(창 13:14). 그러나 하나님께서는 아브라함이 인간적인 생각으로 취한 후사인 조카 롯과 헤어지게 하셨다. 그러나 세월은 더 흘러가고 그는 여전히 자식이 없다. 그래서 아브라함은 두 번째로 집에서 키운 종인 엘리에셀을 자신의 상속자로 선택하여 위안을 삼고 살아간다. 그러나 하나님은 그 또한 거부하셨다. 그리고 아브라함의 몸을 통해서 태어날 자가 그의 후손이 될 것이라 하신다(창 15:1-4). 이에 아브라함의 아내 사라가 먼저 주도권을 취하여 그에게 자신의 몸종인 애굽 여인 하갈을 첩으로 취하게 하여 아들 이스마엘을 낳게 한다. 이스마엘은 아브라함에게 세 번째의 계획이 되는 것이다. 그러나 하나님께서 이스마엘 또한 상속자가 아니라고 하신다(창 17:18-19). 우리는 여기서 하나님께서 인간을 차별하시는가라는 오해를 가질 수 있다. 하지만 이 속에는 차별이 존재하는 것이 아니라 누가 하나님의 절대적인 주권을 인정하는 삶을 이루어낼 것인가라는 질문이 들어 있다. 사람이 다 만들어 놓고 하나님은 도장만 찍는 그런 세상은 분명 인간의 계획과 욕망이 성취되는 장소는 되겠지만 하나님 나라는 결코 이루어질 수 없는 세상이 될 것이다. 하나님께서는 인간의 유한한 계획을 끊고 영원하신 뜻을 이루시고 싶으신 것이다. 이 뜻이 이루어지기 위해서는 인간은 아무것도 할 수 없다는 것을 고백하고 오직 하나님의 은혜에 기대는 삶일 때 가능해 진다. 하나님은 아브라함이 포기할 때까지 기다리신다. 인간이 기다리는 것 같지만 오히려 그 시간은 하나님께서 기다리시는 시간이라는 것을 알아야 한다. 가장 아름다운 뜻이 이루어질 수 있는 시간을 기다리시는 것이다. 이를 위해 인간의 자발적인 포기는 필수적인 것이다. 영원하고, 완전한 뜻과 유한하고 근시안적인 계획 중에 어느 쪽이 온전한 세상을 만들 수 있을 것인가를 자문해 볼 필요가 있다. 그럼에도 완전하신 하나님께서 독단적으로 행동하지 않으시고 불완전한 인간의 동의를 필요로 하신다는 것은 은혜가 아니고서는 설명할 수조차 없는 것이다.

인간이 하나님의 그 영원하신 뜻을 이해하고 받들기까지는 긴 시간과 많은 시행착오를 거치며 얽히고설킨 과정의 반복을 통해 이루어간다. 그러나 창세기에서 반복적으로 나타나는 하나님의 계획과 사람의 뜻이 뒤엉키는 이러한 위기는 아브라함을 통해 드디어 해결의 국면으로 접어든다. 하나님의 말씀이 아닌 사람의 말이나 뜻을 따라감으로 불순종의 실패로 끝나 버렸던 과거의 사건들이 결국 아브라함의 전폭적인 순종으로 회복의 길로 들어선다. 아브라함은 자신의 의지로 낳은 아들 이스마엘을 하나님의 명령으로 내보낸다(창 21:11-14). 그것은 몰인정함 때문이 아니라, 하나님을 믿기 때문이다. 자신이 저질러 놓은 실수까지도 감당하시며 책임져 주시는 하나님의 사랑과 은혜를 믿기 때문인 것이다(창 21:11-14). 그리고 아브라함과 사라가 불가능하다고 포기한 그 순간에 오직 하나님의 능력으로 이삭이 탄생하고, 희망으로 자라간다(창 21:1-7).

이렇게 모든 것이 행복해 보이는 순간에 하나님의 첫 번째 명령과 동일한 마지막 명령이 주어진다. 이 마지막 명령 또한 "가라!"(창 22:2)라는 말과 함께 시작된다. 첫 번째가 '고향과 친척과 아버지 집'으로부터 떠나가는 것이었다면, 마지막은 '네 아들 네 사랑하는 독자 이삭'과 결별하기 위해 가라는 명령이다(창 22:1). 아브라함의 신앙여정은 이와 같이 하나님의 '가라'는 명령으로 시작하여 '가라'는 명령으로 마감된다. 마침내 아브라함은 약속의 자녀인 이삭까지도 하나님의 명령 한 마디에 어떠한 토도 달지 않는 절대적인 순종으로 번제로 바치려한다(창 22:1-10). 아브라함은 순종의 시험 앞에서 이삭 또한 하나님의 주권에 올려드린다. 드디어 하나님은 시작도 끝도 하나님의 절대주권 앞에 순종하는 한 사람을 만난다. 아담과 노아가 시작은 좋고 의로웠으나, 그 끝이 변절된 모습이었다면 아브라함은 시종일관의 신앙을 이루어낸 믿음의 시작이 된 것이다.

이러한 순종의 결과는 새로운 것을 가능케 한다. 아브라함이 신앙여정의 출발에서 받았던 그 축복의 약속들이 마침내 현실이 되는 것이다.

내가 나를 가리켜 맹세하노니 네가 이같이 행하여 네 아들 네 독자를 아끼지 아니 하였은즉 내가 네게 큰 '복을 주고'(בָּרַךְ 바라크) 네 씨로 크게 성하여 하늘의 별과 같고 바닷가의 모래와 같게 하리니 네 씨가 그 대적의 문을 얼으리라 또 네 씨로 말미암아 천하 만민이 '복을 얻으리니'(בָּרַךְ 바라크) 이는 '네가 나의 말을 준행하였음이니라'(שָׁמַעְתָּ בְּקֹלִי 샤마타 베콜리/순종하였다) (창 22: 16-18)

인간 역사 속에서 드디어 저주라는 말은 사라지고 복이 살아난다. 막연히 먼 곳에만 있는 것 같던 그 '복 주심'이 이제 실체가 되며 현실이 되려고 한다. 그 이유는 아담이 그의 아내의 말에 순종했던 것에 반해, 아브라함이 여호와의 말씀을 그대로 준행(순종)했기 때문이다.[92] 사람의 말과 자신의 의지만을 따르던 인간이 이제 하나님의 말씀에 전폭적인 신뢰를 두고 그 명령에 한 치의 어김도 없이 실천하는 순종이 새로운 시대를 가능케 했다. 물론 아브라함 또한 비교대상인 아담과 노아처럼 실패의 요소들을 가지고 있다. 여호와의 명령 없이 기근을 피해 애굽으로 내려간 것(창 12:10), 자신의 목숨을 구하려 아내를 누이로 속인 사건들, 그리고 후손의 약속을 인내로 기다리지 못하고 이삭 탄생 전까지 25년 동안 '롯-엘리에셀-이스마엘'이라는 인간적 수단을 강구한 일 등이다. 그러나 순종으로 자신의 신앙 여정을 출발한 아브라함은 하나님을 신뢰하는 믿음으로 제단을 쌓고, 이 모든 실패와 역경들을 다 딛고 마침내 그 여정의 끝자락에서 전폭적인 헌신을 뜻하는 제단을 모리아 산에 쌓는 예배로 자신의 믿음을 다시 한번 확증한다.

이와 같이 순종과 함께 톱니바퀴처럼 맞물려 있는 것이 바로 예배이다. 하나님께서 허락하신 그 땅에서 이 예배를 온전하게 이루어 낸 사람은 아브라함이 유일하다. 이 사실은 독특하게 사용된 한 단어의 활용을 통해 쉽게 간파해 볼 수 있다. 창세기에는 '심다'라는 뜻을 가진 '나타'(נָטַע)라는 동사가 사용되는데 창세기 전체에서 단 세 번밖에는 나타나지 않으며, 의미심장하게도 아담, 노아, 그리고 아브라함의 이야기에서 각각 한 번씩 사용되며 예배와 밀접하게 연관되어 나타난다.

창 2:8	여호와 하나님이 동방의 에덴에 동산을 '심으시고'(נטע 나타)
창 9:20	노아가 농사를 시작하여 포도나무를 '심었더니'(נטע 나타)
창 21:33	아브라함은 브엘세바에 에셀 나무를 '심고'(נטע 나타) 거기서 영원하신 여호와의 이름을 불렀으며

이 세 경우 다 삼인칭, 남성, 단수 형이라는 동사의 사용형태까지 똑같다(נטע 와이타). 에덴동산을 심으신 하나님의 의도가 올바른 예배가 있는 성전의 모형이 되기를 원하셨으나, 아담은 하나님의 뜻보다는 스스로 하나님처럼 되려다 그 동산에서 쫓겨나고 만다. 노아는 하나님이 하셨던 역할을 맡아 포도동산을 만들고, 그 포도주에 취해버리고 만다. 이것은 결국 여호와 예배를 벗어난 세상의 향락에 빠진 삶의 모습을 보이며, 막내아들을 저주하고 심판하여 그의 텐트로부터 쫓아내 버린다.[93] 결국 노아의 후손들 또한 그 지역으로부터 유랑하는 삶을 피할 수 없었다. 하지만 아브라함은 가나안 땅에 에셀 나무를 심고, 하나님처럼 되려는 의지를 꺾고, 이방의 풍습에 빠지지도 않으며, 오로지 영원하신 하나님 '여호와의 이름'(שם 셈)을 부르는 신실한 예배를 이루어낸다. 하나님께서 선물로 주신 가나안 땅은 아브라함을 통하여 하나님께서 본래 의도하셨던 그 뜻이 이루어지고 있는 것이다. 심지어 아브라함은 가나안 족속들의 신전의 존재조차 무시해 버리고 오직 여호와 신앙과 예배를 통하여 가나안 땅을 성지(聖地)로 만들어 간다. 그 땅은 예배와 순종이 그 삶의 목표인 하나님의 백성들이 살아가는 땅이다. 이것을 벗어나는 삶은 결코 하나님의 백성의 삶이 아니며 이방인들이나 하는 행동이다.

이제 후에 이어질 아브라함의 남은 이야기는 축복의 회복이라는 주제로 가득 차게 된다. 어느 누가 보아도 아브라함은 복 받은 사람이며 그로 인해 복 받는 사람들의 이야기이다(창 24:1, 31, 35; 26:4-5; 30:27). 그리고 아브라함에게 주신 하나님의 축복을 유지하고 확대하기 위해 전폭적인 순종을 통한 예배는 그의 후손들이 계속해서 이루어야 할 삶의 사명이 된다(신 11:13-14; 28:1-14). 왜냐하면 불순종으로 인한 극심한 저주가 언제 또 땅을 뒤덮을지 모르기 때문이다. 이런 모든 점에서 아브라함은 아담과 노아를 능가하는 이상적인 모범이라고 부르기에 충분하다. 그리고 이 아브라함으로 인해 과거(원역사)의 불순종으로 인한 실패를 극복할 수 있는 길이 열려지며 하나님의 백성 이스라엘에게 미래(족장사)를 열어갈 순종과 예배라는 삶의 길을 제시해 준다. 이렇게 아브라함은 순종이라는 온전한 예배를 이루어냄으로 하나님과의 끊어진 관계에 다리를 놓는 위대한 사명을 완수한다. 이제 그의 후손들에게 주어진 과제는 분명 땅과 자손과 축복의 약속이 실현되는 길을 연결시키는 것이며 마침내는 그 축복이 세상 모든 민족에게로 연결될 수 있도록 사람과 사람 사이의 끊어진 관계를 회복시키는 것이 될 것이다.

2. 이야기의 문학적 구조 따라 읽기

아브라함 이야기(창 11:27-22:24)는 아브라함이라는 인물의 신앙적인 출발과 성장, 성숙이라는 시간적인 흐름을 잘 보여주고 있다. 한 사람의 신앙적인 출발에서부터 마지막 신앙의 최고봉까지를 밀도 깊게 그려 보이고 있는 것이다. 이렇게 시간적인 흐름에 따라 개개의 사건들이 연결되어 있는 듯한 인상이 깊음에도 그 안에 이러한 흐름을 방해하는 파격이 존재한다. 가장 큰 예는 아브라함이 아내 사라를 누이동생이라고 속이는 두 번의 사건을 들 수 있다. 그 이유는 사라의 미모로 인해 이방인들이 자신을 죽이고 아내를 취할 것에 대한 두려움 때문이었다. 첫 번째 사건은 그런대로 납득할 만하다. 신앙의 출발선에서 가나안에 기근이 들어 애굽 땅으로 내려갈 때 벌어졌다는 점에서 아브라함이 75세쯤이고 사라가 65세쯤으로 사라의 미모도,

아브라함의 두려움도 이해할 만하다(창 12:10-20). 그러나 창세기 20장에 그랄 왕 아비멜렉의 땅에서 동일한 사건이 벌어진다는 것은 납득이 되지 않는다. 이미 아브라함은 백 세로 노쇠하였고, 사라도 구십 세로 분명히 여성의 생리가 다 끊어진 상태라고 한다(창17:17; 18:11). 그런데 아내 때문에 죽을까봐 누이동생이라고 속인 것은 논리적으로 설명이 불가능하다. 그리고 그런 여인을 자신의 후궁으로 취한 아비멜렉 또한 이해가 가지 않는다. 그렇다면 아브라함 이야기 전체는 꼭 시간적인 흐름에 따라 구성되지 않았을 것이란 점을 알 수 있다. 그 보다는 다른 어떤 이유가 지금 현재의 아브라함 이야기 전체를 구성한 동기가 되었을 것이란 점을 추측해 볼 수 있다.

아브라함 이야기가 독특한 문학적인 구조를 가졌을 것이란 생각에 무게감을 실어주는 것은 이 이야기가 보여주는 전체적인 특성에서 찾아볼 수 있다. 아브라함 이야기는 유사한 사건들이 각각 쌍을 이루어 두 번씩 나타나는 특성이 있다. 이미 위에서 다루었듯이 아브라함의 신앙여정은 시작과 끝이 분명하다. '가라'(창 12:1-9)로 시작하고 '가라'(창 22:1-19)로 그 결론에 이르고 있다. 아브라함이 아내를 누이라고 속이는 사건이 두 번 나타나고(창 12:10-20; 20장), 소돔과 고모라가 연관된 사건이 두 번, 그 소돔과 고모라 사건에서 아브라함의 조카 롯이 구원되는 사건이 두 번(창 14, 19장) 그리고 아브라함이 하나님과 언약을 맺는 사건이 두 번 등장한다(창 15, 17장). 또한 이 사건들 모두를 가장 바깥에서 테두리로 감싸며 포괄하는 것으로 두 족보가 제시된다. 데라의 족보가 한쪽 테두리를 만들고, 나홀의 족보가 반대편 테두리를 이루며 전체 아브라함 이야기의 보호막을 이룬다(창 11:27-32; 22:20-24). 이 사건들은 교차대칭구조(chism)인 A-B-C-D-E-E'-D'-C'-B'-A'를 이루고 두 번씩 나타나는 유사한 사건들은 정확하게 대칭을 이루는 구조로 A-A', B-B', C-C', D-D' 그리고 중심에서 E-E'가 만나서 이야기의 전환점을 제공해 주는 구조로 되어 있다.[94] 그리고 사건들의 전반부(A-E까지)는 아브람과 사래라는 이름으로 진행되고, 후반부(E'-A'까지)는 아브라함과 사라라는 변화된 이름으로 전개된다는 점에서 중심에 이름의 변화가 일어나는 전환점이 존재할 것을 기대해 볼 수 있다.

전 반 부 아 브 람 과 사 래 로	A. 11:27-32 데라의 족보 – 아브람(사래), 나홀(밀가), 하란 　B. 12:1-9 아브라함의 순종의 신앙여정 출발(하란➡가나안) 　　* 고향과 친척과 아버지 집을 떠나 지시할 땅으로 가라(12:1) 　　* "아브람이 여호와의 말씀을 따라갔고"(12:4)" 　　* 아브람을 부르신 목적제시(12:2-3, 7) 　　　① 이 땅을 그의 자손에게 주고 　　　② 큰 민족을 이루고 복을 주어 이름을 창대케 하고 　　　③ 세상 모든 민족이 복을 누리는 복의 근원이 될 것 　　C. 12:10-13:18 아브람-사래-바로-롯-땅 약속 　　　① 12:10-20 아브람과 사래 애굽으로 내려감-사래를 동생이라 속임 　　　② 13:1-13 아브람과 롯의 분리와 자손에 대한 약속 주심 　　　③ 13:14-18 땅 약속과 상수리 수풀에 여호와의 제단 쌓음(헤브론) 　　　D. 14:1-24 소돔과 고모라 사건-아브람이 인간적인 힘으로 롯을 구함 　　　　아브람이 멜기세덱의 중재로 축복을 받음 　　　　E. 15:1-16:16 하나님과 아브람의 계약과 이스마엘의 탄생
후 반 부 아 브 라 함 과 사 라 로	E'. 17:1-18:15 하나님과 아브라함의 계약과 이삭의 탄생예고 　　　D'. 18:16-19:38 아브라함 소돔과 고모라 구원을 위해 하나님께 중재 　　　　소돔과 고모라의 멸망-아브라함의 중재로 롯이 구출 　　C'. 20:1-21:34 아브라함-사라-아비멜렉-이스마엘-우물 회복 　　　① 20:1-18 아브라함과 사라가 그랄에 거주-사라를 동생이라 속임 　　　② 21:1-21 자손 약속 성취(이삭)와 아브라함과 이스마엘의 분리 　　　③ 21:22-34 땅 회복인 우물 회복과 에셀나무 심고 예배(브엘세바) 　B'. 22:1-19 아브라함의 순종과 헌신의 신앙여정 완결(브엘세바➡모리아) 　　* 네 아들 네 사랑하는 독자 이삭을 데리고 일러 준 한 산으로 가라(22:2) 　　* "아브라함…떠나…하나님이 자기에게 일러주신 곳으로 가더니"(22:3) 　　* 아브람을 부르신 목적성취 확증(22:17-18) 　　　① 네 씨가 대적의 성문을 차지하리라 　　　② 씨가 번성하여 하늘의 별과 같고 바닷가의 모래 같이 될 것 　　　③ 큰 복을 주고 세상 모든 민족이 복을 누리는 복의 근원이 될 것 A'. 22:20-24 나홀(밀가)의 족보 – 리브가를 소개함

이미 예고한 것처럼 아브라함의 신앙여정 전반부는 '아브람과 사래'(부족의 아버지, 어머니)라는 이름으로 자신의 의지를 많이 앞세우며 살아가고, 후반부는 '아브라함과 사라'(많은 나라의 아버지, 어머니)이란 이름으로 전폭적인 순종의 사람으로 바뀌어 가는 모습을 보이고 있다. 전반부는 아브람과 사래라는 이름으로 자신들의 힘과 능력으로 하나님의 약속까지도 성취하려는 인간 능력의 극대화를 상징하는 이스마엘을 탄생시키는 것으로 마감되고, 하나님께서 그들의 이름을 아브라함과 사라로 바꾸어 주시며 약속의 씨인 이삭의 탄생을 예고하시는 것으로 후반부가 시작된다. 후반부는 늙음이라는 인간육체의 무능을 강조하며 인간의 능력이 소멸된 그 시점이 새로운 출발점이라는 것을 보여준다. 즉, 인간의 행위 중심에서 하나님의 행동이 중심이 된 은혜로 돌아서는 창구가 되는 것이다.

바깥 테두리를 형성하고 있는 두 족보(A-A')는 여러 가지 공통점을 가지고 있다. 먼저 데라의 족보에는 아브람과 나홀과 하란이라는 아들이 등장하고 하란은 아버지 데라보다 먼저 갈대아 우르에서 죽었고, 아브람과 나홀만이 남는다. 아브람과 나홀이 각각 장가들어 사래와 밀가라는 아내를 얻었다. 그리고 여기서 사래는 임신하지 못하므로 자식이 없었다는 언급을 덧붙인다. 분명 그 후속되는 이야기 속에서는 자식이 없는 아브람과 사래에게 어떤 일이 벌어질 것인가라는 궁금증을 제시하고 있으며, 또한 나홀과 밀가의 자손에 관해서는 언급을 자제함으로 뒷이야기에 대한 기대감을 남겨둔다. 이러한 궁금증과 기대감을 해결하기 위해서 아브라함, 나홀, 밀가라는 이름이 또다시 등장하는 장소인 A'의 나홀(밀가)의 족보를 살펴볼 필요가 있다.

이일 후에 어떤 사람이 아브라함에게 알리어 이르기를 밀가가 당신의 형제 나홀에게 자녀를 낳았다 하였더라(창 22:20)

왜 아브라함의 신앙여정이 완결되는 시점에서 아브라함의 형제인 나홀(밀가)의 자녀들이 등장하는 것인가? 여기서 "밀가가 당신의 형제 나홀에게 자녀를 낳았다"라는 한글 번역에서 히브리어 표현 하나가 빠져있다. 원래 히브리어 원어에는 "밀가 역시(םֵג 감/또한) 당신의 형제 나홀에게 자녀를 낳았다"라는 표현으로 '역시, 또는'(also)이라는 단어를 생략해 버렸다. 이 표현은 무언가 동일한 것을 연결시키고자 할 때 쓰는 것으로 누군가 다른 여인도 남편에게 자녀를 낳은 사건이 있었을 것을 직감해 볼 수 있다. 밀가의 자녀 탄생 이야기 바로 전에 나타난 탄생 이야기는 이삭의 것 밖에는 없다는 점에서 사라가 아브라함의 아들을 낳은 것과 연결될 것이다. 이삭 탄생 후에 누군가가 아브라함에게 "밀가 또한 당신의 동생 나홀에게 자녀를 낳았다"라고 전해준 것이라 볼 수 있다. 그렇다면 이러한 언급은 뚜렷한 목적을 가지고 있을 것이 분명하다. 아브라함의 이야기는 완결되었고, 이제 그 차후의 이야기는 이삭이 주인공으로 무대에 선다는 점에서 나홀과 밀가의 족보는 한 이야기를 마감하고 다음의 이야기로 연결시키는 전환점의 역할을 한다고 할 수 있다. 그 뚜렷한 증거는 나홀의 족보에 등장하는 전혀 예기치 못한 한 인물을 통해 살펴볼 수 있다. 나홀의 아내인 밀가 그리고 그의 첩인 르우마가 낳은 12 아들들의 목록에 유독 한 여인이 등장한다. 그 여인은 나홀과 밀가의 딸이 아닌 손녀라는 점에서 그녀를 소개하려는 의도를 살펴볼 수 있다. [95] 그녀는 다름 아닌 리브가이다(창 22:29). 여기서 리브가를 소개하고 있는 것은 이삭과의 만남을 예고하고 있는 것이며 이것은 이미 창세기 11장에서 나홀과 밀가가 소개될 때부터 암시되어 있음을 느껴볼 수 있다. 그리고 그 결실은 또다시 아브라함, 나홀, 밀가라는 이름이 동시에 나타나는 장소인 이삭과 리브가의 결혼 이야기를 전하고 있는 창세기 24장에서 이루어진다: "말을 마치기도 전에 리브가가 물동이를 어깨에 메고 나오니 그는 아브라함의 동생 나홀의 아내 밀가의 아들 브두엘의 소생이라"(창 24:15). 그러므로 A의 데라의 족보는 아브라함 이야기의 시작을 열어가고, A'의 나홀의 족보는 아브라함 이야기의 완결과 더불어 다음 이야기를 열어가는 출발선을 제공해 주는 양면성의 기능을 담당하고 있음을 살펴볼 수 있다.

본격적인 아브라함의 신앙여정은 B에서 시작하고 B'에서 마감한다. 아브라함의 삶을 통한 그의 신앙여정은 그 출발부터 이미 심상치 않은 분위기를 풍기고 있음을 우리는 느껴볼 수 있다. 자신이 살아오던 바탕과 터전을 송두리째 내려놓고 전혀 알지 못하는 낯선 땅으로의 출발을 명령하시는 하나님 앞에 아무런 질문 없이 짐을 싸고 떠나는 순전한 한 사람을 통하여 새 역사는 시작된다고 창세기는 이야기 한다. 하나님의 약속과 함께 출발하고, 그 약속이 실제가 되게 하는 삶의 여정을 이루어 가는 것이다. 아브라함의 이 신앙의 여정은 또다시 그의 마지막 삶의 완결 편에서 유감없이 우리에게 펼쳐져 보인다. 이제는 이삭을 통해 하나님의 약속이 성취되리라 믿으며 안도의 한숨을 내쉬고 있는 아브라함에게 그가 의뢰하는 이삭을 희생 제물로 바치기 위해 가라는 명령이 떨어진 것이다. 이것은 하늘이 무너지는 것 이상의 고통과 갈등을 아브라함에게 주었으리라 여겨진다. 하지만 이런 이해할 수 없는 명령에서 조차 아브라함은 아무런 질문이나 의심 없이 필요한 모든 것들을 신속히 준비한 후에 그 다음날 아침 일찍이 일어나 그 명령하신대로 출발하는 믿겨지지 않는 순종을 보인다. 그전에 있었던 아담과 노아의 이야기에서 이루어내지 못한 하나님의 뜻이 드디어 아브라함의 삶 속에서 이루어지고 있는 것이다. 그것은 가라라는 두 번의 명령에 대한 그의 굽힘 없는 응답에서 드러난다. "이에 아브람이 여호와의 말씀을 따라갔고"(창 12:4)와 "아브라함이 아침에 일찍이 일어나…떠나…하나님이 자기에게 일러주신 곳으로 가더니" (창 22:3)로 완성되는 것이다. 바로 이것이 아브라함을 '믿음의 조상'이라 부르는 이유라 하겠다. 아브라함의 이야기는 바로 이 철저한 두 순종의 이야기 속에 싸여있는 한 인간의 성숙의 이야기이며, 이것은 하나님의 약속과 축복이 어떻게 이 땅에 이루어질 수 있는가를 보여주는 신앙의 이야기이다. 그러므로 아브라함 이야기는 이스라엘 전 민족이 따라가야 할 길이었음은 더 이상 강조할 필요가 없으리라 생각된다.

그 다음 이야기 둘레인 C와 C'는 아브라함의 삶에 나타나는 여러 가지 어려움들과 하나님께서 제공해 주시는 해결점들을 전하고 있다. 먼저 두 곳에서는 아브라함이 아내 사라를 누이동생이라고 속이는 사건이 발생한다. 동일한 단어들과 표현들이 이 두 사건의 연계성을 증명하기에 충분하다. 사라를 지칭할 때 여인이라는 단어가 나타나고(창 12:14-15; 20:3), 죽을까하는 두려움이 있고(창 12:12; 20:11), 여인을 '이끌어 들이다' 혹은 '데려오다'를 뜻하는 동일한 단어가 쓰이고(창 12:15; 20:3-4), 아브라함이 양과 소와 종들을 얻어 재산이 늘고(창 12:16; 20:14) 그리고 하나님께서 아브라함의 아내 '사라의 일로' 재앙을 내리심으로 사건을 해결하신다(창 12:17; 20:18). 그런데 달라지는 것이 있다. 전반부인 C에서는 아브라함의 죽음에 대한 공포만이 나타나고 있는데, 후반부인 C'에서는 아브라함이 아내를 누이라고 하는 이유가 더 소개된다. 그것은 다름 아닌 그 곳에서는 하나님을 두려워함이 없기 때문이라는 것이다(창 20:11). 그리고 아브라함은 실제로 사라가 자신의 이복누이, 즉 히브리어를 그대로 번역하면 사라는 "나의 아버지의 딸이지만 그러나 나의 어머니의 딸은 아니다"라고 말하며, 자신의 말이 거짓이 아님을 논증한다(창 20:12). 하나님께서도 아브라함을 이제는 당당하게 이방의 왕 앞에서 "그는 선지자라 그가 너를 위하여 기도하리니 네가 살 것이라"고 하신다(창 20:7). 그리고 전반부에서는 하나님께서 바로에게 내린 재앙을 푸셨지만, 후반부에서는 아브라함의 기도를 통해 아비멜렉의 집에 내리신 재앙을 푸신다. 여기서는 아브라함이 결코 거짓말쟁이가 아니며 이방인들을 하나님을 경외하는 삶으로 이끌어야 할 하나님의 선지자로서의 역할을 해야 할 존재라는 것을 부각시키고 있다. 비록 두 사건 다 아브라함의 부끄러운 부분을 보여주는 것이지만 이 둘 사이에는 그럼에도 아브라함의 삶이 많은 부분에서 변해 있음을 느낄 수 있는 충분한 요소들이 존재함을 느껴볼 수 있다.

　　이 사건 후에 분리의 길이 벌어진다. C에서는 아브라함이 상속자로 여기고 살아가는 롯과 헤어지게 되고 하나님께서 자손에 대한 약속을 재차 확증해 주신다. 아브라함은 헤브론에 있는 마므레 상수리 수풀에 거주하며 여호와를 위한 제단을 쌓는다(창 13:1-18). C'에서는 하나님의 약속이 이루어질 수 있는 씨인 이삭이 탄생함과 동시에 아브라함이 이스마엘과 헤어진다. 그리고 아브라함은 브엘세바에 에셀 나무를 심고 거기서 영원하신 하나님의 이름을 부른다(창 21:1-34). 양 방향이 모두 하나님의 말씀에 대한 신뢰로 예배하는 삶으로 그 결론에 이른다는 점에서 희망적이라 할 수 있다.

　　D와 D'에는 소돔과 고모라 그리고 롯이 뒤얽힌 사건들이 공통적으로 전개된다. 아브라함은 양쪽의 이야기에서 소돔과 고모라가 무너지는 상황에서 롯을 구하는 역할을 한다. 이미 전반부에 나타난 소돔과 고모라의 왕들의 이름은 후반부에 소돔과 고모라의 심판의 당위성과 연결된다. 여기서 소돔 왕은 베라, 고모라 왕은 비르사이다(창 14:2). 베라(בֶּרַע)는 '악 가운데 거하는 자'(in evil)를 뜻하며, 비르사(בִּרְשַׁע)는 '사악함 가운데 사는 자'(in wickedness)를 의미한다. 그리고 바로 이 악(창 19:7, 9, 19)과 사악한 자(창 18:23, 25)라는 단어는 소돔과 고모라의 죄악을 이야기하는 곳에 대거 등장하고 있다.[96] 왕들의 이름이 곧 그 주민들의 상태라는 것을 드러내는 것이다. 첫 번째 부분에서는 소돔과 고모라에 대한 심판이 비록 하나님으로부터가 아닌 사람들을 통한 정치적인 전쟁을 통해서 내려지긴 하지만 소돔과 고모라의 패배와 포로 되는 것은 두 번째 이야기에서의 멸망을

이미 예고하고 있다고 하겠다. 소돔 사람들이 12년 동안 엘람 왕 그돌라오멜을 섬기다가 제13년에 배반함으로 받는 징벌이 국제적 전쟁의 모습으로 주어졌다면, 이것은 이제 소돔과 고모라가 하나님의 정의와 공의, 자비와 긍휼을 버리는 배역함으로 받게 될 하나님의 심판에 대한 예고편이라 할 수 있다. 그리고 이 소돔과 고모라의 멸망 이야기는 또한 이스라엘 민족들에게도 항상 살아있는 교훈으로 절대로 따라가지 말아야 할 본보기가 된다. 신명기와 예언서들은 이스라엘의 죄악으로 인해 심판을 선포할 때 소돔과 고모라를 죄악과 멸망의 전형적인 예로써 제시하고 있다(신 29:23; 32:32; 사 1:9, 10; 3:9; 13:19[바벨론]; 렘 23:14; 49:18[에돔]; 50:40[바벨론]; 겔 16:46, 48, 49 ,53, 55, 56; 암 4:11; 습 2:9[모압, 암몬]; 마 10:15; 11:23, 24).

아브라함은 롯을 구하는 유사한 양쪽의 사건들에서 신앙의 다른 면모를 보여준다는 점에서 전반부와 후반부에 커다란 변화가 존재한다. 메소포타미아 연합군과 소돔과 고모라가 포함된 가나안 연합군의 전쟁에서 소돔과 고모라는 패하여 사람들과 재산이 전리품으로 취해졌고, 롯도 같이 끌려갔다. 이 소식을 듣고 아브라함은 가나안의 아모리 족속들과 동맹하여 318명의 사람들을 이끌고 뒤쫓아 가서 롯과 다른 사람들 그리고 전리품들을 취해왔다. 아브라함은 이 곳에서 인간적인 힘을 규합해 승리를 얻고, 롯을 구출한 것이다. 이러한 아브라함을 멜기세덱이 중재한다(창 14장). 그러나 후반부에서는 상황이 달라진다. 아브라함은 죄악으로 심판의 멸망이 눈앞에 와 있는 소돔과 고모라를 위하여 중재하는 기도의 사람이 되어 있다. 그는 자신의 능력이나 힘을 의지하지 않는다. 오직 하나님의 은혜에 의지하여 생명의 구원을 탄원하고 있다. 그리고 아브라함의 중재로 하나님께서는 롯을 구원해 주신다: "하나님이 그 지역의 성을 멸하실 때에 곧 롯이 거주하는 성을 엎으실 때에 하나님이 아브라함을 생각(기억)하사 롯을 그 엎으시는 중에서 내보내셨더라"(창 19:29). 이것은 아브라함을 부르신 하나님의 계획이 성취되고 있음을 증거 하는 것이다: "땅의 모든 족속이 너로 말미암아 복을 얻을 것이라"(창 12:3; 22:18).

이러한 변화의 분기점은 바로 중심인 E와 E'에서 벌어진다. 아브라함이 하나님과 계약을 맺는 사건이 두 번 반복되고 있다. 첫 번째는 짐승들을 쪼개놓고 맺는 언약식이며(창 15장), 두 번째는 할례를 행함으로 맺는 언약식이다(창 17장). 첫 번째 언약식 때 하나님께서 아브라함의 몸에서 난 자가 그의 상속자가 될 것이라고 선언하신다. 그리고 언약식이 끝나고 아브라함은 첩을 취하여 이스마엘을 낳는다(창 16장). 이스마엘은 인간의 힘으로 마련한 계획이 되는 것이다. 그러나 두 번째 언약을 맺을 때는 상황이 다르다. 아브라함과 사라 모두 육체적인 불가능의 상태에 이르렀다. 하나님께서 드디어 이들의 이름을 아브람은 아브라함으로 사래는 사라로 바꿔주신다. 인간이 끝나고, 하나님이 능력의 근원이 되는 삶이 시작된 것이다. 그리고 모든 것이 불가능하다고 비웃는 아브라함과 사라에게 아들을 줄 것인데 그 아들의 이름을 이삭이라 할 것을 명령하신다. 이 두 언약을 중심으로 이스마엘과 이삭이 교차하는 것이다. 인간의 힘과 하나님의 능력이 교차하는 순간이다. 인간이 포기하고 하나님이 나설 때 불가능은 가능해지고, 우리는 능력 주시는 자 안에서 모든 것을 할 수 있는 사람이 된다(빌 4:13). 아브라함은 이스마엘과 이삭이 탄생하고 교차하는 경험 이후로 자신의 힘과 능력으로 무언가를 하려는 생각을 버렸으며 오직 하나님의 뜻으로 모든 일이 이루어지는 것임을 깨달았음에 틀림없다. 그리고 이러한 하나님을 체험한 신앙의 여정이 있었기에 마침내 아브라함은 신앙의 종착점에서 모리아 산으로 올라갈 수 있는 사람이 된 것이다. 하나님과 인간이 만나 이루어 내는 시너지가 저주로 물든 세상에 축복을 전하는 길을 여는 것이다.

아브라함 이야기는 불가능의 상황 속에서 인간이 모든 것을 포기한 그 곳에 새 역사를 이어갈 약속의 자녀가 하나님의 주권 하에 인간에게 긍휼로 주어지는 것임을 보이며, 인간에게 필요한 것은 하나님의 역사를 믿고 순종하며 따라가는 삶이라는 것이다. 그리고 철저히 하나님의 음성을 들으려는 의지가 필요한 것임을 전한다. 실로 창세기는 누구의 말을 따를 것인가라는 질문에 오직 하나님의 뜻과 음성에 귀 기울이며 순종할 것을 끊임없이 강조하고 있는 것이다. 아브라함 이야기는 이렇게 탄탄한 구성을 가지고 각각의 사건들이 전개되고 펼쳐진다. 그의 이야기는 하나님의 이야기이며 동시에 그 하나님의 뜻을 철저하게 신뢰하는 순종의 이야기이며, 철저한 순종만이 한사람은 물론이요, 전 민족 나아가서 전 세계를 살리는 유일한 길이라는 것을 여실히 보여주는 전형적인 예라고 하겠다. 그렇지만 이렇게 온전한 순종을 이루기까지는 기나긴 신앙의 여정이 필요하다는 것 또한 아브라함 이야기가 우리에게 보여주는 교훈이다. 아브라함이 아담과 노아와는 달리 시작과 끝을 하나로 이루는 시종일관의 믿음으로 하나님 앞에 생을 마감할 수 있었던 그 여정을 우리가 돌아본다면 우리 또한 그러한 믿음의 승리를 이루는 삶을 이룰 수 있을 것이다.

3. 이야기의 세부적인 주제 따라 읽기

1) 아담-노아-아브라함의 신학적인 연관관계

세상이 새로운 국면에 돌입했다. 세 번째의 기회를 부여받은 것이다. 노아 이후 무려 천년의 세월이 흘렀으며 새로운 시작의 정점에 도달했다. 아브라함의 출현은 그런 점에서 획기적이다. 결코 인간의 노력이 아닌 오직 하나님의 은혜로 새 역사가 시작된다. 유대교에서는 이러한 아브라함의 선택에 대해 의문을 품었고, 하나님의 선택에는 분명히 이유가 있을 것이라 여겼다. 그래서 그들은 성경에는 나타나지 않는 갈대아 우르에서 보냈던 아브라함의 어린 시절에 대한 전설을 만들어 냈다.

　　이 전설에 의하면 아브라함의 아버지 데라는 우상을 만들어 파는 장인이었다. 하지만 아브라함은 늘 아무것도 할 수 없는 우상을 만들어 파는 아버지가 못마땅하였고 그러한·죄를 더 이상 짓지 않게 하려고 고민하였다. 어느 날 아버지가 외출을 하며 아브라함에게 만들어 놓은 우상들이 상하지 않게 잘 지키라고 부탁하였다. 마침 그때 이웃집에서 떡 한 그릇을 가져왔고 아브라함은 이 때를 놓치지 않고 신당에 들어가 그 안에 있는 우상들을 망치로 때려 부순 후에 가장 큰 우상을 하나 남겨두고, 그 손에 망치를 들려놓고, 그 앞에 그 떡 한 그릇을 놓아두었다. 저녁에 외출했다 돌아온 아버지가 신당에 들어가 보았을 때 벌어진 광경을 보고 경악을 하고 말았다. 우상들이 모조리 머리가 부서지고, 목이 꺾이고, 팔, 다리, 허리가 성한 곳이 없이 깨어져 흩어져 있었던 것이다. 데라는 놀라고 화가 나서 아브라함을 불러 "도대체 어느 놈이 신당에 들어가 신상들을 이 지경으로 만들었느냐?"고 야단을 치며 다그쳤다. 아브라함은 시치미를 뚝 떼고, 이웃집에서 떡을 가져왔는데 신들에게 먼저 드렸더니 자기들끼리 먼저 먹겠다고 싸우다가 가장 큰 신상이 손에 망치를 들고 다른 신상들을 다 부수고 그 떡을 차지한 것 같다고 대답했다. 그러자 아버지 데라는 더욱 화가 나서 "아니 사람이 만든 흙덩어리 우상이 어떻게 움직인다고 다른 신상들을 때려 부수고 떡을 먹는단 말이냐?" 하고 호통을 쳤다. 이때 아브라함은 겸손히 무릎을 꿇고 아버지에게 "맞습니다. 아버지! 생명도 없는 우상이 어떻게 사람에게 생명을 길게 하고, 복을 준다고 속여 우상을 파십니까? 이제는 이런 일은 그만 두세요"라고 간청했다. 그러자 아버지 데라는 깊이 깨달은 바가 있어서 우상 만들어 파는 일을 그만 두었으며, 후에 아브라함과 함께 갈대아 우르를 떠나 하란으로 옮겼다고 한다.

　　이와 유사한 아브라함의 소년기의 신앙에 관한 전설이 외경인 '요벨서'(Jubilees) 11-12장에도 기술되어 있다. 여기서는 아브라함이 우상숭배의 세상에 환멸을 느끼고 하나님께 어디로 행해야 할 것인지를 간절히 기도하자 하나님께서 '고향, 친척, 아버지의 집'인 갈대아 우르를 떠나 지시할 땅으로 가라는 응답이 주어졌다고 한다(요벨서 12:22).[97] 이러한 이야기들은 전설이지만 유대인들에게는 소중하다. 자신들이 선택받은 것에 대한 정당성을 보여줄 수 있는 것이기 때문이다. 그러나 하나님의 말씀은 이러한 인간의 술수에는 전혀 관심이 없다. 하나님의 말씀 속에는 아브라함이 부름 받기 전에 어떤 삶이었는지에 대해 거론을 하지 않는다. 하나님의 소명을 받기 전에 그의 삶이 신앙적으로 내세울 것이 있었든지 없었든지 그것이 중요한 것이 아니라 하나님의 선택은 은혜로 주어지는 것이라는 점이 가장 중요한 것이다. 노아의 선택에서도 의인이요, 당세에 완전한 자요, 하나님과 동행했다는 신앙의 수식어가 앞서는 것이 아니라, "그러나 노아는 여호와께 은혜를 입었더라"(창 6:8)는 것이 더 앞선다는 것이 중요점이다. 인간의 의는 은혜에 대한 응답이지, 은혜를 받기 위한 조건이 아니다. 아브라함의 출발선 또한 아담이나 노아와 같이 아무것도 자랑할 것이 없는 은혜의 선물이었다. 그래서 시편 속에서는 아무리 자신이 의로운 삶을 살았을지라도 하나님께 자신의 의를 내세워 구원을 요청하는 사람은 없으며, 모두다 이구동성으로 하나님의 자비하심과 긍휼하심이라는 은혜에 기대어 간구할 뿐이다(시 25:6; 26:11; 33:22; 44:13-22, 23-26).

　　이미 여러 번에 걸쳐서 살펴보았듯이 노아의 홍수 이야기는 어느 모로 보나 하나님의 창조세계의 전적인 파괴와 다시 그 창조의 순서를 그대로 따라가며 새 창조의 역사를 이루는 것이었다. 이것은 창조 이후 아담에게 주어졌던 창조세계와 그 책임이 노아에게도 똑 같이 주어졌음을 보이며 노아의 역할과 책임을 강조하고 있는 것이라 하겠다. 이 관계 속에서 노아는 아담이 이루지 못한 하나님께서 원하시는 세상을 만들기 위해 새롭게 선택된 사람으로 아담에게 주어진 모든 것들이 새롭게 노아에게 주어지고 새로운 시작을 열어가고 있음을 볼 수 있다. 이제 노아의 사명이 실패로 끝난 지금 이 모든 기대가 아브라함에게 주어져 있다.

하나님께서는 창세기 1-11장에서 아담과 노아에게 각각 기회를 주셨는데 이들이 새로운 기회를 부여받았을 때에는 분명한 공통점이 존재한다. 그 공통점은 아브라함의 출발선에서도 기대해 봄직한 것이다. 이들이 새로운 기회를 제공받을 때마다 하나님께서 전적인 창조의 새 역사를 통하여 새 길을 열어 주셨다. 즉, 타락하고 오염된 세상을 모두 쓸어버리시고 천지창조라는 온전한 질서를 만드신 후에 아담과 노아에게 맡기신 것이다. 이제 이 두 사람이 실패한 지금 하나님께서 새 역사를 열어 가실 준비를 하신다. 그렇다면 새 시작을 위하여 아브라함에게도 역시 마찬가지로 온 세상을 쓸어버리시고 새롭게 창조된 세상을 주셔야만 공정한 출발이 될 것이다. 하지만 아브라함의 이야기 그 어디를 읽어보아도 죄로 오염된 세상을 쓸어버리는 사건은 전혀 찾아볼 수가 없다. 아브라함으로서는 불평할 소지가 충분히 있다. 그럼 왜 하나님께서는 더 이상 세상을 완전히 뒤엎는 대격변의 정화를 통해 새 시작을 여시지 않는 것일까? 분명 이유가 있을 것이다. 모든 것을 다 쓸어버리는 대격변 속에서도 변하지 않는 것이 있다는 것일까? 하나님께서 홍수 이후에 노아에게 축복의 약속을 주실 때에 선포하신 말씀들 속에 그 해답이 들어가 있다. 하나님께서는 노아의 번제를 흠향하시고 다음과 같이 분명히 말씀하셨다.

여호와께서 그 향기를 받으시고 그 중심에 이르시되 내가 다시는 사람으로 말미암아 땅을 저주하지 아니하리니 이는 사람의 마음이 계획하는 바가 어려서부터 악함이라 내가 전에 행한 것 같이 모든 생물을 다시 멸하지 아니하리니 (창 8:21; 비교, 창 6:5-7)

내가 너희와 언약을 세우리니 다시는 모든 생물을 홍수로 멸하지 아니할 것
이라 땅을 멸할 홍수가 다시 있지 아니하리라(창 9:11)

안타깝게도 하나님같이 되려는 인간의 악한 마음은 홍수로도 씻어버리지
못한다는 것이다. 인간의 죄악이 얼마나 심각한 것인지 이제는 사람에게
달라붙어서 절대로 떨어지지 않으려고 발버둥을 치는 것이다. 가인의 시절
에 문에 엎드려 있던 죄가 이제는 연인의 사랑처럼 끊을 수 없이 밀착되어
있는 것이다(창 4:7). 그렇다면 분명 인간의 마음속에 자리잡은 '죄악'을 극
복하는 다른 길이 존재할 것이 틀림없다. 물론 약 이천 년 뒤에 이러한 죄
악을 근본부터 완전히 뿌리 뽑을 메시아가 오시겠지만 그전까지 죄악을 없
애지는 못해도 철저히 극복하고 이기는 삶이 필요한 것이다. 아담도 노아
도 그 일에 실패했다.

인간 내면의 죄악성을 홍수로도 쓸어버릴 수 없기에 하나님 편에서의 더
이상의 홍수는 불필요한 것이다. 천지창조 때나 노아의 홍수 때나 동일한
혼돈 가운데서 천지를 새롭게 창조하셨던 방식과는 분명 다른 방식이 필요
할 것이다. 그러나 그 방식은 물로 모든 것을 쓸어버리지 않으면서도 천지
창조에 나타난 정신을 그대로 살려내는 방식이어만 할 것이다.

성경은 여러 곳에서 시시때때로 인간의 마음을 변화시킬 수 있는
길을 제시하고 있다. 먼저 시편 19편을 보면 '여호와의 율법,' 즉 여호와의
말씀이 행하는 능력을 생생하게 증언하고 있다.

여호와의 율법은 완전하여 영혼을 소성시키며 여호와의 증거는 확실하여
우둔한 자를 지혜롭게 하며 여호와의 교훈은 정직하여 마음을 기쁘게 하고
여호와의 계명은 순결하여 눈을 밝게 하시도다 여호와를 경외하는 도는 정
결하여 영원까지 이르고 여호와의 법도 진실하여 다 의로우니 금 곧 많은

순금보다 더 사모할 것이며 꿀과 송이꿀보다 더 달도다(시 19:7-10)

여기서 '율법, 증거, 교훈, 계명, 도, 법'이라는 단어들은 모두 다 동일한 하나님의 말씀을 지칭하는 다양한 표현일 뿐이다. 이런 하나님의 말씀에 자신을 비추며 살아가는 자에게 나타나는 현상이 바로 새로운 미래에 대한 희망일 것이다.

또 주의 종이 이것으로 경고를 받고 이것을 지킴으로 상이 크니이다 자기 허물을 능히 깨달을 자 누구리요 나를 숨은 허물에서 벗어나게 하소서 또 주의 종에게 고의로 죄를 짓지 말게 하사 그 죄가 나를 주장하지 못하게 하소서 그리하면 내가 정직하여 큰 죄과에서 벗어나겠나이다(시 19:11-13)

하나님의 말씀에 비추어 경고를 받고, 그 말씀의 경고를 마음에 새기고 지켜나갈 때 삶 속에 나타나는 것은 물론이요, 드러나지 않고 깊숙이 숨겨져 있는 허물까지도 깨닫고, 그로부터 벗어날 수 있는 길을 열어갈 수 있다는 것이다. 나아가서는 고의로 짓는 죄로부터 벗어남은 물론이거니와 또한 죄가 우리의 마음을 주장하려는 것을 차단함으로 죄과에서도 벗어나는 것이다. 여기서 '주장하다'라는 단어는 '마샬'(משל)로 '다스리다' 혹은 '통치하다'라는 뜻이다. 하나님께서 가인에게 "죄가 문에 엎드려 있느니라 죄가 너를 원하나 너는 죄를 다스릴지니라"(창 4:7)고 권면하셨을 때에 동일한 '마샬'(משל)이라는 '다스리다'가 사용된다. 이 연관관계를 살펴보면 하나님의 뜻하심에는 인간이 죄를 다스리는 삶을 원하셨지 죄가 인간을 다스리는 삶을 원하신 것이 아니라는 것이 드러난다. 결국 아담 이후로는 죄가 인간을 다스리는 세상이 되어버린 것이다. 그러나 시편 19편은 이에 대하여 오직 여호와의 율법, 즉 말씀을 따르는 것만이 죄가 다스리지 못하는 삶의 길을 열어갈 수 있다는 것을 천명하고 있다. 그리고 이렇게 하나님의 말씀을 따르는 삶을 통해 마침내 사람의 마음을 완전히 뒤바꾸는 길로 나갈 수 있다는 것을 증거 하는 것으로 그 결론에 이른다.

> 나의 반석이시요 나의 구속자이신 여호와여 내 입의 말과 마음의 묵상이 주 님 앞에 열납되기를 원하나이다 (시 19:14)

하나님의 말씀을 따라 사는 삶은 결국 '입술에서 나가는 모든 말'과 '마음속의 묵상'까지도 하나님께서 열납 하실 만한 것이 된다. 여기서 '열납하다'(רָצוֹן 라쫀)는 레위기에서 흠이 없는 제물이 '기쁘게 받으심이 된다'(רָצוֹן 라쫀)는 말과 같은 단어를 사용하고 있다(레 1:3; 22:19; 23:11). 이제 모든 것을 쓸어버리는 홍수의 거대한 물로도 씻어버리지 못했던 인간의 악한 마음의 계획이 하나님이 기쁘게 받으실만한 흠 없는 것으로 변할 수 있다는 것을 분명하게 보여주고 있는 것이다. 바로 하나님의 말씀에 전폭적인 신뢰를 두고 걸어가는 것이며, 말씀의 역동성에 따라 움직이는 삶인 것이다. 이렇게 오직 하나님의 말씀을 따라 살아가는 길을 위해 반드시 필요한 것이 있다. 하나님과 우리의 관계를 돈독히 하는 것이다. 그것은 예레미야서를 통해 우리에게 전달된다.

> 여호와의 말씀이니라 보라 날이 이르리니 내가 이스라엘 집과 유다 집에 새 언약을 맺으리라…그 날 후에 내가 이스라엘 집과 맺을 언약은 이러하니 곧 내가 나의 법을 그들의 속에 두며 그들의 마음에 기록하여 나는 그들의 하나 님이 되고 그들은 내 백성이 될 것이라 여호와의 말씀이니라 (렘 31:31-33)

하나님과 사람의 언약은 깊은 관계를 형성한다. 이 언약을 통해 하나님께서는 언약을 맺는 사람의 마음에 자신의 법을 지워지지 않게 새겨주신다. 잊혀질 수 없는 하나님의 마음을 전해주시는 것이다. 이것은 하나님의 말씀에 어떻게 응답해야 할 것인가라는 과제를 우리에게 제공해 준다. 그 무엇보다도 오직 하나님의 말씀에 일치된 삶을 살아가는 것을 통해 이루어갈 새로운 세계를 기대하게 하려는 것이다. 그 결단으로 우리에게는 지금도 하나님의 언약을 지키는 신실함이 필요하다.

홍수 후에 하나님께서는 방주에서 나와 번제를 드린 노아와 함께 새로운 길을 열어갈 언약을 맺으신다(창 9:8-17). 그렇다면 이제 노아 이후로는 모든 것을 쓸어버린 후의 창조나 새 창조를 통한 출발이 아닌 언약의 갱신인 새 언약을 통해서 새로운 시작을 열어 가실 것을 기대해 볼 수 있다. 이러한 사실은 창세기에서 노아와 아브라함과만 하나님께서 언약을 맺으신다는 사실에서 살펴볼 수 있다. 창세기에서 하나님과 사람 사이에 맺은 언약이라는 단어가 노아와 아브라함에게만 주어진다는 것은 의미가 있다(창 6:18; 9:9, 11, 12, 13, 15, 16; 15:18; 17:2, 4, 7[2번], 9, 10, 11, 13, 14, 19, 21). 그 외에 사용되는 언약이란 단어는 다 사람과 사람 사이에 맺어진 계약을 지칭할 뿐이다(창 14:13; 21:27, 32; 26:28). 노아와 언약을 맺으셨던 하나님께서 그가 실패한 후에 아브라함과 언약을 맺으시고 새로운 시작을 기대하신다는 것이다. 그리고 아브라함이 이 언약을 평생을 통해 잘 지켜냄으로 그의 이후로는 새롭게 언약을 맺기 보다는 아브라함 언약의 연결을 이루어가는 것이다.

여기서는 하나님께서 노아와 아브라함과 맺으신 언약을 비교하며 아브라함이 노아의 실패를 딛고 하나님과의 언약을 이루어갈 존재라는 사실을 살펴볼 필요가 있다. 하나님과 이들이 함께 맺는 언약은 여러 가지 공통점이 존재한다. 먼저 하나님과 이 두 사람이 맺는 언약 모두 '영원한 언약'이다(창 9:16; 17:7, 13, 19). 두 계약에서 모두 다 "언약을 세운다(קוּם 쿰)"라

는 표현이 각각 3번씩 나타나며(창 9:9, 11, 17; 17:7, 19, 21), "언약을 준다
(נָתַן 나탄)"가 각 1번씩(창 9:12; 17:2) 사용 된다. 하나님께서 계약을 맺을 때
'나와 너 사이에'라는 표현을 각 두 번씩 사용한다(창 9:12, 15; 17:2, 7). 그
리고 노아와 아브라함의 후손들도 이 언약에 포함된다고 한다(창 9:9; 17:7,
9). 이것은 이 언약을 지키면 그 후손에게 동일한 것이 연결된다는 것을 의
미하는 것이다. 두 계약 모두다 하나님의 징표로 결론에 이른다. 노아에게
는 외부적인 무지개를 언약의 징표로 주심으로 홍수 이후에 하나님과 인
간에게 언제나 기억의 대상으로 다시는 멸하지 않으시겠다는 약속의 실행
을 의미한다(창 9:12-14). 아브라함에게는 할례라는 내부적인 징표를 둘 것
을 말씀하시며 무지개와 달리 언제 어디서나 느낄 수 있는 특징이 있다(창
17:11). 노아와의 약속에서는 다시는 물로 멸하지(כָּרַת 카라트) 않으실 것이
라고 무지개 징표로 약속하시나(창 9:11), 아브라함과의 언약에서는 언약의
징표인 할례를 받지 않으면 멸하실 것(כָּרַת 카라트)이라 하신다(창 17:14).
그리고 노아의 신앙을 표현하는 칭호가 "하나님과 동행하고 당대에 완전한
자"(창 6:9)였다면, 아브라함은 하나님께로부터 "내 앞에서 행하여 완전하
라"(창 17:1)는 명령을 받는다. '완전하다' 혹은 '온전하다'(תָּמִים 타밈)는 단어
는 창세기에서 오직 노아와 아브라함에게만 사용되는 표현이다.

　　　이 비교에서 알 수 있듯이 노아와 맺은 언약은 마침내 아브라함에
게로 전이되었다는 것을 느껴볼 수 있다. 아브라함은 노아가 완성하지 못
한 하나님과 인간과의 완전한 연결 고리를 이루어 나가야 할 사람으로 등
장한 것이다. 그것은 아브라함이 하나님의 말씀에 절대적인 순종을 통해
하나님과의 언약을 지킴으로 이루어질 것이다. 아브라함의 중요성은 끊임
없이 계속되는 불순종과 땅에 내려진 저주를 자신의 절대적 순종으로 해소
하고 하나님과 인간의 부서진 관계를 다시 회복하는 길을 열어갈 새로운
인물이라는 점이다.

노아와 아브라함은 하나님과 똑 같은 방법으로 약속을 체결한 사람들로 비추어 지고 있으며, 그것은 이제 더 이상의 파괴와 새창조라는 그런 연결고리가 아닌 새로운 하나님과의 관계를 형성하는 길을 보여주고 있는 것이다. 하나님의 약속을 성취하는 길은 하나님께서 원하시는 순종의 삶을 통해서만 성취된다는 것을 노아와 아브라함을 통해 느낄 수 있다. 노아의 실패는 하나님께서 원하시는 삶을 살아가지 못했을 때 발생하고, 아브라함의 성취는 그의 전 생애를 통해 하나님께서 원하시는 삶을 걸어간 그 길을 통해 이루어질 것이다.

창세기의 전반부가 보여주는 인물들의 변천사와 그들에 대한 기대를 도표로 그려보면 다음과 같다.

아 담	노 아	아 브 라 함
창조와 파괴 ➡	새 창조와 언약체결과 파기 ➡	새 언약의 체결

이제 하나님께서는 창조하신 세계를 파괴하시고 다시 시작하시는 방법을 택하지 않으시고 새로운 방법으로 시작을 열어 가신다. 하나님의 말씀에 응답함으로 하나님과 맺은 언약을 신실하게 지키는 사람을 통해서 새로운 시대를 열어가는 것이다. 그리고 아브라함을 부르시는 사건은 인류사를 다시 쓸 수 있는 창조의 새 시대를 열어가는 획기적인 시작이 된다. 왜냐하면 하나님께서 또 한 사람에게 직접 말씀하셨기 때문이다.

2) 아브라함의 출발과 창조신앙(창 12:1-4)

하나님께서는 약속대로 죄악의 최종적인 모습인 교만함의 극치로 탑을 쌓아 자신의 이름을 내려고 하나로 연합한 노아의 후손들을 홍수로 쓸어버리시는 것이 아니라, 온 지면에 흩어버리셨다. 그리고 흩으신 중에 구원사를 위하여 한 사람을 불러내신다. 이 흩으시고, 불러내시는 모습이 흡사 하나님의 천지창조를 그대로 보여주고 있다는 점에서 아브라함을 부르는 사건은 획기적인 새로운 역사가 된다. 즉, 아담과 노아의 실패를 만회할 새로운 기회가 되는 것이다. 천지창조, 노아를 통한 새 창조 그리고 아브라함을 부르시는 사건은 다음과 같은 밀접한 언어적, 주제적 연관을 가지고 있다.[98]

천지창조 (창 1:1-2:3)		노아를 통한 새 창조 (창 8:15-20)	아브라함을 통한 새 창조(창12:1-4)
혼돈과 공허, 흑암이 깊음의 물 위에 있음		혼돈의 물로 가득 들어찬 세상에서	바벨탑 사건 이후 세상의 혼돈(언어의 혼돈과 흩어짐)
하나님이 이르시되(אָמַר 아마르)(1:3)		하나님이 노아에게 말씀하여 이르시되(אָמַר 아마르)(8:15)	여호와께서 아브람에게 이르시되(אָמַר 아마르)(12:1)
사 람 에 대 한 축 복	남자와 여자	노아와 그의 아내(8:16)	아브람과 사래
	그들에게 복(בָּרַךְ/바라크)을 주시며 (1:28)	하나님이 노아와 그 아들들에게 복을 주시며(בָּרַךְ/바라크)(9:1a)	네게 복(בָּרַךְ/바라크)을 주어 (12:2)
	생육하고, 번성하여, 땅에 충만하라	생육하고, 번성하여, 땅에 충만하라(9:1b)	너로 큰 민족을 이루고, 네 이름(שֵׁם 셈)을 창대케 하리니 너는 복의 근원이 될지라(12:2)
	땅을 정복하라	너희는…땅에 편만하여 그 중에서 번성하라(9:7)	내가 네게 보여줄 땅으로 가라 (12:1)
	고기, 새, 땅에 움직이는 모든 것을 다스리라	땅의 모든 짐승과 공중의 새와 땅에 기는 모든 것과 바다의 모든 고기가 너희를 두려워하며 너희를 무서워하리니 이들은 너희 손에 붙이었음이라(9:2)	복의 근원이 되고, 땅의 모든 족속이 너를 인하여 복을 얻을 것이니라(12:3)

275

하나님의 말씀대로 그대로 되니라(1:30)	노아가 그 아들들과 그 아내와 그 자부들과 함께 나왔고(8:18), 노아와 이 세 아들로 좇아 백성이 온 땅에 퍼지니라(9:19)	이에 아브람이 여호와의 말씀을 따라갔고(12:4)
그 후에 이루어져야 할 일(예배)		
안식일 준수(예배)(2:1-3) ↓ 그러나 에덴동산에서 아담과 하와는 다른 것을 예배한다.	노아가 여호와를 위하여 단을 쌓음(8:20) ↓ 노아가 농사를 시작, 포도주를 마시고 취함(9:20-27)	아브람이 여호와를 위하여 단을 쌓고 여호와의 이름을 부름(12:7-8) ↓ 예배가 계속될 것인가? (모리아 산의 제단으로)

이 세 번의 창조의 이미지 속에는 먼저 혼돈된 상황이 나타나고, 그 상황에 대대적인 반전을 가져오는 하나님의 말씀이 울려 퍼짐으로 새로운 시작이 전개된다. 하나님의 말씀을 최종적으로 받아서 이 땅에 실현해야 할 존재는 역시 남자와 여자라는 한 부부이다. 그러므로 가족의 최소 단위인 남편과 아내는 이 세상에 하나님의 창조질서를 가져올 위대한 소명을 부여받은 사명자임을 깨달을 필요가 있다. 그리고 공통적으로 '복주다'라는 요소가 강조되어 나타난다. 특히 아브라함이 부름을 받는 내용 속에는 '복'이 더욱 강조되어 나타나고 있다. 단 두 구절 안에 동사형인 '복주다'(בָּרַךְ 바라크) 3번(창 12:2, 3[2번]), 명사형인 '복'(בְּרָכָה 베라카) 1번(창 12:2), 그리고 분사형인 '축복하는 자'(מְבָרֵךְ 메바레크) 1번(창 12:3)을 사용하여 축복의 회복을 간절히 소망하고 있다. 이 염원은 창세기 12장 3절에 분명하게 드러난다: "너를 축복하는 자에게는 내가 복을 내리고 너를 저주하는 자에게는 내가 저주하리니(אָרַר 아라르) 땅의 모든 족속이 너를 인하여 복을 얻을 것이니라." 하나님께서 아브라함을 부르신 것은 그를 통해 모든 사람이 복을 누리고, 어느 누구도 이 땅에 더 이상의 저주를 만들지 못

하게 하시기 위한 목적이 있음을 살펴볼 수 있다. 그리고 인간들이 그렇게도 쟁취하기를 원했던 그 '이름'(שֵׁם 셈/명성)을 주시기 위해서이다. 여기서 이름은 인간이 스스로 높이는 것이 아니라 하나님께서 높여 주시는 것으로, 약속된 여러 복 중의 하나로 나타난다. 이런 사명을 이루게 하시려고 하나님께서는 아담에게는 에덴동산을, 노아에게는 아라랏 산 지역을 허락하셨고, 이제 아브라함에게는 새로운 땅인 가나안을 주셨다. 이 장소가 새로운 기회의 땅이 될 것이며, 수천 년에 걸친 희망이 현실이 되는 장소가 될 것이다. 이런 점에서 아브라함을 아담과 노아를 대신하는 대형이라고 볼 수 있으며, 또한 두 번째 노아나, 세 번째 아담이라고 부를 수 있다.

천지창조가 하나님의 말씀대로 그대로 이루어지는 순종을 보여주고 있다면 아브라함의 이야기도 역시 동일한 순종의 역사를 보여주고 있다. 하나님께서 말씀하시면 그 말씀이 어떠한 불가능성을 담고 있더라도 그 말씀에 순종하여 그대로 실행하는 것 바로 그것이 하나님의 창조를 이루어가는 삶이라는 것이다. 이처럼 아브라함이 하나님의 명령으로 '고향과 친척과 아버지의 집'을 떠나 하나님께서 명하시는 땅으로 가는 순종 속에 하나님의 천지창조가 이루어지는 신앙이 들어 있다. 이렇게 창조가 이루어진 다음에 인간의 삶 속에 어떤 일이 벌어져야 하는가? 이미 아담과 노아가 실패한 이야기를 통해 드러났다. 그것은 다름 아닌 '예배'이다. 아담과 노아가 좋은 시작을 가졌음에도 그 끝이 실패로 끝났다는 점에서 아브라함 이야기에서는 먼저 그의 신앙여정의 시작과 끝을 비교해 봄으로 예배의 완성을 살피고 그 후에 예배로의 과정을 보는 순서를 취할 것이다.

3) 아브라함과 하나님과의 관계회복의 길(창 12:1-9; 22:1-19)

아브라함의 신앙여정의 시작과 끝을 먼저 살펴보는 이유는 지금까지 두 인물인 아담과 노아의 삶에서 드러난 실패가 바로 시작은 좋았으나, 그 끝이 굽어지는 불순종으로 인한 때문이다. 보시기에 심히 좋았더라는 찬사를 받은 태초의 인간인 아담과 의인이요 당대에 완전한 자이며, 하나님과 동행했다는 극찬을 받은 노아가 이렇게 출발은 좋았지만 그 끝은 결국 저주의 자식인 악으로 마감했기 때문이다. 아브라함의 신앙의 시작이 그의 신앙 여정의 끝에서도 동일하게 일관된 신앙으로 그 결론에 이른다면 새로운 희망이 있는 것이다.

먼저 시작과 끝의 구조적인 관계를 규명하고 세부적인 설명을 덧붙이는 것이 이해하는데 도움을 줄 것이다.

시작(창 12장)	끝(창 22장)
* 삼 단계의 결별: 고향과 친척과 아버지 집(12:1a)	* 삼 단계의 결별: 네 아들, 네 사랑하는 독자, 이삭(22:2a)
* 출발명령: '가라!'(12:1b)	* 출발명령: '가라!'(22:2b)
* 결별대상: 아버지(과거, 근본, 뿌리) * 의미: 의지하는 모든 것을 끊음	* 결별대상: 아들(미래, 희망, 가지와 열매) * 의미: 이루기를 바라는 모든 것을 맡김
* 행동: 순종(12:4)	* 행동: 순종(22:3)
* 결과: 축복의 약속 주심(12:2-3)	* 결과: 축복의 실현 약속 주심(22:15-19)

아브라함의 신앙여정에서 이 두 가지 시작과 끝이 의미하는 바는 인간이 일생을 살아가며 반드시 필요한 요소를 다 포함하는 내용이다. 탄생과 성장 속에서 부모라는 존재의 중요성과 늙음과 죽음으로 향하며 자녀라는 존재의 의미는 삶의 바탕과 미래의 의미를 제공해 주는 역할이라 할

수 있다. 한 인간을 정의할 수 있는 가장 중요한 두 가지를 뿌리째 뽑아버리라는 것은 어쩌면 어느 시대를 막론하고 심각한 것이겠지만 특히 아브라함이 살았던 고대 근동의 상황 속에서는 사형선고와도 같은 것이라 할 수 있다. 하지만 이 속에는 인간이 안고 있는 모든 고질적인 문제를 해결할 수 있는 열쇠 또한 포함하고 있다는 점에서 사형선고가 아니라, 오히려 그 반대인 죽음으로부터의 해방이라 할 수 있다.

태초의 인간이 가장 풍성한 대지인 하나님으로부터 스스로 뿌리를 뽑아 자신이 만든 안전장치에 둠으로 죽음의 길로 갔다면 이제 하나님께서 그 반대의 역사를 통하여 인간에게 생명을 주려 하신다. 이를 위해 반드시 필요한 것이 있다. 인간 자신이 스스로 마련한 안전장치를 하나님의 명령을 받들어 자발적인 선택으로 버려야 한다. 하나님께서 아브라함에게 명령하신 것이 바로 이것이다. 수천 년의 세월동안 인간이 마련한 모든 안전장치를 다 잘라내라고 명령하시는 것이다. 하나님께서 아브라함의 뿌리를 자르고 가지를 잘라내는 것은 인간을 근본도 미래도 없는 존재로 만드시려는 것이 아니라 진정한 장소에 뿌리내리고 가지를 뻗어 열매 맺게 하려는 것이다. 바로 하나님 안에 다시 심으시려는 것이다. 인간이 선악과를 취한 순간 인간은 하나님 같이 되는 특권을 누릴 수 있게 되었는지는 모르지만 하나님의 영원한 생명으로부터 뿌리 뽑혀 죽어가는 존재가 된 것이다. 하나님께서는 아브라함을 인간이 만들어 놓은 거짓 안정과 안주의 틀을 깨고 진정한 안식의 세계로 초대하시는 것이다. 그것은 필연적으로 인간이 만든 모든 안전의 틀을 깨고 오직 하나님의 명령에 따를 때 가능해진다.

(1) 순종의 출발(창 12:1-9)

아브라함의 신앙여정은 두 번의 중요한 부르심으로 감싸여 그 시작(창 12:1-9)과 끝(창 22:1-19)을 하나로 연결시키는 신학적인 구조를 이루고 있다. 첫 번째는 '갈대아 우르-하란'에서 가나안 땅으로 가라는 것이었고, 마지막은 모리아 산으로 가라는 말씀이었다. 이 두 번의 출발명령은 동일한 히브리어 표현인 '가라'(לֶךְ-לְךָ 레크-레카; 창 12:1; 22:2)를 사용하고 있다. 특이하게도 이 명령형태는 구약 성경 전체 속에서 오직 아브라함 이야기에만 나타나며 그의 이야기 중에서도 오직 이 두 문맥 속에서만 나타나는 희귀한 표현이다. 그리고 전자가 '고향과 친척과 아버지의 집'(창 12:1)이라는 삼단계의 부모와의 철저한 단절이라면, 후자는 '네 아들, 네 사랑하는 독자, 이삭'(창 22:2)이라는 삼단계의 자식과의 완전한 결별을 의미한다. 이것은 이 두 사건의 밀접한 연관성을 강조해 주는 효과를 더하고 있다. 그리고 이 두 사건을 이해하는 것은 아브라함이 보여준 믿음의 본질을 밝히는 중요한 요소가 될 것이다. [99]

　　먼저 하나님께서는 아브라함에게 '고향과 친척과 아버지의 집'을 떠나 자신이 지시할 땅으로 가라고 명령하신다. 이사와 이민을 자유롭게 법적인 보호를 받으며 행할 수 있는 지금 21세기의 문명 속에서 살아가는 우리들에게는 이 명령의 가혹함이 그리 크게 와 닿지 않을 수 있다. 그러나 아브라함 당시 이러한 이주는 생명을 건 일이었다. 그리고 이 세 가지 요소는 아브라함을 지칭하는 모든 것이며, 그의 과거의 근본 바탕이며 또한 보호막을 뜻하는 것이었다.

　　실제 삶 속에서 보호막이 무엇인가를 이해하기 위해서는 한 가지 제도를 이해할 필요가 있다. 이스라엘에는 '고엘'(גֹּאֵל)제도가 있다. '고엘'은 주로 두 가지 뜻으로 해석되는데 '기업 무를 자'(레 25:23-28, 47-49; 룻 2:20; 3:9, 13, 31; 4:1, 3, 6, 8, 14)와 '피의 보수자'(민 35:12, 19, 21; 신 19:6, 12)이다. 이것은 또한 가장 가까운 친족을 의미하기도 한다. 왜냐하면 한 사람이 가난해져서 가진 재산을 다 팔아야 할 때 가장 가까운 친족이 기업을 물러주는 역할을 하며, 또한 한 사람이 다른 사람에게 신체적, 물질적 피해를 입었을 때 가장 가까운 친족들이 '눈에는 눈, 이에는 이, 생명에는 생명'(출 21:23-25)이라는 원칙 하에 피의 보수자의 역할을 하기 때문이다. 친족이 많다는 것은 보호막이 든든하다는 것이다. 그러므로 '고향과 친척과 아버지의 집'이라는 의미는 한 사람이 보호를 받고 안심하고 살아 갈 수 있는 환경이 있다는 것이다. 그에 반해 이방을 떠도는 나그네는 가까운 친족인 고엘의 도움을 전혀 받을 수 없는 무방비 상태가 된다. 떠도는 이방인 나그네 한 명쯤은 얼마든지 살해하고 그가 가진 것을 다 빼앗을 수 있는 것이 아브라함이 살아갔던 기원전 2000년경의 상황이었다. 여기서 우리는 비록 비굴한 일이기는 하지만 아브라함이 아내 사라를 누이라고 속였던 그 당시의 정황을 조금은 이해해 볼 수 있다. 아브라함은 사라를 자신의 보호막인 고엘로 세워놓으려 한 것이다.

그래서 신명기서는 끊임없이 '나그네와 고아와 과부'를 돌보라고 명령한다(신 10:18-19; 24:17, 19, 20, 21; 27:19). 왜냐하면 이들에게는 고엘이 없기 때문이다. 어느 누구든지 그들을 보는 사람은 그들의 고엘이 되어 주라는 명령인 것이다. 만약 그렇게 하지 않는다면 우리 하나님께서 그들의 '구속자'(고엘)가 되셔서 피의 보수자가 되실 것이다(잠 23:11; 시 19:14; 78:35; 103:4; 사 41:14; 43:14; 47:4). 이 고엘이라는 단어가 하나님께 적용되면 언제나 '구속하다, 구원하다' 혹은 '구속자'라는 뜻으로 사용됨은 의미가 크다. 이것은 그 당시로 말하면 하나님께서 그들의 보호자가 되어주신다는 의미이기 때문이다.

아브라함은 하나님의 명령 한마디에 어떠한 토도 달지 않고 자신의 보호막을 잘라내고 오직 여호와 하나님이 자신의 고엘이 되실 것을 믿고 소명의 여정을 출발한다. 그의 이 신앙은 단 한마디의 표현으로 부각된다: "이에 아브람이 여호와의 말씀을 따라갔고"(창 12:4). 여호와께서 아브라함에게 가라고 말씀하시며 수많은 축복에 대한 약속을 주신다. 그리고 아브라함은 여호와의 말씀에 전폭적으로 순종하며 그 말씀을 그대로 믿고 실행한다. 이것은 천지창조가 아브라함이라는 믿음의 사람을 통해서 새롭게 이루어지고 있는 것과 다름이 없다. 왜냐하면 창조의 신학은 말씀하시면 그대로 이루어지는 순종으로 이 세계가 조성되었음을 보여주고 있기 때문이다. 그리고 이제 아브라함이 그러한 세계를 만들어 가는 그 출발선에서 희망찬 시작을 보이고 있는 것이다.

아브라함이 이런 희망에 찬 약속과 함께 하나님께서 지시하신 땅으로 왔을 때 위기가 닥쳐왔다. 그 땅은 아브라함이 오기를 간절히 기다리며, 환영하는 비어 있는 땅이 아니었다. "그 때에 가나안 사람이 그 땅에 거하였더라"(창 12:6)는 아브라함에게 어쩌면 절망의 선언일 수도 있다. 결코 자신의 것이 될 것 같지 않은 이러한 위기감이 고조된 순간에 하나님께서 아브라함에게 나타나셔서 "내가 이 땅을 네 자손에게 주리라"고 약속하신다(창 12:7). 아브라함이 어떤 자세로 하나님의 이 약속에 응답하느냐가 차후의 이야기를 이끌어 가는 열쇠가 된다. 아브라함은 그 곳 세겜에 제단을 쌓고, 또 벧엘과 아이 사이로 옮겨 제단을 쌓는다(창 12:8). 그리고는 '여호와의 이름'(שם 셈)을 부른다. 그리고 아브라함은 점점 남방으로 옮겨 헤브론에 여호와의 제단을 쌓는다(창 13:18).

아브라함이 북쪽의 세겜, 남과 북의 경계인 벧엘과 아이 사이, 그리고 남쪽 헤브론에 제단을 쌓고 여호와의 이름을 부른 것은 무슨 이유일까? 모리아 산의 제단을 제외하면 가나안 땅에서 전략적으로 요충지인 세 곳에 아브라함은 제단을 쌓은 것이다. 결국 여호와의 제단이 서 있는 곳이 여호와의 땅이 아닐까? 아브라함은 가나안 땅을 제외한 다른 지역에는 결코 제단을 쌓지 않았다. 이것은 그가 그 곳이 가나안 사람의 땅이건 상관없이, 여호와의 제단을 세움으로 그 땅이 하나님의 땅임을 선포하고, 하나님의 선물로 자신에게 주어질 것이라는 사실을 굳게 믿었다는 것을 증거 한다.[100] 아브라함의 믿음의 여정은 이렇게 순종과 예배와 함께 순조롭게 진행된다. 그의 예배하는 삶은 모든 것이 평안하고 좋을 때만이 아니라 위기와 좌절, 절망의 순간에 더욱 빛이 나고 있다는 점에서 하나님을 믿는다는 것이 무엇인지를 삶으로 말해주고 있다.

아브라함의 출발은 이렇게 온전하다. 아담과 노아처럼 아브라함 또한 순종으로 아름다운 시작을 열어가고 있다. 노아가 여호와의 말씀을 그대로 준행하였다는 칭찬을 받은 것처럼 아브라함 또한 여호와의 말씀을 전폭적으로 믿으며 걸어가고 있는 것이다. 믿음은 바로 그런 것이다.

믿음이 없이는 하나님을 기쁘시게 하지 못하나니 하나님께 나아가는 자는 반드시 그가 계신 것과 또한 그가 자기를 찾는 자들에게 상 주시는 이심을 믿어야 할지니라 (히 11:6)

설사 하나님의 말씀대로 지금 현재가 그대로 이루어지지 않는다 할지라도 말씀하신 하나님께서 살아계셔서 이 세상을 다스리시고 계신다는 사실, 그것은 오직 상과 벌을 주시기 위해 이 땅을 재판하실 분은 하나님이시라는 사실을 믿는 것이다. 그러할 때 우리는 어떤 환경가운데서도 오직 하나님만 바라볼 수 있다. 아브라함에게 주어진 과제가 있다면 이러한 믿음과 예배의 삶을 어떻게 지속시킬 것인가라는 질문에 대한 대답이다. 이 질문에 대답하기 전에 우리는 아브라함의 시작을 보았으니, 그의 마지막 결말을 먼저 살펴보는 것이 낫겠다. 그것을 통해 그의 신앙의 길을 역 추적해 보는 것이 오히려 그의 신앙의 길을 살피는 좋은 길이 될 것이다. 아브라함의 시작은 이렇게 순종으로 가득 차 있다. 그의 마지막 결말은 어떠한가? 하나님께서 아브라함을 다시 부르신다. 그의 출발에서 한 번, 그의 마지막 여정에서 한 번. 이 두 번이 아브라함의 모든 것을 설명하는 최고의 길이다.

(2) 순종의 결말(창 22:1-15)

민음의 여정의 최 절정에 하나님께서 아브라함을 다시 부르시며 또 가라고 하신다. 네 아들, 네 사랑하는 독자, 이삭을 데리고 모리아 땅으로 가서 내가 네게 지시하는 한 산 거기서 그를 번제로 드리라는 말씀이다. 이것은 마른하늘에 날벼락 같은 말씀이다. 하나님의 말씀 한 마디에 자신의 모든 근본 바탕이요 보호막인 과거를 다 잘라내었다. 그런데 이제 하나밖에 없는 유일한 미래의 희망까지 잘라버리라고 하신다.[101] 어리고 젊었을 때는 '고향과 친척과 아버지의 집'이 고엘의 역할을 해주는 보호막이었다면, 늙어서는 '자식들과 번성하는 후손들'이 고엘의 역할을 하는 보호막이 되는 것이 인간 삶이다. 양쪽 다 중요하겠지만 그럼에도 부모와 자식이 있을 때 어느 쪽을 잘라내는 것이 더 어려울까? 하나님께서는 우리에게 점점 더 강도가 높은 명령으로 다가오신다. 과거를 지칭하는 근본부터 미래의 기대를 의미하는 실낱같은 희망까지 완전한 포기를 요구하시는 것이다. 월트키의 말처럼 지금 이 순간에 위기에 처한 것은 이삭의 생명이라기보다는 '아브라함과 하나님의 관계'(Abraham in his relationship to God)라고 본 것은 날카로운 통찰이라 할 수 있다.[102]

아브라함은 이삭을 제물로 바치라는 하나님의 말씀에 수많은 반문을 쏟아 부을 수도 있다. 분명 하나님께서는 이삭을 통해 언약을 세우며, 그의 후손에게 영원한 언약이 될 것이라고 하셨다(창 17:19, 21). 그렇다면 아브라함은 이삭의 죽음은 이 모든 것을 다 무효화 시키는 것이 아니냐는 의문부터 시작하여 하나님의 말씀의 모순을 또박또박 제시할 수도 있다. 정말 아브라함의 생은 약속의 자녀 이삭을 기다리는 삶이었다 해도 과언이 아니기에 이러한 항변은 정당성이 있다 할 수 있다. 창세기 12장의 약속으로 시작하여 그 약속이 성취될 수 있는 이삭의 출생이 21장에서 이루어지고 있다는 점에서 창세기 12-21장은 약속과 성취의 시작이라 할 수 있다. 그런데 그 출발이 주어지지마자 그 다음 장인 22장에서 이삭을 번제로 태워 바치라는 가혹한 명령이 주어진 것이다. 대놓고는 아닐지라도 하나님과 조용히 대면하여 시시비비는 가려봄직한 상황이라 여겨진다. 그리고 소돔과 고모라를 위하여 중재하며 하나님과 5번의 거래를 했던 것처럼 이삭의 생명을 놓고 하나님과 줄다리기를 펼쳐볼 만도 하다. 그러나 그는 한 마디의 질문도 하지 않고 묵묵히 말씀을 실행한다. 진정한 순종은 질문하지 않는다. 분명히 인간의 의문을 일소하는 하나님의 깊으신 뜻이 있으실 것임을 믿기 때문이다. 영원하신 하나님의 뜻을 순간밖에 안되는 인생이 어찌 다 이해할 수 있을 것인가? 때로 이해할 수 없어도 "우리 주님의 뜻이 이루어지이다"를 인정할 수 있는 사람을 통하여 새 역사는 일어난다.

약속의 자녀 이삭은 태어나기 전까지는 아브라함에게 전혀 위협의 대상이 아니었고 오히려 희망과 기대의 대상이었다. 이삭은 오직 아브라함 이야기의 마지막 즈음인 창세기 21장 이후에만 등장하며 축복의 선물이며, 약속의 실현이었다. 이삭은 또한 상급에 반대되는 은혜의 상징이기도 하다. 그러나 문제는 이삭은 하나님의 선물이며, 축복임에도, 일단 이삭이 태어나면 아브라함은 하나님 없이도 살 수 있다고 자만하는 계기가 될 수 있다는 것이다. 탄생되기 전에는 희망과 기대였던 대상이, 태어난 후에는 축복임과 동시에 유혹의 대상이라는 이중성을 갖는 것이다. 하나님께서 허락하신 축복의 선물을 평생을 통하여 누릴 것인가, 아니면 유혹에 무너져 내릴 것인가라는 삶의 질문이 들어가 있다. 그래서 창세기 22장은 아브라함에게 새로운 시점이다. 축복의 선물이 아브라함에게 맡겨진 후에도 하나님은 여전히 아브라함의 주인이신가라는 질문이 주어지고 있는 것이다. 이것이 어려운 이유는 인간은 확실한 것에 의존하려는 본능이 있기 때문이다. 아담 이래로 수많은 사람들이 이러한 유혹에 무너져 내렸고, 지금 현재도 동일한 현상이 나타나고 있다. 꿈과 이상을 가지고 기도하며 주님의 세워주심을 간절히 바라며 열정으로 살아갔던 신앙인들이 그 축복이 이루어져 높은 자리와 부와 명성을 누리는 위치에 올려지고 나면 그 축복이 올무가 되어 실족하는 길로 빠지는 것이다. 신앙의 열정은 사라지고, 주어진 축복을 빼앗기지 않고 더 누리려고 안간힘을 쓰며 지키려고 애쓰는 것이다. 그로 인해 하나님과의 다툼은 물론이요, 사람들과 경쟁하고 싸우며 더 높아지고, 더 가지려고 아귀다툼을 벌이는 것이다. 그러므로 복을 받은 사람의 다음 할 일은 바로 가지고 누리는 모든 것의 주인이 하나님이심을 끊임없이 인정하는 것이다. 인생의 모든 것을 의미하는 이삭을 드리는 일을 통하여 신앙이 무엇인지를 드러내야 한다. 최고의 것을 드리는 일이 이전까지는 쉬웠지만 이제는 쉽지 않다. 너무나 커져버려 삶의 대부분을 차지하게 된 축복의 현상을 포기하기가 어렵기 때문이다. 이전과 똑같이 하나님이 내 삶의 절대 주권자임을 보여주기 위한 나의 선택이 필요하고 그것이 순종을 필요로 한다.

이런 점에서 아브라함에게 있어서 이삭은 이미 선악과와 같은 의미를 가지고 있다. 이삭은 인간의 주권과 하나님의 주권이 부딪치는 대결의 장이기 때문이다. 이 사실은 그랄 왕 아비멜렉의 선언을 통해서 더욱 분명해진다. 창세기 26:11절에는 그랄 왕 아비멜렉이 자신의 백성에게 '이삭'에 대하여 명령하기(יְצַו 짜바)를 "이 사람이나 그 아내에게 손이라도 대는 자는 죽으리라"(הַנֹּגֵעַ בָּאִישׁ הַזֶּה וּבְאִשְׁתּוֹ מוֹת יוּמָת 하노게아 바이쉬 하제 우 베이쉬토 모트 유마트)고 선포하는 것이 나타난다. 이것은 하나님의 명령(יְצַו 짜바; 창 3:17)과 관련된 "선악과를 먹는 그날에 정녕 죽으리라"(מוֹת תָּמוּת 모트 타무트; 창 2:17)는 표현과 하와가 선악과에 대하여 뱀에게 대답하는 "만지지도 말라 너희가 죽을까 하노라"(לֹא תִגְּעוּ פֶּן-תְּמֻתוּן 로 티그우 펜-테무툰; 창 3:3)는 양방향을 다 포함한 말이다. '이삭'은 오직 하나님의 주권에 달려있는 금단의 열매와 같다.[103] 그 권위를 침범하는 자는 부모는 물론 그 어떤 권력을 가진 왕일지라도 무사할 수 없다. 선악과나 이삭이라는 그 존재 자체보다도 그 위에 명령된 하나님의 말씀의 권위가 이러한 갈림길을 만드는 것이다.

그런데 하나님께서는 하나님을 만난 그 장소 그 자리에서 이삭을 바치라고 하시지 않고, 지시하실 한 산 거기서 드리라고 하신다. 그의 출발과 진배가 없다. 출발 때에는 "내가 지시할 땅으로 가라"고 하시고 마지막에는 "내가 지시할 한 산으로 가라"고 하신다. 그런데 그 산까지의 거리가 의미가 깊다. 사흘 길이다. 인간의 속성을 너무나 잘 아시는 하나님, 인간은 고작해야 작심삼일 밖에 안 된다는 것, 순간적으로 양은 냄비 같이 쉽게 끓고, 쉽게 식어버리는 존재라는 것도 아신다. 성경에서 삼일은 인간의 결심과 선택이 이루어지기 적절한 기간이다(창 42:17; 출 3:18; 10:22; 15:22; 19:11, 15, 16). 하나님께서는 아브라함이 이삭의 손을 잡고 사흘을 걷게 하는 것이다. 아들을 부둥켜안고 잠도 잤을 테고 손을 꼭 붙잡고 수많은 생각을 하며 걸었을 것이다. 집요하신 하나님, 하지만 이 길만이 인간의 중심을 보실 수 있는 길이기에 그리 하실 수밖에 없으신 안타까움이 있다. 이 삼일의 기간은 아브라함이 모든 것을 바치기 전에 이미 그의 마음을 드리는 시간인 것이다. 그러므로 이것은 사람에게 가장 처절한 시험이다. 그러나 하나님의 시험은 결코 인간이 실패하고 유혹에 빠져 무너지게 하려는 목적을 가진 것이 아니라, 그 사람이 가치 있는 존재로 변했는지를 살펴보는 의도인 것이다. 즉, 하나님의 시험은 우리를 더욱 강하게 세우시려는 목적이 있는 것이며, 그에 맞는 복을 주시려는 것이다(출 20:20; 신 8:2, 16). 이에 반해 사탄의 시험은 사람을 무너뜨리려는 목적만 있다(벧전 5:8; 약 1:15; 롬 6:23).[104]

　　　이 잔혹하게 보이는 명령에 아브라함은 그의 출발에서와 똑같이 신속한 순종으로 응답하는 것을 통해 하나님을 향한 그의 믿음을 확증하고 있다: "아침에 일찍이 일어나 나귀에 안장을 지우고 두 종과 그의 아들 이삭을 데리고 번제에 쓸 나무를 쪼개어 가지고 떠나 하나님이 자기에게 일러주신 곳으로 가더니"(창 22:3). 아브라함의 특징은 명령이 떨어지면 단 한 마디의 질문도 없이 모든 것을 빠르게 준비하여 그 명령을 실행하기 위하여 간다. 질문이 있을 법도 한데 말이다. 이삭을 약속의 씨로 주시지 않으셨냐고 그리고 그 이삭과 하나님께서 언약을 세우실 것이며 그의 후손에게 영원한 언약이 될 것이라 하시지 않으셨냐(창 17:19)고 최소한 하소연 정도는 할 수 있을 것 같다. 그러나 아브라함은 그 다음날 평상시보다 더 일찍 일어났다. 불안과 공포로 잠을 설쳤기 때문이 아니라, 하나님의 명령을 신속히 실행하기 위해서였다. 그는 모든 준비를 서둘러 갖추고 자식을 불태울 나무까지 손수 장만한다. 그에게 분명 그 일을 행할 수많은 종들이 있었을 것임에도 하나님의 명령을 직접 받는다. 이렇게 하나님을 향한 사랑과 존경은 인간적인 모든 천륜과 질서까지도 뒤흔든다(Love upsets the natural order).[105]

　　　그리고 아브라함은 그 삼일의 모든 유혹을 딛고 드디어 모리아 산까지 왔다. 이제 아브라함과 이삭 두 사람만의 등반이 시작된다. 아브라함은 동행한 종들에게 분명하게 자신과 이삭의 등반의 목적을 설명한다: "이에 아브라함이 종들에게 이르되 너희는 나귀와 함께 여기서 기다리라 내가 아이와 함께 저기 가서 예배하고 우리가 너희에게로 돌아오리라"(창 22:5). '예배'라는 단어가 아브라함이 신속하게 준비하고 여기까지 온 이유를 설명하고 있다. 아브라함의 마음속에 가장 크게 자리 잡고 있는 것은 이삭이 아니라, 하나님을 향한 예배라는 것을 드러내고 있는 것이다.

그러나 이삭과의 등반의 마지막 순간에 하나님께서 아브라함의 심장을 도려내는 날카로운 질문을 던지신다. 마지막 포기를 강요하는 것처럼 말이다. 그 질문이 하나님의 것이면 오히려 낫겠지만 잔혹하게도 그 말을 이삭의 입술에 담으신다: "아버지여! 불과 나무는 있거니와 번제할 어린 양은 어디 있나이까?"(창 22:7). 여기에 무너지지 않을 아버지가 어디 있을까? 그러나 아브라함은 한 순간의 망설임도 없이 응답하며, 그의 응답에 하나님을 담는다: "아들아 번제할 어린 양은 하나님이 자기를 위하여 친히 준비하시리라"(창 22:8). 하나님을 향한 절대적인 신뢰가 없다면 결코 가능할 수 없는 일이다. 아브라함은 하나님을 바로 알고 있다는 것이다. 하나님을 바로 알고 있지 못한 사람은 결코 흉내도 낼 수 없으며, 흉내를 내려 해서도 안 된다. 그것은 맹신과 광신이 되기 십상이요, 다른 이들에게 굴레를 씌워 고통을 가할 뿐이기 때문이다. 우리 또한 아브라함이 만난 하나님을 배울 필요가 있다. 아브라함이 만난 그 하나님은 차후로 살펴가야 할 우리의 과제이다. 도대체 어떤 하나님의 모습을 체험했기에 이렇게 한 치의 주저함도 없이 당당하고 확신에 찰 수 있을까? 아브라함이 만난 그 하나님은 자신이 말씀하신 것을 반드시 이루시는 분이라는 증언이 들어가 있다. "하나님께서 친히 준비하실 것이라"고 번역된 '엘로힘 이레'(אֱלֹהִים יִרְאֶה)는 "하나님께서 친히 보이실 것이라" 혹은 "하나님께서 친히 나타나실 것이라"는 의미이다(창 22:8). 이 말 속에는 하나님께서 명령하신 것이니 하나님께서 나타나셔서 이루실 것이라는 믿음의 확신이 들어가 있다. 나중에 이곳의 지명은 '여호와 이레'(יהוה יִרְאֶה 야훼 이르에)가 된다.

　　아브라함이 오직 믿음으로 이삭을 묶고, 그의 심장에 칼을 내리 치려는 그 순간에 하늘에서 음성이 들려온다: "아브라함아 아브라함아! 그 아이에게 네 손을 대지 말라 네가 네 아들 네 독자까지도 아끼지 아니하였 으니 내가 이제야 네가 하나님을 경외하는 줄을 아노라"(창 22:12). 드디어 하나님께서 한 사람을 찾으셨다. 하나님을 두려워하며(יָרֵא 야레) 숨는 죄 인이 아니라, 하나님을 경외하는(יָרֵא 야레) 사람을 만나신 것이다.

아　담	여호와 하나님이 아담을 부르시며 그에게 이르시되 네가 어디 있느냐? 이르되 내가 동산에서 하나님의 소리를 듣고 내가 벗었으므로 두려워하 여(יָרֵא 야레) 숨었나이다 (창 3:9-10) ˙
아브라함	여호와의 사자가 하늘에서부터 그를 불러 이르시되 아브라함아 아브라 함아 하시는지라 아브라함이 이르되 내가 여기 있나이다 하매…내가 이 제야 네가 하나님을 경외하는 줄을(יָרֵא 야레) 아노라 (창 22:12)

'두려워하다'와 '경외하다'는 히브리어로 같은 단어이다. 아담의 실패가 이 렇게 아브라함의 철저한 순종으로 새로운 성취에 이르렀다. 이처럼 '하나 님 경외'는 하나님의 음성을 듣고 '두려움과 공포로 피하는 존재'가 아니라 그 말씀을 있는 그대로 믿고 따르는 행동이다. 이것이 경외의 진정한 의미 이다.

　　설사 불가능하고 불합리해 보이는 명령일지라도 그 말씀이 하나 님께로부터 라면 그대로 준행하는 것이다. 아담이 그 아내의 말을 듣고 여 호와의 명령을 헌신짝처럼 버렸다면 이제 하나님의 명령 한 마디에 자신의 모든 것을 포기할 줄 알았던 사람, 그 사람으로 인해 새로운 시대가 열려간 다. 아브라함에게 이삭은 단지 한 아들이나 독자 정도가 아니다. 그에게 이삭은 그의 미래이며 모든 것이다. 이삭이 사라지면 아브라함은 아무것도 남는 것이 없다. 그의 죽음과 더불어 모든 것이 사라지는 것이다. 꿈도, 희망도, 이상도, 미래도, 하나님의 축복의 약속도 모두 물거품이 되어 공중분해가 되어버리는 것이다. 그러나 아브라함은 그것이 뱀의 말이 아니라, 하나님의 말씀이기에 그대로 순종했다. 하나님은 분명 가장 선하신 뜻이 있으실 것을 믿기 때문이다. 그것은 인간의 수많은 변명보다 더욱 아름다운 길을 열어간다는 것을 믿기 때문이다. 히브리서 기자는 이러한 아브라함의 신앙을 다음과 같이 극찬한다.

> 아브라함은 시험을 받을 때에 믿음으로 이삭을 드렸으니 그는 약속들을 받은 자로되 그 외아들을 드렸느니라 그에게 이미 말씀하시기를 네 자손이라 칭할 자는 이삭으로 말미암으리라 하셨으니 그가 하나님이 능히 이삭을 죽은 자 가운데서 다시 살리실 줄로 생각한지라 비유컨대 그를 죽은 자 가운데서 도로 받은 것이니라(히 11:17-19)

히브리서 기자는 이삭이 약속받은 존재요, 이삭을 통해 이루어질 미래에 대한 약속을 아브라함이 다 알고 있음에도 불구하고 하나님의 명령에 순종으로 일관했음을 강조한다. 그리고 그 순종은 오직 하나님을 절대적으로 신뢰하는 믿음으로 인해 가능했다는 것을 전하고 있다. 심지어 아브라함의 하나님을 향한 믿음은 이삭을 죽이고 난 다음에도 능히 살리실 수 있는 분이라는 데까지 이르렀음을 보이고 있다. 이제 이러한 아브라함의 철저한 시종일관의 순종으로 분명 인간 삶 속에 변하는 것이 있을 것이다. 그것은 다름 아닌 불순종으로 인한 저주가 사라지고 축복이 물결치는 세상인 것이다.

(3) 저주가 축복으로(창 22:16-18)

이 세상에 축복을 싫어하는 사람도 있을까? 우리도 아브라함처럼 하나님의 수많은 복의 약속을 가지고 신앙의 여정을 출발한다(창 12:1-3). 그런데 대부분의 사람들이 그 엄청난 축복의 약속을 허공에 매달아 놓고 그 열매를 맛보지도 못하고 이 땅을 떠나는 경우가 허다하다. 무엇 때문인가? 그 이유는 아브라함을 통해서 분명하게 배울 수가 있다. 아브라함도 우리처럼 수많은 복의 약속을 가지고 믿음의 여정을 출발했다. 그러나 그 모든 약속은 늘 허공에 떠 있고, 현실이 될 것 같지 않은 상황들을 만나게 된다. 아브라함도 마찬가지였다. 대단한 약속들인 가나안 땅을 주심과 큰 민족, 이름이 창대케 되는 것 그리고 복의 근원이 되고, 모든 민족들이 그를 통해 복을 누리는 것이라는 이 모든 것들이 단 한 가지만 채워지지 않으면 이루어 질 것이 없다. 불가능 그 자체이다. 그것은 바로 후손, 즉 아들이다. 그의 뒤를 이어 민족을 이룰 자손이 없다면, 어찌 큰 민족이 되고, 이름이 창대해 지며, 땅을 차지하고, 세상 모든 민족들이 복을 누리겠는가? 아브라함이 죽으면 모든 것이 끝나버리는 것이다. 아브라함은 믿음의 여정을 떠날 때 아들이 없었다. 그런데 우여곡절 끝에 결국 아들을 얻었고, 약속이 이루어질 희망을 가졌으나 마침내 그 희망을 죽이라는 것이다. 하나님의 명령 한 마디에 아브라함의 모든 기대와 희망, 미래가 일시에 무너질 찰나에 와 있다. 그리고 그는 그 명령을 실행했다. 그런데 그 순간에 하나님께서 아브라함에게 약속의 확증을 주시는 것이다.

여호와께서 이르시기를 내가 나를 가리켜 맹세하노니 네가 이같이 행하여 네 아들 네 독자도 아끼지 아니하였은즉 내가 네게 큰 복을 주고 네 씨가 크게 번성하여 하늘의 별과 같고 바닷가의 모래와 같게 하리니 네 씨가 그 대적의 성문을 차지하리라 또 네 씨로 말미암아 천하 만민이 복을 받으리니 이는 네가 나의 말을 준행하였음이니라(창 22:16-18)

이 속에는 땅을 차지하는 것, 큰 민족과 큰 이름 그리고 복의 근원이 되어 세상 모든 민족이 복을 누리는 것이 다 포함되어 있다. 하나님께서는 아브라함의 철저한 순종을 보시고 그의 출발에서 주셨던 복에 대한 약속이 확실하게 실현될 것이란 확증을 주신다. 아브라함은 오직 하나님의 말씀에 순종하는 삶으로 이 땅에 드리워졌던 불순종의 저주를 걷어낸다. 그렇다면 지금 현재를 살아가는 우리에게도 주어진 과제는 바로 이것이다. 아브라함처럼 황무한 이 땅의 저주를 풀어내는 길은 오직 하나님의 음성에 귀 기울이고, 순종하며, 하나님의 말씀을 그대로 이루어 나가는 삶이다. 내 편의대로 해석하여 하나님의 말씀에 더하고 빼기를 밥 먹듯이 하는 세상 속에서 있는 그대로의 말씀을 액면 그대로 믿고, 실행하며 살아가는 삶을 통해 하나님의 고귀한 약속이 실현되는 축복의 회복을 이루는 것이다.

하나님께서 아브라함에게 "네가 이처럼 네 독자도 아끼지 않았으니 이제 너에게 준 모든 축복의 약속을 반드시 이루어 주겠다"라고 말씀하신다. 그동안 계속해서 허공에 떠 있던 백지수표가 이제 현실이 되어 눈앞에 펼쳐질 순간이 된 것이다. 누구나 축복의 약속을 받지만, 그것을 이루는 사람은 적은 것은 이와 같은 철저한 순종이 보이지 않기 때문이다. 아브라함은 하나님의 말씀 한 마디에 자신의 근본 바탕인 과거와 미래 희망까지 모든 것을 다 잘라내는 믿음을 보였을 때 하나님은 약속 실행을 확증하셨다. 왜냐하면 우리에게 주시고자 하시는 축복은 정말로 엄청난 것인지라 아무나 다룰 수 없는 성질의 것이기 때문이다. 전 우주의 물질이 아브라함을 통하여 세계로 퍼져나가는 것이다. 전 세계가 그의 손안에 달려 있는 것이다.

왜 하나님께서는 아브라함의 출발 때 주신 약속들의 증표인 이삭을 바치는 신앙을 보신 뒤에야 그 약속들을 반드시 이루어주시겠다고 확증하시는 것일까? 그것은 하나님께서 아브라함의 중심을 보셨기 때문이라 할 수 있다(신 8:1-3, 17-19). 그가 하나님의 약속된 미래가 이삭이라는 존재의 생존과 직결되어 있는 것을 앎에도 불구하고 하나님께서 달라하시니 드리는 그 믿음을 보신 것이다. 자신의 미래가 어찌될지, 축복의 약속이 어찌될지에 대한 그 모든 갈등을 극복하고 하나님의 명령에 순종하여 자신의 모든 것을 드릴 수 있는 삶은 모든 것이 준비되었음을 뜻한다. 이제 그에게는 어떤 축복이 쏟아져 들어가도 그로 인해 실족하거나, 타락하지 않을 것을 보셨기에 하나님께서는 그에게 드디어 모든 약속을 이루어 주실 것을 확증하시는 것이다. 이것은 삶 속에 부어지는 축복의 선물이 하나님을 향한 순종으로 감싸여질 때 가능하다.

> A. 창 22:16 네가 이같이 행하여 네 아들 네 독자도 아끼지 아니하였은즉
> B. 창 22:17-18a 하나님의 약속 성취에 대한 확증
> A'. 창 22:18b 이는 네가 나의 말을 준행하였음이니라[106]

이러한 순종의 삶은 취하고 쌓아놓기만 하는 축복의 종착점이 아니라 복의 근원인 축복의 통로가 될 준비가 갖추어진 것을 의미한다. 축복은 다룰 수 있는 사람이 받을 때 축복이지 그렇지 않으면 저주와 다름이 없다. 물질을 제대로 다룰 줄 모르는 사람이 물질을 소유하게 되면 그것은 복의 근원이 아니라 탐욕의 근원이 되기 때문이다. 권위와 명예를 다룰 줄 모르는 사람이 받게 되면, 주어진 권력으로 사람들을 이롭게 하기 보다는 해를 끼치는 도구로 삼을 것이기 때문이다.

돈을 사랑함이 일만 악의 뿌리가 되나니 이것을 탐내는 자들은 미혹을 받아 믿음에서 떠나 많은 근심으로써 자기를 찔렀도다(딤전 6:10)

그러므로 하나님께 복을 달라는 간구가 앞서기 보다는 먼저 하나

님께 중심을 살펴봐 주십사는 기도가 선행되어야 할 것이다. 그것이 축복의 길로 나아가는 시작이기 때문이다. 축복을 받을 준비는 다름 아닌 하나님의 말씀에 대한 철저한 믿음과 신뢰에 있다. 아브라함은 그런 믿음을 살아감으로 하나님을 경외하는 예배자의 삶을 이루었고, 결국은 이 땅에 불순종의 열매인 저주를 거두고, 순종의 열매인 축복이 흘러넘치는 삶을 이루었다. 하나님의 말씀에 철저히 순종하는 아브라함의 믿음이 저주가 아닌 축복을 이 땅에 다시 회복시키는 역사를 이루어낸 것이다. 자신이 큰 복을 받음은 물론이요, 그 후손이 복을 누리고, 또한 천하 만민이 그의 순종하는 믿음을 통해 복을 누리게 된다. 어느 누가 보아도 아브라함은 복 받은 사람이며 그로 인해 복을 받는 사람들의 이야기이다(창 24:1, 31, 35; 26:4-5; 30:27). 이제 저주라는 말은 사라지기 시작한다. 한 사람의 철저한 순종을 통한 믿음의 확증이 이렇게 다른 세상을 만들 수 있다. 이것이 순종의 힘이다.

　　이제 하나님께서 아브라함을 이렇게 집요하게 시험하시며 그 속에 있는 믿음을 살펴보신 이유가 무엇인지를 분명하게 알 수 있다. 하나님께서 아브라함에게 주신 약속의 확증에서 마지막으로 이루어져야 할 것이 바로 "네 씨로 인하여 천하만민이 복을 받으리라는 것"이다(창 22:18). 이것은 아브라함의 출발에서도 역시 동일했다. "땅의 모든 족속이 너로 말미암아 복을 얻을 것이라"(창 12:3). 하나님은 아브라함이 세상에 축복을 전하는 통로가 되기를 원하셨다. 그러기에 모든 것을 하나님의 명령 한 마디에 내려놓을 수 있는 사람이 되어야 하는 것은 필수적인 것이다. 그것은 축복의 종착점이 아니라 통로가 되기 위해 반드시 필요한 과정이다. 그리고 그 길은 하나님과의 관계가 든든하지 않으면 결코 이루어질 수 없는 것이다. 하나님께서 명령하시면 그것이 그대로 이루어지는 철저한 순종이 있을 때 하나님께서 부여해 주신 축복이 흘러갈 수 있는 복의 근원이 될 수 있기 때문이다. 마침내 하나님께서는 아브라함이라는 믿음의 조상을 통하여 하나님 나라가

서고, 또한 온 세상이 그와 그의 믿음을 이어받는 후손들을 통해 하나님 나라가 되는 미래를 꿈꿀 수 있게 된 것이다. 이 사람을 통하여 저주로 가득한 세상이 곧 축복으로 흘러넘칠 것은 시간문제일 뿐이다. 그래서 하나님은 시작과 끝이 동일한 순종으로 이어지는 사람이 필요하신 것이다.

이러한 사실은 지금 이 시대에 그리스도인들이 어떤 사람들이어야 하며 하나님의 교회가 서 있는 이유가 무엇인가를 분명하게 보여주는 통로가 되기도 한다. 왜냐하면 아브라함의 시작과 끝은 또한 예수님의 제자들인 우리가 걸어가야 할 믿음의 길이기 때문이다. 이것은 예수님께서 제자들을 부르시는 시작과 제자들이 마침내 걸어야 할 끝인 십자가의 길을 아브라함의 시작과 끝과 비교해 보면 분명하게 드러난다.

	시작	끝
아브라함	(창 12:1-3) * 결별대상: 고향, 친척, 아버지 집 (과거, 근본, 뿌리) * 의미: 의지하는 모든 것을 끊음	(창 22:1-3) * 결별대상: 사랑하는 아들, 독자, 이삭 (미래, 희망, 가지와 열매) * 의미: 이루기를 바라는 모든 것
예수님의 제자들	(마 4:18-22) * 결별대상: 그물, 배, 아버지 (생계근원) * 의미: 의지하는 모든 것을 끊음	(마 17:22-23; 18:1; 19:16-30) * 결별대상: 가진 모든 것(미래 희망) (집, 형제, 자매, 부모, 자식, 전토) * 의미: 이루기를 바라는 모든 것

예수님의 제자들인 베드로, 안드레, 야고보와 요한이 부름 받아 제자로서의 삶을 시작할 때 그들은 부르심에 응답하여 그물과 배와 아버지를 버려두고 예수님을 따른다. 흡사 하나님의 명령 한 마디에 고향과 친척과 아버지의 집을 떠나 하나님과 함께 하는 신앙의 여정을 출발하는 아브라함과 동일하다. 이 출발이 제자의 삶의 시작이요 그 결론은 역시 주님께서 걸어가신 십자가의 길에 동참하는 것이다. 예수님은 예루살렘으로 십

자가의 길을 걸으시며 결국 제자들이 완성해야 할 최종적인 신앙의 결론이 무엇인지를 그 선상에서 알려주신다. 영생, 즉 천국을 갈망하는 부자 청년의 이야기가 바로 제자의 삶의 결론인 것이다. 하나님의 말씀을 다 지키며 살아온 그에게 예수님께서는 "네가 온전하고자 할진대 가서 네 소유를 다 팔아 가난한 자들에게 주라 그리하면 하늘에서 보화가 네게 있으리라 그리고 와서 나를 따르라"(마 19:20)고 하신다. 마지막 이 한 가지를 넘어서면 영생과 천국의 길이 보이는 것이다. 부자 청년이 가지고 있는 모든 것은 흡사 아브라함의 모든 것이라 할 수 있는 이삭과 같은 것이다. 그리고 제자들에게는 이 모든 것은 '집, 형제, 자매, 부모, 자식, 전토'를 의미한다(마 19:29). 천국은 마치 밭에 감추인 보화와 같아서 그것을 발견한 사람이 기뻐하며 돌아가서 자신이 가진 것을 다 팔아서라도 사는 것이다(마 13:44). 결국 제자의 삶이란 우리에게 주신 모든 것을 가지고 우리 자신이 크게 되고자 하는 야망실현의 도구로 삼는 것이 아니라 전적으로 천국, 즉 하나님 나라를 이루는데 쏟아 붓는 삶인 것이다. 시종일관의 믿음의 사람인 아브라함을 통해 하나님 나라가 이 땅에 실현되는 길이 열렸다면, 이제 예수님을 따르는 제자들의 시종일관의 믿음을 통해 하나님 나라가 이 땅에 완성되는 길이 열리는 것이다. 세상 모든 민족에게 복음이 전파되는 것을 통해 이 나라가 완성될 것이다.

(4) 하나님과 인간의 관계 회복

이제 하나님의 역사 속에 새로운 국면이 시작된다. 하나님께서 말씀에 철저히 순종하는 한 사람을 얻으셨다. 그 한 사람 아브라함은 하나님의 자기소개 방식까지 새롭게 한다. 하나님께서 이삭에게 자신을 소개 하실 때 "나는 네 아버지 아브라함의 하나님이니"(창 26:24)라고 말씀하셨다. 그리고 아브라함의 손자 야곱에게는 "나는 여호와니 너의 조부 아브라함의 하나님이요"(창 28:13)라고 말씀하신다. 학자들은 아브라함이 나타나기 전에는 이와 같은 표현이 전혀 나타나지 않는 것은 아브라함과 함께 이스라엘 종교사에 새로운 시대가 시작되는 것을 지시하는 것이라고 본다.[107] 하나님께서는 드디어 자신의 이름 앞에 붙일 수 있는 한 사람을 찾으신 것이다. 이렇게 하나님의 이름과 사람의 이름이 떨어지지 않고 견고하게 붙었던 적은 인류 역사에 그 유래를 찾아볼 수 없다. 그것도 하나님께서 직접 사람을 자신의 이름 앞에 붙이심으로 하나님과 사람의 관계가 새롭게 밀착되었음을 입증해 주신다. 이것이 아브라함의 위대함이며, 그의 순종의 위력이다. 이처럼 하나님께서는 자신의 이름 앞에 붙일 사람을 찾고 계셨으며, 지금도 찾고 계신다. 그리고 그들의 하나님이라는 칭호를 받고 싶어 하신다. 믿음의 선진들을 말하는 히브리서 11장에서는 하나님의 그 소망을 잘 드러내고 있다.

> 이러므로 하나님이 그들의 하나님이라 일컬음을 받으심을 부끄러워하지 아니하시고 그들을 위하여 한 성을 예비하셨느니라(히 11:16)

지금 우리에게 필요한 것이 있다면 우리 또한 이렇게 하나님께서 자신의 이름 앞에 붙이셔서 "나는 ○○의 하나님이다"라고 하시기에 부끄럽지 않은 사람이 되는 것이다. 이와 같이 아브라함은 하나님과 사람의 관계를 회복하는 시작이 되었다는 점에서 하나님께나 사람에게나 소중한 존재이다. 그리고 그에게서 드디어 이러한 하나님의 갈망이 성취되고 있다는 점에서 아브라함은 우리가 따라가야 할 믿음의 조상이며, 믿음의 본이 분명하다.

이러한 시작과 끝의 과정을 일목요연하게 도표화 하면 다음과 같다.

신앙의 출발에서(창 12장)	신앙의 결말에서(창 22장)
① 삼 단계의 결별: 고향과 친척과 아버지 집 (12:1a)	* 삼 단계의 결별: 네 아들, 네 사랑하는 독자, 이삭(22:2a)
② 출발명령: '가라!'(12:1b)	* 출발명령: '가라!'(22:2b)
③ 결별대상: 아버지(과거, 근본, 뿌리)	* 결별대상: 아들(미래, 희망, 가지와 열매)
④ 의미: 의지하는 모든 것을 끊음	* 의미: 이루기를 바라는 모든 것을 맡김
⑤ 행동: 순종 - 내가 의지하는 모든 것을 하나님 손에 두는 것(12:4)	* 행동: 순종 - 내가 이루고 싶은 모든 것을 하나님 손에 두는 것(22:3)
⑥ 결과: 약속 주심(12:1b-3) (땅, 후손, 축복)	* 결과: 약속 성취 확증 주심(22:15-19) (땅, 후손, 축복 반드시 이루실 것)
고향, 친척, 아버지 집을 떠나는 순종의 어려움	아들, 사랑하는 독자 이삭을 떠나는 순종의 어려움
삶의 근본 바탕이라 할 수 있는 고엘, 즉 친척들이 많다는 것은 보호막이 든든하다는 것을 보여주는 것이나 이 모든 것을 끊고 떠나야 한다. 눈에 보이지 않으시는 하나님이 고엘이 되실 것을 믿고 출발하는 것이다.	이제 아브라함은 새로운 눈에 보이는 고엘을 바라볼 수 있다. 이삭과 그를 통해 태어날 하늘의 별과 바닷가의 모래와 같은 후손들이라는 새로운 고엘에 의지해 살아갈 수 있다는 희망을 가진 것이다.
순종의 위기(12:5-8; 13:18)	순종의 위기(22:7-8)
가나안 땅에 도착 했을 때 그 땅은 비어 있는 땅이 아니라 다른 주인으로 가득 찬 땅이었다. 하나님의 약속이 결코 이루어질 것 같지 않은 위기를 느낀 것이다. 순종의 위기의 순간에 아브라함은 제단을 쌓는다. 세겜, 벧엘과 아이 사이, 헤브론 이렇게 세 곳에 제단을 쌓고 여호와의 이름을 부르며 예배하는 삶으로 모든 위기를 기회로 만든다. 제단을 쌓는 것은 눈에 보이는 현상에 의지하지 않고, 오직 하나님의 말씀에만 신뢰를 두고 살겠다는 결단인 것이다.	가나안 땅의 일정부분이 이미 아브라함의 수중에 들어왔고, 이삭도 잘 자라고 있으니 하나님의 약속이 성취되고 있는 것이다. 이렇게 하나님께서 약속하신 달콤한 축복의 성취를 누리고 있는 순간에 이 모든 행복을 산산조각 내는 명령 앞에 선다는 것은 공포 그 자체일 수 있다. 그러나 하나님은 우리의 삶을 깨려는 것이 아니라, 우리의 잘못된 신뢰를 깨려는 것임을 깨닫는다면 하나님과 함께 신앙의 결말에 이를 수 있다. 마지막 순간에 아브라함이 제단을 쌓는 것은 눈에 보이는 축복의 현상인 이삭을 바라보며 사는 존재가 아니라, 오직 하나님의 말씀에만 신뢰를 두는 존재임을 입증하는 것이다.

이처럼 아브라함 이야기의 시작과 끝은 하나님의 명령에 대한 아브라함의 완전한 순종과 결단의 모습을 보여주고 있다. 이 똑같은 순종의 이야기가 아브라함의 신앙여정 전체를 둘러싸고 있는 보호막이 되고 있다는 것은 하나님의 백성 이스라엘에게는 물론이요 현재를 살아가는 우리에게도 정말 중요하다. 그 이유는 이러한 철저한 순종이 아브라함이 나타나기 전의 인물이나 사건들 속에서는 결코 이루어지지 않은 것이기 때문이다. 그러나 만약 아브라함이 스스로 이러한 신앙을 만들어 냈다면 그 믿음의 조상을 따르는 우리들에게 이 소식은 희망이 아니라 절망일 것이다. 왜냐하면 이러한 절대적인 믿음은 그 흉내조차 내기 어렵기 때문이다. 그러나 아브라함의 믿음 또한 하나님과의 기나긴 사귐을 통해 만들어져 갔기에 우리에게도 희망이 된다. 75세에 신앙의 여정을 출발하여 100세에 이삭을 낳고 이삭이 모리아 산에서 나무 짐을 지고 올라갔으니 최소한 청소년기인 15세 이상은 되었을 것이다. 그러므로 어림잡아 약 40여년 정도의 하나님과의 사귐이라 할 수 있다. 이 40여년의 신앙의 여정 속에 아브람이 아브라함이 되는 역사가 있었다는 것은 우리에게 시사하는 바가 크다. 즉, 그의 믿음 또한 하나님의 선물이며, 하나님의 은혜의 산물이기 때문에 우리에게 지극한 희망이 되는 것이다. 그 분명한 예가 이러한 순종의 이야기 속에 파고들어 있다. 아브라함이 이삭을 바치는 대단한 신앙의 결단이 일어났던 장소가 그의 신앙을 기리는 이름인 '아브라함-샤마'(אַבְרָהָם־שָׁמַע 아브라함이 순종했다)가 아닌 오직 하나님의 예비하심과 현존을 강조하는 '여호와 이레'(יהוה יִרְאֶה 여호와께서 예비하신다/여호와께서 나타나신다)가 되었다는 점이 이것을 입증한다.[108] 그렇다면 아브라함이 이러한 순종으로 나아갈 수 있었던 길이 분명 하나님과 함께 했던 그의 신앙여정 속에 존재하고 있을 것을 기대해 볼 수 있다. 믿음보다 앞서는 하나님의 은혜가 넘쳐나는 아브라함의 신앙여정은 그의 신앙의 승리를 보여주는 시작과 끝의 테두리 가운데에 고스란히 나타나고 있다. 우리는 그 안에서 하나님의 끊임없는 예비하심과 그의 현존이 한 사람의 믿음을 최고의 위치까지 고양시키고 있음을 뚜렷하게 살펴볼 수 있을 것이다. 그리고 이 과정을 샅샅이 살펴볼 때 믿음조차도 하나님의 은혜의 선물이라는 것을 믿음의 조상 아브라함과 함께 고백할 수 있게 될 것이다. 이제 아브라함의 40여년의 신앙여정을 통해 하나님과의 관계회복을 향한 과정이 어떻게 열려져 갔는지를 살펴볼 시간이다.

4) 아브라함과 관계회복을 향한 과정들(창 12:10-21장)

아브람이 하나님의 명령을 받들어 가나안 땅에 들어왔고 그 곳에 가득 들어 찬 가나안 사람들로 인해 약속성취의 불가능성을 보았음에도 불구하고 제단을 쌓고 여호와의 이름을 부르며 예배를 드렸다. 이제 주어진 질문은 이 예배가 계속될 것인가, 멈출 것인가, 아니면 굽어질 것인가이다. 드디어 아브람의 가나안에서의 본격적인 신앙여정이 시작된다. 그 신앙여정은 아브람이 아브라함이 되는 과정 또한 포함하고 있으며, 변화의 과정답게 하나님께서는 시작부터 결코 만만치 않은 복병을 준비하고 계신다.

창세기 12:10-20절은 아브람의 불신앙적인 요소와 하나님의 신실하심이 교차하는 훈련의 장을 보여주고 있다. 하나님께서 아브람에게 고향, 친척, 아버지 집을 떠나라 할 때 모든 친인척 관계를 끊고 보호와 안정의 세계인 고엘의 세계에서 떠나라고 명령하셨다. 이것은 곧 하나님께서 아브람의 고엘(구원자)이 되시겠다는 것이다. 그리고 그 확증으로 "너를 저주하는 자는 저주하고 너를 축복하는 자는 축복하겠다"(창 12:3)고 하셨다. 하나님의 이 약속이 어떻게 실행되는지를 여실히 보여주는 사건이 바로 아브람이 애굽으로 내려가는 사건이다.

창세기 12:10-20절에는 삶의 균형이 무너지고(가나안의 기근과 애

굽의 풍요), 힘의 균형이 무너지는 사건(떠돌이 아브람과 애굽의 제왕 바로)
이 발생한다. 가나안 땅에 기근이 발생했을 때 아브람은 하나님께 묻지 않았
고, 하나님의 응답을 기다리지 않았다. 자신의 상식선에서 움직이고 있다. 가
나안에는 양식이 없고, 애굽에는 있다는 논리적인 사고이다. 애굽은 나일 강
이 가져다주는 풍요로움으로 인해 늘 풍성함이 넘치는 장소로 인식되기 때문
이다. 갈대아 우르에서 가나안 땅으로의 여정이 그렇듯이 하나님의 명령은
결코 모든 것이 우호적인 상황으로의 이동을 의미하는 것은 아니다. 특히 하
나님의 약속이 달려있는 상황이라면 더욱 그렇다. 그렇다면 삶의 혹독한 상
황으로 인해 혼들리는 하나님의 사람은 어떻게 될 것인가라는 질문이 주어
진다. 그 대답은 너무도 확실하다. 혼돈 가운데 균형을 이루어 가시는 만유의
주이신 여호와로 인해 또다시 삶의 질서를 되찾는 것이다.

> "여호와께서 아브람의 아내 사래의 연고로 바로와 그 집에 큰 재앙을 내리
> 신지라" (창12:17).

　　　　여호와께서는 자신이 어떤 하나님인지를 보이심으로 아브람에게
믿음을 가르치고 계신다. 아브람이 불신앙을 보임에도 불구하고 하나님은
약속을 신실하게 지키신다는 사실을 보이고 계시는 것이다. 이 이야기는
고엘을 다 끊고 가는 아브람에게 여호와께서 고엘이 되어 주신다는 약속의
확증인 것이다. 그리고 또 하나의 사실은 아브람이 자신을 살리기 위해 불
신앙적으로 행동한다면 축복이 아닌 저주가 자신은 물론 이방인들에게도
고삐 풀린 망아지처럼 쏟아져 나갈 것이란 사실이 극명하게 드러난다. 이
를 통해 이스라엘은 세계 열방의 운명과 직결되어 있음을 밝히고 있다. 아
브람으로 인해 바로의 집에 재앙이 쏟아진 것이다. 아브람은 모든 민족들
이 복을 누리게 하기 위해 하나님께서 택하신 종이다. 그러나 그가 믿음을
저버리고 자신의 의지대로 행동하자 복은 고사하고 이방인들에게도 저주

가 내려진다. 아브람 이야기의 초입에서 이 사건은 차후에 일어날 일들에 대한 판단의 기준을 제공하는 시금석의 역할을 한다. 환경과 여건은 늘 인간의 삶을 피폐하게 만들 준비가 되어 있다. 그러나 환경에 잠식될 것인가 아니면 하나님의 약속은 하나님께서 이루실 것이란 믿음으로 오직 하나님만 바라볼 것인가는 항상 선택의 기로에 놓여있는 그 사람에게 달린 것이다. 아브람은 그의 최고의 신앙고백인 "하나님이 자기를 위하여 친히 준비하시리라"(창 22:8)는 선언이 삶이 될 때까지 이 신앙의 훈련을 계속할 것이며, 우리도 그래야만 한다.

아브람은 이 사건에서 두 가지의 두려움에 직면한 것이다. 기근이라는 환경의 두려움과 강한 자로부터 주어지는 폭력의 두려움에 떨고 있다. 이 세상을 살아가는 어느 누구에게나 다가오는 삶의 공격인 것이다. 삶의 불확실성을 극복하기 위해 인간은 미래를 보장해 줄 수 있는 것에 기댄다. 그래서 재산을 축적하고, 보험에 의지한다. 강한 자의 폭력으로부터 벗어나기 위해 더 강한 폭력에 의지하거나 권력과 힘을 모으기도 한다. 실제로 아브람은 바로의 힘 앞에 무릎 꿇고 아내를 누이라 하여 넘김으로 인해 바로가 부여해 주는 부와 권력을 거머쥔다(창 12:16). 하지만 이것은 불의를 통해 얻은 것으로 언젠가는 그로 인해 인간적인 다툼 또한 예고되어 있다(잠 21:6). 바로에게서 얻은 양과 소와 노비로 인해 롯과 다투게 되는 것이다(창 13:7).[109] 풍부함에 처하는 것은 분명 하나님의 축복의 약속이 실현되는 것이다. 하지만 하나님의 약속을 성취해 나갈 때 결과보다도 더 중요한 것은 바로 과정이라는 점을 명심해야 한다. 결과에 집착하면 본질을 벗어날 수 있다. 그러나 하나님은 결과보다도 그 과정을 더욱 중요하게 보신다는 점에서 신앙의 본질을 붙들어야만 하는 것이다.

아브람은 아버지 집을 뒤로하고 떠나왔기에 아무도 자신을 보호해 주지 않을 것이라는 두려움에 직면하고 있는 것이다. 아브람이 바로를 두려워한 이유는 결국 자신의 힘이 미약하기 때문이다. 힘은 숫자에서 오는 것인데, 자손의 번성과 민족으로의 성장이 그 해답일 것이다. 그렇다면 아브람은 무엇에 의지하려는 마음이 생길까? 바로 후대를 이어갈 상속자에 대한 간절한 고대가 있을 것이다. 아브람이 계속해서 롯을 대동하고 다니는 이유가 바로 그로 인한 것이라 할 수 있다(창 11:30; 12:4; 13:1). 여기서의 긴장감은 하나님을 의지할 것인가, 사람을 의지할 것인가라는 질문이다. 자손의 번성으로 인한 힘과 세력을 키우는 것에 목표를 둔다면 분명 사람을 따라가야 할 것이다. 그러나 아브람을 부르신 하나님은 신실하게 자신의 약속을 지키신다. 권력자 바로가 아브람을 억압하지 못하도록 만드신다. 이런 하나님의 신실하심을 바라본다면 또 다른 길을 걸을 수 있다. 아브람은 지금 이 두 가지의 선택 앞에 서 있다.

```
                - 사람(힘, 숫자, 권력, 물질)
* 아브람 – 〈                              〉 – 이 사이에서 아브람은 갈등한다.
                - 하나님(큰 민족, 큰 이름, 땅)
```

아브람이나 지금 현재를 살아가는 우리나 동일하게 늘 이 양자 사이에서 갈등하며 살아갈 것이다. 하지만 이 갈등이 멈추는 순간이 있다. 분명한 선택이 이루어졌을 때이다. 우리가 언제든지 전폭적으로 하나님만 바라보는 그 순간이 오면 갈등이 아닌 오로지 주신 소명을 향한 힘찬 발걸음이 계속될 것이다. 그 때까지는 아브람도 하나님만 의지하느냐, 자신의 힘을 세우느냐 사이에서 저울질 하며 서있을 것이다. 이제 이후로 펼쳐지는 이야기는 하나님의 약속과 인간의 의지가 때로 부딪치기도 하고, 갈등을 빚으며 어떤 결론에 도달하게 되는지를 볼 것이다. 그리고 그 모든 갈등과 고민 속에 우리 하나님은 늘 신실하신 모습으로 주신 약속이 현실이 될 길을 이루어 가신다. 아브람의 이야기 속에서 이러한 갈등과 고뇌는 하나님께서 주신 약속을 이룰 수 있는 길인 상속자를 얻는 과정 속에 깊이 있게 반영되어 있다. 인간의 계획을 내려놓고 하나님께서 허락하신 약속의 씨인 이삭을 얻기까지, 그리고 그 이삭을 하나님께 드리기까지의 과정 속에 하나님과의 관계회복의 길이 있고, 예배하는 삶의 완성이 있다.

(1) 아브람과 롯(בלל 단단하게 싸다, 봉하다, 두르다)(창 13:1-18)

　　　창세기 13:1-18절은 아브람과 롯의 분리를 다루고 있는데, 한 면에서는 아브람은 하나님을 향한 신앙을 보이고 있고, 다른 면에서는 자신의 힘을 세우려고 사람에게 의지하는 모습을 보이고 있다. 먼저 아브람은 애굽에서의 모든 실패를 뒤로하고 다시 벧엘과 아이 사이 자신이 전에 장막을 쳤던 곳으로 돌아왔다. 그 곳에는 그가 처음으로 쌓은 제단이 있다. 그 곳에서 아브람은 다시 여호와의 이름을 부른다(창 13:4). 하나님과의 동행이 회복된 것이다. 그러나 그에 반하는 인간적 의지 또한 그대로 존재한다. 자신의 힘에 대한 의지는 롯을 자신의 신뢰로 삼고 있다는 점에서 드러난다. 자손이 없기에 조카 롯을 후사로 여기고 항상 옆에 붙이고 다니는 것이다.

　　　족장시대의 풍습을 잘 알려주는 기원전 1500-1400년경의 것으로 추정되는 토판들이 현재의 이라크 지역인 요르간 테페(Yorgan Tepe)에 위치했던 고대 도시 누지에서 1925-31년 동안에 발굴되었다. 그 문서에 따르면 자녀가 없는 부부가 양자를 들일 수 있는데 그 양자의 범위가 종들 중에서도 선택이 가능한 것으로 열려있다. 양자로 입양된 사람은 양부모들이 죽었을 때 장례를 치르는 것과 곡하는 것에 대한 책임이 주어진다. 그 대가로 상속권이 주어지며 만약 그 부부에게서 아들이 태어나면 상속권은 다시 친자에게 넘어가지만 양자로서의 위치는 계속 유지된다고 한다.[110] 그 당시에 통용되는 이런 법을 살펴볼 때 조카 롯을 계속해서 대동하고 다니는 아브람의 목적을 어렴풋이 느껴볼 수 있다. 전혀 피가 섞이지 않은 남보다는 그래도 조카를 양자로 들이는 것이 더 나았을 것이며, 롯의 아버지 하란이 먼저 죽었다는 것도 안성맞춤이었을 것이다(창 11:28).

그러나 하나님께서는 인간이 마련한 안전장치는 늘 풀어헤쳐버리시는 특징이 있다. 왜냐하면 그로 인해 발생되는 결과를 이미 예측하시기 때문이다. 사람이 스스로 마련하여, 이루어낸 것은 하나님의 은혜가 아니라, 사람의 업적이 될 것이며 인간 스스로의 자랑거리로 여겨 인간을 경배하는 현상이 벌어질 것이기 때문이다. 그러나 하나님의 은혜로 이루어진 것은 하나님을 예배하는 길을 열어간다. 인간을 경배하는 곳은 소수의 권력자들만이 모든 것을 차지하는 세상을 만듦으로 결국은 불의와 부정의로 인해 죽음으로 그 종국에 이르지만, 하나님을 예배하는 삶은 영원한 평강으로 연결되며 모든 사람들이 복을 누리는 세상을 만들 수 있다.

아브람이 예배자가 될 것이냐 아니면 스스로의 계획 속에 빠져드는 주권자가 될 것이냐는 롯과의 분리를 명령하시는 하나님의 말씀에 대한 반응에 달려있다. 아브람도 롯도 부유해졌다. 양과 소 그리고 노비들이 많아져서 풀과 물 그리고 땅을 같이 나누어 쓸 수 없을 만큼 거대해졌다. 서로의 목자들이 더 나은 풀밭과 물, 땅을 차지하려고 심하게 다툰다. 이제 분리는 불가피해졌다. 다투면서 끝까지 함께 갈수는 없는 것이다. 때로 하나님께서는 인간을 향한 우리의 고집스런 의지를 끊어내기 위해 분쟁을 사용하기도 하신다. 그렇게 하지 않으면 그 의지를 거두지 않을 것이기 때문이다. 인간이 의지하는 것을 끊어낼 때 하나님의 계획하심이 보이고 가야할 길이 명확하게 드러나기 때문이다. 아브람에게 롯은 그 이름의 의미처럼 '단단하게 감싸고, 봉하고, 두르는' 하나의 인간 보호막이었다. 그러나 하나님은 그것을 잘라내려 하신다.

롯과의 분리를 다루는 사건은 아브람의 믿음의 시험장이다. 이는 애굽에서의 사건 다음이라는 점에서 의미가 깊다. 불확실한 운명으로 인해 스스로를 살리려는 시도가 오히려 재앙이 되고, 그럼에도 하나님은 신실하게 그 이방 땅에서도 약속을 성실하게 지키시며 자신을 이끄셨다는 사실은 그에게 하나님을 향한 신뢰를 만들어 가기에 충분하다. 아브람이 약속의 땅을 잃을지 모름에도 불구하고 롯에게 선택의 우선권을 주고 있다는 것은 이제 아브람은 또 한 단계 믿음으로 나아간 사람임을 강조하는 것이라 할 수 있다.

네 앞에 온 땅이 있지 아니하냐 나를 떠나가라 네가 좌하면 나는 우하고 네가 우하면 나는 좌하리라(창 13:9)

선택을 양보한 아브람의 온유함은 어디에서 오는 것인가? 그것은 분명 하나님의 신실하심을 믿는 것에서 기인할 것이다. 우리의 온유는 하나님을 믿는 믿음이 선행되지 않을 때 순간적일 것이지만, 믿음에 바탕을 둘 때 영원한 지속성을 유지할 수 있기 때문이다. 그러나 롯은 이러한 아브람의 양보에 대해 어떤 감사나 사의 표시도 없이, 자신의 이기심으로 덥석 좋을 것을 취하고 만다. 그리고 그는 점점 더 소돔으로 향하게 된다. 그렇다면 롯이 향하고 있는 소돔 땅은 어떤 사람들이 모여들 것인지 분명히 알 수 있다. 양보하고, 희생하며, 다른 사람을 세워주는 삶이 아니라 모두 자신이 보기에 좋은 것을 선택하여 나아가는 이기적이고, 자기중심적인 삶을 사는 사람들이 모여들 것이 분명하다. 왜냐하면 소돔과 고모라 땅은 "롯이 눈을 들어 요단 지역을 바라본즉 소알까지 온 땅에 물이 넉넉하니 여호와께서 소돔과 고모라를 멸하시기 전이었으므로 여호와의 동산 같고 애굽 땅과 같았더라"(창 13:10)고 한다.

아무리 소돔과 고모라 지역이 여호와의 동산인 에덴 같은 모양을 하고 있을지라도 이러한 삶의 태도로는 결코 하나님의 땅인 에덴을 회복할 수는 없다. 롯과 같이 모두 다 눈에 보이는 화려함에 현혹되어 더 나은 것을 차지하기 위해 모여드는 곳이 소돔과 고모라 땅이라면 그 곳은 분명 포장만 에덴일 뿐 삶의 실체에서는 잔혹한 일들이 벌어지는 장소가 되고 말 것이다. "소돔 사람은 여호와 앞에 악하며 큰 죄인이었더라"(창 13:13)는 언급이 이것을 입증하고도 남는다. 롯(이방인)의 분리는 이미 그의 운명을 예고하고 있는 것이다. 즉, 악을 향하여 나아가는 삶이다. 그 한 가지 언어적인 유비의 예가 아브람과 롯의 이야기 속에 주어져 있다. 롯이 "요단 온 지역을 택하고 동으로 옮기니 그들이 서로 떠난지라 아브라함은 가나안 땅에 거주 하였고 롯은 그 지역의 도시들에 머무르며 그 장막을 옮겨 소돔까지 이르렀더라"(창 13:11-12)고 한다. 아브람은 가나안 땅에 머무르고, 롯은 가나안의 동편으로 장막을 옮겨가는 것이다. 그 동편의 끝은 결국 소돔과 고모라로 결론에 이른다. 이는 태초의 부부인 아담과 하와가 죄로 인해 에덴에서 쫓겨나 에덴의 동편으로 삶의 자리를 옮기는 사건과 유사성을 갖는다. 그러나 이제 아브람은 에덴의 모형인 가나안 땅에 머물러 있고, 롯이 그 땅의 동쪽으로 가는 것이다. "아브라함은 약속의 땅에 머물러 있었으므로 이러한 방향성은 창세기 1장에서부터 발전시켜온 주제와 연계해서 아브라함은 상징적 에덴에, 하나님의 면전에, 약속의 땅에 남아있었으며 롯은 그곳을 떠난 자로 표출하고 있다."[111] 그리고 나중에 아브람에 의해서 구원되는 롯은 하나님의 백성 이스라엘이 열방을 향해 행해야 할 책임인 것이다. 죄에 빠진 세상을 중재하여 구해내는 것이다.

하나님께서는 이렇게 사람을 의지하는 것에서 결별을 요구하실 때가 있다. 왜냐하면 그 끝이 너무도 분명히 보이기 때문이다. 만약 아브람이 롯을 상속자로 삼았고, 그것이 그대로 실행되었다면 이 롯을 통해 어떤 일이 발생할 것인가? 하나님께서 아브람을 부르셨을 때의 그 계획은 무산이 되고 말 것이다. 아브라함은 축복을 누리는 사람이 되어야 하며, 그 복을 열방에 전하는 복의 근원이 되어야 한다(창 12:1-3). 즉, 복의 종착점이 아니라, 복이 통과하여 흘러가는 통로가 되어야 한다는 것이다. 그래야만 아브람을 통하여 세상 모든 민족들이 복을 누릴 것이기 때문이다. 그러나 롯은 그 복을 자신의 것으로 누리기만 원하는 사람이다. 그의 행동에서 이것을 살펴볼 수 있다. 그를 통해 탄생한 하늘의 별과 같고, 바다의 모래 같은 무수한 사람들은 분명 롯과 동일한 길을 걸어갈 것이 분명하다. 그 백성은 소돔과 고모라와 같은 세상을 만들 것을 추측해 볼 수 있다. 그 뚜렷한 증거는 창세기에서 소돔과 고모라가 늘 롯과 연관해서만 등장한다는 점에서 살펴볼 수 있다. 그 도시가 죄악의 땅임에도 불구하고 롯은 그 곳에서의 미련을 버리지 못한다. 전쟁에서 구원을 받았을 때도 그는 소돔과 고모라에 그대로 터 잡고 살아간다. 그렇다고 그는 그 땅을 변화시키지도 못한다. 그는 늘 소돔과 고모라 사람들에게 '들어와서 거류하는 객'일 뿐이다(창 19:9). 기름과 물처럼 분리되어 있다. 그의 분리는 결코 구별된 삶이 아니란 점에서 문제점을 제시한다. 롯은 그 땅이 저지르는 악의 방식에 자기도 모르게 젖어든 것으로 볼 수 있다. 그것은 그가 자신의 집에 들어온 손님들을 보호하기 위해 그의 두 처녀 딸들을 성적 노리개로 내 던지려는 것에서 볼 수 있고(창 19:8) 또한 구원된 뒤에 그의 딸들이 저지르는 삶의 행태 속에도 그대로 드러난다. 포도주를 마시고 취한 아버지와 동침하는 근친상간의 죄악을 저지르며 그것이 결코 죄 될 것이 없다는 의식인 것이다. 이러한 삶의 방식은 약속의 땅에서 쫓겨나는 가나안 족속들의 풍습과 일치한다(레 18, 20장). 하지만 하나님의 백성은 이러한 죄악 가운데 거하는 사람들을 구원의 길로 이끄는 역할이 되어야 한다. 이처럼 인간 스스로 마련한 안전장치는 수많은 위험요소 또한 내포하고 있다는 점을 인식해야만 한다.

아브람이 스스로 결별을 선언하기는 힘들었을 것이다. 그에게는 아직도 후사가 없었기에 조카 롯을 양자로 들어서 후손을 이어가려는 생각이 있었을 것이기에 스스로의 결단력을 단행하기는 어려웠을 것이다. 결국 하나님께서 환경을 조성하시고, 이 두 사람이 같이 있을 수 없도록 만들어 버리신다. 그 사이에 다툼이 일어나고, 분열이 조장된다. 하나님의 사람이 걸어가는 길마다 축복과 기쁨이 넘쳐나야 하는데 하나님의 사람이 그 역할을 제대로 수행하지 못할 때 축복은 고사하고, 다툼이 발생할 수 있다. 우리의 삶 속에도 우리의 어리석음과 결단력의 부족으로 주변을 힘겹게 할 때가 있다. 그 가운데서 올바른 길 위에 서서 주의 마음을 품고 온유함으로 양보하며 믿음의 길을 걸을 때 또다시 바른 걸음은 회복된다.

여호와의 신실하심은 역시 이 사건 속에도 나타난다. 여호와께서 마지막 순간에 또 개입하셔서 사건을 종결해 주시는 것이다. 애굽에서는 아브람이 저지른 실수를 수습하시고 열방을 심판하셨다면, 롯과의 분리에서는 아브람에게 헤어짐에 대한 확증과 보상으로 땅과 자손의 중다함을 재확인해 주셨다는 것이다(창 13:14-18). 이것은 하나님께서 아브람이 무엇을 두려워하고 있는지를 정확하게 간파하고 계신다는 것이다. 후손이 없으므로 그에 대한 인간적인 안전장치로 데리고 있는 롯과의 분리는 아브라함에게 분명 고통스런 결별이었을 것이다. 그리고 미래에 대한 불확실함으로 인해 두려워했을 것이 틀림없다. 그런 아브라함에게 하나님께서 나타나셔서 땅과 자손에 대한 약속을 다시 확증해 주신다.

> 롯이 아브람을 떠난 후에 여호와께서 아브람에게 이르시되 너는 눈을 들어 너 있는 곳에서 북쪽과 남쪽 그리고 동쪽과 서쪽을 바라보라 보이는 땅을 내가 너와 네 자손에게 주리니 영원히 이르리라 내가 네 자손이 땅의 티끌 같게 하리니 사람이 땅의 티끌을 능히 셀 수 있을진대 네 자손도 세리라(창 13:15-16)

이처럼 우리의 신뢰는 약속에 신실하신 하나님으로 인해 가능해지고, 우리에게 주어진 책임은 그 하나님을 전적으로 믿고 따르는 것이다.

우리의 모든 것을 세밀하게 아시고 계시며, 이해하시고, 이끄시는 하나님만 의지하는 신뢰와 믿음이 필요하다. 롯과의 결별은 마침내 하나님의 약속성취에 대한 선언으로 그 결론에 이르며, 이에 대한 응답으로 여호와를 위한 제단을 쌓는 아브람의 예배로 마감된다.

(2) 아브람과 엘리에셀(אֱלִיעֶזֶר 나의 하나님이 도움이시다)(창 14-15장)

롯과의 결별이 이루어진 다음에도 아브람은 여전히 후사가 없다. 하나님의 약속은 아브람의 자손이 땅의 티끌 같이 많아져서 그 땅을 차지하게 될 것이라 말씀하셨지만 그 약속이 이루어질 것 같지 않다. 이러한 고민과 갈등이 이제는 두려움으로까지 번져간다. 세월이 흘러가기 때문이다. 유한한 인간이 느끼는 초조함과 조급함이 때로 걷잡을 수 없는 공포가 되어 믿음까지도 마비시켜버린다. 아브람은 이미 스스로 또 하나의 계획을 세웠다. 이런 아브람의 상태를 아시는 하나님께서 그를 위로하신다.

이 후에 여호와의 말씀이 환상 중에 아브람에게 임하여 이르시되 아브람아 두려워하지 말라 나는 네 방패요 너의 지극히 큰 상급이니라(창 15:1)

하지만 하나님이 방패이며 상급이라는 그 선언에도 아브람은 불평을 토로한다. 그에게는 눈에 보이지 않는 방패나 상급보다는 눈에 보이는 보호막이 더 절실했다. 아브람의 불평은 강력하다.

아브람이 이르되 주 여호와여 무엇을 내게 주시려하나이까 나는 자식이 없사오니 나의 상속자는 이 다메섹 사람 엘리에셀이니이다 아브람이 또 이르되 주께서 내게 씨를 주지 아니하셨으니 내 집에서 길린 자가 내 상속자가 될 것이니이다(창 15:2-3)

태초의 인간 아담은 선악과를 먹었느냐는 하나님의 질책에 대해 변명하기를 "하나님이 주서서(נֶתַן 나탄) 나와 함께 있게 하신 여자 그가 그 나무 열매를 내게 주므로 내가 먹었나이다"(창 3:12)라고 한다. 이제 그의 후손인 아브람은 "주께서 내게 씨를 주지 않으서서(לֹא נֶתַן 로 나탄/주지 않다)" 자신이 상속자를 스스로 택했다고 한다. 인간이란 존재는 주어도, 주지 않아도 문제가 되는 그런 존재인 것이다. 그리고 모든 책임은 다 하나님 편으로 돌린다. 거기에 덧붙여서 이것이 하나님의 허락인양 '엘리에셀' 즉 '나의 하나님이 도움이시다'라는 이름을 붙여놓고 신앙적인 합리화를 도모한다. 우리 또한 깊이 새겨봄직한 현상이다. 이처럼 아브람의 신앙여정에서 시작과 끝을 이루는 두 번의 가라는 명령에 대한 절대적인 순종을 생각한다면 그의 신앙여정의 과정은 많은 것을 생각하게 만든다. 그는 하나님의 약속을 속히 이루기 위해 엘리에셀을 선택한 것이다. 그런데 이 엘리에셀은 누구인가? 그의 정체는 단순히 '다메섹 사람' 그리고 '집에서 길리운 자'라는 것(창 15:2-3)과 그의 이름 엘리에셀(אֱלִיעֶזֶר)이 부정보다는 긍정적인 의미인 "나의 하나님이 도움이시다"라는 것 정도이다. 이 엘리에셀의 정체를 더욱 분명히 밝히기 위해서는 수수께끼같이 주어져 있는 그 앞장인 창세기 14장의 사건을 이해해야만 한다. 그 속에 그의 실체가 들어가 있기 때문이다.

창세기 14장은 수많은 성서해석자들을 곤란하게 하는 내용이다. 그 역사적인 상황에 대한 의문과 더불어 왜 이런 고대 근동의 전쟁이야기가 아브라함의 이야기 속에 위치하고 있는지 조차 의문의 대상이었다. 하지만 여러 가지 단어와 의미의 분석을 통하여 전혀 연결성이 없어 보이는 창세기 14장과 15장의 이야기가 짜임새 있게 연결되어 있다는 것을 살펴볼 수 있다.[112] 그러므로 창세기 14-15장은 서로를 해석할 수 있는 키를 가지고 있으며 15장에 갑작스럽게 등장한 엘리에셀의 정체를 밝힐 수 있는 길 또한 제시한다.

창세기 14장은 일개 부족장일 뿐인 아브람이 그 당시 고대근동의 왕들이 벌이는 대대적인 전쟁의 이야기 속에 동참하고 있는 내용을 펼친다. 시날, 즉 메소포타미아 지역의 왕들이 동맹을 맺어 가나안 지역의 왕들을 공격한다. 시날 왕 아므라벨, 엘라살 왕 아리옥, 엘람 왕 그돌라오멜, 고임 왕 디달이라는 4명의 왕들이, 5명의 가나안 지역 왕들인 소돔 왕 베라와 고모라 왕 비르사와 아드마 왕 시납과 스보임 왕 세메벨과 벨라 곧 소알 왕과 싸우게 된다. 그 이유는 가나안 지역의 왕들이 십이 년 동안 엘람 왕 그돌라오멜을 섬기다가 십삼 년에 배신했기 때문이다. 십사 년에 그돌라오멜과 동맹한 왕들이 남진하며 주변의 모든 왕들을 점령하고, 결국 소돔 왕과 그의 동맹자들과 대치하게 되었고, 소돔왕의 무리가 패배한다. 이로 인해 소돔에 거하던 롯과 그의 모든 가산도 노략 당했다. 창세기 14장은 여기서부터 아브람과 연관된 본격적인 이야기를 펼쳐간다. 아브람에게 롯이 잡혀갔다는 소식이 전해지며 사건의 전개가 반전된다.

아브람은 가나안 땅의 아모리 족속과 교류하며 친분을 유지하고 있었고, 심지어 그들과 동맹관계, 즉 언약(בְּרִית 베리트/언약)까지 맺고 있다.

> 도망한 자가 와서 히브리 사람 아브람에게 고하니 때에 아브람이 아모리 족속 마므레의 상수리 수풀 근처에 거하였더라 마므레는 에스골의 형제요 또 아넬의 형제라 이들은 아브람과 동맹한 자더라(창 14:13)

하나님께서 자신만이 아브람의 방패요 상급이라 하실 때에는 분명 이유가 있으시다. 하나님만 의지하라는 믿음의 요청인 것이다. 사람과 언약을 맺는 것이 결코 부정적인 의미를 내포하고 있는 것은 아니다. 아브람이 아비멜렉과 언약을 맺고, 이삭 또한 아비멜렉과 언약을 맺었다(창 21:27; 26:28). 이때의 언약이 문제가 되지 않는 것은 아비멜렉이 아브람과 이삭과 함께하시는 하나님을 보고 두려워서 찾아와 언약을 맺자는 것이다. 즉, 이방인들이 하나님의 능력을 보고 그 하나님의 보호를 요청하는 것이다. 이것은 복이 하나님의 백성에게서 이방인들에게로 흘러가는 약속의 성취이며 하나님의 뜻을 이루는 것이다. 하지만 아모리 족속과의 계약은 다르다. 아브람이 자신의 안전을 위해서 언약을 맺어 자신의 보호막을 만든 것이다. 그 순서가 뒤바뀐 것이다. 아브람은 롯을 구하는 전쟁에 나설 때에도 언약으로 동맹한 아모리 사람들과 함께 힘을 합해 싸웠다.

오직 젊은이들이 먹은 것과 나와 동행한 아넬과 에스골과 마므레의 분깃을 제할지니 그들이 그 분깃을 가질 것이니라(창 14:24)

하나님께서 아브람에게 두려워말라시며 자신이 그의 방패요 상급임을 분명히 하시는 것은 그의 이러한 흔들림을 간파하셨기 때문이라 볼 수 있다.

아브람이 조카 롯을 구하기 위하여 집에서 길리고 연습한 자 318인을 거느리고 단까지 쫓아가서 밤을 타서 그들을 쳐서 파하고 다메섹 좌편 호바까지 쫓아가서 모든 빼앗겼던 재물과 자기 조카 롯과 그 재물과 또 부녀와 인민을 다 찾아왔다고 한다(창 14:14-15). 왜 하필이면 318명일까? 기드온의 이야기 때처럼 말하기 쉽게 300명이라는 어림수를 이야기할 수도 있었을 것이다(삿 7:7). 구지 십 단위, 일 단위까지 상세하게 말하는 이유가 있을 것이다. 그리고 여기 나타나는 지명 다메섹(דַּמֶּשֶׂק)은 무슨 의미를 가지고 있는 것일까? 분명 엘리에셀이 다메섹 사람이라고 지칭하고 있는 것과 상관관계가 있을 것이다. 또한 소돔 왕이 아브람에게 사람은 내게 보내고 물품(רְכֻשׁ 레쿠쉬/전리품)은 네가 취하라고 말한다(창 14:21). 상당히 유혹적인 제안이다. 풍요로움으로 유명한 소돔의 물품은 분명 인간적으로 탐나는 것임에 틀림없을 것이다. 이제 이러한 요소들을 창세기 15장에 나타난 용어들과 비교해보면 흥미로운 점을 발견할 수 있다.

　　창세기 15:1절은 하나님께서 아브람에게 나타나셔서 두려워 말라 하시며 나는 너의 방패요 지극히 큰 '상급'(שָׂכָר 세카르)이라고 위로하신다. 이 '상급'이라는 단어는 앞 장의 '물품/전리품'(רְכֻשׁ 레쿠쉬)이라는 단어의 알파벳을 거꾸로 쓴 것이다. 소돔 땅의 화려한 물품에 완전히 반대되는 것이 하나님의 상급이라는 의미가 들어가 있다. 그리고 아브람은 다메섹 사람 엘리에셀을 자신의 상속자로 삼았다. 다메섹(דַּמֶּשֶׂק)이라는 지명은 오직 아브라함의 전쟁기에서만 한 번 더 나타난다. 다메섹은 아브람이 막강한 메소포타미아 왕들의 동맹을 무찌른 곳이다. 추측컨대 그 곳에서 적들을 무찌르고 전리품처럼 붙잡아온 노예와 관련이 있을 것이다. '내 집에서 길린 자'라는 말을 통해 전리품으로 붙잡은 노예의 자식일 것을 추측해 볼 수 있다. 그렇다면 엘리에셀은 아브람의 힘과 위용, 무용담을 보여주는 전시물이 될 것이다. 인간의 힘과 능력이 느껴지는 장소와 인물이 바로 엘리에셀인 것이다.

　　이러한 아브람의 힘과 능력을 상징하는 다메섹의 엘리에셀은 아브람이 동맹하여 만들어낸 318명이란 숫자와도 긴밀한 연관성이 있다. 히브리어는 22개의 알파벳으로 이루어져 있는데 각 알파벳이 고유의 숫자를 가지고 있다. 히브리어에는 이러한 알파벳이 가진 숫자를 이용하여 의미의 유희를 벌이는 경우가 자주 있으며 이것을 게마트리아(gematria)라고 한다. 예를 들어 '율법'이란 뜻으로 번역되는 '토라'(תּוֹרָה)는 ת(타우 400)+ו(와우 6)+ר(레쉬 200)+ה(헤 5)'로 이 숫자들을 다 합하면 611이 되며, 이것은 구약성경에 나오는 모든 율법조항의 숫자와 일치한다고 한다. 아브라함의 종인 엘리에셀(אֱלִיעֶזֶר)이라는 이름의 알파벳이 갖는 게마트리아적 숫자는 다음과 같다.

알파벳	숫자
א (알레프)	1
ל (람메드)	30
י (요 드)	10
ע (아 인)	70
ז (자 인)	7
ר (레 쉬)	300
총계	**318**

　　엘리에셀이란 이름의 숫자 값은 정확하게 318이 된다. 이것은 우연이라기보다는 의도적인 의미가 들어가 있다. 아브람이 318명을 거느리고 다메섹까지 올라가서 메소포타미아 왕들의 동맹군들을 쳐부수었다는 것은 그 장소와 그 힘을 인간의 힘으로 오해하고 있을 수 있다는 것이다. 아브람은 자신의 힘으로 승전한 그 곳 다메섹 출신의 한 종을 자신의 상속자로 택한다. 그것도 자신의 힘을 상징하는 318명이라는 의미를 지닌 엘리에셀을 자신의 상속자로 선택한다. 이것은 누구의 선택이며, 누구의 뜻, 힘을 상징하는가? 하나님과 관계없는 분명 아브람의 뜻이요, 계획이요, 능력을 상징한다. 그러나 엘리에셀(אֱלִיעֶזֶר 엘리에제르)의 히브리어 뜻은 '엘리' 나의 하나님, '에제르' 도움이라는 의미이다. 즉, 나의 하나님만이 도움이시라는 뜻이다. 그렇다면 이 이름 속에는 인간의 힘을 상징하는 318명과 하나님의 도움이라는 의미가 공존하고 있으며 인간의 시선이 어디로 향해야 할 것인가를 촉구하고 있다. 아브람은 이 이름을 통해 하나님만이 자신의 진정한 도움이시라는 진리를 깨달아야만 한다. 그리고 그 하나님을 따를 때 고작해야 318명밖에 모을 수 없었던 자신의 힘과 능력이 그 하나님의 도우심으로 인해 완전히 다른 결론에 다다를 수 있다는 것을 배워야만 한다. 하나님께서 아브람에게 약속하시는 것은 그것과는 비교도 할 수 없는 것이기 때문이다.

여호와의 말씀이 그에게 임하여 이르시되 그 사람이 네 상속자가 아니라 네 몸에서 날 자가 네 후사가 되리라 하시고 그를 이끌고 밖으로 나가 하늘을 우러러 뭇별을 셀 수 있나 보라 또 그에게 이르시되 네 자손이 이와 같으리라(창 15:4-5)

아브람의 인간적인 능력이래야 아모리 족속과 동맹, 즉 언약을 맺어 고작 318명을 얻을 수 있는 엘리에셀 정도지만, 하나님께서는 무려 하늘의 별과 같은 자손을 주실 것을 말씀하신다.

그렇다면 이렇게도 하나님의 약속이 비교할 수 없을 정도로 대단함에도 왜 사람들은 하나님의 약속이 아닌 318명을 택하는 것인가? 여기 한 가지 단적인 예를 들어 보는 것이 이유를 파악하는데 도움이 되리라 본다. 만약 한 목회자에게 현재 318명의 성도들이 섬기고 있는 교회와 아직 한 명의 성도도 없지만 하나님께서 그 곳에서 하나님의 교회를 이끌고 나갈 위대한 지도자를 배출시킬 아주 작은 교회 둘 중에 하나를 맡기려 하신다면 어느 쪽으로 마음이 끌릴까? 그리고 그 작은 교회를 맡게 된다면 목회라고 해봐야 평생 그 한 사람을 키워내는 일이며, 그 뒤에 벌어질 대단한 부흥은 자신이 죽은 뒤의 일이라면 어디로 마음이 향할까? 물론 이것은 아브람의 상황을 극단적으로 비유한 것이다. 왜냐하면 318명의 성도는 아브람이 불의한 가나안 족과의 동맹으로 만들었던 그 무리와는 질적으로 다르기 때문이다. 하지만 눈에 보이는 것과 보이지 않는 것 사이에서의 선택이라는 점에서는 분명하게 동일하다고 할 수 있다. 인간은 아무리 화려한 미사여구가 붙어 있을 지라도 보이지 않는 불확실을 택하기 보다는 눈에 보이는 확실한 것에 의지를 두는 것이 안전하다고 여기기 때문이다. 그러나 하나님을 믿는다는 것은 미래에 뿌리를 둔 하나님의 약속을 현재에 열매로 볼 수 있는 신뢰인 것이다.

하나님의 약속에는 아브람의 후손들이 사 대만에 이 땅으로 돌아오는데 이는 아모리 족속의 죄악이 아직 관영하지 않기 때문이라고 한다 (창 15:16). 아모리 족속은 창세기 14장에서 아브람이 동맹, 즉 언약을 맺은 백성들이다. 그런데 그들의 특징은 죄악 가운데 거하며, 가나안 땅에 죄를 채워나가는 족속들이다. 하나님께서는 그 아모리 족과의 언약이 아닌 자신과 더불어 언약(בְרִית 베리트)을 세우시고, 그 아모리 족속의 땅을 아브람에게 주실 것을 말씀하신다: "그 날에 여호와께서 아브람과 더불어 언약을 세워 이르시되 내가 이 땅을 애굽 강에서부터 그 큰 강 유브라데까지 네 자손에게 주노니"(창 15:18).

이 속에서 느낄 수 있는 것은 우리가 필요로 하는 것을 신속하게 이루기 위하여 악과도 타협하려는 어리석은 마음이다. 세상과 계약을 맺어서까지 힘을 늘려서 원하는 것을 이루려는 인간의 속성인 것이다. 하지만 하나님은 세상과의 계약이 아닌 자신과의 계약을 원하신다. 이것은 318명에 만족할 것인가, 하나님의 뜻인 땅의 티끌과 하늘의 별과 같은 미래를 기대할 것인가의 차이이다.

	창세기 14장	창세기 15장
1	아모리 족속(창 14:13)	아모리 족속의 죄악이 아직 가득 차지 않았음-죄악 된 백성들(창 15:16)
2	아모리 족과 동맹 (בְרִית 베리트/언약; 창 14:13)	여호와께서 아브람과 더불어 언약맺음 (בְרִית 베리트/동맹; 창 15:18)
3	318명을 거느리고(왜 하필 318인가?) (창 14:14)	엘리에셀(אֱלִיעֶזֶר 엘리에제르)이라는 이름의 게마트리아(히브리어의 수의 유희) (א−1 + ל−30 + י−10 + ע−70 + ז−7 + ר−300 = 318)(창 15:2) 그러나 하나님의 약속은 하늘의 별과 같은 숫자의 후손이다(창 15:5)

4	다메섹(דְּמָשֶׂק) 왼편 호바까지 (창 14:15)	엘리에셀은 다메섹(דְּמָשֶׂק) 사람 (창 15:2)
5	동맹군들과 합해 힘을 만듦 (창 14:13, 24)	여호와께서 방패요 상급이 되심 (창 15:1)
6	여호와를 의지함이 없고, 자신과 동맹군들의 힘을 의지(인간의 힘 의지) – 이 부분에는 하나님의 이름이 전혀 나타나지 않음(창 14:13-16)	아브람이 여호와를 믿으니 이를 그의 의로 여기심(창 15:6)

아브람에게 있어서 엘리에셀은 인간적인 힘과 위용이며, 능력의 상징이다. 아브람은 엘리에셀을 바라보며 메소포타미아 왕들을 물리친 자신의 과거의 위용을 회상했을 것이며, 이러한 능력을 유지하기 위해서는 현재 아모리족과의 동맹을 고수해야 함을 절감했을 것이고, 그래야만 이러한 안정이 자신의 노년까지도 지속될 것이라 여겼을 것이다. 만약 이러한 엘리에셀이 아브람의 상속자가 된다면, 이것은 이미 아브람 전에 있었던 아담을 통한 결론인 네피림의 탄생과 노아를 통한 결론인 바벨탑의 건설과 다를 바가 없을 것이다. 이 모두가 인간의 이름과 위용이라는 점에서 동일하기 때문이다. 차이점이 있다면 네피림과 바벨탑은 전 세계적인 연합이라는 점과 아브람에게 엘리에셀은 단지 한 가족 안에서 일어나고 있는 사건이라는 것뿐이다. 그러나 아브람을 통해 하늘의 별과 같고 바닷가의 모래와 같이 무수한 민족이 탄생할 것이라는 점에서는 이미 두 번의 실패에 대한 씨가 잉태되었다는 것이다. 아브람의 후손이 이렇게 많아지면, 그 때에는 엘리에셀이라는 작은 씨가 거대한 네피림으로 또는 바벨탑으로 성장할 것은 시간문제일 뿐이기 때문이다. 하나님께서 그 근본부터 정리해 주셨다는 것은 새로운 미래를 위한 희망이 된다.

하나님께서 주신 약속을 아브람이 믿으니 이를 그의 의로 여기

섰다고 한다(창 15:6). 의롭다는 것은 결코 인간의 행위로 이루어지는 것이 아니라 하나님의 말씀을 액면 그대로 믿는 것에 있다는 것을 알 수 있다. "사람이 마음으로 믿어 의에 이르고 입으로 시인하여 구원에 이르느니라"(롬 10:10)는 말씀처럼 하나님의 말씀을 진리로 받아들이는 것이 구원의 시작이라 할 수 있다. 아브람은 하나님의 말씀을 믿고 엘리에셀을 포기하는 것이다. 이것이 아브람의 장점이다. 긴 세월 동안 자신의 정성과 노력, 수고가 들어간 결과물을 하나님의 말씀 한 마디에 접을 수 있는 신앙의 사람인 것이다. 하나님의 말씀을 포기하는 것이 아니라, 인간적인 계획과 의지를 포기하는 것이다. 그러므로 믿음의 조상은 자아가 없었던 사람이 아니라, 하나님의 말씀에 그 자아를 꺾을 수 있는 사람인 것이다.

그리고 하나님께서 이 아브람과 언약을 맺으신다(창 15:18). 인간과 맺었던 언약이 전적으로 하나님께로 옮겨감으로 자손에 대한 약속도, 땅에 대한 약속도, 또한 축복에 대한 약속도 그 성취를 향한 진행을 계속할 것이다. 왜냐하면 하나님께서 반드시 그 약속을 이루실 것이기 때문이다. 그 성취의 확실성은 아브람이 약속의 성취를 위한 증거를 하나님께 요구했을 때 하나님께서 엄숙한 한 계약의식을 통해 아브람에게 그 약속의 신실성을 확증하심에서 살펴볼 수 있다. 이 의식은 구약에 한 번 더 나타나고 있는데 예레미야 34:17-20절이다. 이 의식은 제물들을 쪼개놓고 그 쪼갠 제물 사이로 계약의 당사자들이 지나가는 방식으로 이것은 고대 근동에서 목숨을 거는 계약의식으로 누구든지 언약을 파기하는 쪽은 두 조각으로 쪼개진 제물들처럼 죽임을 당할 것이라는 엄숙함과 심각성이 들어있는 것이기도 하다. 쪼개진 동물의 사체, 그리고 피와 내장들이 처참하게 흩어져 있고, 죽음의 냄새가 코를 찌른다. 그런데 이 의식을 하나님 자신이 먼저 제안하시고 그리고 그 사이로 자신만이 지나가심으로 신실성을 보여주신다. 그 의미는 영원하신 하나님께서 자신의 생명을 두고 맹세하시는 약속이라는 것이다. 이곳에서 우리가 느껴야 할 것은 하나님께서 자신의 영원하신 생명을 걸고 이루시겠다는 약속을 우리가 어떻게 받아들이느냐에 따라 새로움의 세상은 열려 간다는 사실이다. 마침내 하나님의 말씀에 자신의 의지를 굽히고, 그 뜻을 받드는 아브라함을 통해 새로움을 향한 기대도 다시 살아나는 것이다.

아브람이 이러한 신앙의 전환점을 갖는데 중추적인 역할을 한 존재가 있다. 창세기 14장의 아브람의 승리와 15장의 하나님과의 언약사건 사이에 등장하는 한 인물이 있다. 구약성경에서는 단지 시편 110:4절에서나 한 번 더 언급될 뿐인 살렘 왕 멜기세덱이 바로 그 주인공이다(창 14:17-24). 이것은 의도적인 배열로 아브람에게 가르치고자 하는 바가 있기 때문이다. 멜기세덱은 아브람이 자신과 동맹군의 힘으로 적들을 물리치지 않았다는 것을 예배를 통하여 선언한다.

"너희 대적을 네 손에 붙이신 지극히 높으신 하나님을 찬송할지로다"(14:20)

이 찬양 속에는 아브람이 엘리에셀에게 자신의 의지를 두는 것이 아니라, 그 이름의 뜻인 "나의 하나님이 도움이시다"와 같이 오직 하나님께만 자신의 의지를 둘 것을 촉구하는 선언문이기도 하다. 자칫 아브람은 대단한 적들과의 싸움이 흡사 자신의 승리라고 오해할 수 있다. 메소포타미아 왕들과의 전쟁 이야기에는 단 한 번도 여호와 하나님의 이름이나, 간섭이 등장하지 않는다는 점이 이런 오해를 가능케 할 수 있다. 그러나 멜기세덱은 승리는 인간의 힘에 있는 것이 아님을 강조하며, 오직 승리를 주신 하나님만 찬양할 것을 선언하며 아브람의 시선을 엘리에셀에서 하나님께로 옮기게 한다. 이것은 신명기 20:1절에서 보여주듯이 전쟁에서 숫자가 아닌 하나님께서 함께 하심이 중요하다는 신학이다: "네가 나가서 적군과 싸우려 할 때에 말과 병거와 백성이 너보다 많음을 볼지라도 그들을 두려워하지 말라 애굽 땅에서 너를 인도하여 내신 네 하나님 여호와께서 너와 함께 하시느니라." 아브람은 자신이 준비한 엘리에셀이라는 이름을 통해 오직 하나님만이 도움이심을 깨달아야 한다. 그러할 때 하나님의 위로와 권면처럼 "두려워 말라"는 말씀에 믿음으로 바르게 응답할 수 있다. 318명의 인간적인 힘으로 대대적인 승리를 이루고 돌아왔을 때 멜기세덱의 찬양처럼 대적을 그의 손에 붙이신 분은 바로 하나님이시라는 신앙고백을 바르게 할 줄 아는 사람이 되어야한다. 멜기세덱은 '의로운 왕'이라는 그의 이름처럼 아브람에게 '의로움'이 무엇인가를 가르치고 마침내 아브람이 하나님을 믿음으로 '의로움'(세덱/쩨덱)을 인정받는 사람이 되게 한다(창 15:6). 즉, 의로움은 자신의 힘에 의지하는 삶이 아니라, 하나님의 은혜와 돌보심에 전폭적인 신뢰를 두고 살아가는 삶을 말하는 것이다. 그리고 그 의로움이 곧 살렘 왕의 특징이듯이 평화, 즉 샬롬을 이루는 길이라는 것이다.

이러한 제사장으로서의 멜기세덱의 역할은 제사장의 소임이 무엇인지를 뚜렷하게 드러내 주는 기능을 한다. 이는 멜기세덱이 아브라함이라는 이스라엘의 시작을 열어간 믿음의 조상의 시선을 바르게 돌리는 역할을 온전하게 성취한 것처럼 미래의 이스라엘의 제사장들 또한 동일한 사명을 이루어야 함을 의미하는 것이다. 그것은 다름 아닌 아브라함의 후손들인 이스라엘 백성들의 시선을 늘 하늘과 땅을 지으신 하나님께로 향하게 만드는 소명인 것이다. 이를 통해 아브라함이 의의 길로 나아갔던 것처럼 미래 이스라엘 또한 의의 길로 나아가며 예루살렘을 샬롬의 도시로 전 세계의 본이 되게 하는 것이다(사 2:1-4; 미 4:1-5).

아브람은 되찾은 소돔 땅의 모든 전리품들을 실오라기 하나도 남김없이 다 돌려준다. 하나님의 사람이 소돔 땅의 재물로 부자가 되었다는 말을 들어서는 안 되기 때문이다. 오직 하나님만이 삶의 도움이시며, 구원자시라는 믿음이 회복된 것이다. 약속의 땅 가나안 그 중에서도 예루살렘은 바로 이러한 의로움이 가득한 땅이어야 한다는 의미 또한 내포하고 있을 것이다. 우리의 삶 속에도 이렇게 우리의 잘못된 시선을 바꾸어 하나님께로 향할 수 있도록 돕는 존재가 필요하다. 아브람은 흔들렸던 신앙을 추스르고 하나님의 뜻을 받든다. "두려워 말라"라는 하나님의 음성에 '아멘'(אָמֵן 믿으니)으로 응답하는 사람이 된 것이다(창 15:6; 대하 20:15-20; 사 7:1-25). 하지만 아브람은 아직도 육체적인 강함이 남아있다.

(3) 아브람과 이스마엘(יִשְׁמָעֵאל 하나님이 들으신다)(창 16장)

창세기 15장에서 다메섹의 엘리에셀을 상속자로 삼아 그에게 모든 것을 맡길 것이라는 아브람의 계획은 하나님의 말씀으로 백지화되었다. 하나님께서는 아브람을 통해 태어난 자가 그의 상속자가 될 것이라 단언 하셨다(창 15:4). 이 말씀을 곱씹으며 얼마간의 시간이 흘러갔을 것이다. 그러나 하나님의 약속이 그렇듯이 정확한 시와 날을 주시지 않는다는 것은 유한한 인생을 살아가는 인간에게는 늘 절박감과 초조함으로 다가올 수밖에 없다. 시간이 흘러가며 아브람도 늙고, 사래도 늙어간다. 인간에게 주어진 시간은 그리 길지 않다. 그것은 인생인 아브람이 알고, 사래도 너무나 잘 알고 있는 일일 것이다. 세월이 흘러가며 조급함은 인간의 성급한 행동으로 연결된다. 하나님께서 아브람을 통해서 라는 말씀은 주셨지만 어떤 여인을 통해서 인지는 말씀하지 않으셨다. 이것은 인간에게 수많은 해석을 하게 만든다. 그리고 그 대부분은 하나님께서 남겨두신 그 빈 공간을 자신의 의지로 채워보려는 인간적 노력의 전시장이 될 때가 많다. 그리고 인간은 그것을 합리화할 말들을 무수히 가지고 있다. 그 한 가지 예가 하늘은 스스로 노력하는 사람을 성공하게 만든다는 의미를 가진 "하늘은 스스로 돕는 자를 돕는다"는 인간이 만든 명언일 것이다. 누가 주체인가? 스스로 돕는 자인가, 아니면 도움을 주는 하늘인가? 스스로 돕는 자를 하늘이 돕는 다면 이 땅에 누구의 뜻이 이루어질 것인가? 그것이 바로 이제 일어날 일에 대한 질문이 될 것이다.

아브람과 사래는 스스로의 결정으로 그 빈 공간을 채우기 위해 나선다. 더욱 적극적으로 그 일에 나서는 사람은 역시 아브람에게 상속자를 낳아주지 못하는 아픔을 가진 사래이다. 그녀는 자신의 불가능성을 인지하고 아브람이 더 늙기 전에 자식을 낳아야 한다는 생각에 자신의 몸종인 애굽 여인 하갈을 아브람에게 첩으로 들여보낸다. 이렇게 해서 이스마엘을 탄생시키는 일이 일어나는 계기가 마련된다. 그리고 이 일은 그 내용에 있어서 과거의 치명적인 한 사건을 기억나게 한다는 점에서 그 심각성이 드러난다.

아브람 사래	창 16:2	사래가 아브람에게…내 여종에게 들어가라 내가 혹 그로 말미암아 자녀를 얻을까 하노라 하매 '아브람이 사래의 말을 들으니라'(שמע אברם לקול שרי 이쉬마 아브람 레콜 사라)
	창 16:3-4	아브람의 아내(אשת-אברם 에쉐트 아브람) 사래가 그 여종 애굽 사람 하갈을 데려다가(לקח 라콰흐) 그 남편 아브람에게(אישה 레아브람 이샤흐) 첩으로 준 때(נתן 나탄)는 아브람이 가나안 땅에 거주한 지 십 년 후였더라 아브람이 하갈과 동침하였더니 하갈이 임신하매

이 사건의 정황과 어휘적 전개가 마치 창세기의 전반부에 나타난 에덴동산에서 선악과와 연루된 아담과 하와의 사건을 연상시킨다. 두 사건 모두다 여성들의 주도권으로 이루어진다는 점에서 흥미롭다. 선악과와 연관된 아담과 하와의 내용을 비교해 보면 그 밀접한 연결성을 분명하게 파악해 볼 수 있다.

아담 하와	창 3:16	여자(הָאִשָּׁה 하잇샤)가 그 나무를 본즉 먹음직도 하고 보암직도 하고 지혜롭게 할 만큼 탐스럽기도 한 나무인지라 여자가 그 열 매를 따먹고(לָקַח 라콰흐) 자기와 함께 있는 남편에게도(לְאִישָׁה 레이샤흐) 주매(נָתַן 나탄) 그도 먹은지라
	창 3:17	아담에게 이르시되 '네가 네 아내의 말을 듣고'(שָׁמַעְתָּ לְקוֹל אִשְׁתֶּךָ 샤마타 레콜 이쉬테카) 내가 네게 먹지 말라 한 나무의 열매를 먹었은즉

아담과 아브람은 동일하게 아내의 말을 듣고 그에 따라 행동한다. 여기서 "말을 듣다"라는 히브리어 구문은 "순종하다"라는 뜻으로 이것은 결국 하나님의 약속에 의지하여 하나님의 뜻을 기다리기 보다는 그 아내의 말에 두 사람 다 순종한 것을 의미한다. 그리고 그 순종함으로 인해 다음 단계의 일이 벌어진다. 구약성경에서 오직 이 두 곳에서만 남편들이 여인, 즉 아내의 말을 듣고 순종한다는 표현이 나타나고 있다. 그리고 여성의 주도권으로 어떤 것을 '취하여'(לָקַח 라콰흐), 남편에게 '주는'(נָתַן 나탄) 일련의 행위들이 동일하게 그려지고 있다. 이것은 아브라함의 행위가 흡사 에덴동산에서의 아담의 행동과 동일하게 비추어짐으로써 또 한 번의 실패의 조짐이 보이는 위기감을 조장하는 듯하다.[113]

선악과가 하나님의 명령에 대한 인간의 주체적인 선택에 의한 거역을 말하는 것이었다면 이스마엘을 탄생시키는 것도 여자의 주체로 인해 남자가 따라가는 구도를 통해 첫 사람 아담이 했던 그 실수를 저지르고 있다는 불길한 예감이 들게 한다. 그러나 하나님께서 이러한 인간의 불신앙을 통하여 인간을 교육시키시는 것을 통해 믿음이 무엇인지를 가르치고 계시다는 것을 볼 수 있다. 하나님께서는 인간이 저질러 놓은 실패까지도 수습하시며 악을 선으로 만들어 가시는 분이다. 오직 그 하나님께로의 돌이킴이 필요할 뿐이다. 하나님께서는 자신의 임신을 알고 오만하게 굴다가 학대로 인해 도망쳐 나온 하갈의 고통의 신음소리까지도 들으시고 그를 구원해 주시며 살 길을 인도해 주신다(창 16:11). 그리고 아들을 낳을 터인데 그 아들의 이름을 '이스마엘'(יִשְׁמָעֵאל, 하나님이 들으신다)이라 부르라고 하신다. 마침내 하갈이 아들을 낳았을 때 아브람이 그 이름을 '이스마엘'이라 부른다(창 16:16). "하나님이 들으신다"라는 이름은 아브람이 아내의 말을 들은 것에 대해 경각심을 심어주기에 충분하다. 하나님은 하갈의 고통의 신음소리를 들으시는 은혜의 하나님이시기에 아브람의 갈망의 소리도 들으신다는 것을 확신하는 것이다. 이스마엘이라는 이름을 부르며 아브람이 되새겨야 할 것이 바로 이러한 신앙이다. 들으시는 하나님을 향한 전폭적인 신뢰를 가지고 하나님의 때를 기다리는 믿음인 것이다. 지금 이 시대를 살아가는 우리들은 기다리지 못하는 인간의 선택이 결국은 어떠한 결과를 만들어 내는지 분명히 살펴보아야 한다. 지금 21세기에도 이삭의 후손과 이스마엘의 후손은 유대인과 팔레스타인 난민, 그리고 중동이라는 갈등 관계를 이루고, 서로를 해치는 관계로 살아간다. 이것이 인간의 주권과 선택으로 만들어내는 결과라면 인간의 주도권에 대해 경각심을 가질 필요가 있다.

아담이 선악을 아는 일에 하나님과 같이 되어서, 돌이킬 수 없는 지경까지 갔다면, 이제 아브람에게 주어진 희망은 하나님의 말씀에 또다시 자신의 의지와 신뢰를 두는 것이다. 즉 하나님의 말씀을 듣고 자신이 마련한 안전장치를 포기한다면 괜찮겠지만, 그것을 계속 부여잡고 놓지 않는다면 아브람도 역시 선악과에 무너지고 말 것이다. 하나님의 뜻을 향하여 돌이킬 때에 창세기의 전반부에서 벌어졌던 죄악의 요소들이 인간 삶에서 그 위력을 발휘할 수 없게 될 것이기 때문이다. 이처럼 하나님의 사람이 살아가는 길 위에는 계속해서 동일한 사건들이 고개를 들이밀고 있다. 하나님의 계획을 꺾어버리고 마는 세상의 유혹들이 동일하게 하나님의 사람들이 걸어가는 길 위에 놓여 있는 것이다. 이 모든 흔들림 속에서 누가 결국 하나님의 갈망을 이루어낼 것인가, 거기에 역사의 전환점이 놓여 있다. 부름 받은 아브람이 겪는 일들은 전혀 새로운 것들이 아니라, 늘 인간 삶에 있어왔던 문제들이다. 인간이 저질러 놓은 실수까지도, 수습하시며 아름다운 뜻을 이루어 가시는 하나님의 그 선하신 계획에 자신의 삶을 온전히 맞추어 가는 사람이 절실히 필요하다. 하갈이 아브람에게 이스마엘을 낳았을 때가 그의 나이 86세였다. 하나님의 명령 한 마디에 고향과 친척과 아버지의 집을 떠날 때가 75세였으니 11년의 세월이 흐른 것이다. 이 기간 동안에 롯을 떠나보내고, 엘리에셀을 포기하고, 마침내 이스마엘을 낳았다. 하나님의 뜻은 어디로 향할 것인가?

(4) 아브라함과 이삭(יִצְחָק 그가 웃었다)(창 17:1-18:15; 21:1-7)

아브람은 이스마엘을 자신의 상속자로 철석같이 믿고 있다. 이제 그의 나이도 백세에 가까웠고 사라는 구십 세에 이른 나이가 되어 모든 것이 불가능한 상황이기 때문이다. 그 때 하나님께서 아브람에게 나타나신다. 그리고는 자신을 이렇게 소개하신다.

아브람이 구십구 세 때에 여호와께서 아브람에게 나타나서 그에게 이르시되 나는 전능한 하나님(אֵל שַׁדַּי 엘 샤다이)이라 내 앞에서 행하여 완전하라 (창 17:1)

'엘-샤다이,' '전능한 하나님'으로 번역된 하나님의 이 칭호는 모세 이전에 주로 사용되었다(출 6:2-3). 그러나 아브람이 등장하기 전까지는 결코 나타나지 않던 칭호이기도 하다. 엘-샤다이의 정확한 어원에 대해서는 어느 누구도 확신 있게 주장할 수 없는 아쉬움이 존재한다. 단지 몇몇 시도들이 이루어졌는데 먼저 관계사인 '셰'(שׁ)와 충만함을 뜻하는 형용사 '다이'(ﬤ)의 합성어로 '충만한 자'(he who is sufficient)라는 의미로 보는 견해가 있다. 그 다음은 '파괴하다, 황폐케 하다'라는 뜻의 동사인 '샤다드'(שׁדד) 혹은 명사형인 '쇼드'(שׁד 멸망, 파괴)에서 유래된 것으로 보고 '파괴하는 자, 황폐케 하는 자'(he who destroys, devastates)로 해석하기도 한다. 이 견해는 이사야 13:6절의 "너희는 애곡할지어다 여호와의 날이 가까웠으니 전능자(שׁד 샤다이)에게서 멸망(שׁד 쇼드)이 임할 것임이로다"에서 '샤다이'(전능자)와 '쇼드'(멸망)의 언어 유희적 조합을 그 예로 든다. 또 다른 의견은 '샤다이'를 들판이나 광활한 초원을 뜻하는 '사데'(שׂדה)의 변형이거나, 혹은 원래는 '여성의 가슴'만을 뜻하였으나 후에는 산(mountain)으로까지 의미가 확장된 '샤드'(שׁד)에 일인칭 접미사가 붙은 복수 연계형인 '샤다이'(שׁדי)로 보아 '광활한 초원이나 산의 하나님'(El of the plain or the mountain)으로 해석하기도 한다.[114] 그러나 이 모든 추측보다도 본문에서 '엘-샤다이'가 어떤 하나님으로 그려지고 있는지가 더 중요한 이해의 열쇠를 가지고 있다는 점을 상기할 필요가 있다. 아브람 앞에 자신을 계시하신 이 하나님은 불임과 노쇠함으로 불가능을 호소하는 인생에게 생육과 번성을 약속하며 그것을 이루실 수 있는 분으로 자신을 소개하신다(창 17:4-6; 28:3; 35:11).[115] 즉, 인간의 불가능성을 극복하고, 모든 것을 가능케 하실 수 있는 하나님이신 것이다. 그런 점에서 '전능한 하나님'이란 엘-샤다이의 번역은 적합하다고 할 수 있다.

그런데 창세기 17장에 다다르기까지 아브람의 생에서 전능한 하나님의 능력이 나타났던 적이 있었던가? 늘 인간의 고집과 아집에 가려져서 하나님의 전능성은 살아나지 못한다. 그러나 이제 삶의 정황이 달라진다. 아브람이 99세가 되었다. 이제는 자신의 힘과 능력으로 할 수 있는 것이 없다. 그때에야 비로소 하나님의 전능하심이 드러난다. 아브람이 신앙의 출발을 한 75세부터 99세가 되기까지 어쩌면 25년의 세월은 아브람이 하나님의 약속을 기다린 세월이 아니라, 하나님께서 아브람이 전적으로 포기할 때까지 기다린 세월인지도 모른다. 인간이 자신의 모든 것을 다 시도해 본 다음에 결국은 하나님께 두 손을 드는 그 때까지 걸린 시간인 것이다. 하나님의 능력은 인간이 약할 때에 완전하게 드러날 수 있기 때문이다 (고후 12:9). 이 25년 동안에 아브람은 자신이 해볼 수 있는 것을 다 시도해 보았다는 점에서 인간은 결코 아무것도 하지 않고 오직 하나님만 바라며 기다리는 존재가 아니라는 것이 그대로 드러난다. 때로는 자신 스스로의 선택으로, 때로는 주변 사람들의 말을 따라서 하나님의 뜻이 굽어졌던 기간이었다. 그리고 그 기간 동안 인간이 벌어놓은 일을 수습하시느라 하나님은 바쁘셨다. 롯도 구원하시고, 엘리에셀의 뒤도 봐주시고, 하갈과 이스마엘의 삶도 책임져 주셔야했기 때문이다. 그러나 마침내 아브람의 기다림과 하나님의 기다림이 하나 되어 일치되는 그 순간이 왔고, 이제 하나님께서 약속을 이루실 시점에 이르렀다. 이러한 새 역사는 자신의 고집을 내세우며 해야 할 것, 안 해야 할 것을 가리지 못하며 25년의 세월을 보낸 사람으로 인한 것이 아니라, 그 기나긴 여정 중에서도 오직 한 사람만, 한 길만 바라보시며 기다리시는 우리 하나님의 자비와 긍휼로 인해 가능해 지는 것이다. 그리고 그때 전능하신 하나님의 위대하심이 인간의 삶 속에 새겨지는 것이다.

하나님께서 자신의 힘과 능력이 다 소진된 아브람에게 찾아오셔서 이제는 진실로 "내가 내 언약을 나와 너 사이에 두자"라고 하신다(창 17:2a). '나와 너 사이'라는 긴밀한 표현은 아브람이 힘이 넘치는 젊은 시절에는 결코 찾아볼 수 없었던 언약의 말씀이다. 다 늙고, 다 끝난 인생에게 무엇이 볼 것이 있다고 그에게 친히 찾아오셔서 "너를 크게 번성하게 하리라"고 약속해 주실까(창 17:2b)? 창세기 15장의 동물을 죽여 그 사이로 지나는 비장한 목숨서약에서는 찾아볼 수 없는 또 다른 친밀함과 긴밀함이 느껴지는 말씀이다. 언약의 징표 또한 이러한 친밀함을 상징하듯 인간의 몸에 새겨져야 할 필요가 있는 할례를 행하는 것이다. 그리고 그의 이름을 '아브람'이라는 '일개 부족의 아버지'에서 '많은 민족의 아버지'라는 뜻의 '아브라함'으로 바꾸어 주신다. 사래 또한 '왕후, 귀부인'을 뜻하는 사라로 바꾸어 주신다. 한 부족의 아버지와 어머니로 끝날 뻔한 사람이며, 고작해야 318명 정도로, 그것도 죄악 가운데 거하는 세상의 힘까지 다 끌어 모아 언약을 맺어야 그 정도 밖에 안 되는 것으로 끝날 수 있었던 인생이었다. 하지만 하나님께서는 모든 것이 끝난 인생을 다시 부르셔서 '많은 민족의 아버지와 어머니'라는 영광스러운 칭호로 바꾸어 주시며 자신의 전능함을 드러내신다(창 17:5, 16). 모든 것이 은혜이다. 이것을 통해 알 수 있는 것은 하나님과 함께 '나와 너 사이'의 관계를 만들며 그 언약을 지키며 나가는 길은 인간의 능력에 있음이 아니라 전능하신 하나님께 달려 있음을 믿고 신뢰하는 믿음에 있다. 이것은 인간의 전적인 무능함에 대한 인식으로 가능해진다. 그래서 하나님께서는 99세의 아브라함에게 찾아오신 것이다. 이제 그를 통해서 일어나는 그 어떤 일도 자신이 했다라고 자랑 할 수 없는 인생과 함께 하나님은 새 역사를 열어 가시는 것이다. 그때에야 인간의 왕국이 아니라 하나님 나라가 펼쳐질 수 있기 때문이다.

새 언약이 맺어지고, 이름이 변하며 삶의 주권자가 바뀌고, 할례를 행함으로 그 언약의 징표를 몸에 새겼다. 하나님께서 새롭게 준비된 아브라함에게 말씀하신다. 사라가 아들을 낳을 것이며 그와 함께 영원한 언약을 세우시겠다고 하신다. 아브라함이 웃었다(יִצְחָק 이쯔하크/그가 웃었다-삼인칭 남성단수 동사). 비웃음이라 표현하면 불경이 될지 모르겠지만 겉으로 드러내지는 못하고 심중에 육체적인 불가능성을 되뇌며 하나님을 향해 엎드려 아브라함은 그렇게 하나님의 말씀을 실없는 소리로 여겨 (비)웃었다(창 17:17).

아브라함이 엎드려 웃으며 마음속으로 이르되 백 세 된 사람이 어찌 자식을 낳을까 사라는 구십 세니 어찌 출산하리요 하고(창 17:17)

안 된다는 것이다. 전능하신 하나님 아니라 그 보다 더한 신이어도 자신의 상태로는 불가능하다는 것이다. 인간의 논리적인 생각과 과학적인 사고방식으로는 모든 것이 끝난 것이다. 그래서 하나님도 안 된다는 것이다. 우리와 얼마나 같은 아브라함인지 새삼 정이 깊이 간다. 이것이 우리가 가지고 있는 하나님에 대한 알량한 지식이라는 것이 슬프기도 하다. 믿음은 들음에서 나고 들음은 하나님의 말씀에서 난다(롬 10:17)는 선포처럼 하나님의 말씀을 그대로 들을 줄 아는 귀가 열릴 때 믿음은 온전해 지는 것이다. **그러나 아브라함은 하나님의 말씀을 통해 자신을 보는 것이 아니라, 자신을 통해 하나님의 말씀을 본다.** 그 결론은 어쩔 수 없는 자신의 육체적 소산물에 집중할 수밖에 없는 것이다.

아브라함은 이스마엘이나 하나님 앞에 잘 살게 해 달라고 말한다(창 17:18). 자신의 능력이 될 때 이미 대책을 세워놨으니 하나님께서 하실 일은 불가능한 것에 연연해하지 마시고 자신이 마련한 것에 도장만 찍어주시면 된다는 것이다. 그런데 하나님께서 더 이상 물러서지 않으신다. 분명한 때가 되었다는 것이다. 인간이 손을 들었으니 이제 하나님께서 하실 일만 남은 것이다. 또다시 아니라시며 "네 아내 사라가 네게 아들을 낳을 것이라"하신다(창 17:19). 그리고는 보란 듯이 그 아들의 이름을 '이삭'이라 하라고 명하신다. 또한 빠뜨리지 않으시는 것이 바로 아브라함의 마음속에 가득한 이스마엘에 대한 배려의 말씀이다. 그도 생육하고 번성하여 큰 나라를 이루게 할 것이니 염려치 말라는 것이다(창 17:20). 그러나 하나님의 언약은 사라가 낳을 이삭과 함께 이어 갈 것이라 말씀하신다(창 17:21).

여기서 분명하게 알 수 있는 것은 하나님께서 이스마엘이 싫어서 물리치시는 것이 아니라는 점이다. 하나님께서 이스마엘을 약속의 씨에서 제외시키는 것은 아브라함이 자신의 힘과 능력으로 이루었기 때문이다. 이런 경우 때가 되어 하나님께서 이스마엘을 번제로 드리라고 한다면 아브람은 결코 바칠 수 없을 것이며, 거부하기 십상일 것이다. 그에게는 이제 더 이상 자식을 낳을 수 있다는 가능성이 없기에 그 절박감으로 이스마엘을 더욱 움켜쥐고 놓지 않으려 할 것이다. 이스마엘이 아브라함이 가지고 누리는 모든 것을 상징하는 것이라고 한다면 아브라함을 통하여 세상 모든 민족이 복을 누리는 축복의 통로가 되는 길은 차단되어 버릴 것이다. 그리는 그는 단지 축복의 종착점이 되어서 자신만 누리려고 하는 존재가 되고 말 것이다. 그러므로 약속의 씨는 인간의 노력이나 능력은 완전히 배제된 전적인 하나님의 선물이어야 한다. 자신이 한 것이 전혀 없다면 자신의 것이 아니요, 은혜의 선물이기에 다 태워서 바치라고 할지라도 아브라함은 갈등을 극복하고 하나님께 다 드릴 수 있을 것이다. 왜냐하면 인간의 노력이나, 능력으로 인한 탄생이 아닌 전적인 하나님의 능력으로 이루어진 것이니 하나님께 맡길 수 있는 것이다. 행위와 은혜는 이렇게 다른 결과를 낳는 것이다.

그 후에 여호와께서 다시 아브라함에게 나타나 내년 이맘때에 사라에게 아들이 있을 것이라는 확증을 주신다. 이번에는 사라도 그 뒤 장막 문에서 들었다(창 18:10). 그리고 성경은 이 부분에서 명확하게 "아브라함과 사라는 나이가 많아 늙었고 사라에게는 여성의 생리가 끊어졌다"(창 18:11)라는 언급을 덧붙이며 사라의 반응에 대한 암시를 던져준다. 사라도 그 선언을 듣고 속으로 '웃었다'(תִּצְחָק 티쯔하크/그녀가 웃었다; 창 18:12): "내가 노쇠하였고 내 주인도 늙었으니 내게 무슨 즐거움이 있으리요." 이 또한 불가능하다는 비웃음일 것이다. 전능하신 하나님의 말씀에 아브라함도 비웃고, 사라도 비웃었다. 인간의 논리로는 결코 가능성이 없는 허무맹

랑한 말이기 때문이다. 하나님께서 그 아들의 이름을 의도적으로 보란 듯이 '이삭'이라 지으라고 하셨다. 그 이름 '이삭'은 히브리어로 '이쯔하크'(יִצְחָק 그가 웃었다)로 "아브라함이 웃었다"에 사용된 동일한 동사형으로 그 뜻은 심하게 표현하면 "그가 비웃었다"이다. 모두다 불가능 하다고 '비웃었다.' 그렇지만 하나님께서는 질책치 않으시고 단 한 마디만 선언하신다.

여호와께 능하지 못한 일이 있겠느냐(창 18:14).

이미 보여주셨음에도 멸시한다면 심판은 불가피하지만 모르기 때문에 비웃는 인생을 어찌 벌주실 수 있을까? 하나님은 진실하게 자신을 계시하신다. 그 다음 해 인간의 비웃음을 통렬하게 비웃듯이 하나님의 말씀이 보란 듯이 '육신'이 되었다. 창세기 21장은 그 시작에 사라가 아들을 낳았다라고 말한다. 그런데 이삭의 탄생보다 더 강조되는 구문이 있다. 인간이 초점을 맞추어야 할 부분이 바로 그것이기 때문이다.

여호와께서 말씀하신 대로 사라를 돌보셨고 여호와께서 말씀하신 대로 사라에게 행하셨으므로 사라가 임신하고 하나님이 말씀하신 시기가 되어 노년의 아브라함에게 아들을 낳으니(창 21:1-2)

세 번에 걸쳐서 반복적으로 강조하는 것은 "하나님께서 말씀하신 대로"이다. 하나님의 말씀은 결코 헛되어 돌아온 적이 없다. 반드시 그 뜻과 목적을 이루고 하나님께로 돌아간다(사 55:10-11). 말씀이 육신이 되는 놀라운 경험을 통해 하나님을 향한 사람의 신앙은 달라진다. 인간적인 좁은 소견으로 이해가 되지 않을지라도 하나님의 말씀을 이제는 절대 비웃지 않을 것이기 때문이다. 그리고 그 신앙은 하나님을 향한 찬양과 더불어 그 어떤 것도 흔들 수 없는 든든함으로 자리 잡을 것이다. 이제 사라는 "하나님이 나로 웃게하시니(צָחַק 짜하크) 듣는 자가 다 나와 함께 웃으리로다(יִצְחַק 이쯔하크)"라고 고백한다(창 21:6). 인간의 비웃음이었던 '이삭'이라는 단어가 '능하지 못함이 없으신 여호와'로 인해 기쁨의 웃음으로 바뀐 것이다. 그리고 그 기쁨의 웃음은 결코 한 사람에게만 머물러 있어서는 안 되며 간증과 고백, 나눔을 통하여 모든 사람이 웃을 수 있는 복된 세상을 열어가야 한다.

드디어 기다림 속에서의 의심이 의문의 여지가 없는 실체가 되었고, 아브라함은 분명 이삭이 태어난 100세부터 175세로 죽기까지 75년의 남은 여생동안 아들의 이름을 부를 때마다 자신의 불신앙을 회개했을 것이다. "이삭아! 이삭아!"(그가 비웃었다, 그가 비웃었다)라고 부를 때마다 그는 자신의 비웃음을 생각하며, 자신의 불신앙을 질책했을 것이다. 그리곤 자신의 비웃음이 현실이 되어서 자신의 눈앞에서 자라가는 모습을 보며 "여호와께 능하지 못한 일이 있겠느냐"라는 말씀의 의미를 깨달았을 것이다. 인간이 포기할 때에 극대화되는 하나님의 전능하심, 이런 하나님의 모습을 만난 사람은 이젠 하나님의 어떠한 명령에도 순종할 수 있는 믿음의 사람으로 거듭날 수 있다. 전능하신 하나님께서 말씀하신 것이기 때문이다. 비록 하나님의 가혹한 명령 앞에 인간인지라 시시때때로 갈등은 일어나겠지만 이제는 그 갈등을 충분히 불식시킬 수 있는 하나님께 대한 확고한 믿음을 갖게 되었다는 것이다. 아브라함이 하나님의 명령 한 마디에 단호하게 일어나 모리아 산으로 이삭을 데리고 갈 수 있었던 그 믿음은 바로 이 능치 못함이 없으신 하나님을 체험했기 때문이라 할 수 있다. 그는 설사 약속의 씨인 이삭을 달라고 하실지라도 분명 하나님의 뜻이 있으실 것임을 믿었을 것이다. 이러한 하나님과의 신앙의 여정이 없었다면 설사 그가 갈대아 우르는 버렸을지라도 모리아 산으로 향하는 순종의 믿음은 가질 수 없었을 것이다. 모리아 산의 순종의 믿음은 이런 하나님과의 깊은 사귐을 통해 가능한 것이다.

그러므로 이제 구원과 마찬가지로 믿음 또한 결코 인간의 자랑이 아니라, 하나님의 선물이라는 것을 분명하게 알 수 있다(엡 2:8). 믿음은 인간의 의지로 생기는 것이 아니라, 전능하신 하나님의 인내하심과 기다리심 그리고 행하심으로 인하여 인간의 마음속에 점점 더 선명하게 새겨지는 도장 같은 것이다. 하나님께서 찍으시는 도장이 우리의 삶 속에 더 강렬하면 할수록 우리의 믿음은 더욱 크게 성장하는 것이다. 존 웨슬리(John Wesley) 또한 그의 어록에서 "믿음은 항상 구원을 창조하시는 하나님의 행동에 대한 응답입니다. 그러나 믿음의 응답을 하는 시점은 다를 수 있습니다"라고 언급함으로 믿음의 출처를 분명하게 밝히고 있다. 마침내 값없이 주시는 믿음의 선물을 삶으로 감사히 받는 아브라함으로 인해 아담과 하와의 불순종으로 말미암아 끊어진 하나님과의 관계가 회복되는 길이 활짝 열렸다. 누구든지 이 아브라함의 믿음을 따라가는 사람을 통해 새로운 시대가 열릴 것이다. 그것은 지금도 동일하게 역사하시는 살아계신 하나님께 자신의 주권을 송두리째 내어드리는 삶을 통해 잃어버린 가장 아름다운 삶의 터전인 에덴의 회복이 가능케 되는 것을 의미한다. 그러나 이에 반해 인간 스스로 만들어낸 조작된 믿음이 있다. 값없이 주어지는 은혜에 기초하지 않고, 외형적인 화려함과 유명세에 미혹된 정신적 착란 증상 같은 거짓된 믿음으로 극도의 위험성을 내포하고 있는 것이다. 그것은 광신과 맹신이 되어 다른 사람들까지도 조종하려 들 것이기 때문이다. 이 조작이 빠른 길인 것처럼 보일지 모르겠지만 그 결국은 자신은 물론 공동체를 철저하게 파멸의 길로 가게 만드는 원흉이 되고 말 것이다. 그러므로 하나님으로부터 기인된 믿음만이 세상을 아름답게 만드는 동력을 제공하는 유일한 길임을 반드시 새겨야 할 것이다.

이러한 믿음을 통해 '믿음의 조상'이라 불리는 아브라함도 모든 다른 인생들과 같이 삶의 과정 속에서 흔들렸던 사람이다. 그가 하나님 앞에서 단 한 번의 오점도 없는 완전한 신앙인의 모습을 보였다면, 믿음의 조상이라는 말은 우리에게 무척이나 버거운 짐이 되고 말 것이다. 그러나 믿음의 조상인 아브라함도 흔들렸다. 하나님의 뜻을 기다리지 못하고 긴 세월의 흐름 속에 자신의 방법으로 하나님의 계획을 스스로 만들어 가려고 안간힘을 쓰기도 했다. 자신의 계획, 능력, 힘에도 의지해 보고, 자신이 마련한 안전장치를 통해 위안을 삼기도 했다. 하지만 이러한 인간적인 힘과 안전장치에 의지했던 삶이었지만 하나님께서 아니라고 단언하실 때에는 과감히 자신이 마련한 것을 내려놓는 그 순종에 믿음의 길이 있다. 그렇다. 믿음의 조상은 결코 무흠한 사람이나 완전한 사람이 아니라 내 힘과 내 능력, 내 계획을 하나님의 말씀 한 마디에 포기하고, 버릴 줄 아는 사람이다. 그리고 자신이 마련한 것 위에 계신 하나님의 섭리를 볼 줄 아는 것이다.

5) 행위와 은혜, 율법과 복음(창 16:15-17:22)

갈라디아서 4:21-31절에는 율법과 복음을 사라와 하갈 그리고 이삭과 이스마엘을 비교하며 설명하고 있다. 시내 산-예루살렘, 율법, 하갈이 일체가 되어 육체의 행위로 구원받으려는 공로주의를 말하며 그 열매가 바로 이스마엘로 나타난다. 그러나 하늘의 예루살렘, 복음, 사라가 일체가 되어 오직 약속으로 말미암아 주어지는 은혜의 구원을 말하며 이삭이 그 실제적인 열매가 된다. 그리고 이것은 비유로 이 두 여인 하갈과 사라는 두 언약으로 그 열매인 이스마엘과 이삭은 종과 자유자로 각각 해석된다. 시내 산과 율법에 대한 부정적인 해석이라는 단면적인 위험성이 내포될 수 있지만 바울 당시의 유대교의 상황을 되짚어보면 이해할 만한 요소를 담고 있다. 하나님께서 주신 숭고한 율법의 정신은 빼버리고 그 껍질만 부여잡고 지키기에만 급급한 법은 사람들의 삶에 기쁨과 자유를 가져다주기 보다는 삶을 옭아매는 올무밖에는 안 되기 때문이다. 왜냐하면 지켜야 할 의무인 정의와 공의는 강조하되 그와 병행되어야 할 해방의 영성인 자비와 긍휼은 사라질 것이기 때문이다.

그렇다고 바울이 행위와 은혜, 율법과 복음을 상반되는 것만으로 치부하지는 않았다는 것을 기억해야 할 필요가 있다. 단지 그 순서에 대한 바른 인식을 요구하는 것이다. 순서는 항상 은혜에서 행위로, 복음에서 율법으로 진행되어야 한다는 것이다. 바울은 교회들에게 보내는 자신의 서신에서 먼저 예수 그리스도의 은혜를 말한 후에 '그러므로' 이제 하나님의 사랑의 법을 이루는 삶을 살자 라고 강조한다(롬 12:1; 엡 4:1; 빌 2:1; 골 2:6, 16; 3:1, 5). 물론 그 점은 예수님께도 마찬가지였다. 율법이나 선지자를 폐하러 오신 것이 아니라 완전케 하러 오셨다는 것과 계명 중에 지극히 작은 것 하나라도 버리고, 그렇게 가르치는 자는 천국에서 지극히 작게 될 것이라는 말씀을 통해 이것을 살펴볼 수 있다(마 5:17). 하나님의 은혜로 구원받은 자는 율법의 아주 작은 것까지도 완전케 해야 할 소명이 있다는 것이다. 이 말씀이 그리스도인들의 삶의 법인 산상수훈(마 5-7장)과 직결되어 있다는 것은 율법이 부정적인 것이 아님을 드러내는 것이다. 그렇다면 왜 이 순서가 뒤바뀌면 안 되는 것인가? 그 이유는 창세기에 나타난 아브라함이 이스마엘과 이삭을 낳는 내용과 연계해서 비교해 보면 그 답을 얻을 수 있다.

이스마엘과 이삭의 탄생 이야기는 서로 연이어서 나타난다. 단 한 절 상간으로 등장하는 아브람의 상태가 하나님께서 하시고자 하는 일을 드러낸다.

하갈이 아브람의 아들을 낳으매 아브람이 하갈이 낳은 그 아들을 이름하여 이스마엘이라 하였더라 하갈이 아브람에게 이스마엘을 낳았을 때에 아브람이 팔십육 세였더라 (창 16:15-16)

아브람의 구십구 세 때에 여호와께서 아브람에게 나타나서 그에게 이르시되 나는 전능한 하나님이라 너는 내 앞에서 행하여 완전하라…하나님이 이르시되 아니라 네 아내 사라가 아들을 낳으리니 너는 그 이름을 이삭이라 하라 내가 그와 내 언약을 세우리니 그의 후손에게 영원한 언약이 되리라 (창 17:1, 19)

한 절 차이로 아브람은 86세에서 99세가 된다. 이것은 단순히 세월의 흐름을 표현하려는 것이 아니라 그 속에 들어 있는 의미를 전하기 위해서이다. 아브람이 자신의 힘으로 무언가를 할 수 있다는 자신감이 넘치는 시절이 바로 이스마엘이 탄생한 시기이다. 그러나 이삭의 탄생은 그 반대이다. 아브람은 아무 것도 할 수 없는 무능한 존재가 되어있다.

율법(행위)	복음(은혜)
이스마엘의 탄생	이삭의 탄생
아브람은 86세이고 이 때까지 아브람은 자신의 힘으로 무엇이든 할 수 있는 나이였다.	이제 아브람은 99세로 인간적 능력의 불가능성을 보이고 있다.
젊은 하갈을 통해서	늙고 생리가 멈춘 사라를 통해서
이스마엘은 인간의 노력과 능력과 힘의 상징이다.	이삭은 인간의 불가능, 여호와의 능치 못함이 없음의 상징이다.
이때까지도 아브람은 인간의 능력을 상징하고, 그의 이름은 아브람으로 일개 부족의 아버지라는 뜻이다.	아브람은 이제 능력이 상실된 존재로, 여호와께서 그의 이름을 '여러 민족의 아버지'라는 뜻의 아브라함으로 바꾸어 주신다.
인간의 노력으로는 일개 부족의 아버지 정도밖에는 안 된다.	하나님의 능력에 의지하면 '여러 민족의 아버지'로 창대해진다.

만약 인간의 행위로 탄생한 이스마엘이 약속의 씨가 되고 하나님의 백성 이스라엘을 이룬다면 어떤 결과에 이를 것인가? 그 끝은 분명 인간 능력의 극대화가 일어날 것이며 아브라함의 선언처럼 "이스마엘이나 하나님 앞에 잘 살기를 원하나이다"(창 17:18)가 승리할 것이다. 그리고 하나님은 단지 인간이 마련해 놓은 것에 인준이나 해 주는 꼭두각시 신이 되고 말 것은 불을 보듯 뻔하다. 전능하신 하나님이 우상의 하나 같이 여김을 받고 말 것이다. 이렇게 이루어 놓은 것은 누구의 것이 되는가? 인간이 노력해서 만든 것이니 분명 그 주권은 인간 자신에게 돌아갈 것이다. 그런 세상은 인간의 능력위주로 살아가는 잔혹한 경쟁세상이 될 것이며, 힘이 지배하는 세상이 되고 말 것이다.

이에 반해 아무 것도 할 수 없는 무능한 아브라함은 스스로의 힘으로 이룬 것이 없음을 고백할 수밖에 없다. 모든 것이 다 하나님께서 하신 일이다. 그 후로 일어나는 것은 전적인 하나님의 은혜임을 고백하는 것이다. 아브라함이 하나님의 명령 한 마디에 주저함 없이 이삭을 번제로 올려 드리려던 것은 이삭은 전폭적인 하나님의 은혜의 선물이기에 가능한 것이다. 이렇게 가진 것, 누리는 것 모두가 은혜의 선물이 되는 그런 세상은 나눔이 가능하고, 서로 간에 평화가 회복되는 세상이 될 것이 분명하다. 하나님께서 세상의 미련한 것들을 택하사 지혜 있는 자들을 부끄럽게 하려 하시고 세상의 약한 것들을 택하사 강한 것들을 부끄럽게 하려 하시며 하나님께서 세상에 천한 것들과 멸시 받는 것들과 없는 것들을 택하사 있는 것들을 폐하려 하시는 이유 또한 동일하다.

이는 아무 육체도 하나님 앞에서 자랑하지 못하게 하려 하심이라(고전 1:29)

그리고 자랑할 것이 있는 자는 오직 주 안에서 자랑하게 하시려는 것이다. 인간의 행위가 앞설 때 자랑이 나타나고 인간은 교만으로 치닫게 된다. 그 끝은 패망임에 틀림없다(잠 16:18; 18:12). 그러나 하나님의 은혜가 앞설 때 인간은 겸손하게 자신을 낮출 수 있으며 그 결국은 존귀함이다(잠 15:33; 18:12; 29:23). 하나님께서 아브라함이 아무 것도 할 수 없는 무능의 단계까지 기다리신 이유는 그 순간만 기쁜 선물이 아니라, 하나님의 영원하신 계획 가운데 모두가 기쁨을 누리는 축복의 선물을 주시기 위함이었다. 오직 은혜의 선물만이 하나님의 법을 완성할 수 있는 힘을 부여해 주기에 우리에게는 지금도 자신의 무능함을 철저하게 인정하고 하나님의 전능하심을 구하는 기도가 절실하게 필요하다. 그래야만 하나님의 약속의 마지막 단계인 "땅의 모든 족속이 너로 말미암아 복을 얻을 것이라"(창 12:3; 22:18)가 이 땅에 실현될 것이다. 아브라함이 이러한 기나긴 신앙의 여정을 통해 하나님의 뜻을 깨닫고 점점 하나님과 동행하는 삶을 바르게 열어가며 오직 하나님만 신뢰하고 의지하는 삶을 이루었던 것처럼 우리 또한 동일한 길을 걸어야 할 것이다.

6) 하나님의 백성이 이루어야 할 소명(창 15:1-21:34)

하나님께서 아브라함에게 사라를 통해 약속의 자녀를 주신다는 말씀에 아브라함은 이스마엘이나 상속자로 살기를 원한다는 말로서 그의 신념을 대변한다(창 17:18). 이를 통해 하나님의 약속은 인간의 모든 의심과 약함, 포기를 극복하고, 그럼에도 그러한 인간들과 함께 성취해 나가시는 하나님의 신실하심을 끊임없이 보여주고 있다고 하겠다. 인간의 비웃음, 즉 불신앙의 두꺼운 벽을 뚫고 다가오는 하나님의 기적의 역사는 도전적인 반문인 "여호와께 능하지 못한 일이 있겠느냐?"(창 18:14)란 질문 속에 응축되어 있다. 바로 이것은 아브라함이라는 한 개인을 넘어서 언제나 흔들리며 방황하고 좌절하는 인간의 모습을 가지고 있는 하나님의 백성에게 던져주는 질문인 것이다. 이것은 또한 우리의 신앙을 다시 한번 바로 잡게 하는 하나님으로부터의 도전을 담고 있으며, 나아가 이 시대의 하나님의 백성 모두를 향한 것이기도 하다. 도저히 희망이 없다는 그 곳에 새로운 시작과 약속의 성취를 열어 가시는 하나님의 전능하심을 찬양하는 일만이 인간에게 주어진 일임을 분명히 보여주고 있는 것이기도 하다. 이스라엘은 아브라함과 사라가 그랬던 것처럼 약속의 자녀 이삭의 이름을 되새기며 자신들의 불신앙을 돌아보고, 그 불신앙 속에서도 약속을 신실하게 실행해 가시는 전능하신 하나님을 끊임없이 찬양하였을 것이 분명하다.

　　이러한 하나님의 백성 이스라엘에 대한 소명의식 고취는 아브라함의 상속자가 확정되는 전 과정을 통하여 나타나고 있다. 단순히 축복의 약속을 이어갈 후손을 의미하는 것이 아니라 그 후손들로 인해 이루어질 복된 세상을 기대하고 있는 것이다. 그 중요한 시작은 분명 하나님과의 언약이라는 새로운 관계로의 돌입을 빼놓고 얘기할 수는 없을 것이다. 하나님의 백성이 가져야 할 이러한 소명의식은 하나님께서 아브라함과 맺는 언약의 광경에서 선명하게 드러나고 있기 때문이다. 학자들은 아브라함이 하나님과 언약을 맺는 사건이 창세기 15장과 17장에 다른 양상으로 두 번 나타난다는 점에서 다른 자료에서 온 것이라는 결론을 내린다. 그러나 성령의 영감을 받은 저자가 이 두 사건을 하나로 합치거나, 혹은 한 가지를 생략하지 않은 이유가 분명히 있을 것이다. 결국 언약의 완성은 이 두 가지를 하나로 만들어갈 때 이루어진다는 의미가 내포되어 있을 것을 직감해볼 수 있다.

　　먼저 불가능한 상황 속에서 하늘의 별과 같은 무수한 자손을 약속하시는 하나님의 말씀을 믿는 신뢰를 통하여 의로움의 정의를 배워야 한다. "아브람이 여호와를 믿으니 여호와께서 이를 그의 의로 여기셨다"(창

15:6)에서 '믿으니'는 히브리어로 '아멘'(אָמֵן 참으로, 진실로)의 동사형인 '아만'(אָמַן 확증하다, 신뢰하다)이라는 점에서 "하나님의 말씀이 그대로 이루어지이다"로 응답하는 것이다. 그런데 하나님께서는 말씀에 대한 신뢰마저도 우리의 의로움으로 인정하신다. 여기서 우리는 의로움의 출발은 행위에 있는 것이 아니라, 하나님의 말씀을 액면 그대로 믿는 신뢰에 있다는 것을 알 수 있다. 물론 그 신뢰는 결코 변개치 않으시는 하나님의 신실하신 행위에 기초하고 있다는 점에서 은혜의 선물이 된다. 인간이 쪼개 놓은 짐승들 사이로 하나님만이 지나가시며 자신의 영원하신 생명을 내놓으신 그 하나님의 신실하심을 가슴에 새기고 믿을 때 새 역사는 시작되는 것이다. 이것이 시작이다. 하나님의 백성은 여기서 멈추어서는 안 되며 그 다음 단계로 나아가야 한다. 그 의로움이 삶이 되게 만드는 것이다. 그것은 바로 언약에 대한 두 번째 이야기의 서두에서 주시는 하나님의 명령 속에서 찾을 수 있다.

아브람이 구십구 세 때에 여호와께서 아브람에게 나타나서 그에게 이르시되 나는 전능한 하나님이라 너는 내 앞에서 행하여 완전하라(창 17:1)

하나님 앞에서 행하여 완전해야 한다. 여기서 '완전하다'는 단어 '타밈'(תָּמִים)은 하나님께 바치는 제물의 '흠이 없음'(레 1:3, 10; 3:1)과 같은 단어이다. 즉, 하나님께서 기쁘시게 받으실 만한 것이 되어야 한다는 것이다. 만약에 언약이 이것부터 출발한다면 이것은 은혜가 아닌 의무와 규정만 있는 율법주의적인 종교가 되고 말 것이다. 하지만 그 출발선은 창세기 15장의 하나님의 행하심에 대한 설명과 은혜부터 주어지고 있다는 점에서 하나님 앞에서 행하여 완전하라는 것은 우리의 자발적인 응답이 되는 것이다. 이것은 노아에게도 마찬가지였다. 그는 여호와께 먼저 은혜를 입은 자였고

(창 6:8), 그 다음에 의인이요, 당대에 완전한 자요, 하나님과 동행한(걷다) 사람이 되었다(창 6:9). 의인, 완전한 자, 하나님과의 동행은 아브라함과의 언약에서 모두 나타나는 단어들이다: "믿으니 의로 여기셨다"와 "내 앞에서 행하여(걷다) 완전하라"(창 15:6; 17:1). 이 단계는 아브라함의 언약을 이어 갈 그의 자손들이 걸어가야 할 길이며 이루어야 할 사명이 된다.

그리고 하나님과 아브라함이 맺는 언약 속에는 이스라엘이 누구 인가 라는 것을 보여주는 신성한 의식 또한 들어가 있다. 이 의식들 속에는 자신들은 하나님과의 언약을 통해서 탄생된 백성이라는 신념이 들어가 있 고, 그 언약의 의미가 무엇인지를 되새기는 장치가 들어가 있다. 자신들의 몸에 있는 할례의 흔적이 바로 하나님과의 언약의 증표가 되는 것이다. 그 리고 그 할례의 흔적이 바로 하나님 앞에서 행하여 완전함을 향해 나아가 야 할 신호등의 역할을 하는 것이다. 그리고 동물들을 두 쪽으로 가르고 그 사이로 지나가는 언약식의 장면에서 하나님께서는 자칫 가혹해 보이는 미 래에 대한 예고를 하시나 이것 또한 아브라함의 자손들에게는 단순한 예고 가 아닌 걸어가야 할 사명의 길이 되는 것이다.

> 너는 반드시 알라 네 자손이 이방에서 객이 되어 그들을 섬기겠고 그들은 사백 년 동안 네 자손을 괴롭히리니 그들이 섬기는 나라를 내가 징벌할지 며 그 후에 네 자손이 큰 재물을 이끌고 나오리라 너는 장수하다가 평안히 조상에게로 돌아가 장사될 것이요 네 자손은 사대 만에 이 땅으로 돌아오 리니 이는 아모리 족속의 죄악이 아직 가득하지 아니함이니라 하시더니(창 15:13-16)

혹자는 이것을 심판으로 보고 그 이유를 아브라함이 다른 짐승들은 절반 으로 쪼개었으나 비둘기는 쪼개지 아니하는 불순종으로 이런 심판을 받게 되었다고 말하기도 한다(창 15:10). 그러나 그것은 근거 없는 것으로 후대에 완성되는 이스라엘 제사제도를 규정하고 있는 레위기의 법으로도 전혀 문제가 없는 것이다. 새는 결코 각을 뜨는 법이 없고 몸을 찢되 날개 자리에서 찢고 아주 찢거나 쪼개지 말아야 한다(레 1:17; 5:8). 아브라함은 그런 규정이 주어지기 전부터 그것을 지키고 있는 것이다.

오히려 이 속에는 아모리 족속의 죄악이라는 요소가 부각된다. 하나님께서는 아브라함에게 아모리 족속의 죄악이 아직 세상에 가득하지 않았기에 그의 후손이 그 땅에 들어올 때가 되지 않았고, 햇수로는 400년 정도, 세대로는 사 대가 더 지나야 될 것이라고 하신다. 이런 하나님의 결정은 아브라함의 뒤를 이어갈 후손들에게 가혹해 보인다. 역사가 이미 결정되어 있어서 400년 동안은 그 후손들이 악하든지 선하든지 고생해야 한다는 절망스런 통고로 보이기 때문이다. 아브라함의 직계 후손들로 보아서는 절망스러운 것이 될 수 있다. 하지만 하나님의 말씀은 단면적이 아닌 입체적으로 접근할 필요가 있다. 왜냐하면 하나님의 이 선포는 이스라엘에게는 소명 선언서와도 같은 것이기 때문이다.

지금 이 이야기를 쓰고 있는 사람은 실제로 누구인가? 가장 먼저 성령의 영감을 받은 모세라는 사람을 들 수 있다. 모세의 시대에 창세기부터 쓰여지기 시작했다면 하나님의 이 선포를 가장 먼저 읽고, 듣는 사람이 누구인가는 이미 분명하다. 그 사람들은 애굽의 종살이를 끝내고 약속의 땅을 향하여 나아가야 할 사람들이다. 이들에게 이 내용은 어떤 의미로 다가 올 것인가? 아브라함의 입장에서 이 선포를 이해하려고 하기 보다는 출애굽을 눈앞에 두고 있는 이스라엘의 입장에서 이 내용을 바라볼 필요가 있다. 이들에게는 이 내용은 결코 가혹한 처사로 들리는 것이 아니라 이루어야 할 사명으로 들릴 것이다. 이제 자신들이 바로 그 예언의 성취를 이루어야 할 세대라는 의식이다. 400년이 지났고, 사대가 지난 것이다. 애굽에서 종살이를 그리 길게 하였던 이유가 하나님께서 그 땅을 아직 정리하실 때가 되지 않았기 때문이라는 사실 또한 분명하게 이해된다. 이제 아모리 족속의 죄악이 그 땅에 가득해졌다. 이들에게는 그 땅의 죄를 정화해야 할 사명이 있다. 이스라엘은 결코 땅이 없어서 땅을 빼앗고 거기에 거주하고 있는 사람들이 가진 것을 탈취하기 위하여 그 곳에 들어가는 강도떼가 아니라는 자각이다. 땅을 차지하기 위해 살육하는 것이 아니라는 것이다. 이들은 먼저 아브라함처럼 중재하는 역할을 맡아야 한다. 죄악으로 가득 찬 소돔과 고모라를 위해서도 중재의 간구를 멈추지 않았던 아브라함처럼, 그 땅에서 의에 주리고 목마른 사람들을 살리는 것이다. 그 땅을 가득채운 죄로부터 분리되어 하나님의 백성 편에 서는 사람은 구원의 길로 인도해야 한다. 소돔과 고모라에서 롯이 구원받듯이, 가나안 땅에서 라합이 진멸을 피하고, 기브온 주민들이 살아난다.

　　　그리고 가나안에서 의와 공도를 이루는 진멸의 법을 실행하며 이스라엘이 반드시 기억해야 할 것이 있다. 아모리 족속이 먼저 그 땅을 선물로 부여받았고, 그들이 그 땅을 죄악으로 가득 채움으로 그 땅이 그들을 뱉어내는 것이다(레 18:24-25; 20:22-23). 그리고 이스라엘이 그 땅을 새롭게 선물로 부여받는다. 이제 이스라엘이 걸어가야 할 길이 보인다. 그 땅에서 죄를 제거함으로 그 선물을 최고로 누리는 것이다. 만약 이스라엘 또한 죄가 만연한 땅을 만든다면 그들도 동일하게 아모리 족속처럼 그 땅에서 진멸되거나, 쫓겨나고 말 것이라는 경각심을 가져야 한다. 은혜의 선물에는 삶이라는 책임이 뒤따른다. 이처럼 아브라함의 이야기는 그 자신만을 위한 것이 아니라 그가 믿음의 조상이라는 칭호로 불리는 것처럼 그의 후손을 위한 것이다. 그리고 이제는 민족과 국경, 피부색을 초월하여 그의 이야기를 자신의 믿음의 본으로 읽는 모든 사람의 것이 되었다.

하나님의 백성이 갖는 이러한 사명에 대한 각성은 특히 그 상속자가 이삭이라는 것이 밝혀지면서는 더욱더 이러한 소명이 어떤 의미를 가진 것인지를 전하는데 박차를 가하고 있다. 하나님의 언약이 이어질 상속자의 탄생을 둘러싸고 권리보다는 책임을 강조하는 내용이 늘고 있다는 것은 세상을 향하여는 희망이 된다. 이것은 이삭 탄생예고와 이삭의 실제 탄생 이야기 사이에 삽입되어 있는 두 가지의 사건을 통해서 분명하게 입증된다.

A. 이삭의 탄생예고(창 17:15-18:15)
　　B. 하나님의 백성 이스라엘의 소명(창 18:16-20:18)
　　　① 소돔과 고모라를 위한 중재(창 18:16-19:38)-긍정
　　　② 그랄 왕 아비멜렉을 위한 중재(창 20:1-18) -부정
A'. 이삭의 탄생(창 21:1-7)

이삭 탄생 예고와 실제 탄생 사이가 벌어져 있고, 의도적으로 그 안에 두 가지의 이야기가 삽입된다. 소돔과 고모라 그리고 아비멜렉과 아브라함-사라가 벌이는 아내-누이 사건에 대한 이야기이다. 전자는 아브라함의 긍정적인 활동을, 후자는 그의 부정적인 측면을 제시하며 믿음의 교훈을 주려한다.

이삭 탄생 예고가 있은 후에 바로 연속해서 소돔과 고모라 사건을 다루고 있는데 그 사건을 말하기 전에 하나님께서 아브라함에게는 하고자 하는 일을 숨기지 않겠다고 하시며 자신의 계획을 말씀하신다. 그 이유는 분명하다.

여호와께서 이르시되 내가 하려는 것을 아브라함에게 숨기겠느냐(창 18:17)

아브라함은 강대한 나라가 되고 천하 만민은 그로 말미암아 복을 받게 될
것이 아니냐 내가 그로 그 자식과 권속에게 명하여 여호와의 도를 지켜 의
와 공도를 행하게 하려고 그를 택하였나니 이는 나 여호와가 아브라함에게
대하여 말한 일을 이루려 함이니라(창 18:18-19)

여기서 '의와 공도'는 선지자들이 그렇게도 부르짖던 '정의와 공의'와 같은
단어들이다. 특히 아모스의 소명이 아브라함의 이러한 소명과 일치되는 것
으로 나타난다.

주 여호와께서 자기의 비밀을 그 종 선지자들에게 보이지 아니하시고는 결
코 행하심이 없으시리라(암 3:7)

오직 정의를 물 같이 공의를 마르지 않는 강 같이 흐르게 할지어다(암
5:24)

그렇다면 아브라함에게 하신 이 말씀은 아브라함이 이제 열방을 중재하기
위하여 하나님 앞에 서 있는 한 사람의 선지자임을 살펴볼 수 있다. 선지자
들이 이스라엘과 열방의 죄악을 위하여 중재하듯이 아브라함 또한 이 곳에
서 소돔과 고모라를 위하여 중재 하고 있다. 이러한 사명은 아브라함에서
끝나는 것이 아니라 그의 상속자로 서는 사람은 물론이요, 그 뒤를 잇는 모
든 언약의 후손들이 이루어야 할 사명이 되는 것이다.

그러나 이러한 선지자로서의 사명을 망각하면 한 순간에 타협
하는 인생이 될 수 있으며 의롭게 살려는 사람들에게도 해를 끼칠 수 있
다. 그 구체적인 예가 소돔과 고모라 사건이 끝난 후에 나타나는 아브라함
이 그랄 왕 아비멜렉에게 사라를 누이라고 속이는 사건 속에 들어 있다(창

20:1-18). 소돔과 고모라에서는 무거운 죄악에 빠진 곳에서 롯을 구하는 중재자의 역할을 감당하지만, 아비멜렉 사건에서는 오히려 의롭게 살려는 백성을 큰 죄에 빠질 뻔하게 하였다(창 20:4, 9). 그럼에도 하나님께서는 아브라함을 선지자 중의 한 명으로 인정하신다(창 20:7). 이러한 실수 속에서도 배울 수 있게 하시며 사명이 무엇인가를 분명하게 가르치신다. 바로 선지자로서 이 땅에서 행해야 할 사명인 것이다. 아브라함은 한 사람의 선지자로 정의와 공의를 행하고, 그 자식과 권속에게 이것을 가르치고 전함으로 삶 속에서 죄를 없이 하는 것 그리고 죄에 대한 바른 심판을 통해 세상을 정화하는 역할을 해야 한다. 또한 기도를 통하여 중재자의 사명도 완수해야 하는 것이다. 이 두 사건은 아브라함의 긍정과 부정의 모습을 통하여 그의 신앙을 이어가는 자손들이 걸어가야 할 길을 명확하게 제시하며 세상을 향한 책임을 일깨우고 있다.

이렇게 소돔과 고모라 그리고 아비멜렉 사건을 다룬 직후에 이삭이 탄생한다. 그러므로 이삭이라는 상속자와 그 뒤를 잇는 후손들에게 중요한 것은 권리를 누리는 것보다 하나님의 이러한 마음을 이해하는 것이다. 선택이라는 은혜의 선물이 무엇을 위함인가를 마음 깊이 새기는 사람은 자신의 탄생의 의미를 새롭게 할 수 있다. 이삭이라는 이름은 분명 하나님의 말씀에 대한 '비웃음'으로 시작했다. 그러나 그의 탄생은 이제 '비웃음'이 아닌 세상 모든 이들의 '기쁨의 웃음'이 되는 결론에 이른다.

사라가 이르되 하나님이 나를 웃게 하시니 듣는 자가 다 나와 함께 웃으리로다(יִצְחָק 이쯔하크) (창 21:6)

하나님의 백성은 이와 같이 열방의 기쁨이 되는 소명이 주어져 있으며, 열방 또한 하나님의 말씀을 향한 비웃음이 아니라 기쁨의 웃음이 가득하게 하는 것이다. 이삭의 탄생을 둘러싸고 이런 소명의 길이 계속해서 주어지고 있다는 것은 하나님의 백성이 명심해야 할 일이다. 이런 끊임없는 자각증상이 실수를 딛고 일어나 선지자의 사명을 계속해서 이루어 갈 수 있는 하나님의 자비를 덧입을 수 있는 길을 열수 있기 때문이다. 그리고 이 사명에 흔들림이 없을 때 이사야나 미가 선지자의 예언처럼 여호와의 법을 듣기 위하여 열방이 예루살렘으로 모여드는 세상을 꿈꿀 수 있는 것이다(사 2:1-4; 미 4:1-5).

이를 통해 아브라함과 헤어지는 이스마엘도 마침내는 하나님의 백성과 연합할 미래를 꿈꿀 수 있다. 그 때까지 하나님께서 그의 삶을 지키시고 보호하실 것이다(창 21:8-21). 그러나 하나님의 백성이 세상을 향한 이러한 책임을 망각하면 기쁨의 웃음을 웃는 연합이 아니라 서로가 질시와 반목으로 절망의 고통 속에 눈물을 흘리는 일이 발생하고 말 것이다. 21세기까지도 그치지 않고 벌어지고 있는 이삭의 후손과 이스마엘의 후손의 전쟁은 이와 같은 소명이 실행되지 않고 있기 때문이라 할 수 있다. 아직도 이사야와 미가와 같은 선지자들의 갈망의 완전한 성취는 뒤로 미루어지고 있는 것이다.

그럼에도 아브라함의 삶의 말년에 이러한 선지자들의 갈망이 이미 실행되기 시작했음을 알 수 있다. 그랄 왕 아비멜렉이 군대장관까지 대동하고 아브라함을 찾아와 언약을 맺자고 하는 것이다(창 21:22-34). 그 이유는 아브라함이 무슨 일을 하든지 하나님이 그와 함께 하시는 것을 보았기 때문이다. 이방인도 느낄 수 있는 하나님이 함께하심의 축복, 그것이 하나님의 백성 이스라엘이 열방에 전해야 할 축복의 시작이다. 이것은 곧 하나님의 백성의 삶이 이방인에게까지 미치며 그들도 하나님의 백성과 하나되어 기쁨의 웃음을 웃는 삶이되게 하기 위한 의도인 것이다. 그렇게 되기 위해 아브라함은 마지막 시험을 통과하여야 한다. 이는 이삭이 모두의 기쁨의 웃음이 될 것인가 아니면 아브라함만의 웃음이 될 것인가를 살펴볼 수 있는 시험인 것이다. 이삭을 태워서 하나님께 번제로 바치라는 시험이 바로 그것이며, 아브라함은 기꺼이 하나님께 이삭을 올려 드림으로 열방을 향해 하나님의 축복의 선물을 아낌없이 나누었다.

아브라함이 보여준 이 삶의 모습은 마침내 약속의 씨인 이삭에게 연결되어 이삭에게도 동일하게 나타난다. 아비멜렉이 군대장관을 대동하고 그에게 찾아와 언약을 맺자는 것이다. 이유 또한 동일한 "여호와께서 너와 함께 하심을 우리가 분명히 보았다"(창 26:28)는 것이다. 그리고 이것은 야곱의 삶에서 그를 통해 하나님의 축복을 체험한 라반과의 언약으로 연결된다(창 31:44). 아브라함을 부르신 하나님께서는 그를 통해 한 민족을 택하시고 그 민족을 통해 열방을 구원하시려는 소망을 가슴에 품고 계신 것이다. 하나님의 이 소망을 가슴에 품는 자 그는 이 시대에 아브라함의 믿음을 연결시키는 열방을 향한 희망의 사도가 되는 것이다.

우리는 다음의 도표를 통해서 아브라함까지의 이야기를 요약하고, 앞으로 나아가야 할 길을 미리 살펴볼 수 있다.

아담 이야기 (창 1:1-6:8)	노아 이야기 (창 6:9-11:26)	아브라함 이야기 (창 11:27-50:26)
혼돈의 물, 창조 (1:1-2:3)	혼돈의 물, 창조 (6:9-9:17)	혼돈에서 천지창조로 (아브람을 부르심) (12:1-4)
에덴동산(아담과 하와) (2:4-25)	아라랏산지역(노아 가족) (9:18-19)	가나안 땅(아브람 가족) (12:5-9)
아담과 하와의 타락 (3:1-24)	노아의 타락 (9:20-29)	아브라함의 순종 (22:1-19)
아담의 아들들 - 형제 분열과 저주 (4:1-16)	노아의 아들들 - 형제 분열과 저주 (9:18-29)	**바뀌어야 할 미래** ↓

아담의 후손들의 계보 (형제분리와 갈등) (4:17-5:32)	노아의 후손들의 계보 (형제분리와 갈등) (10:1-32)	⬇
가인과 셋의 후손들의 연합 인간의 교만 - 네피림(6:1-6) **(이름의 사람들)**	노아의 후손들의 연합 인간의 교만 - 바벨탑(11:1-9) **(우리 이름을 내고)**	⬇
지면에서 쓸어버리실(מחה)계획 (6:7)	온 지면에서 흩어버리심(פוץ) (11:9)	⬇
선택된 노아 (6:8)	선택된 아브람 (11:10-26)	⬇
(새로운 기회 - 창조의 파괴와 새 창조)	(새로운 기회 - 부르심에 응답하는 인간)	⬇

아브라함은 두 번의 기회를 무효화 시킨 선조들인 아담과 노아의 삶을 뒤로하고 하나님의 뜻을 온전히 이루는 순종과 예배를 행한다. 이런 이유로 아브라함의 가치를 족장사의 시작을 여는 인물이라는 점에 두기보다 아담과 노아의 뒤를 잇는 원역사의 완성을 이루는 사람이라는 것에 더 큰 강조점을 두어야 할 것이다.[116] 그리고 이 거대한 역사의 흐름에서 '원역사'(the primeval history)라고 불리는 그 수천 년의 시간이 75세에 부름 받아 100년 동안 하나님과 동행한 아브라함에 의해 그 존재의 의미를 찾았다는 것은 아브라함의 이야기를 읽는 모두에게 희망이 될 것이다. 그는 100년 동안 하나님과 동행한 것이다. 그 100여년의 기간 동안 하나님께서 아브라함에게 특별하게 몇 번 정도 나타나셔서 삶의 방향을 인도하셨을까? 9번 정도이다(창 12:1; 12:7; 13:14; 15:1; 17:1; 18:1; 21:12; 22:1; 22:11). 물론 성경에 기록되지 않은 사건들도 많았으리라고 여겨지지만, 그것이 그리도 중요한 사건들이었다면 분명 기록되었을 것이다. 이처럼 하나님은 중요한 삶의

분기점마다 믿음의 조상 아브라함에게 나타나셨는데 평균적으로 10년 넘게 한 번씩 정도라고 계산해 볼 수 있다. 믿음의 조상이 된다는 것은 10년 동안의 삶을 책임지고 믿음의 눈으로 바라보며 하나님의 뜻을 따라 살아가는 여정이라고 볼 수 있다. 이 믿음의 사람 아브라함으로 인해 이제 '원역사'는 죄악 된 과거가 아니라 변화시킬 수 있는 현재가 되는 것이다.

그리고 아브라함의 순종은 과거의 역사만을 뒤바꾸는 힘이 있는 것이 아니라 미래의 삶을 이끄는 원동력이 되기도 한다. 아브라함의 후손들의 삶은 그들이 어떠한 여건에 처해 있든지 그것이 극심한 흉년이든지, 엄청난 대홍수이든지, 사람들과의 갈등이든지 아브라함이 보여준 그 순종과 예배의 삶을 회복하고 유지해 나간다면 결코 두려울 것이 없음을 배울 수 있다. 이제 아브라함은 하나님의 백성에게 신앙의 삶의 한 전형적인 모범이 되었다. 이것은 과거의 두 선조의 신앙의 실패를 해결함으로 가능해졌다. 이제 앞으로 펼쳐질 미래는 분명 지금까지와는 다른 역사일 것이 분명하다. 저주가 사라지고 축복이 회복되며, 형제간의 분열이 사라지고, 하나님께서 허락하신 약속의 땅에서 정의와 공의를 행하며 든든히 뿌리가 내리는 것이 되어야 할 것이다.

이제 아브라함 이후로 창세기의 이야기는 어떤 방향으로 전개될 것인가? 하나님의 이름 앞에 붙여도 부끄럽지 않은 한 사람을 만났고, 하나님의 말씀을 철저한 순종으로 이루어 나간 한 사람을 만났다. 이것은 무엇을 의미하는가? 이야기의 전개 방향은 이미 주어져 있다. 창세기 1-11장 안에 나타난 태초의 사건 전개는 그 후대를 살아가는 사람들에게 삶의 방향을 지시해 주는 기능을 한다. 그 때의 사건 전개와 아브라함과 그 이후의 삶을 비교하면 창세기는 이미 갈 길이 정해져 있는 목표가 뚜렷한 지도책과도 같다.

하나님과의 관계가 파괴되며 가장 아름답고, 부족함이 없는 하나님께서 예비하신 땅인 에덴동산으로부터 추방되는 심판이 이루어졌다. 아담 이후로 하나님과의 관계는 계속적으로 금이 가 있고, 에덴으로부터는 점점 더 멀어지는 고통의 세월을 보냈다. 땅에서 축복이 사라지며, 온 세상이 저주로 뒤덮인 잔혹한 장소로 변해갔다. 이제 아브라함을 통하여 하나님과의 관계가 회복되었으니 그 다음은 불을 보듯 뻔하다. 저주가 축복으로 바뀌고, 땅이 회복되는 역사를 기대해 볼 수 있다. 아브라함 이후의 이야기는 이러한 기대가 현실이 되는 이야기로 가득할 것이 틀림없다. 그리고 그 모든 회복을 경험하는 존재는 아브라함을 통해 탄생한 약속의 씨인 이삭일 것임을 직감해 볼 수 있다.

IV
이삭-리브가 이야기(창 23:1-25:11; 26장)

창세기에서 지금까지도 학자들 사이에서 해결되지 않은 논쟁점을 한 가지 들라고 하면 단연 독립적인 이삭 이야기의 존재와 그 기능에 대한 것이다. 이삭에 대한 이야기가 없기 때문이 아니라, 이삭이 주체적인 역할을 하는 내용이 거의 없고 대부분이 아버지인 아브라함과 아내인 리브가 그리고 아들인 야곱의 주도권에 가려져 있다는 것이다. 이런 이유로 이삭 이야기가 독립적으로 존재할 가능성에 대한 확신은 아브라함과 야곱 이야기의 방대함과 문학적 통일성에 비교해 볼 때 그 내용의 빈약함과 산발적인 출현으로 인해 오랜 기간 동안 논쟁의 대상이 되어왔다. 그래서 많은 성경 해석자들은 이삭을 단순히 아브라함과 야곱을 잇는 다리(bridge) 정도의 역할을 맡은 인물로 이해한다.[117] 그의 이야기를 단지 아브라함과 야곱 사이를

이어주는 연결자료(linking material) 정도로 취급해 버리는 것이다.[118]

　　이렇게 이삭 이야기의 양적인 빈약성과 잘려나간 듯한 형태에 대하여 성경을 역사비평적으로 연구하는 사람들이 답을 제시하려고 시도했다. 특히 아브라함, 이삭과 야곱이라는 족장들 사이에 나타나는 불균형적인 자료의 양에 대한 전승 비평적인 대답은 다음과 같다. 이 해석법은 아브라함과 이삭의 이야기는 각각 다른 지역에서 독립적으로 형성된 것이라고 본다. 나중에 이스라엘이라는 나라가 이루어지며 국가적인 역사가 만들어질 때 독립적이던 이야기들이 하나로 합쳐지게 되었다는 것이다. 이 과정에서 더 오래된 야곱과 관련된 이야기들이 이삭 자료들에 의해서 보완이 되며 이삭이 야곱의 아버지가 되는 족보의 틀이 만들어 지고, 후에 아브라함 이야기가 더해지게 되어 '아브라함-이삭-야곱'의 틀이 만들어 졌다고 주장한다. 이 과정에서 가장 후대의 아브라함 이야기들이 족장사 형성에 강한 영향력을 제공하고, 그보다 일찍 만들어진 이삭 이야기를 통제하고 지배하는 이야기가 되었다고 한다. 이런 와중에 아브라함 이야기가 이삭 이야기의 대부분을 차용하거나 동화시켜 버림으로 아브라함 이야기는 극대화되고 이삭의 이야기는 축소되는 현상이 발생한 것이라 주장한다. 이 주장을 옹호하는 학자들은 아브라함과 이삭 이야기에 유난히 겹치는 많은 이야기들이 등장하는 것이 그 증거이며, 원래 이들은 이삭의 것이었다고 본다. 아비멜렉과의 계약(창 20:1, 26:25), 우물을 놓고 다투는 사건(창 21:25-26, 26:15, 18-21), 제단을 쌓는 것, 여호와의 이름을 부르는 것(창 12:7, 21:33, 26:25) 그리고 세 번 나타나는 아내를 누이로 속이는 행위(창 12, 20, 26장) 등을 구체적인 예로 들고 있다.[119]

　　하지만 이 주장이 얼마만큼의 역사적 신빙성을 가지고 있는지는 의문이며, 아브라함과 야곱의 이야기는 동일한 양만큼 확장됨에도 유독 이삭의 이야기만 왜 이렇게 축소되는지에 대해서는 그 이유를 분명하게 설명하지 못한다. 그리고 이삭에 대한 나머지 이야기들이 왜 이삭만을 수동적으로 축복을 받는 인물(창 24장, 특히 창 26장)로 묘사하고 있는지에 대해서도 선명한 결론에 다다르지 못한다. 이와 같이 현대 비평학이 제시하는 조각난 그림으로는 이삭이라는 인물의 실체에 대해서 분명하게 대답할 수 없다는 것을 알 수 있다.[120]

　　성경 속에 나타난 것처럼 이삭은 아브라함과 야곱과 더불어 결코 빼놓을 수 없는 중요한 인물로 다루어진다는 점에서 소홀하게 여길 인물이 아님을 알 수 있다. 아브라함을 만나신 후에 자신의 소개방식을 '아브라함의 하나님'으로 바꾸셨고, 그 자손들인 이삭과 야곱 또한 그 동일한 영광을 누린다. 이러한 하나님의 자기소개 방식에 이삭이 생략되지 않고 '아브라함과 이삭과 야곱의 하나님'이란 칭호로 계속적으로 등장하고 있다는 점이 그의 중요성을 입증하는 한 가지 예가 될 수 있다(창 28:13; 31:42; 32:9; 46:1; 출 3:6, 15; 4:5; 왕상 18:36). 그리고 약속의 땅이 언급될 때마다 그의 이름 또한 같이 언급된다는 점에서 결코 소홀히 여길 수 없는 존재라는 것을 느껴볼 수 있다(창 28:13-15; 35:9-13; 출 2:24; 6:4-5; 32:13; 신 7:7-9; 26:5; 32:9; 34:4; 시 105:8-11). 이스라엘의 예언자들 또한 이삭의 이름을 잊지 않고 있다. 예레미야는 '이스라엘 백성'을 '아브라함과 이삭과 야곱의 후손들'이라고 부르고(렘 33:26), 아모스는 심지어 이삭을 이스라엘과 동격으로 표현하는 파격을 보여준다: "이삭의 산당들이 황폐되며 이스라엘의 성소들이 파괴될 것이라"(암 7:9) 그리고 "이스라엘에 대하여 예언하지 말며 이삭의 집을 향하여 경고하지 말라"(암 7:16). 시편 속에도 하나님의 언약은 아브라함-이삭-야곱으로 연결되는 것이라는 고백이 나타난다(시 105:9-10). 이처럼 오경과 예언서 그리고 시편 속에서의 이러한 예들은 비록 그 출현 빈도에 있어서 소수일지라도 이삭을 최소한 이스라엘 민족의 시작과 신앙의 정신을 심어준 선구자 중의 한 명으로 분명하게 인식하고 있다는 사실을 증거하며 이삭의 중요성을 입증해 주고 있다.

이야기의 빈약함과 더불어 이삭의 이야기를 논하는 것에 있어 난점이 있다면 아브라함과 야곱에 대조되는 그의 철저하게 수동적으로 보이는 삶의 모습이다. 축복의 약속과 함께 출발한 아브라함과 달리 이삭의 축복은 많은 부분 아버지 아브라함으로 인한 것이다(창 26:5, 24). 또한 태중에서부터 장자권이라는 축복권을 놓고 한 판 씨름을 벌이는 그의 아들 야곱과는 달리 이삭의 상속권은 어머니 사라에 의해 보호된다(창 21:10). 그 자신이 번제가 되는 헌신의 순간도 자신의 의지가 아닌 아버지 아브라함의 신앙의 결단으로 인해 이루어진다(창 22장). 이미 외부에서 결혼을 하고 가나안으로 이동하는 아브라함 그리고 아내를 구하기 위해 스스로 밧단아람으로 떠나는 야곱과는 달리 이삭은 결혼에 있어서도 어떤 주도권도 없이 단순히 대리인인 아브라함의 종이 가져올 결과만을 기다린다(창 24:63). 그리고 그가 누리는 모든 축복은 아버지 아브라함에 의해 그에게 상속되지만 이삭은 그 고유 권한인 축복의 상속마저도 아내와 작은 아들 야곱에게 빼앗기고 만다(창 27:35). 이렇게 이삭은 출생부터 임종의 순간까지 스스로의 주도권을 휘둘러 본 적 없는 것처럼 그려진다. 도대체 그의 삶은 다른 족장들과 비교해서 왜 이렇게도 다른 것일까?

여기서는 이러한 특징을 드러내는 이삭 이야기의 이유를 밝히며, 왜 이삭 이야기가 창세기 안에서 그 출현 빈도와 양에 있어서 빈약한지를 규명하고, 나아가서 이삭 이야기가 창세기 안에서 맡고 있는 기능을 분명히 하고자 하는 목적이 있다. 천지창조부터 시작된 인류의 역사 속에서 이삭이라는 존재가 보여주는 의미가 무엇이며, 아담-노아-아브라함으로 연결되는 기회와 상실의 역사 속에서 그가 차지하고 있는 역할이 무엇인지를 분명히 할 필요가 있다. 그래야만 하나님께서 세상을 향하여 품으신 숭고한 뜻이 무엇이며, 하나님의 백성이 이루어야 할 사명이 무엇인가를 바르게 이해할 수 있는 길이 열리기 때문이다.

1. 이야기 전체를 한눈에 읽기

창세기에서 이삭 이야기만큼 조용하고 평화로운 분위기를 보이는 이야기도 없다고 할 정도로 이삭의 삶은 어떤 큰 변화가 없는 조금은 단조롭기까지 한 이야기라고 할 수 있다. 이로 인해 많은 사람들이 아담, 노아, 아브라함, 야곱 그리고 요셉 같은 인물들과 비교해 볼 때 이삭에게서 별다른 특징을 발견할 수 없음을 인식하고 이삭이라는 인물과 그의 삶을 별로 중요하지 않게 다루어 버린다. 기껏해야 그저 아브라함과 야곱을 연결하는 고리의 역할을 하는 사소한 이야기로 치부해 버리는 안타까운 실수를 저질러 왔다. 하지만 이삭의 이 무료하리만치 조용한 삶, 평화로운 삶은 이스라엘이 추구하는 이상적인 삶의 형태임을 우리가 느껴볼 때 이것은 오히려 가장 중요한 창세기의 메시지라고 단언할 수 있다.

솔로몬의 사는 동안에 유다와 이스라엘이 단에서부터 브엘세바에 이르기까지 각기 포도나무 아래와 무화과나무 아래서 안연히 살았더라(왕상 4:25)

각 사람이 자기 포도나무 아래와 무화과나무 아래에 앉을 것이라 그들을 두렵게 할 자가 없으리니 이는 만군의 여호와의 입이 이같이 말씀하셨음이니라(미가 4:4)

만군의 여호와가 말하노라 그 날에 너희가 각각 포도나무와 무화과나무 아래로 서로 초대하리라 하셨느니라(슥 3:10)

사람마다 자기의 포도나무와 무화과나무 아래 앉았으며 그들의 마음을 괴롭힐 자는 아무도 없었다(시몬이 다스리는 동안 유다의 상황을 시적으로 설명함) (마카비상 14:12)

이와 같은 구절들이 보여주는 것처럼 풍요롭고, 평화로운 삶에 대한 이스라엘 민족의 염원을 염두에 둔다면 이스라엘 민족에게 보이는 이삭의 이야기는 창세기의 중심 되는 주제로 우뚝 설 수 있을 것이다. 나아가서는 구약성경 전체를 통하여 이스라엘 민족이 세대를 통하여 고민해 오던 문제에 대한 뚜렷한 해답과 나아갈 방향을 제시하는 나침반과도 같은 역할을 하고 있다는 것을 느낄 수 있다. 더 나아가서 이삭이 보여주는 그 평화로운 삶은 그의 조상들이나 후손들이 보여준 파란만장한 삶의 여정보다도 더 큰 생명의 의미를 가지고 이스라엘 백성들을 만난다는 것 또한 강조해 볼 수 있을 것이다.

하지만 이삭의 삶이 모든 것이 평온하기에 축복과 평강을 누렸다고 본다면 명백한 오해이다. 그의 아버지 아브라함이나 그의 아들 야곱과 같은 동일한 삶의 정황을 살아갔던 것이 이삭의 삶이었기에 인생여정을 통해 겪었던 일들 또한 다를 바가 없다. 이렇게 동일한 삶의 역경을 통과하며 살아가고 있음에도 그의 삶이 조화와 평화를 보여주고 있다는 것은 분명 주고자 하는 신앙적인 의미가 있을 것이 틀림없다. 그 중에 중요한 몇 가지를 살펴보면 다음과 같다.

첫째, 아브라함, 이삭, 야곱 모두가 동일한 강도의 기근을 만났다(창 12:10; 26:1; 42:5).

둘째, 이들 세 사람은 또한 아내의 불임으로 긴 시간을 보냈다(창 11:30; 25:21; 30:1).

셋째, 또한 동일한 이방인의 위협 가운데 살았다(창 20:11; 26:7; 34:30).

넷째, 그리고 이삭 또한 형제간의 갈등이 있었다 (창 13:7; 21:8-10; 27:41).

다섯째, 아내나 자식의 주도권으로 주권을 빼앗긴 적이 있다(창 16:1-3; 27:35; 30:16).

기근을 만났을 때 아브라함과 야곱은 애굽으로 내려간다. 이를 통해 이들의 삶의 정황은 현저하게 달라지며, 이야기 전개 또한 달라진다. 그러나 이삭은 그 땅에 그대로 머물라는 하나님의 지시에 따르며, 순종의 삶을 살아간다(창 26:1-6). 아내의 불임에 있어서도 아브라함이 75세에 떠나 100세에 이삭을 낳았다면 25년의 세월을 보내며 세 번이나 상속자를 스스로의 힘으로 준비하는 과정을 겪는다. 그 과정에서 발생되는 사건들이 롯과의 이야기(창 13장), 엘리에셀(창 14-15장)과 연관된 이야기 그리고 이스마엘과 관련된 이야기(창 16장; 21:8-21)들이다. 이 세 명과 연관된 이야기만 아브라함의 삶에서 제거해도 그의 이야기는 현저하게 짧아질 것이다. 롯과의 이동부터 이스마엘의 탄생까지가 75세부터 86세까지이니 11년이며, 100세에 이삭이 탄생할 때까지 이스마엘을 철석같이 상속자로 확신하며 살고 있으니 무려 25년의 세월인 것이다. 이삭의 경우를 살펴보면 그 또한 40세에 결혼해서 60세에 에서와 야곱을 낳았으니 무려 20년의 세월이다(창 25:20, 26). 아브라함과 비교해도 뒤지지 않을 만큼 긴 시간의 기다림이다. 그러나 이삭의 기다림은 단순한 한 절로 축약되어 그의 신앙을 표현하고 있다.

> 이삭이 그의 아내가 임신하지 못하므로 그를 위하여 여호와께 간구하매 여호와께서 그의 간구를 들으셨으므로 그의 아내 리브가가 임신하였더라(창 25:21)

인간이 자신의 수단과 방법으로 그 세월을 메우려고 하면 이야기는 무척이나 길어질 것이다. 그러나 그 기나긴 시간을 기도로 일관한다면 보여줄 이야기는 결코 화려하지 않을지라도 하나님을 의지하는 신뢰는 극대화 될 것이다. 이삭의 이야기가 짧다는 것은 그 만큼 그가 하나님과 사람들과 조화를 이루는 삶을 살았다는 것을 의미하는 것이다. 이러한 견해에 대한 구체적인 논증은 이삭 이야기를 풀어가며 주어질 것이다. 여기서는 먼저 이삭 이야기의 이해를 위해 그의 이야기가 어떤 내용과 흐름을 가지고 있는지를 제시하는 것부터 시작하는 것이 좋을 것이다.

이삭의 삶은 아브라함의 뒤를 잇는다는 의미가 강하게 풍겨난다. 그렇다면 이삭의 삶은 하나님께서 아브라함에게 주신 약속과 결코 별개의 삶이 아닐 것이란 점을 생각해 볼 수 있다. 아브라함의 신앙여정을 찬찬히 살펴보면 그가 흔들릴 때마다 하나님께서 주시는 말씀이 있다. 그것은 다름 아닌 주신 약속을 계속해서 상기시키는 것이다. 인간의 기억이 흐릿해질 때마다 다시 한번 기억을 되살려 줌으로 용기를 가지고 믿음의 길을 걸어갈 수 있게 만들어 주시는 것이다. 그 반복적인 구문들을 시작부터 되짚어 보면 다음과 같다.

아브라함이 신앙의 출발을 가질 때 하나님께서 많은 약속과 함께 그를 보내신다.

내가 네게 보여줄 땅으로 가라 내가 너로 큰 민족을 이루고 네게 복을 주어 네 이름을 창대하게 하리니 너는 복이 될지라⋯땅의 모든 족속이 너로 말미암아 복을 얻을 것이니라⋯이 땅을 네 자손에게 주리라(창 12:1-3, 7)

롯을 상속자로 생각하고 대동하며 다니다가 하나님께서 롯과 헤어지게 하신 후에 아브라함을 위로하며 약속을 상기시키신다.

보이는 땅을 내가 너와 네 자손에게 주리니 영원히 이르리라 내가 네 자손이 땅의 티끌 같게 하리니 사람이 땅의 티끌을 능히 셀 수 있을진대 네 자손도 세리라(창 13:15-16)

집에서 길리운 종인 다메섹 사람 엘리에셀을 자신의 상속자로 세우고 그를 통하여 하나님의 약속이 이루어질 것을 고대하고 있던 아브라함에게 하나님께서 그 또한 아브라함의 상속자가 아니며 그의 몸에서 날 자가 상속자가 될 것이라 하시며 또 약속을 상기시키신다.

> 그를 이끌고 밖으로 나가 이르시되 하늘을 우러러 뭇별을 셀 수 있나 보라 또 그에게 이르시되 네 자손이 이와 같으리라…그 날에 여호와께서 아브람과 더불어 언약을 세워 이르시되 내가 이 땅을 애굽 강에서부터 그 큰 강 유브라데까지 네 자손에게 주노니(창 15:5, 16)

자신의 몸을 통해 탄생한 이스마엘을 자신의 상속자로 확고하게 믿고 살아가는 아브라함에게 하나님께서 다시 약속을 상기시키시며, 사라를 통해서 약속의 씨를 주실 것을 천명하신다.

> 내가 너로 심히 번성하게 하리니 내가 네게서 민족들이 나게 하며 왕들이 네게로부터 나오리라 내가 내 언약을 나와 너 및 네 대대 후손 사이에 세워서 영원한 언약을 삼고 너와 네 후손의 하나님이 되리라 내가 너와 네 후손에게 네가 거류하는 이 땅 곧 가나안 온 땅을 주어 영원한 기업이 되게 하고 나는 그들의 하나님이 되리라(창 17:6-8)

마침내 약속의 씨인 이삭까지도 하나님의 명령 한마디에 주저함 없이 올려드릴 수 있었던 아브라함에게 하나님께서 최종적으로 지금까지 반복적으로 주신 약속을 자신의 이름을 걸고 반드시 이루실 것을 알려주심으로 기나긴 소망이 이제 현실이 될 것을 기대하게 된다.

내가 나를 가리켜 맹세하노니 네가 이같이 행하여 네 아들 네 독자도 아끼지 아니하였은즉 내가 네게 큰 복을 주고 네 씨가 크게 번성하여 하늘의 별과 같고 바닷가의 모래와 같게 하리니 네 씨가 그 대적의 성문을 얻으리라 또 네 씨로 말미암아 천하 만민이 복을 받으리니 이는 네가 나의 말을 준행하였음이니라 하셨다 하니라(창 22:16-18)

이렇게 반복되는 하나님의 약속은 우리가 신앙의 여정에서 길을 잃지 않고 목표를 향하여 담대하게 나아갈 수 있게 하는 동력이 된다. 비록 힘겨운 삶의 여정이지만 하나님은 늘 동일하신 약속을 가지고 우리를 이끌고 계시며 우리가 걸어가야 할 목표는 언제나 동일하다는 것을 알려주시는 것이다. 하나님께서 주신 이 여러 번의 약속의 재확인을 되짚어 보면 세 가지의 약속이 아브라함과 그의 후손에게 주어져 있다는 것을 살펴볼 수 있다. 바로 땅과 후손과 축복이라는 약속이다. 이 세 가지는 하나님의 백성 이스라엘을 규정하는 정체성의 바탕이라고 해도 과언이 아니다. 특히 이 세 가지는 아브라함의 신앙의 출발에서 약속으로 주어지고 결론에서 확증된다는 점에서 더욱 중요하다.

신앙의 출발(창 12:1-4) - 약속	신앙의 결론(창 22:15-18) - 약속의 확증
① 땅 - 내가 네게 보여줄 땅으로 가라	① 땅 - 네 씨가 대적의 성문을 차지할 것
② 후손 - 너로 큰 민족, 네 이를 창대케	② 후손 - 하늘의 별, 바닷가의 모래 같게
③ 축복 - 땅의 모든 족속이 너를 통해 복	③ 축복 - 네 씨로 인해 천하 만민이 복

이미 이 약속들 속에는 하나님의 백성이 살아가야 할 정신까지 포함되어 있다는 점에서 정체성과의 연결이 결코 틀린 말은 아닐 것이기 때문이다. 하나님께서는 아브라함에게 소돔과 고모라에 대한 자신의 속내를 털어놓으시며 그에게 땅과 번성하는 후손과 밀접히 연관된 강대한 나라를

이루어 주시는 목적이 있다는 것을 알려주셨다. 그것은 바로 그 축복을 세상 만국에 전하는 것이다.

> 여호와께서 이르시되 내가 하려는 것을 아브라함에게 숨기겠느냐 아브라함은 강대한 나라가 되고 천하 만민은 그로 말미암아 복을 받게 될 것이 아니냐(창 18:17-18)

이러한 목표를 이룰 수 있는 유일한 길이 있다. 그것 또한 하나님은 자신의 백성이 이루어 가기를 원하시는 것이다.

> 내가 그로 그 자식과 권속에게 명하여 여호와의 도를 지켜 의와 공도를 행하게 하려고 그를 택하였나니 이는 나 여호와가 아브라함에게 대하여 말한 일을 이루려 함이니라(창 18:19)

여호와의 길을 지키는 것은 분명 그 말씀을 철저히 준행하는 것으로 하나님의 법과 연관되고, 정의와 공의를 이루는 삶이 바로 그것을 이루는 것을 의미한다. 이러한 정신이 천하 만민에게 전해질 때 세상은 새로운 시대를 맞이하는 것이다(신 4:5-8; 사 2:1-4; 미 4:1-5). 하나님의 약속은 이처럼 하나님의 법을 지키는 삶과 뗄 수 없는 관계에 있다. 땅, 후손, 축복이라는 하나님의 선물이 무법천지로 살아가는 사람들에게 주어진다면 그 세상이 어떤 장소가 될 것인가? 하나님께서는 하나님의 법이 지켜지는 땅, 그 법이 아브라함의 후손을 통하여 세대에서 세대로 이어지며, 모든 민족이 복된 삶을 누리는 세상을 만들기를 고대하신다.

아브라함이 그의 신앙여정 마지막 즈음에 모리아 산에서 하나님 경외의 모습을 철저한 순종으로 보였을 때 하나님께서는 더 이상 지체하지 않고 자신을 걸고 맹세하시며 이 세 가지의 약속들을 이루어주실 것이라고 확증하셨다. 땅의 약속은 구체적으로 대적의 성문을 차지하는 것으로, 후손의 약속은 번성하여 하늘의 별과 같고 바닷가의 모래 같이 될 것이란 것으로 그리고 축복의 약속은 마침내 천하 만민이 동일한 복을 누리는 단계로까지 이어질 것을 확증해 주시는 것이다(창 22:17-18). 그렇다면 이제 아브라함의 마지막 삶의 여정은 이 약속들을 연결시키는 삶일 것임을 기대해 볼 수 있다. 약속에 대한 마지막 확증에서 하나님께서는 아브라함에게 계속해서 '네 씨'에게 이루어 줄 것이라고 강조하신다. 이미 하나님께서는 아브라함에게 "이삭에게서 나는 자라야 네 씨라 부를 것이라"고 말씀하셨다(창 21:12). 이제 우리는 그 다음의 이야기들이 어떻게 전개될 것인지에 대한 그림을 갖게 되었다. 그것은 다름 아닌 땅과 후손과 축복에 대한 약속이 아브라함의 씨인 이삭에게 실현되는 것을 보는 것이다.

하지만 이러한 약속의 실현은 결코 한꺼번에 이루어지지 않고, 한 단계씩 이루어진다는 점에서 점진적이다. 땅을 얻는 것에 대한 이야기도 점진적이요, 후손이 증대해 지는 것도 점진적이며 그리고 세상 모든 민족들이 아브라함의 후손으로 인해 복을 누리는 것 또한 점진적일 것이다. 그럼 어디서부터 시작해야 할 것인가? 첫 단추는 역시 이삭의 삶 속에서 이러한 하나님의 약속이 어떻게 그 실현을 맞이하게 되는가를 보는 것부터 일 것이다. 이삭은 아브라함에게 주신 하나님의 약속들이 첫 번째로 실현되는 아브라함의 씨이기 때문이다.

이삭의 이야기는 그 양에 있어 창세기의 굵직한 인물들과 비교할 때 빈약하기 그지없다. 그러나 그와 연관된 이야기들은 정확하게 아브라함에게 말씀하신 세 가지의 약속을 다루는 이야기들만으로 구성되어있다는 점에서 치밀하다. 창세기 22장의 모리아 산의 순종 바로 다음에 아브라함의 이야기는 하나님께서 확증하신 대로 땅과 후손과 축복이라는 이 세 가지 약속의 실현을 향하여 박차를 가한다.

	약속내용	성취 실현
1	땅	창 23장
2	후손	창 24장
3	축복	창 26장

첫째, 창세기 23장에는 비록 사라의 죽음으로 인해 한 조각 매장지를 사는 이야기이지만 아브라함이 땅을 자신의 것으로 소유하는 사건이 나타난다. 죽은 자를 장사 지낼 땅을 사는 이야기가 장황하게 펼쳐지고 있다는 것은 결코 단순한 매장지만의 의미를 가진 것은 아닐 것이란 추측을 가능케 한다. 약속의 땅에 들어와서도 60여년의 세월을 나그네와 객으로 살았던 아브라함이 처음으로 자신의 소유로 된 땅을 갖는 것이다.[121] 그리고 이 땅은 아브라함보다도 이삭과 더 밀접하게 연관된다는 점에서 이삭의 이야기와 더 긴밀하게 연결된다. 아브라함이 죽기 전에 그의 다른 아들들에게는 재산을 주어 자신이 살아있는 동안에 이삭을 떠나 동쪽 땅으로 가게 하였고, 이삭에게는 자기의 모든 소유를 주었다(창 25:5-6). 이스마엘도 이삭을 떠나 하윌라에서부터 앗시리아로 통하는 애굽 앞 술까지 이르러 그 모든 형제의 맞은편에 거주했다(창 25:18). 이삭을 제외한 모든 아브라함의 아들들은 약속의 땅에서 떠나야 한다. 오직 이삭만이 그 땅에 거주하는 약속성취의 수혜자가 되는 것이다. 그러므로 창세기 23장은 단순히 사라를 매장할 장소를 사는 이야기의 차원이 아닌 땅의 약속을 맛보는 시작이 되며, 그 성취를 전 생애를 통해 누리는 사람은 창세기에서 오직 이삭뿐이란 점에서 23장과 이삭과의 연계성을 살펴볼 수 있다.

둘째, 사라를 위한 매장지를 사서 장사를 지내는 이야기가 마감되자마자 그 다음으로 창세기 24장에는 창세기에서 가장 긴 한 장이 펼쳐지며(67절) 이삭과 리브가의 결혼 이야기를 다루고 있다. 이삭과 리브가의 장황한 결혼 이야기가 창세기 전체의 신학적인 중심을 이룬다는 점에서 주의를 기울일 필요가 있다. 창세기의 정확한 중심은 27:40절로 단어의 개수만으로 측정한 것이지만 신학적인 주제의 흐름에서 중심을 차지하는 것은 단연 24장의 이삭과 리브가의 결혼 이야기일 것이다. 왜인가? 약속의 씨인 이삭과 돕는 배필인 리브가의 만남은 어떤 의미를 가지기 때문인가? 그것은 단연 아브라함의 씨가 연결되는 후손의 탄생을 기대할 수 있다는 것이다. 바로 이들로부터 아브라함의 후손들이 퍼져나갈 것이기 때문이다. 그리고 이들을 통해 하나님의 백성이 탄생될 것이기에 이들의 결혼 속에 들어 있는 이념은 중요하다. 하늘의 별과 같고 바닷가의 모래와 같은 자손의 번창은 이삭이 합당한 배필을 만나지 못하면 이루어질 수 없고, 그런 점에서 이삭과 리브가의 결혼 이야기는 하나님의 백성이 지켜야 할 결혼의 이념 또한 들어가 있을 것을 직감해 볼 수 있다. 그 정신을 이어받는 민족이 필요하기 때문이다. 그래서 이 두 사람의 결혼 이야기는 단순하지 않으며, 그 속에 신앙의 중요한 요소들이 들어있다.

셋째, 위의 두 가지와 더불어 이삭이 누리는 축복에 대한 것을 강하게 부각시키는 창세기 26장의 이야기가 가세하면 이삭의 삶은 말 그대로 '땅, 후손, 축복'이 어우러진 삼박자를 보여주며 온전한 형태가 된다. 창세기 26장은 이미 그 시작부터 무엇을 말하려고 하는지에 대한 분명한 길을 제시하고 있다. 하나님께서 아브라함의 순종으로 인해 이삭에게 복을 주실 것을 약속하신다. 그리고 26장 전체가 이삭이 누리는 축복의 실제적인 내용들로 가득하다. 그리고 이 속에는 이삭만 복을 누리는 것이 아니라, 함께 하시는 하나님으로 인해 받는 이삭의 복을 그랄 왕 아비멜렉이 보고 찾아와 계약을 맺자고 하는 것에서 "천한 만민이 네 씨로 말미암아 복을 받으리라"는 약속이 성취를 향하여 한 단계 나아가고 있는 것을 살펴볼 수 있다 (창 26:28, 29).

이렇게 이삭의 이야기는 낭비하는 지면이 없다. 인간은 파란만장한 모험담을 좋아하며 삶을 화려하게 채색하는 것을 자랑스럽게 여기는 경향이 있다. 그러나 이삭의 일생은 불순종과 거역, 인간적인 계획과 고집으로 이야기를 불필요하게 확대하지 않고, 비록 짧지만 있어야 할 것은 다 갖추고 있는 충분함이 있다. 그리고 땅과 후손과 축복이라는 이 세 가지 약속의 개념이 이삭의 삶에 실현되는 것을 통해서 하나님의 백성이 누구인지를 살펴볼 수 있다는 점에서 창세기 23장과 24장 그리고 26장은 가히 창세기의 중심이라 해도 과언이 아닐 것이다. 더욱 중요한 것은 이 세 개념이 이삭이라는 인물과 밀접하게 연결되어 있다는 점에서 이삭의 중요성이 드러난다. 이처럼 이삭의 삶은 짧고 간결하지만 하나님께서 아브라함에게 약속하신 그 어떤 것도 빠지지 않았다는 점에서 하나님의 약속과 성취가 만나는 세상을 바꿀 씨앗이 된다. 그리고 이삭의 이야기를 통해 약속과 성취가 자신의 삶 속에도 동일하게 이루어지기를 소망하며 하나님의 뜻을 받드는 사람들을 통해 하나님 나라의 이상 또한 이 땅에 실현될 것임을 기대해 볼 수 있다.

2. 이야기의 문학적 구조 따라 읽기

이삭 이야기를 상세하게 풀어가기 전에 먼저 이삭 이야기의 범위를 설정하는 것이 우선일 것이다. 아브라함의 이야기가 출발 명령(창 12:1-4)으로 시작하고 또 다른 출발 명령(창 22:1-19)으로 그 결론에 이른다는 것은 이미 살펴본 사실이다. 바로 그 다음으로 나홀의 족보(창 22:20-24)가 나타난다. 나홀의 족보는 리브가라는 새로운 인물을 소개하려는 목적을 가지고 있고, 또한 나홀이 낳은 12명의 아들들의 명단을 소개함으로 숫자 열둘에 대한 의미를 강조한다. 이렇게 이야기의 전개 과정에 나타난 족보는 한 이야기를 마감하고 그 다음 이야기를 연결시키는 기능을 한다. 이러한 족보의 역할은 그 다음 부분에 나타나는 다른 족보에서도 그대로 드러난다. 바로 이스마엘의 족보이다(창 25:12-18). 이스마엘의 족보 또한 12명의 아들들을 소개하며 이들은 그 촌과 부락대로 열두 지도자들이었다고 한다. 이것은 명백히 밧단아람 지역의 나홀의 12방백과 대칭시키려는 의도를 가지고 있다. 그리고 이 두 족보는 아브라함 이야기(창 11:27-22:24)와 야곱 이야기(창 25:12-36:43) 사이에 위치한 중요한 이야기인 이삭 이야기를 포함하고 있다(창 23:1-25:11). 이렇게 이 두 족보는 이삭 이야기의 틀을 제공해 준다.

먼저 이 틀을 사이에 두고 그 양쪽 안에는 주요한 두 인물이 대체되는 것이 나타난다. 이전 이야기인 창세기 11:27-22:24절에서 이야기의 주인공들은 아브라함과 사라였다. 그러나 창세기 23:1-25:11에서는 주인공들이 이삭과 리브가로 바뀐다. 이 부분은 첫 여성족장이었던 사라의 죽음(창 23:1-2)과 함께 시작하고 첫 남성족장인 아브라함의 죽음(창 25:7-11)으로 그 끝에 이르며, 그 중간에 이삭과 리브가의 결혼을 다룸으로 한 세대에서 다음 세대로의 전이가 일어나는 세대교체가 부드럽게 이루어지고 있다. 여기서 리브가는 사라의 대체자이며 계승자라고 확고하게 말 할 수 있다.[122] 이것은 사라가 죽기 바로 전에(창 23:1-2) 이미 리브가가 소개되고 있다는 것을 통해 입증되며, 나홀의 족보에 유일하게 손녀인 리브가의 이름이 등장하는 것이 결코 우연이 아님을 말하는 것이다(창 22:23). 라반이 리브가의 오빠였음에도 라반의 이름은 나타나지 않고 리브가의 이름만 삼촌들과 어깨를 나란히 하고 있다는 것은 족보의 목적이 바로 리브가를 소개하는 것에 있다는 것을 의미한다. 그러므로 창세기 24장의 이삭과 리브가의 결혼 이야기는 아브라함과 사라 이야기로부터 이삭과 리브가의 이야기로 옮겨가는 과정이라 할 수 있다.[123] 그리고 리브가가 사라의 텐트에 들어가 사라가 죽은 후에 이삭을 위로하였다는 말(창 24:67)은 그녀를 사라의 대체자로 제시하려는 강조점이라고 할 수 있으며, 이 연결을 통해

후세대의 연속이 공고해지게 되는 것이다.

아브라함의 죽음을 다루는 부분에서 '아브라함이 죽은 후에'(창 25:11)라는 독특한 표현이 나타나는데 '누가 죽은 후에'(…וַיְהִי אַחֲרֵי מוֹת 바예히 아하레 모트…)라는 표현은 구약성경에서 흔치 않은 표현으로 단지 모세와 여호수아 그리고 사울의 죽음 뒤에만 쓰일 정도로 희귀한 것이다 (수 1:1; 삿 1:1; 삼하 1:1). 그리고 이 표현은 늘 구세대가 끝이 나고 새로운 리더십에 의해 새 시작이 연결될 때에 사용되는 특징이 있다.[124] 이를 통해 이삭을 부족의 새로운 리더로 설립하는 것이 완료된 것이라 할 수 있다.

그 안쪽의 테두리는 이삭과 리브가의 결혼 이야기인 창세기 24장을 감싸는 사건들로 아브라함의 막벨라 굴 매입(창 23:3-20)과 아브라함이 이삭에게 그의 모든 소유를 물려주는 보도이다(창 25:1-6). 이삭이 죽음을 눈앞에 둔 아브라함의 모든 재산을 상속받았다는 사실(창 24:36; 25:5)은 비록 막벨라 굴이 속한 땅을 상속했다는 말은 없지만 그것 또한 포함된 것임을 유추해 볼 수 있다. 왜냐하면 다른 아들들은 모두 재산을 주어 이삭을 떠나 동쪽 땅으로 가게 하였다는 언급이 아브라함의 마지막을 장식하고 있기 때문이다(창 25:6). 아브라함은 이삭에게 '그가 소유한 모든 것'(אֲשֶׁר־לֹו־כָּל 콜-아세르-로)을 다 주었다라고 전한다. 그렇지만 그의 다른 아들들에게는 재물(מַתָּנָה 마타나)을 주었다고 한다(창 25:6). '소유의 모든 것'과 '재물'의 차이가 무엇인지는 정확히 나열되지는 않고 있지만 유추해 보건대 재물은 '우양과 은금과 노비와 약대와 나귀'(창 24:35)와 같이 갖고 이동할 수 있는 동산의 종류들이라면, 이삭이 받은 모든 것은 여기에 덧붙여 움직이지 않는 부동산인 막벨라 굴에 속한 땅까지 포함되는 것이 틀림없다. 그렇다면 아브라함의 나이를 생각할 때 후처인 그두라를 취하여 다른 아들들이 탄생하였다는 이해 못할 이야기(창 25:1-4)의 요점은 그들의 위상과 이삭의 위상을 대조하기 위함이며, 약속의 땅은 오직 이삭만이 머물 수 있다

는 점을 부각시키기 위함임을 알 수 있다. 이렇게 막벨라 굴 매입과 이삭의
상속은 약속의 땅과 이삭의 긴밀한 연관성을 입증하는 것이라 할 수 있다.

이삭 이야기의 중심인 창세기 24장은 이삭과 리브가의 결혼을 다
룬다. 그 내용 또한 교차대칭구조를 이루는 구조로 되어 있다. 아브라함이
그를 '나의 주'(אֲדֹנִי 아도니, 12절)라고 부르는 한 종에게 사명을 위임하는
것으로 시작하지만 이야기의 끝에는 아브라함이 무대에서 완전히 사라지
고, 그 종은 이삭을 '나의 주'(אֲדֹנִי 아도니, 65절)라고 부른다. 종이 떠날 때
는 아브라함에게 명령을 받고 출발하지만(창 24:1-9) 돌아와서는 아브라함
이 아닌 이삭에게 모든 일들을 보고하는 것으로 끝이 나는 권위의 전이가
일어나고 있는 것이다(창 24:66). 이러한 대칭적인 구조를 도식화 하면 다
음과 같다.

  A. 아브라함의 명령과 종의 출발 – 가나안에서 밧단아람으로(24:1-9)

   B. 리브가와 아브라함의 종의 만남 – 밧단아람 우물가에서(24:10-27)

    * 하나님의 섭리로 만나게 해 달라는 기도와 섭리의 만남성취

   B'. 리브가의 가족과 아브라함의 종의 만남 – 밧단아람 브두엘의 집에서(24:28-60)

    * 하나님의 섭리로 만나게 된 것을 고백함으로 하나님 예배

  A'. 리브가와 종의 도착과 이삭이 보고 받음 – 밧단아람에서 가나안으로(24:61-67)

아브라함은 그의 종에게 이삭의 아내를 구하러 떠나라고 할 때 이
미 죽음을 눈앞에 두고 있었을 것이고, 종은 밧단아람에서 자신을 소개하
는 말속에 아브라함이 이삭에게 모든 것을 다 물려 주었다고 강조한다(창
24:35-36).[125] 따라서 이삭이 아브라함의 재산과 권위까지 물려받고 무대의
중앙으로 나서는 동안, 아브라함은 무대에서 서서히 사라져가는 것을 살펴
볼 수 있다. 이 전이는 부드럽게 이루어지고 아브라함과 사라의 죽음 뒤에

이삭과 리브가의 새로운 권위가 그들의 결혼으로 공고해지고 이삭은 명실상부하게 아브라함을 대체하는 새로운 족장이 된 것이다.[126]

이러한 이삭 이야기의 통일성은 다음과 같은 구조로 이루어져 있음을 알 수 있다.

아 브 라 함 주 권	A. 테두리: 나홀의 족보- 12아들들(리브가는 이삭과 연결; 22:20-24) 　　　　아브라함-사라 이야기에서 이삭-리브가 이야기로의 전환점 　B. 사라의 죽음 보도 - 리브가는 이미 소개되었다(23:1-2) 　　C. 막벨라 동굴의 구입(23:3-20) 　　　　　　　　　　　　　　　전반: 아브라함 주권(24:1-34) 　　　D. 중심: 이삭과 리브가의 결혼(24:1-67) 〈 　　　　　　　　　　　　　　　후반: 이삭 주권(24:35-67)
이 삭 주 권	C'. 아브라함이 그의 모든 소유를 이삭에게 물려주다(25:1-6) 　B'. 아브라함의 죽음 - 이삭은 이미 권위를 부여받았다(25:7-11) A'. 테두리: 이스마엘의 족보- 12아들들(에서와의 연결; 25:12-18) 　　　이삭-리브가 이야기에서 야곱 이야기로의 전환점

테두리 A는 이야기의 한계를 설정하고, 의도적으로 12명의 아들들 사이에 한 명의 여자 조카의 탄생과 존재를 언급하며 다음 이야기를 준비한다. 테두리 A'는 이삭의 또 다른 형제인 이스마엘의 족보를 등장시키며 그 또한 약속의 땅에서 멀어진 것을 강조한다(창 25:18). 이 두 족보는 이삭의 이야기가 끝나고 진행될 야곱과 에서 이야기에서도 중요한 기능을 하는데 나홀의 족보는 야곱과 연결되고(창 28:1-5), 이스마엘의 족보는 에서와 연결된다(창 28:6-9). 그리고 첫 번째 여성족장과 남성족장인 사라(B. 23:1-2)와 아브라함(B'. 25:7-11)의 죽음의 이야기는 이 이야기 전체를 감싸는 두 번째 테두리가 된다. 아브라함의 죽음은 새로운 족장인 이삭과 새

로운 여족장인 리브가에게 축복과 땅을 포함해 아브라함의 모든 것이 다 물려진 것을 의미한다. 막벨라 굴과 그 주변 땅의 구입(C. 23:3-20)은 아브라함이 소유한 모든 것을 계승하는 것과 대칭을 이루고 있다(C'. 25:1-6). C에서 막벨라는 아브라함의 다른 아들들이 그 땅을 떠났을 때 이삭에게 물려졌을 것이다(25:1-6, 12-18). 중앙에 이삭과 리브가의 결혼(D. 24:1-67)은 새로운 족장세대가 구세대를 대체하는 것을 의미하고, 축복과 땅의 약속이 안전하게 후손들에게 계승될 것을 확증한다. 이처럼 이삭 이야기의 전반부는 아브라함의 주권으로 시작하지만 후반부는 이삭에게로 모든 주권이 양도된 구조를 보이고 있다.

그런데 이러한 이삭 이야기의 테두리 바깥에 위치한 이삭의 또 다른 이야기가 있다. 창세기 26장은 전적으로 이삭에게 부여된 하나님의 축복을 강조하는 이야기이다. 지금까지 있었던 그 어떤 이야기들보다도 창세기 26장은 더욱 능동적인 이삭의 삶을 보여주고 있다. 그러나 언뜻 볼 때 창세기 26장은 잘못 놓여진 듯한 인상을 풍긴다. 왜냐하면 이 속에는 이미 태어나서 장자권을 놓고 다툴 만큼 성장한 에서와 야곱(창 25:19-34)이 전혀 나타나지 않는다. 그리고 이삭과 리브가가 아직 신혼인 듯이 무척이나 젊고 활동적으로 등장하며, 이삭은 리브가의 미모로 자신이 해를 당할까 두려워하며 아내를 누이라고 속이기도 한다. 그러나 이야기의 전개 상황으로 본다면 창세기 25장의 후반부에서 리브가가 결혼 20년 만에 에서와 야곱을 낳았고, 이들이 장자권을 놓고 씨름을 할 정도면 거의 20년 정도는 더 지난 것으로 추정해 볼 수 있으며, 리브가가 노년에 이르렀음을 알 수 있다. 그렇다면 이삭의 염려는 이상스러운 요소가 된다. 그로 인해 학자들은 창세기 26장은 원래 야곱과 에서가 태어나기 전의 위치에 있어야 한다고 주장한다. 즉 창세기 25:21-26의 에서와 야곱 탄생 전에 놓여져야 한다고 본다.[127] 이러한 주장은 추측일 뿐이지만 그럼에도 전체적인 정황을 살

퍼볼 때 설득력이 있다. 창세기 26장이 하나님의 약속 중에서 이삭이 누리는 축복의 부분을 강조하는 것이란 점에서 아마도 본래 놓여져 있었던 가장 적당한 위치를 추정해 보자면 창세기 25:11절 다음을 들 수 있을 것이다. 그 내용에 있어서 에서와 야곱의 탄생 전이면서 또한 창세기 26장이 전하고 있는 축복이라는 요소와 문맥상 긴밀하게 연결될 수 있기 때문이다.

> 아브라함이 죽은 후에 하나님이 그의 아들 이삭에게 복을 주셨고 이삭은 브엘라해로이 근처에 거주하였더라(창 25:11)

이 위치라면 자연스럽게 땅에 대한 이야기 다음에, 후손을 볼 수 있는 결혼이 뒤를 잇고, 마침내 축복의 삶이 이루어지는 삼박자가 이삭의 이야기 속에 종합되어 정확한 통일성을 이룰 수 있는 가장 적합한 장소가 될 것이다. 아브라함이 죽은 후에 하나님께서 이삭에게 복을 주셨다는 언급과 더불어 이삭이 누리는 실제적인 축복의 이야기를 나열하는 것은 어느 누가 보아도 논리적이기 때문이다.

그렇다면 왜 창세기는 이렇게 논리적인 순서를 파기하면서까지 이삭의 축복 이야기를 연대기적으로도 모순이 되는 위치에 두었을까를 고민해야 할 필요가 있다. 단순히 잘못 놓여진 오류로 치부해 버린다면 하나님의 말씀은 인간의 이해부족으로 그 권위를 상실하는 어처구니없는 일이 벌어질 수 있기 때문이다. 그 해답은 지금 창세기 26장이 놓여져 있는 위치를 살펴보면 알 수 있다. 창세기 26장이 놓여진 위치의 전과 후의 사건을 살펴보면 약간의 힌트를 얻을 수 있다는 것이다. 바로 앞의 이야기가 야곱이 에서의 장자권을 계략으로 빼앗는 사건이라면(창 25:27-34), 바로 뒤의 이야기는 야곱이 에서의 축복을 아버지 이삭을 속여서 빼앗는 사건이다(창 27:1-45). 야곱이 두 번이나 형 에서를 기만하고 속여 빼앗고 탈취하는 사건이 벌어지는 것이다. 왜 이러한 탈취의 사건 가운데에 창세기 26장을 넣어두었을까? 그것은 창세기 26장 속에 나타난 이삭이 누리는 축복의 내용들이 왜 그렇게도 야곱이 형을 속여서까지 장자권을 빼앗고, 아버지를 속여서까지 축복을 탈취하는 지에 대한 이유를 설명할 수 있게 해주기 때문이다(창 27:1-45). 이삭이 누리는 축복은 탈취해서라도 누리고 싶을 정도로 대단한 것이라는 의미가 내포되어 있다.

그러나 야곱은 창세기 26장에서 이삭이 누리는 하나님의 축복은 결코 인간의 주도권으로 탈취해서 누릴 수 있는 것이 아니라는 것을 배워야 한다. 축복은 하나님의 선물이기에 그 가치를 삶으로 증거할 수 있어야 하는 것이다. 야곱이 삶을 통해 배워야 할 것이 바로 이것이다. 또한 이러한 축복을 보면서도 장자권을 멸시하는 에서는 어떤 사람인가도 생각해볼 필요가 있다. 이처럼 이삭의 축복을 전하는 창세기 26장의 위치로 야곱의 장자권 탈취(창 25:20-34)와 축복의 탈취(창 27:1-45) 사이 보다 더 알맞은 위치는 없을 것이다. 그러므로 창세기 26장은 하나님의 축복이 어떤 것인지를 보여주는 '전시장'이라고 할 만하다.[128] 여기서는 창세기 26장의 이삭의 축복을 이삭에게 실현된 하나님의 세 가지 약속 중의 하나로 놓고 연속하여 설명하고, 야곱 이야기와의 연계 속에서는 간략하게 언급하고 넘어가기로 한다.

3. 이야기의 세부적인 주제 따라 읽기

이삭 이야기는 하나님께서 아브라함에게 약속하신 것들이 그대로 실현되어 현실이 되는 삶을 전하고 있다. 그 약속들은 하나님의 백성이 자신의 정체성을 새길 수 있는 중요한 요소들로 이루어져 있으며, 아브라함에게 먼저 약속하셨고, 이삭은 그 성취를 맛보는 첫 번째 아브라함의 씨가 된다. 이러한 성취를 맛볼 수 있는 이유는 아브라함의 철저한 순종에서 찾아볼 수 있다. 이런 상관관계를 살펴볼 때 아브라함과 이삭은 단순히 아버지와 아들의 관계만을 의미하는 것이 아니라 순종과 약속의 성취인 축복의 관계를 대변하는 것이라 할 수 있다. 즉, 순종과 성취는 동전의 양면처럼 떨어뜨려서는 그 가치를 상실하는 관계인 것이다. 이제 철저한 순종이 가져다주는 미래의 희망인 땅, 후손, 축복의 약속이 이삭의 삶과 그의 후손들의 삶에 어떤 의미를 던져주는 것인지를 살펴볼 필요가 있다. 이것은 곧 지금 현재 이 자리에 서 있는 우리를 향한 삶의 의미이기도 하기에 주의를 기울일 필요가 있다.

1) 땅의 약속 실현(창 23장)

(1) 사라의 매장지를 사는 이야기(창 23장)

아브라함이 하나님께 받은 세 가지 약속 중에서 그의 삶 가운데서 가장 많이 반복되고 있는 것을 들라고 한다면 단연 땅에 대한 약속이라 하겠다(창 12:1, 7; 13:15, 17; 15:7, 18; 17:8; 22:17). 이스라엘 신앙의 근본이 되는 오경 또한 땅으로 시작해서 땅으로 끝난다고 해도 과언이 아니란 점에서 땅의 중요성이 입증된다. 창세기 1장이 창조의 질서를 갈망하고 있는 땅이라는 관심으로 시작하고, 신명기 34장이 이스라엘이 들어갈 땅에 대한 시각적인 관망으로 그 결론에 이르고 있기 때문이다.

> 태초에 하나님이 천지를 창조하시니라 땅(אֶרֶץ 에레쯔)이 혼돈하고 공허하며 흑암이 깊음 위에 있고 하나님의 영은 수면 위에 운행하시니라(창 1:1-2)
>
> ---
>
> 모세가 모압 평지에서 느보 산에 올라가 여리고 맞은 편 비스가 산꼭대기에 이르매 여호와께서 길르앗 온 땅(אֶרֶץ 에레쯔)을 단까지 보이시고 또 온

납달리와 에브라임과 므낫세의 땅(ץרֶאֶ 에레쯔)과 서해까지의 유다 온 땅 (ץרֶאֶ 에레쯔)과 네겝과 종려나무의 성읍 여리고 골짜기 평지를 소알까지 보이시고 여호와께서 그에게 이르시되 이는 내가 아브라함과 이삭과 야곱에게 맹세하여 그의 후손에게 주리라 한 땅(ץרֶאֶ 에레쯔)이라 내가 네 눈으로 보게 하였거니와 너는 그리로 건너가지 못하리라 하시매(신 34:1-4)

창세기 1장의 땅이 하나님께서 바라보시는 전 지구적인 땅은 물론이요, 더 넓게는 전 우주적인 지평까지도 포괄할 수 있는 의미라면, 신명기 34장의 땅은 그 범위에서 지극히 제한되는 하나님께서 '아브라함과 이삭과 야곱에게 맹세하여 그의 후손에게 주리라 한 땅'이 된다. 그러나 이두 땅은 결코 별개의 것이 아님을 분명히 할 필요가 있다. 시작에서 '혼돈하고 공허하며 흑암이 깊음 위에 있던 땅'과 '아모리 족속의 죄악으로 가득찬 가나안 땅'(창 15:16; 레 18, 20장; 신 7:1-6)은 결코 이념적으로 동떨어진 것이 아니기 때문이다. 하나님께서 창조의 질서를 이루어 주신 그 땅은 인간의 죄악으로 혼돈과 공허로 가득 찼고, 이제 하나님의 백성을 세워 그 땅을 선물로 주시는 것은 그 땅에서부터 하나님의 창조질서를 바르게 하여 온 세상을 향한 하나님의 뜻을 이루어 가라는 것이다. 그러므로 이스라엘 땅은 전체적으로 모든 땅을 상징하는 표상과 전형이 되고, 세상을 향한 책임을 전하는 출발선이 되어야 하는 것이다.[129] 즉, '모든 땅 ➡ 이스라엘 땅 ➡ 모든 땅'이라는 구도를 보이며 온 세상에 이루고자 하시는 하나님의 질서가 그 초점이 집중되어 이스라엘을 통해 약속의 땅에서 먼저 실현되고 그리고 그 질서가 온 세상을 향하여 퍼져 나가야 한다는 소명인 것이다. 집중과 분산이 가장 바르게 이루어 질 때 선물로 주어진 땅은 그 가치를 최대한 발휘하는 것이다. 그러므로 하나님의 백성으로서 이 세상에서 하나님의 거룩하신 뜻을 이루기 위한 근본이 되는 터전인 가나안 땅은 아무리 강조해도 지나치지 않을 것이다. 우리는 이런 시각 속에서 하나님의 땅 약속을 바라볼 필요가 있고, 아브라함으로부터 시작된 약속의 성취가 어떤 의미를 가진 것인지를 분명히 할 필요가 있다.

약속의 성취와 소명이라는 측면에서 아브라함이 처음으로 가나안 땅에서 사라를 매장하기 위해 밭과 그에 속한 막벨라 굴과 모든 나무까지 사는 이야기는 결코 소홀히 다룰 수 없는 요소가 된다. 믿음의 조상이라 불리기에 합당한 위대한 선조인 아브라함의 죽음이 단지 4절로 별다른 사항 없이 사라가 매장된 막벨라 굴에 매장되었다는 것으로 끝을 맺고 있다(창 25:7-10). 그에 비해 긴 부분을 할애하여 그의 아내인 사라를 위한 매장지를 사는 이야기가 펼쳐지고 있다는 것은 그 사건의 신학적인 중요성을 드러내기에 충분하다. 그렇다면 가나안 땅에서 사라를 위한 매장지를 사는 이야기가 이렇게도 장황하게 거론되는 신학적인 이유는 무엇일까? 장황한 것과 더불어서 또한 공식적인 것이라는 사실을 천명하기 위해 무척이나 애쓰고 있는 것을 볼 수 있다. 아브라함이 헷 족속 에브론의 밭과 굴을 사는 이야기는 격식 있고 정중하게 여러 단계를 거치며 아브라함의 소유가 된다.

아브라함이 땅을 사는 이야기는 결코 쉬운 일이 아니었다. 그것은 지금 21세기 현재를 살아가는 우리에게도 동일한 어려움으로 다가오는 것이다. 아브라함 자신의 고백인 "나는 당신들 중에 나그네요 거류하는 자이니"(창 23:4)라는 말 속에 그의 처지가 들어가 있다. 그는 타국에 더부살이 하고 있는 이방인이다. 지금 우리시대에도 다른 나라에 정식 절차를 거쳐 이민을 가서 영주권이나, 국적을 취득한 경우가 아니고는 그 나라의 땅을 매매 한다는 것이 결코 쉽지 않다. 법적 제재가 있기 때문이다. 하물며 지금 시대에도 그러할진대 아브라함 시대에 나그네로 거류하는 자가 씨족 공동체로 든든한 결속이 이루어진 사회 속에 들어가 그들의 땅을 소유한다는 것은 감히 생각조차 하기 힘든 일이었다. 그 당시 땅의 매매는 친족들 사이에서 이루어지는 것이 관례였다. 그 이유는 땅은 단순히 개인의 것이라는 차원을 넘어서 씨족 공동체의 재산이라는 의미가 강했기 때문이다. 물론 친척이 없거나, 친척들이 땅을 매매할 형편이 못되었을 때는 예외적으로 땅을 살 사람을 가족으로 입양하거나 혹은 마을 어른들의 중재를 통해 매매가 가능했다. 이러한 풍습은 현재의 이라크 지역에서 발굴된 누지문서에서 분명하게 확인된다.[130] 이런 배경 하에서 아브라함이 땅을 사는 이야기를 조명해 볼 필요가 있다.

아브라함이 땅을 필요로 하는 계기는 정당한 것으로 재산축적의 의미가 아닌 죽은 자를 장사지내기 위함이었다. 사라가 가나안 땅 헤브론 곧 기럇아르바에서 127세에 생을 마감했다. 그리고 아브라함은 적당한 장소를 찾아 주인과 거래를 한다. 하지만 이 거래는 단순히 파는 자와 사는 자의 일대일 거래가 아니라는 점에서 그 의미를 살펴볼 필요가 있다. 아브라함의 위치에서는 그 마을 씨족 공동체의 동의 또한 필요한 것이다.

	대화	진행과정(창 23:1-20)
1	아브라함	아브라함이 헷 족속에게 말하여 이르되 내게 매장할 소유지를 주어 내가 나의 죽은 자를 내 앞에서 내어다 장사하게 하시오
	헷 족속	헷 족속이 아브라함에게 이르되 우리 묘실 중에서 좋은 것을 택하여 당신의 죽은 자를 장사하소서 우리 중에 자기 묘실에 당신의 죽은 자 장사함을 금할 자가 없으리이다
2	아브라함	헷 족속을 향하여 몸을 굽히고 나의 죽은 자를 장사하게 하는 일이 당신들의 뜻일진대 나를 위하여 소할의 아들 에브론에게 구하여 그의 밭머리에 있는 막벨라 굴을 내게 주게 하되 충분한 대가를 받고 나의 매장할 소유지가 되게 하기 원하노라
	에브론	에브론이 헷 족속 중에 앉아 있더니 그가 헷 족속 곧 성문에 들어온 모든 자가 듣는데서 아브라함에게 대답하여 이르되 내 주여 내가 그 밭을 당신에게 드리고 그 속의 굴도 내가 드리되 내가 내 동족 앞에서 당신에게 드리오니 당신의 죽은 자를 장사하소서

3	아브라함	아브라함이 그 땅 백성 앞에서 몸을 굽히고 그 땅 백성이 듣는데서 에브론에게 말하여 이르되 내가 그 밭 값을 당신에게 주리니 당신은 내게서 받으시오 내가 나의 죽은 자를 거기 장사하겠노라
	에브론	에브론이 아브라함에게 대답하여 이르되 땅 값은 은 사백 세겔이나 그것이 나와 당신 사이에 무슨 문제가 되리이까 당신의 죽은 자를 장사하소서
4	아브라함	아브라함이 에브론의 말을 따라 에브론이 헷 족속이 듣는데서 말한 대로 상인이 통용하는 은 사백 세겔을 달아 에브론에게 주었더니 마므레 앞 막벨라에 있는 에브론의 밭 곧 그 밭과 거기에 속한 굴과 그 밭과 그 주위에 둘린 모든 나무가 성 문에 들어온 모든 헷 족속이 보는데서 아브라함의 소유로 확정된지라
	결과	이와 같이 그 밭과 거기에 속한 굴이 헷 족속으로부터 아브라함이 매장할 소유지로 확정되었더라

이 정중한 거래는 사라가 죽었다는 이야기로 시작해서 마침내 "이와 같이 그 밭과 거기에 속한 굴이 헷 족속으로부터 아브라함이 매장할 소유지로 확정되었더라"(창 23:20)는 말로 끝을 맺고 있다.

체계 있고 공식적으로 그 땅의 모든 백성들이 듣는 앞에서 공정하게 거래가 이루어져 그 땅이 아브라함의 소유 매장지가 되었다는 것을 강조하고 있다. 계속해서 사려는 자나, 파는 자나 동일하게 모든 헷 족속이 보는 앞에서 이 거래가 이루어지고 있다는 것을 분명히 하고 있다(창 23:7, 10, 12, 13, 16, 18). 여러 해석자들은 막벨라 굴의 매입은 사라의 매장지로써만이 아니라 약속의 땅의 소유와 밀접하게 관련되어 있다고 본다.[131] 그럼에도 몇몇 학자들은 땅 매입은 가족의 영예에 해당하는 것이고, 중요한 사람들은 다 자신의 땅에 장사된다는 것을 통해 약속의 땅과의 관련성을 부인하기도 한다.[132] 그리고 어떤 학자는 그 매입은 후대의 종교적 제의나 순례를 위한 것과 관련이 있다고 보기도 한다.[133] 하지만 아브라함이 거저 주겠다는 제안을 거부하고 그 땅을 공적으로 매입하려고 애를 쓰는 것과

(창 23:4, 7-9, 13, 16) 그리고 거래와 매입이 그 땅 주민인 헷 족속의 모든 사람들이 보는 앞에서 이루어졌다고 거듭 강조하는 것은 땅에 대한 합법적 권리의 주장과 연관이 있을 것이 틀림없다. 이것은 그 땅이 사람들에게 거저 얻은 것도 아니고, 빼앗은 것도 아니며, 정당하게 값을 주고 사서 조상의 유해가 묻힌 합법적인 소유지라는 것을 강조하는 것이라 볼 수 있다. 고대에 조상들의 뼈가 묻혀 있는 땅은 그 후손들이 자신들의 땅으로 선언할 수 있는 조건이 될 수 있기 때문이다(민 13:22; 수 14:6-15).[134]

막벨라 굴을 사는 이야기가 보여주는 두 가지 커다란 이념인 약속의 땅 소유를 맛보는 것과 그 땅에 대한 합법적인 권리주장은 창세기의 마지막을 장식하고 있는 야곱의 죽음과 그의 장례 이야기(창 50:1-14)에도 동일하게 펼쳐진다. 사라와 야곱의 장례식 다 약속의 땅과 밀접하게 연관된다는 점에서 그 중요성이 부각될 필요가 있다. 야곱은 주검으로도 그 땅으로 돌아와 막벨라 굴에 장사된다는 것은 막벨라 굴이 단순한 매장지가 아니라 약속의 땅을 맛보는 기초가 된다는 것이다. 그리고 이러한 기반은 결국 아브라함의 후손인 이스라엘이 그 땅으로 돌아올 근거를 마련해 주며, 자신들의 소유를 주장할 명분을 제공해 주고 있다. 창세기의 마지막은 이렇게 이방 땅 애굽에서 생을 마감한 야곱이 끝내는 죽어서도 돌아와야 할 장소가 바로 이곳이 되는 것이다(창 49:29-33). 야곱의 이름이 이스라엘로 바뀌었다는 점에서 그는 하나님의 백성 전체의 신앙적인 대표가 되는 것이며, 그의 죽음과 돌아옴은 흩어져 있는 백성들에게 신앙적인 귀감이 된다. 죽어서도 돌아가야 할 땅이 바로 약속의 땅 가나안이라는 것이다. 여기서 한 가지 더 느껴 볼 수 있는 것은 믿음의 여족장인 사라는 그 죽음까지도 땅에 대한 하나님의 약속을 이루는 도구가 된다는 것이다. 하나님의 사람에게 벌어지는 사건 하나하나는 이렇게 마지막 모습까지도 하나님의 뜻을 이루는 의미를 줄 수 있다.

이와 같이 막벨라 굴의 매입은 가나안 땅을 아브라함의 후손들이 차지하게 될 것에 대한 첫 번째 발걸음으로 볼 수 있다.[135] 이것은 그 땅을 물려받지 못한 사람은 반드시 그 땅에서 떠나야 하며 이야기의 초점에서 또한 사라지게 된다는 점에서 입증된다. 흥미롭게도 아브라함의 다른 아내들인 그두라와 하갈의 아들들에게 그대로 적용된다(창 25:6, 18). 그리고 이것은 그 후대의 자손들인 에서와 야곱에게도 동일하게 적용된다. 에서는 그 땅에서 떠나가고, 야곱은 그 땅에 돌아오며, 할아버지 아브라함처럼 땅의 일부를 사기도 한다(창 33:19). 이렇게 단 한 조각의 땅을 사는 이야기가 어떻게 그 땅을 다 소유하는 그림으로 옮겨지게 되는지는 예레미야의 이야기 속에서도 여실히 드러나고 있다. 예레미야에게 하나님께서는 예루살렘이 바벨론에게 포위된 그 상황 속에서 이미 적들의 수중에 넘어간 베냐민 지역의 아나돗 땅을 매입하라고 하신다(렘 32:1-25). 이것은 예레미야에게 이해할 수 없는 명령이었다. 왜냐하면 하나님께서는 이미 유다 땅을 바벨론의 손에 넘기기로 작정하셨고, 그것은 시간문제일 뿐이며 포로의 기간도 무려 70년이 될 것이라 하셨기 때문이다(렘 25:9-13). 그 기간이면 예레미야는 약속의 땅의 회복조차 볼 수 없는 죽음의 세계에 있을 것이란 점도 그의 의문을 증폭시킨다. 예레미야가 그 거래에 대해 의문을 제기할 때(렘 32:25), 하나님은 미래에 유다 땅을 회복시키실 것이라는 확증을 주신다.

너희가 말하기를 황폐하여 사람이나 짐승이 없으며 갈대아인의 손에 넘긴 바 되었다 하는 이 땅에서 사람들이 밭을 사되 베냐민 땅과 예루살렘 사방과 유다 성읍들과 산지의 성읍들과 저지대의 성읍들과 네겝의 성읍들에 있는 밭을 은으로 사고 증서를 기록하여 봉인하고 증인을 세우리니 이는 내가 그들의 포로를 돌아오게 함이니라 여호와의 말씀이니라(렘 32:43-44)

현재 바벨론의 발아래 놓여진 작은 땅을 구입하는 것이 약속의 땅 전체를 매입하는 미래의 회복을 상징하는 것으로 나타난다.

그러므로 그 땅은 결코 무료로 대여 받은 것이어서는 안 된다. 만약 그 땅을 무료로 대여 받았을 경우에는 그 땅 소유주의 후손들이 언제든지 그 땅에 대한 소유권을 내세울 수 있었기에 영구적인 소유권 주장을 위해서는 적정한 값을 치러야만 하는 것이다. 때로는 공정한 거래가 그 이상도 지불해야 할 필요가 있었다. 그 당시 노동자 한 사람의 일년 수입이 은 5-10세겔 정도라고 한다면 아브라함이 치른 땅 값인 은 400세겔은 무척이나 높은 액수라 할 수 있다. 다윗이 성전 터를 위해 은 50세겔을 지불했고 (삼하 24:24), 예레미야가 아나돗의 사촌 땅을 사면서 은 17세겔을 지불한 것(렘 32:9)을 감안해 보면 터무니없이 바가지를 쓴 것이나 다름없다. 그러나 당시의 관례가 땅이 싸게 팔렸다고 생각되면 판 사람의 후손들이 그 받은 가격을 반환하고 그 땅을 물릴 수 있는 권한이 있었기에 과할지라도 어느 누구도 되물릴 수 없게 하는 것이 그 땅의 영구적 소유권을 입증하는 것이 된다. [136)

이와 같이 방랑하는 아브라함이 막벨라 땅을 사는 것은 그의 후손들이 미래에 약속의 땅 전체를 차지하는 것을 예고하고 있는 것이라 할 수 있다. 비록 조금의 맛봄이지만 그것을 통하여 하나님의 놀라운 약속의 성취를 바라보는 눈이 필요한 것이다. 설사 우리 대에 이루어지지 않는 약속일지라도 하나님의 영원하신 뜻을 바라보며 지금 맛보게 하심을 기뻐하는 삶을 통해 하나님 나라는 조금씩 확장되는 것이다.

그렇다면 이제 이삭이 전혀 등장하지 않는 막벨라 땅의 구입은 어떻게 그와 깊은 연관을 갖는 것인가를 살펴볼 필요가 있다. 왜냐하면 사라의 죽음과 리브가의 출현이 맞물리며 이삭의 배우자가 준비되고, 막벨라 굴 매입과 이삭이 리브가와 만나 결혼하는 이야기가 연결되어 있기 때문이다.

(2) 약속의 땅과 이삭의 밀접한 관계성(창 24:1-9; 26:1-6)

창세기 23장의 막벨라 굴 매입 이야기에는 이삭에 대한 언급이 전혀 없음에도, 왜 아브라함의 땅 매입 이야기가 이삭 이야기에 포함되어 있는가라는 질문이 생길 수 있다. 그 대답은 떨어질 수 없는 이삭과 땅과의 관계 속에 있다. 이삭은 가나안을 결코 떠나 본 적이 없는 유일한 족장이다. 이삭의 부동성은 창세기에 나타난 주요한 인물들과 비교해보면 더욱 두드러진다. 아담, 하와, 가인, 노아, 아브라함, 야곱, 요셉과 그 형제들 모두 자신이 태어난 장소로부터 떠나야 하는 격동의 삶을 살아간다. 그리고 롯, 이스마엘, 그두라의 아들들과 에서 또한 약속의 땅으로부터 멀어진다. 특히 대부분의 사람들이 하나님께서 주신 땅으로부터 동쪽으로 이동해간다는 점이 부각된다. 가인이 에덴의 동쪽(קִדְמָה 퀘드마)으로 떠나고(창 4:16), 롯 또한 동쪽(קֶדֶם 퀘뎀)으로 가고(창 13:11), 아브라함의 후처인 그두라의 자식들은 가나안으로부터 동방 곧 동쪽(קִדְמָה 퀘드마) 땅으로 이동하고(창 25:6) 그리고 이스마엘의 아들들 중에 마지막 아들이 역시 '동쪽'을 뜻하는 '게드마'(קִדְמָה 퀘드마)라는 점에서 상징적으로 이스마엘 또한 동방으로 이동한 것이라 할 수 있다(창 25:15).[137] 이스라엘에게 있어서 동쪽은 추방의 땅 바벨론을 의미한다는 점에서 약속과 추방의 상관관계를 그려볼 수 있다. 그럼에도 오직 창세기의 중심에 위치한 이삭만이 자신이 태어난 약속의 땅에서 움직이지 않는 유일한 사람이라는 것은 시사하는 바가 크다. 그의 아버지 아브라함은 기근으로 인해 가나안 땅을 벗어나 애굽으로 내려갔고, 그의 아들 야곱은 아내를 얻기 위하여 밧단아람으로 올라갔고, 기근을 피해 애굽으로 피신했다. 그런데 이삭 또한 동일한 상황들을 겪었다. 그는 아내를 얻어야 했고, 기근으로 인해 고통을 당했다. 그러나 그에게 만은 약속의 땅을 벗어나는 것이 허락되지 않았다.

먼저 아내를 얻는 과정부터 살펴보면 이삭은 친족이 있는 곳인 밧단아람으로 직접 올라가지 않는다. 아버지 아브라함이 이삭 대신 자신의 충직한 종을 보낸다. 여기서 우리는 왜 아브라함은 이삭을 직접 보내지 않는가라는 의문을 가져볼 수 있다. 아브라함 자신도 긴 여정을 하며 보냈고, 그리고 그의 손자인 야곱 또한 아내를 얻기 위해 리브가가 온 그 곳으로 축복과 함께 직접 보냄을 받았는데(창 27:46-28:5) 왜 이삭은 직접 떠날 수 없는가? 왜 그저 기다리는 수동적인 사람이 되어야 하는가? 어떤 이의 주장에 의하면 이삭은 지적으로 바보스런 인물이기 때문에 보낼 수 없었다고 한다. 그 증거로 사라가 상속권을 지켜주기 위해 이스마엘을 쫓아낼 수밖에 없었고, 사흘 길을 걸은 뒤 모리아 산에서 장작을 짊어지고서야 번제에 쓸 양이 없다고 말했다는 사실이 이 지적 장애를 암시하는 증거라고 본다. 이런 요인으로 이삭이 그 여행을 끝내고 돌아오는 길조차 찾지 못할 것이라 여겼기 때문에 보내지 못했다는 것이다. 그리고 야곱이 이삭을 속이는 장면도 야곱의 행위를 드러내기 보다는 이삭의 바보스러움을 강조하기 위한 것이라고까지 본다. [138] 하지만 이러한 해석은 본문 속에 들어있는 신학적인 의미를 바르게 해독하지 못한 때문이라고 여겨진다.

이삭의 결혼 이야기를 살펴보면 아브라함이 자신의 신실한 종을 이삭 대신 파송하는 것으로부터 시작한다. 가나안 족속의 딸 중에서는 이삭의 아내를 구하지 말라는 명령과 더불어 자신이 떠나온 고향과 친척에게 가서 이삭의 아내를 얻으라는 것이다(창 24:1-4). 아브라함이 직접 하지 못하는 것을 보면 아마도 그가 임종을 눈앞에 두고 있는 상태임을 짐작해 볼 수 있다. 이러한 아브라함의 명령에 대하여 그의 종은 의미심장한 질문을 한다. 그는 "만약 그 여자가 나를 따라 이 땅으로 오지 않으려 한다면 내가 주인의 아들을 주인이 나오신 땅으로 인도하여 돌아가리이까?"라고 묻는다. 이 질문에 대하여 아브라함은 순간의 망설임도 없이 단호하게 두 번이나 강력한 어조로 "내 아들을 그리로 데리고 돌아가지 말라"(창 24:6, 8)라고 명령한다. 아브라함은 왜 이렇게 민감하고도 강한 역반응을 보이는 것일까? 이 두 번의 명령을 사이에 두고 그 가운데 아브라함이 그 이유를 분명하게 들려준다.

> 하늘의 하나님 여호와께서 나를 내 아버지의 집과 내 고향 땅에서 떠나게 하시고 내게 말씀하시며 내게 맹세하여 이르시기를 이 땅을 네 씨에게 주리라 하셨으니 그가 그 사자를 나보다 앞서 보내실지라 네가 거기서 내 아들을 위하여 아내를 택할지니라(창 24:7)

아브라함은 이삭이 결코 그 땅을 떠나서는 안 된다는 것을 두 번이나 힘주어 강조하며 그 근거를 하나님의 약속에 둔다. 하나님께서 이 땅을 "네 씨에게 주리라"고 약속해 주셨고, 그리고 그 약속을 자신의 이름을 걸고 반드시 이루어 주실 것이라는 확증까지 주셨다(창 22:16). 아브라함은 확신하건바 이 약속이 이삭에게 반드시 이루어질 것임을 믿었다. 그리고 자신은 이 나라 저 나라로 옮겨 다니며 나그네의 인생길을 걸어왔지만 하나님께서 이삭에게는 든든한 터전을 허락하실 것을 확신했다. 그래서 그는 자신의 아들 이삭은 결코 약속의 땅에서 움직여서는 안 된다는 것이다. 이삭은 하나님의 맹세의 성취인 땅의 선물을 흔들림 없이 기쁘게 누리는 사람이어야 한다는 것이다. 이처럼 이삭이 직접 여행하여 아내를 구하도록 하지 않은 것은 그의 지적 수준이 바보 같거나 혹은 수동적인 사람이어서가 아니라 약속의 땅과 이삭의 뗄 수 없는 상관관계로 인한 것이다.

이것은 비단 그의 결혼 이야기에서 뿐만 아니라 아브라함, 이삭 그리고 야곱이 겪었던 기근에 있어서도 똑 같은 결론을 보이고 있다는 점에서 중요성이 있다. 아브라함은 가나안 땅에 기근이 있을 때 애굽으로 내려갔고(창 12:10), 야곱 또한 큰 기근이 온 땅에 있을 때 요셉의 도움으로 애굽으로 하나님의 약속과 함께 내려간다(창 46:1-4). 그러나 이삭에게만은 똑 같은 기근의 상황에서 하나님께서 나타나셔서 절대로 애굽으로 내려가지 말라고 명령하신다.

> 아브라함 때에 첫 흉년이 들었더니 그 땅에 또 흉년이 들매 이삭이 그랄로 가서 블레셋 왕 아비멜렉에게 이르렀더니 여호와께서 이삭에게 나타나 이르시되 애굽으로 내려가지 말고 내가 네게 지시하는 땅에 거주하라(창 26:1-2)

왜 이삭은 애굽으로 피하면 안 되는 것인가? 그것은 하나님의 말씀 속에 그 해답이 들어가 있다.

> 이 땅에 거류하면 내가 너와 함께 있어 네게 복을 주고 내가 이 모든 땅을 너와 네 자손에게 주리라 내가 네 아버지 아브라함에게 맹세한 것을 이루어 네 자손을 하늘의 별과 같이 번성하게 하며 이 모든 땅을 네 자손에게 주리니 네 자손으로 말미암아 천하 만민이 복을 받으리라 이는 아브라함이 내 말을 순종하고 내 명령과 내 계명과 내 율례와 내 법도를 지켰음이니라 하시니라(창 26:3-5)

아브라함이 확신하였던 하나님의 약속실행이 실제로 하나님의 입술로부터 선포되고 있다. 이삭이 기근에도 불구하고 그 땅에서 움직이지 않아도 되는 것은 아버지 아브라함에게 맹세하신 것을 그 아들 이삭에게 실행해 주시려는 하나님의 신실하심에 기인한다. 아브라함도, 하나님께서도 동일하게 이삭은 땅의 약속에 대한 열매를 맛보는 사람이어야 하기에 어떠한 여건과 환경 속에서도 그 땅을 떠나서는 안 되는 것이다. 이것은 지금까지의 인류 역사 속에 나타난 역행을 뒤엎는 새로운 삶의 길이다. 계속되는 불순종으로 인한 상실과 추방이라는 저주의 역사가 회복과 확고한 정착이라는 축복으로 돌아선 것이다.

천지창조	새 창조(홍수 후)	새 창조(바벨탑 후)
인간의 시작(아담)	인간의 시작(노아)	인간의 시작(아브라함)
에덴동산	아라랏 산 지역	가나안 땅
불순종으로 상실 (추방)	불순종으로 상실 (추방)	순종으로 주어짐 (확고한 정착)

이와 같이 이삭의 삶은 아버지 아브라함의 절대적인 순종을 통해서 누리는 축복의 삶이다. 이러한 축복의 삶은 아브라함과 이삭의 이야기를 읽는 하나님의 백성 이스라엘 민족에게 삶의 좌표를 제시했음에 틀림없다. 하나님께서 맹세로 주시기로 한 그 약속의 땅, 비록 다른 이들이 보기에는 불모지로 보일지 모르나 하나님께서 함께 하시며 돌보는 놀라운 축복의 땅(신 11:10-12)에 거하는 비결은 바로 아브라함이 보여준 그 순종이다. 사람의 말을 따를 것인가 하나님의 말씀을 따를 것인가 라는 갈림길에서 오직 하나님의 말씀에 전폭적으로 순종하는 삶을 통해 그 약속하신 땅에 거할 수 있다는 희망인 것이다. 이것은 이삭에게도 동일한 과제로 다가온다. 모든 것이 메말라가며, 양식이 떨어지고, 가축들이 눈앞에서 죽어가는 기근의 절박한 상황에서 애굽으로 내려가야 산다는 인간적인 계산과 그자리에 그대로 머물라는 하나님의 말씀 사이에서 하나님을 향한 철저한 신뢰가 하나님의 약속을 현실이 되게 만드는 길이기 때문이다. 이삭은 아버지 아브라함처럼 하나님의 말씀에 절대적인 신뢰를 두고 그 땅에 머무른다. 그는 인간의 계산으로는 지적 바보인지 모르나, 하나님 앞에서는 그의 아버지의 순종을 닮은 영적 수재인 것이다.

이삭의 이야기는 이처럼 하나님 앞에서 어떻게 살아가야 할 것인 가라는 질문에 정확하게 응답하는 길을 보여주고 있다고 하겠다. 결국 그 중심신학은 순종만이 개인과 민족 그리고 세계가 사는 길임을 보이는 것이다. 이삭 이야기는 오경의 결론인 신명기의 중심 주제와 긴밀한 연관관계를 가지고 있기도 하다. 신명기의 중심주제는 바로 '이삭 이야기'의 확장이며 더 세부적이고 구체적인 삶의 지침을 주는 방향 지시서 라고 할 수 있기 때문이다. 신명기는 바로 '순종'과 '불순종'이라는 두 가지의 명제를 가지고 '순종할 때' 누리는 '축복과 생명' 그리고 '불순종할 때' 겪어야만 하는 '저주와 죽음'을 깊이 있게 다룬다. 그리고 이스라엘 역사 속에서의 뚜렷한 예들을 제시하면서 이스라엘 민족을 축복과 생명의 길로 인도하기 위한 권면과 훈계의 목적을 가진 책이라 할 수 있다. 하나님의 백성에게 그 축복과 생명은 바로 하나님께서 주신 '약속의 땅'과 밀접하게 연결되어 있으며 그 땅에서 흔들림 없이 거주하며 복을 누리고 평화로운 삶을 이루는 것이다. 이러한 소망은 신명기 30:15-20절에 요약적으로 잘 설명되어 있으며, 이는 축복의 전형적인 상징 가운데 하나이다(신 4:40, 5:33; 11:8-9).

보라 내가 오늘날 생명과 복과 사망과 화를 네 앞에 두었나니 곧 내가 오늘 네게 명령하여 네 하나님 여호와를 사랑하고 그 모든 길로 행하며 그 명령과 규례와 법도를 지키라 하는 것이라 그리하면 네가 생존하며 번성할 것이요 또 네 하나님 여호와께서 네가 가서 차지할 땅에서 네게 복을 주실 것임이니라 그러나 네가 만일 마음을 돌이켜 듣지 아니하고 유혹을 받아 다른 신들에게 절하고 그를 섬기면 내가 오늘 너희에게 선언하노니 너희가 반드시 망할 것이라 너희가 요단을 건너가서 차지할 땅에서 너희의 날이 길지 못할 것이라 내가 오늘 하늘과 땅을 불러 너희에게 증거를 삼노라 내가 생명과 사망과 복과 저주를 네 앞에 두었은즉 너와 네 자손이 살기 위하여 생명을 택하고 네 하나님 여호와를 사랑하고 그 말씀을 청종하며 또 그를 의지하라 그는 네 생명이시요 네 장수이시니 여호와께서 네 조상 아브라함과 이삭과 야곱에게 주리라고 맹세하신 땅에 네가 거주하리라(신 30:15-20; 참조, 신 4:39-40; 5:32-33; 11:8-9)

그리고 신명기에서 이스라엘이 순종해야 할 하나님의 법은 신명기 12-26장에 소개되어 있는 하나님 사랑과 이웃 사랑의 축소판인 십계명 정신(신 5:6-21)의 확장임을 느낄 수 있다. 이 법들은 신명기에서 계속해서 '명령, 계명, 율례, 법도'(신 4:1; 5:1; 6:1; 8:1; 11:1; 12:1) 등으로 표현된다. 이러한 세세한 법조문들은 아브라함이 하나님의 명령에 이삭을 드리기를 주저하지 않은 순종으로 인하여 지켰던 법조문의 항목과도 일치 한다: "이는 아브라함이 내 말을 순종하고 내 명령과 내 계명과 내 율례와 내 법도를 지켰음이라 하시니라"(창 26:5). 순종이 모든 법조문의 성취라는 점에서 하나님 앞에서 순종보다 더 나은 예배는 없다.

순종이 제사보다 낫고 듣는 것이 숫양의 기름보다 낫다(삼상 15:22)

바로 이런 순종이 이루어지는 그 땅은 인류가 잃어버린 에덴동산이 아니겠는가? 이러한 완성을 이루기까지 기나긴 세월이 걸렸다. 이제 그 땅에서 에덴동산이 회복되는 것과 그 순종의 영향력이 온 세상을 향하여 퍼져 나갈 것은 시간문제일 뿐인 것이다. 왜냐하면 땅의 약속을 맛보며 그 땅에서 흔들림 없이 든든히 서나가는 한 쌍의 부부가 있고, 그들을 통하여 그 땅에 믿음과 순종의 후손들이 가득 찰 것이기 때문이다. 한 쌍의 남녀가 만나고 결혼하여 하나가 되는 것은 이처럼 하나님의 숭고한 이상이 들어가 있다.

2) 자손의 약속 실현(창 24장)

(1) 이삭과 리브가의 결혼 이야기의 신앙적인 중요성(창 24장)

"왜 이삭의 결혼이야기가 창세기의 중심에 자리하고 있는가?"라는 질문을 진지하게 해본다면 그리고 그 의미를 정확하게 파악해 본다면 이것이 단순히 흔히 있는 그런 결혼식 장면을 묘사하기 위한 노력이 아님을 알 수 있을 것이다. 창세기 24장은 67절이나 되는 긴 이야기를 펼쳐나가며 그 속에 아브라함의 믿음의 승리, 신실한 종으로서의 모습을 끝까지 보여준 아브라함의 종, 리브가와 그녀의 가족 그리고 이삭의 이야기가 있다. 이렇게 다양한 인물들과 그들의 삶 속에서 숨어서 역사하시는 하나님의 인도하심이 이야기를 듣는 이로 하여금 하나님께서 살아서 모든 일에 함께 하심을 느낄 수 있게 한다. 아브라함이 받는 복의 강조와 그 복이 이삭에게 상속되었다는 사실, 순종하는 종의 모습, 기도와 하나님의 숨은 섭리의 역사 그리고 아브라함의 권위가 이삭에게로 전이된 이야기들이 단 한 번의 갈등과 마찰이 없이 아름답게 펼쳐진다. 이 장소에는 하나님의 인도하심을 구하는 간절한 기도와 그 기도에 대한 하나님의 응답과 그 응답에 대한 인간의 찬양인 살아있는 예배가 숨쉬고 있다. 위치만 중심이 아니라, 신앙적으로도 중심이라 해도 과언이 아닌 것이다.

이러한 요소들이 이삭과 리브가의 결혼 이야기에 밀집되어 나타난다. 그렇다면 이와 같은 요소들이 창세기 24장에서 어떤 기능을 하고 있는지를 살펴볼 필요가 있겠다. 이를 통해 창세기 24장이 창세기 전체에서 어떤 기능을 맡고 있는지를 분명히 알 수 있게 될 것이기 때문이다. 창세기 24장에는 단 한 번도 하나님께서 나타나셔서 직접 계시하거나, 방향을 인도하는 법이 없으시다. 그러나 이 속에 등장하는 모든 사람들은 하나님의 뜻 가운데 거하며 확고한 질서를 따르는 삶을 살아가고 있다. 아브라함의 순종이 모든 이의 삶 속에 그대로 진행되고 있음을 살펴볼 수 있는 것이다. 분명 이러한 조화를 통하여 이루고자 하는 목적이 있을 것이다. 먼저 각각의 인물들이 보여주는 성품을 통해 창세기 24장의 특성을 살펴보면 그 목적 또한 알 수 있을 것이다.

첫 번째 인물은 역시 아브라함일 것이다. 아브라함이 왜 자신의 종을 자신의 친척들이 살고 있는 그 먼 곳으로 이삭의 아내를 맞이하기 위해 보내야만 하는 가를 먼저 생각해 보아야 하겠다. 그 이유로는 가나안 여인 중에서는 절대로 자신의 아들의 아내를 맞이하지 않기 위한 것으로 이것은 이방인과 섞이지 않으려는 의지로 보인다(창 24:3). 여호와의 도를 전하고 의와 공도를 행하는 민족의 탄생은 결코 세상과 섞이면 이룰 수 없는 일이다. 아담의 후손도, 노아의 후손도 세상과 뒤섞임으로 인해 결국 실패로 끝나고 말았다. 아브라함은 구별된 삶으로의 길을 걷기 위해 이삭의 결혼에서부터 합당한 배필을 찾기 위하여 애쓴다. 이러한 아브라함의 의식은 하나님께서 선물로 약속하신 그 땅이 어떠해야 하는지를 알기 때문이다. 가나안 땅의 아모리 족속은 죄 가운데 거하는 자들이라는 것을 이미 하나님께서 선언하셨기 때문이다(창 15:16). 그리고 아브라함은 이삭을 결코 그 땅에서 내 보내지 않는다. 이것은 이미 언급하였듯이 하나님께서 아브라함에게 이 땅을 그의 씨에게 주기로 약속하셨으니 하나님께서 그 성취를 반드시 이삭에게 이루어 주실 것이라는 확신이 있었기 때문이다(창 24:7). 이처럼 아브라함은 하나님의 의중을 정확하게 알고 있으며, 하나님의 약속 또한 반드시 이루어진다는 확고한 신념에 흔들림이 없는 사람이다. 그래서 그는 가장 신뢰할 만한 종을 불러 맹세하게 하고 이삭의 아내를 구해오는 사명을 부여한다.

이제 아브라함의 종을 살펴볼 차례이다. 그가 맡은 역할은 창세기 24장에서 가장 중요한 역할이라고 해도 과언이 아니다. 그만이 24장 전체에 처음부터 끝까지 등장하며 약속이 이루어지는데 통로가 되는 중추적인 역할을 하기 때문이다. 일반적으로 사람들은 창세기 24장에 나타난 종을 아브라함이 상속자로 삼으려 했던 엘리에셀과 동일 인물로 보기도 한다. 그러나 그 어디에도 엘레에셀과 이 종을 연결시킬 근거를 찾아볼 수 없다. 오히려 창세기 24장은 의도적으로 이 종을 이름도 없는 존재로 등장시키고, 단순히 그의 정체성을 '아브라함의 종'으로 부각시키고 있다. 그리고 이 종 또한 자신을 소개할 때 자신을 '아브라함의 종'이라고 하기를 주저하지 않으며, 그에 대한 자부심을 갖고 있음 또한 느껴볼 수 있다(창 24:34). 아브라함은 이 종을 불러 자신의 허벅지 밑에 손을 넣어 맹세케 한다. 이 맹세 법은 허벅지 밑이 남성의 성기를 표현하는 완곡한 어법이란 점에서 생식과 관련된 것임을 알 수 있게 한다. 즉, 이 맹세를 어기면 그는 물론 그의 후손까지도 끊어지고 말 것이라는 암시가 들어가 있는 것이다. 이것은 아브라함이 이 종에게 맡기는 사명이 아브라함과 그의 후손의 생육과 번성과 깊은 연관이 있음을 보여주고 있는 것이라 할 수 있다.

아브라함의 종은 사명을 받고 즉각적으로 출발한다. 흡사 아브라함이 하나님의 명령 한 마디에 주저함 없이 떠나듯이 그 모습을 닮았다. 그리고는 메소포타미아 나홀의 성에 다다랐다. 그리고 신붓감을 만나기 좋은 장소인 우물가에서 여인들이 물을 길으러 나오는 저녁을 맞이했다(창 24:11). 자신의 편안이 아닌 오직 자신이 보냄 받은 사명에 모든 것을 집중하고 있음을 살펴볼 수 있다. 그리고 그는 그 자리에서 기도한다: "우리 주인 아브라함의 하나님 여호와여 원하건대 오늘 나에게 순조롭게 만나게 하사 내 주인 아브라함에게 은혜를 베푸시옵소서"(창 24:12). 그의 기도를 살펴보면 그의 신앙이 어디에서 온 것인지를 알 수 있다. 그는 자신의 신을 향하여 기도하는 것이 아니라 '아브라함의 하나님 여호와'를 부르며 기도한다. 여호와 하나님을 향한 그의 신앙은 전적으로 아브라함의 영향력임을 알 수 있다. 그리고 그는 어떻게 이삭을 위한 신붓감을 알아볼 수 있을지에 대해 하나님께 아뢴다. 합당해 보이는 여인에게 물을 달라 했을 때 그 여인이 자신에게 물을 주는 것은 물론 자신과 함께 온 10필의 낙타에게도 물을 길어 마시게 하겠다고 하면 바로 그 여인으로 알겠다는 기도이다. 이런 여인을 찾는 것은 결코 쉽지 않다. 사람에게 마실 물을 제공하는 것은 쉽지만 낙타 10필은 결코 쉬운 일이 아니다. 사막낙타 한 마리가 10분 동안 먹는 물의 양은 거의 50-100리터에 가깝다고 한다. 그리고 그 물을 지방화 시켜서 등의 혹에 저장해 두기에 장기간 물을 먹지 않아도 견딜 수 있다.[139] 10필이면 그 긴 시간을 여행했으니 500-1000리터는 족히 마실 것이다. 종의 이 기도 속에는 그 여인의 친절한 성품과 더불어 30-40분의 물 긷는 노동을 견뎌낼 만큼의 신체적 강함 또한 요구하고 있는 것이다. 그런데 마침 리브가가 나타났고 그가 기도한 대로 리브가가 모든 것을 다 행했다. 종은 섣불리 나서지 않고 리브가의 행동을 묵묵히 지켜보며 하나님의 섭리가 어디로 향하고 있는지를 인내심 있게 기다린다. 자신이 기도한 대로 행하는 것을 끝까지 지켜본 후에 아브라함의 종은 리브가에게 누구의 딸인지를 묻는다. 리브가의 입에서 나홀의 아들 브두엘의 딸이라는 응답이 나온다. 이 종은 그 자리에서 머리 숙여 여호와께 경배하는 예배를 행한다(창 24:26). 기도하고, 응답받고, 예배하는 전형적인 믿음의 삶인 것이다.

리브가가 이 나그네에 대한 이야기를 집에 도착하여 말 했을 때 리브가의 오빠인 라반이 뛰어나와 그 종을 집으로 초청하고, 씻을 물을 주고 그 앞에 음식을 베풀고 먹기를 청한다. 그러나 아브라함의 종은 "내가 내 일을 진술하기 전에는 먹지 아니하겠나이다"(창 24:33)라고 자신의 중심을 전한다. 이에 라반이 말할 것을 요청하고, 이 종은 지금까지 있었던 모든 상황들을 아브라함의 축복부터, 이삭의 성장과 여기에 온 이유가 이삭의 아내를 구하는 것이며 그리고 방금 전에 섭리 가운데 리브가를 만난 사건들을 진술하였다. 그의 진술의 시작과 끝의 테두리는 물론 그 중심까지 '여호와께서'로 가득 차 있다는 점에서 이 모든 것이 오직 하나님의 섭리였음을 고백하고 있는 것이다(창 24:35, 40, 42, 44, 48). 이와 같은 그의 여호와 신앙은 곧 아브라함의 신앙을 그대로 본받고 있음을 알 수 있다. 이 종의 하나님은 '나의 주인 아브라함의 하나님'이란 호칭이 이를 증거 한다고 할 수 있다(창 24:12, 27, 42, 48). 그리고 아브라함의 종은 이들의 응답을 요구한다.

> 이제 당신들이 인자함과 진실함으로 내 주인을 대접하려거든 내게 알게 해 주시고 그렇지 아니할지라도 내게 알게 해 주셔서 내가 우로든지 좌로든지 행하게 하소서(창 24:49)

라반과 브두엘은 이 모든 것이 하나님의 섭리로 여기까지 인도되어 리브가를 만났다는 아브라함의 종이 들려준 이 확고한 신념에 영향을 받는다. 그리고 "이 일이 여호와께로 말미암았으니 우리가 가부를 말할 수 없노라 리브가가 당신 앞에 있으니 데리고 가서 여호와의 명령대로 그를 당신 주인의 아들의 아내가 되게 하라"(창 24:50-51)고 응답한다. 라반과 브두엘도 여호와의 뜻에 대한 고백을 한다. 확고한 믿음의 사람은 이렇게 다른 사람에게 믿음의 공명을 줄 수 있는 영적인 영향력이 있다. 가족들의 허락이 떨어지자 그는 그 자리에서 땅에 엎드려 여호와께 절하고 예배한다. 이 모든 성취가 자신의 노력에 의한 것이 아니라 함께하시는 하나님으로 인해 이루어진 것임을 고백하는 것이다. 하나님의 은혜에 대한 응답인 예배는 인간이 교만으로 나아가는 길을 차단한다. 그리고 아브라함의 이름 없는 종은 리브가의 가족들에게 선물을 주고 나서야 먹고 마시고 휴식을 취한다. 그리고는 그 다음날 일어나자마자 한 치의 망설임도 없이 그의 주인에게로 돌아가려고 서둘러 움직인다. 이삭을 데리고 신속하게 모리아 산을 향했던 아브라함의 신앙이 이 종에게서도 그대로 드러나고 있는 것이다. 그 주인에 그 종인 것이다. 이렇게 바른 신앙은 강력한 영향력을 가지고 계속적인 공명을 일으키며 파급되는 것이다. 이에 대해 리브가의 가족들은 경악을 하며 리브가와 석별의 정을 충분히 나눌 수 있게 열흘 정도는 머물게 해달라고 한다. 그러나 그의 신념은 확고하다.

> 그 사람이 그에게 이르되 나를 만류하지 마소서 여호와께서 내게 형통한 길을 주셨으니 나를 보내어 내 주인에게로 돌아가게 하소서(창 24:56)

이에 리브가의 가족들은 리브가에게 물어보고 가부를 결정하기로 하고 그녀에게 묻고 리브가 또한 곧 출발하기를 원함으로 떠나서 가나안 땅으로 돌아오게 된다. 이와 같은 종의 행동은 성과주의에 빠진 세상 속에서 일의 성취가 자칫 자아도취라는 유혹에 빠져, 타락의 길로 갈수 있는 모든 요소들을 제거할 수 있는 삶의 길임을 보여준다. 수많은 신앙인들도 성공이라는 그물에 걸려 헤어나지 못하고 세상이 가는 길로 갈 때가 많은 이 시대에 아브라함의 종의 태도는 자신의 사명에 끝까지 집중력을 잃지 않음으로 인해 세상의 유혹이 들어올 틈조차 허락하지 않는 삶으로 교훈을 제공한다.

이 종의 이야기를 통하여 왜 이 종의 이름이 나타나지 않고, 단지 아브라함의 종이라는 정체성으로 등장하는지를 분명하게 알 수 있다. 그는 결코 자신의 편의를 위한 것을 도모하지 않는다. 오직 자신의 이름 앞에 붙어 있는 그 주인이 자신의 정체성이며, 자신의 사명임을 자각하고 아브라함이 보낸 일에 최선을 다 한다. 먹는 것도 마시는 것도 그리고 휴식을 취하는 것도 그 어느 것도 사명을 앞설 수 없다. 우물가에서 리브가가 건네주는 물을 마시는 것도 오로지 하나님의 섭리를 분별하기 위한 것이었다. 그리고 일이 성사되었을 때에도 결코 자신의 자랑으로 삼지 않는다. 오직 그일을 이루어주신 하나님께 모든 영광을 돌리며 예배하는 것이다. 우리 또한 이 시대에 하나님의 종으로 부름 받았다. 우리의 정체성은 하나님 안에 있으며 우리의 유익이 아닌 하나님의 뜻을 이루기 위하여 보내어진 것이다. 아브라함의 종은 그런 점에서 지금 현재를 살아가는 예수 그리스도의 종인 그리스도인들에게 믿음의 이상을 보여주는 모범적인 인물인 것이다.

그 다음은 리브가의 아버지인 브두엘과 오빠인 라반을 살펴볼 필요가 있다. 이들은 이방인으로 아브라함에게서 여호와 신앙을 배운 아브라함의 종을 통해 여호와의 능력을 전해 들었다. 이렇게 신앙은 계속해서 파급효과를 가지고 천하 만민에게 전해지는 것이다. 이들은 이미 언급한 것처럼 하나님의 섭리 가운데 일어난 일에 대해 절대적인 순종의 응답을 한다. 이 일이 여호와께로 말미암았으니 자신들은 가타부타 말할 자격이 없다는 것이다. 그러니 리브가를 데려가라는 것이다(창24:50-51). 아브라함의 종의 철저한 헌신이 하나님의 뜻이 확고하게 관철되는 길을 열었다.

이제 이삭의 배필이 될 리브가의 성품을 살펴볼 차례이다. 리브가의 성품은 이미 아브라함의 종과 10마리의 낙타에게 물을 길어 마시게 하는 것에서 드러났다. 그 외에 나타나는 리브가의 특징은 창세기에 나타난 어떤 한 인물을 기억나게 하는 요소를 갖추고 있다는 점에서 의미가 크다.

첫째, 리브가는 고향, 친척, 아버지의 집을 떠나야 한다. 창세기 24장에는 '고향과 친척과 아버지의 집'은 아브라함이 떠나온 장소이며 다시는 돌아가서는 안 되는 땅이다.[140] 결국 리브가가 이삭과 결혼하기 위해서는 반드시 떠나야 할 곳이기도 하다(창 24:7-8). 창세기 24:28절에는 리브가와 관련해서 '아버지의 집'이라는 표현이 아닌 '어머니의 집'(בֵּית–אֵם 베이트-엠)이란 표현을 사용하고 있다.[141] 주로 어머니의 집은 결혼과 연관이 있을 때 나타나는 표현이다(룻 1:8; 아 8:2). 그러나 안정을 깨고 떠난다는 의미에 있어서는 동일하다. 둘째, 리브가는 그 땅에 가본적도 없을 뿐만 아니라 결혼하게 될 이삭을 본 적도 없다. 즉, 한 번도 보지도 못한 사람과 한 번도 가 보지 않은 장소를 향해 출발하는 것이다.[142] 셋째, 아직 이루어지지 않은 축복의 약속을 받고 출발한다: "리브가에게 축복하여 가로되 우리 누이여 너는 천만인의 어미가 될지어다 네 씨로 그 원수의 성문을 얻게 할지어다"(창 24:60). 그리고 마지막으로 리브가는 자신을 데리고 급박하게 떠나려는 아브라함의 종을 가족들이 만류하며 "네가 이 사람과 함께 가려느냐?"의 질문에 조금의 망설임도 없이 단호하게 "나는 가겠나이다"라고 대답한다(창 24:58; 비교, 창 12:4). 이와 같은 특징들은 이스라엘 신앙의 모델이 된 아브라함이 담대하게 신앙의 출발을 갖는 모습 속에서나 볼 수 있었던 요소들이다.

그리고 하나님께서 아브라함에게 주신 약속에는 '축복'(בְּרָכָה 베라카) 혹은 '축복하다'(בָּרַךְ 바라크)가 넘쳐난다(창 12:2[2번]; 12:3[3번]). 리브가의 이야기 속에는 이 축복이라는 단어가 아브라함의 축복과 함께 수차례 강조된다(창 24:1, 27, 31, 35, 48, 60). 그리고 리브가가 이 축복을 연결시킬 바로 그 여인이라는 점을 부각시키고 있다. 특히 아브라함이 모리아 산에서의 순종을 보였을 때 여호와께서 "네 씨가 그 대적의 문을 얻으리라 또 네 씨로 말미암아 천하 만민이 복을 얻으리니"(창 22:17-18)라는 약속은 위에 인용한 창세기 24:60절의 리브가에 대한 축복 선언과 흡사하다는 점에서 더욱 그렇다.[143] 이것은 리브가의 결단의 출발을 아브라함의 모리아 산에서의 신앙과 연결시키는 것이기도 하다. 그리고 리브가라는 이름의 히브리어 '리브카'(רִבְקָה 리브가)가 축복을 뜻하는 '베라카'(בְּרָכָה 축복)와 그 발음에서 유사한 자음을 다 내포하고 있다는 것도 우연은 아닐 것이다. '천만인의 어미'(창 24: 60)가 되라는 리브가에 대한 축복 또한 '천만인'

의 히브리어 발음이 '레바바'(רְבָבָה)로 리브가의 이름과 축복이라는 단어들의 유사한 발음이 내포되어 있기도 하다. 이러한 아브라함과의 밀접한 신앙적인 연관성으로 인해 리브가에게 '여성 아브라함'(a female Abraham)이란 칭호를 주어도 아깝지 않은 여성임에 틀림없다.[144] 이러한 믿음을 가진 여성이 바로 새로운 시대를 열어가는 축복의 씨와 결합하게 되는 것이다. 아브라함과 같은 신앙을 가진 축복의 여인이 아브라함의 뒤를 잇는 축복의 사람 이삭과 결합한다. 이처럼 약속의 땅은 아무나 들어올 수 있는 땅이 아니다. 그 땅에서 하나님의 나라가 이루어지기 위해서 아브라함의 신앙이 절실히 필요한 것이다.

마지막으로 이삭의 성품을 살펴볼 필요가 있다. 이삭은 저물 때에 들에 나가 '묵상하다가'(שׂוּחַ 수아흐) 눈을 들어 보매 낙타들이 오는 것을 본다(창 24:63).[145] 여기서 '묵상하다'라고 번역한 '수아흐'(שׂוּחַ)라는 단어는 구약성경에서 단 한 번밖에 나오지 않는 단어로 다양한 해석들이 존재한다. 시편 속에 자주 등장하는 '작은 소리로 읊조리다' 혹은 '묵상하다'는 뜻을 가진 '시아흐'(שׂיחַ)라는 단어와 연관성이 있는 것으로 보고 '묵상하다'로 해석한다(시 77:6, 12; 119:15, 23, 27, 48, 78; 143:5; 145:5). 이삭의 특징은 조급함이나, 초조함을 찾아볼 수 없다. 하나님의 뜻에 맡기고 잠잠하게 기다리며 모든 일의 결과를 하나님께 맡기는 삶을 살아가고 있다. 그의 삶은 늘 차분함과 조용함이 가득 한 삶이다.

이처럼 창세기 24장에 등장하는 모든 인물들은 그 어떤 부조화도 보이지 않고, 모두 하나님의 인도하심에 순종하는 삶을 살아간다. 이와 더불어서 동물들과의 관계 또한 돌봄과 보호를 통한 공존과 조화를 이루고 있다. 리브가가 낙타 열 필에게 기꺼이 물을 제공하고, 라반이 낙타의 등에서 짐을 부리고 짚과 사료를 주는 배려를 통해 인간과 동물의 조화를 살펴볼 수 있다.

이삭과 리브가의 결혼 이야기 속에는 이렇게 하나님께서 직접 한 번도 등장하지 않으심에도 불구하고 하나님의 섭리를 구하고, 그 하나님의 숨은 섭리에 삶을 맡기고 인도함을 받아 살아가는 사람들의 이야기로 가득하다. 하나님과 다양한 사람들의 삶의 조화가 이렇게도 온전하게 이루어지고 있는 장소는 에덴동산을 제외하고는 구약성경 전체에서도 찾아보기 드물다. 이삭과 리브가의 연합은 하나님의 백성이 어떻게 하나 되어야 할 것인가를 보여주는 좋은 모범이 된다. 이러한 조화와 화합 속에는 하나님께서 약속하신 축복이 넘쳐날 것을 기대해 볼 수 있다. 천지창조의 대 사건 속에서도, 하나님이 보시기에 좋았더라는 화음은 피조물의 축복으로 연결되고 있다는 점에서 동일한 기대를 가져볼 수 있다. 하나님께서 약속하신 땅은 단순히 하나님의 백성이 살아갈 땅의 차원이 아닌 잃어버린 낙원을 회복하는 대 주제가 들어가 있기에 잃어버린 조화를 온전하게 회복하는 것은 그 땅을 회복하는 지름길이기도 하다.

이러한 조화를 지키고 가꾸기 위하여 반드시 요구되는 것이 있다. 바로 합당한 결혼인 것이다. 창세기 1-11장에 펼쳐진 인류의 역사를 통하여서 살펴볼 수 있는 교훈이 있다면 하나님께서 인류를 홍수로 쓸어버리시고, 언어를 혼잡케 하셔서 흩어버리신 이유가 인간이 하나님처럼 되려고 자신의 이름을 높이는 것에 있다. 그러나 이렇게 되어버린 근본 출발선을 살펴보면 그 속에는 혼합과 뒤섞임이라는 요소가 등장한다.

아담	노아	아브라함
에덴동산	아라랏산	가나안
사람의 딸들과 하나님의 아들들의 혼합	함의 후손(가나안)과 셈과 야벳의 후손의 혼합	가나안 족속의 딸들과 이삭은 혼합되면 안 된다. (창 24:2-4)
네피림 - 인간의 이름	바벨탑 - 인간의 이름	하나님을 예배하는 길이며
쓸어버리심	흩어버리심	가나안 땅에 든든히 뿌리내리는 길이다.

이러한 역사를 반복하지 않기 위하여 아브라함은 절대로 저주받은 함의 후손인 가나안 족속과 섞이지 말 것을 강조하고 있다. 다른 민족과 혼합되는 가장 빠른 길이 바로 결혼관계로 동맹을 맺는 것이기 때문이다. 회복된 하나님과의 관계를 지키는 길은 이렇게 세상과 결코 타협하지 않고, 그들의 방식에 동조하지 않으며 하나님의 길을 지키며 살아가는 것이다. 가나안 사람을 인종적으로 무시하고 멸시하는 차원이 아니라, 그들이 살아가는 삶의 방식을 결코 따르지 말아야 한다는 것이다. 그 방식은 세상을 죄로 물들이는 지름길이기 때문이다(신 7:1-4; 레 18, 20장). 하나님의 백성은 오직 하나님의 이름 아래에서 세상 모든 민족과 조화를 이루어야 하는 것이다. 이런 점에서 창세기 24장은 하나님께서 선물로 주신 땅에서 이루어야 할 가장 아름다운 삶의 길을 제시하고 있는 것이다.

(2) 아브라함-사라와 이삭-리브가의 관계

이처럼 창세기 24장은 이삭과 리브가의 만남만큼이나 등장하는 모든 인물들의 조화 또한 관심권 속에 두고 있다. 등장인물들이 지위가 다르고, 사는 지역이 다름에도 불구하고 모두 여호와 신앙으로 연합을 이루고 있다는 점이 부각된다. 이와 더불어 중요한 신학적, 신앙적인 의미로는 하나님께서 아브라함에게 약속하신대로 차고 넘치도록 축복하셨다는 것이 전체의 이야기를 통해서 은은히 울려 퍼지고 있다. 그리고 아브라함의 종의 증언을 통해 그 축복이 결국 한명뿐인 상속자인 이삭에게 물려졌음이 들려진다(창 24:36). 이러한 축복의 전이는 집안의 주권 또한 이삭에게 주어진 것이 이야기 전개 과정에서 나타나고 있다. 즉 종을 파송할 때 아브라함이 주권을 가지고 등장하지만, 종이 리브가와 함께 돌아올 때는 이삭이 그의 주인이 되어 있다(창 24:65). 그리고 종이 그간 있었던 모든 일을 아브라함에게가 아닌 이삭에게 보고하고 있는 것으로 보아(창 24:66) 이미 집안의 주권이 이삭에게로 옮겨졌음을 느낄 수 있다. 창세기 24장이 전하는 복의 전달 과정은 다음과 같다.

복의 전달		
창 24:1	하나님께서 아브라함에게	아브라함이 나이가 많아 늙었고 여호와께서 그에게 범사에 복을 주셨더라
창 24:31	라반이 아브라함의 종에게	여호와께 복을 받은 자여 들어오소서
창 24:35 -36	아브라함의 복이 이삭에게 상속됨	(아브라함의 축복)여호와께서 나의 주인에게 크게 복을 주시어 창성하게 하시되 소와 양과 은금과 종들과 낙타와 나귀를 그에게 주었고 (이삭에게 상속)나의 주인의 아내 사라가 노년에 나의 주인에게 아들을 낳으매 주인이 그의 모든 소유를 그 아들에게 주었나이다
창 24:53	아브라함의 복이 리브가의 집안으로 전달됨	은금 패물과 의복을 꺼내어 리브가에게 주고 그의 오라버니와 어머니에게도 보물을 주니라
창 24:60	리브가의 어머니와 오라버니들이 리브가에게	리브가에게 축복하여 이르되 우리 누이여 너는 천만인의 어머니가 될지어다 네 씨로 그 원수의 성문을 얻게 할지어다

이렇게 축복의 연결을 부각시키는 것은 이삭과 리브가의 결혼을 통하여 아브라함에게 주신 하나님의 약속이 이삭에게 축복으로 연결되고 그 결혼을 통해 생겨날 후손들에게 끊임없이 연결될 것을 예시하는 기능을 하고 있다. 리브가 또한 가족들의 축복과 함께 가나안 땅으로 온다는 점에서 이삭은 모든 면에서 축복과 연결되어 있는 사람이라는 것을 계속해서 강조하는 것이라 하겠다. 그러므로 이삭과 리브가의 결혼은 바로 이 복을 누리는 삶이며, 축복의 연결이다. 이 복은 자손의 약속과 더불어 땅의 약속과도 밀접하게 맞물려 돌아간다. 이삭과 리브가의 삶 속에 나타난 축복의 모습은 분명 하나님의 백성에게 중요한 신앙 요소를 제공해 주었을 것이다.

이렇게 축복의 사람들인 이삭과 리브가의 결혼장면이 펼쳐지기 전에 사라의 죽음이 나타나고, 결혼식이 이루어진 다음에는 아브라함의 죽음이 보도되고 있다는 것은 이삭과 리브가의 정체성을 분명하게 밝혀준다. 이 두 사람은 첫 번째 족장부부인 아브라함과 사라를 대체하는 새로운 신세대 족장 부부임을 알 수 있다. 즉, 세대교체가 이루어지고 있는 것이다. 그 차후의 사건은 바로 이 세대교체에 대한 이야기가 중심이 될 것임을 짐작해 볼 수 있다. 결국 사라와 아브라함이 죽고, 새롭게 결혼한 이삭과 리브가가 새로운 족장 부부로 새 시대를 시작하는 행진을 하고 있는 것이다. 이처럼 창세기 24장은 '이삭과 리브가의 결혼'을 다루고 있지만 그 깊은 내막에 있어서는 아브라함의 복 누림과 아브라함의 복이 이삭에게 물려진 것에 대한 강조점이 드러난다는 점에서 축복이 후세대에 연결되는 이야기라 볼 수 있다. 그렇다면 이러한 아브라함의 복을 이어받은 이삭과 리브가의 삶 속에는 분명한 하나님의 의도가 자리 잡고 있을 것이 틀림없다. 이러한 축복과 세대교체가 내포하고 있는 의미는 이삭과 리브가와 아담과 하와를 비교해 보면 분명해 진다. 이 비교는 더욱 선명하게 그 땅은 어떤 장소가 되어야만 하는가에 대한 하나님의 이상이 들어가 있음을 살펴볼 수 있게 한다.

(3) 이삭-리브가와 아담-하와의 관계

창세기의 중심에 위치한 이삭과 리브가의 결혼은 단순히 한 쌍의 남녀가 만나는 것을 다루는 이야기 정도가 아닐 것이 틀림없다. 아브라함은 그 신앙의 출발에서 하나님의 축복을 약속받았다(창 12:1-3). 그러나 "여호와께서 아브라함의 범사에 복을 주셨더라"(창 24:1b)는 약속의 실현은 이삭과 리브가의 결혼 이야기에 처음으로 등장한다. 이것은 이삭과 리브가의 결혼이 창조 이야기(창 1:1-2:3)의 메아리를 반영하고 있다는 점에서 중요한 연결성을 갖는다. 동일한 표현인 '하늘과 땅'과 '하나님'(אֱלֹהִים 엘로힘)의 조합은 오직 창세기에서 1장과 24장에만 등장하는 특별한 용어이다(창 1:1; 24:3). 그리고 동일한 축복에 대한 강조점 또한 이 두 이야기의 공통점이기도 하다(창 1:22, 28; 2:3; 24:1, 27, 31, 34, 48, 60).[146] 이러한 천지창조와의 연결성에 이어서 무엇보다도 이삭과 리브가의 결혼 이야기가 창세기 2장의 첫 사람 아담과 하와의 결혼 이야기를 재현하고 있다는 점이 특히 중요하다. 이삭과 리브가의 결혼 이야기는 이러한 유사성을 논증할 수 있는 다양한 증거를 보여준다.

첫째, 아담이나, 이삭이나 하나님께서 마련하신 새로운 땅에서의 삶을 기대하고 있다는 점을 들 수 있다. 이 두 사람이 살아갈 에덴동산과 가나안 땅은 전적으로 하나님께서 마련하여 제공해 주시는 선물이다. 이 두 땅에는 복이 넘치며, 동물들, 재산들, 은, 금이 풍성하다(창 2:9, 11-12; 24:35). 또한 이 양쪽 땅에는 하나님과 사람, 사람과 사람 그리고 사람과 자연세계 사이에 어떤 부조화도 보이지 않으며, 조화와 일치, 연합만이 존재한다. 이제 이들에게는 이 땅을 어떻게 가꾸어 나갈 것인가라는 과제가 주어져 있다.

둘째, 모든 것이 풍성한 두 땅에는 한 가지 모자란 것이 있다. 바로 아담과 이삭에게 돕는 배필이 없다는 것이다. 아담의 이야기도 돕는 배필을 찾는데 주력하고 있고, 이삭의 이야기는 그의 결혼 이야기가 주류를 이루고 있다. 즉, 꼭 맞는 배필을 찾기 위한 노력이 숨어 있다고 보겠다. 하나님은 아담을 위해서 돕는 배필을 만들려하시고, 아브라함은 그의 아들 이삭을 위해 아내를 얻게 하려 한다. 양쪽 다 하나님께서 맞는 배필을 마련하여 데려가신다. 아담의 결혼은 물론이요, 이삭의 결혼 또한 하나님의 섭리가 활동하는 역사였다. 그리고 양쪽 이야기 다 하나님께서 꼭 맞는 배필을 만나게 하시는 것으로 결론에 이른다. 그런데 그 여자는 반드시

'뼈 중의 뼈요 살 중의 살'이어야 한다(창 2:23). 히브리어에서 '내 뼈요 내 살'(עַצְמִי וּבְשָׂרִי 아쯔미 우베사리)이라는 표현은 친족 그리고 계약의 서원 아래 맺어진 신앙 공동체를 가리킬 때 쓰는 표현이다(창 29:14, 삿 9:2, 삼하 5:1, 19:13, 대상 11:1).[147] 그래서 이삭은 반드시 가나안 족속의 딸이 아닌 아브라함의 고향과 친족에게서 아내를 얻어야 한다. 이점에서 하와가 아담에게 뼈 중의 뼈요 살 중의 살이었듯이, 리브가는 이삭에게 그의 뼈요 살인 '나의 누이 나의 신부'(아 4:9, 10, 12)가 되는 최고의 배필이다. 그리고 아담처럼 이삭 또한 한 명의 아내를 두었다는 것 또한 우연은 아닐 것이다. 한 명의 아내와 함께 사랑하며 평생을 살아가는 것을 통해 태초에 주신 결혼의 이념이 살아나는 듯하다.

셋째, 아담에게 주신 결혼의 이념인 "결혼은 남자가 부모를 떠나 그의 아내와 합하여 둘이 한 몸을 이루어야 한다"(창 2:24)는 것은 이삭이 아브라함을 떠나 네게브 사막 지대에 거주하고 있다는 것과 리브가와 사라의 텐트에서 둘이 결혼의 완성을 이룬다는 점에서 일맥상통한다(창 24:62-67). 이삭의 결혼 이야기 전에 나타난 아브라함이 거주하던 장소는 헤브론이었다(창 23:2). 이삭이 리브가를 만나기 바로 전에 그는 네게브 사막지역에 홀로 머물고 있었기 때문에 브엘라해로이로부터 돌아온다(창 24:62). 이러한 거주지의 변동은 이삭이 현재 아브라함으로부터 떨어져 살고 있다는 것을 지시한다. 아브라함의 종이 모든 상황을 보고하기 위해 이삭에게 직접 갔다는 것은 그 다음 이야기에 아브라함의 또 다른 결혼 이야기가 나올지라도 아브라함이 이미 죽은 것을 가리키는 것이라고 볼 수도 있다(창 24:66).[148] 아브라함이 죽은 후에 "하나님이 그의 아들 이삭에게 복을 주셨고 이삭은 브엘라해로이 근처에 거주하였더라"(창 25:11)는 언급이 이 사실에 힘을 실어주고 있다. 즉, 브엘라해로이는 이삭이 아브라함 사후에 거주하는 장소라는 것이다. 그리고 아브라함이 그의 종에게 준 사명 속에 그 종이 돌아올 때 그는 이미 죽었을 지도 모른다는 암시를 풍기고 있다는 점도 상기할 필요가 있다(창 24:1-4).[149] 아브라함이 살아 있을 것이라면 종이 "여인이 오지 않으면 아들을 거기로 데려 갈까요?"(창 24:5)라고 한 질문은 의미가 없다. 왜냐하면 아브라함이 그 일을 결정할 것이기 때문이다. 그리고 가나안 여인 중에서 이삭의 아내를 택하지 말라고 명령할 일도 없다. 왜냐하면 아브라함이 그 일 또한 결정할 것이기 때문이다. 그러나 이러한 질문들은 종이 돌아올 때쯤 그것을 아브라함에게 물을 수 없는 상황이 발생할 수 있다는 것을 전제하고 있다. 아브라함이 죽음 전에 그두라와 결혼하여 아들들을 낳는 이야기는 분명 연대기적인 흐름보다는 문학적인 구조에서 이삭과 그 아들들을 비교하려는 목적으로 이야기를 배열했기 때문이라 할 수 있다. 그리고 사라의 죽음과 아브라함의 죽음으로 이삭과 리브가의 결혼 이야기를 감싸는 것을 통해 새로운 두 인물의 중요성을 더욱 부각시키고 있다는 점에서 신학적인 의미를 전하는 구조적인 면에 목표를 둔 배열이라 하겠다. 이처럼 태초에 주신 결혼의 이념처럼 이삭은 부모를 떠나 독립적인 존재로서 한 가정을 이루고 신앙의 길을 걸어가는 것이다.

넷째, 아담의 배필이 하나님에 의해 마련되고 아담이 잠든 중에 그에게 왔다면, 리브가 또한 하나님의 섭리를 따른 아브라함의 종에 의해 예비 되고 이삭이 묵상하는 중에 그에게로 온다. 그리고 이삭과 리브가가 살아갈 풍성함이 최초의 낙원 형태의 축복과 풍성함에 견줄만하다(창 2:9-19, 24:35). 이에 덧붙여 그랄 왕 아비멜렉이 자신의 백성에게 "이 사람이나 그 아내를 만지는 자는 죽이리라"(창 26:11)고 경고하고 있는데 이것은 에덴동산에서 선악과에 관하여 쓰였던 표현을 연상시킨다: "너희는 먹지도 말고 만지지도 말라 너희가 죽을까 하노라"(창 3:3). 흡사 이삭과 리브가가 에덴의 금단의 열매처럼 보호된다는 점을 느껴볼 수 있다.[150] 그 결과는 이삭과 리브가가 가나안 땅에서 안전과 번영을 맛본다는 것이다.

다섯째, 이삭이 거주하고 있는 약속의 땅은 이상적인 에덴동산에 대한 역사적인 맞상대로서 나타나고 있다. 이삭이 그 땅에 씨를 심고 풍성한 소출을 얻은 것(창 26:12)은 타락 이전의 창조 이야기에서 채소와 과목을 주신 것(창 1:29)과 아담의 에덴 경작을 기억케 한다(창 2:15). 땅이 그 풍성함을 회복한 것이다. 단언하면 이삭과 리브가는 좁게는 아브라함과 사라를 대체하고, 창조 이야기와의 연결을 통해 넓게는 에덴동산에서의 첫 사람인 아담과 하와를 대체하는 사람들이기도 하다.[151] 그리고 약속의 땅에서의 새로운 시작을 기대할 수 있게 한다. 아브라함이 순종으로 새 창조의 길을 열었다면, 이삭과 리브가는 역사화 된 에덴인 가나안에서 새로운 인류로 축복과 함께 모든 것을 다시 시작하는 출발점이 된다. 가나안 땅에서의 이삭과 리브가는 흡사 창조의 처음에 지음 받았던 아담과 하와 그리고 그들에게 주어졌던 에덴의 축복을 상징하는 모습을 그대로 간직하고 있는 것이다. 이삭이 단 한 번도 약속의 땅을 떠나 본 적이 없다는 것은 태초부터 시작된 하나님의 계획이 어떻게 성공적으로 이루어질 수 있는가에 대한 청사진을 제공하고 있는 것이다. 이것이 이삭과 리브가의 결혼이 주는 신학적인 중요성이다.

바로 이러한 사실 속에 신화적이고, 상징적인 세계가 실제가 된다. 창세기의 전반부에 나타난 천지창조, 에덴동산, 아담과 하와의 탄생과 만남, 선악과와 인간의 타락은 상징적이고 신화적인 색채로 그려져 있다. 하지만 거기에만 머물러 있어서는 삶의 구체화가 이루어지기가 어렵다. 그 상징성과 신화적인 색채는 반드시 현실감 있는 실제로 주어져야만 한다. 그래야 구체적으로 살아갈 수 있을 것이기 때문이다. 이 땅에 존재하는 하나님의 백성은 바로 그 사명으로 부름 받은 사람들이다. 저 멀리 비현실적인 세계에나 존재할 법한 허무맹랑한 이야기를 현재의 삶으로 실현해 내는 것이다. 말씀대로 그대로 이루어짐으로 하나님 보시기에 좋은 천지창조의 이상은 아브라함의 삶으로 구체화되고, 동화 속에나 존재할 것 같은 에덴 동산은 가나안이라는 땅으로 보고 누릴 수 있는 실제가 되고, 하나님께서 직접 빚어 만든 아담과 그의 갈비대로 만든 하와의 이야기는 이삭과 리브가의 이야기로 현실감 있는 버전이 된다. 이렇게 성경의 짝을 맞추노라면 상징이 실제가 되어 눈앞에 펼쳐진다.

상징성	실제	실제화
천지창조	아브라함	신화적인 창조 세계가 역사적인 인물 속에 실현됨
에덴동산	가나안	신화적이며 무시간적인 공간이 구체적이며 역사적인 지역이 됨
아담과 하와의 만남	이삭과 리브가의 만남	신화적인 인간 창조와 결혼이 실제적인 탄생과 만남이 됨
선악과: 생명과 사망의 갈림길	말씀에 대한 순종과 불순종 : 생명과 사망의 갈림길	신화적인 금단의 열매가 구체적인 말씀에 순종, 불순종으로
여자의 후손과 뱀의 후손과의 전쟁	이삭과 리브가의 후손과 세상과의 전쟁	신화적인 전쟁 모티브가 현실의 대결로 드러남

이러한 비교에서 볼 수 있듯이 이삭과 리브가는 새 아담과 하와로 축복을 연결시켜 나갈 하나님께서 세우신 새 창조의 한 쌍이 되었다. 이제 이들로부터 태초의 계획이 펼쳐져 나갈 길이 열려질 것을 기대해 볼 수 있다. 그것은 인간의 죄로 인해 거칠어지고 황폐해진 땅에서 이루어질 축복의 실현이라는 거대한 하나님의 뜻이 펼쳐지는 것이다. 그리고 마침내 이삭과 씨(זֶרַע 제라)의 연결은 여자의 후손(זֶרַע 제라/씨)이 뱀의 머리를 부수는 것(창 3:15)이 어떻게 이루어 질 것인지를 보여주고 있기도 하다. 하나님께서 허락하신 땅에서 축복을 누리며 오직 순종으로 그 땅을 가꾸어 가는 씨들이 생육하고 번성하여 땅에 가득 차게 되면 뱀과 뱀의 씨는 설 자리

를 잃고 무너지고 말 것이다. 이삭은 그 씨들이 이룰 나라의 새로운 시작을 열어간다. 이로써 이삭 이야기는 마침내 이삭-리브가 이야기가 되면서 새로운 완성을 향한 대 장정의 출발을 열어간다.

태초에 순종과 조화의 천지창조가 있었으나 아담과 하와라는 최초의 부부가 불순종함으로 에덴이라는 낙원을 상실하였다. 인간 타락 전의 하나님과 인간의 조화로운 세상이 파괴된 것이다. 그러나 창세기 24장은 하나님과 인간의 조화가 가장 극적으로 실현된 삶의 모습을 보여준다. 바로 낙원의 모습이 회복된 것이다. 그리고 그 속에는 모두가 누리는 복된 삶의 모습 또한 넘쳐난다. 그 조화로운 세상에서 이삭과 리브가가 연합하여 부부가 되었다. 이들에게는 이러한 아름다운 세상을 가꾸고, 확장시켜나가야 할 소명이 있다. 바로 그의 후손들에게 이 소명을 위임하는 것이다. 그렇다면, 그 축복의 실체와 그 복을 어떻게 지켜나갈 것인가의 방법이 구체적으로 주어지지 않는다면 그 후손들은 바른 길을 열어가지 못할 것이다. 창세기 26장에서 이삭과 리브가가 누리는 축복은 바로 이것을 보여주기에 부족함이 없다. 이처럼 이삭-리브가의 이야기는 가장 짧지만, 하나님의 백성이 품고 살아가야 할 가장 중요한 신학을 보여주고 있다. 축복은 쟁취하는 것이 아니라 선물로 주어지는 것이며, 그 선물은 선물로서 지켜지고 확장될 때 하나님의 뜻이 이루어진다는 사실을 마음에 새기고 실천하며 사는 삶이다.

이처럼 하나님의 백성은 신화적이고 상징적인 세계상을 현재화시켜 성취를 이루는 소명이 주어져 있다. 만약 하나님의 백성이 이 일을 바르게 완수하지 못한다면 세상 사람들은 성경에 기록된 너무나 신화적이고, 비현실적이어서 도저히 현실로 믿을 수 없는 모든 이야기들을 허구라고 치부해 버리고 말 것이다. 그러나 그 믿을 수 없는 이야기들이 하나님의 백성을 통하여 그들의 삶 속에 그대로 성취되어 현실이 된다면 세상의 어느 누구도 감히 성경은 믿을 수 없는 허구일 뿐이라고 조롱할 수 없을 것이다. 왜냐하면 자신들의 눈앞에서 믿을 수 없는 이야기가 현실이 되어 있기 때문이다. 말씀대로 이루어져, 보기에 아름다운 세상인 천지창조의 이상이 펼쳐지고, 이로 인해 이상향에나 존재하는 에덴동산이 눈앞에 드러날 때 아무도 이 이야기들을 인간의 상상력으로 만들어낸 이야기들이라고 할 수 없을 것이다. 이삭과 리브가의 만남은 바로 이러한 세상을 열어가는 새로운 출발선이 되어야 함을 강조하고 있다.

(4) 아브라함의 또 다른 후손들과 가나안 땅(창25:1-11)

아브라함이 후처를 취했고 그를 통해 시므란, 욕산, 므단, 미디안, 이스박, 수아라는 6명의 아들을 더 낳았고 그들의 후손들이 퍼져나간 모습을 전한다. 이 사실이 주는 의문점은 사라가 살아있을 때인가, 아니면 죽은 후인가라는 점이며, 또한 아브라함이 6명의 자녀를 한 여인을 통해서 낳을 육체적 능력이 있었는가하는 점이다. 이미 이삭을 낳을 때도 노년이요, 모든 것이 불가능하다고 선언했었기 때문이다. 창세기는 그두라를 소개하며 첩(פִילֶגֶשׁ 필레게쉬; 창 35:22)이라는 단어를 쓰지 않고, 아내(אִשָּׁה 잇샤)라는 단어를 사용하고 있다: "아브라함이 후처를 맞이하였으니 그의 이름은 그두라라"(창 25:1). 그러나 그녀의 아들들을 통칭할 때 '서자들'(첩의 자식들)이라고 칭하는 것을 보면 사라가 살아있을 때 취한 여인으로 볼 수 있다.

> 아브라함이 이삭에게 자기의 모든 소유를 주었고 자기 서자들(הַפִּילַגְשִׁים
> בְּנֵי 베네 하필라그심/첩의 아들들)에게도 재산을 주어 자기 생전에 그들
> 로 하여금 자기 아들 이삭을 떠나 동방 곧 동쪽 땅으로 가게 하였더라(창
> 25:5-6)

역대상 1:32절 또한 그두라가 아브라함의 첩(פִּילֶגֶשׁ 피레게쉬)이라고 칭하고 있다. 아마도 후계의 정통성이 사라의 아들인 이삭의 후손에게 있다는 것을 강조하기 위한 것이라 여겨진다. 그렇다면 능치 못함이 없으신 하나님의 능력으로 그는 이삭을 낳은 후에도 생육하고 번성하는 축복을 이루기 위한 동일한 생식 능력을 그대로 유지하고 있었다는 것인가? 그러나 아브라함이 그두라를 통해서 아들 여섯을 낳았다는 것은 이러한 질문에 답을 주기 위한 목적과는 전혀 상관이 없다. 이 속에는 그들과 이삭과의 차이점을 보여주기 위한 목적이 들어가 있으며, 이는 곧 하나님의 백성과 다른 민족들과의 차이점을 알리는 것과도 같은 것이다. 오직 약속의 씨만이 하나님께서 약속하신 그 땅에 거할 수 있다는 것이다. 그러나 이러한 차이점은 결코 특권을 위한 것이 아니라는 점을 안다면 그 차이 속에 들어 있는 책임을 더 깊이 새길 수 있다(암 3:2).

이처럼 땅에 대한 약속 성취의 시작인 막벨라 굴을 비롯한 가나안 땅은 오직 약속의 씨만이 소유할 수 있고 거주할 수 있는 곳이다. 그 외의 모든 자손들은 다 그 땅에서 떠나야만 한다. 이삭을 제외한 그 어느 누구도 그 땅을 약속받을 수 없기 때문이다. 이것은 아브라함의 또 다른 아들이었던 이스마엘도 예외가 아니다.

> 그 자손들은 하윌라에서부터 앗수르로 통하는 애굽 앞 술까지 이르러 그 모든 형제의 맞은편에 거주하였더라(창 25:18)

이것은 이삭의 아들들 중의 한 명인 에서에게도 동일하게 해당되는 이야기이다.

에서가 자기 아내들과 자기 자녀들과 자기 집의 모든 사람과 자기의 가축과 자기 모든 짐승과 자기가 가나안 땅에서 얻은 모든 재물을 이끌고 그의 동생 야곱을 떠나 다른 곳으로 갔으니(창 36:6-7)

오직 약속의 땅에는 하나님께서 택하신 약속의 자녀들만이 거주할 수 있는 특권이 있다. 그 처음이 바로 이삭이라는 사람이다. 그러므로 그 땅에 남아 있느냐, 아니냐에 따라 하나님의 백성인가, 아닌가가 결정된다. 약속의 땅에서의 축복과 평안 혹은 저주와 추방은 하나님의 백성에게 자신들이 하나님의 백성인가, 아닌가라는 정체성을 가름 짓는 삶의 실존적 질문이다. 그들이 그렇게도 약속의 땅에 대해 집착하는 이유가 바로 거기에 있다.

이러한 약속의 땅에 대한 갈망은 지금 현재 이스라엘이란 나라의 노래인 '국가'(國歌)를 살펴보아도 잘 알 수 있다. 보통 한 나라의 국가(國歌)는 그 나라를 형성하고 있는 어떤 요소를 찬양하거나 그러한 요소들이 영원하기를 기원하는 내용들로 이루어져 있음을 살펴볼 수 있다. 그 대표적인 예로 '그 나라 자체나 나라의 땅,' '왕이나 왕비,' 혹은 그 나라의 정신을 새롭게 했던 '운동이나 혁명'을 찬양하는 내용을 들 수 있겠다. 그런데 참으로 특이한 제목을 이념으로 하는 나라가 있는데 바로 이스라엘로 흔치 않은 제목을 그들을 대표하는 노래에 붙여 놓았다. 그것은 '희망'(הַתִּקְוָה 하티끄바)이라는 단어로 한나라를 대표하는 국가의 제목으로는 어딘지 모르게 강함 보다는 연약함이, 활력보다는 연민이, 굳셈보다는 끈끈함이 느껴지는 말이다. 하지만 그 국가의 내용을 찬찬히 살펴보면 우리는 왜 그들이 그러한 제목을 쓸 수밖에 없는지를 쉽게 이해할 수 있다. 여기 그 번역을 실어 보면 이렇다:

가슴 깊은 곳에서
유대인의 영혼이 아직 갈망하는 동안
그리고 동쪽으로, 동쪽으로 향하여
시온을 갈망하는 눈이 바라보고 있는 동안
아직도 잃지 않은 것은 우리의 희망
2000년을 키워온 희망
그것은 우리의 땅에서 자유인이 되는 것
바로 시온과 예루살렘 땅에서

Kol_od ba-le-vov pe-ni-mah
Ne-fesh ye-hu-di ho-mi-yah,
Ul-fa-a-tei_miz-rach ka-di-mah A-yin le-zi-on zo-fi-yah.
Od lo av-dah tik-va-te-nu Ha-tik-vah bat shnot al-pa-yim,
Le-hiyot am chof-shi be-ar-zei-nu, -
E-rez_zi-on viye-ru-sha-la-yim.
Le hiyot am chof-shi be-ar-zei-nu, -
E-rez_zi-on viye-ru-sha-la-yim. [152)]

약속의 땅은 이렇게 물질적인 흙이라는 개념을 넘어서 한 민족의 정신을 고취시키는 신념이 된다. 이러한 땅에 대한 신앙적인 의미는 시작의 책인 창세기에서 이삭만은 그 땅을 결코 떠나서는 안 된다는 것으로 구체화 되며 중심주제로 우뚝 선다. 하지만 그 땅에서 하나님의 백성을 통해 세상 모든 민족이 복을 누리는 길로 전진해 가지 못한다면 땅을 주신 의미는 퇴색되고 만다. 과거의 이스라엘은 이 점을 마음과 삶에 깊이 새겨야 했으며, 21세기 현재 그 땅에 살고 있는 이스라엘도, 전 세계에 흩어져 살아가는 디아스포라 유대인들도 그리고 아브라함을 통해 영적 이스라엘에 합류한 모든 믿음의 사람들도 이 점을 또한 명심해야 한다. 이삭의 축복 이야기는 우리에게 그 목표를 뚜렷하게 보여줌과 동시에 그 실행의 길 또한 제시하고 있다는 점에서 숙고해야 할 필요가 있다.

"아브라함이 죽은 후에 하나님이 그의 아들 이삭에게 복을 주셨다"(창 25:11)라고 한다. 하지만 지금까지 그 복이 정확하게 무엇을 포괄하는 것인지에 대한 상세한 언급은 없었다. 큰 민족, 이름을 창대하게 하는 것, 복의 근원, 모든 민족들이 그를 통하여 복을 누린다(창 12:1-3)는 일반적인 언급은 있었지만 그 구체적인 복을 누리는 삶의 모습은 아직 보인 적이 없다. 그렇다면 이제 이쯤에서는 분명히 복의 구체적인 모습을 논하고 넘어갈 시점이 된 것이다. 왜냐하면 아브라함과 이삭의 관계가 동전의 양면처럼 '순종과 축복'의 밀접한 함수관계를 보여주는 것이라면 이삭의 삶은 이러한 축복의 약속이 이루어질 최적의 장소라 여겨지기 때문이다.

3) 축복의 약속 실현(창 26장)

아브라함으로 인해 축복을 누리는 이삭의 삶은 창세기 26장에 상세하게 보도되고 있다. 그러나 특기할 사항은 26장이 바로 위의 구절인 "아브라함이 죽은 후에 하나님이 그의 아들 이삭에게 복을 주셨다"(창 25:11)는 구절 바로 뒤에 위치하면 안성맞춤일 텐데 그렇게 하지 않고 있다는 것이다. 원래의 이야기 형태에서는 어쩌면 이 위치였을 것이나 창세기가 현재 형태를 가지면서 이삭이 누리는 축복의 이야기가 현재 위치인 26장에 자리하게 된 것으로 보인다.

이제 창세기 26장은 축복의 본질이 무엇인지에 대해 상세하게 보여줄 것이다. 그리고 그 복을 누리고, 다루는 법 또한 제시할 것이다. 왜냐하면 이삭의 후손들이 축복을 누리고 또한 전하며 살아야 하기에 축복을 바르게 다루는 법은 반드시 필요하기 때문이다. 하나님이 주시는 복은 결코 혼자만의 것이 아니기 때문이다.

이 세상에 '복'을 싫어하는 사람은 없을 것이다. 물론 복의 의미가 사람, 민족, 나라 그리고 사는 지역이나 문화의 차이에 따라 다양성을 갖고 있는 것은 사실이다. 하지만 한 가지 공통점을 들라고 한다면 분명 사람을 유익하게 한다는 점일 것이다. 우리 국어사전에서 복이라는 단어의 정의를 살펴보면 '삶에서 누리는 좋고 만족할 만한 행운, 그리고 거기서 얻는 행복' 또는 '편안하고 만족한 상태와 그에 따르는 기쁨'이라고 말하고 있다. 군이 어떤 종교적인 표현을 빌리지 않더라도 우리의 삶 속에는 이 복이라는 개념이 널리 펴져있다. 예를 들어, "누구든지 자기 복은 지고 태어난다," "좋은 아내를 얻는 것도 복이다," "웃으면 복이 온다," 또한 '복스러운 얼굴,' '복주머니' 등 삶의 모든 부분이 복과 연결되어 있기도 하다. 그러다 보니 십자가의 신학을 따르는 우리 그리스도인의 신앙생활도 믿음의 본질은 제쳐두고 이러한 복을 쫓기에 급급한 모습을 보일 때가 많다.

우리 그리스도인들이 비난처럼 듣는 '기복신앙'(祈福信仰)이라는 말은 바로 본질과 비 본질이 뒤바뀐 현상을 말할 때 흔히 쓰는 표현이기도 하다. 그렇다면 우리 그리스도인들이 기복신앙이라는 말을 벗어나서 하나님께서 주시는 복을 맘껏 누리는 삶은 어떤 것인지를 살펴볼 필요가 있다. 왜냐하면 우리 하나님께서는 태초부터 우리에게 복주시기를 원하셨기 때문이다. 사람을 창조하시고 그 시작부터 "그들에게 복을 주시며" 이 땅에서 행복한 삶을 살아가기를 바라셨다(창 1:28). 그리고 믿음의 조상 아브라함을 부르셨을 때에도 그에게 주신 약속에는 '복'이라는 단어가 명사형, 동사형 다 합하여 무려 5번이나 나타난다(창 12:1-3). 이와 같이 축복은 우리 하나님의 계획 속에 있는 것이다. 이제 그 복이 무엇인지를 분명하게 알아보고, 그 복이 이 땅에 어떻게 현실로 나타나게 되는지를 살펴보아야 할 필요가 있다. 이삭의 이야기는 이것을 깨닫는데 좋은 길을 제공해 준다.

(1) 축복의 통로가 되기 위하여

창세기 26장의 이삭의 이야기는 우리에게 중요한 사항들을 한꺼번에 보여주고 있다. 하나님께서 자신의 자녀들에게 허락하시는 축복이 무엇인지를 창세기 26장만큼 명확하게 보여주는 장소는 성경 속에서 찾아보기 힘들 것이다. 그래서 창세기 속에 나타나는 이 특별하게 할애된 한 장을 '축복의 전시장'이라고 제목을 붙일 만하다. 중요한 점은 창세기 26장이 믿음의 조상 아브라함의 뒤를 잇는 이삭의 이야기라는 사실이다. 하지만 안타깝게도 이삭이라는 인물 자체가 그렇듯이, 많은 사람들이 이삭의 중요성을 별로 인식하지 못하고 있다는 아쉬움이 있다. 아브라함과 야곱의 그늘에 가려졌다는 이유로 그저 가문을 이어가는 연결고리의 역할 밖에는 그에게 부여한 것이 없었다. 하지만 이삭의 중요성은 창세기 전체를 통해 흘러가는 하나님의 약속의 실현이 무엇인지를 보여주고 있다는 점에서 그 무엇보다, 그 누구보다도 강조되어야만 한다.

어느 누구나 인정하는 바이지만, 이삭은 창세기의 인물들 중에서 가장 수동적이면서 조용하고, 차분한 삶을 살았다. 그의 아버지 아브라함이나 아들 야곱 같은 그런 파란만장한 무용담도, 고대인들이나 현대인들이 동경하는 모험 여행도 해본 적이 없다. 그저 묵묵히 하나님의 약속을 이어받은 자로서 허락하신 약속의 땅 안에서만 자신의 삶을 살아간 사람이다. 그런데 이것이 이삭이 부여받은 첫째이자 가장 커다란 축복이다. 이삭은 창세기의 인물들 중에 유일하게 중요한 한 가지 특징을 가지고 있다. 아담, 가인, 노아, 아브라함, 야곱, 요셉과 그의 형제들, 이렇게 창세기의 모든 인물들이 그것이 자신의 죄 때문이건, 혹은 천재지변의 재난 때문이건 자신이 살던 땅으로부터 뿌리가 뽑혀 새로운 땅으로의 이주를 경험한다. 그러나 오직 이삭만큼은 그 어떠한 악조건 속에서도 움직이지 않고 약속의 땅에 든든히 뿌리를 내린다. 그리고 하나님께서 부여하시는 모든 축복을 누리며 살아가는 하나님의 백성이 동경하는 전형적인 삶을 살아간다.

창세기 26장은 이삭이 그런 하나님의 축복을 누리는 이유를 두 번에 걸쳐서 강조하고 있다. 그리고는 차근차근 이삭의 축복받는 삶이 어떤 것인지를 하나씩 펼쳐나가고 있다. 먼저 이삭이 하나님의 백성, 이스라엘이 동경하는 축복을 누리는 이유들로 다음의 사실을 거듭 강조하고 있다.

네 자손을 하늘의 별과 같이 번성하게 하며 이 모든 땅을 네 자손에게 주리
니 네 자손으로 말미암아 천하 만민이 복을 받으리라 이는 아브라함이 내
말을 순종하고 내 명령과 내 계명과 내 율례와 내 법도를 지켰음이라 하시
니라(창 26:4-5)

그 밤에 여호와께서 그에게 나타나 이르시되 나는 네 아버지 아브라함의 하
나님이니 두려워하지 말라 내 종 아브라함을 위하여 내가 너와 함께 있어
네게 복을 주어 네 자손이 번성하게 하리라 하신지라 (창 26:24)

아버지 아브라함이 하나님의 말씀을 순종하고 하나님의 명령과 계명과 율례
와 법도를 잘 지켰기 때문이라는 선포가 이삭이 축복을 누리는 삶 속에 울려
퍼지고 있다. 그러므로 이삭이 복을 누리는 중요한 한 가지 이유는, 바로 아브
라함의 절대적인 순종과 헌신의 삶을 통한 것이었다. 이것이 약속의 자녀인
이삭이 복을 누리는 이유이다. 하나님께서 가라시면 가고, 하라시면 하고, 멈
추라시면 멈추는 삶이다(12:1-4; 22:1-19). 아직 신명기의 법이 주어지기도 전
인데 아브라함은 이미 그 전에 "하나님의 명령, 계명, 율례 그리고 법도를 온
전히 지켰다"라는 극찬을 받았다. 단지 하나님의 명령에 그대로 순종했을 뿐
인데 말이다. 그렇다면 하나님의 음성에 순종하는 것은 모든 것을 다 지키는
사명 감당의 길임을 느껴볼 수 있다.

　　　아브라함의 믿음의 순종이 아들 이삭이 복을 누리는 소중한 길을 제공
했다. 여기에 아브라함의 뒤를 잇는 이삭의 중요성이 있다. 아브라함과 이삭의
이야기는 끊어서 읽으면 자칫 전하고자하는 의미를 상실할 수 있다. 하나님의
백성 이스라엘은 아브라함과 이삭의 이야기를 멈춤 없이 읽으며 하나님 앞에서
의 자신들의 삶을 돌아보고 신앙의 길을 결단하고 헌신을 약속했을 것이다. 이
들에게 아브라함과 이삭의 쉼표 없는 연속된 이야기는 바로 아브라함 같이 철저

한 순종과 헌신의 도를 보이면 이삭과 같이 조용하고 차분하게 하나님께서 약속하신 그 땅에서 어떠한 천재지변 악조건 속에서도 하나님께서 쏟아 부어 주시는 축복을 누리며 요동 없이 살아갈 수 있다는 것을 증거하고 있기 때문이다.

이제 분명해 지는 것은 축복을 실현하는 길이 바로 믿음이라는 사실이다. 하나님의 사람이 삶으로 증거 하는 그 믿음이 자신을 살리는 것은 물론이요, 후대의 자손들의 삶까지 풍성하게 만들어가는 역할을 한다. 그렇다고 이삭이 저절로 모든 것을 누리는 것은 아니다. 이삭 또한 아버지가 보여준 그 믿음을 실천함으로 약속된 풍성한 축복의 열매를 맛보는 삶을 살아가는 것이다. 이삭이 약속의 땅에 있을 때 그 땅에 아브라함 때처럼 또 흉년이 들었다고 한다. 모든 것이 다 타들어가는 기나긴 가뭄, 그것은 곧 죽음을 의미한다. 그러나 하나님께서 이삭에게 애굽으로 내려가지 말고 자신이 지시하는 그 땅에 거하라고 명령하신다. 이삭 또한 그 하나님의 명령에 자신의 아버지가 보였던 것처럼 동일한 순종으로 죽음의 땅에 머무른다. 순종이 순종을 낳고, 축복의 사람이 축복의 자녀를 양육한다. 물질적인 축복만 연결된다고 생각하지 말아야한다. 하나님께서 바라시는 것은 그 축복이 계속 연결될 수 있는 믿음의 연결을 간절히 찾고 계신다. 그렇다. 아브라함처럼 이삭이 하나님의 약속을 현실이 되게 만드는 것, 그것은 바로 믿음이었다. 우리에게도 이 믿음으로 하나님의 약속을 이 땅에서 축복의 열매로 만들어가는 순종의 삶이 필요하다. 이제 이삭이 누리는 축복이 무엇인지를 살피며, 우리의 삶에 대한 소망을 바로 세울 필요가 있다.

(2) 하나님께서 약속하신 축복은 이런 것이다

창세기 26장은 여러 가지 다양한 상황 속에서 이삭이 누리는 축복의 내용들이 전개된다. 이러한 축복의 모습은 우리가 어떠한 삶의 정황 속에서도 살아갈 수 있다는 용기를 갖게 만드는 위력이 있다. 특히 첫 번째로 제시되는 하나님의 축복은 그 다음에 이어지는 축복들을 이루어가는 원동력이 된다는 점에서 더욱 눈여겨 볼 필요가 있다.

첫 번째 축복의 내용은 흉년이 들었음에도 요동이 없는 삶이다(창 26:1-5). 그리고 이러한 든든한 삶은 바로 '함께하시는 하나님'으로 인해 가능하다는 것이다. 하나님과 기근이라는 둘 사이에서 모든 것을 죽이는 기근을 바라보는 것이 아니라, 어느 곳에서든지 생명을 주실 수 있는 능치 못함이 없으신 하나님을 바라보는 것이다. 이삭의 아버지 아브라함과 아들 야곱은 똑같이 흉년을 피해 애굽으로 내려갔다. 그러나 하나님께서는 이삭에게만은 약속의 땅에 머물라고 하신다. 그리고 그와 함께하시며 그 땅을 그와 그의 자손에게 주시고, 자손을 번성케 하리라고 약속하신다(창 26:4). 주변이 다 메말라가며, "못살겠다, 죽겠다"라는 아우성이 울려 퍼져도 하나님이 함께하는 사람은 살 수 있다. 사는 정도가 아니라 오히려 더욱 풍성하게 번성하는 삶을 살 수 있는 것이다. 하나님은 사람을 죽이는 광야에서도 반석에서 물을 내시며, 하늘에서 만나를 내리시는 '생명의 주'이시기 때문이다. 도저히 안 될 것 같은 곳일지라도 하나님께서 "이 땅에 거류하면"(창 26:3)이라고 말씀하시면 목숨을 내 놓고 그 땅에 거하는 믿음의 확신이 필요하다. 그러면 우리 하나님은 약속하신 것처럼 "내가 너와 함께 있어 네게 복을 주고"를 신실하게 지키실 것이다(창 26:3). 사람을 죽이는 기근 속에서도 하나님이 함께 하시면 모든 것이 살아날 수 있다는 신념이 필요한 것이다. 이처럼 우리에게도 눈에 보이는 현상보다 더욱 중요한 것은 살아계신 하나님이 함께하시는 삶이다. 우리 눈앞에 펼쳐지는 상황이 현실이 아니라, 오직 하나님의 말씀만이 유일한 현실이요 실제라고 믿는 믿음이 세상을 이기고, 척박한 세상에 새로운 희망을 제공해 줄 수 있기 때문이다. 이제 앞으로 펼쳐질 이야기는 "함께 하시겠다"고 약속하신 하나님의 말씀을 액면 그대로 믿고 기근으로 말미암아 죽음의 땅이 되어 버린 장소에 머무른 순종의 사람 이삭에게 펼쳐지는 축복의 이야기이다. 하나님의 함께 하심이 어떤 기적을 만들어 가는지를 눈여겨 볼 필요가 있다.

두 번째는, 이삭이 여호와의 명령대로 그랄 땅에 거주할 때 나타나는 현상이다(창 26:6-11). 이삭은 일개 개인이요 고작해야 부족을 이끄는 떠도는 작은 무리일 뿐이다. 이 때 이방 왕 아비멜렉이 이삭의 아내 리브가의 미모에 대한 소문을 듣는다. 이삭에게 물은 즉, 자신의 생명을 잃을까 두려워 아내인 리브가를 여동생이라고 속인다. 그 당시에야 외국인 나그네 한 명쯤이야 힘 있는 거주민들이 살해하고 그가 가진 것을 다 빼앗는 것은 아무런 법적 제재도 받지 않는 손쉬운 일이었다. 아브라함처럼 이삭은 그것이 두려웠을 것이고, 생명을 지키기 위해 아내를 누이라고 속였을 것이다. 이 이야기는 의문을 자아낸다. 이삭이 누리는 하나님의 축복 이야기라고 하기에는 이상스럽기 때문이다. 죽을까봐 두려워서 속이는 것이 무슨 축복 이야기인가라고 반문을 할 수 있기 때문이다. 그러나 두 번이나 아내를 누이라 속인 아브라함과 동일한 행동을 한 이삭 이야기에는 커다란 차이가 있다. 이삭 이야기에서는 리브가가 이방인의 왕궁으로 팔려가는 일이 벌어지지 않는다. 오히려 이삭과 리브가가 부부라는 사실을 알게 된 그랄 왕 아비멜렉은 혹시 자신의 백성이 이삭과 그 아내를 해하는 죄악을 범하지 않을까 전전긍긍하는 모습을 보인다. 아비멜렉은 군대를 거느리고 있는 그랄의 왕이다. 일개 떠돌이인 이삭이 감히 그에게 거짓말을 한 것이다. 아비멜렉은 그런 이삭을 잡아다 단칼에 목을 칠 수 있는 위력이 있음에도 오히려 이삭을 두려워하고 있다는 점은 분명히 이상하다. 심지어 아비멜렉은 "이삭과 리브가에게 손이라도 대는 자는 죽으리라"는 보호령을 선포하기도 한다(창 26:11). 이것은 우리의 연약함까지 다 아시는 하나님께서 친히 자신의 자녀를 위해 보호막이 되셔서 졸지도 않으시고, 주무시지도 않으시며 낮의 해와 밤의 달도 상하지 않게 지키시는 그 열심을 말해 주고 있다. 즉 이방인의 마음속에 하나님의 자녀를 위하여 '여호와의 두려움'을 심어주시는 것이다. 여호와의 두려움은 하나님의 백성에 대한 두려움으로 연결된다(신 2:25; 11:25). 이삭은 아무것도 하지 않았다. 그러나 이 땅에 거주하면 함께하시겠다는 약속을 신실하게 지키시는 하나님께서 이삭이 할 수 없고, 두려워하는 것을 해결 해주신 것이다. 이미 시작부터 함께하시겠다고 하신 약속을 신실하게 지키시고 계시는 하나님이심을 느껴볼 수 있다. 우리 주님의 은혜 안에 있기를 갈망하는 자는 분명 그 입에서 "하나님은 우리의 피난처시요 힘이시니 환난 중에 만날 큰 도움이시라 그러므로 땅이 변하든지 산이 흔들려 바다 가운데 빠지든지 바닷물이 솟아나고 뛰놀든지 그것이 넘침으로 산이 흔들릴지라도 우리는 두려워하지 아니하리로다"(시 46:1-3)라고 고백할 수 있을 것이다.

　　세 번째는, 이삭이 그 땅에서 농사하여 그 해에 백배의 소출을 얻었다고 한다(창 26:12-14). 족장들 중에서 유일하게 이삭만이 농사를 지어 어마어마한 소득을 거두었다고 기록하고 있다(창 26:12). 이것은 획기적인 변화이다. 창세기 3-4장은 땅이 인간의 죄로 인하여 거듭 저주를 받고 효력을 상실하여 더 이상 먹고 살만큼의 소득조차 내지 못할 것이라고 선고되었다(창 3:17-18; 4:11-12). 그럼에도 이삭은 그 저주가 축복으로 바뀐 삶을 살아가고 있는 것이다. 만약 '그 해'라는 말이 창세기 26:1절에 나타난 흉년이 든 바로 그 해를 의미한다면 이것은 우리에게 더욱 많은 것을 말해주고 있다. 이제는 사람의 삶을 피폐하게 만드는 그 어떠한 여건 속에서도 믿음으로 순종하는 축복의 사람이 머무는 장소는 결코 결핍이 없는 풍성한 장소가 될 것이라는 희망이다. 세상이 아무리 어렵다 해도 하나님의 사람이 서 있는 곳은 생명을 살릴 수 있는 장소가 된다는 의미이다. 좋은 땅이 있기 때문이 아니고, 모든 환경이 다 마련되어 있기 때문도 아니다. 오직 하나님께서 함께하시는 축복의 사람이 그 곳에 있기에 벌어지는 기적이다. 하나님의 자녀가 머무는 곳은 저주가 축복으로 바뀔 것이며, 땅은 제가 낼 그 능력 이상의 능력을 발휘하게 될 것이다. 그리고 그 풍성함으로 주변 사람들의 부러움과 시기의 대상이 되기도 할 것이다(26:13-14). 그러나 이삭처럼 하면 그 시기를 다툼과 분열로 만들지 않을 수 있으며, 모두 함께 나누며 평화를 만들 수 있는 길이 있다. 이 것은 그 다음 이야기들에 잘 보여 질 것이다. 그리고 그것을 통해 하나님께서 계획하셨던 아브라함과 그 후손들을 통하여 천하 만민이 복을 누린다는 것이 무엇인지를 배우고 실천하는 길을 걸어 갈 수 있다.

네 번째는, 이삭이 가는 곳마다 우물을 파면 그 메마른 사막 땅에서 물이 쏟아져 나온다(창 26:15-25). 이삭의 종들이 골짜기를 파서 첫 번째 샘 근원을 얻었다. '샘 근원'이라는 히브리어 단어는 '마임 하임'(מַיִם חַיִּים)이다. '마임'은 '물'이란 뜻이며, '하임'은 '생명'이란 뜻이다. 그대로 번역하면 '생수' 혹은 '생명수'라고 할 수 있다. '살아있다'는 이 표현은 생명의 근원 되시며, 죽은 우상과 대조되는 '살아계신 하나님'을 기릴 때 자주 나타날 정도로 중요한 의미를 가지고 있다(신 5:26; 수 3:10; 삼상 17:26, 36; 왕하 19:4, 16; 시 18:46; 사 37:4, 17; 렘 10:10 등). 샘 솟는 우물은 그 정도로 대단한 발견인 것이다.

특히나 가나안 땅에서 이삭이 거주했던 그랄이나 브엘세바 지역은 지도에서 사람이 농사를 지으며, 살아갈 수 있는 환경이 조성될 수 있는 최남단 지역이 된다. 최소한 일 년 강수량이 300mm이상은 되어야 사람의 생계에 중요한 곡물인 밀과 보리를 재배할 수 있고, 못해도 200mm까지는 내려야 동물들을 먹일 풀들이 자람으로 생존할 수 있는데 이 지역들이 바로 그 정도의 비가 내리는 마지노선이기 때문이다. 거기서 상부 갈릴리로 올라가면 매 년 강수량이 1000mm가 넘는 생존의 최적지가 나타나지만, 그에 반해 더 남단으로 내려가면 강수량이 년 중 100mm에도 미치지 않는 광야 사막지대가 펼쳐진다.[153] 이런 환경 속에서 지하에서 솟아나는 살아있는 물을 발견했다는 것은 생존과 직결되는 소중한 것이다. 물이 부족한 사막 땅에서 물은 생명 그 자체이기 때문이다. 그래서 애굽은 자신들의 생존을 보장해 주는 나일 강을 신격화 시켜서 숭배하기에 이른 것이다. 즉, 물이 우상화 될 수도 있는 지역이 바로 그 곳이기도 하다.

그런데 그 곳 주민들인 그랄 목자들이 그 생수의 샘을 자기들 것이라고 다툼을 시작한다. 이삭은 그 우물을 '에섹'(עֵשֶׂק), 즉 '다툼'이라고 이름붙이고, 기꺼이 양보하고 다른 곳으로 옮겨간다. 만약 이삭이 같이 맞붙었다면 분명 우물 이름처럼 계속적인 다툼이 발생했을 것이다. 내가 갖고 싶은 것은 다른 사람도 갖고 싶은 것이다. 나만이 갖겠다고 주장하기 시작하면 다툼은 피할 수 없는 것이며 결국은 서로 간에 기나긴 소모전이 될 싸움이 불가피해질 것이다. 어쩌면 이삭은 장기적인 다툼에 빠질지도 모른다는 생각에 우물 이름을 통해 자신을 바로잡았을 수도 있다. 그리고 기꺼이 그 생수의 샘을 양보하고 옮겨간다. 그리고는 옮긴 장소에서 우물을 판다. 그 곳에서도 역시 물이 쏟아져 나온다. 그런데 그 장소까지 그랄 목자들이 따라와서 그 우물을 또 자기들 것이라고 우겨댄다. 이삭은 그 우물의 이름을 '싯나'(שִׂטְנָה)라고 부른다. '싯나'는 '대적하다' 혹은 '원수가 되다'라는 뜻이다. 즉, 적이 되어서 싸울 수도 있다는 의미가 된다. '싯나'는 히브리어 발음으로는 '시트나'로 '대적자, 원수'를 뜻하는 '사탄'(שָׂטָן)이라는 말과 같은 어원이다. 결국 원수가 되고 적이 되는 것은 사탄이 가장 바라는 바이기도 하다. 사탄은 하나님과 인간 사이, 인간과 인간 사이를 갈라 서로 원수와 대적이 되게 하는 것이 그 이름과 같이 존재의 목적이기 때문이다. 역시 이삭은 그 우물을 기꺼이 양보하고 또 옮겨서 우물을 팠더니 그제야 싸움이 그쳤다. 그런데 마지막으로 옮겨간 장소의 이름이 '르호봇'(רְחֹבוֹת)이다. 그 뜻은 '장소가 넓다'라는 의미이다. 이삭은 "이제는 여호와께서 우리의 장소를 넓게 하셨으니 이 땅에서 우리가 번성하리로다"(창 26:22)라고 기뻐한다.

　　자신의 것을 다 빼앗기는 삶은 바보 같고 무능한 삶이라 생각할 수도 있다. 그러나 이삭이 양보한 것은 땅이고, 우물일 뿐이다. 단지 축복의 현상일 뿐이다. 축복의 근원이신 하나님을 포기한 것이 아니며, 하나님이 함께 하시면 언제든지 주실 수 있는 것을 양보한 것일 뿐이다. 그러나 인간은 그 반대로 살 때가 많다. 축복의 현상일 뿐인 것을 하나님인양 착각하여 목숨을 걸고 지키려고 다투고, 싸우며, 원수가 되는 것이다. 내가 이것을 사수하려고 하면 분명 내 일생은 다툼이 될 것이며, 내가 이것을 지키려 목숨을 걸면 분명 주변의 사람들과 적이 되고 원수가 되어서 살아갈 것이다. 하나님께서 주신 선물은 궁극적으로 나눔을 목표로 한다. 그로 인해 싸움이 벌어진다면 최선을 다해 그 목표로 향하는 것이 필요하다. 하지만 나만이 그것을 누리겠다고 고집을 부려대면 끊임없는 부딪침을 각오해야 할 것이다. 그로 인해 삶의 지평이 점점 넓혀지는 것이 아니라 적들과 원수들로 인해 점점 좁아지게 될 것이다. 하나님께서 계획하신 넓은 장소인 르호봇까지 가보지도 못하고 고립된 삶을 살게 될 것이다.

이삭의 양보가 우리가 보기에는 쉬워 보일지 모른다. 왜냐하면 우리가 살아가는 땅은 물 부족으로 고생하는 장소는 아니기 때문에 물의 소중함을 잘 인식하지 못하기 때문이다. 물의 유무가 삶과 죽음의 갈림길을 만드는 그러한 땅에서 지하수가 솟구쳐 올라오는 샘을 발견했다는 것은 획기적인 것이요, 죽음을 삶으로 뒤바꾸는 희소식이다. 이렇게 삶과 죽음을 갈라놓을 수도 있는 우물을 양보한다는 것은 그리 쉽지 않다. 더구나 그 양보가 더욱더 척박하고 인간적으로 생존 불가능한 광야 사막으로의 밀려남이라면 기꺼이 그 길을 걸을 수 있을까? 이삭이 밀려나 도착한 르호봇은 브엘세바로부터 남서쪽으로 약 30km나 내려온 광야 사막지대로 생존 자체가 위험스런 장소이다. 지금 우리에게도 이와 같이 생존과 직결되어 있는 것을 놓고 양보냐, 전쟁이냐는 갈림길에서 고민하는 신앙인들이 있다. 우리가 고민해야 할 것은 양보냐, 아니냐의 선택이 아니라 하나님께서 지금 함께하고 계시느냐, 아니냐의 고민이 되어야 한다. 우리가 양보한 것보다 더 크신 하나님을 믿는다면 충분히 할 수 있으며, 우리 하나님께서 원하시면 르호봇이라는 더 큰 것이 예비 되어 있음을 확신할 때 가능하다. 하나님께서는 르호봇이라는 더 넓은 장소를 예비해 놓으시고 이삭을 기다리고 계신다. 만약 이삭이 우물을 지키기 위해서 다투고 원수가 되었다면 축복의 통로가 되는 것은 불가능할 것이다. 이처럼 축복의 사람은 다투지 않는다. 악한 자가 오른 편 뺨을 치면 왼편도 돌려대고, 고발하여 속옷을 가지고자 하면 겉옷까지 가지게 하며, 억지로 오리를 가게하면 십리까지 동행해 주며, 구하는 자에게 주고, 꾸고자 하는 자에게 거절하지 않는 것이다(마 5:38-42). 그러나 이 속에는 우리의 무지함으로 다른 이에게 사기를 당하라는 것을 말함이 아니라, 알면서도 속아주고, 양보하라는 것이다. 하나님께서는 그보다 더한 것도 충분히 갚아 주실 수 있는 능치 못함이 없으신 하나님이시기 때문이다. 이것이 바로 하나님의 복을 누리는 사람의 삶이다(마 5:1-12). 이삭은 이미 수천 년 뒤에 주어질 예수 그리스도의 산상수훈의 법을 그 옛날에 삶으로 직접 살아낸 대표적인 신앙인이다.

이러한 이삭과 같은 축복의 사람이 있는 곳에는 분쟁이나 싸움보다는 화해와 연합이 존재한다. 그리고 이렇게 기꺼이 양보한 이삭에게 하나님께서 나타나서서 복에 대한 확증을 주신다.

> 이삭이 거기서부터 브엘세바로 올라갔더니 그 밤에 여호와께서 그에게 나타나 이르시되 나는 네 아버지 아브라함의 하나님이니 두려워하지 말라 내 종 아브라함을 위하여 내가 너와 함께 있어 네게 복을 주어 네 자손이 번성하게 하리라 하신지라 이삭이 그 곳에 제단을 쌓고 여호와의 이름을 부르며 거기 장막을 쳤더니 이삭의 종들이 거기서도 우물을 팠더라(창 26:23-25)

이삭에게 약속한 복이 또다시 확증된다. 그가 모든 것을 양보하며 나아갈 때 하나님께서는 더 좋은 것으로 그에게 응답해 주시는 것이다. 왜 하나님께서는 이삭에게 지금 이 시점에서 나타나서서 복에 대한 약속을 확증해 주시는 것일까? 왜냐하면 이러한 믿음의 사람 이삭에게는 그 어떠한 복을 쏟아 부어 주어도 자신의 것이라고 주장하지 않을 것이기 때문이다. 양보하는 것이 미래에 대한 두려움을 가져다 줄 수도 있다. 변두리로 점점 밀려가는 삶의 절박감 속에서 고통스러워할 수도 있다. 그러나 하나님의 방법대로 행하는 자, 실패도 결코 실패가 아니며, 빼앗김도 결코 빼앗기는 것이 아니다. 능치 못함이 없으신 하나님께서 함께하심으로 모든 것을 바로잡아 주실 것이기 때문이다. 하나님께서는 생명과도 같은 우물을 양보하며 떠나는 이삭의 중심을 보시고, 이제는 복을 맘껏 주실 때가 되었음을 아셨다. 왜냐하면 이삭을 통하여 천하 만민이 복을 누릴 수 있다는 것을 확신하셨기 때문이다. 이러한 삶은 이삭의 우물을 빼앗은 이방인들에게는 기이한 것이다.

축복에 대한 마지막 이야기가 이삭에게 두려운 존재였고, 빼앗는 존재였던 그랄 왕 아비멜렉에 대한 이야기라는 것은 하나님께서 주시고자 하시는 축복의 위력이 무엇인지를 실감케 한다. 그랄 왕 아비멜렉이 군대 장관까지 대동하고 이삭을 찾아온다(창 26:26-33). 힘으로 빼앗은 자가 도리어 빼앗긴 자에게 고개를 숙이는 것이다. 그리고는 계약을 맺자고 한다. 일개 개인일 뿐이요, 고작해야 부족장 정도밖에 안 되는 이삭에게 한 나라를 이루고 군대의 조직까지 갖춘 이방의 왕이 친히 찾아와서 우호조약을 맺자는 것이다. 그의 입에서 나오는 이유는 "여호와께서 너와 함께 계심을 우리가 분명히 보았기 때문이라"고 한다. 하나님은 이처럼 "이 땅에 머물면 내가 너와 함께 있어 네게 복을 주겠다"는 약속을 신실하게 지키신다. 이방인들도 그것을 증언하고 있다. 이것은 이삭을 향한 아비멜렉과 그의 동행자들의 선포 속에 분명하게 드러난다: "이제 너는 여호와께 복을 받은 자니라"(창 26:29). 이들은 이삭의 삶 속에 나타나는 현상을 주시하고 있었음이 분명하다. 가뭄의 때임에도 더욱 든든히 서나가는 모습, 농사를 지었는데 백배의 소출, 그리고 생수가 솟아나는 그 귀한 우물들을 두말 않고 양보하고 유유히 가는 모습이 그에게는 신비로웠을 것이다. 저렇게 살면 죽을 줄 알았는데 그럼에도 이삭이 있는 땅에는 늘 축복이 넘치고, 물이 풍성하게 넘치는 현상을 통해 그는 이삭의 삶을 지키는 존재가 있음을 분명히 느꼈다. 그리고는 두려움에 사로잡혀 계약을 맺으러 달려왔다. 하나님께서 함께 하시면 이런 놀라운 일들이 벌어진다. 주변의 사람들이 분명하게 인식할 정도의 놀라운 일들이 일어난다는 것이다. 하나님께서는 우리가 세상 사람들을 쫓아다니며 온갖 음모와 협잡으로 세상에서 악의 한 축이 되기를 원치 않으신다. 오히려 그 반대로 세상 사람들이 우리가 걸어가며 일으키는 놀라운 축복의 현상들을 통하여 하나님을 경외하게 하며, 세상이 우리에게 두려움으로 달려오길 뜻하셨다. 이것이 바로 우리의 정체성인 것이다. 이 세상에서 우리는 이러한 축복의 능력을 회복해야만 한다.

이러한 현상은 이미 아브라함 때에도 있었다. 그 때에도 아비멜렉은 군대장관 비골과 더불어 아브라함에게 찾아와 계약을 맺자고 부탁하였다(창 21:22-34). 그 이유도 동일하다. 하나님께서 무슨 일을 하든지 아브라함과 함께 하시는 것을 보았다는 것이다. 아브라함 때에 있었던 것이 이삭의 때에 똑 같이 나타난다고 해서 동일한 사건의 중복기록이라고 생각하는 것은 오산이다. 이것은 하나님의 약속이 실현되며, 연결되고 있다는 뚜렷한 증거이다. 아브라함의 축복이 이삭에게 연결되고 나중에는 야곱이 밧단아람의 라반과 서로 해하지 않는 계약을 맺는 것으로 확장된다(창 31:44, 52). 이것은 아브라함의 자손으로 인해 세상 모든 민족들이 복을 받는다는 약속이 확장되고, 넓혀지며 그 성취를 이루어 가는 과정을 보이는 것이다.

이처럼 이삭의 축복 속에는 축복의 본질과 위력이 느껴진다. 축복의 본질은 하나님이 함께하시는 것이며, 환경이 거칠고, 황폐하고, 주변의 공격이 변함이 없음에도 그것을 이겨내는 강인함이 축복의 삶에는 들어있다. 그리고 이삭이 우물을 양보하는 이야기 속에는 축복을 다루는 방법도 보이고 있다. 그러나 이삭의 이야기 다음에 나타나는 야곱의 인생을 살펴보면 다른 방향을 향하고 있다. 이방인들이나 함직한 행동을 하고 있는 것이다. 빼앗고, 속이고, 탈취하여 축복을 자신의 것으로 만들려한다. 이것은 곧 야곱이 배워야 할 것이 있다는 것을 의미한다. 그리고 그의 이야기는 아버지 이삭의 이야기보다 무척이나 길어질 것을 짐작케 한다.

이삭이 누렸던 축복들을 살펴보면 그 속에는 하나님의 백성 이스라엘이 바라보는 삶의 희망과 미래가 들어가 있다. 그리고 우리 하나님의 갈망 또한 느껴볼 수 있다. 축복의 삶이 우리의 정체성이며, 세상을 향한 우리의 책임이 그 속에 녹아져 있음을 살펴볼 수 있다. 이제 우리에게는 이 축복을 지켜나가는 믿음이 필요할 것이다.

(3) 축복을 연결시키는 믿음

전적으로 이삭의 이야기가 전개되고 있는 창세기 26장의 '축복의 전시장'은 특이한 배열 속에 놓여져 있다. 묘하게도 야곱이 에서의 장자 권을 헐값에 매도한 사건, 즉 야곱의 장자 권 탈취(창 25:28-34)와 야곱이 어머니 리브가와 공모하여 에서의 축복을 탈취한 사건(창 27:1-46) 사이에 놓여져 있다. 이 얼마나 기가 막힌 장소인가? 하나님이 아니시고 어느 누가 이렇게 의미심장한 이야기의 배열을 생각이나 할 수 있었겠는가? 에서가 팥죽 한 그릇과 바꿔버릴 정도로 가벼이 여겼고(창 25:34), 야곱이 그렇게 탐내었던 축복이 바로 이삭의 삶 속에 그대로 보여 지고 있는 것이다. 그러므로 창세기 26장은 야곱이 장자권을 빼앗아서라도 그렇게도 갖기를 염원했던 축복이 무엇인가를 정확하게 보여주고 있는 것이다.

야곱의 이야기는 말하나 마나 바로 그 축복이 어떻게 연결되어 가는지를 보여주는 전형적인 이야기일 것을 추측해 볼 수 있다. 그러나 이삭이 누린 축복은 결코 인간의 사악한 음모를 통한 탈취로 이루어지는 것이 아니다. 하나님의 자녀라면 어느 누구나 깊이 있게 되새겨 보아야 할 교훈인 것이다. 만약 내 스스로의 능력과 노력으로 쟁취한 것이 '축복'이라면 우리는 '기복신앙'의 전형적인 모습의 하나인 '욕심'으로 양보 없는 저주스런 삶을 살 것이다. 그러나 아브라함과 이삭이 보여준 절대적인 믿음인 순종을 통해 축복이 이 땅에서 현실이 된다는 것은 모든 주권이 우리 하나님께 있다는 우리의 신앙고백이 된다. 이와 같이 축복의 삶은 오직 전폭적인 믿음과 순종으로만 가능해 지는 것이다. 야곱이 배워야 할 것이 바로 이것이다. 그리고 지금 현재를 살아가는 우리 그리스도인들 또한 배워야 할 진리인 것이다. 그리고 이삭의 축복의 삶이 바로 우리의 정체성 임을 분명히 기억해야 할 것이다. 그리고 그 축복을 세상에 전하는 삶이다. 우리 그리스도인들 또한 이제 어떤 지역에 얽매인 땅이 주어진 것이 아니다. 예수님의 부활 때 주셨던 소명에서 나타나듯이 "가서 모든 족속으로 제자를 삼아 아버지와 아들과 성령의 이름으로 세례를 주고 내가 너희에게 분부한 모든 것을 가르쳐 지 키게 하라"(마 28:19-20)는 것처럼 세계를 한 눈에 바라보는 믿음이 필요하다.

4) 약속의 실현과 그 이후의 이야기 전개방향

아브라함을 통해 하나님의 창조가 완성되었다. 하나님께서 말씀하시 면 그대로 이루어지는 순종을 통해 하나님의 창조는 든든히 서나가는 것이다. 그리고 이삭의 삶을 통해 축복이 회복된 삶의 이상이 유감없이 드러나고 있다. 그 다음의 과정이 무엇이 되어야 할 것인지는 창세기 전반부의 사건과 비교하면 분명히 알 수 있다. 그것을 도표로 보이면 다음과 같을 것이다.

천지창조	아브라함	
말씀하시면 그대로 실현이 됨 올바른 다스림을 실현하는 사람 (복을 전하는 삶)	말씀하시면 그대로 실현이 됨 올바른 다스림을 실현하는 사람 (복을 전하는 삶)	
에덴동산 땅을 선물로 받고 가꾸어 나가는 삶	**가나안 땅** 땅을 차지하는 삶(막벨라 굴과 밭을 구입)	**여기까지 회복:**
아담과 하와 * 뼈 중의 뼈요 살 중의 살(남자의 몸에서) * 하나님께서 예비하시고, 데려오심 * 에덴동산에 두심 * 불순종으로 추방 됨 * 불순종으로 땅이 저주를 받음 - 소출을 내지 않을 것임	**이삭과 리브가** * 뼈 중의 뼈요 살 중의 살 (친족) * 하나님의 섭리로 예비하시고, 데려오심 * 가나안 땅에 두심 * 순종으로 든든한 정착이 이루어짐 * 순종으로 땅의 저주가 풀리고 축복회복 - 농사지어 백배의 소출을 얻음	아브라함과 이삭 이야기는 여기까지 회복됨을 보여준다.

후손들	후손들	
(1) 가인과 아벨 불화	(1) 에서와 야곱의 불화	이후에
* 하나님의 편애	* 하나님의 편애	회복해야할 것:
* 하나님의 동생선택	* 하나님의 동생선택	이제 회복해야
* 질투로 인한 형제살해	* 질투로 인한 형제살해 음모	할 것은 이 부분
	(2) 요셉과 형제들의 불화	이다.
	* 하나님의 편애	
	* 하나님의 동생선택	
	* 질투로 인한 형제살해 음모	

'천지창조-에덴동산-아담과 하와'로 연결된 신앙의 파괴가 '아브라함을 부르심-가나안 땅-이삭과 리브가'라는 연결로 새로운 신앙적 완성에 이른다. 하나님께서 창조 때 이루고자 하셨던 이상이 아브라함과 이삭이라는 연결속에서 아름답게 열매 맺었다. 하나님께서 주신 기회가 드디어 아브라함에게서 싹을 틔우고, 이삭에게서 꽃을 피웠다. 에덴동산의 아담과 하와처럼 이제 새 시대의 아담과 하와인 이삭과 리브가가 선 것이다. 불순종이 순종으로 바뀌고, 추방이 든든한 정착으로 바뀌며, 저주가 축복으로 변하여 불모지였던 땅이 백배의 소출을 내는 희망의 장소가 되었다. 하나님을 향한 절대적인 순종은 이렇게 모든 것을 바꾼다. 세상이 잃어버렸던 것이 여기까지 회복되었다.

아브라함부터 시작된 순종으로 하나님과의 관계가 회복됨으로 가나안 땅이 에덴으로의 복귀를 시작했다면, 그 이후의 이야기도 회복을 애타게 기다리고 있다. 그러나 가나안 땅을 완전한 에덴동산으로 가꾸기 위해서 한 가지 더 회복해야 할 것이 있다. 아담과 하와의 불순종으로 에덴에서 쫓겨났고, 가인이 형제인 아벨을 죽임으로 에덴의 동쪽으로 더 멀리 추방되었다. 이제 가나안을 에덴으로 만들기 위해 사람사이는 반드시 회복해야 할 과제가 된다. 이삭과 리브가 이후의 창세기의 이야기들이 형제 사이의 불화를 계속해서 다루고 있다는 점에서 이것의 회복을 간절히 꿈꾸고 있다는 것을 느껴볼 수 있다. 가인과 아벨 사건이 하나님의 편애로 형제 사이의 순위가 바뀌고, 질투로 인한 형제 살해가 벌어졌다면, 이삭과 리브가 이야기 다음인 에서와 야곱, 요셉과 형제들이라는 연속된 이야기 속에서도 역시 하나님의 동생에 대한 편애로 형제 사이의 순위가 바뀌고, 질투로 인해 형제 살해의 음모까지 도사리고 있음을 볼 수 있다. 위기가 끊임없이 계속되는 것이다.

특히 이 두 번의 편애에는 하나님의 편애뿐만 아니라, 사람의 편애 또한 동시에 존재한다는 점에서 더욱 복잡한 위기감이 조성된다. 그러나 더 큰 위기는 곧 더 큰 기회가 될 수 있다는 점에서 희망적이다. 누가 이렇게 복잡하게 뒤얽힌 상황 속에서 이러한 불화를 해결할 것인가? 하나님과 사람이 동시에 뒤얽혀 있는 애증의 관계 속에서 해결의 실마리를 풀어갈 수 있는 길은 어디에 있을까? 이것이 차후의 이야기의 중심주제가 될 것이며, 창세기는 그 주제를 향하여 회복의 여정을 계속할 것이다. 분명 사람의 편애에 초점을 맞추면 희망이 없고, 절망뿐인 불의만이 인간사를 뒤덮겠지만, 하나님의 편애를 이해하고 그 깊은 뜻을 깨닫는다면 선택 속에 내포된 특권과 책임의 균형을 통하여 모두가 살아나는 길을 열어갈 수 있을 것이다. 편애와 선택은 책임과 소명의 길로 향함으로 모든 민족이 복을 누리는 세상을 이루는데 기여해야 할 요소 일뿐이다. 잠시 밀려난 듯한 이스마엘도, 에서도 마침내는 하나 되어야 할 하나님의 피조물인 것이다. 이제 사람과 사람의 관계회복 그 과업을 향하여 하나님의 역사는 멈추지 않고 진행을 계속할 것을 기대해 볼 수 있다.

V
야곱 이야기(창 25:12-36:43)

아브라함의 철저한 순종으로 하나님과의 관계가 연결되고, 저주 받은 세상은 축복의 땅으로 회복된다. 이삭은 축복이 회복되는 땅에서 온 전한 복을 누림의 전형적인 삶을 살아간다. 하지만 한 가지 더 회복해야 할 것이 있다. 그 한 가지가 더 신앙인의 삶에 실현 될 때 이 세상에 의도된 하나님의 축복이 온전히 살아날 것이다. 이제 사람과 사람의 관계도 회복됨으로 인류가 하나로 묶여질 그 날을 기대하고 있다. 아브라함과 이삭의 이야기 다음에 펼쳐지는 야곱의 이야기 속에는 인류가 저지른 태초의 두 번째 죄악인 가인이 아벨을 죽이는 사건과 동일한 것이 펼쳐지려한다. 설명할 수 없는 하나님의 편애로 형과 아우의 순서가 뒤바뀌고, 그 뒤바뀐 관계로 인해 형제간에 갈등이 빚어지고, 심지어 가인이 저질렀던 형제 살해의 살기가 에서와 야곱 사이에서도 동일하게 나타난다. 동일한 것이 눈앞에 펼쳐지고 있다는 것은 올바른 해결을 필요로 한다는 것이다. 누가 세상에 남은 이 저주스런 인간관계를 풀고 새로운 세상을 열어갈 것인가? 그리고 누가 이삭의 축복을 계승하여 천하 만민이 복을 누리는 길을 열어감으로 이 땅이 온전히 회복되는 길을 이루어 갈 것인가? 이러한 질문들이 차후의 이야기를 풀어가는 눈을 제공할 것이다.

이스라엘 역사 속에서 야곱이 아브라함만큼이나 중요한 역할을 담당하고 있음은 야곱의 이름이 구약과 신약성경 속에 무수히 많이 나타나는 것을 통해 살펴볼 수 있다(아브라함 345회; 야곱 429회). 아브라함이 절대적인 순종으로 이스라엘은 물론이요, 세계에 새 역사를 가져오는 선구자가 되었다면, 야곱은 그의 삶을 통하여 이스라엘이라는 민족의 탄생과 존재의 의미를 일깨워 주기 위해 선택된 사람임을 그의 삶의 여정을 통해서 여실히 느껴볼 수 있다. 야곱의 열두 아들들을 통해 이스라엘이라는 12지파로 이루어진 나라가 탄생하는 것 그리고 이스라엘을 통칭할 때 '아브라함의 집'이 아닌 항상 '야곱의 집'이라고 칭하는 것을 볼 때 이스라엘은 자신들의 직접적인 시조를 야곱이라는 인물에게서 찾고 있음을 알 수 있다(창 46:27; 출 19:3; 시 114:1; 사 8:17; 46:3; 48:1; 58:1; 렘 2:4; 암 9:8; 눅 1:33; 행 7:46). 그럼에도 하나님은 이스마엘을 외면치 않으셨던 것처럼, 결코 에서도 자신의 계획 속에서 제외시키지 않으신다(신 2:4-8; 23:7-8). 그러므로 창세기에서 에서와 야곱의 이야기는 사람과 사람 사이의 관계회복에 관한 하나의 교훈을 던져주기에 충분하다.

1. 이야기 전체를 한눈에 읽기

　　에서와 야곱 이야기는 그들이 어머니의 태중에 있을 때부터 시작된다. 그들은 리브가의 태중에서부터 싸운다. 얼마나 극심하게 싸웠는지 리브가가 견딜 수 없어서 여호와께 여쭙기까지 한다. 이 둘이 뱃속에서 무엇을 놓고 싸웠는지는 리브가가 들은 여호와의 응답에서 분명하게 알 수 있다.

> 두 국민이 네 태중에 있구나 두 민족이 네 복중에서부터 나누이리라 이 족속이 저 족속보다 강하겠고 큰 자가 작은 자를 섬기리라(창 25:23)

　　민족적인 우선권을 놓고 뱃속에서부터 다투는 모습은 이 두 사람을 통하여서 펼쳐질 미래상이 고스란히 암시되어 있다. 에서의 후손과 야곱의 후손은 형제 나라이면서도 끝도 없는 경쟁과 다툼 속에서 살아갈 것이란 점을 미리 예상해 볼 수 있다. 하지만 그 경쟁의 끝은 결국 큰 자가 작은 자를 섬기게 된다는 것에서 야곱의 승리가 예고되어 있다. 선택된 자의 기쁨과 우월감 그리고 버림받은 자의 억울함과 분노가 알게 모르게 공존하고 있는 곳이 바로 우리가 서 있는 세상이다. 그리고 인간이 그런 세상을 이미 태중에서부터 만들고 있다는 것은 인간 삶의 비정함을 드러내고 있는 것이라고 할 수 있다. 그렇다면 하나님께서 이러한 분리의 길을 걷게 하려고 특별히 사람과 민족을 선택하시는가? 결코 그렇지 않을 것이다. 설사 사건의 씨가 하나님의 불가해한 선택에 있었다 할지라도 형제가 갈라지며 살해의 위기를 조성하는 것은 인간의 성급한 행위로 인한 것임을 간과해서는 안 된다. 동생인 야곱이 형 에서의 축복을 탈취한다. 선택은 결코 특권만을 의미하지 않는다. 그 특권이 하나님께서 뜻하신 최종적인 목표를 향하여 최고의 선을 위해 기여하지 못한다면 특별한 선택의 의미는 전적으로 상실된다.

아브라함을 부르심이 큰 민족, 창대한 이름, 축복을 누림이라는 특권을 내포하고 있다면 그 모든 것을 다 활용하여 마침내 이루어야 할 사명은 "땅의 모든 족속이 그를 통하여 복을 얻는 것이다"(창 12:1-3). 이를 통해 선택된 자도, 선택에서 밀려난 자도 마침내는 하나님 나라 안에서 복을 누림에 있어서 동일한 선상에 서게 되는 세상을 이루는 것이다. 그러므로 선택은 특권만이 아니며, 선택에서 밀려난 것은 버리려는 뜻이 아닌 결국 서로가 서로를 도움으로 사랑과 신뢰가 바탕이 된 세계를 세우려는 것이 하나님의 계획인 것이다. 야곱이 배워야 할 것이 이것이며, 에서가 느껴야 할 것이 이것이다. 그러나 야곱은 주변에 복을 전하는 삶이 아닌 오히려 다른 이의 복을 탈취하는 삶을 살아간다. 선택의 의미가 왜곡되고, 소명이 무너진 삶으로 인해 빼앗기고, 잃은 자의 분노가 하늘을 찌르는 상황을 만들고 만다. 이제 사람사이의 길은 선택과 축복의 의미를 바르게 깨닫는 것에 의해 그 온전함을 회복할 것이다. 그렇다면 야곱의 이야기는 야곱이라는 빼앗고, 탈취하는 자가 복의 근원이 되는 이스라엘로 변해가는 과정이라고 할 수 있다.

에서와 야곱은 태중에서 뿐만 아니라, 탄생의 순간에도 그 경쟁을 계속한다. 에서가 먼저 나오지만, 야곱이 에서의 발꿈치를 잡고 나온다. 에서는 몸이 '붉고 전신이 털옷 같아서' 붙여진 이름으로 모양새를 따라서 주어졌고, 야곱은 '발뒤꿈치를 잡다'라는 의미를 가진 것으로 다른 사람의 것을 탈취하고 빼앗아 살아간다는 점에서 삶의 특성을 따라서 주어진 이름이라 할 수 있다. 이들의 이야기는 탄생에서 급박하게 성인이 된 이야기로 돌아서는데 역시 경쟁과 다툼은 여전하다. 야곱이 장자의 명분을 팥죽 한 그릇으로 에서에게서 강탈하는 사건이 발생한다. 이것이 가능했던 것은 장자권에 대한 야곱과 에서의 시각차이 때문으로 추정해 볼 수 있다. 야곱은 장자권을 소망했고, 에서는 그것을 가벼이 여겼기 때문이다(창 25:34).

장자권 탈취는 시작일 뿐 그 주요한 목표는 바로 그 장자권에 따라붙는 축복의 쟁취이다. 이삭이 축복을 누리는 창세기 26장이 야곱이 에서의 장자권을 강탈하고(창 25:27-34), 에서의 축복까지 탈취하는 사건(창 27장) 사이에 놓여져 있다는 것만 보아도 장자권을 헐값에 매입한 목표가 분명하게 드러난다. 그 다음의 것을 갖고 싶은 욕망의 첫 단추였기 때문이다. 창세기 27장에는 드디어 야곱과 어머니인 리브가가 공모하여 에서의 축복을 탈취하는 사건이 벌어진다. 창세기 26장이 이삭이 누리는 '축복의 전시장'이라면, 27장은 누가 축복을 차지할 것인가를 놓고 벌이는 '축복의 각축장'이 된다. 이러한 사실은 창세기 27장에만 무려 '축복하다'(בָּרַךְ 바라크)라는 동사가 14번(창 27:4, 7, 10, 19, 23, 25, 27, 29, 30, 31, 33, 34, 38, 41) 그리고 '축복'(בְּרָכָה 베라카)이라는 명사가 6번 나타난다(창 27:12, 35, 36[2번], 38, 41)는 점에서 입증된다. 실로 누가 이 축복을 차지할 것인가를 놓고 다투는 내용으로 가득한 것이다.

그러나 이미 다루었듯이 하나님의 축복에는 두 가지가 내포되어 있다. 첫째, 누림이라는 특권('나'라는 개인에게 속함) 그리고 둘째, 나눔이라는 책임('너'라는 공동체에게로 향함)이다. 이 두 가지는 결코 하루아침에 이루어지지 않는다. 아브라함은 축복의 약속을 가지고 출발하여 수십 년의 세월을 보내고 마침내 이삭을 하나님의 명령 한 마디에 기꺼이 올려드리려는 순종의 믿음을 통하여 복의 실현을 확증 받고, 천하 만민이 복을 누리는 길을 본격적으로 열어간다. 이삭은 그의 신앙여정의 가장 처절하고 어려운 순간에도 불구하고 생명 같은 우물들을 양보하며 전적으로 자신의 생명을 하나님께만 의탁하는 믿음의 길을 통하여 축복성취를 확증 받고, 열방에 축복을 전하는 삶을 시작한다. 이 두 인물의 공통점은 전적으로 자신을 희생하고 헌신하는 삶의 길에 들어섰을 때에야 비로소 열방이 복을 공유하는 길이 활짝 열렸다는 것이다.

야곱 또한 이러한 삶의 교훈을 배워야 할 것이다. 하나님의 축복은 결코 탈취해서 얻을 수 있는 것이 아니다. 그것은 오로지 하나님의 절대적인 주권으로 주어지는 것이지 인간의 노력이나, 인간이 만든 원리에 의해서 이루어지는 것이 아니다. 인간의 논리는 먼저 태어난 자를 장자로 여기며 그들에게 태생적인 권리를 부여하여 모든 축복의 특권을 부여한다. 그러나 창세기는 결코 장자가 탄생 때 결정되는 것이 아님을 보이기 위해 수많은 예를 제시한다. 창세기의 거의 대부분의 인물들의 이야기가 장자에게 저절로 축복이 돌아가지 않는다는 것을 보이는 것이다(아벨, 이삭, 야곱, 요셉, 유다, 베레스, 에브라임). 진정한 장자는 하나님의 뜻을 온전히 펼치는 사람이기 때문이다. 이스라엘이라는 나라 또한 열방과 비교해볼 때 탄생의 순서에서 결코 장자가 아니다. 그러나 하나님께서는 이스라엘을 장자라고 부르신다(출 4:22; 신 7:6-11). 이러한 호칭 속에서 특권보다도 책임을 읽을 줄 아는 사람만이 진정한 장자의 길을 걸어갈 수 있다.

이삭이 단지 탄생의 순서만으로 평가하여 에서에게 부여한 장자권은 하나님께서 최종적으로 바라보시는 것과는 다르다. 야곱이 탈취한 에서의 장자권에 부여된 축복은 하나님께서 주신 복과 여러 면에서 유사하지만 최종적인 목적에서 그 끝을 달리하고 있다.[154] 이삭이 속임수로 다가온 야곱에게 내린 축복을 살펴보면 그 끝을 볼 수 있다.

내 아들의 향취는 여호와께서 복 주신 밭의 향취로다 하나님은 하늘의 이슬과 땅의 기름짐이며 풍성한 곡식과 포도주를 네게 주시기를 원하노라 만민이 너를 섬기고 열국이 네게 굴복하리니 네가 형제들의 주가 되고 네 어머니의 아들들이 네게 굴복하며 너를 저주하는 자는 저주를 받고 너를 축복하는 자는 축복을 받기를 원하노라(창 27:27-29)

이 속에는 부요함과 풍성함, 정복, 지배, 통치, 군림이라는 제국주의적인 냄새도 풍겨난다. 그리고 저주와 축복이 공존하는 세상이 된다. 아브라함이 받은 약속에서 가장 중요한 땅의 모든 족속이 그를 통하여 축복을 누린다는 것이 제외되어 있고(창 12:3; 22:18; 26:4), 대신 만국이 굴복하는 종속의 지배권이 강조된다. 이것은 전적으로 '나만 누리는 복'에서 멈추며 가히 세상이 바라는 복의 요소를 다 간직하고 있다고 할 수 있다. 부와 권력과 저주와 축복을 주무르는 권위는 감히 어느 누구의 저항도 불식시킬 수 있는 무소불위의 힘이 된다. 세상은 이러한 것을 빼앗기면 견딜 수 없어한다. 이러한 주도권을 놓치는 것을 못 견뎌 하는 것이다. 에서가 억울함과 분노로 통곡을 한다(창 27:34, 38). 하지만 이러한 개인적인 누림은 반드시 모든 이를 위한 길이라는 마땅히 가야 할 목적지에 정확하게 다다라야 한다. 즉, 개인적인 특권의 누림이라는 차원에서 나눔이라는 단계로 더 전진해 나가야 한다는 것이다. 그래야만 어느 누구의 눈에서도 통곡의 눈물이 쏟아져 나오지 않을 것이기 때문이다. 어느 것에 더 초점을 맞출 것인가에 따라 삶의 길은 달라진다.

하나님의 백성과 이방인의 차이는 하나님 나라에 초점을 맞출 것인가, 아니면 그 외의 모든 것에 초점을 맞출 것인가의 차이일 뿐이다(마 6:33). 하나님 나라에 초점을 맞추면 그 모든 것은 저절로 따라오지만, 그 모든 것에 초점을 맞추면 하나님 나라는 사라지는 것이다. 에서의 것을 빼앗은 야곱의 이야기는 이제 빼앗은 것을 기꺼이 돌려주기 위한 여정이 되어야만 한다. 그리고 세상이 추구하며 누리려고 하는 한 단계 부족한 축복에 온전한 완성을 제시해야만 하는 것이다. 그것이 하나님의 백성 이스라엘이 존재하는 이유이기 때문이다. 이삭이 에서를 위해 준비한 축복이 하나님이 예비하신 것인가, 아니면 이삭 스스로의 인간적인 발상인가의 논쟁은 에서를 위한 것은 창조 때부터 인류를 위한 일반적인 것이며

(creational blessing), 야곱을 위한 것은 하나님의 백성을 세우기 위한 것 (constitutional blessing)이라고 한다면 화해와 조화가 이루어질 수 있을 것이다.[155] 즉, 야곱이 두 번째로 받은 '아브라함의 축복'(창 28:3-4)이 선택된 민족을 이루는 축복이며 이 축복은 '부서진 하나님의 창조세계'(창 27:27-29)를 온전하게 회복하는데 기여해야만 한다는 것이다.

빼앗긴 에서가 분노를 품고 야곱을 죽일 기회만 노리고 있다. 리브가는 이러한 상황을 알고 야곱을 잠시 밧단아람으로 피신시킨다. 피신과 더불어서 한 가지의 사명을 더 위임하는데 그것은 가나안 사람의 딸들 중에서가 아닌 동족과의 결혼을 이루어야 한다는 것이다(창 28:1). 아버지 이삭은 떠나는 야곱에게 드디어 태생적으로 부여되는 장자권의 축복이 아닌 하나님의 백성에게 부여되는 장자의 축복을 선언한다.

전능하신 하나님이 네게 복을 주시어 네가 생육하고 번성하게 하여 네가 여러 족속을 이루게 하시고 아브라함에게 허락하신 복을 네게 주시되 너와 함께 네 자손에게도 주사 하나님이 아브라함에게 주신 땅 곧 네가 거류하는 땅을 네가 차지하게 하시기를 원하노라(창 28:3-4)

땅과 후손과 아브라함의 복이 연결되며 하나님의 백성이 이루어야 할 약속과 소명이 농축적으로 주어져 있다. 야곱이 아버지 이삭의 축복과 더불어 브엘세바를 떠나 하란(밧단아람)으로 향하여 가다가 한 장소에 다다른다. 그리고 그 곳에서 드디어 처음으로 하나님의 현존을 만나고 하나님으로부터 직접 약속과 더불어 '아브라함에게 허락하신 복'을 부여받는다.

나는 여호와니 너의 조부 아브라함의 하나님이요 이삭의 하나님이라 네가 누워 있는 땅을 내가 너와 네 자손에게 주리니 네 자손이 땅의 티끌 같이 되어 네가 서쪽과 동쪽과 북쪽과 남쪽으로 퍼져나갈지며 땅의 모든 족속이 너와 네 자손으로 말미암아 복을 받으리라(창 28:13-14)

아브라함에게 약속해 주셨고, 이삭이 누리고 있는 땅과 후손과 축복이라는 약속의 삼중주가 야곱에게 주어지고 있다. 이것으로 인해 하나님께서 야곱을 태중에서부터 구별하여 선택한 이유가 드러난다. 땅의 부여와 후손의 번성이 결국은 모든 족속을 위함이라는 목적을 위해 봉사하는 것이다. 하나님께서는 야곱에게 이 모든 약속을 이루기까지 그를 결코 떠나지 않으실 것이란 확신을 심어주신다(창 28:15). 그리고 야곱은 여호와께서 그 약속을 이루어 주신다면 여호와께서 자신의 하나님이 되실 것이며, 하나님을 만난 이 장소가 하나님의 집인 진정한 벧엘이 될 것이라고 서원한다. 하나님께서 서원하시고, 야곱이 서원을 했다. 하나님께서 약속을 지키시면, 야곱 또한 자신의 약속을 신실하게 지켜야 한다. 야곱은 모든 족속이 복을 누리는 세상을 위하여 결단력 있게 자신의 욕망이 가득한 개인적인 축복을 양보하기까지 기나긴 세월을 보낼 것이다. 그리고 야곱은 벧엘로 다시 돌아올 때는 분명 달라져 있어야만 한다(창 35:1-15). 야곱이라는 이름으로는 그 목적을 결코 이룰 수 없기 때문이다.

야곱 이야기의 중심은 밧단아람에서 펼쳐진다. 지금 야곱은 두 가지의 복을 지니고 살아간다. 하나는 빼앗은 에서의 축복이고, 다른 하나는 하나님께서 부여해 주신 축복의 약속이다. 그리고 두 가지의 복 다 미래형이다. 밧단아람에서 야곱이 어떤 행동을 취하며 어떤 복을 중시하며 살아갈 것인가에 따라 그의 삶은 달라질 것이다. 그러나 사람은 한 순간에 변하는 것이 아니라 긴 세월의 흐름 속에서 하나님의 깊은 은혜를 체험하며 믿음이 성장하고, 마침내 신앙의 결심을 통해 전적인 자기부정에 이르는 것이다. 하나님께서는 야곱이 버리지 못하는 삶의 방식이 어떤 문제점 가지고 있는지를 계속해서 보여주실 것이며 이를 통해 그는 배울 것이다. 가장 알맞은 길은 그 사람이 저지른 방식대로 겪게 만듦으로 그것이 어떤 아픔과 고통을 주는 것인지를 느끼게 하는 것이다. 이것을 배우기에 가장 좋은 장소가 바로 밧단아람인 것이다. 왜냐하면 그 곳에는 야곱과 쌍벽을 이룰 만한 수단가인 라반이라는 인물이 존재하고 있기 때문이다. 이렇게 하나님은 인생의 맞상대를 통해 삶을 배우게 하실 때가 많다.

야곱이 밧단아람에 도착 했을 때 가장 반기는 인물은 역시 외삼촌 라반이다. 그에게 있어 야곱은 부족한 노동력을 메울 수 있는 최고의 일꾼이기 때문이다. 친족이라는 점과 갈 곳이 없다는 점을 백분 활용하면 평생을 착취할 수 있는 노동력이 될 수 있기 때문이다. 먼저 라반은 한 달 정도 야곱을 지켜본 후에 그에게 제안을 한다(창 29:14). 품삯을 정하고 본격적으로 일해보자는 것이다. 야곱도 이에 동의하여 마침 외삼촌의 둘째 딸인 라헬이 마음에 들었으므로 그를 위하여 7년을 노동하겠다고 한다. 이를 좋게 여겨 계약이 성사되고, 야곱이 라헬을 사랑하므로 7년을 수일처럼 느끼며 지낸 뒤에 때가 되어 라헬을 자신에게 줄 것을 외삼촌에게 말한다(창 29:20-21). 결혼잔치가 이루어지고 저녁에 라반은 라헬이 아닌 첫째 딸인 레아를 신혼 방에 들여보낸다. 그 다음날 야곱이 라헬이 아닌 레아인 것을 알아보고 "라헬을 위하여 외삼촌을 섬기지 아니하였나이까 외삼촌이 나를 속이심은 어찌됨이냐"고 분노하며 따진다(창 29:25). 이에 라반은 적반하장으로 자신의 지방에서는 형보다 아우를 먼저 시집보내는 법이 없다는 것을 내 세우며, 칠일을 채우면 라헬도 아내로 줄 터이니 칠 년을 더 섬기라는 것이다(창 29:26-27). 이렇게 하여 야곱은 원치 않는 결혼으로 7년을 더 노동해야 하는 꼴이 되었다. 하지만 야곱이 이러한 외삼촌의 처사에 분노는 하나 부당함을 들어 7년의 노동을 무효화하지 못한다. 왜냐하면 둘째인 자신이 아버지를 속이고 첫째인 형 에서의 축복을 속여서 탈취했기 때문이다. 그 약점을 알고 있는 라반이 "언니보다 아우를 먼저 주는 것은 우리 지방에서 하지 아니하는 바라"(창 29:26)는 일침을 가함으로 가나안에서 했던 야곱의 행위를 은연중에 드러낸 것이다. 야곱은 꼼짝없이 14년 동안 노동력을 착취당한다. 빼앗았던 삶이 빼앗기는 삶으로 반전된 것이다. 그러나 이 반전도 오래가지는 못한다. 야곱 또한 당하고만 있을 존재는 아니기 때문이다.

　　7년의 세월동안 네 명의 아내들을 통하여 야곱에게 열한 명의 아들들이 태어났다. 요셉이 태어났을 때 야곱은 라반에게 이제 의무적이 노동이 끝이 났으니 고향으로 돌아가겠다고 한다(창 30:25). 라반은 귀중한 노동력을 잃고 싶지 않다. 왜냐하면 야곱이 온 후로 자신의 재산과 짐승 떼가 번성하고 있다는 것을 그도 느꼈기 때문이다. 그는 이것을 야곱이 믿는 여호와로 인한 것이라고 고백한다(창 30:27). 하나님의 약속은 이 와중에도 그 역사를 계속하고 있는 것이다. 라반이 품삯을 정하라고 하고 본격적으로 라반과 야곱의 재산축적 경쟁이 시작된다. 야곱이 얼룩무늬 있는 것이 자신의 품삯이라 하면 그러한 종류가 번성하고, 또 라반이 품삯의 종류를 바꾸면 바뀐 종류가 번성한다(창 31:8). 이로 인해 야곱이 번창하여 거부가 된다(창 30:43). 그러나 라반과 그의 아들들은 낮 빛이 별로 좋지 않다.

야곱이 라반의 아들들이 하는 말을 들은즉 야곱이 우리 아버지의 소유를 다 빼앗고 우리 아버지의 소유로 말미암아 이 모든 재물을 모았다 하는지라 야곱이 라반의 안색을 본즉 자기에게 대하여 전과 같지 아니하더라(창 31:1-2)

야곱의 빼앗는 특성은 결코 변함이 없다. 결국 밧단아람도 이제는 피할 장소가 아니라, 도망쳐야 할 장소가 된 것이다. 이렇게 다른 이의 것을 탈취하는 삶은 결코 그 곳에서 어울려 살 수 없는 결과를 야기한다. 늘 쫓겨 가고, 도망가는 삶을 살아야 하는 것이다. 이렇게 야곱이 자신의 속성을 버리지 못함에도 늘 동일하게 약속을 지키시는 분이 계시다. 바로 하나님이시다. 하나님께서는 벧엘에서 야곱에게 허락하신 것을 이루기까지 "너를 떠나지 아니하리라"(창 28:15)고 약속하셨고, 그 신실한 실행은 야곱의 고백 속에서도 분명하게 드러난다.

꿈에 하나님의 사자가 내게 말씀하시기를 야곱아 하는지라 내가 대답하기를 여기 있나이다 하매 이르시되 네 눈을 들어 보라 양 떼를 탄 수양은 다 얼룩무늬 있는 것 점 있는 것과 아롱진 것이니라 라반이 네게 행한 모든 것을 내가 보았노라 나는 벧엘의 하나님이라 네가 거기서 기둥에 기름을 붓고 거기서 내게 서원하였으니 지금 일어나 이 곳을 떠나서 네 출생지로 돌아가라 하셨느니라(창 31:11-13)

야곱이 배워야 할 것은 인간 스스로 결코 하나님의 축복의 약속을 이룰 수 없다는 것이다. 그리고 그렇게 이루어서도 안 된다는 것이다. 자신이 라반의 것을 탈취하려는 갖은 수단을 펼쳤음에도 그것의 성취는 함께하시는 하나님으로 인해 가능하다는 것이다. 하나님께서 라반의 불의함을 보시고 야곱의 편에 서셨던 것이다. 그러나 야곱은 결코 악으로 악을 이겨서는 안 된다. 비록 라반이 음모를 꾸미며 악으로 해치려 할지라도 선으로 악을 이기는 길을 걸어야 한다는 것이다. 그것이 가능한 것은 우리가 아니라 함께하시는 하나님께서 보시고, 아시고, 공의롭게 갚아주시기 때문이다. 함께하시는 하나님으로 인해 야곱의 고백이 바뀌고 있다. 자신의 수단이 성공한 것이 아니라, 함께하시는 하나님께서 이렇게 자신의 부를 이루어 주셨다는 것이다.

　　야곱이 자신의 모든 것을 다 챙겨서 라반 몰래 야반도주를 한다. 삼 일만에 그 일이 드러났고, 라반이 사람들을 모아 야곱을 추격하여 칠 일째 야곱이 머물고 있는 길르앗 산에 도달했다. 분명 야곱이 잘못된 방식을 택했지만 하나님은 라반을 막으신다. 꿈에 나타나 야곱에게 선악간 말하지 말고 이해하라신다. 라반과 야곱 간에 시시비비가 여러 차례 오갔음에도 둘 사이에 해치는 일은 발생하지 않는다. 드디어 라반과 야곱 사이에 계약이 맺어진다. 서로를 해하지 않고, 후손들끼리도 그런 관계를 유지하자는 의도인 것이다. 이러한 언약이 가능했던 것은 반복적으로 강조되듯이 양자 사이에서 중재 하시는 하나님으로 인한 것이었다(창 31:49, 50, 53). 야곱과 라반의 언약이 갖는 중요성은 야곱이 일생을 살아가며 처음으로 다른 사람과 화해를 이루어 냈다는 것이다. 이것은 야곱이 두려워하는 다음 단계에 대한 지침을 제공하고 있다는 점에서 또한 중요하다. 바로 에서와의 화해이다. 라반과 야곱 사이에 하나님께서 중재자가 되심으로 화해가 가능했다면, 이제 에서와 야곱 사이에도 동일하신 하나님께서 함께하심으로 가능케 될 것이다. 이는 사람과의 관계에 대한 획기적인 변화를 상징한다.

　　야곱은 에서를 만나러 가며 먼저 하나님의 사자들을 만난다. 이들을 하나님의 군대라 부르고 그 장소를 마하나임이라고 명명한다(창 32:1-2). 이들과의 만남은 그 다음에 펼쳐지는 에서가 이끌고 오는 400명의 군대와 만나는 사건에 대해 대칭되는 개념을 가지고 있다(창 32:6). 하나님은 에서의 군대를 충분히 무마할 수 있는 위력을 가지고 계심을 야곱에게 계시하셨던 것이다. 야곱은 에서에게 줄 예물을 세 떼로 나누어서 그의 앞으로 보내고, 자신은 얍복 강가에서 밤새도록 하나님을 붙들고 씨름을 한다. 야곱이라는 이름을 가지고 살았던 삶의 마지막 청산인 것이다. 요단 강을 건너 밧단아람으로 갈 때에는 야곱이라는 이름으로 나갈 수 있었지만, 하나님께서 약속하신 그 땅은 결코 야곱이라는 이름으로는 돌아올 수 없다. 하나님의 땅은 변화된 사람의 땅이며, 그래야만 하나님의 뜻이 그 땅에서 이루어질 것이다. 하나님께서 야곱을 이길 수 없음을 보시고 그의 허벅지 관절을 치신다. 야곱은 하나님께서 축복해 주시기 전에는 결코 놓을 수 없다고 선언하며 끈질기게 붙든다. 하나님께서 그의 이름을 다시는 야곱이라 부를 것이 아니라 이제는 이스라엘이라고 부를 것이라 선언하신다. 그 뜻은 "네가 하나님과 및 사람들과 겨루어 이겼기 때문이다"(창 32:28). 드디어 20여년의 기나긴 세월을 보내며 야곱은 하나님의 격렬한 훈련을 거쳤고, 또 사람들과의 관계 속에서도 화해의 길을 걸어갈 준비가 이루어졌다. 연이어 하나님의 축복이 부여된다. 그 장소를 야곱은 하나님의 얼굴이라는 뜻인 브니엘이라고 부른다. 하나님의 얼굴을 보았기 때문이다. 이 모든 것이 인내심을 가지고 기다려 주시는 하나님으로 인해 가능케 된 것이다. 야곱의 능력으로 된 것이 아니라, 하나님의 은혜로 주어진 승리인 것이다. 하나님께서 이길 수 없다는 것은 하나님께서 인정해 주시는 것이다. 야곱은 이렇게 함께하시며, 성실하게 약속을 지키시는 하나님의 신실하심으로 인해 이스라엘이 된 것이다.

다른 이의 축복을 빼앗고, 탈취하여 도망치듯이 빠져나오다가 야곱이라는 이름으로 하나님을 만나 약속을 부여받은 장소가 **벧엘**이었다. 도망쳐 나온 그 곳으로 돌아가는 지금 다시 하나님의 현존을 만나 야곱이 이스라엘이 되었고 빼앗은 축복이 아니라, 하나님의 축복을 부여받은 장소가

브니엘이 되었다. 이제 남은 것이 있다면 빼앗은 것을 돌려주는 것이다. 다른 사람의 것을 빼앗아 살아 본 20년의 세월동안 화해라는 것은 없었고 오직 다툼과 분열만이 있었다. 그러나 하나님께서 중재자가 되어 주셨을 때 사람과의 화해가 가능했다. 오직 하나님의 길, 하나님의 뜻, 하나님께서 부여해 주시는 축복만이 모든 관계를 회복하는 길임을 깨달은 지금 더 이상 망설일 필요는 없다. 수많은 짐승을 세 떼로 나누어 형 에서에게로 보냈다. 에서는 야곱에게 자신이 만난 이 모든 떼는 무엇이냐고 질문한다. 야곱은 에서에게 "하나님이 내게 은혜를 베푸셨고 내 소유도 족하오니 청하건대 내가 형님께 드리는 예물을 받으소서 하고 그에게 강권하니 받았다"고 한다(창 32:11). 이처럼 화해는 저절로 이루어지는 것이 아니라, 자신이 빼앗은 것을 돌려줄 때에야 비로소 온전하게 회복된다.

야곱이 에서와 헤어지고 그는 세겜 땅에 정착한다(창 33:18-20). 그러나 그 세겜 땅에서 야곱은 모진 경험을 한다. 그의 딸 디나가 그 땅 히위 족 추장인 세겜이라는 청년에게 강간을 당하여 강제결혼이 이루어질 단계에까지 이르렀다. 이에 대해 디나의 친오빠들인 시므온과 레위가 계략을 써서 히위 족 전체가 할례를 받아야만 서로 결혼관계를 가질 것이라고 하여 그들의 남자들이 모두 할례를 받고 고통스러워할 때에 칼로 모든 남자들을 살육한다. 그리고 그들의 자녀들과 재물과 아내들을 사로잡고 노략하였다. 이에 야곱이 시므온과 레위를 꾸짖는다(창 34:1-31). 그리고 하나님께서 주신 벧엘로 올라가라는 명령과 더불어 자신의 잘못을 돌아본다(창 35:1). 하나님께서는 지금까지 신실하게 벧엘에서 주신 약속을 그대로 이루어주셨다. 그런데 자신은 아직까지 하나님께 드린 서원을 이루지 않고 있다는 것이다. 그것은 다름 아닌 평안히 이 땅으로 돌아오게 하여 주시면 "여호와께서 나의 하나님이 되실 것이요 내가 기둥으로 세운 이 돌이 하나님의 집이 될 것이요 하나님께서 내게 주신 모든 것에서 십분의 일을 내가

반드시 하나님께 드리겠나이다"(창 28:21-22)라는 것이다. 야곱은 집안의
모든 이방 신상을 버리고 자신과 집안을 정결하게 하고 의복을 바꾸고 벧
엘로 올라가서 제단을 쌓고 하나님을 경배한다. 하나님의 서원이행과 인간
의 서원이행이 한 장소에서 만난 것이다. 그리고 벧엘이 엘벧엘이 된다. 하
나님의 서원과 인간의 서원이 만난 곳이 벧엘이라면, 하나님의 서원이행과
인간의 서원이행이 만난 곳은 엘벧엘이 되는 것이다. 이것이 야곱 이야기
의 전반적인 줄거리이다.

　　야곱의 삶을 통해 사람과 사람 사이에 화해의 무드가 조성되었다
는 것은 그의 삶이 바람직한 길로 가고 있다는 것을 입증하는 것이다. 그러
나 에서와 야곱의 화해는 부분적인 화해에 지나지 않는다. 왜냐하면 형제
가 연합하지 못하고 결국은 두 나라로 갈라져 계속되는 분쟁을 이루기 때
문이다. 이것은 야곱 이야기의 시작과 끝만 보아도 분명하게 알 수 있다.

시작	아브라함의 아들 이삭의 족보는 이러하니라 아브라함이 이삭을 낳았고, 이삭은 육십 세에 에서와 야곱을 낳았다(창 25:19-26)
끝	야곱의 아들은 열둘이라(창 35:22-26) 에서 곧 에돔의 족보는 이러하니라(창 36장) - 이에 에서 곧 에돔이 세일 산에 거주하니라(창 36:8) - 야곱이 가나안 땅 곧 그의 아버지가 거류하던 땅에 거주하였으니(창 37:1)

이삭의 족보(생애 이야기)는 에서와 야곱의 탄생으로 그 막을 연다. 그러나
이 둘은 화해하였으나 연합하지 못하고 야곱은 이스라엘의 조상이 되고, 에
서는 에돔 족의 조상이 된다. 그리고 이들이 살아가는 땅 또한 에서는 세일
산으로 야곱은 가나안으로 확정된다. 결국 아브라함의 순종과 축복이 이삭
에게 연결되고, 마침내 야곱에게 이어지며 그의 이름 변화를 통해 이스라엘
의 정체성이 주어진다. 그러나 하나님의 백성 이스라엘은 한 단계 더 전진

하여 온전한 화해를 이루는 순간까지 나아가야 그 사명과 정체성을 분명히 할 수 있다. 결국 야곱과 에서의 부분적인 화해를 극복하고 온전하게 형제가 하나 되는 화해가 이루어질 미래를 기약하고 있는 것이다.

2. 이야기의 문학적 구조 따라 읽기

야곱 이야기는 그 문학적인 틀이 분명하다. "이삭의 족보는 이러하니라"(창 25:19)는 언급으로 시작하여 그 족보의 확장으로 그 끝에 이르고 있다. 이삭의 족보의 확장은 그 아들들인 야곱과 에서의 족보를 나열하는 창세기 35:22b-36:43절에 분명하게 제시됨으로 그 결론에 이르고 있다. 먼저 야곱의 열두 아들들이 나열되고(창 35:22b-26), 그 다음은 에서의 다섯 아들인 '엘리바스, 르우엘, 여우스, 얄람 그리고 고라'(창 36:4-5) 그리고 에서와 연합한 호리 족속 세일의 자손인 '로단, 소발, 시브온, 아나, 디손, 에셀 그리고 디산'(창 36:20-21)의 일곱 명의 족보를 나열한다. 이와 같이 에서 또한 세일 산의 호리 족속과의 연합을 통하여 열두 족속을 이룬다는 점에서 야곱의 열두 아들과 대칭을 이룬다. 이렇게 이삭의 족보는 에서와 야곱의 탄생과 더불어 이들이 두 나라를 이룰 것이라는 신탁이 주어지는 것과 함께 시작하고, 마침내 각각 열두 부족체제를 만들어 독자적인 나라를 형성하여 분리의 길을 걷는 것으로 그 결론에 이른다.

그리고 이 테두리 안에 야곱이 형 에서의 축복을 탈취하는 사건과 그로 인해 더 이상 가나안 땅에 거주할 수 없어 밧단아람으로 도망가는 이야기가 전개된다. 그 과정에서 처음으로 하나님과의 만남이 이루어지고 하나님의 축복의 약속이 주어지는 벧엘의 체험을 하게 된다. 이것은 정확하게 후반부에서 밧단아람에서의 생활을 청산하고 돌아오는 것과 그 과정 중에 다시 하나님의 현존을 체험하게 되고 하나님께서 부여해 주시는 축복의 확증을 받는 브니엘의 경험과 대칭된다. 그 경험 후에 형 에서에게 빼앗은 축복을 돌려주며 비록 부분적이지만 화해를 이루어 낸다. 이러한 반전의 중심에 밧단아람에서의 신앙여정이 자리 잡고 있다. 밧단아람에서의 야곱의 경험이 새로운 신앙여정을 가능케 하는 변화를 주도하는 시기라고 할 수 있다. 즉, 야곱이 이스라엘로 변해가는 극렬한 훈련의 기간인 것이다. 하나님께서 말씀하신 "하나님과 및 사람들과 겨루어 이겼다"(창 32:28)는 평가는 한 순간이 아닌 밧단아람에서의 20년이 빚어낸 결과라 할 수 있다. 그리고 이러한 대칭의 양 옆으로 야곱이 전혀 주연으로 드러나지 않는 두 개의 장이 펼쳐져 있다. 한쪽으로는 전적으로 그의 부모세대인 이삭과 리브가의 이야기가 펼쳐지고(창 26장), 그 맞상대로는 전적으로 그의 자녀세대인 디나, 시므온, 레위가 연루된 드라마가 펼쳐진다. 이 모든 대칭되는 사건들이 야곱 이야기의 중심이라 할 수 있는 라헬이 요셉을 낳았을 때 야곱이 라반에게 "나를 보내어 내 고향 나의 땅으로 가게 해 달라는"(창 30:25) 요청을 가운데 두고 양 옆으로 배치되어 있다. 이러한 이야기의 전개 방식을 고려해 볼 때 야곱 이야기 또한 지금까지 보았던 다른 이야기들처럼 교차대칭구조를 형성하고 있음을 알 수 있다. [156)]

두 나라 예고	A. 25:19-34 아브라함의 아들 이삭의 족보는 이러하니라(에서와 야곱 탄생)
	시작, 탄생, 야곱과 에서의 다툼
축복탈취	B. 26:1-35 야곱의 부모인 이삭과 리브가 그리고 그랄 왕 아비멜렉
	C. 27:1-40 축복을 가로챈 야곱(창 27:36)
가족불화	לָקַח בִּרְכָתִי 라콰흐 비르카티/내복을 빼앗았나이다)
	D. 27:41-28:9 야곱의 도망-에서로부터
	E. 28:10-22 벧엘에서 하나님의 사자를 만남(어둠 속으로)
밧단아람을	F. 29:1-30 밧단아람에 도착-야곱, 라헬과 라반
향하여	G. 29:31-30:24 자녀들의 탄생으로 인한 가족의 증가
H. 30:25 요셉이 탄생하자마자 야곱이 고향으로 돌아가려고 함	

가나안 땅을	G'. 30:26-43 가축의 번성으로 가축과 재산의 증가
향하여	F'. 31:1-55 밧단아람을 탈출-야곱, 라헬과 라반
	E'. 32:1-32 브니엘에서 하나님의 사자를 만남(빛 가운데로)
가족화해	D'. 33:1-7 야곱의 돌아옴-에서를 향하여
	C'. 33:8-20 가로챈 축복을 돌려줌(창 33:11)
축복양도	(בְּרַכְתִי...לָקַח 라콰흐 비르카티/내복을 취하소서)
	B'. 34:1-31 야곱의 자식인 디나와 오빠들 그리고 히위족 추장 세겜
두 나라 분리	A'. 35:1-36:43 야곱과 에서의 족보
	종결, 이삭의 죽음, 야곱과 에서의 아버지 장례와 분리

먼저 야곱 이야기의 테두리를 이루고 있는 A(창 25:19-34)와 A'(창 35:1-36:43)를 비교해 보면 여러 가지 면에서 비교 점들을 발견해 볼 수 있다. 이삭의 족보가 거론되며 에서와 야곱의 탄생으로 시작하고 있다면, 그 끝은 에서와 야곱이 합하여 이삭의 장례를 치르는 이야기가 된다(창 35:29). 태중에서부터 시작되어 20여년을 끌었던 다툼의 세월이 이삭의 장례식과 더불어 그 끝에 이른다. 그러나 이 둘의 최종적인 분리를 막지는 못한다. 에서와 야곱의 탄생에 얽힌 이름들은 마지막에 이들의 삶의 길을 갈라지게 하는 요소가 되는 복선을 갖고 있다. 먼저 에서는 태어날 때 몸이 붉고 전신이 털옷 같다고 한다(창 25:25). '붉다'는 '아드모니'(אַדְמוֹנִי)이고 '에돔'과 같은 어원이며, '털옷'은 '세아르'(שֵׂעָר)로 '세일 산'과 같은 어근을 갖는다. 이러한 에서의 특징은 그의 미래를 예시하는 것으로 창세기 36장에 에서가 에돔(36:1)의 선조라는 것에서 성취되고, 에서가 자신의 모든 소유를 다 모아서 야곱을 떠나서 "에서 곧 에돔이 세일 산에 거주 하였다"(36:8)는 것에서 이루어진다. 야곱이란 이름은 에서의 발꿈치를 잡고(עָקֵב 아콰브) 나왔다는 의미를 가지고 있다. 발꿈치를 잡은 자라는 뜻의 '야곱'(יַעֲקֹב 사기꾼)은 마침내 기나긴 과정을 통과한 후에 '이스라엘'로 바뀐다(창 35:10). 그리고 이스라엘로 바뀐 야곱에게 하나님께서는 아브라함과 이삭에게 준 땅을 그와 그의 후손에게 주시겠다고 하신다(창 35:12). 창

세기 25:27-34절에서 야곱은 형 에서를 계략으로 농락하여 장자권을 탈취한다. 그러나 창세기 35:1-7절에서 그는 종교적인 개혁을 단행하며 하나님을 향하여 나아가 제단을 쌓는 신앙적인 열정의 사람이 되어있다.[157] 에서는 자신의 이름을 지킴으로 그 이름답게 에돔의 조상이 되고, 세일을 향한다. 그러나 야곱은 빼앗고, 탈취하는 발뒤꿈치를 잡는 자라는 이름을 가졌을 때는 약속의 땅으로부터 도망치나, 그의 이름이 이스라엘로 바뀐 후 가나안으로 진입하여, 그 땅을 약속받는다. 그러므로 테두리를 형성하는 A와 A'는 예언과 성취라는 구도를 잘 보여주고 있다.

B(창 26장)와 B'(창 34장)는 야곱의 이야기 속에서 야곱의 전후세대를 연결하는 특징을 가지고 있다. B가 부모세대의 이야기를 담고 있다면, B'는 자녀세대의 이야기를 담고 있다는 것이다. 그리고 야곱은 전혀 나타나지 않거나, 극히 미미한 존재로 등장할 뿐이다(창 34:5, 30). 이런 정황들을 볼 때 이 둘은 전혀 연관이 없어 보이고, 심지어는 야곱 이야기의 흐름에 방해가 되는 요소처럼 보이기까지 하지만 좀더 깊이 추적해 보면 여러 가지 유사점들을 살펴볼 수 있다. 첫째, 두 이야기 다 하나님의 백성과 잠정적으로 가나안 땅을 소유하고 있는 이방인과의 관계를 다루고 있다. 이것은 하나님께서 주신 땅은 결코 비어 있는 땅이 아니며 블레셋 족속과 히위 족속 등 갖은 종류의 백성들로 가득 들어차 있는 곳임을 드러낸다.[158] 둘째, 두 이야기 속에 등장하는 이방인들은 하나님의 백성과 언약적인 측면에서 연결되려고 시도한다. 블레셋의 아비멜렉은 이삭과 서로 불가침의 언약을 맺기를 원하고, 그 일이 성사된다. 야곱의 자녀들인 시므온과 레위는 히위 족이 결혼으로 하나 되는 더욱 긴밀한 관계를 맺자고 하나, 이를 거부하고 그들을 함정에 빠뜨려 몰살시켜 버린다. 창세기 26장과 34장에 나타난 이러한 상반되는 반응은 하나님의 백성이 이방인들과 어떤 관계를 가지고 있어야 하는가에 대한 분명한 좌표를 제시해 준다. 먼저 이삭이 블

레셋 사람들에게 보여준 자기희생적인 양보와 헌신을 통해 축복의 통로가 되는 관계성은 반드시 이루어야 한다는 것이다. 그러나 이삭은 결코 결혼 관계를 통해서 그 땅에서의 안전을 도모하지 않았다.[159] 축복의 통로가 되는 것이 이방인들과 섞여서 하나가 되어 구별선이 사라지는 길을 통해서는 결코 안 된다는 것이다. 그럴 때는 과감히 관계의 단절이 요구된다는 것이다. 그것은 디나 사건에 나타난 시므온과 레위의 태도를 통해 살펴볼 수 있다.[160] 히위 족속은 이스라엘을 향하여 서로 통혼하여 함께 거주하며 한 민족이 되자고 한다(창 34:9, 16). 이스라엘 신앙에 이방인과의 통혼은 엄격하게 금지되어 있다(신 7:2-3; 수 23:12; 스 9:14). 그들이 인종적으로 부정하기 때문이 아니라, 그들의 종교와 삶이 부정하기 때문이다. 이러한 창세기 26장과 34장의 이방인과의 관계에 대해 바른 자세를 촉구하는 내용 속에 창세기 26장의 끝자락에서 에서의 통혼에 대해 이삭과 리브가의 불편한 심정을 다루는 것은 적당한 위치라고 여겨진다.

> 에서가 사십 세에 헷 족속 브에리의 딸 유딧과 헷 족속 엘론의 딸 바스맛을 아내로 맞이하였더니 그들이 이삭과 리브가의 마음에 근심이 되었더라(창 26:34-35)

이러한 정황들을 모두 살펴볼 때 B와 B'의 연계는 축복의 주체인 하나님의 사람들이 주변 다른 민족들인 이방인과 어떤 관계성을 이루어야 하는가에 대한 교훈을 다루는 것이라고 보는 것이 적합할 것이다. 그리고 이러한 자세는 '이삭-야곱-야곱의 자녀들'이라는 흐름이 보여주듯이 세대를 거쳐서 지켜야 할 삶의 자세임을 천명하고 있는 것이라 할 수 있다. 그러나 그 관계성의 단절이 시므온과 레위가 행한 것과 같은 처참한 살육으로 이루어져서는 안 된다는 것 또한 이스라엘은 배워야 할 것이다.

C(창 27:1-40)와 C'(창 33:8-20)에는 야곱의 신앙여정에서 중요한 반전이 벌어지고 있는 곳이다. 야곱이 형 에서의 낯을 피해서 도망갈 수밖에 없는 원인이 제시되고, 또한 그가 돌아와 그 원인을 해결함으로 비록 부분적이기는 하지만 에서와 화해를 이루기 때문이다. C에서는 야곱이 에서의 축복을 탈취한다. 축복을 빼앗긴 에서가 통곡을 하며 "그의 이름을 야곱이라 함이 합당하지 아니하니이까 그가 나를 속임이 이것이 두 번째니이다 전에는 나의 장자의 명분을 빼앗고 이제는 내 복을 빼앗았나이다"(창 27:36)라고 탄식한다. 여기서 "내 복을 빼앗았나이다"(לָקַח בִּרְכָתִי 라꽈흐 비르카티/내복을 취하였다)라는 표현은 C'에서 야곱이 에서를 만나기 위해서 올 때 가축을 세 떼로 나누어 에서에게 보낸 뒤에 만류하는 에서를 향하여 "내가 형님께 드리는 예물을 받으소서"(창 33:11)라고 강권하매 에서가 받았다는 말에서 그 반전이 성립된다. 창세기 33:10절에도 "내 예물을 받으소서"라는 동일한 표현이 등장한다. 그러나 창세기 33:11절에 야곱이 말한 "내 예물을 받으소서"는 의도적으로 33:10절에 사용된 '내 예물'(מִנְחָתִי 민하티)이란 단어가 아닌 '내 축복'(בִּרְכָתִי 비르카티)이란 단어를 쓰고, '받으소서'는 동일하게 '라꽈흐'(לָקַח 받다, 빼앗다 등)를 사용하고 있다. 그렇다면 야곱은 여기서 단순히 예물을 에서에게 준 것이 아니라, 자신이 빼앗았던 에서의 축복을 돌려주고 있는 것이다.[161] 그리고 '축복'이라는 명사형은 야곱의 이야기 속에 C(창 27장)에 6번(12, 35, 36[2번], 38, 41), C'의 창세기 33:11절에 한 번 나타나고, 그 외에는 창세기 28:4절에 한 번 더 나타날 뿐이다. 이처럼 C와 C'에서 축복이란 단어는 야곱의 이야기를 풀어 가는데 중요한 역할을 한다. 그 교훈은 다른 이의 것을 빼앗았을 때는 그 사이에 갈등과 다툼과 분열이 조장되지만, 빼앗은 것을 기꺼이 돌려주고 용서를 구할 때 사람사이에 존재하던 다툼과 갈등이 해소되고 화해의 분위기가 조성된다는 것이다. 갈등에서 화해로의 길은 야곱이라는 이름이었을 때

에는 결코 이룰 수 없다는 것 또한 주지할 필요가 있다. 에서가 "그의 이름을 야곱이라 함이 합당하지 않습니까?"라고 비판할 때에는 화해란 꿈도 꿀 수 없는 것이다. 그러나 야곱이 이스라엘로 바뀐 후에는 달라진다. 이스라엘은 하나님의 함께하심과 돌봄 그리고 탈취한 복이 아닌 하나님께로부터 오는 진정한 축복을 부여받은 사람이다. 또한 이스라엘은 세상 모든 민족에게 그 복을 흘려보내야 할 사명을 가진 존재인 것이다. 변화는 이러한 긍정적인 반전을 가능케 한다.

D(창 27:41-28:9)와 D'(창 33:1-7)에는 야곱이 에서의 낯을 피하여 도망가는 것으로 시작하여 두려움 가득한 마음으로 에서를 만나는 장면으로 그 결론에 이른다. 양쪽에 다 나타나는 것은 야곱의 두려움이다. D에서는 에서의 살해의도가 드러나며 원한을 갚으려고 한다면, D'에는 에서가 야곱의 전갈을 받고 400명의 장정을 거느리고 달려오는 것이다. 야곱은 에서의 공격에 대한 두려움으로 자신의 식구들 또한 세 부분으로 나눈다. 여종들과 그들의 자녀들은 맨 앞에, 레아와 그의 자녀들은 그 다음에, 맨 마지막에는 라헬과 요셉을 둔다. 그리고 자기는 그들의 맨 앞에서 나아가고 있다. 하지만 야곱이 두려워했던 일은 벌어지지 않는다. 오히려 야곱과 에서는 목을 어긋맞추어 서로 껴안고 울며 재회의 정을 나눈다. 하나님께서 함께하심은 물론이지만, 야곱이 돌려보낸 에서의 축복 또한 마음을 돌리는 길을 열었을 것을 짐작해 볼 수 있다. 거기에 덧붙여서 D에서는 야곱과 에서의 결혼에 대한 관심 또한 들어가 있다. 야곱은 가나안 사람의 딸 중에서 아내를 얻지 말고 밧단아람 외삼촌 라반의 딸 중에서 아내를 맞이하여 생육하고 번성하라는 축복과 함께 출발했고, 에서는 가나안 사람의 딸들이 부모의 맘에 들지 않음을 보고 선택에서 제외된 이스마엘의 딸 중에서 아내를 얻는다(창 28:1-9). D'에는 이삭이 야곱에게 당부한 외삼촌의 딸들과의 결혼이 성취되고, 많은 자녀를 얻어 돌아오는 야곱의 모습이 제시되며, 축복의 성취를 살펴볼 수 있다.

E(창 28:10-22)와 E'(창 32:1-32)에는 야곱의 신앙여정에서 가장 중요한 두 장소를 이야기 한다. 한 편에는 벧엘이 있고, 다른 편에는 브니엘이 있다. 모두 하나님을 뜻하는 단어인 '엘'이 붙어 있다는 점에서 하나님과의 만남이 이루어지는 장소라는 것을 알 수 있다. 벧엘은 '하나님의 집'이란 뜻이고, 브니엘은 '하나님의 얼굴'이라는 뜻이다. 이 양쪽에서 공통적으로 나타나는 단어들은 '길'(דֶּרֶךְ 데레크)을 '가다'(הָלַךְ 할라크)이다(창 28:10, 20; 32:1). 이 두 단어는 야곱의 이야기 전체에서 오직 이 두 부분에서만 등장한다. 그리고 '하나님의 사자'(מַלְאֲכֵי אֱלֹהִים 말아케 엘로힘)들이 동일하게 출현한다(창 28:12; 32:1). 벧엘에서는 하나님께서 야곱에게 축복의 약속을 주시며 어디로 가든지 그를 지키며, 그를 이끌어 가나안 땅으로 돌아오게 하겠다고 하시며 허락한 것을 이루기까지 그를 떠나지 않겠다고 약속하셨다(창 28:15). 브니엘에서는 야곱이 "나는 주께서 주의 종에게 베푸신 모든 은총과 모든 진실하심을 조금도 감당할 수 없사오니 내가 내 지팡이만 가지고 이 요단을 건넜더니 지금은 두 떼나 이루었나이다"(창 32:10)라는 고백을 함으로 하나님의 약속실현을 증거하고 있다. 브니엘에서 야곱은 하나님과의 씨름을 통해 하나님께서 치심으로 허벅지 관절이 탈골된다. 그리고 그의 이름이 야곱에서 이스라엘로 변화되고, 축복을 부여받는다. 하나님의 축복을 받는다는 것은 이제 빼앗은 축복을 돌려주고, 복의 근원이 되는 사명을 이루어야 한다는 것을 의미한다. 야곱은 자신의 주장과 고집, 욕망으로 가득한 인성으로 인해 벧엘에 이르렀고, 마침내 브니엘에서 하나님께서 치심으로 고집과 아집, 인성이 내려진 하나님 앞에서 저는 인생이 된 것이다. 장소를 통한 야곱의 인생에 있어서의 반전은 벧엘에서는 해가 졌다면(창 28:11), 브니엘에서는 해가 환하게 떠올랐다는 것이다(창 32:31). 즉, 기나긴 어둠의 세월이 벧엘에서 시작되었고, 마침내 브니엘에서 그 끝에 이르렀다는 것이다.[162]

F(창 29:1-30)와 F'(창 31:1-55)는 야곱의 거주지가 바뀌는 과정이 그려져 있다. 즉, 주인공의 지리적인 이동이 분명하게 제시되며, 사건의 새로운 국면을 소개하고 있는 것이다. 전자에서는 에서의 살기를 피해 "야곱이 길을 떠나 동방 사람의 땅에 이르러"(창 29:1)라는 것으로 보아 '가나안에서 밧단아람으로'의 여정이 이루어진 것을 나타낸다. 그러나 후자에서는 야곱에 대한 라반과 그 아들들의 원성의 골이 깊어지며 야곱이 더 견디지 못하고 "일어나 자식들과 아내들을 낙타들에게 태우고…그가 밧단아람에서 모은 가축을 이끌고 가나안 땅에 있는 그의 아버지 이삭에게로 가려 할새"(창 31:17-18)라는 내용이 지시하듯 '밧단아람에서 가나안으로'의 여정이 이루어진다. 야곱이 밧단아람에 도착했을 때 '품삯'(מַשְׂכֹּרֶת 마스코레트)이라는 면에서 라반과의 경쟁이 예고되어 있다. F에서 야곱은 라반이 품삯을 정하자는 말에 라헬을 위해 7년을 노동하기로 했으나, 라반은 야곱을 속여 레아와 라헬 두 딸을 위해 14년을 노동하게 했다(창 29:20, 27). F'에서 야곱은 도망치다 라반에게 잡혔을 때 "외삼촌의 집에서 20년 동안 두 딸을 위해 14년을 노동하고, 양떼를 위해 6년을 봉사하는 동안에도 품삯을 열 번이나 바꾸었다"(창 31:41)고 비난한다. 그리고 레아와 라헬 또한 아버지 라반이 자신들을 팔고 그 돈을 다 먹어치웠다고 분노한다(창 31:14-16). 이렇게 지리적인 변동과 더불어 만남과 분리가 제시되는데 전자에서는 야곱이 라헬과 레아 그리고 그들의 아버지인 외삼촌 라반을 만나게 된다. 그리고 이들과 결혼으로 한 가족을 이룬다. 그러나 후자에서는 야곱이 라헬과 레아와 다른 아내들을 데리고, 라반의 눈을 피해 도망하며 분리되는 장면이 펼쳐진다. 그러나 F'에서 마침내 야곱과 라반이 언약을 맺으면서 관계의 회복을 갖는다는 점에서 희망적이다. 인간적인 욕심으로 서로 빼앗으려 할 때에는 관계가 점점 악화되지만, 그 가운데 하나님께서 중재자가 되어 함께하실 때에는 서로가 양보하며 화해할 수 있는 길이 열리는 것이다.

G(창 29:31-30:24)와 G'(창 30:26-43)는 야곱 이야기의 중심에 다다르며 밧단아람에서의 본격적인 삶이 펼쳐진다. 밧단아람에서의 삶은 하나님의 약속이 실현되는 장소가 된다. 지키시며, 돌보시고, 번성케 하시겠다는 벧엘의 약속은 그 어떤 악조건 속에서도 이루어지기 때문이다. G와 G'는 야곱이 생육하고, 번성하고, 재산이 풍성하게 불어나는 상황을 대칭적인 구조를 통해 보이고 있다. 먼저 전반부인 G에서는 야곱의 자녀들이 번성하는 장면이 세세하게 펼쳐진다. 레아와 라헬의 경쟁은 오히려 야곱에게 주신 하나님의 약속을 이루는 도구가 될 정도로 이들의 경쟁은 자녀 생산에 박차를 가하는 쪽으로 나아간다. 그 맞상대인 G'에서는 야곱의 짐승 떼가 번성하는 이야기로 야곱과 라반의 경쟁이 이러한 번성에 박차를 가하는 수단이 된다. 하나님의 백성에게 경쟁과 다툼은 분명 피해야 할 것이며, 막아야 할 요소임에 틀림없다. 이러한 부정적인 수단이 결코 미화되어서는 안 된다. 하지만 한 가지 분명한 교훈은 인간의 어리석음으로 인해 벌어지는 부정적인 현상까지도 우리 하나님의 손에 쥐어지면 약속을 이루는 도구가 될 수 있다는 것이다. 레아와 라헬의 경쟁이 자녀들이 생육하고 번성하는 수단이 되고, 라반과 야곱의 경쟁이 짐승들이 생육하고 번성하는 도구가 된다. 이러한 부정에서 긍정에로의 길은 언제든지 하나님의 뜻 가운데 거하는 삶이 될 때 그 모든 악한 과정들까지 바른 의미를 찾아갈 수 있다는 것이다. 그러나 끝까지 하나님께로부터 벗어난 삶은 부정과 악한 것이 오히려 더 큰 재앙을 불러일으킨다는 것 또한 기억할 필요가 있다. 야곱의 삶에서 벌어지는 경쟁과 다툼이라는 부정적인 요소는 결국 그가 하나님과 및 사람들과 겨루어 이겼다는 평가인 이스라엘로 변화되었기에 새로운 옷을 입고 약속을 성취하는 도구가 된 것이다. 생육과 번성이라는 G와 G'의 깊은 연관성은 레아와 라헬의 이름 속에서도 드러난다. '라헬'(רחל)이란 이름이 '암양'이라는 의미를 갖고 있는 것이 결코 우연은 아닐 것이다(창 31:38; 32:14;

사 53:7). 그리고 '레아'(לֵאָה)라는 이름 또한 불분명 하지만 그와 유사한 비유적인 의미를 가지고 있을 것을 짐작해 볼 수 있다.[163] 레아와 라헬 그리고 다른 두 명의 아내들이 앞 다투어 자녀를 낳는 것은 야곱의 가축 떼가 번성하는 것의 상징적인 모델이 되는 것이다. 이렇게 야곱은 밧단아람에서 생육하고, 매우 번창하여 양 떼와 노비와 낙타와 나귀가 많았다(창 30:43).

야곱 이야기의 중심인 H는 한 중요한 인물의 탄생과 깊은 연관이 있다. 라헬이 요셉을 낳았을 때 야곱이 라반에게 말하여 자신을 고향으로 돌아가게 해 달라고 요청하는 내용이다(창 30:25). 요셉의 탄생과 더불어 이야기 전개의 전환점을 이루고 있다는 것은 논리적인 구조라 할 수 있다. 야곱 이야기 다음이 요셉이 주인공이 된 이야기(창 37:1-46:27)라면 다음 이야기를 이어갈 인물이 탄생하며 새로운 국면으로 접어드는 것은 자연스런 순서라 할 수 있기 때문이다.

이와 같이 야곱 이야기는 수많은 재료들을 무작위로 나열한 것이 아니라, 의도적으로 치밀하게 구성한 문학작품이라는 사실을 살펴 볼 수 있다. 그러나 단순히 하나의 문학작품에 머무르는 것이 아니라, 지금까지 펼쳐진 신앙적인 씨줄과 날줄을 정교하게 엮어서 하나님의 백성에게 회복을 향한 신앙의 새로운 국면을 제시하고 있다는 점에서 인간의 손길을 넘어선다. 지금부터 살펴보아야 할 것은 야곱의 이름이 이스라엘로 변하며 하나님의 백성이 그를 통해 가슴에 새겨야 할 이념이 무엇인가를 캐내는 것이다. 사람과 사람사이를 화해시키고, 관계의 회복을 가져야 할 시점에서 그의 이야기가 무엇을 이루었는지를 명확히 함으로 하나님의 백성 이스라엘의 의미를 되새기고, 앞으로 주어진 과제가 무엇인지를 살필 필요가 있다. 그 답들은 지금 이 시대를 살아가는 새로운 하나님의 백성인 그리스도인들에게도 소중한 유산이 될 것이기 때문이다.

3. 이야기의 세부적인 주제 따라 읽기

1) 씨의 탄생과 축복의 연결(창 25:19-34)

(1) 에서와 야곱의 탄생(창 25:19-26)

　　　　이삭의 일생은 참으로 조용하고, 차분한 삶이었다고 말할 수 있다. 그러나 그의 삶을 돌아보면 모리아 산에서의 희생의 위협, 형제간의 갈등, 극심한 기근, 이방인들의 위협, 불임의 기간 등 어느 하나 아버지 아브라함과 아들 야곱과 비교해서 더 유리한 점이 없었다. 이처럼 그의 일생에 굴곡이 전혀 없었기 때문에 조용했던 삶이 아니라, 하나님의 돌보심에 자신의 삶을 전폭적으로 의지했기 때문에 누릴 수 있었던 평화였음을 기억할 필요가 있다(창 26:24, 28).

　　　　그러나 이제 이야기의 전개가 새로운 국면으로 들어간다. 그렇게도 평화롭게 살아왔던 이삭과 리브가의 삶에 후손들이 자리 잡으며 벌어지는 일이다. 평화를 깨는 사건은 리브가의 태중에서부터 쌍둥이 아들들이 싸웠다고 하는 것으로 시작한다. 리브가가 얼마나 견딜 수 없었으면 이것에 관해 가서 여호와께 묻기까지 했다. 이에 대해 여호와께서 그 이유를 말씀해 주신다.

> 두 국민이 네 태중에 있구나 두 민족이 네 복중에서부터 나누이리라 이 족속이 저 족속보다 강하겠고 큰 자가 어린 자를 섬기리라(창 25:23)

　　　　아브라함과 이삭의 뒤를 잇는 후손들에게는 이미 탄생의 소명이 주어져 있다. 그것은 아직 이루지 못한 회복인 사람과 사람사이의 관계회복 이라는 점에서 태중에서부터 벌어지고 있는 이들의 다툼은 그 심각성을 더해준다. 인간이 하나님 같이 되려고 선악과를 따먹은 이후로 끊임없이 인간 삶을 피폐하게 만드는 가장 치명적인 요소를 한 가지 들라고 한다면 다른 사람 위에 올라서려는 욕망을 들 수 있을 것이다. 에서와 야곱은 이미 뱃속에서부터 더 높은 위치를 차지하려고 혈안이 되어 있다. 실제로 이 둘이 뱃속에서부터 그런 경쟁을 했느냐, 아니냐가 중요한 것이 아니라, 인간은 이렇게 뿌리 깊은 욕망을 가진 존재라는 사실을 깨닫는 것이 중요한 것이다. 그 욕망은 태아에서부터 시작하여, 자라서 성인이 되고, 가족을 이루고, 부족을 이루고, 민족을 이루어 결국 거대한 나라가 되어서도 사라지지 않는다는 암시가 이 예고 속에 들어가 있는 것이다. 실제로 다윗의 시대 (BC 1011-971)에 에돔은 이스라엘에 종속되어 여호람 때(BC 854-841)에 이스라엘의 지배로부터 독립하게 된다(왕하 8:20-22). 하지만 우리가 기다리는 사람은 지금까지 지나온 역사를 통하여 하나님께서 진정으로 갈망하시는 것이 무엇인가를 분명하게 깨닫고 이 예언의 말씀을 가장 온전하게 회복시키는 사람이다. 분리가 다툼이 되지 않고, 강함이 지배와 억압이 되지 않으며, 섬김이 굴종이 되지 않는 평등과 평화의 관계를 형성하는 것이다. 강한 자가 약한 자를 돌보고, 약한 자가 강한 자를 신뢰하며 살아갈 수 있는 세상을 열어가는 것이다.

하지만 그것을 이루는 것이 결코 쉽지 않다는 것은 태중에서부터 분열된 관계를 통해서 익히 짐작해 볼 수 있다. 이러한 상태가 의미하는 것은 부서진 사람 사이의 관계를 회복한다는 것이 얼마나 어려운 사명이며, 결코 손바닥 뒤집듯 손쉽게 이루어지는 것이 아니라는 것을 깨달아야 한다는 것이다. 더욱 애쓰고 노력하며 하나님의 뜻을 따라 걸어가는 길만이 이러한 분열을 회복하는 길로 나아가게 할 것이다. 만약 이 쌍둥이 형제가 이러한 과제를 해결하지 못한다면 다음은 더욱 어려운 상황에서 회복을 이루어야 하는 단계가 될 것이다. 태중에서의 분열부터가 아니라, 더 고질적인 세대에 걸친 분열을 극복해야 할 것이기 때문이다. 그 다음 대인 요셉과 형제들은 자신들만의 분열로 시작하는 것이 아니라 어머니 세대의 분열까지도 극복해야 하는 과제 앞에 서게 된다는 것이 이를 입증한다. 이처럼 주어진 사명이 늦춰지면 늦춰지는 만큼 그 해결은 점점 더 힘들어지는 것이다.

에서와 야곱 이 두 인물 중에 하나님의 축복을 이어갈 하나님의 백성은 누가 될 것인가? 그에게 이러한 관계를 이루어갈 소명이 있기에 중요하다. 이미 여호와의 선택은 "큰 자가 어린 자를 섬기리라"는 말씀 속에 내정되어 있음을 살펴볼 수 있다. 하나님께서 태중에서부터 이미 선택하셨다. 그들이 무언가를 하기도 전에 하나님께서 미리 계획하신 것이다. 이 속에서 예정론이냐, 아니냐는 교리적인 싸움을 할 필요는 없다. 여기에서는 그런 교리적인 논쟁을 부각시키려는 목적이 아니라 다른 뜻이 숨어 있기 때문이다. 지금 인간에게 남겨진 소명은 다름 아닌 부서진 인간의 관계를 회복하는 길로 나아가는 것이다. 그 출발선에 에서와 야곱이라는 쌍둥이 형제가 서 있다. 그런데 이렇게 부서진 인간의 관계를 회복하는 것이 얼마나 어려운 일인가를 이 쌍둥이 형제가 신랄하게 보여주고 있는 것이다. 이들은 태어나기도 전인 태중에서부터 이미 치열한 다툼을 벌이고 있다는 것이다. 서로가 먼저 나오려고 안간힘을 쓰고 있다는 것은 삶의 우선권을 놓고 평생을 경쟁하며 싸우는 인생의 모습을 여실히 드러내고 있는 것이다. 그 정도로 뿌리 깊게 사람의 관계가 파괴되어 있다는 것을 증거 하는 것이다.

이런 상황 속에서 "큰 자가 작은 자를 섬기리라"는 헤아릴 수 없는 하나님의 주권에 자신을 맞출 때 새로운 길이 열린다. 왜 작은 자를 택하셨는가? 분명한 것은 하나님은 하나님이시라는 사실이다. 하나님의 절대주권을 인정할 수 있는 믿음과 확신이 있다면 그 뜻하심도 믿을 수 있다. 이미 출발선에서 다섯 달란트 받은 자, 두 달란트 받은 자, 한 달란트 받은 자가 존재한다는 차이점에 대해 의심하고, 불만을 토로한다면 이 세상은 중요한 요소를 잃고 살아갈 것이다. 자신이 받은 것에 감사할 수 있는 그 사람은 자신의 삶을 극대화시키는 기쁨 가운데 살 것이기 때문이다. 그리고 서로가 부족하고 모자라는 부분을 보완해 주는 삶을 살아갈 수 있다. 그러나 세상은 그 길을 바르게 찾지 못하여서 선택되어 편애 받는 자는 자랑하고 큰소리 치고, 선택에서 밀려난 자는 그 차별을 못 견뎌한다. 이런 곳에는 하나님의 깊고 넓으신 뜻이 살아나지 못한다. 하나님의 그 고귀하신 뜻은 이 땅의 회복이며, 하나님 나라의 완성이다. 그 일의 성취를 위해 하나님은 자신의 형상을 실현하고 전할 사람이 필요하다. 여기에 어쩔 수 없는 선택이 놓여있는 것이다. 그러므로 하나님의 선택은 특권을 누리는 자리로 부르시는 것이 아니라, 하나님의 뜻을 이루어내는 소명의 자리로 부르시는 것이다. 누가 이것을 이해하고 그 하나님의 뜻을 묵묵히 신뢰함으로 받들 것인가가 과제로 남아있다. 선택되어 편애 받는 자는 그 편애가 주는 특권 보다는 그에 따르는 책임을 바르게 인식하고, 편애에서 제외된 사람까지 끝내는 품고 돌봄으로 어느 누구도 불만과 고통 가운데 거하게 해서는 안 되는 것이다. 가인과 아벨은 이 뜻을 이루는데 실패했다. 그리고 여기 인간적인 눈으로 보기에 이러한 차별과 편애가 또다시 나타나고 있다. 이것을 어떻게 풀어갈 것인가가 차후의 이야기의 관건이 될 것이다. 분명 편애와 특권은 더 큰 책임을 소유하고 있다는 것만 먼저 이해한다면 그 다음을 풀어가기가 쉬울 것이다. 이것이 해결 된다면 이제 부서진 사람과 사람 사이의 관계까지도 회복되는 놀라운 세상을 맛볼 수 있는 것이다.

드디어 쌍둥이 아들들이 태어났다. 태중에서부터 우선권을 다투던 그들이 이 땅의 햇빛을 보게 되는 순간이다. 태어나는 순서는 에서가 먼저이고 야곱이 그 다음이다. 그러나 그들의 탄생은 태중에서 완전하게 해결하지 못한 숙제를 가지고 나온다. 이들이 태어나는 장면에서도 그것이 역력히 드러나고 있다. 형인 에서가 태어났고, 동생인 야곱이 형 에서의 발목을 잡고 따라 나온 것이다. 그리고 이들이 탄생에서 보여준 독특한 모습을 따라 각자의 이름이 붙여진다. 이 이름들 속에는 이들이 만들어갈 미래가 확연히 암시되어 있다.

에서	먼저 나온 자는 붉고(אַדְמוֹנִי 아드모니) 전신이 털옷(שֵׂעָר 세아르) 같아서 이름을 에서(עֵשָׂו 에사으)라 하였고(창 25:25)
야곱	후에 나온 아우는 손으로 에서의 발꿈치를 잡았으므로(עָקֵב 아케브) 그 이름을 야곱(יַעֲקֹב 야아콥/발꿈치를 잡은 자)이라 하였으며(창 25:26)

먼저 에서는 외모상의 특징으로 그의 이름의 유래가 주어진다. '에서'라는 이름은 몸이 털로 뒤덮인 상태를 뜻하는 '세아르'와 자음의 순서를 바꾸어서 발음하는 것이라 할 수 있다. 야곱은 먼저 나온 에서의 발꿈치를 잡고 나온다. 그 모양을 그대로 옮겨낸 것이 야곱의 이름이 되었다. 여기서 "발꿈치를 잡았다"라는 말을 우리나라 말로 바꾼다면 아마도 "남의 등을 친다" 혹은 "뒤통수를 친다"는 말과 다름이 없을 것이다. 그건 결국 사기꾼처럼 다른 사람의 것을 속여서 빼앗는 삶을 의미할 것이다. 이처럼 야곱 또한 탄생의 모양을 가지고 이름을 붙인다는 점에서는 유사하지만, 모양보다는 그 본질적인 의미를 더 중시한다는 점에서 내면적인 성격이 더 강하게 비쳐진다. 에서가 외형적이고, 육체적인 것을 중시하는 이름이라면, 야곱은 내면적인 성향을 강조하는 이름이라 할 수 있다.

그렇다면 이렇게 다른 특징을 가지고 태어난 존재들이 하나로 연합할 수 있는 길은 어디에 있을까? 그것이 형제들이 풀어가야 할 숙제이다. 이 시대에 존재하는 수많은 사람들이 모두 이와 같이 서로 다른 특징과 개성을 가지고 태어난다는 점에서 야곱과 에서의 이야기 그리고 그 다음 세대인 요셉과 형제들의 이야기는 시사해 주는 바가 클 것이다. 이들이 이루어내는 연합의 길은 곧 우리 시대의 연합을 이끌어내는 길을 제시해 줄 것이기 때문이다.

이제 차후로 벌어질 일은 이러한 두 사람의 삶의 길이 어떻게 서로 엇갈리게 될지가 중심 주제가 될 것이다. 그리고 하나님이 어떻게 이 가운데서 자신의 뜻을 펼쳐 가실 것인가라는 점 또한 중요한 요소가 될 것이다. 외형적이고 육체적인 보이는 것이 중요시되는 첫째와 그 보이는 것을 자기 것으로 만들려는 속셈이 가득한 둘째 사이에 벌어질 일들이다. 이를 통해 이 두 사람의 이름이 어떤 변화를 겪게 될 것인지가 그 뒤의 이야기를 연결시켜가는 핵심주제가 될 것이다. 에서와 야곱이라는 이름의 변화를 통해 하나님의 백성에 대한 이상을 살펴볼 필요가 있다.

(2) 에서와 야곱의 이름이 겪는 변화(창 25:27-34)

야곱과 에서의 이야기는 초반부터 급박하게 진행된다. 둘 사이에 벌어지는 갈등이 태중에서부터 다투고, 탄생 때도 또한 다투며 태어나고, 그리고 성장하는 과정에서도 계속해서 벌어지고 있기 때문이다. 물론 주로 발뒤꿈치를 잡은 야곱 편에서 승리를 챙기지만 그러나 그렇다고 야곱이 승자로서 축포를 터뜨리는 경우 또한 거의 없다. 오히려 그 승리가 생명을 잃을 수도 있는 위기를 초래한다는 점에서 부정적인 승리라 할 수 있다. 쉽게 표현하면 "앞으로 남고 뒤로 밑지는 장사"인 것이다. 자신만이 더 나은 것을 누리겠다는 욕심은 결국 화를 자초하는 것이기 때문이다. 이러한 야곱과 에서의 갈등은 이삭이 누리는 '축복의 전시장'이라 할 수 있는 창세기 26장을 가운데 두고 양방향에서 벌어지고 있는데 이러한 구조는 지극히 의도적이다. 이삭의 축복 이야기가 의도적으로 '야곱의 장자권 탈취'와 '야곱의 축복 탈취' 사이에 놓여지며 이야기의 신학적인 주제를 강화시키고 있는 것이다.

에서와 야곱의 탄생을 놓고 본다면 인간적으로 상속의 자격은 물론 장자에게 있겠지만, 하나님은 그러한 것을 절대화 시키지 않으신다. 진리는 절대적인 것이지만, 그 진리와 무관한 것이 있다면 그것은 결코 절대화 될 수 없다. "장자냐, 차자냐?"라는 것은 결코 진리일 수 없다. 그렇다면 하나님 앞에서 똑같은 자격이 있는 두 사람이지만 누가 하나님의 백성으로 그 연결 고리의 역할을 할 것인가는 결국 선택과 순종의 두 가지가 조화를 이룰 때 형성되는 것임을 말할 수 있다. 그리고 더욱 중요한 것은 장자권에 는 책임과 특권 두 가지가 조화를 이루며 가야 한다는 사실이다. 그리고 그 것을 이루는 과정 또한 이미 전해주셨다. 이것은 하나님께서 아브라함에게 자신의 뜻을 알려주실 때 주셨던 말씀 속에 그대로 들어가 있다.

장자권	특권	아브라함은 강대한 나라가 되고(창 18:18a)
	책임	천하 만민은 그로 말미암아 복을 받게 될 것이 아니냐(창 18:18b)
	과정	내가 그로 그 자식과 권속에게 명하여 여호와의 도(יהוה דֶּרֶךְ 데레크 야훼/여호와의 길)를 지켜 의(צְדָקָה 쩨다꽈, 정의)와 공도(מִשְׁפָּט 미쉬파트, 공의)를 행하게 하려고 그를 택하였나니 이는 나 여호와가 아브라함에게 대하여 말한 일을 이루려 함이니라(창 18:19)

축복은 어느 누구에게나 주어질 수 있고, 어느 누구나 가질 수 있 는 것이지만 정작 하나님의 백성을 백성답게 하는 것은 그들의 정체성을 심 어주는 의와 공도(정의와 공의) 그리고 여호와의 도(길)를 따라 사는 삶일 것이다. 즉, 하나님의 축복에 나타난 특권과 책임을 바르게 이루어 가는 길 을 따르지 않는다면 하나님의 백성이라 할 수 없는 것이다. 여기서 예언자 들의 이상인 정의와 공의를 지키는 것은 여호와의 길을 바르게 걷기 위함이 다. 그리고 이것을 행하기 위하여 아브라함이 부름을 받았고, 이러한 이상 은 하나님의 백성이 서 있는 곳마다 행해져야만 할 책임인 것이다. 창세기 26장에서 이삭이 누렸던 축복이 바로 이것의 구체적인 예라고 할 수 있다. 이제 장자권을 부여받은 사람은 하나님의 백성을 탄생시키는 시조가 되어 야 하는 것인데 이러한 축복의 의미와 그것을 이루는 과정까지도 기꺼이 기

뻠으로 행하는 사람이 되어야만 하는 것이다. 그렇다면 야곱과 에서에게 이러한 두 가지 요소가 공존하며 균형을 유지하고 있느냐를 살펴볼 필요가 있다. 그것을 가늠해 볼 수 있는 첫 사건이 바로 결국 싱겁게 끝나 버리고 말 일이지만 야곱이 에서의 장자권을 놓고 한 판 대결을 벌이는 사건이다.

먼저 에서의 속성을 살펴보면 그의 탄생에서 외형적인 요소로 인해 주어진 이름이 어떤 의미를 내포하고 있는지를 느껴볼 수 있다. 에서가 사냥에서 돌아와 심히 피곤하고 시장함으로 야곱이 요리한 '붉은 것'을 먹게 해 달라고 요청하고, 야곱은 이 때를 놓치지 않고 자신이 쑤고 있는 죽한 그릇과 장자의 명분과 맞바꿀 것을 요청한다. 에서는 이에 대해 "내가 죽게 되었으니 이 장자의 명분이 내게 무엇이 유익하겠느냐?"고 반문하며 기꺼이 장자의 명분을 넘긴다. 서로 맹세가 오가고 야곱이 떡과 팥죽을 에서에게 주매 에서가 먹었다(창 25:34). 아주 간단한 이야기지만 이곳에 나타난 언어의 유희 속에 미래가 암시적으로 들어가 있다. 에서가 장자권과 맞바꾸기 위하여 달라고 한 '붉은 것'은 '아돔'(אדם 붉다)이란 단어를 쓴다(창 25:30). 이것은 에서가 태어날 때 그 몸이 '붉다'(אדמוני 아드모니)와 같은 어근을 갖는다. 결국 그 붉은 것과 자신의 장자권을 바꾸는 것에서 그의 별명 '에돔'이 유래한다. 그리고 그 별명은 에서의 후손들로 이루어진 민족의 이름이 된다. 이러한 어원적인 유래 속에는 에돔족은 붉은 팥죽 한 그릇과 장자권을 바꾼 족속이라는 의미가 들어 있다. 자신이 죽게 되었을 때는 장자권 속에 들어 있는 소명까지도 언제든지 집어던질 준비가 되어 있다는 의미까지도 내포하고 있는 것이다. 이처럼 에서는 일찌감치 그의 외형적인 특징이 그의 별명으로 굳어지며 하나님의 뜻과는 점점 멀어짐으로 아브라함과 이삭의 후손임에도 하나님의 백성이 아닌 이방인의 하나가 되는 길을 걷는다. 그리고 그의 또 다른 외형적인 모습인 '털옷'(שער 세아르)을 상징하는 '세일'(שעיר) 산으로 점점 옮겨 가게 된다(창 36:8). 그러므로 에서의 이야기는 그의 외형적인 붉은 모습이 붉은 것에 끌리는 삶의 속성이 되어 그의 출발선에서 이미 민족적인 이름인 붉다는 뜻의 에돔족의 선조가 되고 (창 25:30), 마침내는 가나안을 떠나 세일 산이 그의 삶의 터전이 되는 것으로 마감한다(창 36:6-8).

이처럼 에서는 장자권에 부여되는 책임에는 아무런 관심이 없다. 그럼에도 그는 장자권이 가져다주는 특권인 축복의 누림에는 지대한 관심을 가지고 있음을 차후의 이야기 전개를 통해 살펴볼 수 있다. 그는 자신의 육체적인 욕구를 충족시키기 위하여 팥죽 한 그릇에 자신의 장자권을 쉽게 팔아넘겼다. 그럼에도 아버지 이삭이 죽기 전에 축복을 하려하니 먹을 별미를 만들어 오라는 말에 신속하게 행하러 간다(창 27:1-4). 그리고 돌아와서는 이미 빼앗긴 축복을 자신에게도 달라고 울부짖으며 떼를 쓰는 모습 속에서 그의 축복에 대한 지극한 관심을 느껴볼 수 있다. 창세기 25-27장 까지의 구조를 간략하게 살펴보면 에서가 원하는 축복이 무엇인지를 분명하게 알 수 있다.

A	창 25:27-34	(27-33절) 야곱이 팥죽 한 그릇으로 장자권을 탈취하다
B	창 26장	(25:34) 에서가 장자의 명분(בכרה 베코라)을 가볍게 여겼다
		(1-33절) 이삭이 누리는 축복
		(26:34-35) 에서가 헷 족속의 딸들과 결혼-이삭과 리브가 근심함
A'	창 27장	(1-45절) 야곱이 속여서 장자의 축복을 탈취하다

이 구조 속에는 야곱이 팥죽으로 에서의 장자권을 탈취하고, 축복을 탈취하는 사건 속에 이삭이 누리는 축복이 들어가 있다. 그런데 이 바깥쪽 테두리 안에 그리고 중심의 이삭의 축복을 감싸는 것으로 에서가 장자의 명분을 가벼이 여겼다는 구절(창 25:34)과 에서가 헷 족속의 딸들과 결혼하여 그것이 이삭과 리브가의 근심이 되었다는 구절(창 26:34-35)이 서

로 맞상대를 이룬다. 사명보다는 자신의 육체적인 만족을 채우기에 급급하여 팔아치운 장자권에 덧붙여 뼈 중의 뼈요 살 중의 살인 같은 친족 공동체와의 결혼에 대한 이념도 무시해 버린다. 이처럼 에서는 하나님의 백성에게 있어서 가장 중요한 '친족결혼'이라는 이념을 외면하고, 자신의 마음에 드는 대로 가나안의 헷 족속의 여인들을 골라 육체적 만족을 채우는 모습을 보이고 있다. 신앙의 순수성이라든지, 정통성을 수호하는 것에는 관심조차 없다. 뒤늦게 아버지 이삭이 야곱에게 아내를 동족인 외삼촌댁에서 구하라고 밧단아람으로 떠나보내는 것을 보고 자신도 아브라함의 아들인 이스마엘의 딸과 결혼하지만 그 속셈이 무엇인지는 이미 밝혀진 것이나 마찬가지다(창 28:6-9). 그리고 이미 이스마엘 또한 이방인의 한 뿌리가 되었다는 점에서 잘못된 만남인 것이다.

이러한 에서의 삶은 현대 교회의 신자들의 모습 속에서도 동일하게 드러나는 현상이다. 그리스도인으로서의 책임은 뒤로 던져버리고 그것이 가져다주는 허울 좋은 축복에만 눈이 멀어 찾아다니는 상태와 에서의 상태가 동일하게 비쳐지기 때문이다. 그것은 결국 하나님의 백성의 삶에서 떨어져 나와 이방인으로 전락해 버린 에서의 삶과 다를 바가 없는 것이다. 교회 안에도 역시 하나님의 백성이 아닌 세상과 하나 되어 살아가는 이방인들이 있다는 것이다. 예수님께서도 기도할 때 이방인들과 같이 중언부언 하며 말을 많이 하여야 들으실 줄 알고 자신들이 원하는 것만 반복적으로 늘어놓는 일을 삼가라고 하신다(마 6:7-8). 그리고 먼저 하나님의 나라와 그의 의를 구하는 기도를 하라고 당부하신다(마 6:33). 이런 사실들을 통해서 살펴볼 수 있는 것은 에서는 장자권과 그 안에 포함된 모든 이상으로부터 점점 더 멀어지는 삶의 행태를 보여주고 있다는 것이다. 이제 남은 사람은 야곱이다. 그러나 야곱이라는 이름으로는 결코 하나님의 백성이 될 수 없다.

야곱은 에서와 달리 장자권과 축복을 동시에 간절히 갈망한다. 야곱이 그렇게도 탐내는 장자권과 그 장자권이 가져다주는 축복의 특징은 창세기 26장이 보여주고 있는 이삭의 이야기 속에 농축되어 있다. 이 정도의 축복이라면 어느 누구도 소홀히 할 수 없는 탐낼 만한 것임을 살펴볼 수 있음에도 에서가 장자권을 경홀히 여겼다는 것은 이러한 하나님의 축복을 무시한 처사라 할 수 있다. 그리고 이삭의 이야기는 우리에게 가르쳐 주는 것이 많다. 우리가 하나님의 축복을 바르게 다루면 이방인들에게까지 그 축복이 전해질 수 있다는 것이다. 그러나 우리가 축복을 잘못 다루면 다른 사람들과의 다툼이 발생하고, 형제살해는 물론 다른 사람들과의 살육전까지도 갈 수 있다는 점을 명심해야만 한다.

　　야곱은 장자권에 포함된 축복이라는 특권과 누림이 얼마나 엄청난 것인지를 바르게 인식해야 하며, 책임까지도 통감해야만 한다. 히브리어로 '장자권'은 '베코라'(בְּכֹרָה)이고 '축복'은 '베라카'(בְּרָכָה)이다. 둘 다 동일한 자음을 모두 가지고 있고 발음상의 유사성을 내포하고 있다는 점에서 야곱은 장자권을 통해 끝내는 축복을 쟁취하려는 목적이 있음을 짐작해 볼 수 있다.[164] 그러나 그가 깨달아야 할 것은 장자권의 책임이 무엇인지를 더 깊이 느껴야만 한다. 축복을 누리는 것은 탈취로 이루어질 수 있는 것인지 모르겠으나, 그에 포함된 책임은 결코 탈취로 이루어 질 수 없다. 그것을 이루는 길은 하나님께서 아브라함에게 알려주셨듯이 "여호와의 길인 의와 공도를 행함"으로 이루어져야 한다는 사실이다. 이제 야곱에게 주어질 길은 하나님의 길이 무엇인지, 정의와 공의가 무엇인지를 배우고 하나님의 방법대로 살아가며, 그것을 이루는 삶인 것이다. 결과가 정당하다고 그 과정까지 무조건 다 정당화 되는 것은 아니다. 과정이 하나님의 뜻 가운데 있을 때에만 결과의 승패에 관계없이 하나님의 뜻을 이룰 수 있는 것이다.

　　야곱의 이름의 뜻은 '발뒤꿈치를 잡은 자'로 남의 것을 빼앗아 살아가는 삶의 속성을 드러내고 있다. 야곱이 에서의 장자권을 탐내어 계략으로 갈취했다는 것은 야곱 또한 그의 이름값을 하고 있다는 점을 분명히 알 수 있다. 그렇다면 야곱의 이후 이야기는 그의 이러한 이름이 에서처럼 그대로 굳어져 그의 속성이 되고 말 것인가, 아니면 새로운 변화의 기회를 맞이할 것인가에 대한 관심에 집중될 것이다. 야곱이 진정한 장자권은 여호와의 도와 의와 공도를 행하기 위한 것임을 기억하고 축복 속에 들어 있는 특권과 책임 그리고 그것을 이루는 과정까지도 바르게 세워가는 자가 될 것인가에 모든 초점이 맞춰질 것이다. 리브가가 야곱마저 에서처럼 가나안의 헷 족속의 딸과 결혼한다면 무슨 의미가 있겠느냐는 탄식 속에 야곱은 다른 길을 걸을 수 있을 것이란 기대감이 들어가 있다(창 27:46). 그리고 그 과정을 통한 그의 변화까지도 기대해볼 여지가 들어가 있다.

2) 이삭의 축복과 야곱의 축복 탈취(창 27장)

(1) 축복의 말씀과 하나님의 권능

여기서 한 가지 짚고 넘어가야 할 것이 있다. 이것은 권위와 능력에 관계된 것이다. 어쩌면 지금 우리 시대에는 잃어버린 능력인지도 모른다. 바로 축복의 권능이며, 말의 능력이다. 창세기 27장은 지금까지의 진행 과정에서 나타나지 않았던 말의 권능을 제시한다. 노아라는 사람이 취중에서 깨어나서 아들들에게 선포한 말들에도 범치 못할 위력이 있었다는 것은 사실이다(창 9:25-27). 그러나 이삭이 행한 축복선언은 한 걸음 더 나아간다. 한 사람의 족장이 유언처럼 행하는 장자에게 주어지는 축복은 결코 회수될 수 없고, 번복될 수 없는 강력한 실행력이 있는 것이란 점이 강조된다.

지금 우리 시대라면 축복의 선언이 사기행각으로 말미암아 잘못된 존재에게 주어졌을 때는 그것을 취소하고 마땅한 주인에게 행할 수 있는 것이 아닌가라는 의구심이 들기 때문이다. 지금 시대라면 그것이 합리적이며 또 그렇게 하는 것이 당연한 것이다. 그러나 이삭의 축복선언을 살펴보면 한 번 쏟아 부어진 축복은 결코 번복할 수 없다는 점에서 독특함이 드러난다. 야곱이 축복을 탈취한 뒤, 에서가 뒤늦게 나타나 자신을 위해 빌복을 남기지 않았느냐고 하소연 할 때 이삭은 다음과 같이 안타까이 말한다.

> 내가 그를 너의 주로 세우고 그의 모든 형제를 내가 그에게 종으로 주었으며 곡식과 포도주를 그에게 주었으니 내 아들아 내가 네게 무엇을 할 수 있으랴(창 27:37)

이러한 축복의 일회성과 회수할 수 없는 성격은 고대 세계에서 말의 중요성이 얼마나 큰 것인지를 깨달아 알 때 쉽게 이해될 수 있다. 그 한 예로 이스라엘 신앙의 가장 중요한 요소인 '순종'이라는 면만 살펴보아도 말의 위력이 어느 정도인지 가히 짐작해볼 수 있다. 히브리어에는 가장 중요한 단어인 '순종하다'라는 말이 없다. 그 대신 '듣다'(שמע)라는 동사를 전치사 '레'(ל ~에게)와 '베'(ב ~안에)와 함께 숙어처럼 묶어서 '순종하다'라는 뜻으로 사용한다. 이것은 말을 듣는 다는 것이 이미 순종을 포함하고 있다는 것을 의미한다는 것이다. 즉, 불순종이라는 것은 말씀을 듣지 않았다는 것이다. 왜냐하면 듣는다는 것은 당연히 순종을 내포하고 있기 때문이다. 이것은 말의 힘과 위력이 어떤 것인지를 이미 깊이 인정하고 있는 사회 속에서는 가능한 현상이다.

특히 눈으로 보이는 것은 결코 하나님이 아니라는 우상숭배가 철폐된 곳에서는 보는 것이 아니라 듣는 것으로 하나님을 만날 수 있다는 점에서, 말의 위력은 가히 하나님을 대신하는 권위로까지 상승하게 된다. 즉, 말의 능력에 대한 신앙은 시각적인 만족을 주는 우상이 철폐된 곳인 이스라엘에서는 더욱 강력하게 살아날 수밖에 없는 신앙임을 살펴볼 수 있다. 그러나 보는 것이 극대화되는 세상 속에서는 말의 위력이 그렇게 크게 작용하지 않을 때가 많다. 즉, 보지 못하면 믿지 않겠다고 단언하는 현상이 바로 그 중 하나이다. 그 비근한 예가 서양 속담인 "Seeing is Believing!"(보는 것이 믿는 것이다!)이라 할 수 있다. 이것이 또한 현대인의 이념이기도 하다. 귀에 들리는 것은 아무리 미사여구로 화려하다 할지라도 안전이 보장되지 않는다. 그 말이 그대로 성취된다는 보장이 없기 때문이다. 그에 반해 보이는 것은 비록 초라할지언정 안전과 보장을 실제 눈으로 확인할 수 있기 때문에 믿을 수 있다는 것이다. 이것이 듣는 것과 보는 것의 차이이다. 그래서 사람들은 사막지역에서 곧 마를지도 모르는 생수의 샘보다는 비록 터지고, 고여서 썩은 물일지라도 자신들이 만든 웅덩이를 더 좋아한다. 생수의 샘은 맑고 신선하여 좋기는 하지만 내일도 모레도 계속해서 흘러나온다는 보장이 없지만, 웅덩이는 비록 더러운 물일지라도 고여 있기에 양을 눈으로 측정하여 보장받을 날을 확실히 예측할 수 있기 때문이다(렘 2:13). 인간은 단 하루라도 안심하고 마음을 전적으로 의지할 수 있는 것이 필요한 갈대 같은 존재이기 때문이다. 그러기에 하나님의 말씀을 믿고 일용할 양식을 기대하며 살기 보다는 썩을지언정 눈앞에 쌓여 있는 양식더미를 보고 안심하며 살아가는 존재가 되는 것이다.

그러나 인간이 말의 권위를 회복하는 순간 세상은 달라질 것이다. 인류역사에서 말이 이러한 최고의 권위를 가졌을 때가 있었다. 바로 창세기 1장에 나타난 천지창조 때이다. 하나님의 말씀은 그 자체가 곧 실제이며 유일한 현실이다. 말씀하시면 한 치의 어김도 없이 그것이 그대로 실행되는 것이다. 그 어떤 피조물의 의문이나 질문도 없다. 이사야서 55:10-11절은 다음과 같이 선포하고 있다.

비와 눈이 하늘에서 내려서는 다시 그리로 가지 않고 토지를 적시어서 싹이 나게 하며 열매가 맺게 하여 파종하는 자에게 종자를 주며 먹는 자에게 양식을 줌과 같이 내 입에서 나가는 말도 헛되이 내게로 돌아오지 아니하고 나의 뜻을 이루며 나의 명하여 보낸 일에 형통하리라

그리고 이러한 말의 위력은 신약시대에도 역시 동일한 위력을 가진 것으로 볼 수 있다.

하나님의 말씀은 살았고 운동력이 있어 좌우에 날선 어떤 검보다도 예리하여 혼과 영과 및 관절과 골수를 찔러 쪼개기까지 하며 또 마음의 생각과 뜻을 감찰하나니 (히 4:12)

세상의 창조를 통해 이렇게 말의 위력을 분명하게 가르쳐 주신 하나님께서는 우리 또한 동일하게 세상을 창조해 가길 소망하신다. 하나님은 사람들이 서로의 말을 확신 있게 믿을 수 있고 신뢰할 수 있는 세상을 만드시기를 원하시는 것이다. 그러할 때 이 세상은 하나님의 창조를 아름답게 완성해 나가는 하나님의 종이 되는 것이다.

하지만 순종은 인간의 선택이라는 여과지를 통과하며 이루어진다. 이런 하나님의 말씀이 쏟아질 때 듣는 자는 사는 것이요, 듣지 않는 자는 결국 멸망의 길로 가는 것임은 당연한 사실이라 하겠다. 이런 위력의 말씀을 실행하지 않는 것 자체가 이미 듣지 않는 죽음을 향할 수밖에 없는 완강한 마음임을 알 수 있기 때문이다.

그들이 청종하기를 싫어하여 등으로 향하며 듣지 아니하려고 귀를 막으며 그 마음을 금강석 같게 하여 율법과 만군의 여호와가 신으로 이전 선지자를 빙자하여 전한 말을 듣지 아니하므로 큰 노가 나 만군의 여호와께로서 나왔도다 (슥 7:11-12)

내 백성이여 들으라 내가 네게 증거하리라 이스라엘이여 내게 듣기를 원하노라 (시 81:8)

하지만 "내 백성이 내 소리를 듣지 아니하며 이스라엘이 나를 원하지 아니하였도다"(시 81:11)로 그 결론에 이른다. 하나님께서는 이렇게 듣지 않는 자를 향하여서는 "그 마음의 완악한 대로 내버려 두어 그 임의대로 행하게 하신다"(시 81:12). 마음이 완악한 것은 순종의 가장 큰 장애가 되는 것이다.

이러한 말의 속성을 살펴볼 때 하나님의 대리자로 그 말씀을 받아서 축복을 전하는 자의 말은 더 이상 회수 할 수 없는 성질의 것임은 당연하다. 이처럼 고대에 말의 위력은 대단한 것이었다. 그러므로 섣불리 말을 하지 않을 것임을 짐작해 볼 수 있다. 특히 이삭의 때에는 아버지 아브라함이 보여준 순종을 통하여 하나님과의 관계가 회복되고, 축복이 살아나며 창조적인 말의 능력 또한 더불어 올바른 능력을 회복했던 때이다. 이제 하나님을 경외하는 사람들의 입에서 나오는 선포를 통하여 이 세상의 창조질서가 회복되는 새 역사가 펼쳐질 때인 것이다. 이처럼 하나님 경외와 말의 권능은 하나 되어 새 역사를 가능케 한다. 이삭은 그 새 시대의 선두에 서 있고 그의 입에서 나가는 말은 후손들의 삶에 지대한 영향을 미칠 것이 분명하다.

예수 그리스도의 십자가로 모든 관계가 회복된 지금 우리도 이러한 말의 창조성을 인식해야 한다. 그리고 무슨 말을 하든지 깊은 주의를 기울여야 할 것이다. 무릇 더러운 말은 입 밖에도 내지 않고 오직 덕을 세우는 데 소용되는 선한 말을 하여 듣는 자들에게 은혜를 끼치는 삶이 되어야 한다(엡 4:29). 그러나 이렇게 능력 있는 말씀이 무가치하게 흐트러질 때가 있다. 이 세상에는 두 가지 종류의 말이 있기 때문이다. 에덴동산에서도 보았듯이 인간은 두 가지의 말 가운데서 살아간다. 바로 하나님의 말씀과 뱀의 말이다. 그런데 이 두 종류의 말 모두 인간을 통해서 전달된다는 점에서 그 근본이 어디인가를 분별하는 것이 인간에게 주어진 책임 중에 하나이다. 그 길은 하나님의 말씀을 주야로 묵상하는 것밖에는 없다. 그래야만 하나님의 뜻을 분명하게 깨달을 수 있고 잘못된 것을 분별하여 걸러낼 수 있기 때문이다. 그리고 축복의 말씀에 하나님의 권능이 더해질 때 그 결과가 달라지는 것이다.

(2) 축복의 말씀과 사람의 권능

야곱은 장자권을 탈취하고 축복에 대한 갈망을 키워갔을 것을 짐작해 볼 수 있다. 이삭이 나이가 많아 늙었고, 눈도 어두워 잘 보지 못하는 단계가 되었다. 그는 언제 죽을지 모르는 자신의 상태로 인해 큰 아들 에서를 불러 맘껏 축복하려 하니 사냥하여 별미를 만들어 올 것을 명령한다. 그런데 이러한 상황을 리브가가 다 엿듣고 야곱을 부른다. 그녀는 야곱에게 염소 떼 중에서 염소 새끼 두 마리를 가져오라 명하고, 그것으로 이삭이 즐기는 별미를 만들어 줄 터이니 에서처럼 변장하고 축복을 받으라고 명령한다. 아버지와 어머니의 의견이 대립되고, 그것은 고스란히 자식들에게 물려진다. 이삭과 리브가는 이렇게 축복의 상속이라는 면에서 거대한 충돌을 일으키고 있다.

이러한 충돌에 대해서 리브가의 선택이 옳았다는 의견이 있다. 그 견해는 이삭과 리브가라는 부부의 본연의 목적과 연관이 있다고 본다. '이삭-리브가'라는 두 번째 족장 부부가 맡은 주요과제는 다름 아닌 하나님의 축복을 어떻게 안전하게 선택받은 상속자에게 전달하느냐는 것에 있다고 한다. 그리고 하나님께서 이 과제를 수행하도록 이삭을 택하지 않으시고 리브가에게만 신탁을 내렸기 때문에(창 25:22-23) 이삭은 능동적인 역할이 배제된다고 주장한다. 즉, 그 사명은 이삭이 아니라 리브가에게만 내려졌기 때문에 그녀가 족장 이야기에서 하나님의 축복의 계승을 책임지게 되고, 또한 그녀가 주인공이기 때문에 다른 인물들은 종속적이며 조연으로 실추된다는 것이다. 하나님의 축복을 전하는 자로서의 리브가의 역할이 가장 중요하며, 이삭은 선택되지 않은 상속자를 축복하려한 위기를 만들고, 오히려 리브가의 사명에 장애물이 되기까지 한다고 본다. 이처럼 리브가의 일생의 목표는 하나님께서 미리 정하신 상속자가 축복을 받게 하는 것이며, 마침내 그 상속자가 적시에 축복을 받도록 도움으로써 하나님의 뜻을 이룬다고 한다. 그리고 하나님이 아브라함에게 주신 약속(창 12:2-3)은 리브가가 없었다면 소용없는 것이 되고 말았을 것이라 단언한다.[165]

하지만 이 견해는 중요한 한 가지를 왜곡시키고 있다. 리브가가 하나님의 뜻을 들었다는 것은 사실이다. 그러나 그 하나님의 뜻이 인간적인 속임수를 통해서 이루어져서는 안 된다는 것이다. 야곱이 축복을 받게 하기 위해 음모까지 꾸미는 것이 가능하다면, 목적이 정당할 때 수단이야 어떠하든 상관없다는 논리 또한 정당화 될 수 있을 것이기 때문이다. 그렇다면 요셉이 애굽에서 우여곡절 끝에 마침내 총리가 되었기에 요셉을 애굽에 팔아치운 형제들의 행동도 정당화 될 수 있을 것이다. 그러나 요셉은 그 일에 대해 분명하게 선언한다: "당신들은 나에게 악을 행하였으나 하나님은 그것을 선으로 바꾸사 오늘과 같이 만민의 생명을 구원하게 하시려 하셨나니"(창 50:20). 분명 악은 악이다. 선으로 악을 이기는 것이 하나님의 백성이 걸어가야 할 길인 것이다.

이삭이 축복을 전달하는 이야기는 이렇게 수많은 질문을 야기 시킨다. 그 주요한 갈등은 역시 하나님의 뜻과 인간의 계획의 충돌인 것이다. 하나님은 이미 큰 자가 작은 자를 섬길 것이라는 신탁을 주셨다. 이삭은 이에 반하는 행동을 한다. 그리고 리브가는 그것을 돌리려고 수단을 강구한다. 하지만 이삭과 리브가가 품고 있는 정확한 의중은 알 수 없다. 단지 이삭은 에서를 편애하고 있고, 리브가는 야곱을 편애하고 있다는 것 밖에는 알 수 있는 것이 없다(창 25:28). 그리고 사람간의 관계가 가정 안에서부터 부서져 있다는 것을 살펴볼 수 있다. 이제 누가 이 관계를 가장 온전하게 회복할 것인가가 과제로 남아있다.

자신 안에도 그런 욕심이 있었겠지만 야곱이 형 에서의 장자의 축복을 훔친 것은 어머니인 리브가의 말을 좇아 이루어진다. 리브가는 주저하는 야곱을 향해 계속해서 자신이 명령하는 대로 할 것을 종용한다. 그리고 그로 인해 발생하는 모든 저주는 자신이 받겠노라고 장담한다. 성경의 곳곳에는 적지 않은 횟수로 이렇게 사람의 말이 하나님의 말씀을 대체하는 현상이 나타난다. 이것이 사람이 하나님의 형상으로서의 긍정적인 측면에서가 아니라 하나님의 권위를 찬탈하려는 시도라는 점에서 부정적이다. 그것에 대해서는 분명 책임을 져야 할 것이 있다. 리브가가 야곱에게 명령하는 내용을 살펴보면 그 문제점이 분명하게 드러난다.

리브가	그런즉 내 아들아 내 말을 따라(שְׁמַע בְּקֹלִי 셰마 베콜리) 내가 네게 명하는 (מְצַוָּה 메짜와) 대로 염소 떼에 가서 거기서 좋은 염소 새끼 두 마리를 내게로 가져오면(לְקַח 라콰흐) 내가 그것으로 네 아버지를 위하여 그가 즐기시는 별미를 만들리니 네가 그것을 네 아버지께 가져다 드려서 그가 죽기 전에 네게 축복하기 위하여 잡수시게 하라(창 27:8-10)
야곱	야곱이 그 어머니 리브가에게 이르되 내 형 에서는 털이 많은 사람이요 나는 매끈매끈한 사람인즉 아버지께서 나를 만지실진대 내가 아버지의 눈에 속이는 자로 보일지라 복(בְּרָכָה 베라카)은 고사하고 저주(קְלָלָה 쫠랄라)를 받을까 하나이다(창 27:11-12)
리브가	어머니가 그에게 이르되 내 아들아 너의 저주는 내게로 돌리리니 내 말만 따르고(שְׁמַע בְּקֹלִי 셰마 베콜리) 가서 가져오라(לְקַח 라콰흐) 그가 가서 끌어다가(לְקַח 라콰흐) 어머니에게로 가져왔더니 그의 어머니가 그의 아버지가 즐기시는 별미를 만들었더라(창 27:13-14)

반복적으로 나타나는 것은 리브가의 독촉인 "내 말을 따라"('לקלי
שמע 셰마 베콜리)라는 표현이다. 이 표현은 히브리어 구문에서 '순종하다'
를 의미하는 것으로 리브가는 야곱이 그 어떤 말도 아닌 자신의 말에 전적
으로 순종할 것을 강권하고 있는 것이다. 그리고 리브가 자신의 말을 따라
'명하는 대로'(מצוה/חוה 메짜와/짜와) 실행을 하라는 강한 독촉을 하고 있
다. 그리고 야곱이 그대로 실행하여 별미가 만들어졌고, 리브가는 그 다음
단계를 진행한다. 에서의 의복을 가져다가(חקל 라꽈흐) 야곱에게 입히고,
자신이 만든 별미를 야곱의 손에 주어(חן 나탄) 이삭이 먹도록 한다. 그리
고 결국 이 일이 빌미가 되어 형제간에 같이 거주할 수 없는 형국에 이르게
되고, 리브가는 야곱을 타향으로 이주시킬 수밖에 없게 되었다.

> 내 아들아 내 말을 따라(בקלי שמע 셰마 베콜리) 일어나 하란으로 가서 내
> 오라버니 라반에게 피신하여 네 형의 노가 풀리기까지 몇 날 동안 그와 함
> 께 거주하라 네 형의 분노가 풀려 네가 자기에게 행한 것을 잊어버리거든
> 내가 곧 사람을 보내어 너를 거기서 불러오리라 어찌 하루에 너희 둘을 잃
> 으랴(창 27:43-45)

리브가는 늘 자신의 말에 순종할 것을 종용한다. 인간이 저질러놓고, 인간
이 수습하려고 애쓰고 있는 것이다. 하지만 인간적인 수단에 의지하여 인
간의 말을 따라 순종한 삶은 결국 관계의 파괴를 불러오고, 사람들이 같은
공간에 있을 수조차 없는 상태를 만들고 만다. 만약 에서가 복수심으로 야

곱을 살해하게 되면 그도 마찬가지로 피의 복수자들이 될 고엘인 친척들의 심판으로 죽음에 이르게 될 것이 뻔하기에 리브가는 둘을 한꺼번에 잃는 것을 피하려 한다. 가인이 아벨을 죽인 후에 "나를 만나는 자마다 나를 죽이겠나이다"(창 4:14)는 동일한 양상이 펼쳐지려 하기 때문이다. 결국 그 결과는 저지른 자의 추방으로 이어지고, 형제간의 불화의 골이 깊어진다. 인간 역사 속에 나타난 이러한 반복적인 상황을 도표화 하면 다음과 같은 구도를 살펴볼 수 있다.

야곱과리브가	그런즉 내 아들아 내 말을 따라(שְׁמַע בְּקֹלִי 셰마 베콜리) 내가 네게 명하는(מְצַוֶּה 메짜와) 대로 염소 떼에 가서 거기서 좋은 염소 새끼 두 마리를 내게로 가져오면(לְקַח 라콰흐) 내가 그것으로 네 아버지를 위하여 그가 즐기시는 별미를 만들리니 네가 그것을 네 아버지께 가져다 드려서 그가 죽기 전에 네게 축복하기 위하여 잡수시게 하라(창 27:8-10)
	리브가가 집 안 자기에게 있는 그의 맏아들 에서의 좋은 의복을 가져다가(לְקַח 라콰흐) 그의 작은 아들 야곱에게 입히고 또 염소 새끼의 가죽을 그의 손과 목의 매끈매끈한 곳에 입히고 자기가 만든 별미와 떡을 자기 아들 야곱의 손에 주니(נָתַן 나탄)(창 27:15-17)
	◉ 결과: **야곱의 추방(가나안 땅에서)** **에서와 야곱의 갈등**

　　이 구도를 살펴보면 흡사 아담이 아내 하와의 말을 듣고 선악과를 먹은 사건과 아브라함이 아내 사라의 말을 듣고 하갈을 취하여 이스마엘을 낳은 것과 같은 형태를 가지고 있다. 여성이 주도권을 쥐고, 남성에게 명령하며 순종할 것을 촉구한다. 그리고 여성이 준비한 것을 가져다가 남성에게 제공해 주고, 남성은 그것을 취한다. 그리고 이 속에는 축복이 아닌 또다시 저주가 인간 삶에 침범해 들어올 태세가 되어 있다. 에덴동산에서의 인간의 죄악이 다시 살아날 위기에 처한 것이다.

아담과 하와	네가 네 아내의 말을 듣고(לְקֹל שָׁמַע 샤마 레콜리) 내가 너더러 먹지 말라한 (צָוָה 짜와/명령한) 나무의 실과를 먹었은즉(창 3:17) 여자가 그 실과를 따(לָקַח/תָּקַח 라콰흐/가져다가) 먹고 자기와 함께한 남편에게도 주매(נָתַן/תִּתֵּן 나탄) 그도 먹은지라(창 3:6)
	◉ 결과: 아담과 하와의 추방(에덴동산에서) 가인과 아벨의 갈등
아브라함과 사라	사래가 아브람에게 이르되 여호와께서 나의 생산을 허락지 아니 하셨으니 원컨대 나의 여종과 동침하라 내가 혹 그로 말미암아 자녀를 얻을까 하노라 아브람이 사래의 말을 들으니라(לְקֹל שָׁמַע 샤마 레콜리)(창 16:2) 아브람의 아내 사래가 그 여종 애굽 사람 하갈을 데려다가(לָקַח/תָּקַח 라콰흐/가져다가) 그 남편 아브람에게 첩으로 준(נָתַן/תִּתֵּן 나탄) 때는 아브람이 가나안 땅에 거한지 십년 후이었더라 아브람이 하갈과 동침하였더니(창 16:3-4a)
	◉ 결과: 이스마엘의 추방(가나안 땅에서) 이스마엘과 이삭의 갈등(창 21:9-10)

　　이 사건들의 공통점은 인간이 하나님의 약속실현을 기다리지 못하고, 스스로의 주권을 휘두르며 인간의 말(그 근원은 사탄)을 따라 갈 때 벌어지는 현상이라는 점이다. 즉, 선택과 판단 그리고 결정의 주도권이 인간에게 있다는 것이며, 그 의미는 하나님 같이 되려는 인간의 뿌리 깊은 죄악성이다. 그리고 그 결과는 저주가 살아나는 것과 땅에서의 추방이 일어난다. 여성이 주도권을 쥐고 남성에게 명령한다는 것이 잘못되었다는 것이 아니라, 서로가 서로에게 돕는 배필의 역할을 이루어야 하는 것의 실패를 말하고 있는 것이다. 이러한 실패로 인간의 삶 속에 풀어헤쳐진 저주는 하나님과 사람사이는 물론 사람과 사람사이까지 단절시키는 파괴력이 있다. 하나님은 침묵을 지키고, 인간 사이는 위기가 조성된다. 죽음의 위협이 살아나는 것이다. 그리고 단 얼마동안만의 헤어짐을 예상했던 리브가의 계획

은 무의미한 인간적 계산임이 드러난다. 그 후에 야곱이 리브가를 다시 보았다는 이야기가 없는 것으로 보아 이 순간이 그들이 얼굴을 마주보는 마지막 순간이 된다.

그렇다면 왜 야곱과 리브가는 축복을 탈취하려 했는가? 리브가는 이미 하나님의 신탁을 들었다. 큰 자가 작은 자를 섬기리라는 하나님의 뜻은 이미 선포되었고, 리브가는 그 하나님의 뜻이 이루어지기를 기다리면 되는 것이다. 때와 기한은 오직 하나님이 손 안에 있는 것이다(단 2:21; 마 24:36; 행 1:7). 그러나 리브가와 야곱은 그렇게 하지 않는다. 왜인가? 이 속에는 하나님의 계획을 앞당기려는 인간의 몸부림이 들어있다. 하나님의 말씀은 하나님의 때에 가장 완전하게 그 열매를 맺게 된다. 그러나 인간은 기다림에 익숙하지 않다. 기다림은 고사하고 이삭이 에서에게 축복하고 나면 모든 것이 끝나버리고 말 것 같은 두려움이 엄습한다. 그래서 지금 나서지 않으면 약속의 성취는 불가능한 것이 된다는 자기 확신으로 움직이게 되는 것이다. 그러나 사람의 눈으로 볼 때 지금이 아니면 도저히 불가능하다고 고집을 피우지만 하늘이 땅보다 높음 같이 하나님의 길은 우리의 길보다 높으며 하나님의 생각은 우리의 생각보다 높으시다(사 55:9). 그런 하나님의 뜻을 외면한 채 인간이 자신의 뜻과 고집을 밀어붙인다면 그런 곳에는 늘 분열과 갈등, 미움과 시기가 싹트고, 서로 하나 될 수 없는 관계가 형성되고 말 것이다. 언제 하나님의 뜻이 이루어질지 모르는 상황에서는 즉시로 효과가 나타나는 인간의 방법이 더 유혹적일 때가 많다. 그러나 거기에는 치러야 할 대가가 만만치 않다. 얻는 것보다 잃는 것이 더 많은 길이 되는 것이다.

하지만 영원하신 하나님의 시선을 가지고 믿음으로 기다리는 사람은 언제나 정도를 걸을 수 있고, 소망과 용기를 잃지 않을 수 있으며, 자기의 야망과 하나님의 비전을 구분할 수 있고, 지금 주어진 가장 작고 평범한 일에도 충실할 수 있다. 영원하신 하나님을 믿는 사람은 지금 당장 아무 것도 보이지 않고 때로 말씀하신 것과 반대의 현상이 눈앞에 벌어질 지라도 하나님께서 결과를 책임져 주실 것을 확신하며 세상의 방법과 타협하지 않는다. 하나님을 신뢰하는 자는 결코 하나님의 약속이 이루어지는 때를 스스로 조종하려 들지 않는다. 자신의 야망 실현이 목표가 아니라 하나님의 뜻을 이루는 것이 삶의 목표이기에 그 뜻이 설사 자신이 죽은 뒤에 이루어져도 개의치 않는다. 왜냐하면 그것은 하나님의 비전이므로 자신이 세상에 없어도 하나님께서 그 열매를 거두실 것이기 때문이다. 그러나 하나님을 신뢰하지 못할 때 인간은 언제나 일의 성취시기를 스스로 결정하여 그 때에 자신이 그 열매를 맞보려고 수단과 방법을 가리지 않는다. 그것은 인간 개인의 야망실현일 뿐 결코 하나님의 뜻일 수 없는 것이다.[166]

이러한 위험성은 이삭이 에서를 위해 마련한 축복 속에 내재되어 있다. 야곱이 에서의 것을 빼앗아 이삭으로부터 받은 축복은 특권의 누림이라는 점에서 아브라함에게 주신 약속을 어느 정도 내포하고 있기는 하지만 그 특권에 동전의 양면처럼 함께 가는 책임은 외면하고 있다는 점에서 불완전한 것이라 할 수 있다. 이러한 종류의 축복은 창세기에서 선택된 계보를 제외한 다른 민족들이 누리는 축복들에서 찾아볼 수 있다(롯, 아비멜렉, 라반, 보디발, 바로 등). 하나님의 백성은 거기에서 한 단계 더 나아가는 나눔과 섬김이 있어야 하기 때문이다. 하나님께서 아브라함에게 주셨고, 이삭에게 연결된 하나님의 백성을 향한 축복은 "땅의 모든 족속이 너와 네 씨로 말미암아 복을 얻을 것이라"(창 12:3; 22:18)는 것으로 마감한다. 그러나 야곱이 탈취한 에서의 축복은 단순히 축복을 누리는 특권에서 멈추고 있다는 점에서 야곱의 것이어서는 안 된다는 점까지도 알 수 있다. 이것은 탈취한 축복의 내용만 다시 한 번 살펴보아도 쉽게 파악해 볼 수 있다.

내 아들의 향취는 여호와께서 복 주신 밭의 향취로다 하나님은 하늘의 이슬과 땅의 기름짐이며 풍성한 곡식과 포도주를 네게 주시기를 원하노라 만민이 너를 섬기고 열국이 네게 굴복하리니 네가 형제들의 주가 되고 네 어머니의 아들들이 네게 굴복하며 너를 저주하는 자는 저주를 받고 너를 축복하는 자는 복을 받기를 원하노라(창 27:27-29).

모든 것이 다 개인적인 누림의 차원에서 멈추어 있다. 세계가 모두 하나님의 피조물이며 하나님의 돌보시는 관심 안에서 에서가 받을 복과 같은 축복을 누릴 특권을 갖고 있음은 분명하다. 하지만 세상이 누리는 보편적인 축복의 한계 또한 분명하다. 만약 하나님의 축복이 여기서 멈춘다면 세상은 결코 변하는 것이 없으며, 사람사이는 보장할 수가 없게 된다. 누구든지 누리기만 하려하고, 섬기고 나누려 하지 않는다면 세상은 힘이 지배하는 곳이 되고 말 것이기 때문이다.

더구나 타인의 것을 빼앗은 축복은 여호와 하나님께서 값없이 부여해 주시는 축복의 특성을 왜곡하기에 자신의 누림만으로 끝날 수밖에 없는 더 큰 위험성을 가지고 있다. 왜냐하면 그것이 빼앗은 것이란 점에서 자신의 인간적인 음모와 술수라는 노력의 대가로 축복을 누리는 것이라고 정당화 할 수 있기 때문이다. 그러나 하나님의 축복은 결코 인간의 의로움에 대한 대가가 아니다. 하나님의 자비하신 부르심에 응답하는 인간에게 값없이 주어지는 은혜의 선물이다. 여호와 하나님의 은혜의 선물은 우리의 누림이라는 특권을 통과하며 감사의 찬양과 더불어 반드시 값없이 흘러내려가는 책임으로 연결되어야 한다. 즉, 하나님의 주심이 인간의 나눔으로 그 완성에 이르러야 한다는 것이다. 나에게 잘못하는 자는 저주를 받고, 잘하는 자는 복을 받는 나 중심의 세상에서, 나와 관련이 있든 없든 세상 모든 민족이 복을 받는 완성을 이루어야 하는 것이다. 그러기에 축복이 하나님께로부터 값없이 선물로 주어졌기에 그 축복을 다루는 것 또한 반드시 하나님의 방법대로여야 한다는 것은 자명하다.

창세기 27장은 이렇게 축복의 본질과 더불어 그 축복이 어떻게 실현되어야 하는가에 대한 그림을 제시하려는 목적이 있다. 바로 하나님께서 세워놓으신 정도를 통해 이루어져야 하는 것이다. 그래야 축복의 선물이 인간의 야망실현에 머무르지 않고, 하나님의 이상을 향하여 전진할 수 있기 때문이다. 에서가 받을 축복은 이렇게 세상이 하나님을 알기까지 임시적으로 누리는 축복이 전개되어 있다. 그러나 그 축복은 완성의 단계로 나아가야 한다. 그래야 세상이 하나님의 나라가 되는 것이다. 그 일을 위해 하나님께서 자신의 백성을 세우시는 것이다. 하나님의 백성이 세상이 누리고 있는 불완전한 축복을 완전케 해야 할 사명이 있는 것이다. 그것은 축복에 내재되어 있는 특권과 책임의 균형을 맞춘 삶을 통해 가능해진다. 그러므로 에서가 받을 축복은 아브라함의 축복으로 완성에 이르러야 하는 것이다.

미국 미시시피 강 유역 평원에 살던 블랙풋 인디언의 풍습에는 선댄스(Sun Dance)라는 의식이 있다. 한복판에 기둥이 세워진 장소에서 1년에 한 번씩 치르는 것으로 기둥 위에 뜬 태양을 보며 춤을 추는데, 이 의식 중에 후하게 인심을 쓰는 기부가 행해진다. 어떤 한 사람이 다른 사람이 자기를 사랑하고, 존경하고, 우러러보게 하는 방법으로 나눔을 실행하는데, 이것을 위해 일 년 내내 열심히 일하고, 저축하고, 심지어는 꾸어오기까지 하면서 담요나 음식을 쌓아둔다. 이렇게 모은 것을 초여름 행해지는 선댄스 의식에서 사람들에게 하나도 남기지 않고 나누어주는 것이다. 이 물건들은 주로 남편을 잃은 여자나, 앞을 못 보는 노인들, 그리고 약자들, 아이들, 청소년들에게 돌아갔다. 그리고 그에게는 아무것도 남지 않지만 그는 굉장한 부자로 통하고, 모두의 존경과 사랑을 얻고, 정말 똑똑하고 유능하다는 인정을 받는다. 이 부족은 이렇게 가장 많이 나눠준 사람이 가장 많은 존경을 받는다. 이러한 풍습으로 인해 이 부족에게는 이웃 중 누군가가 돈을 더 많이 벌수록, 일을 더 잘 할수록, 농사가 더 잘될수록, 가축이 더 잘 번식할수록 모두에게 기쁜 일이었다. 왜냐하면 그것이 자신들에게도 유익하기 때문이다.[167] 그러므로 그들에게는 우리 속담과 같은 "사촌이 땅을 사면 배가 아프다"는 말은 있을 수도 없다. 배가 아픈 이유는 사촌이 부유해졌다고 해서 자신이 덕을 보는 일을 기대하기 힘들기 때문이다. 하지만 이들은 오히려 한 사람이 선댄스 의식을 위해 재산을 모으면 최선을 다해 더 많은 것을 모을 수 있도록 물심양면으로 도와준다. 비록 그 근본 기저에는 개인적인 존경과 명예를 위한 것이지만 이러한 풍습이 사회를 안정시키고, 서로 간의 협력을 강화하며, 연합을 불러온다는 것만큼은 의심의 여지가 없다.

이제 야곱이 주지해야 할 것이 바로 이것이다. 인간적인 존경욕구에서 행하는 섬김과 나눔도 일정부분 공동체의 화목과 연합을 이루어 낼 수 있다면, 하나님의 선물인 은혜에 기초한 축복을 나눔은 더 나은 공동체를 만들 수 있다는 확신이다. 그러나 자신이 누리기 위해서 다른 사람의 권리까지 파괴하며 살아갈 때는 결코 연합이란 없으며, 늘 불안과 초조 가운데 자신의 것을 지키기 위해 안간힘을 쓰며 살아야 한다는 것이다. 그렇게 되면 하나님의 백성의 삶이 피폐해지며 고통 가운데 거할 것이 분명하고 세상 또한 어떤 희망도 없이 경쟁과 탈취라는 절망의 구렁텅이에서 신음하게 될 것이다. 야곱과 에서 사이에 벌어진 이 일이 어떻게 해결되는가에 따라 하나님의 백성은 새로운 미래를 기대해 볼 수 있다. 왜냐하면 이제 야곱은 에서의 살기를 피해 도망가야 하고, 그 도망자의 삶은 아무리 긴 세월이 지나도, 에서가 그 땅에 존재하고 있는 이상은 결코 그 곳으로 돌아갈 수 없기 때문이다. 벌어진 일이 해결되지 않으면 새로운 시작이란 기대조차 할 수 없기 때문이다. 차후의 야곱의 이야기는 분명 이러한 길로 나아갈 것이다.

야곱은 이처럼 하나님의 뜻이 아닌 사람의 말(그 근원은 유혹적인 뱀, 사탄)을 듣는다. 그리고 에서의 입에서 나온 말은 야곱의 속성에 대한 확증이 된다는 점에서 비관적이다: "그의 이름을 야곱이라 함이 합당하지 아니하니이까 그가 나를 속임이(יַעְקְבֵנִי 야꼐베니 [야곱의 이름과 동일 어근]) 이것이 두 번째니이다 전에는 나의 장자의 명분을 빼앗고, 이제는 내 복을 빼앗았나이다"(창 27:36). 에서의 이름에 얽힌 별명은 일찌감치 굳어졌다. 붉은 팥죽 한 그릇과 장자권을 바꿈으로 이미 '붉다'라는 뜻의 '에돔'으로 자리가 잡혀버렸다. 그리고 야곱의 이름이 어찌 변할지는 미래로 연기되었다. 그러나 벌써 속임수(יַעְקְבֵנִי 야꼐베니)로 두 번이나 동일하게 빼앗고, 빼앗는 짓을 한 야곱에 대해서 에서가 그의 이름에 대한 정의를 내리려 한다. 여기서 '속였다'라는 단어는 '발뒤꿈치를 잡았다'와 같은 단어를 사용한다. 그러니 그의 이름이 야곱이라 함이 합당하다는 것이다. 만약 여기서 끝나버린다면 이스라엘도 사람과 사람사이의 관계회복도 먼 미래로 날아가 버리는 것이다.

억울함에 복 바쳐서 자신에게도 축복해 달라고 외쳐대는 에서의 소리에 이삭도 어찌할 바를 모르고 망연자실 듣기만하다가 그의 아우에게 다 주어서 더 줄 것이 없다고 말한다. 야곱을 주로 세웠고, 모든 형제를 그에게 종으로 주었고, 곡식과 포도주의 풍성함도 다 주었다는 것이다. 에서에게 남은 것이라고는 황량한 미래뿐이다.

네 주소는 땅의 기름짐에서 멀고 내리는 하늘 이슬에서 멀 것이며 너는 칼을 믿고 생활하겠고 네 아우를 섬길 것이며 네가 매임을 벗을 때에는 그 멍에를 네 목에서 떨쳐 버리리라(창 27:39-40)

그렇다. 이렇게 다른 사람이 누릴 것조차 없이 다 가져가고 마는 것이 원래에서가 받을 축복이었다면 하나님의 백성이 탐낼 이유가 없다. 그러나 탈취는 벌어졌고, 에서의 커다란 통곡소리가 빼앗긴 축복을 감싸고 울려 퍼진다.

A	**에서가 소리 내어 울며** 내 아버지여 내게 축복하소서 내게도 그리하소서(창 27:34)
B	네 아우가 속여서 네 복을 빼앗았다. **그의 이름을 야곱이라 함이 합당하다**-장자권을 빼앗고, 복을 빼앗았기 때문에 나를 위하여 빌 복을 남기지 아니하셨나이까? 내가 그를 너의 주로 세우고 모든 형제를 종으로 주었고, 곡식과 포도주를 그에게 주었으니 네게 무엇을 할 수 있으랴?(창 27:35-37)
A'	내 아버지여 내게도 축복하소서 내게도 그리하소서 **하고 소리 높여 우니**(창 27:38)

이 구조 속에는 하나님의 백성이 빼앗고, 탈취하며 야곱이라는 이름값을 할 때에는 세상에 억울함의 통곡소리가 높아간다는 것을 보여준다. 하지만 세상에서 억울한 울음소리를 없애는 길 또한 암시해 주고 있다는 점에서 중요하다. 세상의 억울한 통곡소리는 그들에게서 빼앗은 모든 것을 그대로 돌려줄 때 사라질 것이다. 이것은 하나님의 백성이 어떤 소명을 가진 존재인가를 보여준다. 야곱으로서는 할 수 없지만, 하나님의 은혜를 입은 이스라엘은 가능하다는 것이다. 그리고 그 빼앗은 것을 돌려줄 때는 원한을 풀고, 재회의 눈물을 흘리며 화해할 수 있는 길 또한 열릴 것을 기대해 볼 수 있다(창 33:4-11). 형제간의 불화와 분리가 인간의 말을 따르는 것으로 인해 발생되었다면 그 반대인 화해와 재회는 오직 하나님의 말씀을 따르는 것으로 인해 가능케 될 것임을 짐작해 볼 수 있다. 인간의 말을 따름으로 가나안에서의 추방이라는 결과를 만들어 냈다면 마침내 하나님의 말씀을 따름으로 가나안으로 돌아올 날을 기대해 보는 것이다.

가나안 ➡ (추방)	밧단아람	(회복) ➡ 가나안
사람의 명령	하나님의 뜻을 깨달음	하나님의 명령

3) 도피하는 야곱(가나안에서 밧단아람으로)(창 28장)

야곱은 결코 약속의 땅을 유업으로 받을 수 없다. 하나님께서 아브라함을 통하여 보여주셨듯이 약속의 땅은 오직 순종으로 응답하는 사람에게만 유업으로 허락된다.

```
       갈대아 우르                              가나안으로 부르셨다
   우상숭배의 죄악의 땅  ➡➡➡➡➡➡➡➡➡➡➡   새로운 삶의 길을 위해
    (창 15:7; 수 24:2)                          (창 12:1)
```

그런데 야곱은 자신의 삶으로 그 약속의 땅을 죄악과 불순종의 땅으로 바꾸려한다. 당연히 아브라함과는 다른 운명에 처할 수밖에 없다. 야곱은 그 땅에서 쫓겨나는 삶을 살아가는 것이다. 아직도 야곱은 야곱으로 그대로 남아있다. 축복을 열방에 전하는 사명을 받은 하나님의 백성이 오히려 열방의 것까지 탈취함으로 이스라엘 주변에 거하게 될 이방인 에서도 그는 야곱이라는 이름이 합당하다고 선언한다. 이것이 하나님의 백성의 정체성이라면 희망이 없다. 야곱의 변화만이 미래의 희망이다.

이제 야곱이 겪어야 할 길은 이미 주어져 있는 것이나 마찬가지다. 자신이 행한 대로 동일한 것을 겪으며 인생을 배우는 것이다. 다른 사람의 아픔을 동일하게 느끼는 긍휼과 인자가 없이는 변화를 기대하기는 힘들다. 야곱을 택하신 하나님이 바로 그런 분이시기에 그 성품을 그대로 닮아가는 것이 필요한 것이다(출 22:21-24, 25-27). 그의 인생역정은 다음의 도표와 같은 길을 걸을 것을 예측해 볼 수 있다.

야 곱	하 나 님	라 반
장자권을 빼앗고 ➡➡➡ 축복을 빼앗고	이제 이러한 야곱의 속성을 이용하여 자신의 욕심을 채우는 한 수 위의 사람을 만나게 하신다.	➡➡➡ 장자권으로 일격을 가하고 야곱이 탈취한 축복마저도 탈취하려는 강적

(1) 야곱의 결혼(창 28:1-9)

조각난 에서의 이야기의 구조는 이삭이 축복을 누리는 이야기인 창세기 26장을 축으로 모든 권위를 상실하는 사건이 양옆으로 배치된 형태로 되어있다. 그 한쪽 면에는 장자의 명분을 가벼이 여겼다는 평가(창 25:34)가 자리 잡고 있고, 다른 쪽 면에는 가나안 족인 헷 족속의 딸들과 결혼하는 통혼사건이 나타난다(창 26:34). 아브라함과 이삭의 뒤를 잇는 장자로서의 길과는 거리가 먼 삶의 행태를 통해 에서는 하나님의 백성이 이루어야 할 믿음의 이상으로부터 점점 멀어진다. 야곱이 에서의 장자권과 축복까지 탈취한 뒤에 리브가는 이삭에게 야곱마저 헷 사람의 딸들과 결혼하면 자신의 삶은 아무런 낙이 없다고 하소연 한다. 그리고 야곱은 에서와는 달리 가나안 여인에게서는 그 아내를 구하지 말라는 당부와 함께 밧단아람으로 떠나게 된다. 이제는 정식으로 아버지 이삭으로부터 축복을 받고 출발하게 된다. 그 축복은 '아브라함에게 허락하신 복'이라고 명명하고 있다. 결국 야곱이 그 복을 이어받은 사람임을 강조하는 것이다(창 28:1-5). 이렇게 야곱은 하나님의 백성이 걸어가야 할 길을 향하여 한 걸음씩 여정을 시작하고 있다. 하지만 야곱은 바른 결혼은 물론이요, 뒤틀린 사람과의 관계까지도 회복해야 할 긴 여정을 걸어야 한다.

이를 살펴볼 때 야곱의 나그네 여정의 출발은 크게 두 가지 이유로 나누어진다. 첫째는 같은 친족의 여인과 결혼하여 신앙의 순수성을 이어가기 위함이고(신 7:1-4), 둘째는 이 친족결혼 원칙 사이에 알맞게 자리

잡고 있는 에서의·분노로부터의 도피이다(창 27:41). 이 두 가지 이유는 이후의 야곱 이야기를 엮어가는 중요한 요소로 작용한다. 이미 이삭과 리브가의 이야기에서 강조하였듯이 바로 이 이야기 속에 하나님께서 이스라엘 민족에게 원하시는 결혼의 첫째 원칙이 들어가 있음을 그냥 지나쳐서는 안될 것이다. 아브라함 이후로 왜 그렇게도 멀리 떨어져 있는 자신의 친족들과 결혼을 해야만 하는지 이것은 이스라엘의 역사를 자세히 살펴보지 않으면 이해할 수 없는 것이기도 하다. 아담과 하와의 만남으로부터 우리가 생각해 볼 수 있는 것은 하나님께서는 이스라엘 민족이 같은 민족 내에서의 결혼을 합당한 것으로 인정하고 있다는 것을 알 수 있다. 이것은 창세기에서 히위족속 하몰의 아들 세겜이 야곱의 딸 디나를 욕보이고 야곱에게 결혼허락을 요청하며 "너희가 우리와 통혼하여 너희 딸을 우리에게 주며 우리 딸을 너희가 취하고(창 34:9)"라는 제안을 했을 때, 야곱의 두 아들인 레위와 시므온이 그들을 속여 모든 남자를 전멸시키는 사건을 통해서도 여실히 느껴 볼 수 있다.

이렇게 동일한 민족간의 결혼은 신앙의 순수성을 지킴으로 하나님의 백성으로서의 정체성을 지키려는 목적이 강하다. 이스라엘 역사 속에서 이방여인들과 결혼해서 자신은 물론 이스라엘의 역사를 타락의 길로 이끌고 간 예들은 수없이 많다. 대표적으로 솔로몬 왕과 아합 왕을 들 수 있다. 이들은 모두 이방 여인을 아내로 맞이하고, 그 여인들의 이방 종교를 인정하고 그들을 좇아 그들이 섬기는 신들을 섬겼다고 기록하고 있다. 이로 인해 하나님의 진노가 내리고 이스라엘이 망국으로 향하는 시작점이 되기도 한다. 이 역사는 하나님의 백성에게 잊을 수 없는 역사이며, 다시는 반복되지 말아야 될 일이기도 하다(느 13:23-27). 그러므로 아브라함, 이삭 그리고 야곱이 골육지친인 '내 뼈요 내 살인 사람'과의 결혼은 바로 이스라엘의 신앙의 순수성을 지키려는 노력이라고 보아야 할 것이다. 이것은 신명기 7:1-5절에도 강력하게 촉구되고 있고, 느헤미야 13:23-27절에는 포로 후기 공동체 또한 동일한 이유로 강력한 개혁을 시도하고 있음을 볼 수 있다. 이것은 다시는 신앙의 순수성이 이방종교로 인해 변질되는 동일한 역사를 반복하지 않겠다는 결단이기도 하다. 때로 친족 공동체는 언약 공동체로 확장되기도 한다. 여호와 하나님을 향한 동일한 신앙고백에 동참하는 사람들은 이방인이라 할지라도 이스라엘 친족 공동체에 합류할 수 있다는 것이다. 대표적으로 여리고 성의 라합, 가나안의 기브온 주민들 그리고 모압 여인 룻이 여기에 속한다.

야곱은 돕는 배필을 만나기 위해 자신의 뼈와 살을 찾아서 밧단아람으로 출발한다. 그 곳에는 친족들이 살고 있으며, 그들 중에서 짝을 찾을 수 있을 것이기 때문이다. 그리고 야곱이 그 곳에 도착하여 라반을 만났을 때 그 곳이 그가 잠시 머물러야 할 장소라는 것이 라반의 말로 분명해진다. 야곱의 자초지종을 다 들은 라반이 그를 향하여 한 말은 그 장소가 야곱이 배필을 찾을 가장 적합한 장소임을 드러낸다.

너는 참으로 내 혈육이로다(히브리어: 내 뼈와 내 살이로다) (창 29:14)

야곱이 돕는 배필을 찾아 떠나는 장면이 마감되며 또 다른 에서의 결혼 이야기가 짧게 펼쳐진다(창 28:6-9). 이것은 야곱과 에서를 계속해서 비교대조하고 있는 것으로 누가 진정한 아브라함의 축복을 연결시켜나갈 여자의 씨인가를 찾아가는 지시등의 역할을 한다. 에서는 가나안 사람의 딸들이 아버지를 기쁘게 하지 못함을 보고 아브라함의 아들인 이스마엘의 딸을 아내로 맞이한다. 이스마엘 또한 가나안 땅을 벗어나서 살아야 할 외부인이 되었다는 점에서 에서와 야곱의 운명이 계속 갈림길을 향하고 있음을 살펴볼 수 있다. 에서는 가나안 땅에 거하지만 그 땅에서 점점 소외되고, 야곱은 가나안 땅으로부터 멀어지지만 점점 그 땅과 가까워지는 삶을 향하고 있는 것이다. 언젠가 이 둘이 살아가는 장소가 바뀌는 날이 올 것을 암시하고 있다. 야곱이 도망치듯 벗어나는 이 땅으로 돌아오기 위한 여정은 멀고, 길며, 험난한 길이다.

(2) 하나님의 집(벧엘 בֵּית-אֵל)(창 28:10-22)

야곱은 집을 떠나 기나긴 나그네 길에 오른다. 브엘세바에서 하란 즉, 밧단아람까지 무려 460km의 머나먼 여정이다. 도망치듯 빠져나온 고향집을 뒤로하고 처량한 방랑이 시작된 것이다. 그렇게 얼마간을 걸어서 한 장소에 이르렀을 때 칠흑 같은 밤이 되었다. 이름 없이 나타나는 그 장소가 중요하게 다가오는 것은 야곱의 일생에서 처음으로 하나님과의 만남이 이루어지는 장소이며, 우리에게도 깊은 영적인 교훈을 주는 장소이기 때문이다. 그리고 나중에서야 가나안 땅 루스라는 것이 밝혀진 그 장소는 더 이상 그 이름이 아닌 이스라엘 백성이 소중하게 여기는 신앙의 순례지인 벧엘이 된다(삿 20:18, 26-28; 21:2; 삼상 7:16).

'벧엘'이라는 명칭은 우리에게 너무도 친숙한 용어 중에 하나라고 생각된다. 우리가 생각해 볼 것은 야곱이 이름 붙였던 그 장소 '벧엘'의 의미이다. '하나님의 집,' 그 하나님의 집은 어떤 장소이며, 또 어떤 사건이 벌어지는 장소이며, 어떤 결단이 이루어져야 하는 가를 살펴보며 오늘 현재 우리가 하나님을 예배하는 장소가 어떤 의미로 새롭게 살아나야 하는가를 야곱의 경험을 통하여 살펴보는 것이다. 야곱의 벧엘 경험은 우리에게 여러 가지 신앙의 의미를 던져준다.

첫째, 야곱은 어머니 리브가의 보호 속에서 살았던 사람이다. 장자권은 탈취했지만 축복은 어머니 리브가의 수단에 의해 그의 것이 되었다. 이렇게 야곱은 어머니의 품안의 자식이었고, 아직까지 삶을 통해 결코 그 품을 떠나 본적이 없다. 그는 지금 전혀 떠나 보지 않았던 집과 보호막인 어머니를 뒤로하고, 자신의 모든 안전과 안정의 근원으로 생각했던 장소를 떠났을 때, 하나님과의 만남이 시작된다. 즉, 인간적인 보호막이 끊어지는 그 순간이 진정한 보호자인 하나님을 만나는 순간임을 알 수 있게 한다. 그에게 주어진 신탁인 "큰 자가 작은 자를 섬기리라"는 하나님의 뜻도 어머니가 이루어 주려고 시도했고, 그 결과는 지금 이렇게 도망자가 되는 것이었다. 인간은 결코 다른 사람의 삶을 책임질 수 있는 존재가 아닌 것이다. 이제 인간의 품을 떠난 그에게 그 비전을 주신 하나님께서 직접 그것을 이루어 가신다는 사실을 배워야 하는 과제가 남아있다.

둘째, 야곱이 불안한 마음으로 떠난 여정 속에 안타깝게도 그 어느 누구도 이 정처 없는 나그네를 반겨주지 않는다. 그 장소는 루스라는 가나안 지명도 있는 것으로 보아 분명 가나안 사람들이 살고 있는 장소임에 틀림없다(창 28:19). 그러나 그를 영접하는 자는 아무도 없다. 그 첫날밤을 노숙을 하며 인간의 불안감이 가장 극에 달해 있을 바로 그때 그 두려운 마음을 아시고 하나님께서 하늘 문을 여시는 것이다.

셋째, 이런 야곱의 꿈속에 하늘과 땅을 연결하는 사닥다리가 서고 하나님의 사자들이 오르락내리락 하고 그 높은 곳에는 하나님의 보좌가 펼쳐져 있다. 참으로 대단한 장소이다. 여기에 나타난 '사닥다리'(סֻלָּם 술람)는 학자들마다 차이점이 있지만 대부분 '사닥다리'(ladder)보다는 돌로 만들어진 '계단'(stairway)으로 번역한다.[168] 고대근동의 신전들이 하늘을 향하여 올라가는 높은 계단을 특색으로 한다는 점에서 하늘과 땅을 잇기 위하여 지어진 신전을 상징하는 것이라 할 수 있다. 이것은 예수님께서 야곱의 꿈을 사용하여 자신에 대해 말씀하신 "하늘이 열리고 하나님의 사자들이 인자 위에 오르락내리락 하는 것을 보리라"(요 1:51)는 선언을 통해 그 상징성을 알 수 있다. 왜냐하면 그 다음 장에서 예수님께서는 성전을 헐면 사흘 동안에 일으키겠다는 말씀을 통해 성전과 자신의 육체를 일치시키고 있기 때문이다(요 2:21). 성전은 하늘과 땅을 잇는 신성한 장소라는 점에서 예수님과의 밀접한 연관성을 살펴볼 수 있다. 그 하늘 성전 꼭대기에 하나님께서 서서 야곱에게 약속의 말씀을 주신다. 이처럼 그 장소는 하나님의 관심과 돌보심이 있고, 또한 약속이 있는 장소이다.

하나님의 약속은 하나하나 아브라함과 이삭에게 주셨던 모든 것들을 생각나게 한다는 점에서 야곱이 그 뒤를 잇고 있다는 것을 느껴볼 수 있다.

> 나는 여호와니 너희 조부 아브라함의 하나님이요 이삭의 하나님이라 네가 누워있는 땅을 내가 너와 네 자손에게 주리니 네 자손이 땅의 티끌 같이 되어 네가 서쪽과 동쪽과 북쪽과 남쪽으로 퍼져나갈 지며 땅의 모든 족속이 너와 네 자손으로 말미암아 복을 받으리라 내가 너와 함께 있어 네가 어디로 가든지 너를 지키며 너를 이끌어 이 땅으로 돌아오게 할지라 내가 네게 허락한 것을 다 이루기까지 너를 떠나지 아니하리라(창 28:13-15)

이 말씀 속에는 약속의 씨가 이어가야 할 하나님의 세 가지 약속인 '땅, 후손, 축복'이 모두 들어가 있다. 그러나 하나님의 선택된 자를 향한 그 축복은 결코 개인적인 누림의 차원에 머무르지 않고 "땅의 모든 족속이 너와 네 자손으로 말미암아 복을 받는 단계"까지 나가는 것이다. 이것이 선택된 민족을 통하여 이루어질 축복의 결론이며, 세상 모든 민족을 위해 하나님의 백성을 선택하신 의미인 것이다. 그리고 이삭에게 약속하셨던 것처럼 "함께 하시겠다"는 말씀 또한 주신다. 하지만 이삭은 그 땅에 머물러야 하기에 "이 땅에 거류하면 내가 너와 함께 있어"(창 26:3)라고 하셨지만, 도망자 야곱에게는 그와 함께 있어 어디로 가든지 지키며, 이 땅에 돌아오게 하실 것이며, 약속을 다 이루기까지 떠나지 않으실 것을 말씀해 주신다. 그의 상황에 꼭 알맞은 위로를 주시는 것이다. 이 약속은 이스라엘의 구원을 이끈 지도자들인 모세에게(출 3:12), 여호수아에게(수 1:5), 기드온에게(삿 6:16) 그리고 절체절명의 위기의 시기에 이사야 선지자를 통해서 하나님의 백성에게(사 7:14) 주어졌다. 그리고 하나님이 함께하심의 최종적인 완성은 지금 현재를 살아가는 우리에게 주신 예수님의 임마누엘의 약속이다: "볼지어다 내가 세상 끝 날까지 너희와 항상 함께 있으리라"(마 28:20; 1:21). 그렇다면 우리 또한 아브라함, 이삭, 야곱을 통해 주신 그 세 가지 약속들을 이 땅에서 이루어 내는 사명이 주어져 있음을 느껴볼 수 있다. 그래서 야곱을 통해서는 그 성취의 길을 배울 필요가 있다. 야곱과 함께 우리가 깨달아야 할 것은 보호막이었던 어머니 리브가와 같은 사람이 우리를 끝까지 책임지고 보호할 수 있는 존재가 아니라 오직 하나님만이 우리의 전 생애를 통하여 보호막이 되시는 분이라는 사실이다.

이제 야곱은 땅의 모든 족속이 그와 그의 후손으로 인해 복을 받는 것은 탈취가 아니라 오히려 나누는 것으로 인해 가능하다는 것을 깨닫고 삶의 방식을 바꿔야 한다. 삶의 방식이 바뀌어야 한다는 것은 곧 그의 속성을 대변하는 야곱이라는 이름이 변해야 한다는 것이다. 그렇다면 벧엘에서 받은 하나님의 약속은 그의 이름이 바뀌는 그 순간부터 성취를 향하여 본격적인 가동에 박차를 가할 것을 느껴볼 수 있다. 이제 언젠가 야곱의 생에서 벧엘의 맞상대가 될 변화의 장소가 있을 것을 미리 기대할 수 있다. 그 장소를 통과한 후에야 그는 하나님께서 주시는 땅으로 돌아올 수 있을 것이다.

넷째, 하나님과의 만남이 이루어지는 장소는 결코 옛날의 그런 장소가 아니다. 야곱의 이야기는 단순하게 브엘세바를 떠나 한 장소에 이르러 해가 졌다라고 한다. 그 곳은 이름조차 의미가 없던 장소였다. 그저 가나안의 루스 땅이라는 사실이 뒤늦게 드러날 뿐이다. 하지만 아무 의미 없던 장소가 하나님과의 만남이 이루어지고 난 뒤 새로운 이름과 의미로 다가온다. 루스가 벧엘, 즉 하나님의 집이 된 것이다. 하나님께서 임재하시는 장소는 거룩한 곳이기 때문이다. 야곱이 처음으로 하나님과 만나는 장소에서는 단순히 장소의 이름만 바뀐다. 그렇다면 함께하시겠다는 하나님이 약속을 지키시며 야곱이 어디를 가든지 함께 동행 하신다면 그의 신앙여정의 마지막 즈음에 그의 삶은 어떻게 될 것인가를 기대하게 한다. 거룩하신 하나님과의 20여년의 동행이 만들어낼 결과를 예측해 보는 것이다. 마침내 야곱이라는 이름까지도 변화될 것을 기대해 볼 수 있는 것이다. 이방인의 땅 루스가 하나님의 땅 벧엘로 변한 것처럼, 이방인과 같은 행동을 하는 야곱이 하나님의 사람 이스라엘로의 변화를 기대해 볼 수 있다. 벧엘에서의 어둠이 걷히고 밝은 태양이 떠오르는 장소로 나아갈 때 야곱은 이스라엘이 되어 있을 것이다. 그러므로 어둠이 짙게 깔린 벧엘에서의 한 줄기 빛은 이미 찬란한 빛 가운데 거할 브니엘을 잉태하고 있는 것이다. 이 두 장소는 야곱의 신앙여정의 시작과 결론이라고 해도 과언이 아니다.

이것은 아브라함의 신앙여정과 같은 구조를 갖는다. 아브라함의 신앙여정도 시작과 결론이 중요한 두 장소와 깊이 연관된다. 삶을 둘러싸고 있는 두 번의 하나님과의 만남을 통해 이 두 사람은 하나님의 뜻을 이루어 내는 승리를 만들어 낸다.

	시작	끝
아브라함	◉ 창 12:1 갈대아 우르에서(아브람으로) (고향, 친척과 아버지 집으로부터)	◉ 창 22:1 모리아 산으로(아브라함으로) (네 아들, 사랑하는 독자, 이삭으로부터)
야곱	◉ 창 28:19 벧엘에서(야곱으로) (고향, 친척과 아버지 집으로부터)	◉ 창 32:30 브니엘에서(이스라엘로) (자녀들과 재산을 다 건너보낸 후)

다섯째, 이러한 하나님의 약속하심에 대해 신앙의 도전과 결단이 이루어지는 곳이 바로 벧엘이라는 장소이다. 하나님의 약속은 곧 하나님의 서원이다. 이에 대한 응답은 역시 인간의 서원으로 드러나야 할 것이다.

> 야곱이 서원하여 이르되 하나님이 나와 함께 계셔서 내가 가는 이 길에서 나를 지키시고 먹을 떡과 입을 옷을 주시어 내가 평안히 아버지 집으로 돌아오게 하시오면 여호와께서 나의 하나님이 되실 것이요 내가 기둥으로 세운 이 돌이 하나님의 집이 될 것이요 하나님께서 내게 주신 모든 것에서 십분 일을 내가 반드시 하나님께 드리겠나이다 하였더라(창 28:20-22)

이것은 야곱이 하나님의 약속을 믿지 않는 불신앙의 소리도 아니며, 인간적인 섣부른 조건적 맹세도 아니다. 이 서원은 하나님의 약속에 대한 인간의 응답, 즉 이루어주시기를 기대하는 신앙의 도전인 것이며, 하나님의 약속에 대한 인간의 응답이 삶의 결단으로 선언되고 있는 것이다. 만약 하나님의 약속이라는 우선권이 없이 인간 마음대로 조건을 내걸고 그대로 실행해 주시면 자신도 그에 따라 행동하겠다고 한다면 상당한 위험 요소를 내포하고 있다. 왜냐하면 그 조건적인 내용은 대부분 인간의 욕망이나 탐욕을 채우려고 하는 것이 대부분이기 때문이다. 그러나 야곱의 서원은 하나님께서 약속을 신실하게 이루어 주신다면 인간의 서원 또한 실현될 것이란 점에서 우선권은 역시 하나님께 있으며 인간의 서원은 결국 약속 실현에 대한 응답에 지나지 않는 것이란 점에서 안전하다. 즉, 아무리 신앙적 서원과 결단이 크다 할지라도 하나님께서 행해주신 은혜에 대한 마땅한 반응이란 점에서 자랑할 것이 없는 감사의 행위가 되는 것이다. 하나님의 집은 이처럼 하나님께서 행해주신 은혜가 찬양되는 장소가 되는 곳이다.

　　이제 야곱 이야기의 후반부는 이 약속을 이루어 가시는 하나님의 신실하심이 나타날 것이며 야곱의 신앙의 결단을 촉구하게 될 것이다. 이 것은 언젠가는 약속을 신실하게 지켜주신 그 하나님을 향한 최고의 신앙 고백을 만드는 그 날을 기대하고 있으며, 그 때는 약탈자 야곱도 변해 있을 것임을 짐작케 한다. 지금은 고작해야 목숨 붙어있는 것만도 감사하게 여 기며 손에 아무것도 가지지 못하고 부리나케 빠져나온 도망자의 삶일 뿐이 다. 그러나 후에는 많은 것을 소유하게 됨으로 그 모든 것을 이루어주신 하 나님께 감사하며 영광을 돌릴 그 날이 올 것이며, 그 때 그는 변해있을 것 이고, 더 이상 야곱으로 불리지 않을 것이다. 그리고 하나님께서 서원을 신 실하게 지키셨듯이 그 또한 서원했던 것을 지키는 신앙의 삶을 열어가야 할 것이다. 하나님이 이루시고, 인간이 이루고, 하나님이 들으시고, 인간이 듣는 곳에 예배하는 하나님의 집이 서는 것이다.

벧엘에서의 야곱의 이야기를 간단하게 요약하면 지금의 교회, 즉 하나님의 집인 성도들의 모임이 어떠한 곳이며 어떤 일들이 이루어져야 하 는가를 돌아볼 수 있는 좋은 의미를 제공해 준다. 연약한 인생을 하나님께 서 만나주시고 약속을 부여해 주심으로 인간의 신앙적 도전과 결단이 일어 난다. 그 결단과 도전은 마침내 하나님의 집을 세우고 그 곳에서 헌신하는 모습으로 마감된다. 이러한 예는 아브라함의 경우에도 동일하다. 아브라 함을 부르시고, 약속을 주시며, 함께 하심에 대해 인간 신앙의 결단이 일어 난다. 그 결단은 이삭을 모리아 산에서 드리는 것이다. 아브라함의 신앙의 결단이 이루어진 그 장소, 바로 그 모리아 산 위에 솔로몬이 지은 하나님의 집이 세워진다(대하 3:1). 이렇게 야곱도 하나님의 은혜에 대한 응답으로 예배하는 하나님의 집이 세워질 미래를 서원한다. 하나님의 집이 서는 것 은 세상 모든 민족을 향한 축복을 전하는 중심지가 되게 하려는 목표가 있 다. 그러나 비록 하나님을 만났을지언정 야곱이라는 이름으로는 그저 하나 님의 집이 설 미래를 기대할 수밖에 없다. 하나님의 집은 하나님의 말씀이 전해지고, 그 말씀이 이 땅에서 순종을 통해 새 창조를 이루는 장소라는 점에서 인간의 고집스런 방식이 살아있는 한 결코 이 뜻을 이룰 수 없기 때문이다. 야곱이 언젠가 이스라엘이 되어 다시 벧엘로 돌아올 때 이 장소에 제단이 세워지고 하나님의 집이 설 것이다. 설사 그 곳에 인간의 눈으로 확인할 수 있는 건물이 없다 할지라도 야곱이 하나님이 함께하는 이스라엘이 되었다면 이미 하나님의 교회가 된 것이다. 우리도 주의 은혜로 야곱이 이스라엘이 되듯이 그렇게 변화되어 하나님의 교회로 서나간다. 그리고 세상에 우리 하나님의 영광을 전하는 통로가 되는 것이다. 그러므로 야곱이 이스라엘이 되는 과정은 하나님의 집이 서는 과정이기에 하나님의 교회가 되어야 할 그리스도인들에게도 중요한 의미를 제공한다.

4) 다툼의 세월(밧단아람에서)(창 29:1-30:43)

　　이제 야곱 이야기의 가장 중심에 자리하고 있는 야곱이 삶의 격동기를 보냈던 외삼촌의 집이 있는 밧단아람에서의 시간(창 29-30장)을 다루어야 한다. 우리가 피상적으로 아는 바는 밧단아람에서 벌어진 일이란 야곱과 그의 외삼촌 라반과의 불꽃 튀는 속고 속이는 경쟁 이야기이다. 이 이야기를 읽을 때 우리는 의문에 빠지기 쉽다. 왜냐하면 하나님께서 무엇을 위하여, 누구를 위해 역사하시는가, 하나님은 누구의 편이신가 그리고 하나님은 어떤 사람과 함께 하시는가와 같은 우리가 쉽게 대답할 수 없는 많은 질문들을 유발시키기 때문이다. 또 그 대답들이 열려진 채로 정확한 해답이 없이 하나님의 역사가 진행되어 간다는 점 또한 난점에 속한다. 이 속에는 아무리 살펴보아도 결코 하나님의 방법이 아닌 인간의 권모술수만이 나타나고 있다는 점 또한 강하게 부각된다. 그러나 인간의 음모만이 난무하는 가운데서도 하나님께서 어떻게 약속을 이루어 나가시는가를 보는 눈이 필요하다. 정의와 공의, 자비와 긍휼이 조화를 이룬 하나님께서 단순한 응답의 차원이 아닌 세상의 질서를 만드시며 자신의 뜻을 이루어 가시는 창조의 역사를 밧단아람에서 볼 수 있을 것이다. 그것이 분명하게 드러날 때 지금 현재를 살아가는 우리들에게도 살아있는 교훈으로 다가오리라 여겨진다.

(1) 속이는 자가 속는다(Deceiver Deceived)(창 29:1-30)

야곱이 동방 사람의 땅인 밧단아람에 도착하여, 우물곁에 이르렀다. 흡사 창세기 24장의 우물곁을 연상시킨다. 그리고 거기에서 라헬을 만난다. 라헬에게 자기가 그의 아버지의 생질이요 리브가의 아들 됨을 말하였더니 라헬이 달려가서 그의 아버지 라반에게 알리고, 라반이 달려 나온다. 그 옛날에도 동일했다. 리브가가 우물가에서 아브라함의 종을 만나고, 그 일을 집에 가서 알렸을 때 라반이 달려 나와 아브라함의 종을 집으로 영접했다. 그 때 라반이 달려 나온 이유를 살펴보면 그의 성격을 짐작해 볼 수 있다. 라반은 아브라함의 종이 리브가에게 준 금으로 된 코걸이와 손목고리를 보고 달려 나갔다(창 24:29-31).

> **A. 24:29 라반 우물가로 달려감**: 리브가에게 오라버니가 있어 그의 이름은 라반이라 그가 우물로 달려가 그 사람에게 이르러
> **B. 24:30 이유**: 그의 누이의 코걸이와 그 손의 손목고리를 보고 또 그의 누이 리브가가 그 사람이 자기에게 이같이 말하더라 함을 듣고 그에게 나아감
> **A'. 24:31 라반이 우물가에 도착함**: 여호와께 복을 받은 자여 들어오소서

중심이 은근히 드러내는 것은 라반이 우물가로 쏜살같이 달려가 아브라함의 종을 영접한 것이 물질적인 탐욕일 수 있다는 암시이다. 이 사

건은 수십 년 뒤에 있을 야곱과 라반의 경쟁을 이미 예고하고 있는 복선이 깔려 있는 것일 수도 있다. 물질에 대한 욕심이 일으킬 다툼의 세월을 미리 읽을 수 있게 한 것이다. 그러나 창세기 24장에서는 라반이 결코 그러한 탐욕을 드러낼 수 없었다. 왜냐하면 하나님과의 관계가 회복되고 모두가 일치하여 오직 아브라함의 하나님 여호와를 향한 신뢰와 믿음으로 가득 차 있기에 그 영향력으로 밧단아람의 라반도 여호와를 향한 확신을 고백하게 되었기 때문이다. 즉 하나님 한분으로 모두가 일치되어 있을 때는 라반의 입에서도 여호와에 대한 고백이 만들어지기 때문이다(창 24:50-51). 이처럼 하나님의 백성이 여호와를 향한 믿음으로 충만할 때는 세상 사람들까지도 그 영향력으로 인간적인 탐욕을 이겨낼 수 있는 길을 열어갈 수 있다는 것이다. 그러나 하나님의 사람이 하나님의 길이 아닌 인간적인 탐욕으로 빼앗고, 탈취하며 돌아다닌다면 세상 사람들은 그보다 한 술 더 뜨는 길로 나아갈 것이다. 이렇게 하나님의 사람이 질서를 깨면 주변의 이방인들도 고삐 풀린 망아지처럼 무질서한 삶으로 돌아가고 말 것이다. 야곱과 라반의 만남은 바로 악 영향이 어떤 세상을 만들 것인가를 보여주는 분명한 교훈이라 할 수 있다.

밧단아람에서의 이야기는 먼저 라반이 야곱의 절박한 상황을 이용해서 자신의 이득을 챙기는 장면이 길게 서술된다. 야곱이 밧단아람에 도착했을 때 라반은 극진히 야곱을 맞이했다. 어쩌면 라반은 조카, 즉 친족에 대한 환영보다는 '노동력'으로서의 야곱을 환대한 것으로 보인다. 어쨌든 야곱은 라반에게 "너는 내 뼈요 내 살이구나"(창 29:14)라는 친족으로서의 인정을 받는다. 그리고 이 말은 라반의 딸들은 야곱에게 결혼 가능 대상자라는 사실을 드러낸다. 그렇다면 야곱은 있어야 할 장소에 정확하게 도착한 것이다.

한 달을 머문 후에 라반은 야곱에게 무보수로 일하는 것이 좋지 않으니 보수를 정하라고 제안한다(창 29:15). 그러자 야곱은 라헬을 사랑했으므로(אָהֵב 아하브) 라헬을 위하여 7년을 봉사하겠다고 한다. 이것은 고대 근동에 있던 법으로 물론 몇몇 나라에서는 지금도 시행하고 있는 '결혼 지참금' 혹은 '신부를 데려오는 대가'(מֹהַר 모하르/dowry; 창 34:12; 출 22:17; 삼상 18:25)라고 할 수 있다. 신랑이 지불한 돈은 신부의 아버지가 임의로 써버릴 수는 없고, 미래를 위한 보장보험 같은 구실을 한다. 즉, 그 딸이 과부가 되거나 혹은 이혼을 당하게 되어 친정으로 돌아올 때 삶의 보장을 위해서 보관하고 있는 것이다. 그 예를 창세기 31:15-16절에 라헬과 레아가 아버지 라반이 자기들을 팔고 자신들의 돈을 다 먹었다라고 분노하는 것에서 살펴볼 수 있다.

　　야곱이 라헬을 사랑하므로 약속한 칠년이 수일같이 지나고 야곱은 자신의 신부를 달라고 요청한다. 하지만 라반의 술수는 억척같은 일꾼 야곱을 옭아매려고 음모를 꾸민다. 라헬이 아닌 레아를 신방에 들여보낸 것이다. 그리고 그 다음날 야곱은 분노하여 라반에게 따지고, 라반은 태연하게 응답한다. 라반이 야곱을 보기 좋게 함정에 빠뜨리는 것이 과거의 한 사건을 상기시킨다는 점에서 인생은 공평하다.

> 야곱이 아침에 보니 레아라 라반에게 이르되 외삼촌이 어찌하여 내게 이같이 행하셨나이까 내가 라헬을 위하여 외삼촌을 섬기지 아니하였나이까 외삼촌이 나를 속이심은(רִמִּיתָנִי 림미타니 [רָמָה '람마'에서 유래]) 어찌됨이니이까(창 29:25)

> 라반이 이르되 언니(בְּכִירָה 베키라)보다 아우(צְעִירָה 쩨이라)를 먼저 주는 것은 우리 지방에서 하지 아니하는 바이라(창 29:26)

야곱이 라반의 반응에 얼마나 놀랐을까를 짐작해 볼 수 있다. 야곱은 명명백백 7년의 품삯을 사기당한 것이라, 자신 있게 따져 물었다. 흡사 그는 이렇게 소리치고 있는 듯하다. "외삼촌이 잘 모르시나 본데, 내 이름이 야곱(사기꾼)입니다?" "어떻게 제게 사기를 칠 생각을 다 하실 수 있는 겁니까?" 그런데 이제 그 대단한 수단가인 야곱이 자신의 이름보다 더 대단한 사람을 만나 한 판 역전패를 당한다. 라반의 태연한 응수를 제대로 번역한다면 "언니보다 아우를 먼저 주는 것은 우리 지방에서는 하지 아니한다"라기 보다는 의도성이 짙은 단어를 사용하여 "장녀보다 차녀를 먼저 주는 것은 우리 지방에서는 하지 아니한다"라고 번역하는 것이 더 올바르다. 왜냐하면 창세기 29:16절에 레아와 라헬을 처음 같이 소개 할 때 "라반이 두 딸이 있으니 언니(גְּדֹלָה 가돌라/크다)의 이름은 레아요 아우(קְטַנָּה 꿰탄나/작다)의 이름은 라헬이라"고 하며 법적인 상속권이 달린 용어가 아닌 단순히 '크다, 작다'를 뜻하는 히브리어를 사용한다(참고, 창 29:18절에서 라헬은 작은 딸). 그러나 야곱을 속인 뒤에 그에게 일침을 가하는 한 마디를 할 때에는 의도적으로 '장녀'(בְּכִירָה 베키라)와 '차녀'(צְעִירָה 쩨이라)라는 법적인 상속 용어를 쓰고 있기 때문이다.[169] "장녀보다 차녀를 먼저 주는 것은 우리 지방에서 하지 아니하는 바이라"(창 29:26)는 말은 분명 야곱의 아픈 가슴은 섬뜩하게 하였을 것이다. 왜냐하면 야곱은 장남의 것을 차남인 자신이 탈취하였기 때문이다. 야곱이 했던 것과 비교해 보면 그것을 분명히 알 수 있다.

이삭이 가로되 네 아우가 와서 속여(בְּמִרְמָה 베미르마 [רָמָה '람마'에서 유래]) 네 복을 빼앗았도다(창 27:35)

에서가 이르되 그의 이름을 야곱(יַעֲקֹב)이라 함이 합당하지 아니하니이까 그가 나를 속임이 이것이 두 번째니이다 전에는 나의 장자의 명분(בְּכֹרָתִי 베코라티)을 빼앗고 이제는 내 복을 빼앗았나이다(창 27:36)

　　야곱 또한 속여서 장자의 명분을 빼앗았다. 야곱의 이런 약점을 알고 있는 라반의 말은 "네가 살던 지방에서는 차남이 장남 것을 빼앗아서 죽을까봐 도망이나 다니는 짓을 하는지는 모르겠지만 우리 지방에서는 절대 그런 짓은 하지 않는다. 네 이름 값 하려거든 네 지방에나 가서 해라. 여기서도 그렇게 했다간 큰 코 다친다"는 위협으로 들린다. 이 말은 더 이상의 시비 거리를 주지 않고 야곱이 모든 것을 받아들이게 하는 비수가 되었으리라 본다. 왜냐하면 야곱 자신이 장자가 아님에도 불구하고 장자의 권리를 훔치기 위해 아버지와 형을 속이고, 그로 인해 형 에서의 복수가 두려워 지금 밧단아람 외삼촌 집에 피신해 있는 것이 자신의 처지였기 때문이다.

　　야곱은 이처럼 자신이 원하는 것을 쟁취하기 위해 아버지와 장남인 에서에게 속임수로 일격을 가했다. 그러나 이제는 아버지와 장녀인 레아가 합작한 속임수로 일격을 맞고 말았다. 결국 야곱은 사랑하지 않는 여인을 위해서도 7년을 더 노동해야 하는 운명을 받아들여야만 했고 그래서 합 14년을 무보수로 두 여인들만을 위해서 낮의 더위와 밤의 추위를 견디어야 했다(창 31:40). 이를 통해 자신이 아버지와 형에게서 갈취한 축복의 능력을 갈취당하는 운명에 처하고 만다. 이처럼 성경 속에는 '속이는 자가 속는 사건'(Deceiver Deceived)을 통해 하나님께서는 자신의 백성을 다듬어 가시는 모습을 보게 된다.[170] 이 속에는 하나님의 정의와 공의가 움직이고 있다. 야곱이 에서의 축복을 탈취할 때 저지른 잘못을 그의 삶 속에서 그대로 야곱이 겪게 하는 것이다. 다른 사람을 억울하게 한 것이 어떤 것인지를 직접 겪어보지 않으면 느낄 수 없고, 고칠 수 없다. 자신이 한대로 동일하게 당하게 함으로 하나님은 삶을 배우게 하며, 공의와 정의를 이루는 것이 하나님의 백성에게 왜 중요한가를 가르치시는 것이다. 무엇이든지 남에게 대접을 받고자 하는 대로 남을 대접하는 것이 율법이요 선지자인 이유(마 7:12)를 삶의 처절한 경험을 통해 배우는 것이다.

(2) 레아와 라헬-자녀로 경쟁(창 29:31-30:24)

야곱의 삶은 안타깝게도 그 자신도 다투고, 경쟁하며 쟁취하는 삶을 살지만, 그의 주변을 살아가는 그와 관련된 사람들까지도 그러한 경쟁을 하며 살게 만드는 악영향을 끼친다. 레아와 라헬은 자신들에게 결핍된 것을 쟁취하기 위해 야곱처럼 다툰다. 레아는 남편의 사랑을 얻기 위해 경쟁하고, 라헬은 자식을 통한 주도권을 얻기 위해 다툰다. 결국 인간은 자신에게 없는 것을 구하고자 다툼을 벌인다는 것을 알 수 있다. 레아는 아들들은 많으나 남편의 사랑이 없는 자식들을 낳았고, 라헬은 남편의 사랑은 독차지 했으나 그 사랑을 연결할 자식이 없다. 이들이 아들들을 얻으며 짓는 이름은 그렇게 삶 속에 결핍된 것이 무엇인지를 잘 보여준다(창 29:31-30:24).

어머니	순서	이름	이름의 뜻
레아 (언니)	1	르우벤	보라! 아들이라(내 남편이 나를 사랑하리라)
	2	시므온	들으심(내가 사랑받지 못함을 들으셨다)
	3	레위	연합(내 남편이 지금부터 나와 연합하리라)
	4	유다	찬양(내가 이제는 여호와를 찬송하리로다)
빌하 (라헬의 몸종)	5	단	심판(하나님이 내 억울함을 푸시려고 들으셨다)
	6	납달리	경쟁(언니와 크게 경쟁하여 이겼다)

실바 (레아의 몸종)	7	갓	복되도다
	8	아셀	기쁘도다
레아 (언니)	9	잇사갈	상급(하나님이 내게 값을 주셨다)
	10	스불론	동거(남편에게 여섯 아들을 낳았으니 이제는 그가 나와 함께 살리라)
라헬 (동생)	11	요셉	더하다(여호와는 다시 다른 아들을 내게 더하소서)
	12	(베냐민) - 베노니	오른 손의 아들(창 35:18) - 내 슬픔의 아들(아들을 더하기 위해 생명까지)

　　레아는 여섯 명의 아들을 낳으며 첫째 아들인 르우벤을 낳고 "남편이 나를 사랑하리라"고 소망하고, 마지막 여섯 째 아들인 스불론을 낳았을 때는 "이제 여섯 명의 아들을 낳아주었으니 그가 나와 함께 살리라"는 간절한 소망을 내비친다. 라헬은 몸종인 빌하를 통해 아들들을 낳고, 불임으로 인한 자신의 억울함을 달래고, 언니와 경쟁하고 있음을 알 수 있다. 그리고 자신이 요셉을 낳았을 때도 그 이름의 뜻이 '더하다'라는 것을 볼 때 아들의 숫자를 놓고 계속적으로 언니와 경쟁하고 있음을 알 수 있다. 심지어 라헬은 야곱에게 자식을 낳게 해주지 않으면 "내가 죽겠노라"고 엄포를 놓기도 한다(창 30:1).

　　아이러니 하게도 이러한 경쟁이 하나님의 뜻을 이루는 도구가 되고 있다는 것을 살펴 볼 때 하나님의 헤아릴 수 없는 섭리를 느껴볼 수 있다. 그러나 정작 그 다툼을 벌이는 당사자들은 그 사실을 전혀 모르고 있다는 것을 통해 인간과 하나님의 차이를 느껴볼 수 있다. 하나님의 약속인 생육하고 번성하여 큰 민족을 이루는 것이 인간의 결핍으로 인한 계속되는 경쟁 속에서도 끊임없이 연결되고 성취되어 간다는 것은 오직 하나님만이 하실 수 있는 일이다. 만약 라헬이 일찍이 아들을 많이 낳았다면 언니와 그렇게 아들의 숫자를 놓고 경쟁을 했을까? 자신의 몸종까지 남편에게 들여보냈을까? 만약 레아가 남편의 사랑을 받았다면 그렇게도 열심히 자녀를 낳으려 애를 썼을까? 사랑의 결핍, 자녀의 결핍이 두 아내들이 야곱에게 몸종들까지 제공하며 하나님의 약속을 이루는 도구가 된다. 생육하고 번성하라는 축복이(창 28:3) 결국 야곱을 통해 이루어지는 길이 열리는 것이다. 하나님은 이 약속을 태를 여실 때 여시고, 닫으실 때 닫으시며 이루어 가신다(창 29:31; 30:17, 22). 모든 것이 하나님의 때에 이루어지는 것이다.

이처럼 하나님은 인간의 결핍을 통해서도 자신의 뜻을 이루어 가는 도구로 만드실 수 있다. 심지어는 인간이 저지른 악까지도 하나님 손에서는 구원이라는 선한 것이 되어 세상을 살릴 수 있다. 이것은 라헬이 자신에게도 자식을 낳게 해주지 않으면 죽겠다는 말에 야곱이 "내가 하나님을 대신하겠느냐?"는 반문 속에도 오직 하나님의 능력으로만 되는 것임이 드러난다(창 30:2). 생육을 주관하는 하나님이 인간 삶의 모든 것을 다 활용하셔서 야곱에게 약속하신 것을 이루어 가신다. 이것은 우리의 삶에서도 동일하게 일어날 것이다. 하지만 결론이 생육과 번성함이라는 하나님의 목적을 이루는 것이기에 경쟁과 다툼도 정당한 것이 아니냐는 생각은 금물이다. 하나님께서는 목표의 성취보다도 과정이 정의롭고, 공의롭기를 원하신다. 인간의 어리석음까지도 뜻을 이루는 도구로 삼으시니, 하나님의 뜻을 절대적으로 따르는 순종은 어떤 역사를 펼칠 수 있을 것인가를 깨닫는 마음이 더욱 중요하다.

그리고 이러한 인간 사이의 갈등이 부각되는 것은 곧 해결해야 할 과제가 무엇인가를 강조하는 것이라 할 수 있다. 레아와 라헬 사이의 갈등과 다툼이 이들 대에서 해결되지 못한다면 사라지는 것이 아니라 다음대로 대물림된다는 점에서 심각하다. 이들 사이에서 태어난 자녀들은 자신들 사이의 갈등은 물론 부모대의 다툼까지도 해소해야 할 과제를 안게 되는 것이다.

(3) 라반과 야곱-가축으로 경쟁(창 30:25-43)

야곱은 아내들이 자식을 두고 경쟁을 벌이는 동안, 장인인 라반과 재산을 늘리는 다툼을 통해 만만치 않은 경쟁을 하고 있다. 이제 상황이 역전되어 야곱이 라반을 그가 당한 것 이상으로 보란 듯이 복수하는 장면이 창세기 30:25절부터 연출된다. 14년의 세월이 흐른 뒤에 야곱은 라헬이 요셉을 낳은 그 시점에서 라반에게 이제는 고향으로 돌아가겠노라고 말한다. 그러나 라반으로서는 달가울 리가 없다. 야곱은 물론, 그의 아내들, 그리고 자손을 탄생시키는 놀라운 생식능력은 라반이 보기에 굉장한 노동력의 창구였을 것이다. 그는 이렇게 복덩어리 같은 야곱을 놓치기 싫었을 것이 틀림없다. 라반의 입에서도 야곱으로 인해 자신이 얼마나 여호와의 복을 받는지에 대한 고백이 나온다.

라반이 그에게 이르되 여호와께서 너로 인하여 내게 복 주신 줄을 내가 깨달았노니 네가 나를 사랑스럽게 여기거든 유하라 또 가로되 품삯을 정하라 내가 그것을 주리라(창 30:27)

이렇게 하여 드디어 야곱과 라반의 한 판 승부가 펼쳐진다. 지금까지의 전적은 라반이 1전을 치러서 완승을 거두었고, 야곱은 1전 완패를 했다. 이제 품삯이 정해졌다. 하얀 것은 라반의 것이 되고, 점 있는 것이나 아롱진 것은 다 야곱의 것이 된다. 이제 야곱이 전세를 뒤집을 비장의 무기를 작동시킨다. 바로 민간주술을 활용하는 것이다. 버드나무, 살구나무, 신풍나무의 푸른 가지를 껍질을 벗겨 흰 무늬를 내고, 그 가지를 짝짓기 하는 곳에 두면 그 가지 앞에서 새끼를 배므로 양과 염소들이 얼룩얼룩한 것과 점이 있고 아롱진 것을 낳는다. 그리고 튼튼한 양이 새끼 밸 때는 가지를 두고, 약한 것일 때는 가지를 두지 않음으로 약한 것은 라반의 것이 되고, 튼튼한 것은 야곱의 것이 되었다. 어떤 근거를 가진 것인지는 모르나 야곱은 자신이 할 수 있고, 알고 있는 방법은 다 동원하여 라반과의 경쟁을 승리로 이끌려고 한다. 하지만 이것이 결코 하나님께서 알려주신 방법이 아니라는 것만큼은 분명하다. 이미 드러났듯이 하나님의 백성이 걸어가야 할 길이 있다. 하나님의 백성이 본받아야 할 믿음의 조상인 아브라함에게 주신 말씀이 그 길을 보여준다(창 18:17-19). 하나님의 백성은 선택이라는 특권(강대한 나라-부와 명예)이 있고, 그 선택에 따른 책임 또한 있다(세상 모든 민족들이 복을 누리는 것). 그리고 이 일을 성취하기 위한 과정 또한 주어져 있다(여호와의 도를 따르고, 정의와 공의를 행하는 것). 그런데 야곱은 자신의 방법으로 라반의 것을 탈취하고 있는 것이다. 복을 전하는 삶이 아니라 인간적 수단을 활용하여 빼앗고 있는 것이다. 튼튼한 양이 새끼 밸 때는 자신의 방법을 사용하고, 약한 양이면 그 방법을 쓰지 않아 약한 것은 라반의 것이 되고, 튼튼한 것은 자신의 것이 되는 교활한 길을 걷고 있는 것이다. 이것은 여호와의 도와 정의와 공의라는 이념과 위배되며, 세상 모든 민족이 복을 받는다는 결론에 이르지도 못하고 사람 사이가 더 파괴되는 결과에 이르게 할 뿐이다.

야곱이 취한 버드나무의 히브리어가 '리브네'(לְבָנֶה)로 '희다'라는 뜻을 가진 외삼촌 '라반'의 이름과 동일한 어근을 갖는다. 결국 흰 것(리브네)으로 흰 것(라반)을 이긴다는 것은 붉은 것(팥죽)으로 붉은 것(에서)을 이겼던 과거의 방식을 그대로 활용하고 있다고 할 수 있다.[171] 즉 에서에게 한 판 승을 따냈던 방식으로 라반에게서 한 판 승을 따내는 것이다.

라반도 여기에 뒤질세라 자신의 것을 빼앗기지 않기 위하여 최선을 다하는데 야곱을 쫓아다니며 그 주술을 못하게 할 수는 없는지라 그의 방법은 계속해서 품삯의 종류를 바꾸는 것이다. 점 있는 것 만이라고 했다가, 얼룩무늬 있는 것 만이라고 하기도 하며 그렇게 품삯을 바꾸는 것만 6

년 세월에 10번을 했다(창 31:7; 41). 10번이라는 것은 인간이 쉽게 셀 수 있는 한계치를 말한다. 그 당시는 학교교육을 받으며 공부했던 시절이 아니기에 수 개념을 배우기도 쉽지 않았을 것이다. 특히 아라비아 숫자라는 편리한 방법이 사용되기 전이었으니 10개나 10번은 손가락을 통하여 셀 수 있는 가장 기본적인 수 개념이 들어 있는 것이었다. 10가지 재앙, 10계명 그리고 광야에서의 10번의 반역(민 14:22) 등도 비슷한 유에 속한다. 이것은 반드시 10번만을 의미하는 것이 아니라 쉽게 파악할 수 있는 선을 넘어설 정도로 많이 라는 의미가 들어가 있는 것이라 할 수 있다.

그런데 특이한 것은 야곱의 인간적인 전략과 라반의 간교한 전략이 서로 충돌하고 있는 그 상황 속에서 하나님이 역사하고 계심을 볼 수 있다. 하나님께서는 라반의 간계를 물리치고 야곱의 손을 들어주셨다. 그러나 야곱의 민간신앙적인 전략이 승리한 것이 아니라는 사실 만큼은 분명하게 알려주신다.

> 꿈에 하나님의 사자가 내게 말씀하시기를 야곱아 하기로 내가 대답하기를 여기 있나이다 하매 이르시되 네 눈을 들어 보라 양 떼를 탄 숫양은 다 얼룩무늬 있는 것 점 있는 것과 아롱진 것이니라 라반이 네게 행한 모든 것을 내가 보았노라(창 31:11-12)

이것은 야곱의 인간적인 전략의 승리가 아니라 하나님이 함께하심으로 인해 가능하게 된 승리라는 것이다. 왜냐하면 라반의 간교함을 아시는 하나님께서 야곱을 지키시고 계시기 때문이다. 여기에는 하나님의 정의와 공의와 더불어 약한 자를 향한 하나님의 자비와 긍휼이 같이 움직이고 있다. 이는 또한 하나님께서는 벧엘에서 하신 약속을 신실하게 지키고 계신 다는 것의 분명한 증거이다.

이와 같은 이야기는 레아와 라헬의 이야기 속에도 동일하게 들어 있다. 야곱과 라반이 가축을 놓고 경쟁하기 전에 이미 레아와 라헬은 자식의 수를 놓고 경쟁하고 있었다. 이 때 레아의 아들인 르우벤이 들에서 합환채를 얻었다. 합환채(דוּדָאִים 두다이/mandrake)는 민간신앙에서 주로 부부의 사랑을 북돋워주며, 임신촉진제의 효과가 있는 것으로 알려져 있기에 아이가 없는 라헬이 탐을 냈고, 언니와 거래를 하여 그것을 손에 넣었다(창 30:14-15). 라헬의 목적은 분명하다. 합환채를 통하여 자식을 얻고 싶은 것이다. 그러나 분명한 것은 민간신앙적 요소인 합환채가 라헬에게 아들을 낳게 하는 것이 아니라, 하나님께서 라헬을 생각하신지라 그의 소원을 들어 주사 태를 여셨다는 것이다(창 30:22). 이처럼 라헬이나, 야곱이 경쟁에서 우위를 차지하고자 사용하는 주술신앙은 결코 하나님의 뜻을 이룰 수 없다는 것을 깨달아야 한다. 오직 하나님만이 유일한 길임을 인식하는 것이 중요한 것이다. 이 두 경쟁은 야곱의 삶에서 중요한 두 가지의 축복과 연관된다.

라헬과 레아(창 29:32-30:24)	야곱과 라반(창 30:25-31:16)
자식의 수로 경쟁	동물의 수로 경쟁
라헬이 합환채(민간 주술 신앙)로 우위를 점하려 함(30:14)	야곱이 버드나무, 살구나무 신풍나무(민간 주술 신앙)로 우위를 점하려 함(30:37)
하지만 하나님만이 자녀의 축복을 주시는 주권자이심을 증거 - 사람의 태를 주관하심(30:22)	하지만 하나님만이 짐승의 번성 축복을 주시는 주권자이심을 증거 - 짐승의 태를 주관하심(31:9-12)
인간 사이의 경쟁까지도 하나님의 손에서 약속을 이루는 도구로 (후손의 생육, 번성)	인간 사이의 경쟁까지도 하나님의 손에서 약속을 이루는 도구로 (짐승의 생육, 번성)

경쟁의 결과가 하나님의 약속을 성취하는 도구가 되었다고 해서 사람 사이에 악 감정을 조성하여 분열을 조장하는 경쟁이 결코 정당화 되어서는 안

된다. 하나님께서 이를 통해 가르치시는 교훈은 인간의 악까지도 선으로 바꾸시는 하나님의 거룩하신 뜻을 자신의 삶으로 만들어 가는 것이 바로 하나님의 백성이 걸어야 할 길이라는 것의 강조인 것이다. 이것이 또한 야곱과 그의 가족이 이루어야 할 사명이다.

이렇게 하나님의 도우심으로 야곱은 매우 번창하여 양 떼와 노비와 낙타와 나귀가 많게 되었고, 이것이 라반과 그 아들들의 안색을 바꾸게 한다. 하나님께서 이러한 상황을 아시고 야곱에게 떠날 것을 명령한다.

나는 벧엘의 하나님이라 네가 거기서 기둥에 기름을 붓고 거기서 내게 서원하였으니 지금 일어나 이 곳을 떠나서 네 출생지로 돌아가라 하셨느니라 (창 31:13)

(4) 하나님과 야곱-하나님의 때와 인간의 때의 격돌

야곱은 20여년의 세월동안 사람들과만 다투고 경쟁하는 것이 아니라 하나님과도 다투고 경쟁한다. 믿음은 모든 주권을 하나님께 양도하는 것에 있다. 이러할 때 다툼과 경쟁, 분열 등의 악한 요소들이 제거될 수 있다. 그의 아버지 이삭은 결코 축복이라는 현상을 놓고 다툼을 벌이지 않았다. 이삭에게 있어 가장 소중한 것은 바로 하나님의 현존이다. 이것은 축복을 그렇게도 갈망하는 야곱이 배워야 할 진리이다. 그러나 야곱은 축복의 주인 되시는 여호와 하나님의 함께하심 보다는 축복의 현상을 추구하며, 그 현상의 주도권을 자신의 것으로 삼으려한다. "큰 자가 작은 자를 섬기리라"는 말은 이미 하나님께서 불가사의한 선택으로 야곱을 지목하셨다는 것을 나타낸다. 그러나 그것을 야곱 본인이 깨닫기까지는 긴 세월이 소요된다. 그 세월 속에는 하나님과의 끊임없는 대결도 들어 있다.

야곱은 탄생의 순서인 장자의 명분을 속임수로 탈취하여 탄생의 순서까지 바꾸어서 축복을 차지하려한다(창 25:31). 리브가의 축복탈취 조언에 대해 속임수를 쓰다가 복은 고사하고 저주가 따를 것을 알고 있음에도 하나님의 길을 버리고 사람의 말을 따라 그것을 자신의 것으로 신속하게 취하려 한다(창 27:12). 아버지 이삭이 어떻게 이렇게 신속하게 사냥하여 음식을 장만하였느냐는 말에 야곱은 서슴없이 "아버지의 하나님 여호와께서 나로 순조롭게 만나게 하셨다"고 말하며 자신의 악행에 하나님까지도 공모자로 끌어들인다(창 27:20). 야곱은 라반의 것을 차지하기 위해 인간적인 민간주술까지 동원하여 하나님의 축복을 자신의 것으로 만들려고 한다(창 30:37-43). 야곱은 고향으로 돌아가라는 하나님의 명령에 그 거취를 라반에게 말하지 아니하고 몰래 도망감으로 하나님의 선의를 곤혹스럽게 만든다(창 31:20).

이처럼 야곱이 사람과 다투는 사건 속에는 이미 하나님과의 다툼이 들어가 있다. 잠언에는 "사람의 행위가 여호와를 기쁘시게 하면 그 사람의 원수라도 그와 더불어 화목하게 하시느니라"(잠 16:7)는 구절이 있다. 그러나 그 반대 또한 가능할 것이다. 사람이 하나님의 주권을 넘어가면, 곧 사람과의 다툼이 시작된다는 의미이다. 이것은 하나님과의 다툼은 곧 사람과의 다툼으로의 연결이 되기 십상이기 때문이다. 장자의 명분과 축복의 탈취는 하나님의 때를 탈취한다는 점에서, 하나님과 겨루어 보려는 인간의 속성이기도 하다.

그러므로 야곱이 걸어간 삶은 결코 여호와의 길도, 정의와 공의를 지키는 길도 아니다. 그가 가는 곳은 하나님의 방법이 아닌, 인간적인 방법만이 난무함으로 항상 다투고, 도망가는 결과 밖에는 없다. 에서의 낯을 피하여 도망하고, 이제는 밧단아람에서도 더 이상 견딜 수 없어 도망을 결심한다. 이제 야곱은 더 이상 피할 곳이 없다. 밧단아람으로 돌아갈 수도, 가나안 땅으로 갈 수도 없는 사면초가의 상태에 놓인 것이다. 이 중간지대에서 마지막 변화가 일어나지 않는다면 야곱도, 하나님의 약속도 다 사라지고 말 지경에 놓인 것이다.

5) 야곱과 사람과의 관계회복의 길(밧단아람에서 가나안으로)(창 31-35장)

야곱은 형을 기만하고, 아버지를 속이고 가나안을 도망치듯 빠져나왔다. 가나안 땅은 그렇게 해서 지킬 수 있는 땅이 아니기 때문이다. 이미 그 때 야곱은 어둠 속으로의 여정이 시작되었다. 그 어둠은 벧엘에 도착 했을 때 짙어졌고, 밧단아람에서의 모든 여정은 칠흑 같은 흑암 속에서의 끝도 없는 다툼과 경쟁의 세월이라고 표현할 수 있는 삶의 상황이었다. 야곱이 그 혼돈과 어둠 속에서 발견해 가는 하나님의 빛이 그의 삶을 인도함을 깨달았을 때 그는 다툼에서 화해로의 여정을 시작할 수 있었다. 이것은 벧엘의 어둠 속에서 하나님께서 약속하신 것이기도 하다: "내가 너와 함께 있어 네가 어디로 가든지 너를 지키며 너를 이끌어 이 땅으로 돌아오게 할지라 내가 네게 허락한 것을 다 이루기까지 너를 떠나지 아니하리라"(창 28:15). 하나님의 이 약속의 말씀이 야곱 안에 그리고 우리 안에 있을 때 이미 어둠을 뚫고 나올 수 있는 빛이 자리한 것이다. 주의 말씀은 우리 발의 등이요 우리 길의 빛이기 때문이다(시 119:105). 하나님은 벧엘에서 하신 그 약속을 이루어 가시고 계심을 알려주신다. 언제나 잊지 말아야 할 것이 바로 하나님께서 함께 하신다는 사실이다.

(1) 라반과의 화해(길르앗에서)(창 31장)

야곱은 외삼촌 라반에게서 도망치다가 결국은 길르앗에서 붙잡혔다(창 31:23). 라반은 야곱이 자신을 속였다고 생각하고, 야곱은 라반이 자신을 속였다고 생각한다(창 31:7, 26). 두 사람의 관계에서 이렇게 가해

자는 없고, 둘 다 피해자라고 주장한다. 이러한 팽팽한 긴장관계에서 깨달아야 할 것은 사람에게는 결코 해결점이 없고 오직 하나님께만 해결점이 있다는 것이다. 이 둘의 화해는 야곱과 라반이 동일하게 빚 되신 하나님의 존재를 깨닫게 되면서 가능해 진다. 그 과정을 기술하면 다음과 같다.

야곱은 벧엘에서 하나님께서 어디를 가든지 함께 하겠다는 약속을 부여받는다. 그리고 그 약속이 신실하게 지켜지고 있음을 역경의 세월을 통해 확인한다. 하나님께서 자신의 손으로 하는 일에 복을 주셨고(창 30:30), 라반이 품삯을 열 번이나 바꾸면서도 자신을 해치지 못한 것(창 31:5) 그리고 라반의 불의한 행동을 보시고 자신의 양떼를 번성케 해 주셨음이(창 31:12) 모두 다 함께하시겠다는 하나님의 언약실행으로 말미암음임을 느꼈다. 계속해서 야곱은 사건 사건마다 하나님께서 자신의 삶을 지키시고 계심을 인식하게 되는 것이다.

라반 또한 자신이 축복받는 것이 야곱과 함께하시는 여호와로 인한 것임을 느꼈다. 야곱이 하는 일마다 번성하고, 잘 되는 것을 보며 그는 야곱을 통해 여호와의 임재를 느꼈음이 분명하다. 그리고 자신이 아무리 음모를 꾸며도 무너지지 않고 더욱더 번창하는 야곱을 보며 하나님의 위력을 실감했을 것이다. 그의 이러한 생각이 정점에 이른 것은 바로 야곱을 쫓는 이 시점이다. 하나님께서 꿈에 그에게 나타나 이르시기를 야곱에게 선악간에 말하지 말라고 하시는 것이다(창 31:24-29). 그리고 그것을 야곱에게 말한다.

너를 해칠 만한 능력이 내 손에 있으나 너희 아버지의 하나님이 어제 밤에 내게 말씀하시기를 너는 삼가 야곱에게 선악간에 말하지 말라 하셨느니라 (창 31:29)

515

이 말에 야곱 또한 "우리 아버지의 하나님 아브라함의 하나님 곧 이삭의 경외하는 이가 나와 함께 계시지 아니하셨더라면 외삼촌께서 나를 빈손으로 보냈을 것이라"(창 31:36-42)고 응수하며 하나님의 함께 하심에 대한 강한 확신 가운데 거한다. 왜냐하면 라반이 마음만 먹는다면 야곱이 두려워하는 것처럼 아내들과 자식들을 억지로 빼앗고 자신을 해칠 수도 있다는 것을 알기 때문이다(창 31:31).

이 두 사람은 의미 깊은 장소인 길르앗에서 결국 합일점에 이른다. 이들은 서로 투쟁하는 어둠 속에서 하나님께서 함께하시고 계심을 느낀 것이다. 야곱과 라반은 그 곳에 기둥을 세우고 돌무더기를 쌓고 그 앞에서 언약을 맺는다. 그리고 그 곳 이름을 아람어로 '여갈-사하두다', 히브리어로 '갈-에드'(길르앗)라 부른다. 둘 다 그 뜻은 '증거의 무더기'가 된다(창 31:47-48). 또 그 곳 이름은 '미스바'(מִצְפָּה)로 '짜파'(צָפָה) 즉, '감찰하다, 경계하다, 감시하다'라는 뜻을 가지고 있다(창 31:49). 서로 이 돌 무더기를 넘어서 공격하거나, 해치지 않는 상호불가침 조약을 맺는 것이다. 이렇게 할 수 있는 비결은 오직 감찰하시는 하나님께 있다.

또 미스바라 하였으니 이는 그의 말이 우리 피차 떠나 있을 때에 여호와께서 너와 나 사이에 살피시옵소서 함이라(창 31:49)

보라 하나님이 나와 너 사이에 증인이 되시느니라(창 31:50)

아브라함의 하나님 나홀의 하나님 그들의 조상의 하나님은 우리 사이에 판단하옵소서 하매 야곱이 그의 아버지 이삭의 경외하는 이를 가리켜 맹세하고(창 31:53)

이들은 20여년의 세월동안 상대로부터 무언가 이득을 취할 기회만 노리고 서로 의심의 눈초리로 감시하며 20년의 세월을 보냈다. 서로가 감시하고 의심할 때에는 화해라는 것은 꿈도 꿀 수 없었다. 그러나 이제 서로를 향한 감시를 그만두고 하나님이 그들 각자를 살피시도록 하는데 동의한다.[172] 그리고는 화해의 언약이 맺어지고 산에서 제사를 드리고 음식을 같이 먹고, 서로 축복하며 형제의 의를 회복한다(창 31:54).

이처럼 하나님을 바라보고 하나님의 은혜 안에 거할 때 화해가 이루어진다. 야곱 이야기에서 라반과의 언약이 중요한 것은 그가 일생에 처음으로 다른 이와의 화해를 만들어냈다는 것이다. 야곱이 배운 것은 결코 자신 스스로 그 일을 이룬 것이 아니라, 중재자로 하나님께서 그 가운데 서심으로 가능해 졌다는 것이다. 그렇다면 하나님의 중재가 있다면 더욱 어려운 에서와의 화해도 가능하다는 것을 미리 짐작해 볼 수 있다. 왜냐하면 외삼촌 라반과의 20년이 넘는 다툼을 해결했다는 것은 동일한 세월동안 삶의 과제로 남아 있는 에서의 한을 풀 수 있다는 충분한 가능성을 느꼈을 것이기 때문이다.

하지만 그보다 먼저 야곱 자신이 함께하시는 하나님 앞에 완전히 무릎을 꿇는 것이 우선되어야 한다. 왜냐하면 라반과의 화해가 결코 야곱 자신에 의해 이루어진 것이 아니라 하나님께서 하여 주신 것이기 때문이다. 그러므로 에서를 만나기 전에 반드시 하나님을 만나야 한다. 그리고 에서를 만나기 위해서는 요단 강을 건너서 가나안 땅으로 다시 들어가야만 한다. 도망쳐 나올 때는 그가 야곱이든 사기꾼이든 상관이 없지만, 그 땅으로 들어가려면 결코 동일한 모습으로는 안 된다. 새롭게 변화되지 않고는 그 땅으로 들어갈 수가 없다. 동일한 야곱의 모습으로는 결코 에서를 만날 수 없다. 이제 야곱이 아닌 다른 사람이 되어야 할 때가 된 것이다. 하나님과의 만남은 이제 야곱에게 필수적인 관문이다. 가나안의 루스가 벧엘이 되었듯이 야곱이 새로운 존재로 거듭나야 하는 것이다.

(2) 브니엘에서 만난 하나님의 얼굴(창 32장)

이제 야곱의 생애에서 가장 획기적이라고 할 만한 사건이 벌어지는 장소와 그리고 그 사건이 야곱에게와 그리고 그의 후손들인 이스라엘 민족에게 주는 깊은 의미를 살펴볼 필요가 있다. 이미 본 바와 같이 야곱이 고향으로 돌아갈 때 그를 가장 두렵게 만드는 것은 다름 아닌 형 에서의 복수의 칼날이었다. 우리는 야곱에게 일어나는 중요한 사건들마다 하나님께서 보여 주시고자 하는 한 가지 중요한 교훈과 약속을 깨달을 필요가 있다. 그 옛날 야곱이 이것을 깨닫는데 그의 평생이 걸렸듯이 오늘 우리에게도 이 사랑 깊은 약속과 교훈을 깨닫는데 기나긴 세월이 걸림을 고백할 수밖에 없다.

야곱이 라반과의 화해를 이루고 다시 가나안을 향한 걸음을 계속한다. 이제 에서를 만나야 하는 것이다. 그가 라반을 두려워하여 도망쳤던 때보다 더 큰 공포 속에 거하고 있을 것을 짐작해 볼 수 있다. 그런데 하나님께서 야곱에게 하나님의 사자들을 보내서서 만나게 하신다. 야곱이 이들을 보았을 때 '하나님의 군대'라 하고 그 장소를 '마하나임'이라고 명명한다(창 32:1-2). 이 하나님의 군대는 그 다음에 나타나는 야곱이 두려워하는 에서의 400명의 장정을 상쇄하고도 남는 위력이 있다(창 32:6). 이렇게 하나님의 사자는 늘 야곱의 삶을 지키고 있었다.

이동 경로	하나님의 사자 만남장소	
가나안에서 밧단아람으로	벧엘	하나님의 사자 (창 28:12)
밧단아람에서	밧단아람	하나님의 사자 (창 31:11)
밧단아람에서 가나안으로	마하나임	하나님의 사자 (창 32:1-2)

야곱은 이렇듯 그의 삶의 중요한 기점들마다 하나님께서 한시도 떠나지 않으시고 함께 하신다는 약속과 증거들을 보았다. 가장 연약하고 비참한 모습으로 절망 가운데 잠들었던 그 칠흑 같은 어둠의 시작인 벧엘에서는 하나님의 사자를 통해 언약의 빛이 되어 주셨다. 칠흑 같은 어둠의 연속이었던 밧단아람에서는 한 줄기 빛이 되셔서 벧엘의 언약을 신실하게 지키시며 라반의 손길로부터 보호해 주셨다. 이 마지막 기점에서 하나님께서는 마하나임(두 군대)에서 필요할 시에는 싸움을 대신 싸울 여호와의 군대가 야곱 주위로 진치고 있음 또한 보여 주시는 것이다. 이렇게 하나님의 사자는 야곱의 삶의 정황에 따라 그의 마음을 위로하고 격려하며 하나님을 향한 순종의 믿음을 독려하고 있다. 우리의 모든 상황을 다 아시는 하나님의 맞춤형 돌보심인 것이다. 그럼에도 에서가 400명을 이끌고 온다는 소식에 야곱은 심히 두려워하고 답답해한다(창 32:7). 두 무리나 되는 여호와의 군대(마하나임)를 보여주셨는데도 야곱은 자신의 재산을 두 떼(마하노트)로 나눈다. 에서가 한 떼를 치면, 다른 떼는 도망하겠다는 심산이다(창 32:7-8). 그런데 이렇게 인간적인 계산속에서 짐승을 두 떼로 나눈 행동이 야곱에게 오히려 하나님의 은혜를 볼 수 있는 계기가 된다. 이것은 그의 기도 속에서 살펴볼 수 있다. 기도 속에 나타난 그의 고백은 신앙적으로 많은 부분 달라져 있는 그의 모습 또한 읽어볼 수 있게 한다.

나는 주께서 주의 종에게 베푸신 모든 은총과 모든 진실하심을 조금도 감당할 수 없사오나 내가 내 지팡이 하나만 가지고 이 요단을 건넜더니 지금은 두 떼나 이루었나이다(창 32:10)

만약 지금까지 야곱의 인생에서 가장 의로웠던 순간이 언제냐고 묻는다면 그가 누리는 축복은 자신이 노력해서 얻은 것이 아니라 하나님의 은총이라는 사실을 깨달은 바로 이 시점일 것이다. 이것은 벧엘에서 야곱이 하나님께 서원했던 것을 생각나게 한다: "하나님이 나와 함께 계셔서 내가 가는 이 길에서 나를 지키시고 먹을 떡과 입을 옷을 주시어 내가 평안히 아버지 집으로 돌아가게 하시면 여호와께서 나의 하나님이 되실 것이요"(창 28:21). 하나님께서는 약속 이상으로 베풀어 주셨다. 아무것도 없던 존재를 두 떼나 이룰 만큼 부유하게 해 주신 것이다. 그 곳에서는 고작해야 하나님을 만난 그 장소의 이름이 루스에서 벧엘로 변했을 뿐이다. 그러나 이제 이렇게 하나님께서 신실하게 약속을 지키셨고, 또 지키실 것이라는 확신이 가득한 고백을 통해 그의 내면이 변화되었음을 살펴볼 수 있다. 그렇다면 지금 이곳이 장소의 이름뿐만 아니라 그의 모든 성품을 대변하는 야곱이라는 이름까지도 변화될 장소임을 직감해 볼 수 있다.

야곱은 총 580마리나 되는 염소, 양, 낙타와 그 새끼들, 소, 나귀로 이루어진 예물들을 세 떼로 나누어서 에서에게로 보내며 각각의 그룹의 대표들에게 '주의 종 야곱이 자기 주 에서에게 보내는 예물'(창 32:18)이라는 전갈과 함께 그의 앞서 보낸다. 그는 무리 가운데서 밤을 지내다가 밤에 일어나 가족들 모두와 재산들을 다 자신 앞서 얍복 나루를 건너게 한다(창 32:21-22). 그리고 자신은 그 밤에 얍복 강변에 남아 마지막 어둠과의 씨름을 한다.

그 어둠 속에 서 있는 야곱, 에서의 장자권과 축복을 속여서 빼앗아 야곱이라는 이름이 합당하지 않은가 라는 평가를 받으며(창 27:36) 가나안에서 밧단아람으로 올라갔고, 이제 하나님이 약속하신 그 땅 가나안으로 돌아오는 마지막 기점에 서 있다. 그러나 돌아오는 그는 절대로 동일한 모습으로 요단 강을 건너서는 안 된다. 그러면 하나님의 땅은 또다시 옛날과 같은 곳이 되고 말 것이다, 그 땅을 다시 싸우고, 빼앗고, 죽이며, 도망다니는 고통의 땅으로 만들 것이 분명하기 때문이다. 하나님은 늘 자신의 백성이 그 땅에서 그러한 일을 벌일 때 쫓아내시고, 훈련을 시키신다. 그리고는 돌아올 때는 다른 존재가 되어 요단 강을 건너게 하신다. 얍복 강도 요단 강의 한 지류이다. 그것은 야곱의 고백인 "내가 내 지팡이만 가지고 이 요단을 건넜더니 지금은 두 떼나 이루었나이다"(창 32:10)에서 '이 요단'이란 표현을 통해 그가 지금 요단 강의 한 지류 앞에 서 있음을 알 수 있기 때문이다. 그러나 '얍복'(בק יַ 얍보끄)이라는 말이 '씨름하다'(אָבַק 압바끄)(창 32:24, 25)라는 히브리어와 유사한 발음을 내기에 의도적으로 요단 강보다는 얍복이라는 요단 강의 한 지류를 택했을 것이다. 겨루어 이긴 자만이 건너갈 수 있는 땅, 바로 그 곳이 약속의 땅이며, 그 마지막 경계선에 야곱이 서 있다는 것을 얍복이라는 단어를 통해 강조하고 있는 것이다. 하지만 이 싸움은 야곱이 빼앗기 위해 싸웠던 싸움과는 다른 종류의 것이다. 결국 이 싸움은 한 사람이 뒤바뀌는 영적인 투쟁이다.

우리가 보기에는 갑자기 한 사람이 나타나 밤새도록 싸웠는데 나중에 보니 그 분이 하나님이셨더라는 소개를 듣는다. 그러나 하나님은 이미 야곱이 변화의 여정을 떠나는 그 순간에 약속을 주신 분이시다. 벧엘에서 야곱을 처음 만나서서 함께 하시겠다고 하시고, 밧단아람에서도, 그리고 지금 돌아오는 길에서도 함께하심으로 라반과 화해를 이루게 하셨다. 이와 같이 하나님은 야곱의 삶 속에서 늘 약속을 신실하게 지키시며 불꽃 같은 눈동자로 야곱을 보호하고 돌보고 계심을 느낄 수 있다. 그러므로 얍복 나루에서 하나님이 야곱에게 갑자기 나타나신 것이 아니라, 늘 함께 하시던 하나님께서 야곱에게 마지막 일격을 가하시며 마지막으로 다루시고 계시는 것이다. 이제 가나안 땅으로 들어가야 하며, 그 땅을 하나님의 땅으로 바꾸어 가는 것이 하나님의 사람에게 주어진 사명이기 때문이다.

하나님과 씨름할 때 야곱은 자신을 축복해 주지 않으시면 보내드릴 수 없다고 강력하게 잡고 늘어진다. 이상한 것은 이미 자신이 에서의 축복을 탈취해서 차지했는데 이제 긴 세월을 보내고 나서 하나님께 축복해 달라고 간청하고 있다. 다른 사람의 것을 빼앗아 억지로 자신의 것으로 만들어 살아보았다. 그러나 그것이 오히려 짐이 되고 고통이 되어 가족과 헤어지게 되고, 돌아가는 발걸음도 두려움으로 가득 차게 되는 것만을 경험했을 뿐이다. 이렇게 남의 것을 빼앗아서라도 누리고 싶은 인간의 속성은 자신과 주변을 늘 고통스러운 길로 이끈다는 것이다. 축복은 하나님의 선물이기에 인간이 탈취해서 갖는 것이 아니다.

어쩌면 이스라엘이 포로기를 거치면서 이러한 이해에 도달 했는지도 모른다. 에서의 땅을 자신들이 착취하지 않았는가라는 자책감을 갖지 않았을까? 설사 에돔족이 예루살렘이 무너질 때 바벨론 군대의 선두에서 성전을 무너뜨리고 짓밟는데 앞장선 원수들이었다(시 137편; 옵 1장)할지라도 그것이 자신들이 에돔족을 너무 학대하고 그들의 삶을 핍박한 것으로(다윗, 솔로몬 시절)인한 보응일 수 있다는 자성의 목소리 일 수도 있다. 어쨌든 희망은 변화에 달려 있다. 그런 악감정이 그대로 존재할지라도 먼저 하나님의 뜻을 발견한 사람이 그 뜻을 받들면 화해는 이루어 질 수 있다. 약속의 땅은 이런 일이 벌어져야 한다. 누구든지 문제를 일으키는 자는 해결해야 하고, 해결의 실마리가 풀리지 않을 때는 그 땅에서 쫓겨나서라도 다시 변화되어 그 땅으로 들어가야 한다. 하나님께서 확증해 주신 변화인 "이제는 더 이상 네 이름을 야곱이라고 부르지 않을 것이요 이스라엘 이라고 하라"(창 32:28)는 바로 이것이 세상을 바꾸는 변화일 것이다. 이름이 바뀌는 것은 그 사람의 전 인격이 바뀌는 변화이다. 야곱일 때는 늘 싸우고, 다투고, 빼앗는 사람이었지만 이스라엘로 바뀐 뒤에는 화해의 사람이 된다. 야곱 이야기는 이러한 변화가 이스라엘이 걸어가야 할 길이며 그 변화를 통해 세상이 새로운 희망을 가질 수 있다는 각오가 서려있다.

야곱의 이야기는 이처럼 새로운 영적 세계에 도달하는 하나님의 백성의 이야기라 할 수 있다. 야곱이 이스라엘이 되었으니 야곱은 분명 이스라엘 민족의 전형적인 모습을 대표하는 사람일 것이다. 야곱의 이야기를 통해 이스라엘은 분명 자신의 모습을 발견했으리라. 야곱이라는 이름으로 가나안 땅을 떠났고, 20년이 넘는 세월의 훈련을 거쳤다. 속고, 또 속임을 당하며, 사람들과 끈질긴 투쟁을 하는 동안 무척이나 지치고 상했을 한 인간을 그려볼 수 있다. 이스라엘은 바로 그런 사람들이다. 이스라엘이라는 이름에 대한 설명에 대해 하나님께서는 "네가 하나님과 및 사람으로 겨루어 이겼음이니라"(창 32:28)고 하신다. 하나님께만 훈련된 사람이 아니라, 사람들과의 사이에서도 훈련된 자, 바로 그런 사람이 이스라엘이고 또한 하나님의 백성일 것이다. 하나님께서 주시는 훈련은 바로 사람들 사이에서 이루어지는 것이며, 결국 우리 또한 지금 사람들 사이에서 고민하는 것이 하나님의 백성이 되어가는 것이라 할 수 있다.

드디어 하나님께서 야곱이란 인간의 그 강한 인간성을 내리치셔서 허벅지 관절이 탈골되었다. 야곱은 더 이상 인간적인 힘을 과시하는 존재가 될 수 없는 저는 인생이 된 것이다. 그러나 그가 하나님 은혜 안에서 인간적인 힘을 쓸 수 없는 존재가 되었다는 것은 그의 변화를 상징한다. 야곱이 이스라엘이 되고, 얍복 나루가 하나님의 얼굴이라는 뜻의 브니엘이 되면서 야곱의 인생에 찬란한 태양이 떠오른다. 그 빛을 받으며 야곱은 절면서 그 땅으로 들어간다: "그가 브니엘을 지날 때에 해가 돋았고 그의 허벅다리로 말미암아 절었더라"(창 32:31). 하나님의 다루심을 통과한 자는 저는 것도 아름답다.

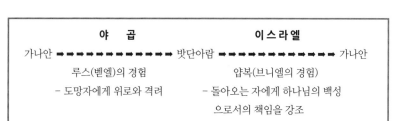

야 곱	이 스 라 엘
가나안 ➡➡➡➡➡➡➡ 밧단아람 ➡➡➡➡➡➡➡ 가나안	
루스(벧엘)의 경험	얍복(브니엘의 경험)
- 도망자에게 위로와 격려	- 돌아오는 자에게 하나님의 백성
	으로서의 책임을 강조

(3) 에서와의 화해(창 33장)

야곱은 이제 형 에서를 만날 준비를 갖추었다. 하나님과의 화해가 온전하게 이루어지고, 하나님의 다루심을 다 통과했다. 그는 하나님의 얼굴을 보았다. 에서를 만났을 때 그는 에서의 얼굴이 보이는 것이 아니라, 하나님의 얼굴을 본다.

> 형님의 얼굴을 뵈온즉 하나님의 얼굴을 본 것 같사오며 형님도 나를 기뻐하심이니이다(창 33:10)

그리고 에서 또한 야곱이 보낸 예물에 짐짓 마음이 풀린 듯한 인상을 풍긴다. 왜냐하면 에서가 야곱과 그의 가족들의 인사를 다 받은 후에 가장 먼저 하는 질문이 "내가 만난 바 이 모든 떼가 무슨 까닭이냐"(창 33:8)고 묻는 것을 보면 예물의 효력이 발휘된 것으로 보인다. 만류하는 에서에게 야곱은 "내가 형님께 드리는 예물을 받으소서"(창 33:11)라고 강권하여 받게 한다. 여기서 "예물(축복)을 받으소서"(לְקַח בִּרְכָתִי 라꽈흐 비르카티)는 옛날의 한 사건을 생각나게 하며, 그 사건의 반전을 이룬다. 여기서 '예물'이라 번역된 히브리어 단어는 '베라카'(בְּרָכָה)로 '축복'이라고 번역하는 것이 올바르다.

> 에서가 가로되 그의 이름을 야곱이라 함이 합당하지 아니하니이까 그가 나를 속임이 이것이 두 번째니이다 전에는 나의 장자의 명분을 빼앗고 이제는 내 복을 빼앗았나이다(לְקַח בִּרְכָתִי 라꽈흐 비르카티)(창 27:36)

야곱이었을 때는 탈취하는 것이 삶의 행태였지만 그러나 이제 야곱의 이름이 이스라엘로 바뀌었다. 그렇다면 빼앗은 것을 돌려주는 것이 가능한 변화가 일어났음을 알 수 있다. 야곱은 형 에서에게서 두 가지를 빼앗았다. 장자의 명분과 그 장자에게 주어지는 복이다.

그 사람이 그에게 이르되 네 이름이 무엇이냐 그가 이르되 야곱이니이다 그가 이르되 네 이름을 다시는 야곱이라 부를 것이 아니요 이스라엘이라 부를 것이니 이는 네가 하나님과 및 사람들과 겨루어 이겼음이니라(창 32:27-28)

(장자의 명분)
자기는 그들 앞에서 나아가되 몸을 일곱 번 땅에 굽히며 그의 형 에서에게 가까이 가니(창 33:3)

(에서의 축복)
하나님이 내게 은혜를 베푸셨고 내 소유도 족하오니 청하건대 내가 형님께 드리는 예물을 받으소서(לְקַח בִּרְכָתִי 라콰흐 비르카티) 하고 그에게 강권하매 받으니라(창 33:11)

먼저 야곱은 에서에게 나아갈 때 일곱 번 땅에 굽히며 그 당시 왕들이나 고관들에게 하는 예우를 갖춘다. 이것은 곧 에서에게서 헐값에 탈취한 장자의 명분을 돌려주는 것이다. 진정한 순서는 탄생에 있는 것이 아니라 하나님의 주권적인 선택에 의한 것임을 깨달았기 때문이다. 그리고 야곱은 기나긴 세월동안 자신의 것이 아닌 축복을 부둥켜안고 지키려고 안간힘을 다 썼는데 결국 축복은 탈취해서 얻는 것이 아니라 하나님께로부터 주어지는 것임을 깨달았다. 얍복 강가에서 마침내 하나님의 축복을 받은 야곱은 이제 자신의 것이 아닌 탈취한 에서의 축복을 돌려준다. 다른 이의 것을 빼앗은 것이 결코 자신의 삶에서 실현되지 않았다. 20여년의 세월동안 '하늘의 이슬과 땅의 기름짐, 풍성한 곡식과 포도주'(창 27:28)는 그의 인생 속에 주어진 적이 없고, 오히려 땅에서 쫓기며 방랑하는 신세가 되었다. 또한 "만민이 너를 섬기고 열국이 네게 굴복하리니 네가 형제들의 주가 되고 네 어머니의 아들들이 네게 굴복하리라"(창 27:29)는 약속은 그 반대로 야곱의 삶에 실현되었다. 어느 누구도 야곱을 섬기지 않았고, 오히려 외삼촌 라반과 속고 속이는 치열한 싸움을 치렀고, 야곱이 에서에게 일곱 번 절을 하며 왕에게나 보이는 예를 갖추며 굴복한다.[173] 야곱이 에서를 '나의 주'(אֲדֹנִי 아도니)로 부르고(창 33:8), 자신은 '주의 종'(창 32:18, 20; 33:5)이라고 표현함으로 에서와 야곱의 관계가 주와 종의 관계가 된 것이다. 그러나 이에 반해 에서는 자신의 땅을 가지고, 호령하며 400명의 장정을 동원할 정도로 위력을 떨치며 주변의 부족들을 굴복시키고 섬김을 받고(창 36:20-30; 신 2:12), 결국에는 야곱으로부터 일곱 번 절을 받음으로 형제의 주가 되어 있다.

축복은 결코 인간의 주도권으로 이루어지는 것이 아니라는 것을 분명하게 보여주는 사항이라 할 수 있다. 야곱은 모든 주권이 하나님께 있음을 20년의 세월을 통하여 배운 것이다. 그가 얍복 강가에서 하나님과 씨름하며 축복해 주실 것을 호소한 것은 그의 모든 의지가 하나님의 주권에 굴복하는 사건이라 할 수 있다. 그 사건은 곧 그의 전인격의 변화를 의미하며 그것이 바로 야곱에서 '이스라엘'이 되는 진정한 의미인 것이다. 마침내 이스라엘로 변화된 야곱은 마지막 죽음의 순간에 요셉의 두 아들인 므낫세와 에브라임의 축복 순위를 하나님의 절대주권에 순종하여 바꾼다. 이렇게 형제의 순위를 바꾸는 곳에서 그의 이름은 결코 야곱으로 불리지 않으며, 항상 '이스라엘'로 불린다(창 48:8, 10[2번], 13, 14, 20, 21)는 것은 이스라엘은 하나님의 절대주권에 철저히 순종하는 백성이라는 점을 부각시키는 것이라 할 수 있다.

이스라엘은 이렇게 하나님의 주권에 순종하여 자신이 훔친 것을 돌려줄 준비가 되어있는 사람이다. 벧엘에서 브니엘까지는 바로 야곱에서 이스라엘로의 변화를 의미한다. 어둠 속에서 빛으로의 탈출이며, 곧 "저녁이 되며 아침이 되니"라는 창조의 반복을 의미한다. 이것은 야곱이라는 개인의 경험을 넘어서서 바로 하나님의 백성 전체의 삶의 모형이며 일생이기도 하다. 그리고 하나님의 부름을 받은 우리의 새로운 모습이기도 하다.

(4) 야곱의 관계회복을 위한 과정(어둠에서 빛으로)(창 28:11; 32:31)

칠흑 같은 어둠 속을 걸을 때 우리는 "항상 기뻐하고, 쉬지 말고 기도하며, 범사에 감사하기"보다는 불평하고 탄식하기 십상이다. 그러나 전도서의 때를 보면 하나님께서 모든 것을 때를 따라 아름답게 하셨다고 하신다(전 3:1-11). 찬란한 태양이 비치는 정오의 화려함만을 바란다면 우리에게는 열매가 없을 것이다. 겉모습은 무척이나 화려하지만 실상 성숙의 열매가 없을 것이다. 이런 경우 환란이 닥쳐오면 그 화려한 외양은 그대로 시들어버리고 생명이 끝나버린다. 그러나 칠흑 같은 어둠 속에서 성숙을 경험한 사람은 비록 겉으로 남는 것이 없을지라도 그 뿌리의 열매로 인해, 그리고 그 가지에 맺혀진 과실로 인해 다시 싹이 나고, 새 생명을 탄생시킬 수가 있다.

우리는 학교 교육을 통해서 식물의 성장을 위해서 필수적인 요소들로 물, 공기, 흙 그리고 태양 빛이 있다고 배웠다. 그 중에서도 식물들이 영양분을 만드는 광합성 작용을 하는데 있어 가장 중요한 요소로 빛을 꼽는다. 물론 이것은 생물학에 있어서 불변하는 진리이다. 하지만 위의 사실들은 식물의 성장과 성숙을 위해서 반드시 필요한 또 한 가지 요소에 대해서는 거의 외면하고 있다는 것을 보여주고 있다. 그것은 바로 어둠의 역할이다. 식물들은 온도가 증가하고 빛을 많이 얻을 수 있는 낮 시간에는 광합성 작용을 통해서 양분을 모으고 잎과 줄기를 성장 시킨다 그러나 이러한 낮 시간이 너무 길어지면 활동하는 시간이 비례적으로 길어지기 때문에 호흡량이 많아지고 결국 그만큼 양분의 소모량도 많아지게 된다. 이와 같이 빛을 받는 시간이 길어지면 길어질수록 식물의 겉모양은 화려해 보일지 모르지만 정작 열매를 맺지 못하는 현상을 유발한다.

이에 반해 식물들에게 있어서 밤의 역할은 대단히 중요하다. 빛이 없어 광합성 작용을 하지 못하는 밤 시간에는 식물들은 호흡량을 최대한으로 줄여서 양분을 축적하는 일을 한다. 물론 구근류들, 즉 뿌리를 식용으로 사용할 수 있는 감자, 고구마, 마늘 등의 식물들은 외관상으로는 잘 확인할 수 없는 현상이지만 밤은 보이지 않지만 그러나 반드시 필요한 성장과 성숙의 시간을 제공한다. 그러므로 식물의 성장에 있어서 빛과 어둠의 조화는 반드시 필요한 것이다.

이것은 인간의 성장과 성숙에도 동일하게 적용되는 것이다. 영적으로 빛을 기쁨, 영광, 감격, 환희라는 긍정적인 요소들로 표현할 수 있다면, 어둠은 슬픔, 환난, 고통, 역경 등의 지극히 부정적인 요소들로 나타낼 수 있을 것이다. 그러나 한 사람의 성장과 성숙에 있어서 이 두 가지는 필수적인 요소들임에 틀림없다. 수많은 성경의 인물들이 이 두 시기의 조화를 통해서 하나님을 뜨겁게 만나는 경험을 했고, 또 신앙의 선배들이 모두 그러한 길을 통해 하나님과 더욱더 가까워지는 경험을 했기 때문이다.

야곱의 일생을 살펴보면 참으로 흥미로운 사실을 발견하게 된다. 야곱은 기나긴 절망과 고통으로 가득 찬 밤의 터널을 통과하며 성숙으로의 변화를 가졌고 그리고 하나님의 살아계신 현존을 만났으며 이러한 경험들이 그를 참 빛이 가득한 세계에 이르는 길잡이 역할을 했다는 것을 살펴볼 수 있다. 야곱은 형 에서의 배고픔을 이용해 장자권을 갈취하고 아버지 이삭을 속여서 장자의 축복을 가로챘다. 이 두 사건으로 그의 생은 이미 어둠으로의 여행을 시작했고, 벧엘에서는 그가 이제 칠흑 같은 어둠 속에 거하고 있음을 보여주고 있다. 형 에서의 복수를 피해 도망쳐 나와 한 장소에 도착했을 때는 이미 해가 지고 빛이 없는 상황이었다. 이것은 그가 이제 어둠 속으로의 여정을 시작했다는 것을 보여주는 것이다. 그는 20여년의 세월동안 어둠 속을 방황했다. 자신이 했던 방법 그대로 그는 삼촌에게 속임을 당하고(창 29:21-30) 끊임없이 속고 속이는 경쟁의 세월을 보낸다. 그 가운데 그는 벧엘 그 칠흑 같은 어둠 속에서 약속을 주셨던 그 하나님께서 어둠 속에서 자신을 이끌고 가시는 빛이라는 사실을 인지하기 시작한다. 그것은 자신의 삼촌인 라반도 이미 고백한 사실이다: "여호와께서 너로 인하여 내게 복 주신 줄을 내가 깨달았노라 네가 나를 사랑스럽게 여기거든 유하라"(창 30:27). 그리고 야곱 또한 그 칠흑 같은 어둠 속에서 하나님께서 함께하시며 빛을 비추어 주셨음을 고백한다(창 30:30; 31:5, 9-12; 42).

그리고 그는 서서히 빛을 향한 여행을 준비한다. 어둠의 세월이 그를 성숙의 사람으로 만들었고 빛의 소중함을 깨닫게 했음에 틀림없다. 그는 이제 하나님의 약속을 믿고 출발한다. 가나안으로 돌아오며 그는 "나는 주께서 주의 종에게 베푸신 모든 은총과 모든 진리를 조금이라도 감당할 수 없사오나 내가 이 지팡이만 가지고 이 요단을 건넜더니 지금은 두 떼나 이루었나이다"(창 32:10)라는 하나님의 은총에 대한 감사를 드린다. 이것은 어둠의 세월을 은혜 가운데 보낸 사람의 고백인 것이다. 그리고 한 장소에서 그 칠흑 같은 어둠의 저주를 풀고자 밤새도록 씨름한다. 드디어 야곱이 이스라엘이 되었으며, 마침내 그의 앞에 밤의 세계가 물러가고 빛의 세계가 활짝 열렸다.

그리고 마지막 어둠과의 전쟁을 치른 장소가 바로 '브니엘,' 즉 '하나님의 얼굴'이 되었다. 그는 하나님의 얼굴을 본 것이다. 그리고는 그가 브니엘을 지날 때 환하게 해가 돋았다. 벧엘에서 시작된 어둠 속으로의 여정이 그 종말에 이르고 이제 하나님의 얼굴빛이 환하게 비치는 빛 속에서의 여정이 시작된 것이다. 이와 같이 밤이 식물들이 영양분을 축적해 성숙을 이루는 시간이라면 사람에게 있어서 밤의 세계는 내면을 성숙시키는 역할을 한다. 그러므로 어둠 속에서 하나님의 은혜를 발견한 사람은 빛의 소중함을 더욱더 깊이 있게 깨달을 수 있는 축복을 누릴 수 있다. 그래서 바울사도는 "다만 이뿐 아니라 우리가 환난 중에도 즐거워하나니 이는 환난은 인내를 인내는 연단을 연단은 소망을 이루는 줄 앎이로다"(롬 5:3-4)고 선포하고 있다. 어둠과 빛이 하나로 연결되어야만 하듯이 환난과 소망 또한 한 사람 안에서 동시에 발견되어야만 한다. 이 모든 야곱의 신앙여정을 도표로 나타내면 다음과 같다.

가나안	벧엘(루스)	밧단아람	브니엘(얍복 강)	가나안
에서와 다투고 아버지를 속이고 하나님과 겨루고	① 해가 진지라 ② 칠흑같은 어둠 속 ③ 장소만 변하고 사람은 그대로 (루스➡벧엘) (야곱은 그대로) ④ 야곱의 속성으로(인성이 강함) ⑤ 자신의 계략과 생각, 의지 따라 ⑥ 빼앗은 축복과 함께	*어둠 속에서 투쟁 *빛되신 하나님이 지키시고 계심 *약속을 지키시고 계심 *축복 또한 사람의 일이 아니라 하나님의 주권임	① 해가 돋았고 ② 밝은 빛 가운데 ③ 장소와 사람이 동시에 변함 (얍복➡브니엘) (야곱➡이스라엘) ④환도뼈로 인해 절게 됨 ⑤자신의 힘이 아닌 다루심 받은 사람 ⑥하나님의 축복 받음	에서와 화해하고 하나님의 얼굴을 보는 것 같다고 함

약속의 땅을 도망치듯 떠날 수밖에 없었던 것은 잘못된 삶이 만들어낸 불화로 인한 것이었다. 그러나 그 땅으로 돌아오기 위해서는 그 불화를 해결하는 길밖에는 없다. 야곱은 그것을 해결하려 안간힘을 쓴다. 그리고 결국 에서를 만나 화해를 이룬다. 그러나 완전한 화해에 이르지는 못한다. 그들은 동거하는 것이 아니라 둘로 나뉘어 각기 다른 나라를 열어가기 때문이다. 하나님께서 원하시는 온전한 화해는 형제가 연합하여 동거하며

하나가 되어 한 하나님을 예배하는 것이다(시편 133편). 하나님은 우리가 거기까지 나아가기를 원하신다. 그래야만 하나님의 백성의 의미가 바르게 드러나기 때문이다. 왜냐하면 분열은 언젠가 또다시 벌어질 다툼을 예고하고 있기 때문이다.

에서와 야곱은 그 사는 장소가 달라진다. 에서가 야곱에게 동행할 것을 종용한다. 세일로 가서 같이 거주하자는 것이다. 그러나 야곱은 자신의 짐승 떼의 약한 것들이 과하게 몰면 생명에 지장이 있기에 행보를 천천히 하여 세일로 따르겠다고 정중하게 동행을 거절한다. 사냥꾼의 거친 속도와 짐승의 상태에 맞춘 목동의 걸음은 그 방식에서 거대한 차이가 나기에 동거하기에는 어려움이 많을 것을 추측해 볼 수 있다. 에서가 종들을 몇 남겨서 야곱의 길을 인도하게 할 것을 제안하나 야곱은 그것도 정중히 거절한다. 이에 에서는 세일로 돌아갔고, 야곱은 숙곳에 이르러 집과 우리를 짓고 그 곳에 머무른다(창 33:12-17). 그리고 가나안 땅 중심부인 세겜 성읍에 이르러 장막을 치고 세겜의 아버지 하몰의 아들들에게서 장막 친 밭을 사고 제단을 쌓아 그 이름을 엘엘로헤이스라엘(하나님, 이스라엘의 하나님)이라 불렀다. 이 속에는 에서와 야곱의 거주지가 나뉘었음을 보고하고 있다. 에서는 그의 이름답게 세일에 거주하고, 야곱은 이스라엘로서 가나안 땅에 머물러야 함을 보이고 있다. 그리고 그의 할아버지 아브라함처럼 그 땅을 구입하여 땅 약속의 성취를 맛본다(창 33:18-20). 이렇게 형제는 각각 제 갈 길로 가게 된 것이다.

(5) 하나님의 서원과 인간의 서원(벧엘-브니엘-벧엘)(창 34-35장)

야곱은 가나안 땅으로 돌아왔으나 한 가지 잊고 사는 것이 있다. 그는 지금 세겜 땅에 정착하고 있다. 그가 가장 먼저 들러야 할 장소는 다름 아닌 벧엘이다. 이방인의 땅 루스가 하나님의 집인 벧엘이 되었다. 그는 그 곳에서 자신을 향한 하나님의 서원(약속)에 응답하여 자신의 서원(약속)을 하나님께 드렸다. 함께 하시며, 모든 여정을 지키시고, 먹을 것과 입을 것을 주시며 평안히 이 땅으로 돌아오게 하시면 여호와가 자신의 하나님이 되시고, 기름 부은 이 돌기둥이 하나님의 집이 되며, 십일조를 드리겠다는 것이었다(창 28:20-22). 하나님께서는 이 모든 약속을 신실하게 지키셨다. 그런데 야곱은 지금 세겜에 머무르고 있다.

그런데 세겜에서 예기치 못한 사건이 벌어진다. 그 땅의 추장인 히위 족속 세겜이 야곱의 딸 디나를 끌어들여 강간을 한 것이다. 그리고는 디나를 연연하여 감금하고 자신의 아내로 삼으려고 자신의 아버지에게 청하여 야곱을 찾게 한다. 서로 통혼관계를 통하여 이 땅에서 살며 같이 장사를 하며 한 민족이 되자는 것이다(창 34:9, 10, 16). 이에 힘이 약한 야곱은 감히 대항하지 못하고 침묵을 지킨다. 그러나 야곱의 아들들은 분노하고, 특히 시므온과 레위는 직접 나서서 복수의 길을 준비한다. 계략을 꾸미며 세겜 땅의 모든 히위 족 남자들이 할례를 행하면 같이 통혼하여 한 민족이 되려니와 그렇지 않으면 안 된다는 조건을 제시한다. 이에 모든 히위 족이 할례를 행하고 제 삼일에 이들이 아직 고통 중에 있을 때 시므온과 레위가 칼을 차고 들어가 남자들을 다 살해하고, 디나를 데려오고, 그 성의 물건과 짐승을 노략하고, 그들의 자녀들과 아내들을 사로잡았다. 야곱은 이에 대하여 두 아들에게 가나안 족속들이 복수를 감행하면 자신은 당해낼 힘이 없으니 멸망할 것이라고 화를 낸다. 이에 대해 시므온과 레위는 오히려 그가 우리 누이를 창녀같이 대우하지 않았느냐고 정당성을 강조한다.

그러나 이들의 행위는 결코 미화될 수 없다. 이들에 대한 심판은 야곱이 죽기 전에 열두 아들들에게 축복하는 내용에서 이들에게는 축복이 아닌 저주가 주어지는 것으로 이루어진다(창 49:5-7). 언뜻 보기에는 시므온과 레위가 하나님의 정의를 실현한 듯한 인상을 풍기지만, 이들의 행동은 과격한 살육행위였음을 부인할 수 없다. 이스라엘 법에는 "아버지는 그 자식으로 말미암아 죽임을 당하지 않을 것이요 자식들은 그 아버지로 말미암아 죽임을 당하지 않을 것이니 각 사람은 자기 죄로 말미암아 죽임을 당할 것이니라"(신 24:16)는 연좌제에 대한 엄격한 거부가 있다. 그런데 시므온과 레위는 "그가 우리 누이를 창녀같이 대우하였다"(창 34:31)라고 말하면서, 심판의 대상이 되는 그인 세겜만을 죽이는 것이 아니라 성안의 모든 남자들을 다 살해한 것이다.

혹, 가나안 족은 살육당해 마땅한 죄인들이라고 말한다면 아직 하나님께서 이스라엘을 통하여 그 땅을 정복할 시간을 허락하기까지 400년의 시간이 남아 있다는 것을 알아야 한다(창 15:12-16). 세겜이 행한 강간 같은 죄악이 온 땅을 더럽혀 그 땅이 견딜 수 없을 만큼 오염되어 그들을 토해낼 때까지는 무차별한 살육은 절대 정당화 될 수 없다(레 18:24-30). 그 때는 살육이 아니라 하나님의 정의와 공의를 행하는 심판의 대행자로서 진멸의 법을 실행할 것이다. 여기서 이스라엘이 통혼으로 안전을 보장받고, 가나안 족속과 섞이게 되는 것을 막았다는 점에서 면죄부가 주어질 수 있다고 생각할 수도 있으나 그럼에도 이런 과격성은 하나님의 뜻을 넘어선 행위라는 점에서 용납될 수 없다. 이방인들 가운데 거주하면서도 충분히 구별선을 지킬 수 있기 때문이다.

하나님은 이 사건을 통하여 야곱이 잊고 살았던 한 가지를 상기시키는 도구로 삼으신다. 이처럼 인간의 위기는 하나님을 만날 수 있는 길을 열어갈 수 있는 도구가 될 수 있다. 하나님께서 야곱에게 나타나 "일어나 벧엘로 올라가서 거기 거주하며 네가 네 형 에서의 낯을 피하여 도망하던 때에 네게 나타났던 하나님께 거기서 제단을 쌓으라 하신다"(창 35:1). 야곱은 이 음성에 응답하여 하나님을 예배하기 위하여 준비한다. 먼저 자신의 공동체 안에 있는 이방 신상을 다 버리게 하고, 정결하게 하며, 의복을 바꾸게 한다. 이것은 야곱과 가족들의 삶이 이미 가나안의 문화에 젖어들어 가고 있었다는 것을 보여주는 것이라 할 수 있다. 하나님께로 돌아가기 위하여 삶 전체를 뒤 바꾸는 것이 필요하다. 이들은 손에 있는 이방 신상들과 귀에 있는 귀걸이를 야곱에게 주니, 야곱이 세겜 근처 상수리나무 아래에 묻어 버린다. 이때 라헬이 아버지 라반의 집에서 훔쳐온 우상인 드라빔 또한 제거되었을 것이다(창 31:19). 그리고 야곱은 벧엘로 올라간다. 야곱에게 있어 벧엘은 자신의 서원을 갚는 장소이다: "내 환난 날에 내게 응답하시며 내가 가는 길에서 나와 함께 하신 하나님께 내가 거기서 제단을 쌓으려 하노라"(창 35:3). 그리고 그 장소의 이름이 '벧엘의 하나님'이라는 뜻의 엘벧엘이 된다(창 35:7).

그리고 창세기 35:9-15절은 야곱 이야기의 완성판으로 야곱의 생애에서 가장 중요한 두 사건을 혼합하여 야곱이라는 인물의 삶을 정리하고 있다. 이 완성판은 어느 모로 보나 창세기 28:10-22절의 벧엘 사건과 창세기 32:24-32절의 브니엘 사건을 종합한 것으로 볼 수 있다. 야곱이 야곱이라는 이름으로 벧엘에서 약속을 받고 기나긴 여정을 거치며 브니엘에서 이스라엘로 변화되고, 마침내 벧엘에서의 서원을 이루기 위해 다시 벧엘로 돌아온 완성을 이루는 것이다. 신앙여정의 막바지에 등장한 또 다른 이 벧엘 사건은 구조적으로 전반부의 사건인 창세기 25:19-34절에서 에서의 이름이 에돔으로 굳혀진 것에 반해 마침내 사기꾼이요, 약탈자였던 야곱은 이스라엘이 되었다는 것을 강조하고 있다. 그리고 그에게 복을 주시고, 생육하고 번성하는 후손과 땅의 약속실현이 확증되었음을 강조하며 야곱에게 정통성을 수여하고 있다. 그리고 야곱은 그 곳에 기둥 곧 돌기둥을 세우고 그 위에 전제물과 기름을 붓고 벧엘이라고 부른다. 신앙여정의 출발에서 하나님을 만났던 장소는 루스에서 벧엘로 오직 장소의 이름만 변화되었다. 그러나 이제 신앙여정의 종착점에서 하나님을 만난 장소는 장소의 이름뿐만 아니라, 야곱 자신의 이름까지도 변화되는 총체적인 변화가 실현된다. 루스가 벧엘로, 야곱은 이스라엘로 변화가 완성되었다. 이제 하나님, 사람, 장소가 일체가 되어 예배가 실현되는 것이다. 실제로 벧엘에 하나님의 집이 있었다는 기록이 사사기 20:26-27절에 나타나는 것으로 보아 그 서원은 실제가 되었다는 것을 살펴볼 수 있다. 벧엘에 위치한 하나님의 집은 아마도 북이스라엘의 초대 왕인 여로보암이 금송아지 우상을 세우고, 숭배하기 전에는 신앙의 선조인 야곱과 연결되어 정통성 있는 장소로 유명했을 것으로 보인다.

6) 야곱과 에서의 분리(창 35:22-36:43)

야곱 이야기에서 마지막 사건은 "아브라함의 아들 이삭의 족보는 이러하니라"(창 25:19)를 완성시키는 족보들이 자리 잡는다. 이삭의 죽음을 사이에 두고 열둘로 구성된 두 족보가 대칭을 이루고 있는 것이다.

A. 야곱의 열두 아들들의 명단(창 35:22b-26)
  B. 이삭의 죽음과 에서와 야곱이 함께 장사지냄(창 35:27-29)
A'. 에서의 열두 족장의 명단(창 36장)

야곱의 이름이 이스라엘로 바뀐 것처럼 그의 아들들의 숫자 또한 11명으로 마감될 수는 없다. 완전수를 채워야 한다. 그 12번째 아들이 탄생하는 이야기 속에 해산의 고통이 들어가 있다. 이스라엘 12지파는 결코 쉽게 탄생된 민족이 아니라는 것을 느껴볼 수 있다. 마지막까지 산고의 고통으로 이루어진다. 그리고 그 안에는 지파의 흥망성쇠까지도 들어있다. 시므온과 레위가 잔혹한 살상행위로 권위를 상실하고, 이제 첫째 아들인 르우벤 또한 야곱의 첩인 빌하와 통간을 함으로 장자의 권위가 상실된다. 르우벤, 시므온, 레위 모두 권위를 상실한 것이다. 그 다음 순위가 유다라는 점에서 유다가 장자의 권위를 부여받을 것이란 점을 암시적으로 느껴볼 수 있다. 그리고 열두 아들들의 이름이 나열됨으로 야곱 이야기는 완결에 이른다(창 35:22b-26). 이는 이제 다음의 이야기는 당연히 이 열두 아들들이 주축이 된 이야기가 펼쳐질 것을 추측해 볼 수 있다.

레아	르우벤, 시므온, 레위, 유다, 잇사갈, 스불론	총 12 명
라헬	요셉, 베냐민	
빌하(라헬의 여종)	단, 납달리	
실바(레아의 여종)	실바(레아의 여종)	

에서의 족보는 에서가 호리 족이 거주하는 세일로 이주하면서 정복과 합병을 통해 호리 족의 족장들과 합하여 12부족 체제를 만들어 내는 것을 볼 때 이스라엘 열두 지파와 맞상대로 대칭을 이루고있다.

에서의 아내들과 아들들 (창 36:1-5)	아다	엘리바스	5명	총 12 명
	바스맛	르우엘		
	오홀리바마	여우스, 얄람, 고라		
호리 족속 (창 36:20-21)	세일의 자손	로단, 소발, 시브온, 아나, 디손, 에셀, 디산	7명	

에돔 또한 12부족체제를 이루지만, 에돔의 12부족이 아닌 이스라엘 12지파가 하나님의 백성으로 형성된다. 순간적인 육체의 만족을 채우기 위해 붉은 (아돔) 팥죽 한 그릇에 현혹되어 장자의 명분을 소홀히 여기는 백성이 아닌,

신앙적 변화를 경험한 사람이 바로 하나님의 백성임을 의미한다. 그리고 그 변화를 경험하고 세일 산이 아닌 가나안 땅을 약속으로 부여받은 백성이다.

에서와 야곱은 이렇게 분리의 길을 걷는다. 그럼에도 이들은 이삭의 장례를 같이 치를 정도로 화해했다는 점을 살펴볼 수 있다. 그리고 에서와 야곱은 다투어서 헤어지는 것이 아니라, 그들의 재산이 너무도 많아져서 같이 거주할 수 없기에 헤어지는 것으로 나타난다(창 36:6-8).

시작(창 25:22-23)	끝(창 36:6-7)
그 아들들이 그의 태 속에서 싸우는지라 그가 이르되 이럴 경우에는 내가 어찌할꼬 하고 가서 여호와께 묻자온대 여호와께서 그에게 이르시되 두 국민이 네 태중에 있구나 두 민족이 네 복중에서부터 나누이리라 이 족속이 저 족속보다 강하겠고 큰 자가 어린 자를 섬기리라	에서가 자기 아내들과 자기 자녀들과 자기 집의 모든 사람과 자기의 가축과 가기의 모든 짐승과 자기가 가나안 땅에서 모은 모든 재물을 이끌고 그의 동생 야곱을 떠나 다른 곳으로 갔으니 두 사람의 소유가 풍부하여 함께 거주할 수 없음이러라 그들이 거주하는 땅이 그들의 가축으로 말미암아 그들을 용납할 수 없었더라

그러나 비록 화해를 이루었을지라도 형제가 분리의 길을 걷는다는 것은 또 다른 다툼을 잉태하고 있는 것과도 같다. 형제가 각각 다른 나라의 시조가 되었다는 것은 언젠가는 그 분리로 인해 국가간의 분쟁에 휘말릴 날이 온다는 것을 미리 짐작해 볼 수 있기 때문이다. 이것은 이스라엘과 에돔의 역사를 추적해 보기만 해도 즉각적으로 드러나는 사실이다. 이스라엘과 에돔은 계속적인 국지전과 소모전을 통해 서로가 서로에게 적대감을 심어주는 관계로 악화되기 때문이다(삼상 14:47; 삼하 8:13-14; 왕상 11:15; 왕하 8:20; 14:7; 옵 1장; 시 137:7). 그리고 결국 말라기서에서는 이러한 부분적인 화해가 다다를 종착점이 무엇인지를 분명하게 보여준다.

나 여호와가 말하노라 에서는 야곱의 형이 아니냐 그러나 내가 야곱을 사랑하였고 에서는 미워하였으며 그의 산들을 황폐하게 하였고 그의 산업을 광야의 이리들에게 넘겼느니라 에돔이 말하기를 우리가 무너뜨림을 당하였으나 황폐된 곳을 다시 쌓으리라 하거니와 나 만군의 여호와는 이르노라 그들은 쌓을지라도 나는 헐리라 사람들이 그들을 일컬어 악한 지역이라 할 것이요 여호와의 영원한 진노를 받은 백성이라 할 것이며(말 1:2b-4)

"큰 자가 작은 자를 섬기리라"는 것에서 출발한 이들의 시작이 마침내 "사랑받음과 미움받음"이라는 상반된 결론에 도달하고 만 것이다. 하나님은 사람과 사람이 서로를 아끼고 돌봄으로 서로 간에 존재하는 모든 악 감정이 해소되어 선택에서 잠시 제외되었던 존재들까지 하나 되어 하나님 나라를 이루기를 소망하셨다. 그러나 야곱과 에서는 계속해서 분리의 길을 걷다가 사랑받음과 미움받음이라는 생존과 파멸의 상반된 길로 가고 말았다. 이 속에는 선택받은 자의 실패 또한 내포되어 있는 것이다. 에서를 선조로 하는 에돔이 야곱을 선조로 하는 이스라엘을 기쁘게 섬길 수 있는 그런 세상을 이스라엘이 바르게 열지 못했다는 것과 에돔이 이렇게 하나님 앞에서 악행을 저지르며 망국으로 가는 것을 이스라엘이 막지 못했다는 안타까움이 있는 것이다.

이처럼 완전한 화해를 이루어 연합이라는 결론에 도달하지 못할 때 어떤 결론에 이를 수밖에 없는지를 깨달았다면 하나님의 백성은 한 걸음 더 나아가야 한다. 이제 창세기는 에서와 야곱을 넘어서 용서와 화해 그리고 연합이라는 완전한 길을 향하여 전진한다. 이러한 형제간의 분리의 벽을 완전히 허물고, 사람과 사람사이의 완전한 관계 회복을 이루는 사명이 다음 세대에게 주어진 과제가 되는 것이다.

VI
요셉 이야기(창 37:1-46:27)

이제 가장 중요한 과업은 사람과 사람 사이의 끊어진 관계를 누가, 어떻게 연결시킬 것인가이다. 야곱과 에서가 20년의 세월을 거치며 마침내 화해를 이루어 냈다. 그리고 그 화해는 피해자가 자신이 탈취한 것을 돌려줌으로써 이루어진다는 것을 보았다. 그러나 야곱과 에서가 이루어 낸 화해는 부분적인 불완전한 것에 그치고 만다. 그것은 야곱-에서 이야기의 마지막 부분을 읽어보면 쉽게 이해할 수 있다. 창세기 33:12-20절에는 조금은 석연치 않은 야곱의 행동을 느껴볼 수 있다. 에서가 있는 세일 산으로 따라 갈듯이 응답하다가 가나안 땅의 요충지인 세겜에 머무는 장면이다. 그리고 세겜에 장막을 치고, 거기에 그의 할아버지 아브라함처럼 제단을 쌓고 '엘엘로헤이스라엘'(하나님, 이스라엘의 하나님)이라고 하나님의 이름을 부르며 예배한다. 에서는 세일 산으로, 야곱은 가나안 땅으로 향하는 분리의 길을 걸으며 온전한 용서와 화해를 통해 하나로 연합하는 사람과 사람의 관계는 그 다음 세대에게 과제로 넘겨진다.

이것은 이미 에서와 야곱의 탄생에서도 주어진 예고였다: "두 국민이 네 태중에 있구나 두 민족이 네 복중에서부터 나누이리라"(창 25:23). 이들의 출발선에서 주어진 이 신탁은 이야기의 마지막에 사실로 드러난다. 이야기의 결론이 이들의 출발선에서부터 이미 주어졌다는 것은 관계의 회복을 이루는 것이 얼마나 험난한 길인가를 단적으로 알려주고 있는 방식일 것이다. 성공보다는 실패할 확률이 현저히 높다는 것 그리고 완전한 실현보다는 늘 미진한 앙금을 남겨 둘 수 있다는 것을 비쳐주는 거울인 것이다. 그러므로 에서와 야곱의 이야기는 뱃속에서부터 시작된 경쟁관계를 끊고, 마침내 용서와 화해로 연합을 이루어 하나가 된다는 것은 결코 쉽지 않다는 것을 보여주는 교훈적인 이야기이다.

그럼에도 야곱이 이스라엘이 되었다는 것이 희망이다. 아직 많은 것이 불안하고, 미완성인 채로 남아있지만 야곱이라는 탈취자가 하나님과 및 사람들에게 인정받는 이스라엘이 되었다는 것은 다음 단계의 완성을 향한 무한한 가능성을 열어놓은 것이기에 하나님의 백성에게 의미가 크다. 변화된 이스라엘을 통해 한 단계 회복으로의 전진이 일어났고, 다음 단계에서의 완성을 고대하고 있다는 것이다. 그러므로 하나님의 백성 이스라엘은 완성자체를 의미하는 것이 아니라, 완성을 향한 계속되는 노력을 의미한다. 야곱이 이스라엘이 되었음에도 모든 것이 완전하게 해소되지 않았다는 것은 신앙인의 삶에 결코 끝이란 없으며, 더 나은 선을 향한 전진만이 남아있는 것을 알리는 경종이 된다. '야곱/이스라엘'은 바로 '아브라함-이삭'과 '요셉과 형제들' 사이에서 양쪽의 회복을 이어가는 존재라는 것이 이것을 입증한다. 회복된 하나님과의 관계를 연결시켜 나가고, 반드시 이루어야 할 사람과의 관계회복을 향하는 길을 제시해 주는 것이다. 이러한 사명은 지금 현재를 살아가는 그리스도인들에게도 동일한 사명으로 주어져 있으며 완성에 대한 기대를 안고 있다.

아브라함과 이삭(하나님과의 관계) ⇔ **야곱/이스라엘** ⇔ 요셉과 형제들(사람과의 관계)
↓
(하나님과 및 사람들과 겨루어 이긴 자)

이것은 결국 그 다음 대인 요셉과 그의 형제들의 이야기가 필요한 당위성을 제공해 주는 것이다. 이제 누군가 이 관계파괴의 악순환을 정리해야만 한다는 것이다. 그것도 태중에서부터 경쟁하며, 탄생 자체가 분열인 관계로 동일하게 시작하지만 마지막은 완전히 다른 결과로 끝나는 완성을 이루어야 한다는 것이다. 이러한 과제가 남겨져 있다는 것을 알고 있다는 듯이 야곱의 아들들의 이야기는 또다시 동일한 패턴을 따라간다. 이미 잉태 전부터 어머니들의 경쟁이 치열하게 벌어지고, 아들들의 이름은 그 경쟁을 그대로 반영하고 있으며, 그 후에는 아버지와 하나님의 편애로 인해 형제 사이의 다툼이 형제살해까지 일으킬 수 있을 만큼 심각한 요소가 되기도 한다. 이처럼 야곱의 아들들 이야기 속에도 뿌리 깊이 박혀 있는 동일한 인간사이의 갈등이 존재한다. 누가 완전한 화해의 이상을 이루어 낼 것인가라는 주제가 또다시 살아나고 있으며, 그 완성을 향하여 달려가고 있는 것이다. 가인과 아벨 사건에서 하나님의 편애, 이스마엘과 이삭 중에 이삭을 선택하신 하나님의 편애, 그리고 에서와 야곱의 이야기에서 임의로 작은 자를 뽑으신 하나님의 편애, 이제 창세기의 마지막 사건에서는 열 명의 형제들과 요셉 사이에서 아버지인 야곱이 요셉을 향한 편애를 보이고 있고, 하나님도 그 편애에 합세하고 있다. 편애는 늘 분열을 일으키는 불씨가 된다. 분열의 불씨를 오히려 더욱 강한 결속력으로 만들 수 있는 신앙인은 누구일까? 어떻게 그렇게 할 수 있을까? 이것이 요셉 이야기의 중심주제가 될 것이며 그리고 그것이 성취되는 모든 과정이 곧 사람과 사람 사이의 관계를 회복하는 길이 될 것이다. 이제 요셉과 형제들은 부모세대의 갈등까지도 안고 출발한다는 점에서 관계회복의 길은 점점 더 힘들어진다. 만약 이들 세대에서 해결하지 못한다면 그 다음 세대는 회복을 위해 더 무거운 짐을 지고 출발하는 것이다. 삼 세대 동안 얽힌 갈등을 풀어야 하기 때문이다. 그러므로 회복은 빠를수록 좋다.

1. 이야기 전체를 한눈에 읽기

요셉 이야기는 동일한 긴장감 가운데 시작한다. 하나님께서 주신 꿈이 나타난다는 것은 이미 하나님과 소통이 이루어지고 있다는 점에서 하나님과의 관계성에 대한 문제를 지적하는 것이 아니란 것을 분명하게 알 수 있다. 하나님은 요셉과 형제들의 삶을 이끌고 계신다. 그러나 어느 특정한 개인에게 특별한 꿈을 부여해 주신다는 점에서 편애의 소지가 나타나고 있다. 그러나 편애는 인간의 편에서도 고질적인 질병으로 또한 등장하고 있다. 야곱이 노년에 낳은 아들이면서, 또한 사랑하는 아내인 라헬이 낳은 아들인 요셉을 편애한다. 이에 덧붙여 하나님까지 가세하여 요셉에게 특별한 꿈을 주신다. 이것은 요셉이 막내라는 점에서 심각한 갈등을 초래할 여지를 남겨둔다.

그렇다면 이미 사건의 불씨는 충분하다. 열한 명의 형제들은 모두 야곱의 아들이지만 어머니는 제 각각이다. 야곱이 네 명의 여인을 통해서 열한 명의 아들들을 낳았다는 것은 이미 네 등분의 분리가 그 안에 존재하고 있을 것을 직감케 한다. 분명히 이러한 형제간의 분열이 나타나는 것은 처음 사건이 아니다. 창세기 전체를 통해서 가인과 아벨 이후로 계속되는 사항이다. 지금 이 순간까지 결코 그 갈등은 제거된 적이 없다. 그리고 제거되는 길 또한 제시되지 않았다. 부분적이지만 지금까지 가장 극적인 해결을 맞이한 형제는 에서와 야곱이다. 그러나 그것 또한 완성을 향한 일보 전진을 남겨두고 있다.

이제 창세기의 마지막에 형제들의 다툼 이야기를 또 다루는 것은 무엇 때문인가? 단순한 형제들의 이야기가 아니라, 지금까지 인류가 안고 있던 사람간의 문제들을 모조리 끌어안고 있는 형제들이다. 이미 탄생 전부터 어머니들의 경쟁을 안고 태어났고, 태어난 후에도 역시 아버지의 관심과 사랑을 향한 형제간의 경쟁이 존재하고, 그 안에서 편애가 발생하며, 갈등이 존재한다. 그리고 하나님까지 가세하여 편애의 골을 더욱더 깊게 만들어 버림으로 형제간에 살해음모가 싹트기 시작한다.

왜 이렇게 인류의 역사는 동일한 사건에서 맴돌고 있는 것인가? 동일한 상황이 반복되는 이유는 무엇인가? 그 이유는 단 한가지이다. 바로 해결을 원하기 때문이다. 우리의 삶 속에서 계속 동일한 사건이 반복된다면, 그것은 다름 아닌 그것을 해결해야 한다는 하나님의 바람의 표출일 것이다. 그 순환의 고리를 끊어내지 않고서는 그 다음을 향한 전진을 할 수 없기 때문이다. 야곱의 아들들에게서 나타나는 동일한 형제간의 갈등은 누군가 풀어야 할 과제인 것이다. 이것이 풀리지 않으면, 그 다음 대에 또다시 형제간의 갈등 앞에 서게 될 것이며, 그 해결점을 놓고 씨름하게 될 것이 자명하다. 지금 요셉과 그의 형제들 앞에 하나님 앞에서 사람 사이를 파괴 시키고, 분리의 벽을 걷게 만들었던 사건이 동일하게 펼쳐지는 것은 이들이 이것을 끊어내야만 하는 과제 앞에 놓여진 것이다.

그래야만 하나님의 백성은 다음 단계를 향하여 대장정의 발걸음을 떼어놓을 것이다. 하나님과의 관계가 회복되었으니, 그 다음인 사람과의 관계까지 회복된다면, 하나님의 백성은 결코 세상 속에서 위축되거나, 축소되지 않을 것이다. 생육하고, 번성하여, 땅을 가득 채우는 놀라운 역사가 눈앞에 펼쳐질 것이다. 홍수 후에 노아와 그의 가족에게 축복의 소명을 주실 때 다른 사람의 피가 땅에 흐르지 않게 하라고 하시며 그 이유로 하나님이 자기 형상대로 사람을 지으셨기 때문이라 하신다. 그리고 연이어 생육하고 번성하여 땅에 가득하여 그 중에서 번성하라고 하신다(창 9:5-7). 결국 다른 사람의 피가 억울하게 흐르지 않게 하는 것은 인간의 생육과 번성과 밀접한 관계가 있다는 점을 시사하는 것이다. 하나님의 형상이라는 점까지 부각시킴으로 다른 이에 대한 존중을 강조하는 것도 이를 입증한다.

하나님의 이 명령을 소중히 여기는 사람들이 이 세상에 가득 찰 때 벌어질 일은 상상만으로도 황홀하다. 사탄이 그 입지를 잃어버리고, 하늘에서뿐만 아니라 이 땅에서도 쫓겨 간다면 이제 그 어디에서 자신의 주장을 펼칠 것인가? 이러한 위대한 이상을 파괴하는 가장 빠른 지름길은 바로 형제 사이의 갈라짐이요, 이렇게 뿔뿔이 흩어져 서로가 서로를 적과 경쟁자로 간주함으로 서로를 죽이고, 파괴하는 것이다. 그러므로 사람 사이의 파괴는 하나님의 숭고한 목적인 하나님의 형상을 부여받은 사람들이 이 땅을 가득 채워, 이 세상을 하나님 나라로 만드는 그 이상의 지연을 의미한다. 이러한 지연이 계속되며 하나님 나라가 후퇴한다면 이 땅은 사탄의 논리로 가득 찬 악의 승리가 이루어진 세상이 되고 말 것이다. 그런 일은 결코 이 땅에서 이루어지지 말아야 할 것이다.

그러므로 하나님의 뜻이 이루어지는 다음 단계로의 전진을 위하여 그 일에 장애를 제공하는 요소인 사람사이의 관계를 회복하는 것은 이제 하나님의 백성에게 주어진 필수적인 과제인 것이다. 계속적인 반복의 순환고리에서 탈피하여 하나님께서 허락하신 새 하늘과 새 땅을 향하여 전진하기 위해 이스라엘이라는 이름이 주어진 야곱의 뒤를 잇는 그의 아들들은 주어진 기회를 극대화할 필요가 반드시 있는 것이다. 동일한 상황이 자신들의 삶 속에서 다시 반복된다는 것은 하나님의 갈망이 자신들에게 와 있다는 것을 깨달아야 하는 것이다. 다음 세대에게 동일한 것을 물려주지 않기 위해 하나님의 사람은 자신 앞에 주어진 과제를 충실하게 풀어야 할 책임이 있다. 그래야만 다음 대에는 하나님의 위대하신 뜻이 한 걸음 더 전진할 수 있는 길이 열릴 것이기 때문이다. 요셉과 형제들이 주축이 된 요셉 이야기는 이러한 사람 사이의 관계회복을 위한 길을 제시할 것이며, 그 길은 곧 하나님의 백성 모두가 따라가야 할 모범적인 길이 될 것이다.

요셉 이야기는 많은 학자들에 의해서 구약성서 안에서도 짜임새 있고, 통일성 있는, 아름다운 단편소설 중의 하나로 불린다. 그에 걸맞게 요셉 이야기의 문학적인 구조 또한 메시지를 전달하기 위한 탄탄한 구성을 가지고 있다. 요셉 이야기는 광범위하게 창세기 37-50장까지 펼쳐진다. 그러나 면밀히 살펴보면 요셉이 등장하는 전체 이야기는 요셉이 주인공으로 등장하는 부분(창 37:1-46:27)과 그가 조연으로 등장하는 부분(창 46:28-50:26)의 둘로 나누어짐을 알 수 있다.[174] 전반부에서는 늘 이야기의 중심에 서 있던 요셉이, 후반부에서는 단지 이스라엘 열두 지파의 생존을 책임지고 보장하는 사람으로 등장할 뿐이다. 요셉이 주인공으로 등장하는 부분의 주제가 형제간의 용서와 화해라면, 그 뒷부분은 이러한 용서와 화해로 가능케 된 이스라엘 열두 지파 연합의 탄생과 성장을 다룬다.[175] 이러한 주제의 분리가 야곱의 열두 아들들의 족보(창 46:8-27)를 중심으로 이루어진다는 점에서 논리적이다.[176] 이 족보 전, 후의 이야기 전개가 요셉 한 사람의 지정학적 변동에서, 야곱과 그의 후손 모두가 애굽 땅에 정착하는 대변동을 겪는다는 점에서 초점이 요셉에서 열두 지파(이스라엘)로 바뀌는 것은 당연하다. 이런 이유들로 인해 이 부분에서는 요셉 이야기를 요셉이 주인공으로서 중추적인 역할을 하는 창세기 37:1-46:27절까지로 제한하기로 한다. 이러한 요셉 이야기의 범위와 구조에 대해서는 다음에 펼쳐질 '이야기의 문학적 구조 따라 읽기'에서 더 상세하게 논의될 것이다.

사건의 발단은 가나안에 정착한 야곱의 집에서 벌어진다. 야곱의 열한 명의 아들들이 등장하며 형제간에 문제를 분출시킨다. 그것은 이제 해결해야 할 것이 있다는 암시를 풍기고 있는 것이다. 역시 동일한 편애의 문제 앞에 인간은 부딪친다. 야곱은 노년에 낳은 아들이며, 사랑하는 아내 라헬의 아들인 요셉에 대한 병적인 애착이 있다. 입는 옷도 그리고 살아가는 방식도 형들과 다르다. 형들의 말 보다는 형들의 잘못을 고하는 요셉의 말에 더 큰 신뢰를 둔다(창 37:1-3). 형제간의 관계는 심각한 균열이 가 있고, 질투의 도를 넘어 미움과 증오가 사람 사이에 형성된다. 이러한 균열에 충격을 가하는 것은 하나님의 합세이다. 하나님께서 요셉에게 꿈을 주신다. 두 번 연속으로 꾸는 꿈의 내용은 두말할 필요도 없이 최고가 되는 것이며, 형제들 위에서 다스리는 통치자가 되는 것이다. 이로 인해 형제들 사이는 더욱 금이 가고 더 큰 증오의 먹구름이 사람 사이에 드리워진다. 형제들은 언제든 요셉을 제거할 준비가 되어있고, 그 방법은 형제살해라는 극단적인 길이라는 것을 형제들은 공공연히 드러낸다.

그것을 실행할 때가 왔다. 야곱이 요셉을 형들이 양을 치는 곳으로 보내어 그들의 안전을 점검해 보라는 사명을 부여했다. 요셉이 형들이 있는 도단까지 왔을 때 형들은 요셉을 죽일 음모를 꾸민다. 그러나 마지막 순간에 유다가 나서서 형제를 죽여서 피를 흘리는 것이 마땅치 않으니 자신들의 손에 피를 묻히기 보다는 눈에서 아예 완전히 제거해 버리는 길인 상인들에게 파는 것으로 의견의 일치를 본다. 유다와 형제들은 애굽으로 가는 상인들에게 요셉을 팔아치움으로 그의 꿈을 무효화시키려 한다(창 37:20). 형제들은 요셉을 팔고 돈을 받고, 아버지 야곱에게는 요셉의 채색 옷에 염소를 죽여 얻은 피를 묻혀 사나운 짐승이 해친 것으로 속인다. 야곱은 이로 인해 통곡하며, 슬픔의 세월을 보내게 된다.

그 다음에 요셉 이야기의 전개는 갑작스런 이질적인 이야기의 출현으로 혼선을 빚는 것처럼 보인다. 바로 유다-다말 사건의 삽입이다. 요셉이 팔려가는 사건과 전혀 연관이 없어 보이는 이야기가 요셉 이야기의 흐름을 끊고 있는 듯한 인상을 풍기기 때문이다. 그러나 이 이야기는 요셉 이야기를 풀어 가는데 없어서는 안 되는 필수적인 요소이다. 유다-다말 사건이 요셉 이야기 속에 어떻게 녹아 들어가 이야기의 극적 요소를 제공하며, 또한 전체적인 위기상황을 해소하며, 사건의 해결을 이루어 내는지는 차후에 제시될 것이다. 여기서는 요셉의 운명에 초점을 맞추어 이야기를 전개하기로 한다.

요셉은 애굽으로 내려가 보디발의 집에 팔리고 그 집에서 최선을 다하여 일하며, 신임을 얻는다. 그의 성실함에 하나님께서 함께하심으로 무엇을 하든지 복을 내리심으로 보디발은 요셉을 철저히 신뢰하여 집안의 모든 것을 다 그의 손에 맡기고 아무 것도 관여하지 않는다. 그러나 보디발의 아내가 요셉의 외모에 반하여 동침을 원하나, 요셉은 계속적인 거절로 일관한다. 심지어 요셉은 그녀와 함께 있는 기회조차 만들지 않는다. 그의 이러한 정신은 하나님 앞에서 어찌 그런 죄악을 저지를 수 있겠느냐는 여호와 경외의 신앙에 기초하고 있다(창 39:9; 참고, 42:18). 보디발의 아내는 계속하여 요셉과 함께할 기회를 찾고 있고, 마침내 집에 아무도 없었고 요셉이 사무를 보러 들어왔을 때 그를 붙들고, 동침을 간청한다. 그러나 요셉은 거절하고, 여인은 그의 옷을 잡고 늘어진다. 이 때 요셉은 겉옷을 벗어던지고 뿌리치고 나가버린다. 여인은 그의 옷을 가지고 사람들을 속인다. 흡사 야곱이 요셉의 옷을 보고 죽은 것으로 속았던 것처럼, 보디발을 비롯한 그 집안의 사람들은 옷을 소품으로 한 여인의 속임에 넘어가고, 요셉은 종의 신분에서 죄수의 신분으로 전락하고 만다. 한번씩 옷이 강제로 벗겨질 때마다 요셉은 추락을 거듭한다. 채색옷이 벗겨지며, 종의 신분으로 전락하고, 종의 옷이 벗겨지며, 죄수의 신분으로 추락한다. 그의 옷은 이처럼 자의가 아닌 늘 강제에 의해 벗겨진다. 이것이 요셉의 운명이다. 뭔가 자신의 마음대로 살지 못하고, 운명적 삶을 살아가는 느낌을 드러낸다. 하지만 벗겨진 날이 있으면, 입혀질 날이 있다. 하나님께서 계속 벗기시는 이유는 새로운 것으로 입히시기 위함인데 권능과 능력의 옷을 입었을 때 하나님의 뜻을 이루는 길을 향하게 하기 위한 목적이 있다. 그리고 그 하나님의 뜻이 이루어지기까지 그는 결코 죽지 않는다. 이 사실은 보디발이 가나안에서 끌려온 종인 요셉을 그 자리에서 사형에 처하지 않는 것에서 알 수 있다. 자신의 아내를 범하려 한 극악한 종을 살려둘 이유가 무엇인가? 종이 재산의 일종이었던 세계에서 요셉이 고관들이나 갇히는 왕실 감옥에 들어갔다는 것부터가 의문스럽기 때문이다. 하나님의 섭리가 아니고서는 결코 설명 불가능한 일이다.

요셉은 감옥에서도 동일하게 최선을 다했다. 하나님께서 함께하심으로 그의 하는 모든 일에 복이 임하고, 사람들에게 은혜를 입게 하신다. 그를 그 곳에 두게 하신 이유는 누군가를 만나게 하기 위함이다. 그 곳에서 그는 막강한 권력을 가진 바로의 두 관원장을 만나게 된다. 술 맡은 관원장과 떡 굽는 관원장이다. 이들이 같은 날 꿈을 꾸었고, 요셉은 이들의 꿈을 해석해준다. 그리고 그 꿈 해석대로 술 맡은 관원장은 즉시 복직되어 바로의 잔에 술을 따르고, 떡 굽는 관원장은 매달려 죽임을 당한다. 그리고 이 사건이 술 맡은 관원장이 요셉을 잊어버림으로 아무 의미 없이 끝나버리는 듯 했다. 하지만 하나님은 바로에게 두 번의 꿈을 꾸게 하심으로 술 맡은 관원장에게 잊혀졌던 요셉에 대한 기억이 살아나게 하신다. 애굽에는 바로의 꿈을 능히 푸는 자가 없었으므로 이 관원장이 요셉의 꿈 해몽을 기억하게 된 것이다. 그는 즉각적으로 바로에게 요셉을 추천했고, 요셉은 죄수의 의복에서 왕을 알현할 수 있는 복장으로 입혀진다(창 41:14). 그리고 이내 바로의 꿈을 해석하자마자, 바로의 전권으로 그를 총리의 자리에 앉힘으로 그의 의복은 마침내 애굽의 총리의 복장으로 바뀌진다(창 41:42). 아버지가 입혀준 채색옷이 바로 왕이 입힌 총리의 옷이 된 것이다. 긴 시간을 두고 두 번 벗겨졌던 그의 의복이 삽시간에 두 번에 걸쳐 회복의 복장으로 입혀지며, 그는 바로 왕 다음의 위치로 올라서게 된 것이다. 벗겨짐으로 추락이 이루어지고, 입혀짐으로 상승되는 것이다. 이러한 경험을 통해 올바른 통치자의 길을 걷게 하려는 하나님의 의도가 있었을 것이다. 왕이 되는 꿈을 두 번에 걸쳐 꾸게 하시고, 가장 낮은 자의 삶을 사는 경험을 통과케 하신 후에, 애굽의 총리의 자리에 앉히신 것이다. 이제 이렇게 서게 된 요셉을 통해 세상이 살아나고, 사람 사이가 회복될 날을 기대할 수 있게 된다.

요셉의 꿈 해석대로 7년의 풍년이 진행되고, 애굽의 곡식은 그 다음에 이어질 7년의 흉년을 위해 저장된다. 풍년의 기간 동안 요셉은 결혼하고 므낫세와 에브라임이라는 두 명의 아들을 낳는다. 그리고 7년의 흉년이 시작된다. 아브라함과 이삭의 시대에도 있었던 흉년이다. 세상이 다 타들어 가는 그런 환경임에도 하나님과의 관계가 회복되었고, 저주로 힘을 잃은 땅일지라도 축복은 강인하게 살아난다는 것을 이 두 사람의 이야기는 분명하게 보여주었다. 이제 한 가지가 더 회복되어야 한다는 암시처럼 요셉이 총리로 있을 때 세계적인 대 기근이 벌어지는 것이다. 요셉과 형제들 사이가 황폐한 것처럼 사람 사이가 부서졌을 때 땅도 마찬가지로 열매 맺지 못하는 불모지로 변해 버린다. 그리고 인간은 서로에게서 멀어져 유리하는 자가 되었다. 가인이 사람들로부터 격리되듯, 요셉과 형제들도 서로 격리된 삶을 살아왔다. 그들의 관계를 대변하듯 온 천지가 다 가뭄으로 타들어 간다. 풀어야 할 저주가 인간 삶을 지배하고 있는 것이다. 그 해결의 과제는 오롯이 요셉과 형제들의 몫으로 주어져 있다.

아브라함과 이삭의 시대에 하나님께서 함께하심으로 흉년이 극복되듯이, 이제는 아브라함과 이삭만 흉년을 극복해 나가는 것이 아니라, 사람과 사람 사이가 회복됨으로 전 세계가 흉년을 극복하고 복을 누리는 세상이 열려야만 한다. 요셉과 형제들의 이야기는 바로 인간 삶의 마지막 남은 역경이 극복되고, 하나님과의 관계회복이 마침내 사람과의 관계회복으로 완성되는 길목에 서 있다. 이것은 인간 삶의 축복이 결코 우호적인 환경, 해가 없는 안전지대, 고통과 위기와 위험이 없는 무풍지대에서만 꽃을 피우는 것이 아니라, 어떠한 역경이 올지라도 이겨내고 피어나는 든든한 것임을 보인다. 이것이 회복이며, 이것이 축복의 길이며, 복이 쏟아져 나가는 복의 근원이 되는 삶인 것이다. 비록 흉년이 들어 세상이 다 메말라 가도, 사람사이가 회복되면 서로가 서로를 돌보고, 세움으로 같이 든든히 서 나가는 삶을 열어갈 수 있기 때문이다.

요셉은 흉년의 기간에 모든 사람들이 왕래하는 길목에서 곡식을 팔며 누군가를 기다리고 있다. 형제들이 분명히 곡식을 사러 올 것이라는 사실을 알고 있었기 때문이다. 드디어 형제들이 애굽에 그 모습을 드러냈고, 요셉은 그들을 만나 아버지와 친척들 그리고 동생의 유무에 대한 질문을 집요하게 퍼부은 후에(창 43:7, 27) 이들을 정탐꾼으로 몰아 감옥에 가두어 버린다. 요셉에게는 뚜렷한 목적이 있었기에 자신의 계획을 진행시키고 있는 것이다. 물론 그것은 부정적인 길이 아닌 긍정적인 미래를 향한 계획인 것이다. 삼일 뒤에 형제들 중에 한 명인 시므온을 감옥에 가두고 나머지 형제들은 곡식 자루 아귀에 그들의 돈을 넣어 함께 돌려보내며, 다음에 올 때에는 반드시 막내 동생을 데리고 와야만 정탐꾼이 아님을 증명하는 것이며, 시므온도 무사할 수 있을 것이라고 주지시킨다. 형제들이 아버지 야곱에게 돌아갔을 때 그들이 들은 것은 과거에 요셉을 잃었을 때의 그 탄식소리밖에는 없었다(창 42:30). 애굽에서 사온 곡식이 다 떨어졌을 때 야곱은 아들들에게 왜 다시 가서 곡식을 사오지 않느냐고 질책한다. 이에 형제들의 대표격인 유다가 베냐민을 데려가지 않으면 결코 그 곳에 갈 수 없다고 응답하며 데려갈 수 있도록 허락해 줄 것을 간청한다. 야곱은 이에 대해 강력하게 반대하며, 결코 데려갈 수 없다고 버틴다. 그러나 곡식이 떨어지는 상황 속에서 더 이상 버틸 수 없었던 야곱은 결국 유다의 설득에 동의하여 베냐민을 형제들과 같이 보내게 된다(창 43:8-15).

마침내 형제들이 베냐민과 함께 요셉의 앞에 섰고, 요셉은 시므온도 풀어주고 자신의 집에서 식사를 같이 할 것이라고 한다. 요셉이 점심에 집에 도착하고 형제들과 앉아서 식사를 나눈다. 요셉은 다섯 배나 많은 맛있는 음식을 자신의 친동생인 베냐민의 앞에 차려준다(창 43:34). 형제들은 모두 함께 오랜만에 평안하고 행복한 시간을 보내며 먹고 마신다. 그리고 형제들은 다음날 곡식을 사서 함께 아버지 야곱에게로 돌아간다. 그러나 요셉은 이러한 평안한 분위기를 깨는 한 가지 계획을 실행한다. 이미 자신의 은잔을 베냐민의 자루에 넣었고, 베냐민을 볼모로 애굽에 잡아두려는 계획을 진행시킨다. 형제들이 출발한지 얼마 안 되어 요셉은 급히 집안의 청지기로 그들을 뒤쫓게 하여 왜 은잔을 훔쳤느냐고 질책하게 한다. 형제들은 그 일에 대해 전적으로 부인하며 결코 그런 일이 없노라고 응답한다. 그러나 베냐민의 자루에서 은잔이 발견되자 형제들은 망연자실 자신들의 옷을 찢고 통탄하며, 다시 요셉에게로 돌아온다(창 44:1-13).

요셉이 이 절도행각에 대해 강력하게 질타할 때 유다가 잔이 발견된 자와 자신들 모두가 애굽에서 종이 되겠노라고 자청한다(창 44:16). 그러나 요셉은 은잔이 발견된 자만 애굽에 남아 종이 되고, 나머지 형제들은 돌아가도 좋다는 선언을 한다. 이에 대해 유다가 나서서 요셉 앞에서 긴 호소를 한다(창 44:18-34). 유다의 호소는 막내아들인 베냐민이 돌아가지 않으면 상심하여 죽을지도 모를 아버지 야곱에 대한 연민과 동생의 안전에 대한 염려로 가득 차 마침내는 자신이 베냐민 대신으로 애굽에 종으로 남고 동생은 아버지께 보내달라는 부탁으로 그 결론에 이른다(창 44:33-34). 요셉의 친동생인 베냐민을 위한 유다의 호소는 요셉이 형제들에게서 보기를 원했던 것을 확증하는 요소가 되었다. 요셉은 더 이상의 시간을 끌지 않고 그 자리에서 형제들에게 자신의 정체를 밝힌다(창 45:1-4). 그리고 놀라는 형제들을 위로하며, 안심시킨 뒤에 베냐민과 안고 눈물을 흘리며 만남의 기쁨을 나누고, 또 형제들과도 안고 울며 재회의 기쁨을 나눈다(창 45:14-15). 요셉은 형제들에게 아버지와 가족들과 함께 신속하게 애굽으로 내려올 것을 말하고, 아버지를 모셔올 수레들과 음식들을 실어서 보낸다. 야곱이 이 소식을 전해 듣고 기쁨으로 환호하며, 죽기 전에 가서 요셉을 보리라는 희망과 함께 애굽으로 내려오는 장면이 펼쳐진다(창 45:16-45:7). 이러한 과정 속에서 요셉과 형제들 사이가 회복되는 사건이 벌어진다.

이렇게 언뜻 보기에는 단조롭게 보이는 요셉 이야기에는 사람과 사람 사이의 관계회복을 보여주는 요셉과 형제간의 용서와 화해, 연합이라는 회복의 이야기가 중심주제가 된다. 이를 위한 정확한 과정과 그 과정 속에 나타난 신앙적인 의미들은 다음에 펼쳐질 요셉 이야기의 문학적인 구조 분석과 세부적인 주제 따라 읽기에서 낱낱이 거론될 것이다. 그리고 이와 더불어 요셉을 팔아치울 정도로 잔혹했던 유다가 요셉의 친동생인 또 다른 편애 받는 야곱의 막내아들인 베냐민을 위해 자신을 희생할 정도로 변화된 요인이 무엇인지 또한 다루어질 것이다. 이를 통해 사람사이의 관계회복이 어떻게 가능해질 수 있는지가 명확하게 드러날 것이며, 이러한 성취는 하나님의 백성에게 계속적인 삶의 도전을 제공할 것이다.

2. 이야기의 문학적 구조 따라 읽기

요셉 이야기의 통일성에 대한 주장은 이야기의 범위를 창세기 37-50장까지로 잘못 정함으로 여러 가지 문제점을 드러내 왔다. 정작 요셉이 주인공으로서 활동하는 부분은 제한적인 범위에 한정되며, 그 범위를 넘어서면 요셉이 아닌, 야곱과 그의 아들들 모두가 전방에 나서며 이스라엘 열두 지파가 주인공으로 등장하고 있기 때문이다. 그러므로 일반적으로 요셉의 이야기라 여겨지는 창세기 37-50장까지는 이야기의 주제와 주인공에 따라 두 부분으로 나눌 수 있다. 그 중의 전반부인 창세기 37:1-46:27절까지는 요셉이 주인공으로 등장하며 용서, 화해 연합이 그 중심 주제가 된다. 그러나 후반부인 창세기 46:28-50:26절까지는 이렇게 연합된 이스라엘이 애굽에서 생육하고, 번성하여 명실상부한 하나님의 백성인 이스라엘로 성장하는 이야기이다. 그러므로 이 부분의 주인공은 야곱과 열두 아들들 모두라고 할 수 있다. 그리고 후반부의 전 범위가 야곱의 애굽 도착과 야곱의 죽음이 테두리를 감싸고, 그 가운데 이스라엘의 형성에 지대한 영향력이 있었던 야곱의 축복과 함께 이스라엘 열두 지파의 미래가 제시된다는 점에서 한 인물이 아닌 민족적인 의미를 내포하고 있는 것이라 할 수 있다. 이처럼 창세기의 마지막 부분은 마침내 하나님과의 관계회복과 사람과의 관계회복을 이루어낸 이스라엘 열두 지파가 하나님의 백성으로 든든하게 서는 것으로 그 결론에 이른다는 점에서 요셉 이야기에서 이스라엘 열두 지파의 이야기로의 전환점이 이루어진 것이라 할 수 있다.

요셉 이야기의 범위에 대한 전통적인 견해에 의문을 제시하고 있다는 점에서 이 곳에서는 이 이야기의 문학적인 구조에 대해 상세하게 논의해야 할 필요가 있다. 먼저 요셉 이야기의 문학적인 틀을 창세기 37:1-46:27절까지로 정하는 이유를 제시하고, 그 다음은 그 범위 안에서 사용된 문학적인 구조를 분석함을 통해 요셉 이야기의 범위의 정당성을 입증할 것이다. 이 과정에서 요셉 이야기의 내용과 주제가 분명하게 부각될 것이다.

1) 요셉이야기의 문학적인 틀

창세기에서 다른 이야기들인 노아 이야기, 아브라함 이야기, 그리고 야곱 이야기들처럼 (창 6:9; 11:27; 25:19) 요셉 이야기도 전형적인 이야기의 시작을 여는 특별한 시작 문구인 "X 의 족보(תוֹלְדֹת 톨레도트)는 이러 하니라"라는 의미를 지니고 있는 새로운 족보와 함께 이야기를 열고 있다: "야곱의 족보는 이러 하니라"(창 37:2). 이 전형적인 문구 뒤에 바로 이 이야기의 중심인물인 요셉이 서둘러서 소개 되고 있다. 이와 같이 또 다른 '족보'의 시작과 새로운 중심인물의 등장은 새로운 이야기가 전개되고 있다는 사실을 보여주기에 충분한 증거들이 된다. 이처럼 요셉 이야기의 출발점에 관하여는 학자들 간에 별다른 충돌은 없으나 이 이야기의 구성을 이해하는데 존재하는 한 가지의 거대한 난점은 바로 이 이야기의 한계를 정하는 일이다. 즉, 그 끝이 어디냐는 것이다. 대부분의 학자들이 요셉 이야기의 경계를 창 37:2(1)-50:26절까지로 정하고 있다. 그 이유인 즉은 창세기 50장까지 요셉이 살아서 활동을 하고 있다는 사실과 더 나아가서는 요셉의 마지막 유언과 그의 죽음에 관한 보고가 창세기의 가장 마지막을 장식하고 있다는 사실에서 기인하고 있다(창 50:22-26). 이런 이유로 이들은 창세기의 마지막 부분을 요셉의 전 생애를 이음매 없이 매끄럽게 연결하고 있는 아름다운 예술작품으로 여긴다.[177]

　　그러나 '노아의 족보'(창 6:9)가 창세기 10장과 11장에 나타나는 그의 아들들인 셈과 함과 야벳의 족보로 그 이야기의 결론을 맺고, '데라의 족보'(창 11:27)가 아브라함의 이야기 속의 이스마엘과 이삭의 탄생과 데라의 또 다른 아들인 나홀의 족보로 마감되고(창 22:20-24), '이삭의 족보'(창 25:19)가 그의 아들들인 야곱과 에서의 족보로 그 대단원의 결말을 맞이하고 있는 것을 볼 때(창 35:23-29; 36:1-43) '야곱의 족보'(창 37:2) 또한 그의 아들들의 족보로 그 대단원의 막이 내려져야 함이 창세기의 전체 구성상 논리적이라 할 수 있을 것이다. 그리고 이러한 논리를 인정 하듯이 야곱의 열두 아들들의 족보가 창세기 46:8-27에 제시되어 있다.[178] 몇몇 학자들은 창세기 37:2절의 '야곱의 족보'는 원래 그의 후손의 명단인 창세기 46:8-27

절과 하나로 연결되어 족보집을 이루고 있던 것인데 '요셉 이야기'의 삽입으로 인해 지금의 형태로 나뉘게 되었다고 본다. 그러므로 전체 문맥의 구성상 요셉의 이야기가 그 중심에 서 있는 야곱의 족보는 그 이야기의 범위가 창세기 37:2-46:27절까지라고 잠정적으로 생각해 볼 수 있으며 이러한 한계 설정에 대한 다른 명확한 근거들을 제시해 줄 필요가 있을 것이다.

먼저 야곱의 후손들의 족보(창 46:8-27) 이전과 이후의 이야기 주제가 변하고 있다는 사실이다. 이전의 중심 주제가 요셉을 주인공으로 하는 야곱의 가족 이야기가 그 중심에 서 있었다면, 창 46장의 야곱의 후손의 족보가 주어진 후에는 이야기의 주제가 서서히 이스라엘 열두 지파의 형성으로 그 방향을 돌리고 있다는 사실이다. 이것은 이스라엘이라는 야곱의 또 다른 이름이 창세기37:2-46:27절에는 13번 등장하지만 언제나 개인적인 이름의 의미를 가지고 있었을 뿐이지만, 창세기 46:28절 이후의 문맥에서는 21번이 나타나며 7번은 개인적인 이름의 뜻으로가 아닌 민족의 개념으로 쓰이고 있다(창 47:27; 48:20; 49:7, 16, 24, 28; 50:25)는 점에서 지지될 수 있다.[179] 그리고 그 족보 이전과 이후 이야기의 중심인물에 큰 변화가 있음을 통해서도 또한 이 주장은 뒷받침 될 수 있는데 족보 이전의 상황에는 늘 이야기 전개의 중심에 서 있던 요셉이 그 이후 이야기 전개 속에서는 단지 이스라엘 열두 지파의 생존을 책임지고 보장하는 사람으로서 등장할 뿐이며, 형제들을 중심한 공동체가 이야기의 중심으로 자리를 옮겨가고 있다는 것이다(창 46:28-47:31). 이것은 창세기 48-49장에서 더욱 뚜렷해지는데 이 두 장에서 더 이상 요셉이 사건의 중심인물로 등장하는 것이 아니라 아직도 생존해 있는 그의 아버지 야곱이 이야기의 중심에 서서 이스라엘 열두 지파의 형성을 축복하고 있음을 살펴볼 수 있다. 그리고 요셉의 두 아들 에브라임과 므낫세를 야곱은 손자로서가 아닌 이제는 양자로서 받아들임으로 이스라엘 열두 지파의 구성이 어떻게 변화될 것인가의 미래상을 제시해 주고 있기도 하다(창 48:5-6). 창세기 46:8-27절의 족보 전후의 이야기 전개에 있어서 또 하나의 변화를 들라고 한다면 단연 지정학적인 변동일 것이다. 족보 전의 이야기에서는 단지 요셉 한 사람만이 지리적 변동을 경험하고 다른 모든 가족들은 여전히 가나안 땅에서 생활하게 되나, 그 이후의 이야기에서는 요셉의 초청 하에 이스라엘 전체가 애굽 땅에 정착하게 되는 대변동을 경험하게 된다. 이러한 이야기 전개의 주제적 단절은 요셉 이야기가 창세기 37:2(1)-50:26절까지의 연장선상에 놓여져 있는 것이 아니라는 것을 보여주는 좋은 증거들이라 할 수 있다.

　　이 주장은 비록 다양성은 가지고 있지만, 요셉 이야기의 경계를 창세기의 마지막 장으로까지 확장하는 것에 반대하는 몇몇 학자들에 의해서도 지지 되는 것이기도 하다. 그 첫 번째 예로 코츠(Coats)라는 학자는 요셉 이야기의 경계를 창세기 37:1-47:27절로 정하고 있는데 그 이유는 요셉 이야기 전체가 '야곱의 가나안 정착으로부터 야곱의 애굽 정착'이라는 지리적 변동을 그 문학적인 틀로 하는 구성으로 짜여져 있기 때문이라고 본다.[180]

야곱이 가나안 땅 곧 그의 아버지가 거류하던 땅에 거주하였으니(창 37:1)

이스라엘 족속이 애굽 고센 땅에 거주하며 거기서 생업을 얻어 생육하고 번성하였더라(창 47:27)

비록 코츠의 주장 속에 지리적인 변동이 명확하게 제시 되어 있음에도 불구하고 엄밀하게 분석해볼 때 창세기 47:27절에 나타나는 '이스라엘'은 야곱의 또 다른 이름으로 사용된 용어가 아니라, 이스라엘의 의미가 가족이나 부족이라는 개념을 넘어서서 민족이나 나라의 개념으로 사용된 것이므로 야곱의 삶의 자리의 변동을 그 경계의 틀로 설정했다는 그의 주장은 성립될 수가 없는 것이다.[181] 그리고 창세기 37:1절은 오히려 창세기 36:8절의 "이에 에서 곧 에돔이 세일산에 거주하니라" 라는 구절과 한 짝을 이루며, 이삭의 족보의 중심 이야기인 야곱 이야기 속에 나타난 야곱과 에서의 기나긴 갈등의 종결이 되기에 안성맞춤이다.[182] 코츠는 그 외의 나머지 부분들에 대해서는 다른 제목들을 붙이고 있는데 예를 들어 '애굽에서의 야곱의 죽음에 관한 이야기'(창 47:28-50:14), '대단원의 반복'(창 50:15-21), '부록'(창 50:22-26) 등이며, '유다-다말 이야기'(창 38:1-30)는 그에게 있어서 요셉 이야기의 전체 통일성을 파괴하는 이질적인 요소로서 취급되고 있다. 이와 같이 코츠는 지리적인 변동으로 요셉 이야기의 범위를 정하고 있다.[183]

두 번째로 자이볼트(Seybold)는 요셉 이야기의 문학적인 패턴을 인식하는 것을 통해 그 범위를 정하고 있는데 그는 창세기 37:3-11절에 기록된 요셉의 두 개의 꿈들이 창세기 42:6-8절에 나타난 형제들이 요셉에게 절을 하는 장면에서부터 그 성취를 향한 발돋움을 시작해서 결국에는 창세기 46:1-7절에 야곱이 애굽으로 내려가는 것을 통해 그 완전한 성취에 이르렀다고 본다. 비록 그가 요셉 이야기의 종결부를 야곱이 요셉의 두 아들을 축복하고 있는 창세기 48:1-22절 로 정하고 있지만 그가 요셉 이야기의 문학적인 틀로서의 경계를 창세기 37:2-46:7절로 이해하고 있는 것은 눈여겨 볼 만하다.[184]

세 번째로 베스터만(Westermann)은 창세기 37장과 39-45장들 속에서 요셉의 이야기를 발견하고 있으며, 이 부분들을 밀접하게 연결된 동일한 이야기의 연합체로 인정하고 있다. 그리고 창세기 46-50장은 앞의 이야기 연합체와는 독립적으로 성장한 내용으로 보고 후대에 이 두 독립적인 이야기들이 정교하게 짜여지게 되었다고 본다. 이것은 요셉이 형제들에게 자신을 애굽에 팔았으므로 두려워하지 말라고 하는 내용이 창세기 45:5-8절과 50:17-21절에 반복되어 나타나는 것을 통해 두 이야기가 존재했다는 사실이 증명될 수 있다고 한다. 여러 가지 논쟁의 여지는 있지만 창세기

37-45장과 46-50장의 두 이야기 연합체들이 서로 이질적인 요소를 갖고 있다는 그의 주장은 한번 생각해볼 만한 것이다. [185]

마지막으로 롱개크르(Longacre)는 비록 요셉이 중심적인 인물로 창세기 37-50장의 많은 부분들에 등장하지만 또 어떤 부분에서는 그의 이름이 전혀 언급조차 되지 않거나, 혹은 언급 된다 할지라도 주요한 인물로서가 아니라 주변인 정도로서 라는 사실을 파악하는 것을 통해 '야곱의 족보'(창 37:2)가 두 개의 잘 결합된 이야기 연합체로 구성되어 있다고 주장한다. 그 하나는 '요셉 이야기'이고, 그 다음은 '야곱과 그의 가족의 이야기'라는 것이다. 롱개크르는 창세기 41장이 요셉 이야기의 절정이며, 창세기 43-45장은 이야기의 대단원의 막이라고 여긴다. [186]

비록 위에 언급된 학자들이 요셉 이야기의 범위를 창세기 37:2-46:27절로 명확히 정하고 있지는 않지만 그들 모두가 창세기 37-50장에 나타난 이야기가 최소한 두 개의 다른 이야기 연합체를 형성하고 있다는 인식에 있어서는 공통점을 가지고 있다. 여기서 강조하고 싶은 것은 이 두 개의 다른 이야기들은 여러 학자들의 주장처럼 이질적인 요소라기보다는 롱개크르가 인식한 것처럼 요셉 이야기가 야곱과 그의 가족의 이야기, 즉 이스라엘 민족의 이야기로 확장된 것과 같이 창세기 전체의 구성에서 단지 중심주제의 전환으로 인한 이유 때문이라는 사실이다. 즉, 요셉 이야기가 용서와 화해, 연합이라는 관계회복의 주제를 중심으로 엮어져 있다면, 그 다음의 이야기는 이스라엘 열두 지파의 탄생과 형성이라는 민족적인 주제가 부각되기 때문이라 할 수 있다.

이제 이러한 발견들을 기초로 하는 요셉 이야기의 문학적인 구조 분석을 통해서 이야기의 범위를 더욱더 명확히 하고, 이 이야기가 주고자 하는 신학적인 메시지를 개괄적으로 살펴보기로 한다. 이 과정을 통해 그동안 요셉 이야기에 이질적인 요소로 평가되며 잘못 놓여진 이야기로 오해

받던 창세기 38장의 '유다-다말 이야기'가 요셉 이야기 속에서 행하는 분명한 역할을 살펴볼 것이다. 요셉 이야기의 문학적인 구조분석은 '유다-다말 이야기'가 요셉 이야기의 전개에 있어서 없어서는 안 될 필수적인 요소이며, 이 이야기의 존재로 인해 요셉 이야기가 온전한 화해의 길로 나아가는데 디딤돌이 된다는 것이 드러나게 될 것이다.

2) 요셉 이야기의 문학적 구조분석

요셉 이야기 또한 창세기에서 지금까지 가장 많이 등장한 교차대칭구조(chiasm)로 형성되어 있다는 사실은 잘 알려진 사항이며 이미 몇몇 학자들에 의해서 재구성된 교차대칭구조들이 발표되기도 하였다. 여기에는 그들이 주창한 요셉 이야기의 문학적 구조를 제시하고 분석하는 것을 통해 지금까지 발표된 구조들이 어떤 문제점들을 안고 있는지를 제시하고 새로운 방향을 모색해 보기로 하겠다. 여러 학자들의 구조들을 보기 전에 먼저 주지해야 할 사항은 이들이 제시한 구조들이 가지고 있는 대부분의 문제점들은 요셉 이야기의 범위를 창세기 37-50장으로 보고 있다는 것에서 온다.

먼저 렌즈버그(Rendsburg)가 제시한 구조 분석을 살펴보면 아래와 같다. 그는 대부분의 학자들이 인정하는 것처럼 창세기 37:1-50:26절까지를 요셉 이야기의 범위로 하고 다음과 같은 교차대칭구조를 제시하고 있다.[187]

A 요셉과 그의 형제들, 야곱과 요셉의 이별(37:1-36)
  B 막간: 요셉의 부재(38:1-30)
    C 반전: 요셉의 유죄, 보디발의 아내 무죄(39:1-23)
      D 요셉 애굽의 영웅(40:1-41:57)
        E 애굽으로의 두 번의 여정(42:1-43:34)
          F 마지막 시험(44:1-34)

F' 그 시험의 결과(45:1-28)

E' 애굽으로의 이주에 관한 두 이야기(46:1-47:12)

D' 요셉 애굽의 영웅(47:13-27)

C' 반전: 에브라임이 장자가 되고 므낫세가 차자가 됨(47:28-48:22)

B' 막간: 요셉 단지 이름으로만 존재(49:1-28)

A' 요셉과 그의 형제들, 야곱과 요셉의 이별(49:29-50:26)

렌즈버그가 제시한 구조를 살펴보면 언뜻 보기에도 많은 부분이 불균형적
으로 대칭되어 있음과 더불어 각 대칭들 간에 심각한 주제적인 불일치가
존재하고 있음을 살펴볼 수 있다. 예를 들어 어느 모로 보나 B와 B'은 전혀
관련이 없는 두 가지가 서로 대칭되어 있음을 볼 수 있다. B가 유다의 개인
적인 경험, 즉 그의 아들들과 아내의 죽음, 그리고 그의 며느리와의 어이없
는 상관 등에 그 주제가 맞추어져 있다면, B'은 야곱이 죽기 전에 그의 모든
아들들에게 그들의 행위에 따라 축복을 하는 유언과도 같은 내용이다. 그
러므로 요셉의 부재라는 논리로 정당화 시킬 수 없는 내용의 것들이다. C
와 C' 또한 동일한 문제점을 안고 있다. C가 요셉이 모함에 의해 누명을 쓰
고 옥에 갇히는 불운을 다루고 있다면, C'은 요셉의 두 아들인 므낫세와 에
브라임이 야곱의 양자가 되고 또 장자권이 뒤바뀌는 사건을 다루고 있기
때문이다. D와 D' 또한 예외는 아니다. D가 수많은 다양한 주제들 즉, 두
죄수와 바로의 꿈들, 요셉이 애굽의 총리가 되고, 그리고 바로의 꿈이 현실
이 되는 내용을 다루고 있다면 D'은 단순히 요셉이 세운 농사와 토지에 관
련된 규칙의 적용을 다루고 있기 때문이다. D(80절)와 D'(13절)의 엄청난
양적인 차이는 제쳐 놓더라도 위에서 보여 지는 이와 같은 주제적인 불일
치들은 렌즈버그가 제시한 요셉 이야기의 구조분석이 심각한 문제점을 안
고 있다는 것을 보여주는 좋은 증거들이 된다.

그 다음으로 돌시(Dorsey) 또한 교차대칭구조를 제시하고 있다.

돌시는 교차대칭구조 이외에도 여러 가지 다양한 시도를 통해 요셉 이야기를 분석하고 있는데 다음과 같은 네 가지 정도로 축약될 수 있다: (1) 선형구조: 연대기적 순서에 따름, (2) 평행구조: a-a' // b-b' // c-c' // d-d' // 등, (3) 교차대칭구조, 그리고 (4) 전반부(창 37-42장) 와 후반부(창 43-50장)를 나눈 2중적 교차대칭구조. 그러나 요셉 이야기의 범위에 있어서는 돌시도 렌즈버그와 동일한 선상에 놓여 있다. 여기에 그가 제시한 교차대칭구조를 인용하면 아래와 같다.[188]

   a 서론: 요셉 이야기의 시작(37:2-11)
    b 헤브론에서의 비통함(37:12-36)
     c 장남과 차남의 순서가 바뀜(38:1-30)
      d 요셉이 애굽으로 노예로 팔려감(39:1-23)
       e 바로 궁정의 냉대(40:1-23)
        f 요셉이 바로의 꿈을 해석함(41:1-57)
         g 핵심부분: 형제들이 식량을 구하기 위해 애굽으로 옴(42:1-38)
         g' 핵심부분: 형제들이 식량을 구하기 위해 애굽으로 옴(43:1-44:3)
        f' 요셉이 형제들에게 자신의 신분을 밝힘(44:4-45:15)
       e' 바로 궁정의 호의(45:16-47:12)
      d' 요셉이 애굽인들을 노예화 시킴(47:13-26)
     c' 장남과 차남의 순서가 바뀜(47:27-49:32)
    b' 헤브론 근처에서의 비통함(49:33-50:14)
  a' 결론: 요셉 이야기의 끝(50:15-26)

여기도 역시 대부분의 대칭 요소들이 서로 주제적인 불일치들을 이루고 있음을 쉽게 살펴볼 수 있다. 예를 들어 b와 b'을 비교해 볼 때 b에서는 야곱이 요셉이 죽은 것으로 인식하고 비통해 하는 것은 단지 세 절(창 37:33-35)에 불과하며 대부분의 이야기는 유다를 필두로 한 요셉의 형제들의 음모와 그 음모의 실행을 다루고 있으며, 이것은 요셉 이야기의 전개에 중요한 요소로서 작용하기도 하는 반면에 b'에서는 모든 초점이 오로지 야곱의 죽음과 가나안 땅으로의 장례 행렬에 맞추어져 있다. 형제들 간의 불화는 마침내 창세기 45:1-15절에서 해결 국면으로 접어들게 된다.[189] c와 c'또한 동일한 문제점을 보여주고 있다. 이 두 대칭 요소들에서 장자권의 전이에 관한 요소는 그리 큰 역할을 하지 못함에도 흡사 이 주제가 중심인 듯이 다루어지고 있다. e와 e' 역시 동일한 비판을 피할 수 없다. 주제를 살펴볼 때 e는 요셉이 두 죄수의 꿈을 해몽하고 그 해몽대로 이루어지는 것을 보여주며, e'은 요셉의 초청으로 야곱과 그의 전 가족이 애굽에 정착하는 사건을 소개하고 있다. 살펴본바 대로 돌시가 제안한 구조 역시 많은 문제점을 안고 있으며 이 문제점들의 주요한 원인은 위에서도 살펴보았듯이 요셉 이야기의 범위를 잘 못 설정 한데서 기인한 것이라 여겨진다.

여기 베스터만(Westermann)에 의해서 제안된 대안적인 교차대칭구조를 살펴볼 필요가 있다. 비록 베스터만이 렌즈버그나 돌시 같은 분명한 구조적 도표를 보여주고 있지는 않지만 요셉 이야기에 관한 그의 언급을 통해 쉽게 그가 상상하고 있는 요셉 이야기의 구조를 그려볼 수 있기 때문이다. 먼저 베스터만이 요셉 이야기의 구조에 관해 언급한 부분을 살펴보면 다음과 같다.

> 그 이야기는 두 장소적인 특징으로 구조화 될 수 있다: 야곱의 집과 애굽 왕궁. 이야기의 흐름은 야곱의 아들들 사이의 관계의 위협적인 파괴로부터(창 37장) 요셉의 애굽의 왕궁에서 권위자로 군림하는 것에 의해 가능하게 된 가족 유대의 회복과 치유(창 45장)로 향하고 있다. 여기에는 두 개의 분리된 이야기들이 존재하는데 하나는 '요셉이 권력의 자리로 올라가는 것'을 그리고 있는 창세기 39-41장과 또 다른 하나는 '형제들의 여정'을 그리고 있고 그리고 그 두 이야기를 하나로 묶는 역할을 하는 창세기 42-45장이다.[190]

베스터만의 언급을 통해서 그려볼 수 있는 도표는 다음과 같다.

A 형제들 사이의 관계의 위협적인 파괴(37장)

B 요셉이 권위의 자리에 오름(39-41장)

B' 요셉의 형제들이 요셉을 만남(42-44장)

A' 가족간의 유대를 회복함(45장)

비록 베스터만이 창세기 38장의 '유다-다말 이야기'를 요셉 이야기의 전개에 있어서 이질적인 요소로 인식하고 제외 시켜버린 아쉬움이 있지만 그의 제안은 요셉 이야기 속에 나타나는 여러 요소들이 균형 있게 배치될 수 있는 최소한의 길을 보여주고 있다는데 그 의의가 있다 하겠다.

여기 이미 서두에서 제안한 대로 그 문학적 주제의 범위를 창세기 37:1-46:27절까지로 하는 요셉 이야기의 대안적인 교차대칭구조의 도표를 제시하고 그 신학적 의미를 분석해 보기로 하겠다. 이 구조 분석을 통해 요셉 이야기 안에서의 창세기 38장의 '유다-다말 이야기'의 신학적인 기능을 더불어 살펴볼 수 있을 것이라 확신한다. 먼저 요셉 이야기의 대안적 교차대칭구조는 다음과 같다.

A 가나안 땅에 정착한 야곱, 야곱의 족보는 이러하니라(37:1-2)

  B 요셉의 꿈: 전 가족이 요셉에게로 가 경배할 것임(37:3-11)

    C 요셉이 팔려가고 죽은 것으로 간주됨(37:12-36)

      D 유다의 경험(38:1-30)

        E 요셉이 거짓으로 인해 누명을 씀(39:1-23)

          F 한 죄수는 석방되고 다른 죄수는 죽임을 당함(40:1-23)

            G 바로의 꿈(41:1-36)

              H 요셉이 권력의 자리에 오름(41:37-45)

G' 바로의 꿈 성취됨, 요셉의 꿈 성취를 향함(41:46-42:38)

F' 한 형제는 석방되고 다른 형제는 위기에 처함(43:1-34)

E' 베냐민이 거짓으로 인해 누명을 씀(44:1-17)

D' 유다의 변화(44:18-34)

C' 형제에 의해 팔려간 요셉이 살아 있음이 확인됨(45:1-28)

B' 요셉의 꿈의 성취: 전 가족이 요셉에게로 내려감(46:1-7)

A' 애굽 땅에 정착한 야곱, 야곱의 자손들의 족보(46:8-27)

A(창 37:1-2)와 A'(창 46:8-27)는 요셉의 전 이야기를 둘러싸고 있는 좋은 테두리의 역할을 하고 있다. 야곱이 거주하던 장소가 가나안 땅에서 애굽 땅으로 바뀌며 장소의 대 변화가 일어나며, 다음 이야기가 애굽에서 이루어질 이스라엘 열두 지파의 성장을 다룰 것을 기대해 볼 수 있다. 그리고 이 장소의 변화는 가나안 땅에 정착한 야곱이 세일에 정착한 에서와 완성시키지 못한 연합을 애굽에서 야곱의 후손들이 이룰 것을 기대하게 한다. 그리고 야곱의 족보가 마침내 이스라엘 민족을 구성하는 기반이 될 70명의 후손들로 번성하게 되었다는 사실은 미래의 희망을 상징하는 도구가 된다. 여기서 70이라는 숫자는 실제적인 수에 기초를 두었다기 보다는 완전함을 상징하는 의미가 더 강하다 하겠다.[191] 이 주장은 이 계보 이후로 야곱의 열두 아들의 이야기는 더 이상 가족의 개념으로 머물기 보다는 이스라엘을 형성하는 열두 지파의 개념으로 확장 되어 사용되고 있음을 통해 확증 된다 (49:28).[192]

B(창 37:3-11)와 B'(창 46:1-7)는 각각 요셉의 두 번에 걸친 꿈에 관한 보고와 그리고 그 꿈들의 최종적인 성취를 다루고 있다. 창세기 37:5-8절에 나타나는 요셉의 첫 번째 꿈은 그가 형제들 위에 서는 위치가 될 것이라는 것이었고, 그 다음 창세기 37:9-10절에 나타난 요셉의 두 번째 꿈은 요셉이 그의 아버지의 전 가족 위에 서리라는 것을 상징하는 내

용을 가지고 있다. 그러나 두 번째 꿈에 관해 독특한 점은 그 꿈을 들은 야곱의 반응이다. 야곱은 요셉에게 "네가 꾼 꿈이 무엇이냐 나와 네 어머니와 네 형들이 참으로 가서(הֲבוֹא נָבוֹא 하보 나보/'가다'의 강조형) 땅에 엎드려 네게 절하겠느냐 (הִשְׁתַּחֲוֹת לְךָ אָרְצָה 히쉬타하오트 레카 아르짜)"(창 37:10) 라고 꾸짖는다. 의도적인 강조점이 들어가 있는 '참으로 가서'라는 단어의 삽입은 요셉이 가족으로부터 멀리 떨어져서 살게 될 것이라는 암시를 풍겨준다. 요셉의 이 꿈의 성취는 마침내 G'의 창세기 42:6-9절에 요셉의 형제들이 요셉에게 '가서'(וַיָּבֹאוּ 와야보우) 그 앞에서 '땅에 엎드려 절할 때'(וַיִּשְׁתַּחֲווּ־לוֹ…אָרְצָה 와이쉬타하우 로…아르짜) 요셉이 자신이 꾼 꿈을 생각하는 장면에서부터 이루어지기 시작하여 결국에는 B'의 야곱과 그의 온 가족이 요셉을 만나기 위해 애굽에 내려 간 것(בוֹא 보/가다)을 전하고 있는 창세기 46:5-7절에서 그 성취의 결론에 이르게 된다. 그러므로 요셉 이야기의 후반부인 G'-A'까지는 전폭적으로 창세기 46:1-7절에서 그 절정에 이르는 요셉의 꿈이 성취되어가는 상황을 차근차근 묘사하는 일에 온 정신을 집중하고 있다고 하겠다.[193]

　　C(창 37:12-36)와 C'(창 45:1-28)는 교차대칭구조의 독특한 특징 중의 하나인 다양한 공통점들을 반전된 분위기로 나열해서 결국 이야기의 극적 전환을 맞이하게 함으로 얻게 되는 효과를 아주 잘 보여주고 있다. 이 두 대칭부분들은 형제들 사이의 불화와 그 불화의 해결을 보여주고 있다. 요셉 이야기에서 오로지 이 두 대칭부분에서만 '팔다'(מָכַר 마카르)라는 단어가 나타나고 있다(창 37:27, 28, 36; 45:4, 5). 이 단어는 요셉 이야기 외의 구절에서는 창세기 25:31, 33; 31:15; 47:20, 22절에서 나타나고 있다. C에서는 요셉의 형제들이 요셉을 질투심으로 인해 팔아 버리는 사건이 나타난다. 그럼에도 C'에서는 요셉은 자신이 겪은 일에 대한 복수의 칼날을 그의 형제들에게 들이대기 보다는 그들을 좋은 말로 위로하고 있다. 그 이유인

즉은 그가 하나님의 깊은 뜻을 깨달았기 때문이다: "나는 당신들의 아우 요셉이니 당신들이 애굽에 판자라 당신들이 나를 이곳에 팔았다고 해서 근심하지 마소서 한탄하지 마소서 하나님이 생명을 구원하시려고 나를 당신들보다 먼저 보내셨나이다"(창 45:4-5). 그리고 오로지 이 두 대칭부분에서만 정확한 돈의 양이 제시되고 있다: 은전 20냥(창 37:28) 그리고 은전 300냥(창 45:22). C에서 형제들은 요셉을 죽일 음모를 꾸미며 "자, 그를 죽여 한 구덩이에 던지고 우리가 말하기를 악한 짐승이 그를 잡아먹었다 하자 그 꿈이 어떻게 되는지를 우리가 볼 것이니라(רָאָה 라아/보다)"(창 37:20)라고 말하고 있고, 그 반전인 C'에서는 요셉의 형제들은 요셉의 꿈이 이루어진 것을 보는 것에서 그치지 않고 자신들이 본 것을 그들의 아비 야곱에게 고할 의무를 지게 된다: "당신들은 내가 애굽에서 누리는 영화와 당신들이 본(רָאָה 라아/보다) 모든 것을 다 내 아버지께 아뢰고 속히 모시고 내려 오소서"(창 45:13). 요셉의 형제들은 요셉의 꿈을 무산 시키려고 시도했으나, 결국 그들 모두는 요셉의 꿈이 얼마나 놀랍게 성취되었는가를 보고해야만 하게 되었다. C에서는 야곱이 요셉을 그의 형제들에게 보냈다면(שָׁלַח 샬라흐/보내다), C'에서는 요셉이 그의 형제들을 아버지 야곱에게 보낸다(שָׁלַח 샬라흐/보내다)(창 37:13; 45:24). C에서는 요셉이 죽었다는 전갈을 듣자마자 야곱은 자기의 옷(שִׂמְלָה 심라/옷)을 찢고 통곡하며(창 37:34) "내가 슬퍼하며 스올로 내려가 아들에게로 가리라"(창 37:35)고 하는 반면에 C'에서는 요셉이 다섯 벌의 옷을 베냐민에게 주고 한 벌의 옷(שִׂמְלָה 심라/옷)을 그의 형제들에게 각각 주고 그리고 요셉이 아직 살아 있다는 보고를 들은 야곱은 기운이 소생하여 "내 아들 요셉이 지금까지 살아 있으니 내가 죽기 전에 가서 그를 보리라"(창 45:28)라고 외친다. 이와 같이 이 두 대칭부분은 요셉이 죽은 것으로 인식됨과 요셉이 살아 있는 것으로 밝혀짐과 같은 대조된 이야기들로 가득 차서 그 전체적인 분위기가 대반전의 양상을 띤다.

이제 D(창 38:1-30)의 '유다-다말 이야기'와 D'(창 44:18-34)의 '유다의 호소'의 비교를 통해 창세기 저자의 탁월한 문학적인 기교를 다시 한 번 엿볼 수 있는 좋은 기회를 갖게 될 것이다. 물론 성령의 감동이 이러한 탁월함의 비결이라는 점은 두말할 필요가 없을 것이다. 언뜻 보기에 이 대칭부분은 별반 그 공통적인 관련이 없어 보인다. 문학적인 장르 면에서도 D는 이야기의 형태를 띠고 있고, D'은 연설과 관련된 긴 호소문의 형태를 띠고 있다. 그러나 아래에서 보이겠지만 그 본질적인 측면에서 이 대칭 구문들 속에는 내용과 주제와 관련해서 치밀한 계획이 들어가 있다. 우선 이 두 부분 모두 오로지 유다와 관련되어 있다는 점에서 독특하다. 이 두 구문 속에서 유다는 더 이상 형제 중의 한 사람으로 등장하지 않고 독립성을 가진 한 존재로 나타난다. 내용적인 면에서 D에는 유다가 하나 밖에 남지 않은 그의 막내아들 셀라가 그의 형들(אֶחָיו 에하으/그의 형들)처럼 죽지(מוֹת 모트/죽다) 않을까 심각하게 염려하고(창 38:11), D'에서는 유다가 그의 아버지의 베냐민에 관한 극심한 염려를 대변하고 있다: "그의 형(אָחִיו 아히으/그의 형)은 죽고(מוֹת 모트/죽다) 그 어미의 남긴 것은 그 뿐이므로 그의 아버지가 그를 사랑 하나이다"(창 44:20). 이것은 두 아들의 죽음을 겪고 나머지 아들만 잃지 않으려는 유다의 경험이 동일한 경험을 한 아버지의 아픔을 이해하는 통로가 되었다는 것을 어렴풋이 느껴볼 수 있다.[194] 야곱과 유다가 겪은 공통의 경험은 거기에서 그치지 않는다. 두 사람 다 아들을 잃었고, 아내를 잃었고, 그 아내를 통해 태어난 다른 한 아들만 남아있다(창 38:6, 10-12; 44:20, 27). 그리고 야곱은 유다와 그의 형제들에게 속고 그리고 유다는 그의 며느리 다말에게 속임을 당한다(창 37:32-33; 38:25-26). 유다는 그러한 경험을 직접 하기 전에는 요셉을 파는 일에 앞장섰고 또 분명 아버지를 속이는 일에도 선두에 섰을 것이 분명한 냉정하고 잔혹하기까지 한 성품의 소유자였다. 그러나 D'에서 유다는 그의 아버지의 안전에 관하여 깊이 염려하는 마음을 가진 사람이 되어있다.[195] 이것은 열일곱 절 밖에 안 되는 D'(창 44:18-34) 안에 열네 번에 걸쳐서 다양한 형태의 소유격들이 붙은 아버지라는 단어가 나타나는 것을 통해서도 잘 살펴볼 수 있다 (아버지 44:19, 20; 내 아버지 44:24, 27, 30, 32[2번], 34 [2번]; 우리 아버지 44:25, 31; 그의 아버지 44:20, 22[2번]). D에서 유다는 그의 며느리 다말에게 "수절하고 네 아버지 집에 있어서(יָשַׁב, 야샤브/남다, 거주하다) 내 아들 셀라가 장성하기까지 기다리라"(창 38:11)고 말하나, D'에서는 유다 자신이 베냐민 대신으로 요셉의 집에 종으로 대신 남기를(יָשַׁב, 야샤브/남다, 거주하다) 자청한다(창 44:33). 전에는 다말을 헌신짝처럼 내 팽개쳤던 유다가 이제는 스스로 자신을 내팽개치는 일에 자청하고 나선다. 그것도 자신을 위해서가 아니라 다른 사람을 위해서 말이다. D에서 유다는 다말에게 셀라를 형의 기업을 이을 자(고엘)로 주기로 한 자신의 약조를 지키는 않자(창 38:11, 14), 그로 인해 다말에게 강제로 '담보물'(עֵרָבוֹן 에라본)을 강권 당하고 만다(창 38:18, 20). 그러나 D'에서 유다는 그의 동생 베냐민을 대신해서 기꺼이 자기 자신이 "담보물 이 되기"(עָרַב 아라브)를 자청하고 나선다(창 44:32; 주, 43:9). '담보물'(עֵרָבוֹן 에라본) 혹은 "담보물이 되다"(עָרַב 아라브)라는 뜻의 히브리어 단어는 창세기에서는 오로지 요셉 이야기에서만 나타나며 그 중에서도 항상 유다와 관련해서만 나타나고 있다(창 38:17, 18, 20; 43:9; 44:32).[196] 이 모든 대칭 구문들이 보여주는 가장 분명한 메시지는 유다는 그의 아버지가 겪었던 동일한 경험들을 통과하며 새로운 사람이 되어 있다는 것이다.[197] 그러므로 유다에 관한 이 두 대칭부분들은 유다가 어떤 연유로 해서 이렇게 변화된 사람이 될 수 있었는가를 보여주는 것을 통해 요셉 이야기의 전개에 통일성과 일관성을 부여하는 중요한 역할을 한다. 그러므로 D는 '유다의 경험'이라고 하고, D'은 '유다의 변화'라고 칭하는 것이 이 두 부분의 가장 적당한 제목일 것이다. 웬함은 요셉 이야기의 이러한 교차대칭구조를 인식하지 못했음에도 불구하고 유다가 주인공으로 등장하는 창세기 38장과 창세기 44:18-34절에 나타난 밀접한 주제적 연관성을 그의 창세기 주석서에서 아래와 같이 아주 잘 요약하고 있다:

> 우리는 44:18-34 에서 이 얼마나 다른 유다를 만나볼 수 있는가. 여기서 그는 베냐민의 석방을 위해 극진한 사랑을 담아 요셉의 부재로 인해 그리고 베냐민이 같이 하지 않으면 죽을지도 모를 그의 아버지의 고통을 묘사함과 동시에 지극한 따스함과 부드러움으로 호소하고 있다. 그는 자기 자신이 베냐민을 대신해 종으로 남을 것을 간청하며 그의 호소의 결론을 내린다. 이것은 분명히 유다는 이제 변화된 사람이 되었다는 것을 뜻하고, 이 이야기는 유다가 "그녀가 나보다 더 의롭다"(38:26)라고 말했던 때 변화의 시작을 보여준다. 다말이 그녀의 시아버지를 수치의 나락으로 빠뜨렸던 이야기가 없다면 우리는 유다의 성품의 변화를 설명하기 위해 고역을 치러야만 할 것이다. 그리고 창세기의 인물상들을 살펴볼 때, 성품의 변화가 창세기가 말하고자 하는 모든 것이다: 아브람이 아브라함이 되고, 야곱이 이스라엘로 된다. 특별히 야곱의 가족에게서, 우리는 성품 변화의 예들을 볼 수 있다: 아버지의 첩을 범한 르우벤은 나중에 요셉과 그의 아버지에 대한 지극한 염려를 보이고, 철없이 자랑하기만 좋아하던 요셉이 그의 형제들을 기꺼이 용서하는 현명한 통치자가 되었다. 그러므로 창세기 38장은 차후의 이야기를 명확하게 하는 것에 중요한 역할을 담당하고 있다. 이 장이 없이는 차후의 발전은 설명 불가능한 것이 되고 말 것이다.[198]

웬함이 정확하게 인식한 것처럼, 창세기 38장이 없이는 유다의 성품의 변화를 가장 잘 나타내고 있는 창세기 44:18-34절은 그의 변화에 대한 원인이 분명치 않은 하나의 의문점으로 남을 것이다. 그러므로 창세기 38장은 그 앞에 나타난 이야기인 창세기 37장과 밀접한 연관이 있을 뿐만 아니라, 창세기 44:18-34절에 나타나는 '유다의 호소'와도 밀접한 구조적 연관이 있음을 드러낸다. 이 대칭 구문은 유다의 변화가 형제들의 변화를 가늠 하는 시금석이며, 또한 형제들 간에 벌어진 틈을 메우는 중요한 역할을 하고 있다는 것을 더불어 보여주고자 하는 목적이 있다. 이것은 유다의 이 호소를 듣고 요셉이 그 정을 억제치 못하고 마침내 자신의 정체를 드러내는 것을 볼 때 요셉이 끝까지 형제들을 시험한 것은 바로 이 변화를 보기 위한 것임을 느껴볼 수 있으며, 이러한 전적인 변화가 없이는 온전한 화해와 연합이 있을 수 없다는 신학적 메시지를 제공해 주기도 한다.[199] 결국 창세기 38장과 44:18-34절의 대칭이 분명히 보여주고자 하는 것은 이스라엘 열두 지파의 연합의 기초는 바로 이 변화로 인한 화해에 기초하고 있다는 것이다.

　　E(창 39:1-23)와 E'(창 44:1-17)에서는 각각 야곱의 사랑 받는 아들 요셉과 또 다른 야곱의 편애를 받는 요셉의 어머니의 아들인 베냐민이 거짓으로 고소당하여 누명을 쓰는 이야기를 다루고 있다. E에서는 요셉의 옷이 고발의 소품이 되고(창 39:12[2번], 13, 15, 16, 18), E'에서는 요셉의 은잔이 베냐민을 고발하는 소품으로 등장하고 있다(창 44:2[2번], 12, 16, 17). E에서는 요셉이 거짓으로 인해 고발 되었을 때 '종'으로 불리우고 있으며(창 39:17, 19), E'에서는 은잔이 발견되는 그 사람은 '종'이 될 것이라고 하며(창 44:10, 17) 그 옛날의 긴장감을 다시 살리고 있다.

　　F(창 40:1-23)와 F'(창 43:1-34)는 각각 두 명의 죄수들(바로 왕의 두 관원장들과 요셉의 두 형제들)이 죽음의 위협을 받는 상황을 그리고 있다. F에는 바로 왕의 두 관원장들이 모두 예전의 지위로 회복되기를 염원하는 내용이 담겨 있고(창 40:13, 16), F'에는 야곱이 그의 두 아들인 애굽의 감옥에 갇혀 있는 시므온과 애굽으로 내려갈 베냐민이 안전하게 회복되어 돌아오기를 염원하는 내용이 담겨 있다(창 43:14). 바로 왕이 그의 모든 신하들을 위하여 큰 잔치를 베풀고 술 맡은 관원장을 그의 이전의 위치로 회복시킨 것처럼(창 40:20-21), 요셉이 그의 형제들을 위해서 잔치를 베

풀고 시므온을 그의 형제들에게로 회복시킨다(창 43:16, 23-24). 한 죄수가 풀려난 것처럼, 한 형제 또한 풀려난다.

G(창 41:1-36)와 G'(창 41:46-42:38)는 각각 바로 왕의 꿈과 그 성취를 보여주고 있다. 요셉이 해석한 대로(창 41:25-32), 칠 년 동안의 풍년이 계속되고 그리고 그 다음으로 칠 년 동안의 흉년이 따라 온다(창 41:46-57). G에는 요셉이 바로 왕에게 칠 년 동안의 풍년 동안 식량을 모을 책임자를 세울 것을 제안하고(창 41:33-36), G'에서는 요셉이 적임자로 채택되어 그 일을 성실히 수행해 나가는 모습을 그리고 있다(창 41:46-49). 또한 G에는 바로의 꿈이(창 41:1, 5, 등) 그리고 G'에는 요셉의 꿈(창 42:9)이라는 동일한 단어가 나타나는데 바로의 꿈과 요셉의 꿈의 공통점은 동일한 의미의 꿈을 두 번에 걸쳐 다른 형태로 꾸었다는 것이다. 반복의 의미는 요셉이 바로에게 했던 말처럼 하나님의 확고한 결심을 보여주시기 위한 것이었다: "바로께서 꿈을 두 번 겹쳐 꾸신 것은 하나님이 이 일을 정하셨음이라 하나님이 속히 행하시리니"(창 41:32). 그러므로 바로의 꿈이 현실이 되었다는 것은 요셉의 꿈 또한 반드시 성취가 되리라는 암시를 주고 있고 창세기 42:6절에 형제들이 요셉에게 와서 그 앞에 엎드려 절하는 장면은 요셉이 자신의 꿈의 성취를 바라볼 수 있는 좋은 출발점이기도 하다. 그러나 G에서는 술 맡은 관원장이 마침내 요셉을 기억했을(זָכַר 자카르/기억하다) 때 요셉이 감옥에서(מִשְׁמָר 미쉬마르/감옥) 풀려날 수 있었던 반면에(창 41:9) 요셉이 그의 꿈을 기억 했을(זָכַר 자카르/기억하다) 때 요셉의 형제들은 감옥에(מִשְׁמָר 미쉬마르/감옥) 갇히게 되는 사건이 벌어진다(창 42:9-17). 이것은 복수를 위한 것이 아니라 완전한 꿈의 성취를 위한 발판의 역할을 하게 된다.

요셉 이야기의 핵심부인 H(창 41:37-45)에는 요셉이 마침내 권력의 자리에 올라 바로 왕 다음의 지위를 갖는 내용이 펼쳐진다. 요셉이 애굽의 총리가 되는 이 사건은 요셉 이야기의 새로운 국면을 열어가는 중요한 시점이 된다. 이것은 요셉이 형제들과 첫 번째 대면을 하는 장면에서 잘 보여지듯이 요셉의 꿈이 성취되기 시작하는 길을 열어주었는가 하면(창 42:6-9) 더욱더 중요한 것은 요셉 이야기의 전반부에서 나타난 문제점들이 하나씩 해결될 수 있는 길을 열어 주었다는 것이다. 즉, 표면적으로는 흉년을 해결할 수 있는 길을 열었다는 점이고, 내면적으로는 흉년의 때와 같이 메말라 버린 형제 사이의 관계에 회복을 가져올 수 있는 길을 열었다는 점이다. 그것은 바로 왕이 외친 것처럼 하나님의 신에 감동한 사람 요셉으로 인해 가능해졌다(창 41:38).

이 모든 정황들을 종합해 볼 때 요셉 이야기는 창세기 37-50장까지의 연장선상에 놓여져 있는 것이 아니라, 창세기 37:1-46:27절까지의 '야곱의 족보'로부터 '야곱의 후손의 족보'까지로 그 범위가 정해져 있음을 분명히 인식할 수 있다. 그것은 교차대칭구조가 창세기 37-50장에서는 서로의 대칭이 어그러지지만, 창세기 37:1-46:27절에서는 완벽한 조화를 이루는 대칭을 보여준다는 점에서 입증된다. 그리고 요셉 이야기라고 명명할 수 있는 창세기 37:1-46:27절에 제시된 범위 안에서 요셉은 중심인물로서 이야기의 흐름을 주도해 간다. 요셉 이야기의 문학적인 구조는 위에서 제시된 교차대칭구조가 적용되었음을 살펴볼 수 있고, 세부적인 이야기의 전개는 요셉의 꿈과 그 꿈의 성취라는 문학적 틀 속에서 벌어지는 형제들 간의 불화를 해결하고 화해 그리고 완전한 연합으로의 길을 보여주고자 하는 목표가 있다. 이러한 주제를 연결시켜 나가는데 요셉 이야기 속에서 반드시 빠져서는 안 되는 필수적인 요소들이 바로 유다와 관련된 부분들인 창세기 38장의 '유다-다말 이야기'와 창세기 44:18-34절의 '유다의 호소' 부분의 관계이다. 화해와 연합은 결코 일방적인 용서만으로 이루어지는 것이 아니다. 피해자인 요셉이 하나님의 깊으신 뜻을 깨닫고 자신이 왜 애굽에 와 있는지를 분명히 알았음에도 그의 형제들이 예전과 동일한 마음을 품고 있다면 형제들의 진정한 연합은 결코 이루어 질 수 없을 것이다. 그러나 형제들의 대표격인 유다가 변해 있다. 아버지의 편애를 받던 요셉을 팔아 치우는데 선두에 섰던 그 유다가 이제는 아버지의 다른 편애를 받고 있는 요셉의 동생인 베냐민을 위해 자신이 담보물이 되기를 자청하고 있다. 그것은 바로 아버지에 대한 연민이요 사랑이다. 자신도 아버지와 같은 동일한 경험을 한 후에야 비로소 아버지의 아픔을 올바로 이해하게 되었으며 그런 아버지를 위해 자신을 기꺼이 희생하는 사람으로 변한 것이다. 유다의 변화는 요셉을 감동시키기에 충분했고 형제들이 하나로 연합될 수 있는 확고한 길을 열었다. 그러므로 요셉 이야기는 야곱의 열두 아들들이 하나로 연합하여 이스라엘 열 두 지파로 거듭날 수 있는 분명한 길을 제시해 주는 지침서라고 할 수 있다. 그리고 창세기 46:3에서 하나님께서 야곱에게 "애굽으로 내려가기를 두려워하지 말라 내가 거기서 너로 큰 민족을 이루게 하리라"는 말씀처럼 이제 이후의 이야기는 분명 야곱의 열두 아들들이 하나님께서 예비하신 풍요의 땅 애굽에서 요셉의 보호아래 거대한 민족인 이스라엘로 성장하는 이야기로 가득 차 있을 것임을 더불어 짐작해 볼 수 있다.

3. 이야기의 세부적인 주제 따라 읽기

1) 요셉을 팔기까지(창 37장)

야곱이 가나안 땅 그의 아버지 이삭이 거류하던 땅에 거주하였다. 그리고 야곱의 족보가 이러하다는 선언이 나온다. 보통 족보라는 단어가 나오면 두 가지 중의 한 가지가 전개된다. 세세한 후손의 명단이 따르든지(창 5:1; 10:1; 11:10; 25:12; 36:1), 아니면 그 후손의 명단이 나타나기까지의 전개과정을 이야기 형태로 제시하는 내용이 따르든지(창 2:4; 6:9;

11:27; 25:19; 37:2) 둘 중에 하나이다. 여기 제시된 야곱의 족보는 그 다음에 후손들이 펼치는 이야기가 전개된다(창 37:3-46:7). 그리고 마지막에 가서야 그 후손들의 세세한 명단이 제시된다(창 46:8-27).

창세기 37장에 나타난 야곱의 아들들이 펼치는 이야기는 사건의 발단과 전개 그리고 그 결말을 향한 모든 내용을 축약적으로 포괄하고 있다. 야곱의 족보 이야기에 가장 먼저 등장하는 인물은 역시 요셉이다. 하지만 그의 시작은 형제들과의 갈등의 소지를 충분히 내포하고 있다. 첫째, 요셉이 형들과 함께 양을 칠 때에 형들의 잘못을 아버지에게 일일이 고해바친다(창 37:2). 둘째, 요셉은 야곱이 노년에 낳은 아들이므로 그를 더 사랑하고 그에게만 채색옷을 입히며 특별히 대우한다(창 37:3). 이 두 가지 상황만 보아도 형들이 요셉을 미워하였다는 정황을 이해할 수 있게 된다. 그리고 이에 덧붙여서 요셉이 꾼 두 번의 꿈 또한 관계를 더욱 악화시킨다. 첫째 꿈은 요셉의 곡식 단은 일어서고, 형들의 곡식 단은 둘러서서 요셉의 단에게 절하는 내용이다. 둘째 꿈은 해와 달과 열한 별이 요셉을 향하여 절하는 것이다. 이 꿈이 무슨 의미를 가지고 있는 것인가는 형들의 분노에 찬 항변으로 알 수 있다.

네가 참으로 우리의 왕이 되겠느냐 참으로 우리를 다스리겠느냐?(창 37:8)

형들은 요셉의 꿈을 명백하게 그가 최고의 지위에 오르는 왕권을 상징하는 것으로 해석하여 불쾌감을 드러낸다. 그리고 이 꿈으로 인하여 요셉을 더욱 미워하게 되었다. 그도 그럴 것이 막내가 왕이 된다고 큰소리를 치고 있으니 얼마나 기가 막혔을까를 생각해볼 수 있다.

그런데 형들이 이러한 분노를 표출할 수 있는 절호의 기회가 제공된다. 야곱이 생각할 수도 없는 일을 행한다. 요셉을 형들이 양을 치는 곳으로 보내어, 그들의 안전을 살펴보라는 임무를 맡긴 것이다. 야곱의 아들들이 양치는 곳은 세겜으로 지금 야곱과 요셉이 머물고 있는 장소인 헤브론과는 무려 80km가 떨어진 곳이다. 이것은 야곱이 맨 정신으로는 결코할 수 없는 일이라 할 수 있다. 가장 아끼는 아들을 혼자서 그 먼 곳까지 보낸다는 것은 꿈에도 생각할 수 없는 일이기 때문이다. 그렇다면 이것은 야곱 스스로의 결정이라고 보기 힘들다. 분명 섭리적인 역사가 작용하고 있음을 느껴볼 수 있다. 요셉의 형제들이 뭔가 일을 벌일 수 있는 기회가 제공되고 있는 것이다. 요셉이 세겜까지 갔으나, 형들은 이미 도단으로 옮겨갔다는 것을 알았다. 세겜에서 도단까지는 약 20km의 거리이다. 이렇게요셉은 무려 100km정도의 거리를 이동한 것이다.

그리고 형들은 요셉이 혼자서 자신들에게 오고 있는 것을 발견했다(창 37:12-17). 역시 형들은 요셉을 보고 자신들의 분을 풀어내려고 한다. 아무도 모르게 요셉에게 그동안의 복수심을 자행할 좋은 기회가 온 것이다. 형제들이 요셉을 보자마자 하는 말이 그들의 오랜 한을 느끼게 한다. 그것은 다름 아닌 요셉을 멀리서부터 보자마자 서로 죽이기로 계획을 세우는 것이다(창 37:18).

요셉이 그들에게 가까이 오기 전에 그들이 요셉을 멀리서 보고 죽이기를 꾀하여 서로 이르되 꿈꾸는 자가 오는도다 자, 그를 죽여 한 구덩이에 던지고 우리가 말하기를 악한 짐승이 그를 잡아먹었다 하자 그의 꿈이 어떻게 되는지를 우리가 볼 것이니라 하는지라(37:18-20)

그들에게 있어서 요셉에 대한 정의는 '꿈꾸는 자'이다(창 37:19). 요셉의 꿈은 하나님께서 주신 꿈이요, 비전이다. 그런데 그것이 오히려 다른 사람들에게는 걸림돌이 되고, 분노의 원인이 된다는 것은 무언가 크게 잘못되었다는 것을 살펴볼 수 있다. 하나님이 주신 꿈은 결코 다른 이에게 해가 되어서는 안 된다. 오히려 세상 모든 사람들이 복을 누리는 통로가 되어야 하는 것이다. 그런데 요셉은 하나님께서 주신 꿈을 자랑거리로 삼아 다른 사람들을 무시하는 도구로 삼으려 했다. 무시와 멸시 당하기를 좋아하는 사람이 어디에 있겠는가? 큰 꿈은 섬기기 위한 것이어야 하지, 결코 다른 사람 위에 올라서기 위한 것이어서는 안 된다. 세상 사람들은 그렇게 살아갈지라도 하나님의 백성은 결코 그리해서는 안 되는 것이다. 형들의 "네가 참으로 우리의 왕이 되겠느냐 참으로 우리를 다스리겠느냐?"(창 37:8)라는 말에 담긴 분노 속에는 요셉의 철없는 떠버림이 문제로 작용한다. 결국 요셉도 형들도 모두 배워야 할 것이 있다는 것을 살펴볼 수 있다.

형들은 요셉의 그 꿈이 싫었다. 그것이 하나님이 주신 것이든, 요셉이 스스로 만들어 낸 것이든, 그 꿈 이야기가 자신들의 마음을 부담스럽게 하는 것이 싫었다. 그래서 이들은 요셉과 더불어 그의 꿈까지 없애버릴 계획을 세우고 있는 중인 것이다. 형들은 짐승이 잡아먹었다고 핑계를 대기로 하고 요셉을 죽여서 구덩이에 던져버리려고 한다. 그리고 "그의 꿈이 어떻게 되는지를 우리가 볼 것이니라"고 하며 요셉의 꿈을 무효로 만들려고 한다. 이 상황 속에서 두 명의 형제가 나선다. 한 사람은 요셉을 구해내려고 시도하고, 다른 사람은 요셉을 끝까지 제거하려고 형제들을 선동한다. 전자는 르우벤이고, 후자는 유다이다. 이들은 둘 다 요셉과 모계적 관련이 없는 레아의 아들들이다. 그런데 어떻게 이렇게 다른 태도를 취할 수 있을까? 왜 르우벤은 요셉을 살려서 아버지께 돌려보내려고 애쓰고, 유다는 왜 요셉을 제거하려고 힘을 모으는 것일까?

이들의 태도의 차이를 이해하기 위해서는 먼저 장자권의 흐름을 살펴볼 필요가 있을 것이다. 야곱의 아들의 순서는 르우벤, 시므온, 레위 그리고 유다 이렇게 네 명이 넷째까지의 서열을 이루고 있다. 분명히 유다는 넷째일 뿐이다. 그리고 르우벤은 장자이다. 그런데 특이한 것은 르우벤의 말은 도무지 형제들에게 효력이 없다. 그러나 유다는 다르다. 그의 제안은 즉석에서 형제들의 연합된 힘으로 실행된다. 이것은 이미 장자권의 구도가 바뀌었음을 입증하는 것이 된다. 창세기 35:22절에는 "르우벤이 가서 그 아버지의 첩 빌하와 동침하매 이스라엘이 이를 들었더라"고 전한다. 르우벤은 아버지의 침상에 올라 아버지의 첩과 간음을 저질렀다. 이것은 돌에 맞아 죽는 형벌이 마땅한 행동이다(레 20:11). 이 사건은 르우벤이 장자권을 상실했음을 보여주는 문구가 된다(창 49:3-4). 그리고 그 다음인 시므온과 레위는 창세기 34장에서 야곱의 딸이며, 이들 네 명의 친 여동생인 레아의 딸 디나가 가나안 땅 히위 족속 하몰의 아들 세겜에게 강간당한 사건으로 인해 그들에게 처절하게 복수한 사건으로 저주를 받는다(창 49:5-7). 할례를 받게 한 후에 세겜만 죽인 것이 아니라, 그 마을 전체의 남자를 모두 살해하는 잔혹한 폭력을 저지르고, 마을의 모든 재물들을 약탈하고 자녀들과 아내들을 사로잡는다(창 34:25-30). 그로 인해 주변 부족들로부터 야곱 가족 전체의 안녕을 위태롭게 하기도 했다. 이제 장자권에서 르우벤, 시므온, 레위까지 모두 제외되었으니 다음 차례는 분명 유다이다.

그런데 갑작스럽게 생각지도 않았던 막내가 그 순번을 치고 나오는 것이다. 요셉이 꿈을 꾸고는 그 꿈을 이리저리 자랑하며 다닌다. 그런데 그 꿈이 예사롭지가 않다. 그것도 한 번도 아니고 두 번씩이나 유사한 꿈을 꾸었다. 어느 모로 보나 하늘이 요셉에게 최고의 자리를 부여하는 듯하게 느껴지기 때문이다. 형제들이 보기에 요셉은 아버지의 편애뿐만 아니라, 하늘의 편애도 받고 있다는 생각이 들었을 것이며, 자신들의 권리를 빼앗긴다는 생각도 했을 것이다. 그 중에 유다는 특히 더 심각하게 요셉의 부상을 고려했을 터이고, 호시탐탐 제거할 기회를 노렸을 것이 분명하다. 왜냐하면 이제 자신이 장자권의 순번을 부여받았고, 형제들도 그의 권위를 인정하고 있기 때문이다. 이것은 야곱이 아들들을 그들의 행위에 따라 축복하고 저주하는 부분을 살펴볼 때 유다에게는 장자권에 연계된 왕권을 부여하고 있다는 점에서 느껴볼 수 있다(창 49:8-12).

이처럼 이 이야기 속에는 지금까지 형제들 사이에 있어왔던 장자권을 놓고 벌이는 쟁탈전의 양상이 그대로 살아나고 있다(가인-아벨, 이스마엘-이삭, 에서-야곱). 그런데 천재일우의 기회가 온 것이다. 이런 급박한 정황 속에서 요셉을 구하려는 르우벤의 말은 일언지하에 무시된다. 이것이 바로 죄의 결과이다. 권위가 일시에 무너지고, 말의 권능이 사라지는 것이다. 어쩌면 르우벤은 자신의 무너진 장자권을 회복해 보려는 의도로 요셉을 살리려 했는지도 모른다. 요셉을 아버지에게 무사히 돌려보냄으로 환심을 살 수 있는 기회였기 때문이다. 그러나 그의 말은 형제들에게 더 이상 수용되지 않는다.

유다가 자기 형제들에게 동생을 죽이고 그의 피를 흘리는 것은 유익할 것이 없다고 말하며, 죽이는 것과 진배가 없는 이방 땅에 팔아치우자고 제안한다(창 37:26-27). 유다의 말을 따라 요셉을 이스마엘/미디안 상인들에게 팔아버린다(창 37:28). 요셉을 애굽으로 데려가는 상인들이 '미디안 사람'과 '이스마엘 사람'이라고 전함으로 상호 모순을 이루고 있는 듯 하다. 하지만 이 속에는 창세기의 신학에서 하나님의 백성과 이방인과의 관계를 다룬다는 점에서 날카로운 신학적인 경고가 들어가 있다. 이스마엘과 미디안이 동시에 등장하는 이유는 무엇인가? 공통점이 있다면 둘 다 아브라함의 자손이라는 사실이다. 아브라함과 애굽 여인 하갈을 통해서 태어난 아들이 이스마엘이고(창 16:16), 후처인 그두라를 통해서 태어난 아들 중의 한 명이 미디안이다(창 25:1-2). 이들 모두는 하나님의 백성에서 제외된 아들들이다. 이들이 다 나서서 요셉의 꿈을 제거하려는 형제들의 계략에 동참한다. 이처럼 하나님의 백성이 복을 나누는 삶을 살지 못하면 이렇게 제외되고, 버림받은 것 같은 사람들이 악을 행하는 것에 동참하게 되며, 그러한 삶의 방식을 따라가게 된다. 하나님의 백성은 이렇게 선택에서 제외된 이들까지 하나님의 길로 이끌며 동일한 복을 누리는 삶을 살아가게 하는데 모범이 되어야 하는 것이다. 그래야만 열방이 하나님의 뜻을 따르며 복된 길을 걷게 되고, 모든 질서가 회복되며, 평화가 이루어지는 것이다(신 4:5-8). 마침내 요셉의 기근 프로젝트는 이방인이든, 이스라엘이든 관계없이 모든 사람을 살리고, 복을 나누며, 분열이 아닌 연합을 이루어 내는 길을 열어간다. 하지만 거기까지 가기 위해서는 긴 시간이 소요되는 용서와 화해가 필요하다.

　　요셉의 형제들은 염소를 죽여 그 피를 요셉의 채색옷에 묻혀서 그가 사나운 짐승에게 죽은 것으로 위장하여 아버지 야곱을 감쪽같이 속인다. 이 속에는 속이는 것뿐만 아니라 요셉의 죽음에 대한 모든 책임을 아버지 야곱에게 돌림으로 자신들의 죄를 가리려는 잔혹한 음모까지 포함된 것이다. 요셉이 사나운 짐승에게 처참하게 찢겨 죽은 것이 아버지가 요셉을 혼자 그 먼 거리를 보냈기 때문이라는 은근한 비난까지 포함된 것이다. 이에 대해 아버지 야곱은 요셉이 죽은 것으로 확신하고 오래도록 애통하며 고통 가운데 살아간다. 그리고 그 세월은 분명 가슴 아픈 자책의 세월이었음을 추측해 볼 수 있다. 이런 그에게 그 어떤 말도 위로가 되지 않는다. 이렇게 잔인하게 아버지 야곱을 속이는데도 분명 형제들의 리더격인 유다가 앞장섰을 것은 두말할 필요도 없을 것이다. 유다는 이와 같이 자신의 목적을 위해서는 다른 이의 안전까지도 일시에 파괴시켜 버릴 준비가 되어 있는 성격의 소유자이다.

　　이러한 전개를 통해 창세기 37장은 형제들 간에 발생한 사건을 낱낱이 파헤치며 이런 상황이 어떻게 진행될 것인가라는 궁금증을 제시하고 있다. 형제간의 불화로 한 형제를 거의 죽음의 지경까지 가게 만든 이 상황이 어떻게 전개되며, 어떤 결론에 이르게 될 것인가를 바라보게 만든다. 그리고 요셉과 유다의 대립이 어떻게 전개되며, 어떤 해결에 이르게 될지 또한 이야기의 극적인 효과를 더하고 있다. 요셉의 기나긴 세월을 대하기 전에 요셉 이야기는 의도적으로 요셉을 팔고, 아버지 야곱을 속이는데 앞장선 유다에게 벌어진 사건을 먼저 전하고 있다. 왜냐하면 요셉 이야기를 풀어 가는데 중요한 열쇠를 가지고 있기 때문이다. 이제 정의와 공의의 심판이 동생을 팔아치우고, 아버지를 속이는데 앞장섰던 유다에게로 향할 차례인 것이다.

2) 요셉 이야기 안에서 '유다-다말 이야기'의 기능(창 38장)

창세기를 연구해온 대부분의 학자들은 요셉 이야기 안에 갑작스럽게 등장하고 있는 창세기 38장의 '유다-다말 이야기'를 그 전후 문맥과 전혀 어울리지 않는 전적으로 이질적이고 독립적인 자료로 취급해 왔을 뿐만 아니라 심지어는 현재의 창세기 구조에서 그 위치가 잘못 놓여 진 이야기로 다루어 왔다.[200] 설사 그 가치를 높이 평가한다 할지라도 기껏해야 그 이야기의 존재 의미를 요셉의 운명에 관하여 긴장감을 조성하고, 유다가 결혼하고 세 명의 아들을 낳고, 그들이 결혼할 나이가 되었다는 것으로 긴 세월이 흘렀음을 보여주기 위한 기교 정도로 밖에는 인식하지 않았다.[201]

그러나 성경을 짜임새 있고 통일성 있는 작품으로 바라볼 때 더 올바른 해석이 가능하다는 주장들이 성서 학계에 새 바람을 일으키기 시작 했고, 지금은 성경해석의 주요한 흐름을 형성하고 있다. 성경의 통일성을 주장하는 성서 문학 비평가들은 유다-다말 이야기가 요셉 이야기 안에 갑작스럽게 등장하는 것은 사실이나, 그 존재의 의미를 이질적인 요소라는 이유만으로 관련성이 없는 별개의 이야기로 취급하기 보다는 좀더 세심한 문학적인 연구를 통해서 두 이야기들의 상호 연관성을 밝혀내고 나아가서 그 관련성들이 보여주고자 하는 신학적인 의미에 그들의 관심을 집중하고 있다.

요셉이 팔려가는 상황을 살펴볼 때 상인들의 정체(미디안 혹은 이스마엘)에 관한 차이점이 존재하지만 창세기 39:1절이 창세기 37:36절을 재반복하면서 요셉의 신변에 관한 이야기를 연결시켜 나가는 것을 통해 창세기 38장이 흡사 이야기의 흐름을 방해하며 침투한 듯한 인상을 풍긴다.

> 그 미디안 사람들은 그를 애굽에서 바로의 신하 친위대장 보디발에게 팔았더라(창 37:36)

* 창 38장 유다-다말 이야기

> 요셉이 이끌려 애굽에 내려가매 바로의 신하 친위대장 애굽 사람 보디발이 그를 그리로 데려간 이스마엘 사람의 손에서 요셉을 사니라(창 39:1)

"보디발에게 팔았고" 그리고 "보디발이 샀다"라는 '팔고-사고'의 연결 관계를 통해 창세기 37:36절이 내용적인 면에서 직접 39:1절로 연결되는 것을 볼 때 창세기 38장이 없어도 이야기의 전개에 전혀 지장을 주지 않을 것처럼 보인다. 그리고 내용적인 면에서도 요셉이 팔려가는 상황과 '유다-다말 이야기'는 관련성이 희박해 보인다. 하지만 서로 인접한 이야기들인 창세기 37장과 38장의 언어학적인 비교 대조를 통해 유다-다말 이야기와 요셉 이야기의 상호 연관성을 논증할 수 있다.

(1) 과거를 돌아보고: "그는 나보다 옳도다!"

창세기 37장의 이야기의 결론을 살펴보면 요셉의 형제들이 요셉을 죽이기보다는 팔아버리자는 유다의 제안을 받아들인다. 그리고는 신속하게 다음의 행동들을 취하여 아버지 야곱을 속인다.

그들이 요셉의 옷을 가져다가 숫염소를 죽여 그 옷을 피에 적시고 그의 채색옷을 보내어 그의 아버지에게로 가지고 가서 이르기를 아버지의 아들의 옷인가 보소서 하매 아버지가 그것을 알아보고 이르되 내 아들의 옷이라 악한 짐승이 그를 잡아 먹었도다 요셉이 분명히 찢겼도다 하고(창 37:31-33)

아버지 야곱을 속이는 과정을 순서적으로 정리해 보면 여섯 단계로 나누어 볼 수 있다. 그리고 각 단계마다 사용된 특별한 단어들과 표현들을 정리해 보면 다음과 같다.

---

* 막내아들 요셉의 죽음 앞에 놓여진 야곱

① 요셉을 팔고 그의 옷을 취하여(37:31a)

② 숫**염소**(שָׂעִיר 세이르 이짐)를 죽이고 그 옷을 피에 적시고(37:31b)

③ 그 채색옷을 **보내어**(שָׁלַח 샬라흐) (37:32)

④ 그 **아버지에게 가져다가 이르기를**(אָמַר 아마르) (37:32)

⑤ 우리가 이것을 얻었으니 아버지의 아들의 옷인가 아닌가 **(청컨대) 보소서 하매**(נָא־הַכֶּר 하케르-나)(37:32)

⑥ **아버지가 그것을 알아보고 이르되**(וַיַּכִּירָהּ וַיֹּאמֶר 와야키라흐 와요메르)(37:33)

전체적인 과정은 야곱이 감쪽같이 속임을 당하고 "요셉이 정녕 죽었도다" 하고 심히 애통해 하는 것으로 그 막을 내리고 있다.

그러나 창세기 38장의 '유다-다말 이야기'에서는 대 반전이 벌어지고 있다. 이제는 분명히 아버지를 속이는 일에 앞장섰을 유다의 차례이다. 요셉을 파는 일에 그리고 분명 아버지 야곱을 속이는 일에도 능동 이상으로 앞장섰음직한 유다가 창세기 38장에서는 능동이 아닌 수동적인 입장이 된다는 사실이다. 창세기 38장은 약 20여년의 세월을 한 장에 축약하고 있다. 유다가 결혼을 했다. 그리고 아들 세 명을 낳았고, 이들이 장성하여 첫째가 다말이라는 여인과 결혼을 했다. 그런데 첫째 아들 엘이 여호와 보시기에 악함으로 그를 죽이셨다. 둘째 아들 오난이 형사취수제의 법[202]을 이행해야 하기에 형수인 다말에게 들어갔으나, 형의 이름으로 씨를 이어주기 싫어서 땅에 설정하므로, 여호와 보시기에 악함으로 그도 죽이셨다. 땅에 설정한 이유는 형수에게 아들을 갖지 못하게 함으로 형의 재산이 자신의 것이 되게 하려는 속셈인 것이다. 그의 죽음은 하나님의 백성으로서의 책임이 얼마나 중요한 것인가를 일깨우는 요소가 된다. 이미 아들 둘을 잃은 유다는 막내아들 셀라까지 잃는 것이 두려워 셀라가 장성할 때까지 라는 구실로 며느리 다말을 친정집으로 보내어 버리고, 자신의 기억 속에서 지워버리고 만다.

이제 며느리 다말의 반격이 시작된다. 셀라가 장성했음에도 자신을 부르지 않는 시아버지에 대한 항변으로 다말은 과부의 의복에서 창녀로 변복을 하고 양털을 깎으러 오는 시아버지 유다를 유혹하기 위해 기다린다. 동침을 원하는 유다에게 다말은 염소 새끼라는 대가를 받을 때까지 담보물로 도장과 끈과 지팡이를 받는 것으로 합의하고 그와 동침한다. 그리고 3개월 뒤에 다말이 임신했다는 소리를 들었다. 이에 유다는 두말할 것도 없이 일언지하에 다말을 끌어내어 불태워버리라고 명령한다. 이에 다말이 끌려가면서 자신이 유다에게 받은 물품을 보내며 이것이 누구의 것인지 알아보라고 한다. 유다가 그것들이 자신의 것인 줄 알아보고 다말은 풀려난다.

이렇게 며느리와 시아버지가 관계하여 임신하는 경우는 결코 있어서는 안 되는 일로 생각될 수 있다. 그러나 고대 근동의 정서 속에서는 충분히 가능한 일이기도 하다. 이들의 시대에도 통용되었을 것으로 추정되는 주전 13-14세기 히타이트 법률을 적은 점토판에는 시아버지와 며느리는 물론 그보다 더한 관계도 가능한 것으로 드러난다.

한 남자가 아내를 얻고 죽으면, 그의 형제가 아내로 취할 수 있고, 그 다음은 그의 아버지도 그녀를 취할 수 있다. 이렇게 그의 아버지도 죽게 되면 그의 형제의 아들들 중에 한 명이 그녀를 아내로 취할 수 있다. 이런 경우 어떤 처벌도 하지 않는다. [203]

그럼에도 하나님의 백성으로서 유다가 길가의 창녀와 관계를 가졌다는 그 사실은 더 이상 벌어져서는 안 되는 일이다. 더 나아가 유다는 그 여인을 '일반적인 창녀'(זוֹנָה 조나; 38:15)로 여겼음에도 만약 그의 친구인 아둘람 사람 히라가 그 여인을 부르는 호칭인 '신전 창녀'(קְדֵשָׁה 쾌데샤/거룩한 여인; 38:21)였다면 더욱 위험한 일이다. 그것은 가나안 종교에 휩쓸리는 삶이기 때문이다. 그러나 유다가 다시는 다말을 가까이 하지 않았다는 행동(38:26) 속에는 삶의 결단이 들어가 있는 것으로 느껴진다. 그리고 유다-다말의 이야기는 그러한 주변적인 것에 대한 관심보다는 형사취수제를 시행하지 않는 유다에 대한 다말의 특단의 행동이며, 그 행동 속에는 하나님께서 유다를 다루시는 철저한 계획이 담겨 있다는 것을 드러내는 것이다. 유다가 아버지 야곱을 속인 방법 그대로 20여년의 세월 뒤에 자신이 속임을 당하는 것이다.

이러한 전개상황을 순서대로 각 단계마다 사용된 특별한 단어들과 표현들을 정리해 보면 다음과 같다.

---

* 막내아들이 죽을까봐 전전긍긍하며 다말을 친정으로 보내버린 유다

① 다말이 과부의 **의복**을 벗고 **너울**로 얼굴을 가리고 몸을 휩싸고(38:14)

② 유다는 **염소 새끼를**(גְּדִי עִזִּים 게디 이짐) 주겠다고 함(38:17-18).

③ 다말이 "끌려 나갈 때에 사람을 **보내어**(שָׁלְחָה 살라흐)"(38:25)

④ **시아버지에게 이르되**(אָמַר 아마르) 이 물건의 임자로 말미암아 잉태하였나이다 (38:25)

⑤ **청하건대 보소서**(הַכֶּר־נָא 하케르-나) 이 도장과 그 끈과 지팡이가 누구의 것이니이까 한지라(38:25)

⑥ **유다가 그것들을 알아보고 이르되**(וַיַּכֵּר…וַיֹּאמֶר 와야카르……와요메르)(38:26)

어느 모로 보나 유다가 아버지 야곱을 속이는 방법과 한 치의 오차도 없이 동일하다. 이러한 언어적 표현의 일치는 결코 우연이 아니다. 그 시작부터 끝까지 정확하게 언어적으로 일치하며, 그 순서에 있어서도 동일한 과정을 거쳐 간다.[204] 이것은 유다가 아버지 야곱을 속인 그 방법 그대로 자신도 며느리 다말에게 한 치의 차이도 없는 똑같은 방법으로 속임을 당하는 것이다.

이렇게 속은 뒤에 유다는 다음과 같이 말한다: "그는 나보다 옳도다 내가 그를 내 아들 셀라에게 주지 아니 하였음이로다"(창 38:26). 여기서 '옳도다'(צָדְקָה 쩨다콰/정의롭다)라는 말은 하나님의 법으로 판단할 때 '옳다'를 의미하는 '정의롭다'라는 단어를 사용하는 것은 유다 자신의 행동과의 비교에서 나온 결론일 것이다. 가깝게는 막내 아들 셀라를 주지 않기 위해 하나님의 법인 '기업 무를 자'(고엘)의 법까지 무시해 버린 불의와 이를 행하려는 공의의 대조를 들 수 있을 것이다. 그러나 이보다는 속이고 속임을 당하는 사건의 평행이라는 점에서 요셉을 팔았던 유다 자신의 행동과의 비교를 통해 내린 고백이라는 점이 분명하다. 자신이 한 것과 똑같은 방식으로 자신을 속였지만 그 동기에 있어서만큼은 절대적인 차이가 있기 때문이다. 유다와 다말의 속임수는 그 방법은 동일해도 그 목표는 정 반대 방향을 향하고 있다. 시기와 질투심에 불타 하나님이 요셉에게 주신 거룩한 꿈까지 제거해 버리려는 유다의 행동과 어떻게 해서든 끊어진 씨를 이어가려는 다말의 열망이 충돌하고 있는 것이다. 유다는 하나님의 백성으로서의 법을 어기는 삶이라면, 다말은 유다에게 이스라엘 법인 '형사취수제'를 통해 '기업 무를 자'의 역할을 시행하라는 요청이기 때문이다. 이처럼 누가 더 의로운가를 유다는 이미 인식하고 있었을 것이다. 이것은 곧 자신의 과거를 돌아본 자의 고백이라는 점에서 관계의 회복을 기대할 수 있는 회개의 시작이라 할 수 있다.

그런데 유다가 주축이 되어 아버지 야곱을 속이고, 다말이 시아버지 유다를 속인 이 속임수는 먼 옛날에 야곱이 축복을 탈취하기 위해 행했던 방법을 반복하고 있다는 점에서 삶을 돌아보게 한다. 삼대에 걸쳐서 동일한 사건이 벌어지고 있는 것이다. 인생은 이처럼 속고 속이는 처절한 각축장이다. 이러한 사악함은 어쩌면 그렇게도 정확하게 대물림이 되는지, 속이는 자가 속임을 당하는 사건은 하나님의 정의와 공의를 분명하게 인식케 한다. 다말이 시아버지 유다를 속이는 사건은, 유다가 아버지 야곱을 속이는 사건의 반전이며, 또 유다가 아버지 야곱을 속인 사건은 그 옛날 야곱이 아버지 이삭을 속이고 에서의 축복을 탈취하는 사건의 반전이다. 그 때도 동일하게 아버지를 속이기 위해 염소새끼를 잡아서, 그 털로 꾸미고, 또한 형 에서의 의복을 취하여 속이기 위한 소품으로 사용했던 것이다.

> 염소떼에 가서 거기서 **염소의** 좋은 새끼(צְדֵי עִזִּים 게다예 이짐)를 내게로 가져오면 내가 그것으로 네 부친을 위하여 그 즐기시는 별미를 만들리니(창 27:9)

> 리브가가 집안 자기 처소에 있는 맏아들 에서의 **좋은 의복**을 취하여 작은 아들 야곱에게 입히고 또 염소 새끼의 가죽으로 그 손과 목의 매끈매끈한 곳에 꾸미고(창 27:15-16)

그 때 축복을 빼앗긴 야곱의 형, 에서는 서럽게 소리 높여 통곡했다.

> 에서가 그의 아버지의 말을 듣고 소리 내어 울며 아버지에게 이르되 내 아버지여 내게 축복하소서 내게도 그리하소서(창 27:34)

> 에서가 아버지에게 이르되 내 아버지여 아버지가 빌 복이 이 하나 뿐이리이까 내 아버지여 내게 축복하소서 내게도 그리하소서 하고 소리를 높여 우니(창 27:38)

다음은 야곱의 차례인 것이다. 그 또한 동일한 소품으로 그의 아들들에게 동일한 속임을 당한 것이다. 축복을 빼앗긴 슬픔과 사랑하는 막내아들을 잃은 슬픔 중 어떤 것이 더 고통스런 통곡을 만들어 낼 것인가는 질문의 여지가 없을 것이다. "남의 눈에 눈물나게 하면 자기 눈에는 피눈물난다"는 말이 결코 빈 말은 아닌 것이다. 야곱이 아버지와 형을 속여서 결국 20년이 넘는 세월 동안 가족과 분리의 아픔을 겪어야 했다면(창 31:41), 이제 야곱은 아들들의 이러한 속임수로 인해서 사랑하는 아들인 요셉과 유사한 만큼의 세월동안 분리의 아픔을 겪는다. 이 세월이 오히려 더욱 고통스러운 것은 야곱은 희망 없이 요셉이 죽은 것으로 알고 그 아픔을 안고 살았다는 것이다. "부모가 죽으면 산에 묻고 자식이 죽으면 가슴에 묻는다"라는 속담만 보아도 그 아픔을 짐작할 수 있을 것이다. 그리고 야곱 자신이 요셉을 형들이 양을 치는 그 먼 곳에 보냈으므로 그 아픔은 더 컸을 것이다.

이러한 사건들은 '속이는 자가 결국 속임을 당하는 사건'(The Deceiver Deceived)의 또 다른 좋은 예라 할 수 있을 것이다. 이렇게 속이는 자가 다시 속임을 당하는 사건은 그 사람이 과거에 자신이 저지른 과오를 뚜렷하게 상기시키는 효과를 가지고 있다. 이런 맥락에서 연유해볼 때 '유다-다말 이야기' 또한 유다가 자신의 과거를 깊이 돌아보는 길을 제공해 주었을 것이며 "그는 나보다 옳도다"(창 38:26)라고 내뱉은 유다의 고백을 새롭게 조명해 볼 수 있게 한다. 이 말 속에는 단지 셀라를 다말에게 주지 않았다는 자책감을 넘어서는 그 어떤 과거의 행위에 대한 인식이 있었을 것이라 사려 된다. 왜냐하면 야곱이 막내아들 요셉과의 죽음과도 같은 이별을 경험하고 그리고 자식들에게 속은 사건은 유다가 두 자식의 죽음을 경험하고 또 막내아들의 죽음을 두려워했고, 결국 며느리 다말에게 속은 사건과 일맥상통하는 바가 있기 때문이다. 유다는 자신의 경험을 아버지의 경험과 연결시킬 수 있는 고리를 발견 했을 것이다. 막내아들만큼은 잃지 않으려는 자신의 갈망을 통해 사랑하는 막내아들을 잃은 아버지의 아픔을 이해할 수 있는 계기가 되었을 것이 분명하다.[205] 유다는 이렇게 20여년의 세월을 거치며 마침내 "그는 나보다 옳도다"라는 고백을 통해 자신의 과오를 인정한다. 사람이 자신의 잘못을 인정하는데 이처럼 긴 세월이 걸린다는 것은 진정한 용서와 화해가 이루어지는 것이 얼마나 어려울 것인가를 짐작케 한다. 이와 같이 하나님께서는 사람이 자신이 저지른 일들을 그도 당하게 함으로 상대방의 심정을 느끼게 하며, 변화의 길을 걷게 하신다. 때로 이유를 알 수 없는 고난이 닥칠 때 그 고난의 경험이 인생의 어느 순간에 다른 이를 살리는 도구가 될 수 있다는 것을 깨달을 필요 또한 있다.

창세기 38장은 요셉이 기나긴 세월 동안 모진 경험을 하고 있는 동안, 유다로 대표되는 형제들 또한 고통의 세월을 통과하며 자신들의 죄 값을 치르고 있음을 보여준다. 이것은 하나님께서 하시는 일이며, 하나님의 섭리가 더 나은 미래를 위해 움직이고 있다는 것이다. 그래서 우리는 하나님께서 "원수 갚는 것은 나의 것이라"(신 32:35; 롬 12:19)고 하시며 복수를 오직 하나님께 맡길 것을 종용하시는 이유가 바로 여기에 있음을 깨달을 필요가 있다. 특히 동료 인간이 저지르는 악으로 인해 억울하게 당하는 사람들이 기억해야 할 사항을 알려주고 있는 것이다. 그 억울한 일을 우리 하나님은 아시고 계시며, 그것을 갚으신다는 것이다. 그래서 우리는 하나님께 우리의 억울한 모든 것을 다 내려놓고 호소할 수 있다. 하나님을 진실로 믿는 사람이라면 이렇게 우리가 당한 그대로 동일하게 갚아주시는 하나님을 믿고 선악의 판단을 하나님께 맡길 수 있어야 한다. 왜냐하면 우리가 원수를 갚게 되면, 우리의 복수심은 늘 증오와 더불어 실행되기에 정의와 공의를 이루기보다는 당한 것보다 과하게 갚아주는 악을 더할 경우가 많다. 그로 인해 복수가 또 복수를 낳게 된다. 그것은 늘 복수는 당한 것보다 과하게 갚아지기 때문이다. 복수가 대를 물려 진행되는 이유도 바로 그런 연유이다. 그리고 결국은 가해자나 피해자나 증오의 나락에 빠져 동일한 광기를 뿜어내는 인생이 되고 마는 것이다. "우리는 우리가 증오하는 것이 된다"는 말이 이것을 단적으로 표현한 것이라 할 수 있다.[206) 악을 악으로 저항하게 되면 악은 더 거세지고 결국 그 악에 대항해 승리를 거둔다 할지라도 이미 악으로 세상을 물들이려는 사탄의 목적은 실현된 것이다. 그러나 하나님께 맡기면, 하나님께서는 한 치의 어김도 없이 공평하게 똑같이 갚아주심으로 당하는 자가 자신이 한 대로 받았다고 깨달으며, 유다처럼 "그는 나보다 옳도다"라는 말과 함께 회심할 수 있는 길을 열 수 있다.

　　　이러한 속이는 자가 속임을 당하는 것에 대한 인식은 이미 고대의 랍비들도 깨닫고 있었던 것이다. 창세기의 미드라쉬적 해석서인 '베레쉬트 라바'(Bereshit Rabba) 에도 이 밀접한 연관성이 이미 밝혀져 있으며 그 의미 또한 주어져 있기도 하다: "거룩하시고 찬양 받으시기에 합당하신 분이 유다에게 이르시기를 '네가 염소로 네 아비를 속인 것처럼, 다말도 너를 염소로 속일 것이다'…거룩하시고 찬양받으시기에 합당하신 분이 유다에게 이르시기를 네가 네 아비에게 '청컨대 보소서'(haker-na)라고 한 것처럼 다말 역시 너에게 '청컨대 보소서'(haker-na) 라고 요청할 것이다." 이러한 언어학적인 평행구들은 '유다-다말 이야기'가 결코 요셉 이야기 속에 잘못 위치한 이야기가 아니라 긴밀한 연관성을 가지고 있으며 나아가서는 요셉 이야기를 올바르게 풀어 나가는 열쇠의 역할까지 하고 있다는 것을 느껴볼 수 있다. 그렇다면 여기에서 좀 더 숙고해 보아야 할 문제가 있다. '유다가 아버지를 속인 사건'(창 37장)과 '다말이 시아버지 유다를 속인 사건'(창 38장)은 동일한 속고 속이는 이야기 구성을 통해서 서로 밀접한 연관성이 있음을 보여 주고 있다면, 그럼 창세기 37-38장을 넘어서는 요셉 이야기 전체의 구성 속에서 이러한 속고 속임을 당하는 사건을 통해서 얻어진 자기반성의 결과는 어떠한 역할을 하는가라는 질문이다. 이 질문에 대한 답은 단순히 서로 인접한 평행구들을 살피는 정도가 아니라 요셉 이야기 전체의 맥락을 이해하는 것을 통해 가능하리라 본다.

　　　하나님께서는 요셉과 형제들이 이러한 분리와 단절의 세월을 보내는 동안 서로가 깨달을 수 있는 길을 걸어가게 하신다. 유다는 질투심으로 동생을 제거하는데 앞장서고, 아버지를 속이는데도 주동이 되었을 것이다. 그러한 행동은 분명 교정되어야만 한다. 그리고 요셉은 하나님께서 부여해 주신 통치자의 비전을 오만하게 자랑하며, 거들먹거린다. 만약 이런 자세로 그 꿈이 이루어졌다면, 분명 그 결과는 자명하다. 모두가 행복한 왕권이 아니라, 소수자만 혜택을 보고, 다수는 희생되는 세상을 만들고 말 것이다. 이것 또한 교정되어야 한다. 하나님께서는 장자권이 내정되어 있어 그것을 힘으로 지키려는 자와 하나님께서 부여해 주신 비전을 자신의 권위로 휘두르려는 자, 이 두 당사자를 동일한 시간의 경과를 통하여, 다른 장소에서, 다른 삶의 경험을 통과케 하시며, 새로운 만남을 준비하신다.

	창 38장	창 39-41장	창 42-45장
장소	가나안에서	애굽에서	
경험과 결과	유다(형제들)의 경험	요셉의 경험	
다루심의 과정들	* 모진 경험들 * 결혼 * 유혹	* 모진 경험들 * 유혹 * 결혼	
결론 (변화)	"그는 나보다 옳도다" (창 38:26)	* "바로께서 꿈을 두 번 겹쳐 꾸신 것은 하나님이 이 일을 정하셨음이라 하나님이 속히 행하시리니" - "이와 같이 하나님의 영에 감동된 사람을 우리가 어찌 찾을 수 있으리요" (창 43:38) * 므낫세(모든 고난과 아버지의 온 집의 일을 잊다) * 에브라임(번성하게 하다) (창 41:51-52)	이렇게 하나님의 다루심을 경험 한 형제들이 만날 때 용서와 화해의 길이 열릴 것을 기대할 수 있다.

"그는 나보다 옳도다"라고 고백한 유다의 경험과 '하나님의 영에 감동된 사람'으로 "내 모든 고난과 아버지 온 집의 일을 다 잊게 하시고, 번

성케 하신" 하나님의 뜻을 깨달은 요셉의 경험이 만나야만 형제들은 서로 용서, 화해, 연합할 수 있는 것이다. 그렇다면 '유다-다말 이야기'는 가나안 땅에 남아있는 유다와 형제들의 경험과 변화의 세월을 요약하고 있는 것이라 할 수 있고, 그 후에 펼쳐지는 이야기들은 애굽 땅에서의 요셉의 경험과 변화의 세월을 전하고 있는 것이라 할 수 있다.

(2) 미래를 향하여: "팔아치움이 생명을 내건 지킴으로"

창세기 38장의 사건이 이물질같이 느껴지며, 그 곳에 위치하고 있는 것 자체가 무의미해 보이기도 하지만, 그러나 언젠가 그 사건이 미래의 어떤 부분에서 그 존재의 의미를 분명히 할 때가 있을 것이다. 하나님께서는 우리가 보지 못하는 부분을 보시고, 미래를 준비하시는 분이시다. 우리가 겪는 수많은 악한 것들이 결국 선이 되게 하기 위해 지금도 애쓰시고 계시기 때문이다. 우리가 보기에 이유가 없어 보이고, 왜 내게 이런 사건이 끼어들어와 나를 힘들게 하는가라고 탄식할 때도 있지만, 그러나 다 뜻이 있음을 깨닫는 날이 있을 것이다. 하나님은 이유 없는 일을 하지 않으신다. 모든 것이 합력하여 선을 이루는 그 날이 있을 것이다. 여기서 모든 것은 선한 것과 악한 것 양자를 다 포함하는 것이다. 우리에게는 그 사건의 의미와 이유가 분명하게 느껴질 때까지 인내하는 삶이 필요하다. 언젠가 어디에선가 그 모진 경험이 올바른 짝을 만날 때까지 말이다. 하지만 고통스럽고, 악한 사건이 선이 되는 길은 오직 하나님을 사랑하는 삶으로 그의 뜻에 합하여 살아 갈 때에 이루어진다는 것을 기억하는 것이 필요하다: "우리가 알거니와 하나님을 사랑하는 자 곧 그 뜻대로 부르심을 입은 자들에게는 모든 것이 합력하여 선을 이루느니라"(롬 8:28).

유다가 야곱을 속이고, 다말이 유다를 속이는 사건의 연속은 언젠가 인생의 다른 장소에서 그 존재의 의미를 분명히 할 때가 있을 것이다. 유다의 이런 경험과 깨달음, 그리고 뉘우침이 미래의 어느 땐가 그 진정한 위력을 발하게 될 날이 올 것이다. 그 때는 유다가 요셉 앞에 섰을 때일 것이며, 그 때 그 장소에서 이 사건의 의미는 분명하게 살아나게 될 것이다. 그 때는 과거에 행했던 후회스러운 행동인 동생을 팔아치웠던 악행이 또 다른 동생을 자신을 담보로 끝까지 지키려는 사랑과 연민으로 가득한 사람으로 변화되어 있을 것이다. 이처럼 아무리 모진 것일지라도 인간의 경험은 무의미한 것이 아니라, 하나님의 때에 모든 것이 온전하게 제 자리를 찾게 되는 길을 여는 것이다. 그러므로 유다-다말 이야기는 유다로 대표되는 형제들의 기나긴 세월의 경험을 말하며 이 경험은 과거를 돌아보고 반성하며 미래에 이루어질 용서와 화해 그리고 연합을 향한 현재의 소중한 교훈이 되는 것이다. 즉, 유다-다말 이야기는 과거와 미래가 화해하는 회심의 장소이다. 현재의 회심만이 과거의 악을 청산하고 미래를 밝히는 유일한 길이기 때문이다.

유다-다말 이야기의 결론이 쌍둥이 아들인 베레스와 세라가 탄생하는 것으로 끝을 맺고 있다는 것은 의미가 깊다. 형제의 순서가 또 바뀌는 것이다. 그것은 전적인 하나님의 주권에 의한 것이다. 유다-다말 이야기에서 하나님의 주권을 바꾸려는 인간의 몸부림이 얼마나 어처구니없는 것인지를 보라는 것이다. 유다는 요셉에게 주신 하나님의 꿈이 어떻게 되는지 보자라는 생각으로 요셉을 저 세상의 끝으로 밀어버렸다. 인간이 하나님의 뜻까지도 파괴할 수 있다는 확신에 차 있는 것이다. 그러나 하나님께서 계획하신 일은 인간이 결코 파기할 수 없다는 것을 깨달아야 하는 것이다. 누가 이러한 하나님의 뜻을 가장 성실하게 받들 것인가가 과제로 남아있고, 유다-다말 이야기 속에서도 결국은 하나님의 뜻이 이루어져야만 한다는 당위성을 제시하며 인간의 순종을 기대하고 있다. 인간의 순위를 바꾸는 것은 전적인 하나님의 주권이라는 것, 그리고 그 뜻에 순종하는 이들을 통해 이루어질 것은 계급사회가 아니라 평등사회라는 것이다. 왜냐하면 왕이 종이 되어 섬기며, 종이 자신의 위치를 기뻐하는 세상이 될 것이기 때문이다. 유다가 하나님의 주권을 인간의 손에 놓고 형제의 순서를 마음대로 좌우하려는 것으로 사건이 시작되었다면 이제 그 결론은 쌍둥이 아들들의 탄생을 바라보며 하나님의 주권을 배우는 것으로 그 결론에 이르러야 한다. 인간이 자신의 주권으로 장자의 표식인 홍색 실을 묶어 놓는다 할지라도 결국 먼저 터뜨리고 나오는 것은 하나님의 주권에 의해 계획된 존재라는 것을 인정하는 것이다. 회복의 미래는 바로 이러한 하나님의 주권을 전폭적으로 신뢰하는 사람들에 의해 이루어질 것이며 그 사람들이 하나님의 백성 이스라엘이 될 것이다.

이제 유다-다말 이야기를 통하여 가나안 땅에 거하고 있는 유다를 대표로 하고 있는 형제들의 변화의 세월을 다루었으니 그 다음은 당연히 애굽 땅에 거하고 있는 요셉이 거쳐 가는 질곡의 세월과 삶의 변화를 보아야 할 것이다. 동일하게 변화된 쌍방이 만나야 온전한 용서와 화해에 이를 것이기 때문이다.

3) 요셉의 추락과 상승(창 39-41장)

창세기 38장에서 유다와 형제들이 20여년의 세월을 보내며 모진 경험 속에서 인생을 배우고 있음을 살펴보았다. 그들이 가나안 땅에서 그러한 경험의 세월을 거치는 동안 이제 창세기 39장부터는 요셉이 애굽에서 겪는 모진 경험의 세월을 세세하게 나열하고 있다. 하나님께서는 요셉에게 꿈을 주셨다. 그것도 반드시 이루신다는 확증처럼 동일한 내용을 다른 방식으로 두 번씩이나 보게 하셨다. 그리고 그 꿈은 '형제들 위에 왕이 된다는 내용'이다. 하나님께서는 최고가 되게 해 주시겠다는 꿈을 주시고, 그 자리에서 그 꿈을 실현시켜 주시지 않으신다. 오히려 요셉을 바닥으로 던져버리시기까지 하신다. 왕의 꿈을 주셨으면, 왕궁으로 보내시는 것이 지당한 순서이다. 그러나 하나님께서는 요셉을 강제로 종으로 만드셨다. 그것도 모자라서 하나님께서는 요셉을 죄수로 만드시기까지 하셨다. 진정한 왕도를 가르치시려는 의도가 그 안에 들어 있는 것이다. 이는 예수님께서 십자가로 가까이 가실 때 그 뒤를 따르며 서로 "누가 크냐?"(막 9:34)라고 싸움질을 해대며 높아지려는 제자들을 향하여 하신 말씀 속에 그 이유가 들어가 있다.

누구든지 첫째가 되고자 하면 뭇 사람의 끝이 되며 뭇 사람을 섬기는 자가 되어야 하리라(막 9:35)

이방인의 집권자들이 그들을 임으로 주관하고 그 고관들이 그들에게 권세를 부리는 줄을 너희가 알거니와 너희 중에는 그렇지 않을지니 너희 중에 누구든지 크고자 하는 자는 너희를 섬기는 자가 되고 너희 중에 누구든지 으뜸이 되고자 하는 자는 모든 사람의 종이 되어야 하리라(막 10:42-44)

하나님의 백성이 걸어가야 할 왕도는 지배와 군림이 결코 아니다. 그건 이방인들이나 하는 짓이며, 하나님을 알지 못하는 자들이 하는 짓인 것이다. 하나님의 사람들에게 왕의 길은 오히려 더욱 낮아져서 종이 되어 다른 사람을 섬기는 것이어야 한다는 진리를 깨달아야 한다. 이것은 오늘날을 살아가는 우리 그리스도인들에게는 더욱 진리이다. 왜냐하면 예수님께서 "인자가 온 것은 섬김을 받으려 함이 아니라 도리어 섬기려 하고 자기 목숨을 많은 사람의 대속물로 주려 함이니라"(막 10:45)고 분명하게 우리가 가야 할 길을 삶으로 보여주셨기 때문이다.

왕의 꿈을 주시고, 도리어 종을 만드시고, 죄수들을 섬기는 종의 종을 만드시는 하나님의 훈련이 요셉의 삶에서 시작된 것이다. 하나님께서는 결코 죽이고자 함이 아니라 진정한 왕의 길을 가르치려는 의도가 있으심을 느껴볼 수 있다. 그리고 왕권과 결부된 장자권의 순서를 부여받은 유다 또한 삶의 여정을 통하여 동일한 것을 배워야 할 것이다. 이 과정이 가장 온전하게 끝날 때 이 두 사람 안에 섬김은 삶이 되어 있을 것이며, 자신의 생명을 내어 놓아 다른 이를 살리는 하나님의 진정한 왕도가 펼쳐짐으로 사람과 사람 사이의 관계회복이라는 대 과업을 성취할 날을 기대할 수 있는 것이다.

애굽에서의 요셉의 이야기는 급박하게 진행된다. 한장 한장이 새로운 사건의 연속이다. 창세기 39, 40, 41장은 애굽에서의 요셉의 지위가 급강하와 급상승 하는 절묘한 구도로 이루어져 있다. 노예의 신분으로 시작하여, 죄수로 전락하고, 그리고는 애굽의 총리라는 지위로까지 상승한다. 어느 한 가지도 인간의 상상으로 만들어 낼 수 없는 하나님의 기가 막힌 작품이다. 먼저 노예에서 죄수로의 추락을 살펴볼 필요가 있다. 그 속에 요셉의 잘못이 있었던 것이 아님에도 그러한 추락을 겪는다는 점에서 생각해볼 여지가 많다. 이러한 과정을 거친 후에야 요셉이 형제들을 만나게 된다는 것은 결코 우연이 아닐 것이다.

창세기 39장은 세 단계의 구조를 가지고 있다. 첫 단계는 애굽에서 종으로서의 삶을 전하고 있고, 셋째 단계는 추락을 의미하는 감옥에서 죄수로서 다른 죄수를 섬기는 종중의 종으로 전락한 삶을 다루고 있다. 그리고 그 가운데 둘째 단계는 종에서 죄수로 전락하게 된 사건의 원인이 무엇인지를 보여준다.

⊙ **보디발과 종 요셉(창 39:1-6)**

① 그의 주인이 여호와께서 함께하심과 여호와께서 범사에 형통하게 하심을 봄(39:2)

② 요셉이 그의 주인에게 은혜를 입음(39:4a)

③ 주인이 요셉을 가정 총무로 삼고 자기의 소유를 다 그의 손에 맡김(39:4b)

④ 그리고 그 주인이 맡긴 일에 대하여 간섭하지 않음(39:6)

┌───┐
│ ⦿ **보디발의 아내와 요셉(창 39:7-13)**   │
│ ① 주인의 아내가 요셉에게 눈짓하다가 동침을 청함   │
│ ② 요셉이 거절함 – 주인의 아내만큼은 금지된 관계라 함   │
│   – 이 큰 악을 행하여 하나님께 죄를 지을 수 없다고 함   │
│ ③ 여인이 날마다 강청함   │
│ ④ 요셉이 듣지 아니하고, 함께 있는 것조차 피함   │
│ ⑤ 집안사람들이 없을 때 요셉의 옷을 잡고 동침을 강요, 요셉은 옷을 버려두고 나감 │
│   │
│ ⦿ **보디발의 아내와 집안사람들과 보디발(창 39:14-18)-여인이 자신의 결백을 거듭 주장** │
│ (집안사람들에게)   │
│ ① 여인이 집 사람들을 불러서 히브리 사람이 우리를 희롱한다고 함   │
│ ② 동침하려고 들어 온 것을 소리 질렀더니 옷을 버려두고 도망갔다 함   │
│ --   │
│ (남편 보디발에게)   │
│ ① 여인이 남편에게 히브리 종이 자기를 희롱하려고 들어왔다고 함   │
│ ② 자신이 소리 질렀더니 옷을 버려두고 도망갔다고 함   │
└───┘

┌───┐
│ ⦿ **간수장과 죄수 요셉(창 39:19-23)**   │
│ ① 여호와께서 요셉과 함께 하시고, 여호와께서 그의 범사에 형통하게 하심(39:21a) │
│ ② 그에게 인자를 더하셔서 간수장에게 은혜를 받게 하심(39:21b)   │
│ ③ 간수장이 옥중 죄수를 다 요셉의 손에 맡김으로 제반 사무를 요셉이 처리함(39:22) │
│ ④ 간수장이 그의 손에 맡긴 것을 무엇이든지 살펴보지 않음(39:23)   │
└───┘

시작과 끝에 나타난 요셉의 행동은 변함이 없다. 그는 노예로 있든, 감옥에 있든 태도와 행동에 변함이 없다. 이것이 곧 그의 무죄함을 증명하는 것이다. 요셉은 가는 곳마다 형통을 몰고 온다. 여호와께서 함께하심으로 그가 있는 장소는 복되고, 은혜가 넘치며, 주변이 복을 누린다. 그것을 보디발이라는 애굽인도 느낀다. 하나님의 뜻이 이루어지고 있는 것이다. "세상 모든 민족이 너를 통하여 복을 누릴 것이라"는 선조들에게 허락하신 축복의 약속이 하나님의 사람이 가는 곳마다 실행되고 있는 것이다.

요셉은 어디서든지 최선을 다한다. 어떤 처지, 형편에 있든지 그러한 삶의 상황이 결코 그의 행동을 제한하지 못한다. 그의 삶이 이렇게 일관성 있는 길을 걸을 수 있는 이유는 다른 것에 있는 것이 아니라 그가 보디발의 아내의 유혹을 이겨냈던 그 안에 있다. 그의 입에서 "내가 어찌 이 큰 악을 행하여 하나님께 죄를 지리이까"(창 39:9)라는 선언이 쏟아진다. 그는 늘 하나님 앞에 서 있다는 자각을 가지고 살아가는 사람이다. 먹든지 마시든지 무엇을 하든지 모두 주를 위해서 하는 삶인 것이다.

　　　요셉이 종으로 끌려 오자마자부터 이러한 신앙의 삶이 시작되었다고 보기는 힘들다. 처음에는 인간적인 절망감도 있었을 것이고, 탄식하며 하루하루를 보냈을 것이라는 추측도 가능하다. 그러나 점점 매일의 삶 속에서 함께 하시는 하나님의 역사를 뚜렷이 느껴가며 자신이 버려진 존재, 저주받은 삶이 아니라는 것을 깨달았을 것이며, 종임에도 주변으로부터 자신이 한 것보다 더한 칭찬과 격려를 받으며 하나님의 임재를 더욱 확신했을 것이라 여겨진다. 이렇게 하나님의 임재를 인식하는 삶은 어떤 삶의 정황 속에서도 굴하지 않고, 위기를 극복하며 하나님의 뜻을 향한 여정을 이루어 갈 수 있다. 요셉에게 주어진 과제는 바로 삶의 모든 유혹을 이겨내고, 마침내 애굽에 보내신 하나님의 뜻을 이해하고 그것을 성취하는 것이다. 그러나 하나님의 함께 하심과 그로 인한 형통으로 주변의 인정을 받는 탄탄한 신뢰가 형성되었을지라도 온갖 유혹을 이겨내고 그 삶을 지속시키는 것은 또한 본인의 몫이다.

　　　요셉은 종살이를 편하게 할 수도 있었다. 그리고 죄수가 되어 감옥에 가지 않는 길도 있었다. 세상의 유혹에 적당히 타협하고, 편승하면 이런 거친 길을 가지 않을 수 있다는 것이다. 그러나 하나님의 백성의 생존은 결코 죄와 타협해서 이루어서는 안 된다는 강한 교훈이 들어가 있다.[207] 설사 그것이 죽음의 길로 가게 할지라도 그런 타협은 없어야 한다는 것이다. 요셉은 동침치 않는 것은 물론이요, 그러한 빌미도 제공하지 않기 위해 그 여인과 함께 있을 수 있는 시간을 우연으로라도 만들지 않으려고 애를 쓴다. 이것이 하나님의 사람이 걸어가야 할 길이다. 지금 세상이 '미투(Me Too/나도 고발한다)' 운동으로 숨겨져 있던 성적인 범죄들을 드러내고 있다. 이런 상황 속에서 진정으로 필요한 것은 폭로하고 드러내는 것에 만족하는 것이 아니라 그러한 범죄를 사전에 막을 수 있는 요셉과 같은 철저한 삶이다. 그리스도인들이 이렇게 사는 것에 선두가 되고 세상을 그러한 길로 이끌어야 할 책임이 있는 것이다.

보디발, 그의 아내 그리고 요셉이 연루된 이 사건에서 의문을 증폭시키는 것은 왜 보디발이 요셉을 사형에 처하지 않았는가하는 점이다. 자신의 아내를 넘보려고 한 히브리인 노예 하나 처리하는 것은 바로의 친위대장이라면 문젯거리도 아니기 때문이다. 그런데 그를 왕의 죄수들을 가두는 왕궁 감옥에 넣었다는 것은 무엇을 의미하는가? 하나님만 의지하고, 하나님의 뜻을 따라 살아가는 사람에게는 살든지 죽든지 우리 주님의 뜻이 이루어질 것이다. 요셉이 사형에 처해지지 않고 감옥에 갇힌 것은 그에게 이루어야 할 소명이 있다는 것을 느낄 수 있다. 주신 비전을 이루시기까지 하나님께서는 결코 요셉의 생명을 끝내지 않으실 것이다. 우리가 이렇게 하나님의 뜻을 따라 생명도 주께 맡기고 걸어간다면 하나님의 뜻이 이루어지는 놀라운 경험을 하게 될 것이다.

이렇게 오직 하나님만을 신뢰하며, 하나님의 방법대로 세상을 살아가려는 요셉 앞에 선한 일만 생기는 것이 아니라, 불의한 누명이 덧입혀진다는 것은 현재를 살아가는 우리 또한 되새겨볼 일이다. 보디발의 아내라는 불의한 여인은 혈안이 되어 자신의 결백을 입증하려고 집안사람들을 불러들여 요셉을 성범죄자로 몰아붙인다. 그리고 남편이 돌아왔을 때도 동일하게 요셉을 악한으로 몰아간다. 이렇게 불의함이 삶을 지배하고, 그동안 이루어놓은 모든 것을 무너뜨릴지라도 오직 하나님만 바라보며 늘 살아왔던 신실한 삶을 걸어가는 것이 요셉의 매력이며, 우리 또한 걸어가야 할 길이 되는 것이다.

창세기 40장은 감옥에서 벌어지는 사건을 다루고 있다. 이 사건은 두 사람의 꿈과 관계된 것이며, 그 꿈을 해석하는 것과 더불어 늘 성실하게 하나님 앞에서 살았던 요셉의 속에 숨겨져 있던 것을 드러내는 동기가 되기도 한다. 왕궁 감옥에 바로의 두 관원장들이 갇히게 된다. 술 맡은 관원장과 떡 굽는 관원장이 감옥에 들어오고, 이들이 동일한 밤에 내용이 다른 꿈을 꾼다. 이 두 사람이 각기 꾼 꿈으로 인해 얼굴에 근심이 가득하고, 요셉은 그 이유를 묻는다. 이들은 꿈을 꾸었는데 그것을 해석할 자가 없다고 함에 요셉은 해석은 하나님께 있다는 것을 강조하며 그들에게 말하기를 청한다.

	꿈의 내용	꿈의 해석	결과
술 맡은 관원장의 꿈 (창 40:9-13)	포도나무가 있는데 세 가지가 있고 싹이 나서 꽃이 피고 포도송이가 익었고 포도송이를 따서 그 즙을 바로의 잔에 짜서 그 잔을 바로의 손에 드렸노라	지금부터 사흘 안에 바로가 당신의 머리를 들고 당신의 전직을 회복시키리니 그 전에 술 맡은 자가 되어 바로의 잔을 그의 손에 드릴 것이라	회복됨 (40:21)
요셉의 간청 - 인간에게 의지 (창 40:14-15)	(술 맡은 관원장에게) 당신이 잘 되시거든 나를 생각(기억)하고 내게 은혜를 베풀어서 내 사정을 바로에게 아뢰어 이 집에서 나를 건져 주소서 나는 히브리 땅에서 끌려온 자요 여기서도 옥에 갇힐 일을 행하지 아니하였나이다		기억치 못함 (40:23)
떡 굽는 관원장의 꿈 (창 40:16-19)	흰 떡 세 광주리가 머리에 있고 맨 윗 광주리에 바로를 위하여 만든 각종 구운 음식이 있는데 새들이 그것을 먹더라	지금부터 사흘 안에 바로가 당신의 머리를 들고 당신을 나무에 달리니 새들이 당신의 고기를 뜯어 먹으리이다	매달림 (40:22)

이 두 관원장들의 운명의 반전이 이루어지는 가운데 요셉의 청탁이 그 자리를 차지하고 있다. 요셉은 분명히 꿈의 해석은 하나님께 있다고 단언하였다. 그런데 술 맡은 관원장의 꿈을 해석해 준 뒤 그가 바로의 신하

로 회복 될 것을 확신하고 그에게 자신의 운명의 반전을 걸려고 한다. 바로에게 자신의 억울함을 호소해 달라는 것이다. 이것은 하나님의 말씀을 전하는 자의 자세가 아니다. 하나님께서 주신 것을 전하는 것은 당연한 것이나 그것을 빌미로 자신의 입지를 바꾸거나, 청탁이 오가서는 결코 안 되는 것이다. 그것은 이미 하나님의 말씀을 목적이 아닌 수단으로 바꾸는 악행인 것이다. 요셉은 하나님께서 주신 은사인 꿈을 해석하는 능력으로 자신의 입지를 바꿔보려고 노력하고 있는 것이다. 자신을 기억하여 달라는 것이다. 만약 술 맡은 관원장이 요셉을 기억하여 그를 바로에게 천거하고, 그렇게 하여 그가 감옥에서 나와 모든 상황이 호전되었다면 어떤 일이 벌어질 것인가? 요셉은 하나님의 은혜와는 상관없이 자신이 의지하고, 기댄 인간의 권력에 의해서 구원을 받았으니 그 권력의 하수인이 되어서 평생을 살아갈 것이다. 그리고 그들의 꿈이나 해몽해 주며 인생들의 정치적인 입지나 세워주는 복술자의 역할로 평생을 허비하고 말 것이다. 그들이 자신을 구해주었으니, 평생 그들의 명령을 따르는 종이 될 수밖에 없는 것이다. 그리고 만약 그런 상태에서 형제들을 만났다면 그 안에 용서, 화해, 연합이라는 것은 있을 수도 없다. 왜냐하면 요셉이 지금 바로의 신하에게 자신의 속에 숨겨져 있던 억울함을 드러냈다는 것은 자신의 처지를 이렇게 만든 사람들에 대한 분노가 아직까지 자리하고 있다는 것을 뜻하기 때문이다.

이것은 요셉이 자신을 히브리 땅에서 '끌려온'(גֻּנֹּב 가나브) 자요 여기에서도 옥에 갇힐 일을 하지 않았다고 하며, '끌려왔다'는 말에 히브리적인 강조용법까지 사용하며 자신의 억울함을 강하게 부각시키는 것을 통해 살펴볼 수 있다(창 40:15): "나는 정말 억울하게 끌려왔습니다"(גֻנֹּב גֻּנַּבְתִּי 구노브 구나브티). 여기서 '끌려왔다'는 단어가 사람을 대상으로 하는 경우는 구약성경에서 두 번 더 나타나는데 모두 사람을 납치나, 유인하여 팔아치우는 인신매매와 관련되며, 이를 행한 자는 사형에 해당되는 벌을 받게 된다.

사람을 납치한(גָּנַב 가나브) 자가 그 사람을 팔았든지 자기 수하에 두었든지 그를 반드시 죽일지니라(출 21:16)

사람이 자기 형제 곧 이스라엘 자손 중 한 사람을 유인하여(גָּנַב 가나브) 종으로 삼거나 판 것이 발견되면 그 유인한(גָּנַב 가나브) 자를 죽일지니 이같이 하여 너희 중에서 악을 제할지니라(신 24:7)

요셉은 자신이 인신매매라는 악으로 인해 이렇게 처참한 삶을 살고 있다는 억울함을 강력하게 분출시키고 있는 것이다. 그리고 그런 일을 자행한 사람들은 죽음이 마땅하다는 생각 또한 품고 있었을 것이다. 하나님께서는 그것을 아시기에 술 맡은 관원장의 기억을 지워버리신다. 힘겨운 일이지만 때를 기다리시는 것이다. 그렇게 2년의 시간이 더 흘러갔다. 그 안에 어떤 일이 요셉의 삶 속에 일어났는지는 모르지만 그 2년이 모든 것을 뒤바꾸는 시간이 되었음은 분명하다.

　　창세기 41장은 2년 뒤에 바로가 두 번의 꿈을 겹쳐 꾸고 그것을 해석할 사람이 애굽에는 없다는 것으로 인해 근심할 때 요셉에게 새로운 사건이 벌어진다. 술 맡은 관원장이 요셉을 기억하게 된 것이다. 그리고 그는 바로에게 "내가 오늘 내 죄를 기억하나이다"(창 41:9)라고 고백한다. 죄라고 한 것은 은혜를 입었는데 자신은 그것을 까맣게 잊고 지낸 것에 대한 죄책감 때문일 것이다. 술 맡은 관원장이 요셉을 잊은 것을 죄라고 말한다는 것은 이는 결코 고의로 잊은 것이 아님을 알 수 있다. 이렇게 하여 요셉이 천거되고 죄수의 의복을 벗고 옷을 갈아입고 바로 앞에 선다. 바로가 꿈을 푸는 그의 재주를 물으니 요셉은 "내가 아니라 하나님께서 바로에게 평안한 대답을 하시리이다"(창 41:16)라고 응답한다. 바로가 살찐 소 일곱 마리를 파리한 소 일곱 마리가 잡아먹는 것, 무성하고 충실한 이삭 일곱 개를 가늘고 동풍에 마른 이삭 일곱 개가 삼켜버리는 것의 꿈을 연거푸 꾸었다고 말하고, 요셉은 그것을 일곱 해의 풍년과 그 뒤를 따르는 일곱 해의 흉년으로 해석한다. 그리고 뒤에 오는 일곱 해의 흉년이 일곱 해의 풍년을 다 잊게 만들어 버릴 것이며, 이 땅이 그 기근으로 망하게 될 것이라고 경고한다(창 41:30). 또한 동일한 의미의 꿈을 연속으로 꾼 것은 하나님께서 이 일을 정하셨기에 속히 행하실 것이라고 대답한다(창 41:32).

요셉은 이에 대한 방책 또한 알려주는데 명철하고 지혜 있는 사람을 택하여 애굽 땅을 다스리게 하여 칠 년 풍년 동안에 곡식의 오분의 일을 거두어 창고에 저장하여 일곱 해 흉년에 대비하면 될 것이라 한다. 이에 대해 바로는 요셉과 같이 하나님의 영에 감동된 사람을 어디에서도 찾을 수 없다고 단언하며 그를 애굽 전국을 총괄하는 총리로 세운다. 이것은 요셉이 보디발의 종으로서, 그리고 감옥에서 간수장의 수종자로서 행했던 것과 비교해 보면 그의 삶이 동일하다는 것을 느껴볼 수 있다. 그리고 이제는 그 역할이 한 집안의 총무에서, 감옥 전체의 총무로 이제는 애굽이라는 나라 전체의 총리로서 동일한 역할을 감당하게 된 것이다. 작은 일에 충성한 자가 큰일을 맡는 다는 것은 결코 헛된 이야기가 아닌 것이다(마 25:21, 23).

◉ 바로 왕과 총리 요셉(창 41:37-45)
① 바로가 요셉이 여호와의 영에 감동된 사람으로 인정함(41:38)
② 요셉의 지혜와 명철이 바로의 인정을 받고 은덕을 입음(41:39-40)
③ 바로가 요셉을 총리로 삼아 애굽의 전국을 다스리게 함(41:41-44)
④ 그리고 바로는 모든 것을 요셉에게 맡기고 관여하지 않음(41:40, 53-57)

요셉은 결코 바로에게 자신을 세워달라고 청탁하지 않았다. 그는 최선을 다해 하나님께서 주신 능력에 따라 하나님의 뜻을 전했을 뿐이며, 주신 지혜를 따라서 해결 방안을 제시했을 뿐이다. 전에 술 맡은 관원장에

게 했던 것처럼 억울함을 호소하지도 않는다. 그 2년의 세월 동안 분명 그의 삶에 획기적인 변화가 있었음을 느껴볼 수 있다. 사람에게 구원을 요청하는 것에서, 하나님만 바라보는 삶으로 전이가 굳게 이루어졌음과 더불어 하나님의 뜻에 대한 이해가 있었을 것임을 추측해 볼 수 있다.

요셉 같은 하나님의 영에 감동된 사람이 이 땅에 서 있지 않으면, 그의 말처럼 "이 땅이 기근으로 망할 것이다"(창 41:30). 그것은 애굽 땅 뿐만 아니라, 사람이 살아가는 그 어떤 지역도 마찬가지 일 것이다. 하나님의 사람이 서 있는 곳은 하나님의 뜻이 전달됨으로 죽음에서 생명이 살아나고, 새로운 기회가 시작되며, 모든 이들이 삶을 영위할 수 있는 살만한 장소가 되는 것이다. 칠년의 풍년이 왔다. 그 기간 동안 요셉은 신실하게 소임을 다한다. 그리고 흉년이 왔을 때 아무도 걱정할 필요가 없게 된다. 하나님의 사람이 그 모든 대비를 이루어 놓았기 때문이다. 기근이 왔을 때 백성들이 바로에게 부르짖으매, 바로는 오직 한 마디만 할 뿐이다. "요셉에게 가서 그가 너희에게 이르는 대로 하라"(창 41:55). 하나님의 사람들이 세상 속에서 맡아야 할 사명이 바로 이런 것이다. 모든 사람들이 힘들고 어려울 때 찾을 수 있는 신뢰할 수 있는 사람이 되어야 하는 것이다.

요셉은 그 풍년의 기간 동안에 결혼을 했고, 아들을 둘 낳았다. 그들의 이름 속에 요셉의 변화가 드러난다. 첫째 아들을 낳고 그 이름을 므낫세라고 했다. "하나님께서 내게 내 모든 고난과 내 아버지의 온 집 일을 잊어버리게 하셨다"(창 41:51)는 의미를 담고 있다. 그리고 둘째 아들을 낳고 그 이름을 에브라임이라고 했다. "하나님이 나를 내가 수고한 땅에서 번성하게 하셨다"(창 41:52)는 의미이다. 이 두 이름 속에는 요셉이 이제 모든 준비가 끝났다는 것을 드러내는 의도가 있다. 뼈아픈 세월의 고통도 잊음으로 원한이라든가, 분노가 그의 삶의 어디에서도 찾아볼 수 없게 되었으며, 그 수고의 열매를 기쁘게 맛보고 있다는 것이다. 그리고 그 모든 것이다 하나님의 인도하심이었다는 고백이 들어가 있다.

요셉의 삶에서 살펴볼 수 있는 것은 하나님의 뜻대로 살았음에도 발생하는 추락은 결코 추락이 아니라는 사실이다. 그는 항상 세워진 그 장소에서 종이든, 감옥이든, 바로의 왕궁이든 동일하게 행동한다. 종의 옷을 입든, 죄수복을 입든, 총리의 옷을 입든지 그는 늘 동일하게 행동했다. 그런데 옷의 변천을 살펴보면 그의 성숙을 향한 길이 무엇인가를 느껴볼 수 있다. 편애 받는 자식으로 채색옷을 입고 큰소리치며, 자랑을 일삼던 그였다. 종의 옷을 입으며 바닥으로 추락하고, 밑바닥부터 시작하며 삶을 배웠다. 죄수복을 입었을 때에는 삶의 회의를 가지며 억울함을 호소하기도 했다. 그러나 하나님의 뜻은 그를 조금 더 감옥에 넣어두었다. 그리고 세월이 흐른 뒤에 총리의 의복을 입었을 때에는 그는 왕도가 무엇인지를 배운 사람이 되어 있다. 처절한 밑바닥 인생을 통과하며 삶을 배우고, 하나님의 뜻이 무엇인지를 깨달은 것이다. 이제 이러한 과정을 거치며 마침내 애굽의 총리의 자리에 오른 요셉이 해야 할 진정한 사명의 때가 다가온다. 애굽의 총리 자리는 목적이 아니며, 하나님께서 부여해 주신 사명을 이루기 위한 수단일 뿐이다. 요셉은 자신에게 주어진 모든 것들을 활용하여 하나님 나라의 총리로서의 사명을 이루어야 하는 것이다. 그것은 야곱의 열두 아들들이 하나로 연합된 이스라엘을 가능케 하는 것이다.

드디어 기근의 때가 왔고, 요셉이 준비하고 예비한 곡식 창고의 문들이 활짝 열렸다(창 41:56-57). 이제 애굽에는 모든 것이 준비되어 있다. 삶의 질곡과 아픔을 하나님의 뜻으로 다 씻어버린 요셉이 기다리고 있고, 기근의 때를 위해 생명을 살릴 곡식이 가득히 채워져 있다. 요셉의 형제들이 애굽으로 오기만 하면 되는 것이다. 그들이 이곳에 곡식을 사기 위해 도착하기만 하면 요셉이 준비한 용서와 화해 그리고 연합을 위한 프로젝트는 그 작동을 시작할 것이다.

4) 요셉과 형제들의 관계회복을 향하여(창 42-45장)

관계회복을 향한 길로 향하기 전에 먼저 한 가지 질문과 함께 시작하는 것이 필요하다. 요셉과 가족들은 몇 년 동안이나 헤어져 있었을까? 요셉이 17세에 팔려갔고, 30세에 애굽의 총리가 되었으며, 형제들이 흉년의 때에 찾아 왔으니 벌써 7년의 풍년이 지나갔다. 그럼 흉년 몇 년째에 움직였는지를 알아보면 헤어짐의 기간이 몇 년인지를 쉽게 계산해 볼 수 있다. 우리나라 속담에 "부자는 망해도 3년은 먹고 산다"는 말이 있으니 흉년이 와도 한 2년은 그런대로 잘 살았을 테니 그 2년의 끝 무렵쯤 형제들이 움직였을 것으로 추정해 볼 수 있다. 이것은 요셉의 말 속에도 그대로 드러난다.

이 땅에 이 년 동안 흉년이 들었으나 아직 오 년은 밭갈이도 못하고 추수도 못할지라(창 45:6)

팔려가서 총리가 되기까지 13년, 풍년 7년, 흉년 2년이니 이제 이 기간들을 모두 합하면 무려 22년의 세월이다. 그런데 이상한 것은 기근 동안에 애굽의 총리인 요셉이 거하는 장소이다. 총리라면 굳이 현장에 나와서 살펴볼 일은 없을 것이다. 명령과 지시만 내리면 모든 것이 일사분란하게 움직일 것이기 때문이다. 그런데 요셉은 모든 사람들이 들어오는 입구에 늘 나가 있으며 무언가를 기다리고 있는 듯한 인상을 풍긴다(창 42:6). 그의 목적은 드디어 형제들이 애굽에 도착 했을 때 확실하게 드러난다. 바로 형들이 오기를 기다리고 있었던 것이다. 그리고 형제들을 처음 만났을 때 간절함으로 아버지의 안부와 가족, 친지 그리고 아우의 유무에 관하여 캐묻는다(창 43:6-7). 이러한 그의 행동은 형제들을 두 번째 만났을 때에도 마찬가지였다(창 43:27). 이를 통해 요셉이 가족들을 그리워하고 있었다는 사실을 느껴볼 수 있으며, 특히 아버지에 대한 그리움이 사무쳐 있음을 알 수 있다. 이렇게 그리운 아버지요, 가족들임에도 요셉은 왜 30살에 애굽의 총리가 되었을 때 가나안 땅에 살고 있는 아버지 야곱에게 기별을 보내지 않았을까?[208] 그는 총리가 되고도 풍년 7년, 흉년 2년 도합 9년의 세월을 더 보낸다(창 45:6). 분명 그의 지위라면 쉽게 그 일을 할 수 있었을 터인데도 그리하지 않았다. 왜 그랬을까? 그가 형제들을 만났을 때 처절한 복수를 감행하지 않았다는 것으로 기별을 보내지 않은 것이 원한으로 인한 것은 아님을 짐작해 볼 수 있다. 원한 때문이었다면 그의 권력으로 아버지를 모셔오고, 형들을 잡아들일 수도 있었을 것이다. 애굽은 그 당시 가나안 땅까지 위세를 떨치고 있었으니 충분히 그럴 능력이 되었다. 그가 나라 일로 바빴다면 그의 권위로 사절단을 파견하면 된다. 그러나 요셉은 9년의 세월 동안 침묵 가운데 기다린다. 그리고 흉년이 시작되었을 때에는 모든 백성이 통행하는 장소에서 직접 곡식을 팔며 늘 동일한 장소에 자리하고 있다. 도대체 무엇을 하기 위한 기다림이었을까? 바로 여기에 요셉 이야기의 목표인 용서와 화해를 향한 의도가 숨어 있다.

그 9년의 세월 동안 요셉은 틀림없이 형제들과의 올바른 화해와 연합의 길을 준비하고 있었을 것이다. 섣불리 기별을 보냈다면 어떻게 되었을까? 형제들이 좋아라하며 애굽으로 내려왔을까? 아마도 아버지 야곱과 요셉의 친동생인 베냐민은 기뻐하며 애굽으로 내려왔을 것이나, 다른 형제들은 가나안 땅으로부터 더 멀리 도피하기에 급했을 것이다. 요셉이 애굽의 총리가 되었다면 그들에게 기다리고 있는 것은 과거에 대한 처절한 심판의 복수만이 남아있을 것은 불을 보듯 뻔하기 때문이다. 이렇게 되면 화해는커녕 얼굴도 볼 수 없는 상황이 전개될 것이다. 또한 요셉이 강제로 형제들을 끌어와 무릎 꿇린다면 이들과 함께 올바른 화해를 할 수 있을까? 그것은 마음에 없는 굴복이 되기 십상인 것이다. 요셉은 때를 기다린다. 오직 하나님께서 주실 그 시간을 기다리며 그리움을 달래고 인내하며 만남을 준비하고 있다. 자신은 준비가 되었지만, 형제들이 화해가 이루어질 준비가 되었는지를 분명히 알 수 있을 때까지 기다려야 하는 것이다. 그리고 그 기다림이 야곱의 열 두 아들로 이루어진 열두 지파 연합체인 이스라엘을 가능하게 했을 것이다.

이 목적을 이루기 위해 요셉은 형제들을 만났을 때 4단계에 걸친 특유의 작전을 진행시킨다. 이 단계들은 형제들의 변화와 준비를 살펴볼 수 있는 과정이 될 것이며, 문학적인 독특한 기법을 보일 뿐만 아니라 올바른 화해와 연합을 이루는 신학적인 길 또한 명확하게 제시할 것이다. 요셉 이야기에는 '사건의 재연'(reenactment)이라는 문학적 기법이 사용되고 있으며 이를 통해 용서와 화해를 위한 이상적인 길을 열어가고 있다는 점을 살펴보게 될 것이다.[209] '사건의 재연'이란 과거의 사건을 현재에 다시 실행하는 것을 통해 기억을 되살리는 기법으로 이를 통해 과거를 돌아보고 현재의 관계를 바르게 하고자 하는 목적을 가지고 있다. 요셉이 걸어간 용서와 화해, 연합을 향한 4단계 과정은 다음과 같다.[210]

(1) 제1단계: 요셉을 팔 때의 기억을 되살림(창 42장)

드디어 기나긴 세월의 기다림이 열매를 맺을 시기가 왔다. 흉년이 들고 온 땅의 사람들이 애굽으로 곡식을 사러온다. 요셉의 형제들도 애굽으로 곡식을 사러와 요셉과 대면하게 된다. 요셉은 형제들을 단번에 알아보나 그들은 동생을 알아보지 못한다. 그 때 요셉은 그들에게 대하여 꾼 꿈을 생각하였다(창 42:9). 요셉은 세계적인 기근으로 인해 애굽에 곡식을 사러온 형제들을 정탐꾼으로 몰아 모두 감옥에 가둔다.

너희 중 하나를 보내어 너희 아우를 데려오게 하고 너희는 갇히어 있으라 내가 너희의 말을 시험하여 너희 중에 진실이 있는지 보리라 바로의 생명으로 맹세하노니 그리하지 아니하면 너희는 과연 정탐이니라 하고 그들을 다 함께 삼 일을 가두었더라(창 42:16-17)

그리고는 막내아우를 한 사람이 가서 데려오면 결백을 믿겠다고 하고, 삼일을 감옥에 가두어둔 후에 결국 한 형제, 시므온을 형제들이 보는 앞에서 결박하여 감옥에 가두고 나머지 형제들은 집으로 돌려보내며 막내아우를 데려오면 풀어주겠노라고 한다.

　　이렇게 요셉이 벌이는 첫 번째 단계는 형제들을 처음 만났을 때, 그가 형제들을 정탐꾼들로 몰아붙여 '감옥'(מִשְׁמָר 미쉬마르, 창 42: 17, 19)에 가두는 것으로 시작된다. 이것은 흡사 요셉이 애굽에서 보디발의 아내의 모함으로 '감옥'(בֵית הַסֹּהַר 베트 핫소하르, 창 39: 20; מִשְׁמָר 미쉬마르, 창 41: 10)에 갇혔던 일을 연상시킨다.[211] 여기서 요셉은 형제들의 악행으로 겪었던 고난을 형제들 또한 경험하게 만든다. 이것은 복수의 차원이 아니라, 요셉은 이를 통해 과거를 상기시키려는 뚜렷한 목적이 있다. 그것은 형제들이 과거에 어떤 일을 행하였는지를 기억나게 하려는 것이다. 그리고 그의 계획은 성공적인 것으로 보인다. 형제들이 22년의 세월 동안 묻어두었던 과거의 그 기억을 되살리고 있다는 점에서 그렇다. 요셉이 벌인 작전 속에는 우리가 살아가며 경험하는 요소도 포함된다. 신앙인에게 갑작스런 재난이 닥치면 가장 먼저 생각하는 것이 무엇인가만 살펴보아도 알 수 있다. 열이면 팔구는 이런 갑작스런 재앙 앞에서 "내가 무슨 죄를 지었나?"라고 돌아보게 된다. 설사 아무 것도 생각이 나지 않을지라도 계속해서 되짚어 보는 것이 인간의 심사이다. 성경 속에는 이런 예들이 종종 등장한다. 엘리야가 시돈의 사르밧 과부의 집에 도착하여 거할 때 그 여인의 외아들이 병들어 죽었을 때가 한 예가 되겠다.

여인이 엘리야에게 이르되 하나님의 사람이여 당신이 나와 더불어 무슨 상관이 있기로 내 죄를 생각나게 하고 또 내 아들을 죽게 하려고 내게 오셨나이까(왕상 17:18)

그리고 욥의 세 친구들은 이러한 생각을 하는 전형적인 인물들이라 할 수 있고, 욥 또한 이런 생각에서 자유로울 수 없다(욥 7:20-21). 신약성경에는 예수님 당시에 실로암에서 망대가 무너져 갑작스레 열여덟 명의 사람들이 그 밑에 깔려 죽은 사건이 소개된다. 이 불의의 재난에 대해 예수님은 다른 해석을 내리시지만 많은 사람들은 그들이 분명 죄를 지었기에 하나님께 심판을 받은 것이라 생각했음을 짐작케 한다.

또 실로암에서 망대가 무너져 치어 죽은 열여덟 사람이 예루살렘에 거한 다른 모든 사람보다 죄가 더 있는 줄 아느냐 너희에게 이르노니 아니라 너희도 만일 회개하지 아니하면 다 이와 같이 망하리라(눅 13:4-5)

지금 요셉은 형제들이 갑작스런 저주 앞에 부딪치게 함으로 그들의 종교심을 자극하고 있는 것이다. 과거에 저지른 악에 대한 기억을 촉구하고 있다. 그리고 형제들이 기억을 되살리고 있으며, 이 고통스런 기억은 또한 요셉의 동생인 막내아우를 데려오라는 말(창 42:20)로 인해 자극되었다는 점에서 요셉의 한 마디 한 마디는 치밀하게 계획된 것임을 알 수 있다.[212]

그들이 서로 말하되 우리가 아우의 일로 인하여 범죄하였도다 그가 우리에게 애걸할 때에 그 마음이 괴로움을 보고도 듣지 아니하였으므로 이 괴로움이 우리에게 임하도다 르우벤이 그들에게 대답하여 가로되 내가 너희더러 그 아이에게 득죄하지 말라고 하지 아니하였느냐 그래도 너희가 듣지 아니하였느니라 그러므로 그의 피 값을 내게 되었도다 하였더라(창 42:21-22)

감옥에서의 삼 일이 이들이 자신의 과거를 다시 살려내는 도구가 되고 있다. 성경에서 삼 일은 사람이 무언가를 생각하여 결정을 내리기에 알맞은 기간으로 주어진다는 점에서(창 22:4; 출 11:22; 왕상 12:12; 에 5:1) 요셉은 형들이 지금 벌어지고 있는 사건을 통해 깊이 숙고하기를 바라고 있는 것이다. 그런데 형들의 기억 속에서 무려 22년 전의 과거가 살아난다. 요셉의 애절한 울부짖음은 결코 요셉의 입에서 새어나온 적이 없다. 창 37장에서 요셉이 팔려갈 때는 요셉의 입술에서 어떤 애걸도 들을 수 없었다. 그 울부짖음은 바로 형제들의 기억 속에서 살아나고 있다. 결국 형제들은 그 긴 세월 동안 요셉의 울부짖음을 결코 잊을 수 없었다는 사실이 날카롭게 부각되고 있는 것이다. 요셉이 팔려갈 때조차 침묵했던 울부짖음은 이제 요셉의 형들의 기억 속에서 되살아나고 있는 것이다. 그렇다. 이 처절한 과거는 그들의 기억에서 살아날 때 그 이루고자 하는 목표를 정확하게 이룰 수 있는 것이다. 이들은 22년의 세월이 흘렀음에도 그 때를 생생하게 기억하고 있다. 그들에게 붙어서 떨어지지 않는 과거의 아픈 기억이었음에 틀림없다. 요셉은 그것을 되살리고 있는 것이다. 도대체 무엇을 위한 것인가?

요셉은 분명 무슨 목적이 있다. 요셉이 형들의 그 말을 듣고 몰래 가서 울 정도로 그리운 형제들이요 가족이었는데 이렇게 할 수 밖에 없는 이유가 있을 것이다(창 42:24).[213] 그럼에도 요셉은 담담하게 시므온을 결박하여 옥에 가두고 다른 형제들은 집으로 돌려보낸다. 그런데 형제들을 돌려보낼 때 그들이 가져온 돈은 모두 그들의 자루에 다시 담아서 보낸다. 그리고 형제들은 객점에서 나귀에게 먹이를 주려고 곡식 자루를 풀었을 때 그 속에 돈이 있음을 발견하고 두려워 떨게 된다(창 42:26-28). 이 때 그들의 입에서 나온 말은 회복의 미래를 기대케 한다: "하나님이 어찌하여 이런 일을 우리에게 행하셨는가?"(창 42:28). 벌어진 사건을 통해서 하나님의 뜻을 깨달으려 한다는 점에서 하나님과의 관계가 다시 정립되어 간다는 것을 알 수 있고, 언젠가 하나님 앞에서 자신들의 죄를 자복하는 순간에 사람과의 관계도 새롭게 회복될 것을 기대해 볼 수 있다(창 44:16).

요셉은 이렇게 연속적으로 형제들이 과거를 상기시킬 수 있는 계획을 진행시키고 있는 중이다. 형제 중 한명인 시므온을 감옥에 가두었고, 나머지 형제들은 아버지인 야곱에게 돌아가게 한다. 의미심장하게도 그들의 돈을 자루에 넣어서 보내고 있는 것이다. 그리고 형제들이 객점에서 자루를 풀기만 하면 그 돈을 발견할 수 있도록 만들었다. 이것은 어떤 목적을 가지고 있는 것인가? 여기서 한 가지 영상그림을 머리 속에 그려볼 필요가 있다. 그리고 그 그림이 과거의 어떤 사건을 상기시키고 있는지를 살펴볼 필요가 있다. 머리 속에 그릴 그림은 다음과 같은 내용이다. 한 형제는 애굽의 감옥에 남겨져 있고, 형제들은 돈을 챙겨서, 아버지에게로 돌아가고 있다(창 42:24-38). 이것은 어떤 사건을 연상시키는가? 그렇다. 이것은 형제들이 요셉을 애굽에 팔고, 돈을 챙겨 아버지에게로 돌아갔던 그 때를 재연하고(reenact)있다.[214] 흡사 이것은 1997년에 개봉한 영화인 "나는 네가 지난 여름에 한 일을 알고 있다"를 연상시킨다. 분명히 이 영화는 공포물(호러)이다. 공포물이 되는 이유는 복수심에 불탄 사람에 의해 자행되는 살인극이기 때문이다. 그러나 요셉이 하고 있는 것은 결코 공포물이 될 수 없다. 왜냐하면 이미 자신 안에서 하나님과 함께 용서가 이루어졌고 그 마음으로 화해하려는 사람이 행하는 일이기에 '해피 앤딩'이 그 결론이 될 것을 기대해 볼 수 있기 때문이다. 그리고 요셉이 하고 있는 과거의 재연은 형제들이 자신들이 저지른 악행이 무엇인지를 돌아보게 하려는 목적일 뿐이다. 형제들이 가나안으로 돌아가는 길은 계속적으로 요셉을 팔았을 때의 죄악을 상기하는 시간들이었을 것임을 짐작해 볼 수 있다.[215]

그리고 그들이 고향에 도착했을 때 그들은 22년 전에 들었던 동일한 탄식을 아버지 야곱의 입을 통해 듣게 된다.

그들의 아버지 야곱이 그들에게 이르되 너희가 나에게 내 자식들을 잃게 하도다 요셉도 없어졌고 시므온도 없어졌거늘 베냐민을 또 빼앗아 가고자 하니 이는 다 나를 해롭게 함이로다……야곱이 이르되 내 아들은 너희와 함께 내려가지 못하리니 그의 형은 죽고 그만 남았음이라 만일 너희가 가는 길에서 재난이 그에게 미치면 너희가 내 흰 머리를 슬퍼하며 스올로 내려가게 함이 되리라(창 42:36, 38).

요셉의 형제들은 애굽에서부터 요셉의 이름이 살아나기 시작하여, 오는 여정 내내 그 사건을 기억했을 것이며, 가나안 땅 아버지에게 돌아와서도 역시 그동안 묻어 두었던 요셉이라는 이름을 듣게 된다. 이러한 야곱의 탄식을 22년 전 요셉을 잃었을 때의 것과 비교하면 그 유사성에 놀라게 된다.

자기 옷을 찢고 굵은 베로 허리를 묶고 오래도록 그의 아들을 위하여 애통하니 그의 모든 자녀가 위로하되 그가 그 위로를 받지 아니하여 이르되 내가 슬퍼하며 스올로 내려가 아들에게로 가리라 하고 그의 아버지가 그를 위하여 울었더라(창 37:34-35)

이렇게 22년 전의 사건이 일시에 봇물처럼 터져 나오는 것은 결코 우연이 아니다.[216] 이제 더 이상 요셉의 이름은 금기사항이 아니다. 형제들은 가는 곳마다 요셉의 이름이 되살아나는 것을 경험하며 과거를 상기하게 된다. 이렇게 긴 세월이 흘렀음에도 가족들 어느 누구의 기억 속에서 요셉이라는 아픔은 사라지지 않고 남아있었다. 이는 아픔은 늘 우리의 어딘가에 남아있다는 것을 보여주는 것이며, 그것은 해결되어야지 결코 망각 속에 묻어두어서는 안 된다는 사실을 입증한다.

(2) 제2단계: 요셉을 데려가는 이스마엘 상인들에 대한 기억을 되살림 (창 43:1-15)

두 번째 단계는 요셉이 형제들에게 내린 명령으로 인해 이루어진다. 요셉은 형제들에게 막내 동생을 데려오지 않으면 정탐 누명을 벗을 수 없고, 자신의 얼굴을 결코 볼 수 없을 것이라고 위협했다. 요셉은 형제들에게 가족에 대한 질문을 소상하게 퍼부으며 베냐민의 존재를 파악했고, 그가 자신의 어머니 라헬의 아들로 자신의 친동생이라는 것도 알게 되었다. 그리고 형제들과 함께 애굽에 오지 않은 것으로 보아 예전의 자신이 있었던 장소인 아버지 옆에 자신의 대신으로 존재하고 있다는 것도 파악했을 것이다. 분명 베냐민을 데려오면 형제들의 마음을 살펴볼 수 있는 좋은 계기가 될 것으로 판단했을 것이다.

그 땅에 기근은 더 심해지고, 애굽에서 사온 곡물이 다 소모되어 가자, 야곱은 아들들에게 곡물을 더 사올 것을 명한다(창 43:1-2). 그러나 아들들은 베냐민을 데려가지 않으면 애굽으로 갈 수가 없다고 말하고, 야곱은 결사반대한다. 베냐민을 포기하지 않으려는 야곱과 그의 아들들 간의 논쟁이 나타난다. 그러나 곡식은 곧 떨어졌고, 다시 곡식을 사오지 않으면 모두가 굶어죽을 지경에 이르렀다. 하지만 베냐민을 데려가지 않으면 간다한들 다시 돌아올 수가 없다. 이때 예전처럼 두 형제가 나선다. 바로 르우벤과 유다가 나서서 아버지를 설득하는 것이다. 르우벤과 유다는 이렇게 형제들 앞에서, 그리고 아버지 앞에서 동등하게 말을 하는 기회를 갖는다. 그러나 르우벤의 말은 형제들에게도, 아버지 야곱에게도 통하지 않는다. 그러나 유다의 말은 권위 있게 인정된다. 르우벤은 죄악으로 인해 장자권은 물론 권위까지 추락하였다. 그리고 그러한 죄악으로 생각까지도 어리석어졌음을 살펴볼 수 있다. 죄는 권위는 물론, 인간의 지혜를 박탈하여 미련한 자가 되게까지 하는 파괴적인 위력이 있다. 이것은 르우벤과 유다의 우매함과 지혜의 차이를 아버지 야곱에게 베냐민을 데려가게 해 달라고 설득하는 말을 통해 비교해 보면 잘 알 수 있다.

요셉에 운명에 관하여	* 형제들 르우벤의 의견 묵살(창 37:21-22) * 형제들 유다의 의견을 수렴(창 37:26-27)
베냐민의 운명에 관하여	* 야곱이 르우벤의 두 아들의 생명 담보 묵살(창 42:37) * 야곱이 유다 자신의 생명 담보 수렴(창 43:8-9)

유다와 르우벤이 보이는 말의 권위에 대하여 이 시대를 살아가는 그리스도인 지도자들이 기억해야만 할 것이 있다. 죄라는 것은 지도자의 권위를 무너뜨리고, 그 말의 가치를 격하시킨다. 르우벤은 서모 빌하와 통간을 하는 죄를 저지름으로 장자로서의 권위를 상실하게 되었고, 그의 말은 그 어느 누구에게도 인정받지 못한다. 르우벤은 아버지 야곱에게 베냐민을 데려가게 해 달라고 설득하면서 내건 조건이 자신이 베냐민을 데려오지 못하면 자신의 두 아들을 죽이라는 것이다(창 42:37). 어떤 사람이 자신의 아들을 위험에 빠뜨렸다고, 손자 둘을 그 보복으로 죽일 사람이 있을 것인가? '내리사랑'이라는 말이 있다. 할아버지, 할머니들에게는 자식들보다도 손주들이 더 귀엽고 예쁘고 사랑스러운 법이다. 자식을 키우는 것은 처음 해보는 경험이기에 수많은 시행착오를 거치며 정신없이 키우지만, 손주들이야 여유를 가지고 지켜 볼 수 있는 마음이 있기에 더욱 사랑스럽게 다가오는 존재라 할 수 있다.

르우벤은 아버지 야곱이 애지중지하는 베냐민을 살려서 데려오지 못하면 손자 둘을 죽이라고 한 것이다. 이것은 무너진 리더십의 극단을 보여준다. 즉, 다른 사람의 생명을 담보로 자신의 뜻을 이루려는 이기적인 모습인 것이다. 이런 모습은 창세기에 자주 등장한다. 가인이 그랬고, 초반의 야곱 또한 다를 바가 없었다. 이런 사람을 통해서는 결코 사람 사이의 연합은 기대해 볼 수조차 없다. 야곱이 만약 베냐민도 잃고, 또 두 손자들까지 죽인다면 그 가족은 든든한 결속이 아니라 이미 관계가 모조리 파괴된 상황이 될 것이기 때문이다. 이에 반해 유다의 리더십은 다르다. 그는 아버지 야곱에게 "내가 그를 위하여 담보가 되오리니 아버지께서 내 손에서 그를 찾으소서"라고 말하며 자신의 생명을 담보로 베냐민을 맡겨줄 것을 부탁한다(창 43:9). 즉, 자신이 생명을 대신하여서라도 지키겠다는 서약인 것이다. 누구의 말이 더 설득력이 있을 것인가? 다른 이의 생명을 담보로 걸고 자신의 목적을 이루려는 사람인가? 아니면 자신의 생명을 걸고 뜻을 이루려는 사람인가? 분명 르우벤보다는 유다가 더 지지를 받을 것이 분명하다. 이렇게 자신이 담보가 되겠다는 정신은 어떤 지도자든지 간직해야 할 정신이다. 유다의 이러한 말 속에서 한 가지 더 생각해 보아야 할 것은 유다가 많이 변해 있다는 사실이다. 자신의 친동생이 아닌, 요셉의 친동생을 위해 자신을 담보로 내 걸고 있기 때문이다. 그렇다면 이것이 진심인가, 아닌가에 따라 사건의 정황은 현격하게 달라질 것이다.

이를 통해 유다가 형제들의 리더격이라는 것은 그의 위치를 나타내는 표현에서도 드러나고 있다. 요셉의 형제들이 요셉에게 두 번째로 도착 했을 때 "유다와 그의 형제들이 요셉의 집에 이르니"(창 44:14)라고 전하며, 유다의 위치가 형제들의 대표격임을 보이고 있다. 그리고 야곱 또한 나중에 애굽에 도착했을 때 "야곱이 유다를 요셉에게 미리 보내어 자기를 고센으로 인도하게 하고 다 고센 땅에 이르렀다"(창 46:28)고 전하는 내용 속에도 드러난다. 이런 표현들을 통해 유다의 위치는 늘 형제들의 선두에서 대표자의 역할을 하고 있다는 것을 알 수 있다. 이러한 유다의 말을 듣고 드디어 야곱이 베냐민을 보내기로 결심한다. 그리고 애굽의 총리를 위한 선물을 손수 마련하여 실어 보낸다. (창 43:11-15)

그들의 아버지 이스라엘이 그들에게 이르되 그러할진대 이렇게 하라 너희는 이 땅의 아름다운 소산을 그릇에 담아가지고 내려가서 그 사람에게 예물로 드릴지니 곧 <u>유향</u> 조금과 꿀 조금과 <u>향품</u>과 <u>몰약</u>과 유향나무 열매와 감복숭아이니라…네 아우(베냐민)도 데리고 떠나 다시 그 사람에게로 가라 (창 43:11, 13)

야곱이 애굽 총리를 위한 물품들 중에 세 가지가 의미심장하다. 향품(נכאת 네코트)과 유향(צרי 쩨리)과 몰약(לט 로트)이다(창 43:11). 이 세 가지의 물품들을 보며 생각나는 것이 무엇인가? 예수님의 탄생과 동방박사 이야기가 생각난다면 그 이야기는 잠시 접어두고, 창세기의 요셉 이야기에 집중할 필요가 있다. 물론 예수님께서 황금과 유향과 몰약을 통해 탄생 때 사역의 길을 보여주시고 마지막 십자가의 죽음의 길을 통해 하나님과 사람과의 관계회복과 사람과 사람과의 관계회복을 완전히 이루어주셨다. 그때까지는 잠시 창세기에 머물며 요셉과 함께 풀어가야 할 관계의 회복을 먼저 보는 것이 중요하다. 이 세 가지 물품은 요셉 이야기 속에서 등장한 적이 있다. 먼저 그 사건과 연결시켜야만 한다. 창세기 37:25절에 처음으로 이 물품들이 등장하였다.

그들이 앉아 음식을 먹다가 눈을 들어 본즉 한 무리의 이스마엘 사람들이 길르앗에서 오는데 그 낙타들에 <u>향품(נכאת 네코트)</u>과 <u>유향(צרי 쩨리)</u>과 <u>몰약(לט 로트)</u>을 싣고 애굽으로 내려가는 지라…요셉을 구덩이에서 끌어 올리고 은 이십에 그를 이스마엘 사람들에게 팔매 그 상인들이 요셉을 데리고 애굽으로 갔더라 (창 37:25, 28)

그렇다 이스마엘 상인들이 애굽으로 싣고 내려갔던 물품들과 정확하게 일치한다. 여기서 머리 속에 또 다른 영상그림을 그려볼 필요가 있다. 형제들은 라헬의 또 다른 아들인 베냐민을 데리고, 동물들에 향품과 유향과 몰약을 싣고 애굽으로 내려가고 있다. 이 상황은 무엇을 연상시키는가? 그렇다 지금 형제들은 그 옛날 라헬의 첫째 아들인 요셉을 데리고, 향품과 유향과 몰약을 낙타에 싣고 애굽으로 내려가는 이스마엘 상인들의 역할을 재연하고(reenact) 있는 것이다.[217]

어느 모로 보나 베냐민은 요셉의 대체물이다. 야곱은 요셉이 떠난 빈자리를 라헬의 또 다른 아들인 베냐민으로 채우고 있었다. 이것은 형제들이 곡식을 사러갈 때 베냐민을 같이 보내지 않은 것만 보아도 야곱의 베냐민을 향한 애착을 쉽게 느껴볼 수 있다. 요셉은 분명 베냐민을 데리고 애굽으로 내려오는 형제들의 마음속에 그 옛날 자신을 팔았던 그 때를 상기시키고자 하는 뚜렷한 목표가 있었음을 직감해 볼 수 있다. 이러한 계획에 하나님도 동참하고 계시다는 사실이 놀랍게 그려지고 있기도 하다. 요셉은 베냐민만을 생각했지만 하나님의 간섭으로 그의 아버지 야곱을 통해 준비된 향품, 유향, 몰약은 가히 형제들에게 과거를 더욱더 생생하게 기억하게 하는 도구가 되었을 것이기 때문이다. 이것은 바로 왕이 요셉에 관하여 선언한 것처럼 '이와 같이 하나님의 영에 감동된 사람'(창 41:38)에 의해 이루어 질 수 있는 하나님과 인간의 동역인 시너지즘(synergism 신인협동설)이라고 할 수 있다.[218] 어쨌든, 형제들은 애굽에서 어떠한 운명에 빠질지 모를 베냐민을 바라보며 그 옛날 동일한 운명의 길을 걸었을 요셉을 상기했을 것이 분명하다. 그리고 베냐민이 낯선 땅을 향해 가는 여정에 대해 두려워하는 것을 바라보며, 팔려서 고통스럽게 끌려가던 요셉을 기억하며 괴로워했을 것임에 틀림없다. 그 고통스러운 여정을 통과하며 형제들은 베냐민과 함께 애굽에 도착하여, 요셉 앞에 서게 되었다. 그러나 아직 요셉의 계획은 몇 단계를 더 거쳐야 살펴보고자 하는 목표점에 도달할 수 있다.

(3) 제3단계: 편애에 대한 분노의 기억을 되살림(창 43:16-34)

　　세 번째 단계는 요셉이 베냐민과 형제들을 만났을 때 이루어진다. 요셉은 자신의 집에서 식사를 같이 할 것이라 하고 형제들을 모두 집으로 데리고 간다. 물론 감옥에 갇혔던 시므온도 풀려났다. 요셉은 형제들에게 아버지의 소식을 애타게 묻고는 자신의 친 동생인 베냐민을 보고 마음이 타는 듯하여 울 곳을 찾아 또 눈물을 쏟는다. 그리고는 얼굴을 씻고 그 정을 억제하고 음식을 차려 같이 먹는다(창 43:30-31). 왜 정을 억제해야만 하는가? 하나님의 뜻을 이룰 때까지는 때로 인간의 감정도 뒤로 접어 두어야 할 때가 있다. 인간의 감정이 앞서서 하나님의 일을 그르칠 때가 많기 때문이다. 자신의 친동생을 그 자리에서 끌어안고 그동안의 그리웠던 정을 나누고 싶은 마음이야 가득하겠지만 아직은 때가 아닌 것이다.

　　요셉은 형제들을 장유의 차서대로 자리에 앉히고 식사를 진행하는데, 형제들이 보란 듯이 눈에 띄는 행동을 한다. 그것은 베냐민에 대한 우대였다. 왜 그러는 것일까? 물론 친 어머니의 아들이라는 점도 있었겠지만 정도 억제하고, 치밀하게 자신의 계획을 진행시키고 있는 요셉의 행동으로 본다면 상당히 의아스러운 것이다. 그는 인간적인 감정을 철저하게 통제해 왔다. 형들이 과거를 상기하며 다툴 때에도 그는 몰래 들어가 통곡하고 아무 일도 없다는 듯이 형제들에게 나와서 계획을 진행시켰다(창 42:24). 그리고 베냐민을 보자마자 마음이 타는듯하여 또 울 곳을 찾아 통곡을 하고 얼굴을 씻고 정을 억제하고 나왔다(창 43:30-31). 이렇듯이 치밀한 요셉이 형제들 앞에서 빈틈을 보일 리가 없다.

　　그렇다면 음식을 차리고 베냐민에게만 유독 음식을 주되 다른 형제들보다 다섯 배나 더 준 이유는 무엇일까? 맛있는 것들은 모두다 베냐민 앞에 갖다 놓는 것이다. 지금까지 진행된 요셉의 계획대로라면 그는 형제들의 반응을 보고 싶었을 것이다. 또 다른 라헬의 편애를 받는 자식인 베냐민에게 형제들이 어떤 감정을 품고 있는지를 민감하게 살피고 있었을 것이다. 가나안 땅에서 아버지 야곱의 편애를 받는 자식이 여기 애굽 땅까지 와서 애굽의 총리에게까지 편애를 받는다면 형제들의 속이 결코 편하지는 않을 것이기 때문이다. 이것은 결국 과거의 한 사건을 생각나게 하는데 요셉이 아버지 야곱의 편애를 받던 시절 형들이 그를 미워하여 그에게 편안하게 대하지 않았던 시절에 대한 상황을 재연하고(reenact) 있다(창 37:3-4). 요셉이 형제들의 반응을 민감하게 살피는 이유는 형제들이 여전히 과거와 같은 악감정을 품고 있다면 화해와 연합은 이루어질 수 없는 것이기 때문에 그는 자신의 아버지 야곱처럼 편애하는 역할을 하며 형제들의 반응을 살펴보는 것이라 할 수 있다.[219] 그러나 과거와 다르게 모든 것이 부드럽게 넘어간다. 형제들은 베냐민이 다섯 배의 음식을 받는 것에도 아랑곳 하지 않고 모두 함께 먹고 마시고, 즐거워하며 평안하고 행복한 시간을 보낸다(창 43:34). 요셉은 점점 형제들이 무언가 변해 있다는 사실을 발견하게 된다.

> 요셉이 자기 음식을 그들에게 주되 베냐민에게는 다른 사람보다 다섯 배나 주매 그들이 마시며 요셉과 함께 즐거워하였더라(창 43:34)

이처럼 모든 것이 다 잘되어 가는 듯하다. 형들이 많이 변해 있다. 이제는 더 이상 베냐민에 대한 편애에 거부감을 느끼지 않고 행복한 시간을 갖는다. 그러나 이것이 끝이 아니다. 이 사건을 통해 짐작해 볼 수 있는 것은 결국 지금까지의 이런 형제들에 대한 시험들은 형들이 어떻게 변했는지를 보기위한 요셉의 방편이었다는 사실이다. 왜 형들의 변화가 필요한지는 마지막 단계가 지나가면 자연스럽게 풀려나갈 것이다. 이제 마지막 일격이 남아있다. 형제들이 그 마지막 관문을 통과할 때에야 요셉은 그가 이루기를 간절히 소망하며 기다렸던 것을 이룰 수 있다. 그리고 베냐민을 향한 편애는 결국 다음 계획을 위한 요셉의 치밀한 계획이기도 하다. 이러한 편애를 보임으로 그들의 마음을 자극하여 베냐민을 팽개칠 빌미를 제공해 주는 것이기도 하다. 또 다른 편애를 받는 라헬의 아들을 형제들이 버릴 수 있는 마음이 들도록 미리 자극을 주고 있는 것이다.

(4) 제4단계: 형제들이 베냐민을 버리도록 작전을 세움(창 44-45장)

네 번째 단계는 마지막답게 가장 강력한 것이 준비되어 있다. 요셉은 하나의 작전을 세운다. 그것은 베냐민을 볼모로 잡기 위한 계획이다. 모든 것을 잘 마무리하고 곡식을 사서 형제들은 베냐민과 시므온까지 데리고 고향으로 기쁘게 돌아가고 있다. 그러나 요셉은 자신의 은잔을 베냐민의 곡식자루 속에 이미 숨겨놓은 상태였다. 왜 베냐민의 자루인가는 그를 볼모로 잡으려는 시도를 통해 형제들에게서 보고자 하는 마지막 반응이 있기 때문이다. 이것을 전혀 알리 없는 형제들은 행복하게 돌아가고 있다. 요셉은 돌아가고 있는 형제들을 뒤쫓게 하여 누군가 은잔을 훔쳐 갔다고 말하게 하고, 그 은잔이 발견된 사람은 애굽에 남아 종이 되어야 한다고 선언하게 한다. 그 운명은 형들의 악행으로 요셉 자신이 이미 겪었던 것이다. 형제들은 결코 그런 일은 없다고 장담하며 어느 누구든지 그 잔이 나오면 그는 죽을 것이요 자신들 모두는 애굽에서 종이 되어도 좋다고 하며 자신들의 결백을 주장한다. 그러나 베냐민의 자루에서 은잔이 발견되자, 형제들 모두는 옷을 찢고 다시 요셉에게로 돌아온다(창 44:1-13).

요셉이 이들에게 "어찌하여 이런 일을 행하였느냐"고 질책하며 준엄하게 꾸짖는다. 이때 유다가 대표가 되어 요셉에게 말하는 내용은 과거의 모든 죄를 인정하고, 철저히 회개하는 모습을 보인다.

유다가 말하되 우리가 내 주께 무슨 말을 하오리이까 무슨 설명을 하오리이까 우리가 어떻게 우리의 정직함을 나타내리이까 하나님이 종들의 죄악을 찾아내셨으니 우리와 이 잔이 발견된 자가 다 내 주의 노예가 되겠나이다(창 44:16)

"하나님이 종들의 죄악을 찾아냈다"라는 고백은 첫 번째에 나타난 "하나님이 어찌하여 이런 일을 우리에게 행하셨는가?"(창 42:28)라는 탄식에 대한 결론이라 할 수 있다. 바로 형제들이 저지른 과거의 죄악을 상기시켜 회개의 길을 걷게 하려는 것이다. 그리고 그 회개는 저지른 죄악과 동일한 징벌인 형제들 모두가 애굽에서 종이 되겠다는 것이다.

그러나 요셉은 "잔이 그 손에서 발견된 자만 종이 되고 다른 사람들은 모두 아버지에게로 돌아가도 된다"고 선언한다(창 44:17). 이것은 또한 어떤 상황인가? 과거의 무엇을 상기시키는가? 이제 마지막 영상 그림을 그려볼 필요가 있다. 라헬의 또 다른 한 아들은 애굽에서 종이 되고, 다른 형제들은 그들의 아버지에게로 돌아간다. 그렇다 이것은 명백하게 요셉을 팔았을 때의 상황이 재연되고(reenact) 있는 것이다(창 37:25-28). 더욱 중요한 것은 지금 형제들은 과거의 그 사건을 재연하는 것에서 그치지 않고, 또 한 번 동일한 것을 실행할 수 있는 기회가 주어진 것이다. 형제들은 아버지 야곱의 편애를 받았던 라헬의 아들인 요셉을 제거했었다. 그런데 이제는 라헬의 또 다른 아들인 베냐민이 그 자리를 차지하고 야곱의 사랑을 독차지 하고 있다. 요셉이 그것을 모를리가 없다. 아버지가 자신을 애지중지 했듯이 베냐민 또한 그렇게 사랑하고 있다는 것을 말이다. 요셉은 지금 형제들에게 자신을 없앴듯이 베냐민 또한 제거할 수 있는 '절호의 기회'이면서, '합법적인 기회'를 제공하고 있는 것이다. 형제들은 아버지 야곱에게 돌아가서 베냐민의 어리석은 악행인 절도행각을 비난하면 그 뿐이다. 옛날에 사나운 짐승으로 인한 요셉의 처참한 죽음이 아버지가 그 먼 거리를 혼자 보냈기 때문이라고 모든 책임을 전가한 것처럼 동일하게 아버지가 베냐민을 막내라고 애지중지 버릇없게 키우는 바람에 그렇게 도벽(盜癖)까지 생긴 것 아니냐는 비난으로 아버지에게 또 한 번 모든 책임을 전가할 수도 있다. 이를 통해 눈에 가시 같은 베냐민을 제거하는 것은 물론이요 그 충격으로 인해 아버지가 죽음에 이르게 된다면 더 이상 요셉이란 이름을 듣지 않아도 되기에 자신들의 치부까지도 청산할 수 있는 최고의 기회가 되는 것이다.

이 상황에서 만약 형제들이 22년 전의 과거와 같이 기다렸다는 듯, 가차 없이 베냐민을 팽개치고 고향으로 돌아가 버린다면 아무것도 변한 것이 없다는 것을 드러내는 것이다. 요셉이 품은 용서는 무의미해지며, 화해와 연합도 역시 물거품이 되고 말 것이다. 그리고 자신을 담보로 베냐민을 보호하겠다던 유다의 말은 거짓으로 판명 나고 말 것이다. 이 절체절명의 순간에 늘 형제들의 대표격으로 활동했던 유다가 나선다. 창세기 44:18-34절까지 17절에 걸쳐서 유다가 요셉 앞에 엎드려 기나긴 호소를 쏟아 붙는다. 그 호소는 가히 요셉 이야기 안에서도 가장 아름다운 부분이라 해도 과언이 아닐 정도로 아버지와 형제에 대한 관심과 돌봄, 사랑이 가득하다. 유다의 호소가 감동을 주는 이유는 한 인간의 변화를 고스란히 담고 있음은 물론이요, 그 변화의 끝이 자신을 희생하는 것으로 향하기 때문이다. 여기 그 호소의 일부분을 적어볼 필요가 있겠다.

유다가 그에게 가까이 가서 이르되 내 주여 원하건대 당신의 종에게 내 주의 귀에 한 말씀을 아뢰게 하소서 주의 종에게 노하지 마소서 주는 바로와 같으심이니이다…우리가 내 주께 아뢰되 우리에게 아버지가 있으니 노인이요 또 그가 노년에 얻은 아들 청년이 있으니 그의 형은 죽고 그의 어머니의 남긴 것은 그뿐이므로 그의 아버지가 그를 사랑하나이다 하였더니 주께서 또 종들에게 이르시되 그를 내게로 데리고 내려와서 내가 그를 보게 하라 하시기로 우리가 내 주께 말씀

드리기를 그 아이는 그의 아버지를 떠나지 못할지니 떠나면 그의 아버지가 죽겠나이다……아버지의 생명과 아이의 생명이 서로 하나로 묶여있거늘 이제 내가 주의 종 우리 아버지에게 돌아갈 때에 아이가 우리와 함께 가지 아니하면 아버지가 아이의 없음을 보고 죽으리니 이같이 되면 종들이 주의 종 우리 아버지가 흰 머리로 슬퍼하며 스올로 내려가게 함이니이다……이제 주의 종으로 그 아이를 대신하여 있어 내 주의 종이 되게 하시고 그 아이는 그의 형제와 함께 올려 보내소서 그 아이가 나와 함께 가지 아니하면 내가 어찌 내 아버지에게로 올라 갈 수 있으리이까 두렵건대 재해가 내 아버지에게 미침을 보리이다(창 44:18-34)

한 사람이 다른 사람을 향한 사랑과 연민, 긍휼로 가득 차 이 보다 더 간절하게 호소하는 내용은 성경의 그 어디에서도 찾아보기 힘들 것이다. 유다의 호소 속에는 아버지와 아이, 아우라는 말이 넘쳐난다. 이 열일 곱절 안에 14번에 걸쳐서 다양한 형태의 소유격이 붙은 '아버지'라는 단어가 나타나고, '아우와 아이'라는 단어는 13번이나 나타난다.[220] 자신의 욕심으로 요셉을 팔아치우는데 앞장섰던 유다가 이제는 다른 사람에 대한 사랑과 연민으로 가득 차서 오히려 자신이 동생 대신에 종이 되겠다고 나서고 있다. 이것은 요셉을 애굽의 종으로 팔았던 것을 완전히 뒤집어서 이제는 요셉의 동생인 베냐민을 위해 자신이 대신 애굽의 종으로 남겠다는 것이다.[221]

왜냐하면 그는 아버지가 왜 그렇게도 베냐민을 끔찍하게 위하는지 이해할 수 있게 되었기 때문이다. 과거에는 아버지가 요셉을 편애하는 것이 미워서 견딜 수가 없었다. 그러나 이제는 그의 입술에서 아버지가 왜 베냐민을 사랑하는지 안다는 고백이 나온다.

우리가 내 주께 아뢰되 우리에게 아버지가 있으니 노인이요 또 그가 노년에 얻은 아들 청년이 있으니 그의 형은 죽고 그의 어머니의 남긴 것은 그뿐이므로 그의 아버지가 그를 사랑하나이다(창 44:20)

아버지가 베냐민을 애지중지 아끼고 사랑하는 이유는 노년에 얻은 아들로, 그의 형은 죽고 그의 어머니가 남긴 아들은 그 하나뿐이기에 그렇다는 것을 안다. 이제는 편애 받는 베냐민을 향하여 질투나 시기의 심정이 아니라 오히려 그것을 다행으로 생각한다. 왜냐하면 사랑하는 자식을 잃고 고통 속에서 죽을 수도 있었던 아버지의 마음이 어떤 것인지 이해하기 때문이다. 그리고 그나마 베냐민으로 인해 위로를 받고 살아가는 아버지를 안타까움과 측은함으로 바라볼 수 있는 눈이 열렸기 때문이다. 이러한 마음은 20여년의 세월동안 유다 또한 동일한 경험을 겪으면서 삶으로 공감한 것이기에 가능하게 되었다. 유다 또한 아내로부터 아들을 여럿 낳았으나, 둘이 먼저 죽고, 마지막 남은 막내아들만은 잃지 않기 위해 심지어 하나님의 백성이 반드시 지켜야 할 기업 무를 자의 법인 고엘의 법까지 무시해가며 셀라를 다말에게 장가보내지 않았다. 이렇게 '하나님의 법'보다도 더 소중한 막내아들에 대한 사랑과 애착을 깨닫고 나서 그는 아버지 야곱의 심정을 이해하게 된 것이다.

우리 시대의 한 가지 실화를 살펴보면 이 20여년의 세월의 의미가 무엇인지를 더 깊게 느껴볼 수 있을 것이다. 2009년 겨울에 체슬리 슐렌버거(Chesley Sullenberger) 기장이 조종하던 커다란 여객기가 새 떼와 부딪쳐 엔진이 멈추는 바람에 뉴욕의 허드슨 강에 불시착하는 일이 발생했다. 기장의 침착한 대응과 승무원들의 노력으로 155명의 탑승객 전원은 무사히 구조되었다. 만약 맨해튼 시가지에 불시착 했다면 대형 참사로 이어질 뻔한 아찔한 사건이었다. 이 사고 직후에 생사가 걸린 결정을 내려야 했던 순간에 대한 질문을 받고 슐렌버거 기장은 다음과 같이 말했다고 한다.[222]

이렇게 보면 어떨까요? 42년 동안 경험과 교육, 훈련이라는 은행에 조금씩 정기적으로 저축해두었었는데, 사고가 난 그날에 잔고가 충분해 거액의 현금을 인출할 수 있었다고 말입니다.

그의 말 속에서 세월의 흐름 속에서 경험하고, 배우고, 훈련한 모든 것이 평상시에는 드러나지 않지만 삶 속에서 빛을 발하며 사람의 생명을 구하는 날이 있다는 것을 알게 한다. 세상 속에서의 삶도 이러할진대 하나님의 백성에게 있어서 하나님과 함께한 배움과 훈련, 경험은 얼마나 큰 빛을 발하겠으며, 얼마나 많은 생명을 구원할 수 있을 것인지를 깨닫게 한다. 하나님의 사람이 전하는 생명은 단지 육체적인 것만이 아닌 영원한 생명의 길이라는 점에서 그 중요성은 아무리 강조해도 지나치지 않을 것이다. 눈으로 보기에는 단지 베냐민 한 생명만을 놓고 호소하는 듯하지만 20여년의 세월 동안 하나님의 마음을 배운 유다의 이 진심어린 호소가 세상을 구원의 길로 이끌 하나님의 백성을 하나로 묶는 기초가 된다는 점에서 가히 전 세계적인 규모가 내포되어 있다할 수 있다.

이 속에는 아브라함의 믿음까지도 살펴볼 수 있는 눈을 제공한다. 아브라함은 '네 아들, 네 사랑하는 독자, 이삭'을 바치라는 하나님의 명령을 받았다. 그러나 아브라함은 '하나님의 법'인 말씀에 모든 것을 내려놓고 철저히 순종한 것이다. 이것은 결코 쉬운 일이 아니다. 야곱이나 유다가 마지막 남은 막내아들을 잃지 않으려는 안간힘을 볼 때 그것을 느껴볼 수 있다. 유다는 하나님의 법까지도 어기면서까지 포기할 수 없는 막내아들에 대한 애틋한 사랑과 애착을 경험하고서야 아버지 야곱의 막내아들을 잃은 고통을 이해하게 된 것이다. 그리고 만약 베냐민마저 잃는다면 아버지가 치명적인 마음의 상처를 안고 죽음에 이를 수 있다는 것을 절감한 것이다.

우리가 내 주께 말씀드리기를 그 아이는 그의 아버지를 떠나지 못할지니 떠나면 그의 아버지가 죽겠나이다(창 44:22)

이처럼 야곱과 유다 두 사람 다 아들을 잃었고, 아내를 잃었으며, 그 아내를 통해 탄생한 다른 아들들은 다 죽고 한 아들만 남아있고, 그 아들만큼은 잃고 싶지 않은 절박함이 있다(창 38:11; 44:29). 유다가 이렇게 아버지 야곱이 거쳐 간 과정을 동일하게 경험하며 아버지의 마음을 이해하는데 무려 20여년이 넘는 세월이 걸렸다. 그래서 유다는 베냐민을 아끼고 사랑하는 아버지를 다른 눈으로 볼 수 있게 되었다. 여기서 베냐민을 위한 유다의 호소는 과거 요셉을 향해 품었던 편애에 대한 질투심을 극복한 회복된 형제애라고 할 수 있다.[223]

유다가 이렇게 변해있다. 자신의 유익을 위해서는 다른 사람을 희생시키는 것도 마다하지 않던 냉혹한 유다가 이제는 다른 이를 위해서 자신의 생명을 담보로 기꺼이 내 놓는다. 사람과 사람사이의 관계가 어찌 회복되지 않을 수 있을 것인가? 유다가 전에는 인간적인 감정과 욕망을 앞세워 아버지 야곱과 동생 요셉 사이를 잔혹하게 갈라버렸다. 그러나 이제는 자신의 생명을 바쳐서라도 아버지 야곱과 동생 베냐민이 결코 분리되지 않게 하려고 최선을 다한다. 사람이 다른 사람을 위하여 생명을 내어 놓는 곳에는 결코 분리와 분열, 다툼이 있을 수 없다. 그곳에는 고귀한 연합이 회복될 것이다. 예수님께서도 "사람이 친구를 위하여 자기 목숨을 버리면 이보다 더 큰 사랑이 없다"(요 15:13)고 말씀하셨다. 다른 이를 위하여 목숨을 내어놓는 사랑을 유다는 실천하고 있는 것이며 사람과의 관계회복은 이미 이루어진 것임을 살펴볼 수 있다. 유다는 어느 모로 보나 형제들의 대표이기에 유다의 변화는 곧 형제들의 변화를 의미한다.[224] 이점은 유다의 호소 속에서도 분명하게 살펴볼 수 있다. 유다가 요셉에게 호소할 때 유다는 결코 혼자가 아닌 형제들의 대표로서 이야기하고 있음은 일인칭 복수형 대명사와 동사의 사용으로 나타나는 '우리'의 반복적인 출현을 통해서 알 수 있다(창 44:20 22, 24, 25, 26, 27, 30, 31). 결국 이것은 유다만의 변화가 아니라, '우리'라는 형제들 전체의 변화를 의미하는 것이다.

　　　이제 요셉이 더 이상 무엇을 기다릴 필요가 있을 것인가? 자신의 친동생을 위해서 목숨까지도 내 놓겠다고 할 정도로 자기를 판 유다 형이 변해 있는데 무엇을 더 확인해 볼 필요가 있을 것인가? 기나긴 기다림의 세월이 결코 헛되지 않았다. 인내하며 기다린 세월이 이제 화해라는 꽃으로 활짝 피어나는 순간을 맞이한 것이다. 요셉은 더 이상 그 정을 억제하지 못하고 소리 질러 모든 사람들을 물러가게 하고 통곡하며 형제들에게 자신의 정체를 알린다: "요셉이 그 형들에게 이르되 나는 요셉이라 내 아버지께서 아직 살아 계시니이까 형들이 그 앞에서 놀라서 능히 대답하지 못하는지라"(창 45:3). 요셉은 간곡한 말로 형제들을 위로하며, 평안케 한다. 그리고 마침내 자기 친동생 베냐민과 목을 안고 울고, 또 형들에게 입 맞추며 안고 운다. 그리고 형제들 간의 대화가 시작된다(창 45:14-15). 피해자와 가해자가 진심으로 교감하는 용서의 진정한 의미가 살아나며, 형제간에 화해가 이루어지는 것이다. 사람들이 서로 높아지려고 아우성을 칠 때에는 관계의 파괴가 벌어지지만, 이처럼 서로 낮아져서 섬기며 희생을 결심하는 곳에는 용서와 화해가 일어난다. 화해의 활짝 핀 꽃은 이제 연합이라는 열매로 익어갈 것이다. 그것은 아벨을 죽인 가인의 냉담한 대답을 뒤바꾸는 요셉의 약속에 의해 실증된다.

여호와께서 가인에게 이르시되 네 아우 아벨이 어디 있느냐 그가 이르되 내가 알지 못하나이다 내가 내 아우를 지키는 자니이까(창 4:9)

흉년이 아직 다섯 해가 있으니 내가 거기서 아버지를 봉양하리이다 아버지와 아버지의 가족과 아버지께 속한 모든 사람에게 부족함이 없도록 하겠나이다 하더라고 전하소서(창 45:11)

요셉이 이루고자 했던 이러한 용서와 화해 그리고 아버지와 형제들을 끝까지 돌보고 지키려는 마음이 없이는 결코 야곱의 열두 아들들이 연합한 하나님의 백성 이스라엘은 존재할 수가 없었을 것이다. 요셉이 9년의 세월을 침묵으로 기다리며 준비했던 것이 바로 이것이다. 요셉은 형들을 용서하기 위해 4단계에 걸쳐 형들을 시험한 것이 아니다. 그의 용서는 형들을 만나 그들의 상태를 확인하기 전, 그가 하나님의 뜻을 깨달은 그때 이미 이루어진 것이다. 용서는 형제들의 어떠함에 관계없이 이미 요셉 안에서 이루어졌다. 그의 첫째 아들의 이름인 므낫세 (하나님이 내게 내 모든 고난과 내 아버지의 온 집 일을 잊어버리게 하셨다)와 둘째 아들인 에브라임(하나님이 나를 내가 수고한 땅에서 번성하게 하셨다)의 이름의 뜻만 살펴보아도 그것을 알 수 있다(창 41:51-52). 요셉은 용서의 목표인 화해와 연합으로 나아가기 위해 위에 제시된 4단계로 형들의 준비상태를 살핀 것이다. 만약 요셉이 애굽의 총리가 된 9년 전에 섣불리 가족들에게 기별을 보냈다면 형제들의 반응은 어땠을까? 그들이 애굽으로 내려왔을까? 아닐 것이다. 가나안 땅보다 더 먼 곳으로 애굽으로의 손길이 닿지 못하는 장소로 도망을 쳤을 것이다. 요셉은 하나님의 때가 무르익을 때까지 그리움이라는 정을 억제하며, 인내하며 기다렸다. 요셉 자신은 용서할 준비가 다 되었으나, 형들이 과거에 대한 참회가 없다면 화해는 일어날 수 없다. 요셉이 형들에게 단계별로 진행한 사건들은 형들이 과거에 대해 어떤 생각을 가지고 있는지는 계속적인 상기를 통해 살펴보며, 그들의 변화를 관찰하기 위한 도구였다. 죄를 기억하지 못하면 진정한 참회는 없는 것이고, 참회 없이는 관계의 회복을 기대할 수 없기 때문이다. 요셉의 용서와 형제들의 변화는 화해와 연합을 위해 필수적인 요소들이다. 그러므로 형제들의 회개와 변화를 가늠 하는 시금석인 유다의 변화는 형제의 연합에 중요한 요소로 작용하며, 그는 베냐민은 물론 요셉까지도 이스라엘이라는 가족의 품으로

회복시키는데 중요한 역할을 한 것이다. [225)

요셉 이야기는 진정한 용서와 화해를 이루기 위해 날카로운 문학적인 기교를 활용했는데 그것은 과거를 기억하게 하는 '재연(reenactment)의 기법'이다. 자신이 저질렀던 일들을 되돌아 볼 수 있도록 동일한 것을 경험하게 하는 것이다. 이를 통해 하나님의 백성은 결코 일방적인 용서가 아닌 용서의 최고의 단계인 가해자와 피해자 양쪽 모두가 적극적으로 변화되어 마음의 상처를 치유하고, 보다 친밀한 관계로 거듭나는 것을 이상으로 삼고 있음을 볼 수 있다. 이 길이 하나님의 백성의 결속을 든든히 하며 하나님 나라를 향한 미래를 기대할 수 있게 한다는 것을 보이기 위함이다.

5) 사람과 사람 사이의 관계회복 완성

요셉과 형제들의 이야기를 살펴보면 과거가 또다시 눈앞에서 동일하게 반복되고 있다는 것을 살펴볼 수 있다. 형제들이 요셉을 팔았을 때의 상황이 반복되고, 아버지 야곱의 동일한 신음소리가 울려 퍼지고, 요셉이 애굽으로 끌려 내려가는 상황이 재연되며, 형제들은 베냐민과의 식탁에서 베냐민 앞에 놓여진 다섯 배의 진수성찬을 보며 과거 요셉을 향한 자신들의 질투가 생각나 씁쓸한 미소를 지었을 것이다. 이 모든 과거의 재연들은 마지막 선택을 향하여 그 초점을 맞추고 있다. 형들은 베냐민을 포기할 수 있는 기회 앞에 서게 되고, 새로운 선택 앞에 놓이는 것이다. 지금까지의 사건들은 어쩔 수 없이 강제적으로 회상하고 반복할 수밖에 없는 성질의 것이었다. 그러나 마지막 상황은 다르다. 이제 선택은 요셉의 강제성을 떠난 형제들의 자발적인 몫으로 남아있다. 또다시 주어진 이 선택은 새로운 미래를 결정하는 시금석이 되기 때문이다. 이렇게 장황하게 과거를 반복한 것은 과거의 오류를 다시 범하지 말라는 현재의 요청이 들어 있는 것이다. 그러므로 과거가 반복되고 있다는 것은 새로운 선택의 기로에 우리를 세워놓는 것이며 바른 선택을 통해 역사의 반복을 피하라는 하나님의 요청이요, 배려인 것이다. 이처럼 하나님의 백성의 역사 속에서 하나님은 늘 동일한 것을 반복적으로 말씀하시며 우리가 이해하기를 기다리신다. 결국 우리의 삶에 펼쳐지는 반복은 우리의 동참과 소명의 의미를 깨닫게 하시기 위한 배려라는 것을 알아야 한다.

창세기의 전반부의 가인과 아벨 이야기에서 가인은 편애를 견딜 수 없었다. 그로 인해 사람과 사람 사이의 관계는 산산이 부서지고 말았다. 그러나 이제 요셉과 형제들의 이야기에서는 그 모든 것들이 이해되고, 용납되기에 이른다. 형제들의 대표격인 유다는 아버지가 왜 베냐민을 편애하게 되었는지 그 마음을 이해한다. 즉, 한 인간이 다른 인간을 편애하는 이유를 깨달은 것이다. 사람과 사람 사이에서 우리가 다른 이의 삶의 정황을 이해할 수 없다면 어떻게 다른 이를 용납할 수 있을까? 그리고 그와 함께 연합할 수 있을까? 유다의 경험은 우리가 다른 이의 아픔까지도 우리의 것으로 느끼는 그 순간에 사람 사이의 끈끈함을 회복할 수 있다는 것을 느껴볼 수 있다. 그래서 하나님은 때로 우리에게 모진 경험들을 겪게 하신다. 그 때는 이해할 수 없지만 그 경험이 다른 이의 삶에 빛을 발하며 자신 또한 살리는 것을 느낄 날이 있다는 것이다.

요셉 또한 자신을 향한 하나님의 편애를 이해했다. 그 의미를 분명하게 깨달은 것이다. 그 편애는 군림이나 지배가 아니라, 더 큰 책임으로 부르셨다는 것이다. 더 큰 의무를 맡기시기 위하여 하나님께서 더 많은 관심과 사랑을 주셨다는 것이다. 즉, 편애를 받은 자는 더 낮아지고, 더 섬기며, 더 돌보라는 사명이 부여되었다는 사실을 깨달은 것이다. 더 많이 사랑받은 자, 더 많이 섬기라는 것이다. 이렇게 편애를 바르게 해석할 때, 책임이 살아나며, 편애로 인해 뒤로 밀려나 고통 받던 자도, 편애 받던 자도 서로 용서하고 화해하며 연합할 수 있는 것이다. 이처럼 유다는 인간의 편애를 이해했고, 요셉은 하나님의 편애를 이해했다. 이렇게 바르게 이해한 사람들이 만나야만 화해와 연합이 현실이 되며, 사람과 사람사이는 떨어질 수 없는 끈끈한 회복이 이루어지는 것이다.

이제 요셉이 행했던 4단계의 '용서와 화해 그리고 연합 프로젝트'는 성공리에 마쳐졌다. 22년의 세월이 짧은 세월은 아니지만 부서졌던 관계를 회복하는데 이 정도의 시간이 걸린다는 것은 지금 이 시대를 살아가는 우리에게 시사해 주는 바가 크다. 야곱과 에서의 재회와 화해도 20년이 넘는 세월이 흘렀다는 점에서 '용서와 화해'가 얼마나 긴 세월이 소요되는 것인지를 짐작해 볼 수 있다. 이것은 다른 이에게 상처를 주는 일과 받는 일이 결코 생각 없이 행해져서는 안 된다는 것을 강조하기에 충분하다. 깨어짐은 순간이지만 회복은 수십 년이 걸리거나 심지어 불가능에 가깝기 때문이다. 결론적으로 요셉과 형제들의 이야기는 이런 용서와 화해를 이루어내는데 이렇게 여러 단계를 거치며 반드시 필요한 두 가지 사항을 우리에게 지시해 주고 있다.

첫째로, 가해자 편에서 준비가 되어야 한다. 자신이 저지른 일에 대한 철저한 회개와 속죄의 마음 그리고 속죄에 걸 맞는 삶이다. 피해자가 용서할 준비가 되었고, 화해하려 하나 가해자가 아무 것도 느끼지 못하고 있다면 화해는 이루어질 수 없다. 화해는 결코 일방적일 수 없는 것이기 때문이다. 요셉은 형제들이 화해할 준비가 되어 있는지를 확인해 보고 싶었다. 그래서 섣불리 나서지 않았으며, 긴 세월을 기다렸다. 가장 중요한 것은 상처를 준 자가 회개함으로 변화의 길을 걷는 것이다. 그 회개의 마음은 하나님께 자신의 죄를 자복하고, 자신이 저지른 것과 동일한 벌을 받는 것까지도 감수하는 자세이다. 레위기의 율법에도 누군가에게 손해를 입혔을 때 행하는 속건제는 손해를 입힌 액수에 20%를 더 얹어서 돌려주어야 한다(레

6:1-5). 이것은 당한 사람의 억울함을 조금이라도 더 풀어주려는 것이라 할 수 있다. 그래야 마음이 누그러지고, 용서할 수 있는 마음이 생길 수 있기 때문 일 것이다. 요셉은 가해자인 형들이 자신들이 저지른 일을 고통스러워하고 있으며, 심지어는 이제는 자신들이 저지른 것과 같은 벌(애굽에서 종이 되는 것) 까지도 달게 받을 준비가 되어 있는 변화가 이루어져 있음을 보았을 때 하나님께서 계획하신 화해의 때가 그 정점에 이르렀음을 느꼈다.

둘째로, 피해자 편에서도 올바른 준비가 되어야 한다. 어쩌면 화해에서 가장 중요한 부분일 것이다. 가해자는 잊고 살수도 있지만 아무리 작은 피해일지라도 상처를 입은 사람은 잊고 살기가 힘들다. 신앙인으로서 잊어야지 하면서도 힘들고, 하나님의 마음으로 용서해야지라고 고뇌하면서도 털어버리기가 너무도 힘들다. 용서했는가 싶다가도 문득문득 지난날 상처의 앙금이 다시 올라와 분출되곤 하기 때문이다. 그렇다면 어떻게 이러한 상처와 아픔의 미세한 앙금까지도 모조리 다 제거할 수 있는 용서를 할 수 있을 것인가? 이것이 가능하기나 할 것인가? 요셉 이야기는 이것이 분명히 가능하다는 것을 보여준다. 그럼 어떻게 가능한가? 그것은 형들을 향한 요셉의 고백을 통해서 살펴볼 수 있다.

요셉이 형들에게 이르되 내게로 가까이 오소서 그들이 가까이 가니 이르되 나는 당신들의 아우 요셉이니 당신들이 애굽에 판 자라 당신들이 나를 이곳에 팔았다고 해서 근심하지 마소서 한탄하지 마소서 하나님이 생명을 구원하시려고 나를 당신들 보다 먼저 보내셨나이다…하나님이 큰 구원으로 당신들의 생명을 보존하고 당신들의 후손을 세상에 두시려고 나를 당신들 보다 먼저 보내셨나니 그런즉 나를 이리로 보낸 자는 당신들이 아니요 하나님 이시라(창 45:4-8)

요셉 이야기에서는 피해자가 그 모진 고통의 세월 속에서 결국 '하나님의 뜻'을 만나야만 용서와 화해의 길로 나아갈 수 있다는 것을 강조한다. 즉, "너 때문이야!"라는 마음이 마침내 "하나님께서!"라는 고백으로 바뀔 때 진정한 용서가 이루어질 수 있고, 마음속에 가라앉아 있는 앙금까지도 말끔히 제거할 수 있는 것이다. 요셉이 복수가 아닌 화해의 길을 걸을 수 있었던 것이 바로 이 하나님의 뜻을 만났기 때문이다. 그의 말 속에는 "당신들이 아니라, 하나님께서"라는 말이 반복된다. 우리 가슴 속에 늘 분노와 피해의 앙금이 남아 있는 것은 내 힘으로 잊으려하기 때문이다. 하지만 삶의 모든 환경은 하나님께서 여기까지 오게 하시기 위한 도구였다는 것을 깨닫는 순간 영원하신 하나님의 뜻과 만나게 된다. 만일 요셉이 그 뜻을 깨닫지 못하고 그의 형제들과 이런 화해를 이루지 못하고 복수로 얼룩진 역사를 만들었다면 열두 지파로 이루어진 하나님의 백성 이스라엘은 이 땅에 존재할 수 없었을 것이다. 이 사실은 지금 현재를 살아가는 우리에게 시사해 주는 바가 크다. 우리 또한 이런 사죄와 용서를 통해 분열이 아닌 연합을 이루어야 한다. 이런 용서와 화해를 통해 하나님의 교회는 이 땅에 끊임없이 확장될 것이기 때문이다.

요셉은 형들이 자신을 팔았다는 것은 분명한 사실이지만, 그 일이 왜 일어나야만 했는지에 대한 하나님의 뜻을 깨달았다. 이 세상 어느 누가 다른 나라에 종신 노예로 팔려가는 것을 좋아할 사람이 있으며 또 그 곳에서 누명을 쓰고 감옥살이를 하기를 바라는 사람이 있을까? 요셉의 이야기를 살펴보면 17세에 팔려가 30세에 애굽의 총리가 되었으니 무려 13년의 세월동안 종살이와 감옥살이를 한 것이다. 그리고 이 둘 중에 어떤 쪽이 더 길었는지는 미지수로 남는다. 요셉은 어떻게 이러한 모진 경험을 겪으면서도 하나님의 뜻을 발견할 수 있었을까? 그에게는 억울한 마음도 가득했었다. 바로의 술 맡은 관원장에게 하는 호소를 보면 그것을 알 수 있다.

당신이 잘 되시거든 나를 생각하고(기억하고) 내게 은혜를 베풀어서 내 사정을 바로에게 아뢰어 이 집에서 나를 건져 주소서 나는 히브리 땅에서 끌려온 자요 여기서도 옥에 갇힐 일은 행하지 아니하였나이다(창 40:14-15)

그러나 그 관원장은 즉시로 요셉을 잊었고, 요셉은 자신의 소망대로 감옥에서 풀려나지 않았으며, 그는 2년이나 더 감옥 속에서 세월을 보내야 했다(창 40:23; 41:1). 하나님께서 술 맡은 관원장의 기억을 닫아 버리신 것이라 할 수 있다. 만약 요셉이 억울함을 호소하는 지금 이 순간에 바로나, 그 관원장의 도움으로 풀려난다면 사람들의 하수인이 되어 자신의 원한이나 갚는 존재가 되었을 것이다. 하나님께서는 그 모든 낮아짐의 과정 속에서 하나님의 뜻을 발견할 때까지 기다리신다. 마침내 요셉이 감옥에서 풀려날 때 그는 하나님을 바르게 말 할 수 있었다. 바로의 꿈의 해석도, 모든 삶의 과정도 다 하나님께 달려있다는 고백인 것이다(창 41:16, 32).

요셉의 이야기를 통해서 그가 발견한 하나님의 뜻을 유추해보면 이렇다. 요셉은 형들이 자신을 애굽에 팔았을지라도 그 일을 행하신 분은 하나님이시라고 고백한다. 그 이유는 지금과 같이 수많은 생명을 살리기 위해서라는 것이다. 되짚어 생각해보면 요셉은 가나안 땅에서 아버지의 따뜻한 사랑을 받으며 생활했다. 그 장소는 살기 좋고 평안하며 기쁨이 넘치는 행복한 장소였다. 말 그대로 아무것도 부족함이 없는 장소인 것이다. 만약 그 때 하나님께서 요셉에게 나타나셔서 해야 할 일이 있으니 애굽으로 내려가라고 하셨다면 그가 순순히 내려갔을까? 미지의 세계이며, 아는 사람이라고는 아무도 없는 낯선 장소에 이방인이 되어 그 곳에 가야 한다면 어떨까? 거기에 덧붙여서 평탄한 삶도 아닌 종의 삶이 그리고 그보다 더한 감옥생활이 기다리고 있다면 그 뜻을 받들어 내려갈 수 있었을까? 언제가 될지도 모를 총리의 복장을 바라고, 현재 누리는 화려한 채색옷을 벗어던질 수 있었을까? 모든 것이 미지수로 남는다. 고난을 일부러 짊어질 이유는 없기 때문이다. 삶에 휘몰아치는 태풍을 일부러 끌어당길 사람이 누가 있겠는가?

우리는 해마다 여름이면 천재지변으로 삶에 위협을 가하는 태풍에 대해 불평할 때가 많다. 강풍과 집중호우의 규모가 위력적이면 위력적일수록, 일으키는 피해가 크면 클수록 태풍은 인간의 삶에 피해만 끼치는 무가치한 요소로 인식될 때가 많다. 물론 태풍으로 인해 극심한 재난을 겪고, 가족과 친지들을 불시에 잃고, 엄청난 재산상의 피해를 겪은 이들에게는 태풍이 백해무익한 것으로 느껴지지만 눈을 넓게 뜨면 이야기는 달라진다. 만약 지구상에 태풍이 없다면 지구의 생태계가 한 해를 넘길 수 있을까? 태풍은 적도 지방에서 생기는 뜨거운 열을 극지방으로 옮겨줌으로 대기의 안정을 가져오고, 강한 바람으로 바다 속을 헤집어서 청소하여, 적조 현상을 제거하고, 산소를 공급함으로 어류들의 생존과 번식을 가능케 하고, 대기 중에 오염물질을 제거하여 공기를 정화하는 등 인간이 할 수 없는 수많은 거대한 일을 행한다. 해마다 여러 차례 나타나는 태풍이 많은 인명피해와 재산상의 피해를 가져오는 것은 사실이나 전 지구적인 생존을 위해 태풍은 필수불가결한 요소이다. 태풍이 불지 않으면 이러한 희생은 피할 수 있을지 모르겠지만, 지구는 멸망의 길로 가고 말 것이다. 이것을 볼 수 있다면 하나님의 섭리를 다 알 수는 없을지라도 인정할 수는 있을 것이다. 우리의 삶에 닥쳐진 예기치 못한 태풍으로 인한 고난과 고통이 우리를 힘겹게 하고, 모든 것을 포기하고 싶게 만들기도 하지만, 하나님의 섭리는 수많은 사람들을 살리기 위하여 이 일을 벌인 것임을 깨닫는다면 우리 또한 살리는 길에 나설 수 있을 것이다. 우리에게 주어진 고난과 시련을 하나님의 눈으로 바라볼 줄 아는 곳에 생명이 살아나는 역사가 펼쳐질 것이기 때문이다.

변화 산에서의 베드로와 요한, 야고보에게서도 삶의 평안에 안주하려는 인간의 속성을 살펴볼 수 있다. 영광스러운 예수님의 광채와 모세와 엘리야를 본 이 세 사람 중에 베드로가 앞장서서 여기에다 초막 셋을 짓고 살자고 한다(마 17:1-8). 이것은 메시아이신 그리스도의 사명을 오해한 것으로 예수님은 이 산 위에 머물러 계셔야 할 분이 아니라 십자가를 지시기 위해 내려가셔야 하며, 제자들은 그 뒤를 따르는 자들이 되어야만 하는 것이다.[226] 이에 하늘에서 소리가 있어 오직 예수님의 말씀만을 들으라고 한다. 인간의 욕구에 의지하는 삶이 아니라, 오직 하나님의 말씀을 받드는 삶이 필요하다는 것이다. 이해할 수 없을 때라도 하나님의 뜻을 찾아 고뇌하는 삶이 필요한 것이다. 이 모든 인간의 속성을 아시는 하나님께서 수많은 생명을 보존하기 위해 태풍이라는 강제적인 방법을 동원하여 요셉을 애굽으로 보내셔야만 한다. 삶이 평탄했다면 가지 않을 장소를 모든 삶의 안정을 뒤흔들어서 강제로 행하시는 것이다. 그 일을 위해 하나님께서 형제 사이에 감도는 질투심을 사용하셨다. 하나님의 살리시고자 하는 뜻을 볼 수 있는 사람은 그 일을 위해 벌어진 고통스런 사건들 속에서 하나님의 섭리를 본다. 그러나 그렇지 못한 사람은 오직 고통스런 사건에 자신을 내맡기고 한스런 삶을 살며 복수심으로 세상을 죽음으로 몰아가는 것이다. 요셉은 모든 사건들 속에 개입해 계시는 하나님의 뜻을 보았기에 사람들도 짐승들도 살 수 있는 길을 열었다. 요셉은 이러한 이상을 품으신 그 하나님의 뜻을 깨달았기에, 그의 심령에 죽이는 복수가 아닌 살리는 용서가 이루어질 수 있었으며, 그는 더 큰 하나님의 목적인 화해와 연합의 이상을 품고 나아갈 수 있었던 것이다.

극히 자주 그리스도인의 용서까지 포함하여, 용서가 가해자가 빠진 피해자만의 일방적인 것일 때가 많다. 그 곳에는 용서라는 단어는 존재할지 모르지만 용서가 나아가고자 하는 궁극적인 목적지인 화해와 연합은 기대할 수 없게 된다. 요셉과 형제들의 이야기에서 가해자는 변화에 대한 어떤 물리적 압력도 받지 않는다. 기다릴 줄 아는 인내의 세월이 반드시 필요하다. 이제 이런 용서와 화해를 통해서 온전한 연합이 일어났으니, 그 다음의 이야기는 연합된 이스라엘의 이야기가 펼쳐질 것임을 기대해 볼 수 있다. 그리고 그 이스라엘을 통해서 하나님께서 원하시는 것이 무엇인가를 이 용서와 화해의 이야기는 이미 보여주고 있는 것이다. 이 세상 속에서 이런 용서와 화해, 연합이 이루어지는 미래임에 틀림없다. 그것이 바로 창세기의 마지막 부분이 심혈을 기울여 우리에게 알려주고 있는 우리의 정체성이다. 이와 같이 하나님의 용서와 인간의 용서를 포함하는 기독교적 용서는 기독교 공동체 안에서 회복과 화해 그리고 연합을 목적으로 지속적으로 일어나야 할 것이다. 이러한 온전한 용서와 화해는 결코 한 순간에 이루어지지 않으며 기나긴 과정을 통한 양방의 성숙을 통해 가능해진다. 마지막으로 그리스도인으로서 기억해야 할 것은 이러한 용서와 화해를 이루려는 노력에 앞서, 온전한 용서와 화해에 이르기까지 수십 년의 세월이 소요될 수 있다는 경각심을 가지고 서로에게 극심한 상처를 입히는 일을 철저하게 차단하는 최선의 노력을 행하는 것이다.

요셉의 이야기가 우리에게 더욱 감동을 주는 이유는 하나님께서 단 한 번도 요셉에게 직접 나타나셔서 간섭하신 적이 없었다는 사실이다. 이 현상을 요셉 전의 인물들과 비교해 보면 현저한 차이점을 발견할 수 있다. 창세기에서 하나님께서 여러 인물들에게 자신을 계시하신 횟수와 그 흐름을 살펴보면 이 차이점을 쉽게 파악해 볼 수 있다. 창세기의 전반부에서는 하나님은 말씀으로 창조하시고, 에덴동산을 직접 창설하시고, 아담을 빚으시고, 생기를 불어넣으시며, 심판하시고, 저주하시며, 쫓아내시고, 노아를 선택하시고, 방주 짓기를 지시하시며, 홍수를 일으키시고, 바벨탑 사건에서 사람을 흩으시며, 아브라함을 불러내신다. 모든 것이 하나님의 절대 주권과 직접계시로 이루어진다. 아무도 하나님께 왜 그렇게 하셨느냐고 질문할 수 없다. 거기에는 인간의 입김이 개입할 틈이 없는 것이다. 그러나 순종의 사람 아브라함을 만나시고 난 다음부터는 그 양상이 조금씩 달라진다.

하나님께서 아브라함을 만나신 다음부터는 그 출현 빈도가 점점 줄어들기 시작한다. 그리고 계시의 방법도 다양해진다. 그 이유는 아담이 실패하고, 노아 또한 실패했으나 아브라함은 하나님의 뜻에 따른 삶을 통해 순종으로 승리했다는 점을 들 수 있다. 하나님께서 드디어 진정으로 자신을 경외하는 인간, 자신의 형상으로서 손색이 없는 한 인간을 발견한 것이다. 아브라함을 만난 이후로 자신의 출현을 자제하시며, 자신의 대표자를 전방에 내 보내시고, 자신은 서서히 뒤로 물러나시며 세상을 맡겨 주신다. 아브라함에게는 하나님은 직접계시로 8번(창 12:1, 7; 13:14; 15:1; 17:1; 18:1; 21:12; 22:1), 여호와의 사자를 통해서는 1번(창 22:15) 나타나시며 자신의 뜻을 알리셨다. 그리고 아브라함의 종에게는 직접이 아닌 하나님의 숨은 섭리로 계시하셨다(창 24 장). 이삭에게는 직접계시로 2번 나타나서서 뜻을 알리셨다면(창 26:2, 24), 야곱에게는 직접계시로 1번(창 35:1), 꿈으로 2번(창 28:12; 31:11) 그리고 하나님의 사자를 통해 2번 자신의 뜻을 알리셨다(창 32:2; 24). 이렇게 하나님께서는 점점 직접 나타나시는 횟수를 줄여가고 계심을 느껴볼 수 있다. 마침내 요셉에게는 직접 나타나시는 법이 전혀 없이 오직 꿈으로 계시하신다. 야곱에게 있어서 꿈은 여호와의 나타나심과 말씀하심의 방편이었으나, 요셉에게 있어서는 꿈 또한 여호와의 말씀을 듣는 사건이 아니라, 단지 미래에 있을 일에 대한 상징적인 계시를 보이고 있다는 점에서 차이가 난다. 이제 꿈 또한 지혜로운 해석이 필요한 형태라는 점에서 전적인 섭리의 시대가 이루어졌다는 것이다(창 37:5, 9). 이처럼 아브라함부터 요셉까지를 들여다보면 계시의 빈도수에서는 물론이요, 그 계시의 방법에 있어서도 현격한 차이가 나타난다.

이렇게 하나님께서 직접계시의 시대에서 섭리의 시대로 바꾸실 수 있는 것은 한번도 하나님을 뵙지 못했음에도 하나님의 마음의 갈망을 바르게 이해하고 깨달은 요셉이라는 인물이 있었기 때문이다. 하나님께서 직접 나타나지 않으심에도 이 땅에 하나님의 뜻을 깨닫는 한 사람이 있어서 하나님의 원하심을 실현해 나가고 있는 것이다. 창세기는 바로 이러한 인간이 이 땅에 서기를 갈망하고 있다. 요셉이 바로의 꿈을 해석했을 때 바로는 감동되어 하나님이 원하시는 인간상을 펼쳐놓는다:

이와 같이 하나님의 신이 감동한 사람을 우리가 어찌 얻을 수 있으리요 하고 요셉에게 이르되 하나님이 이 모든 것을 네게 보이셨으니 너와 같이 명철하고 지혜 있는 자가 없도다 너는 내 집을 치리하라 내 백성이 다 네 명을 복종하리니 나는 너보다 높음이 보좌 뿐이니라 바로가 또 요셉에게 이르되 내가 너로 애굽 온 땅을 총리하게 하노라 하고 (창 41:38-41)

지혜와 명철이 있고 온 땅을 치리하는 자인 요셉은 하나님께서 자신에게 직접 나타나신 적이 한 번도 없었음에도 그는 늘 하나님 앞에 서 있다는 의식을 잃지 않고 살아간 진정한 하나님 경외 의식을 가진 사람이었다. 하나님의 뜻을 깨달은 요셉이라는 사람으로 인해 세상 사람들과 동물들까지 세계적인 기근으로부터 구원을 받는다. 그러므로 창세기에서 염원하는 인간상은 하나님이 이 세상의 무대에서 자리를 내어주셨을 때 하나님을 경외함으로 그 뜻을 실현해 나가는 하나님의 형상을 이루는 사람이다. 그리고 이러한 하나님의 뜻을 깨달았을 때 아무리 극심한 고통을 겪었을지라도 그 모든 아픔들을 하나님의 마음으로 승화시킬 수 있는 사람이다. 또한 그 하나님의 뜻 안에서 자신이 걸어왔던 길들이 이해되고 바르게 해석이 되는 사람인 것이다. 그 사람을 통해서 하나님께서 이루고자 하셨던 그 숭고하신 뜻이 가장 완벽하게 이루어지는 것이다. 하나님께서는 요셉을 천천히 보디발의 집에서부터, 감옥으로, 그리고 바로의 왕궁으로, 마침내는 세계를 향한 하나님 나라의 뜻을 실현하는 사람으로 세워가셨다. 이 모든 과정에 요셉의 옷의 변화가 등장한다. 아버지가 입혀준 채색 옷에서 종의 옷으로, 종의 옷에서 죄수의 옷으로 그리고 죄수의 옷에서 총리의 옷까지 이르렀다. 마침내 요셉은 자신의 옷을 강제로 벗긴 형제들에게 옷을 제공한다(창 45:22). 모두가 동일한 옷을 입음으로 더 이상의 시기와 질투가 없이 하나 된 하나님의 나라가 본격적으로 시작되는 것이다. 비록 베냐민에게는 은 삼백과 옷 다섯 벌을 더 줄지라도 그것이 결코 시샘이 되지 않고, 많이 받은 자의 책임을 일깨우는 것이 되는 세상이 바로 하나님 나라인 것이다. 요셉을 통해 이루어진 하나님 나라의 이상을 도표로 나타내면 다음과 같다.

채색 옷 ➡ 종의 옷	종의 옷 ➡ 죄수 옷	죄수 옷 ➡ 총리 옷	애굽 총리 옷 ➡ 하나님 나라 총리 옷
◉ 보디발과 종 요셉 (창 39:1-6)	◉ 간수장과 죄수 요셉 (창 39:19-23)	◉ 바로와 총리 요셉 (창 41:37-45)	◉ 하나님과 요셉 (창 39-45장)
① 여호와께서 함께하심과 범사에 형통하게 하심(39:2)	① 여호와께서 함께하심과 범사에 형통하게 하심(39:21a)	① 바로가 요셉이 여호와의 영에 감동된 사람으로 인정함(41:38)	① 요셉은 여호와께서 함께하시는 하나님의 영에 감동된 사람(41:38)으로 하나님의 뜻 깨달은 사람(45:4-8)
② 요셉이 그의 주인에게 은혜를 입음(39:4a)	② 요셉이 간수장에게 은혜를 받게 하심(39:21b)	② 요셉이 바로의 인정을 받고 은덕 입음(41:39-40)	② 여호와께서 요셉에게 인자를 더하사 모두에게 은혜를 입게 하심
③ 주인이 요셉을 가정 총무로 삼고 자기의 소유를 다 그의 손에 맡김(39:4b)	③ 간수장이 옥중 죄수를 다 요셉의 손에 맡김으로 제반 사무를 요셉이 처리함(39:22)	③ 바로가 요셉을 총리로 삼아 애굽의 전국을 다스리고 돌보게 함(41:41-44)	③ 여호와께서 요셉을 사람과의 관계를 회복하고, 세계를 구원할 사람으로 세우심(41:56-57; 45:5-8)
④ 그리고 그 주인이 맡긴 일에 대하여 간섭하지 않음(39:6)	④ 간수장이 그의 손에 맡긴 것을 무엇이든지 살펴보지 않음(39:23)	④ 그리고 바로는 모든 것을 요셉에게 맡기고 관여하지 않음(41:40, 53-57)	④ 그리고 여호와께서는 모든 것을 요셉에게 맡기고 관여하지 않으심(42:6; 45:5)

하나님께서 마지막 단계인 하나님 나라를 세우는 사람으로 요셉이 설 수 있도록 최선을 다하셨다. 그리고 요셉 또한 그 하나님의 뜻에 맞추어 삶의 어려운 질곡들을 잘 견디어 내었다. 요셉의 옷이 한 번씩 바뀔 때마다 그의 삶의 정황은 결코 녹록치 않았다. 매 단계가 그 나름의 어려움을 내포하고 있고 모든 것을 포기하고 절망 속에 무너질 수 있는 고통을 담고 있다. 종이 되었을 때 순간적인 안락을 누리기 위해 간음을 행하고 죄악으로 무너져 내릴 수 있었으며, 누명을 쓰고 죄수가 되고 말았을 때 절망의 종이 되어 자포자기로 인생을 모조리 탕진해 버릴 수도 있었고, 애굽의 총리가 되었을 때에는 형제들에게 복수는 물론 오만과 교만이라는 권력의 노예가 되어 세상 속에 녹아져 버릴 수도 있었다. 그러나 그는 하나님을 향한 초점을 놓치지 않았고 매 순간 하나님 앞에 서 있다는 경각심으로 자신의 삶을 바로 세웠으며(창 39:9) 매사에 주께 하듯 최선을 다했다.

이러한 과정은 또한 태초부터 인간을 무너뜨린 선악과의 유혹을 극복하는 과정이라 할 수 있다. 그 시작은 종살이로 삶이 안정이 되었을 때 보디발의 아내로부터 육체의 유혹이 들어오고, 이 육체의 정욕을 하나님만 바라보는 믿음으로 이겨낸다. 그 다음은 감옥에서 벌어지는 일로 술 맡은 관원장의 높은 지위라는 보암직한 유혹에 빠져 하나님이 아닌 눈에 보이는 인간적인 지위인 안목의 정욕에 무너질 뻔한 것을 하나님의 섭리로 극복하였다. 마지막은 왕족이 아닌 한 사람이 올라갈 수 있는 최고의 지위인 애굽의 총리가 되었을 때 이생의 자랑을 물리치고 하나님의 영의 인도를 따라 오직 하나님의 뜻만을 이루어 내는 사명의 길을 통해 마침내 하나님 나라의 총리로서의 역할을 완수해 낼 수 있는 것이다. 우리는 한 순간에 애굽의 총리가 되어 호령하는 것을 꿈꾸지만 하나님 나라는 결코 그렇게 이루어지는 것이 아니다. 하나님과 함께 작은 일도 무시하지 않고 전심을 다하며 은밀하게 다가오는 유혹도 철저히 차단하고 이기는 삶을 살아가는 것부터 시작인 것이다.

이렇게 요셉이 최선을 다해 하나님께서 맡기신 일을 이루어 나갔기에 하나님은 단 한 번도 요셉에게 나타나셔서 간섭하시는 법이 없으셨다. 흡사 보디발, 감옥의 간수장 그리고 바로 왕이 한 것처럼 맡겨놓고 전혀 간섭할 필요가 없으셨던 것이다. 이렇게 한 가정(보디발의 집)의 작은 일부터 시작하여 한 단체로(왕의 감옥), 한 나라로 확장되었던 요셉의 임무가(애굽) 이제 세계라는 큰 범위를 포괄하며 하나님 나라를 세우는 것이 되었다. 그리고 요셉이 세계를 구하는 역사 속에서 그와 형제들 사이의 관계가 회복되는 드라마가 펼쳐지고 있다는 것은 하나님의 백성의 회복을 통해 이루어야 할 사명이 무엇인가를 지시하고 있는 것이다. 바로 세상 모든 민족이 하나님의 백성을 통하여 구원을 얻는 복을 누리는 결론인 것이다. 요셉의 옷은 결코 자신의 주권에 의해 바뀐 적이 단 한 번도 없다. 이와 같이 하나님의 인도하심에 자신의 전 생애를 다 내어드리는 삶을 통해 인간의 제국이 아니라 하나님 나라가 이 땅에 서는 것이다.

6) 세상을 대체하는 하나님의 백성(창 46:1-27)

하나님의 사람 요셉이 있는 곳은 세상이 다 기근으로 타들어가도 하나님의 깊으신 뜻을 깨닫고 그것을 지혜롭게 준비함으로 세상을 살릴 수 있다. 사람뿐만 아니라 짐승까지도 그로 인해 생명을 영위할 수 있다. 하나님의 백성은 바로 이런 사람들이다. 우리가 세상에 의존해 사는 자들이 아니라, 세상이 우리에게 의존해 사는 그런 존재이다. 이 사람이 바로 하나님의 형상을 회복한 사람이며, 결국은 이 땅을 바르게 다스려 나갈 가장 이상적인 인간상임을 살펴볼 수 있다. 이러한 이상을 품고 탄생된 하나님의 백성이 거칠고 황폐한 세상 속으로 들어오고 있다. 야곱의 후손들이 요셉의 인도로 애굽으로 들어오고 있는 것이다. 이들로 인해서 세상이 어떻게 변화될 것인지를 기대해 볼 수 있으며, 그 미래가 바로 하나님의 백성이 걸어가야 할 길이며, 만들어야 할 세상인 것이다. 그렇다면 하나님께서는 애굽으로 들어오는 야곱의 후손들을 어떤 의도를 가지고 바라보실까에 대해 살펴볼 필요가 있다. 그것은 다음의 도표를 통해 창세기의 전반부에서 전 세계적인 홍수 후에 세상으로 퍼져나간 노아의 후손들의 족보와 그와 맞먹는 전 세계적인 기근의 때에 애굽으로 들어오는 야곱의 후손들의 족보를 비교해 보면 알 수 있다.

창세기의 전반부는 하나님을 향한 인간의 불순종과 형제 살해라는 거듭되는 악행으로 인해 사람들이 하나로 합쳐지지 못하고 서로 갈라져 시기, 반목, 살해를 되풀이 하는 저주의 굴레 속에서 살아간다. 그로 인해 온 인류가 다 파멸되는 고통의 순간을 맞이하는 아픔을 겪음에도 세상은 그 해결점을 찾지 못하고 절망으로 거듭 거듭 괴로워함을 볼 수 있다. 하지만 하나님께로 향한 절대적인 순종으로 거듭난 이스라엘 안에서 이러한 분열은 해결되고 요셉이 보여준 용서와 화해를 통해서 이스라엘 열두 지파가 하나로 연합하여 하나님의 뜻을 이 땅에 실현하는 민족으로 탄생한다.

실로 창세기는 이 이스라엘 민족의 형성과 탄생을 간절히 기다리며 이 민족이 이 세상 모든 문제들을 하나하나 해결해 주기를 소망하는 희망이 뭉쳐져 있다. 또한 하나님께 선택된 민족으로서의 책임에 대한 확신과 신념이 창세기 전체를 통해서 면면히 흘러가고 있음을 느낄 수 있다. 그러므로 창세기는 이스라엘 민족이 자신들의 존재의 의미와 목적을 하나님 앞에서와 그리고 세상 모든 족속들 앞에서 선포하는 것이며, 그 책임을 계속해서 일깨우고 확인하는 메시지를 담고 있다.

창세기의 전반부에서는 노아의 후손들인 셈과 함과 야벳의 70명의 자손들을 통해 세상의 모든 종족들이 퍼져 나가며, 각기 다른 족속과 언어와 지방과 나라대로 나뉘어 진다. 즉, 노아의 70명의 후손을 통해서 세계

창세기 10장	창세기 46:8-27
1 노아의 아들 셈과 함과 야벳의 족보는 이러하니라 홍수 후에 그들이 아들들을 낳았으니 2 **(야벳의 아들)**은 **고멜**과 **마곡**과 **마대**와 **야완**과 **두발**과 **메섹**과 **디라스**요 3 고멜의 아들은 **아스그나스**와 **리밧**과 **도갈마**요 4 야완의 아들은 **엘리사**와 **달시스**와 **깃딤**과 **도다님**이라 5 이들로부터 여러 나라 백성으로 나뉘어서 각기 언어와 종족과 나라대로 바닷가의 땅에 머물렀더라 --------------------------------- **(14명)** 6 **(함의 아들)**은 **구스**와 **미스라임**과 **붓**과 **가나안**이요 7 구스의 아들은 **스바**와 **하윌라**와 **삽다**와 **라아마**와 **삽드가**요 라아마의 아들은 **스바**와 **드단**이며 8 구스가 또 **니므롯**을 낳았으니 그는 세상에 첫 용사라 9 그가 여호와 앞에서 용감한 사냥꾼이 되었으므로 속담에 이르기를 아무는 여호와 앞에 니므롯 같이 용감한 사냥꾼이로다 하더라 10 그의 나라는 <u>시날 땅</u>의 바벨과 에렉과 <u>악갓</u>과 갈레에서 시작되었으며 11 그가 그 땅에서 <u>앗수르</u>로 나아가 <u>니느웨</u>와 르호보딤과 갈라와 12 및 <u>니느웨</u>와 갈라 사이의 <u>레센</u>을 건설하였으니 이는 큰 성읍이라 13 미스라임은 **루딤**과 **아나밈**과 **르하빔**과 **납두힘**과 14 **바드루심**과 **가슬루힘**과 **갑도림**을 낳았더라(가슬루힘에게서 <u>블레셋</u>이 나왔더라) 15 가나안은 장자 **시돈**과 **헷**을 낳고 16 또 **여부스** 족속과 **아모리** 족속과 **기르가스** 족속과 17 **히위** 족속과 **알가** 족속과 **신** 족속과 18 **아르왓** 족속과 **스말** 족속과 **하맛** 족속을 낳았더니 이후로 가나안 자손의 족속이 흩어져 나아갔더라 19 가나안의 경계는 <u>시돈</u>에서부터 <u>그랄</u>을 지나 <u>가사</u>까지와 <u>소돔</u>과 <u>고모라</u>와 <u>아드마</u>와 <u>스보임</u>을 지나 <u>라사</u>까지였더라 20 이들은 함의 자손이라 각기 족속과 언어와 지방과 나라대로였더라 --------------------------------- **(30명)** 21 셈은 에벨 온 자손의 조상이요 야벳의 형이라 그에게도 자녀가 출생하였으니 22 **(셈의 아들)**은 **엘람**과 **앗수르**와 **아르박삿**과 **룻**과 **아람**이요 23 아람의 아들은 **우스**와 **훌**과 **게델**과 **마스**며 24 아르박삿은 **셀라**를 낳고 셀라는 **에벨**을 낳았으며 25 에벨은 두 아들을 낳고 하나의 이름을 **벨렉**이라 하였으니 그 때에 세상이 나뉘었음이요 벨렉의 아우의 이름은 **욕단**이며 26 욕단은 **알모닷**과 **셀렙**과 **하살마웻**과 **예라**와 27 **하도람**과 **우살**과 **디글라**와 28 **오발**과 **아비마엘**과 **스바**와 29 **오빌**과 **하윌라**와 **요밥**을 낳았으니 이들은 다 욕단의 아들이며 30 그들이 거주하는 곳은 <u>메사</u>에서부터 <u>스발</u>로 가는 길의 동쪽 산이었더라 31 이들은 셈의 자손이니 그 족속과 언어와 지방과 나라대로였더라 32 이들은 그 백성들의 족보에 따르면 노아 자손의 족속들이요 홍수 후에 이들에게서 그 땅의 백성들이 나뉘었더라 --------------------------------- **(26명)**	8 애굽에 내려간 **이스라엘** 가족의 이름은 이러하니라 야곱과 그의 아들들 곧 야곱의 맏아들 르우벤과 9 르우벤의 아들 하녹과 발루와 헤스론과 갈미요 10 시므온의 아들은 여무엘과 야민과 오핫과 야긴과 스할과 가나안 여인의 아들 사울이요 11 레위의 아들은 게르손과 그핫과 므라리요 12 유다의 아들 곧 엘과 오난과 셀라와 베레스와 세라니 엘과 오난은 가나안 땅에서 죽었고 베레스의 아들은 헤스론과 하물이요 13 잇사갈의 아들은 돌라와 부와와 욥과 시므론이요 14 스불론의 아들은 세렛과 엘론과 얄르엘이니 15 이들은 레아가 밧단 아람에서 야곱에게 난 자손들이라 그 딸 디나를 합하여 남자와 여자가 **삼십삼 명**이며 16 갓의 아들은 시본과 학기와 수니와 에스본과 에리와 아로디와 아렐리요 17 아셀의 아들은 임나와 이스와와 이스위와 브리아와 그들의 누이 세라며 또 브리아의 아들은 헤벨과 말기엘이니 18 이들은 라반이 그의 딸 레아에게 준 실바가 야곱에게 낳은 자손들이니 모두 **십육 명**이라 19 야곱의 아내 라헬의 아들 곧 요셉과 베냐민이요 20 애굽 땅에서 온의 제사장 보디베라의 딸 아스낫이 요셉에게 낳은 므낫세와 에브라임이요 21 베냐민의 아들 곧 벨라와 베겔과 아스벨과 게라와 나아만과 에히와 로스와 뭅빔과 빔과 아릇이니 22 이들은 라헬이 야곱에게 낳은 자손들이니 모두 **십사 명**이요 23 단의 아들 후심이요 24 납달리의 아들 곧 야스엘과 구니와 예셀과 실렘이라 25 이들은 라반이 그의 딸 라헬에게 준 빌하가 야곱에게 낳은 자손들이니 모두 **칠 명**이라 26 야곱과 함께 애굽에 들어간 자는 야곱의 며느리들을 외에 육십육 명이니 이는 다 야곱의 몸에서 태어난 자이며 27 애굽에서 요셉이 낳은 아들은 두 명이니 야곱의 집 사람으로 애굽에 이른 자가 **모두 칠십 명이었더라**
총계 70 민족	**총계 70 명**

가 퍼져나가는 것이다. 그러나 완전한 숫자만큼의 민족이 퍼져나감에도 세상이 안고 있는 문제는 결코 해소된 적이 없다. 이제 아브라함의 철저한 순종과 이삭이 누린 회복된 축복을 이어받고, 하나님에 의해 이름이 야곱에서 이스라엘로 바뀐 변화의 정신을 따르며, 요셉과 형제들이 보여준 용서와 화해를 통해 연합을 이루어낸 사람들이 70명의 공동체를 이루어 세상 속으로 들어온다. [227] 이는 드디어 하나님께서 세상을 바르게 이끌고 나갈 70명을 얻었다는 것을 의미한다. 세계를 상징하는 창세기 10장에 나타난 노아의 후손인 70개의 민족을 이제 마침내 하나님의 백성 이스라엘 70명이 대체하는 것이다. 이로써 70명으로 구성된 이스라엘은 세계의 축소형 (microcosm)이 되는 것이다. [228] 이것은 모든 피조물들이 관계의 파괴로 인하여 탄식하며 함께 고통을 겪고 있는 세상을 향해 하나님과 사람 그리고 사람과 사람 사이의 관계회복을 이루어낸 하나님의 백성이 이루어야 할 소명을 뜻한다. 즉 피조물들이 고대하는 하나님의 아들들이 세상의 민족들을 대체하는 것을 의미하는 것이다(롬 8:18-22).

이제 축소형인 70명의 야곱의 후손들이 생육하고, 번성하여, 땅을 가득 채울 날을 고대하고 있다. 요셉 한 명이 존재했기에 애굽은 물론이요, 그 당시의 주변 전 지역들이 사람은 물론이요, 동물들까지 생명을 영위할 수 있었다. 그렇다면 미래에 땅을 가득 채운 하나님의 백성에 의해서 이 세상에 어떤 일이 벌어질 것인가를 기대해 보라는 것이다. 이들을 통해 이루어질 그 하나님 나라, 그것이 바로 하나님의 소망임을 느껴볼 수 있다. 70명이 바알에게 무릎 꿇지 아니한 7천명으로 확장되고(왕상 19:18), 다시 영적전쟁을 치를 70만이 되고, 마침내 현존하는 모든 70억으로 그 결론에 이를 날을 고대해 볼 수 있다. 그 시작은 우리가 서 있는 곳부터이며, 회복의 위력이 축복이 되어 다스리는 세상이다.

VII
하나님의 백성의 탄생(이스라엘)
이야기(창 46:28-50:26)

용서와 화해 그리고 연합은 시작이지 끝이 아니다. 요셉이 주인 공이 되어서 펼쳤던 이러한 화해의 무대는 성공리에 마쳐졌다. 이제 화해를 통해 연합을 이루어냈으니 하나님께서 뜻하셨던 창세기의 마지막 단계를 향할 때가 되었다. 창세기 47:27절은 그 방향을 정확하게 지적하고 있다. "이스라엘이 애굽 땅에서 생육하고 번성하였다"라는 것이다. 창세기의 전반부에 있었던, 하나님을 향한 반역과 형제살해 음모는 분열을 조장하고 결국 생육하고 번성하여 땅을 가득 채우는 충만함을 이루는데 가장 큰 걸림돌이 되었다. 그러나 그 걸림돌을 제거할 수 있는 길을 성취한 지금 요셉 이야기는 연합된 신앙공동체인 이스라엘에게 그 자리를 내주며 마지막 완성을 향한다. 이제 바야흐로 야곱의 열두 아들들이 하나로 뭉쳐서 이루어진 위력적인 하나님 나라 이스라엘이 탄생하는 것이다.

　　　인간의 불순종으로 하나님과의 관계가 부서지고, 연이어서 사람과의 관계가 파괴되었다. 세상은 인간이 안전하게 거할 수 없을 만큼 거칠고 황폐해졌다. 이 두 번의 죄악은 인간이 바탕으로 살아가야 할 땅까지도 저주받는 결과를 낳았고, 인간의 삶은 수고와 노동으로 가득 찬다. 하나님의 피조세계는 이렇게 하나로 연결되어 동일한 운명공동체임을 보인다. '인간-동물-땅'이 인간과 하나님과의 관계 여하에 따라 다른 운명을 겪어야만 한다는 것은 하나님께서 인간에게 주신 지고의 책임이 무엇인가를 느끼게 해준다. 아담과 하와의 불순종으로 세상과 인간의 삶은 저주 가운데 빠지고 말았다. 인간과 자연세계가 터 잡고 살아가는 땅도 결코 예외가 아니다. 가인의 형제살해는 무고한 피를 땅에 흘림으로 땅이 더 이상 소출을 내지 못하는 단계로까지 가게 만든다. 노아에게 하나님께서는 모든 창조질서를 회복시켜주신 다음에 사람의 피이건, 짐승의 피이건 무죄한 피를 땅에 쏟지 말 것을 강조하신다(창 9:1-7).

　　　모든 피는 하나님께 돌려 드려야 한다는 명령은 피에 대한 신비스럽고, 마술적이며, 미신적인 생각보다는 피조세계의 존엄성에 깊이 뿌리를 둔 것이다. 특히 하나님의 형상으로 지음 받은 존재인 인간에 대한 '생명의 존엄성'이 들어 있다. 모든 피를 하나님께 돌려 드려야 한다는 것은 어떠한 사람도 다른 사람의 피를 무가치하게 흘릴 수 없다는 강력한 선언이며, 경고인 것이다. 그것은 짐승의 피에도 적용됨으로 의미 없는 살육을 막고 있다. 인간이 생존을 위한 것이 아닌, 즐기기 위한 놀이나 스포츠로서의 사냥은 그런 점에서 엄격하게 금지되고 있는 것이다. 하나님께 돌려 드리지 않은 피, 땅에 무의미하게 흘러내린 피는 땅을 저주로 오염시킨다. 이것은 피가 땅을 오염시킨다는 환경적 재앙을 의미하기 보다는 생명의 존엄성이 사라진 세상의 황폐함과 그 세상이 종국적으로 다다를 결과가 바로 저주스런 세상이라는 점을 의미하는 것이다(호 4:1-3).

　　이런 인간의 죄악이 만연해 있던 세상이 바로 창세기 1-11장에 나타나는 세상이다. 창세기 1-11장은 인간 세상이 안고 있는 모든 문제들을 있는 그대로 폭로한다. 말 그대로 인간이 포장하여 가리고 있는 죄악 된 치부의 실체를 하나님의 눈으로 드러내는 것이다. 실상을 드러내는 것은 비난하기 위한 것이 아니라, 치유를 위한 것이다. 이곳에는 하나님처럼 되려는 인간의 교만, 불순종, 형제살해, 그에 버금가는 다른 이의 안녕에 대한 무관심, 권력욕, 명예욕, 세상의 향락 등 인간이 저지르고 있는 악행들이 단순화된 이야기 형태로 신랄하게 드러나고 있다. 그러나 이러한 세상은 하나님의 계획 속에는 결코 끼어들 틈조차 없었다는 사실이 우리가 주지해야 할 사항이다. 그에 반해 아브라함부터 요셉까지의 삶의 모습 속에는 회복해야 할 실체가 주어져 있다. 이것이 하나님의 백성들이 나아가야 할 길이며 사명인 것이다. 하나님의 백성에게 아브라함부터 믿음의 조상이라는 칭호가 들어간다면, 하나님의 백성은 아브라함의 믿음을 이어받아, 이삭이 누렸던 축복을 누리며, 야곱의 변화를 경험함으로 이스라엘로 거듭나고, 종국에는 형제들의 대표격인 유다와 요셉이 만나 용서와 화해를 이루어 하나로 연합되어야 할 사람들인 것이다. 이들을 통해 창세기 1-11장의 세상이 안고 있던 문제들이 온전하게 해결되는 길이 열리는 것이다.

　　하나님과의 관계가 회복되고, 저주가 아닌 축복이 회복되며, 땅도 저주에서 풀려나서 하나님의 백성은 그 축복을 그대로 누리며 살아갈 수 있다. 비록 땅을 황폐하게 하는 동일한 기근이 온 세상을 뒤덮을지라도 하나님의 사람이 서 있는 곳은 형제 사이가 회복되고, 짐승들까지도 생명을 얻을 수 있는 회복이 일어난다. 하나님께서 우리에게 보여주시는 것은 땅의 황폐나, 가뭄, 더 이상 땅이 소출을 내지 않는 상황이 올지라도, 그리고 도저히 견딜 수 없어 유리하며 방랑할 수밖에 없는 삶일지라도 하나님의 사람이 서 있는 한 염려할 것이 없다는 것이다. 하나님의 백성은 그 어떠한 환경 속에서도 능히 살아갈 수 있는 하늘의 축복이 함께하는 사람이요, 그 축복을 올바르게 다룰 줄 아는 지혜로운 사람들이기 때문이다. 이제 애굽을 비롯하여 전 세계적인 대 기근의 현장 속에서 회복된 이스라엘은 무엇을 바라보아야 하며, 무엇을 해야 할 것인가를 살펴볼 차례이다. 회복은 끝이 아니라, 새로운 시작이기 때문이다.

1. 이야기 전체를 한눈에 읽기

이야기 전개라는 측면에서 살펴볼 때 창세기 46:8-27절에 나타난 애굽으로 내려간 야곱의 70명의 후손들의 명단은 이야기의 전체적인 흐름을 끊고 있는 듯이 보인다. 야곱이 그 자손들과 함께 애굽으로 내려갔다는 말은 야곱이 유다를 요셉에게 미리 보내어 고센으로 자신을 인도하게 하여 그 곳에 도착하는 것으로 잘 연결되기 때문이다.[229]

> 이와 같이 야곱이 그 아들들과 손자들과 딸들과 손녀들 곧 그의 모든 자손을 데리고 애굽으로 갔더라(창 46:7)

> | 야곱의 후손 족보(창 46:8-27) |
> | --- |

> 야곱이 유다를 요셉에게 미리 보내어 자기를 고센으로 인도하게 하고 다 고센 땅에 이르니(창 46:28)

그러나 이야기의 흐름에서 끼어든 것 같은 위치가 오히려 하나의 경계선을 제공해 주는 요소가 된다. 그 경계에 야곱의 후손들의 족보가 등장하며, "야곱의 족보는 이러하니라"(창 37:2)가 마감되고, 이제 후손들의 이야기가 본격적으로 펼쳐질 준비가 이루어진 것이다. 그리고 그것을 입증하듯이 가나안에 모든 기반을 두었던 야곱의 가족들이 이 족보를 분기점으로 애굽으로 무게중심이 완전히 옮겨진다(창 46:28절 이후). 이제 애굽이 야곱 가족에게 생활의 주 무대가 되는 것이다.

야곱이 도착했을 때 요셉은 고센으로 올라와 아버지를 영접하고, 목을 어긋 맞춰 안고 눈물을 흘리며 재회의 감격을 나눈다. 그리고 아버지와 형제들에게 바로와의 대면에서 어떻게 응답하여야 할 것인가에 대한 방법을 가르치며, 고센 땅에 머무르며 목축을 할 수 있는 길을 준비한다(창 46:28-34). 요셉이 먼저 바로를 알현하여 가족들이 도착했음을 알리고, 고센 땅에 머무를 수 있도록 허락해 줄 것을 요청한다. 바로는 이 청을 받아들이고, 요셉의 가족들에게 자신의 가축까지도 맡기라고 명한다. 그 뒤를 이어 야곱이 바로를 알현하고, 바로는 더 구체적으로 애굽의 좋은 땅 라암셋을 주어 소유로 삼게 한다(창 47:11). 이 장소는 출애굽기에 다시 출현하며, 이스라엘이 땅 소유주로서가 아니라, 노예로서 고역의 노동을 하는 장소가 되는 곳으로 유명하다(출 1:11). 요셉은 바로의 명령대로 라암셋을 가족들의 소유지로 주고, 아버지와 형제들을 비롯한 온 집안 식구들에게 먹을 것을 제공하여 봉양한다(창 47:11-12). 이렇게 야곱과 그 자손들의 삶이 안정국면에 접어들자 갑작스럽게 이야기의 주제가 뒤바뀐다.

야곱의 가족들이 안전하게 애굽에 정착하자마자 창세기 47:13-26절은 야곱 가족의 이야기에서 애굽 본토인들의 이야기로 급선회한다. 그러나 이는 애굽인에게 초점이 맞추려는 목적이 아니라, 요셉을 통해 세상을 향한 이스라엘의 소명을 강조하는 목적이 있다. 세계적인 기근이 점점 더 심해지고, 애굽은 물론 가나안 땅까지 기근으로 황폐화된다. 이러한 심각성으로 인해 애굽인의 운명이 점점 심각하게 급락하게 된다. 처음에는 식량을 사기 위해 돈을 다 소모하고, 그 다음은 짐승들과 바꾸고, 그 다음 해에는 자신들의 몸과 토지를 바로에게 넘긴다. 결국 애굽인 전체는 마침내 바로의 종의 위치가 되고, 모든 토지는 바로의 소유가 되었다. 그리고 요셉에 의해서 백성들이 애굽 이 끝에서 저 끝까지 옮겨지는 대대적인 토지개혁이 일어나고, 이 개혁의 일환으로 수확의 '오분의 일'(1/5)만을 바로에게 바치는 그 당시로 봐서는 상당히 파격적이고, 공의로운 토지법을 세운다. 그 당시 근동지역에서는 소작인이 토지 주인에게 최소한 2/3의 수입을 바치는 것이 관례였다. 그리고 아무리 너그럽다 하더라도 근동에서 일반적인 토지법은 최소한 수확의 '삼분의 일'(1/3)을 세금으로 바쳐야 했다. 이러한 관행에 비하면 요셉의 토지세는 현저하게 낮은 편이란 점에서 애굽인들은 요셉에게 감사하며, 기꺼이 바로의 종이 되려한다(창 47:25). 이러한 사실은 2013년부터 피폐한 경제상황에서 탈피하기 위해 새 농업개혁 정책을 추진하는 북한의 계획과 비교해 보아도 요셉의 토지개혁의 장점이 부각된다. 북한은 공동생산, 공동분배라는 사회주의식 농업 시스템을 탈피해 가족이나, 개인 책임생산 심지어는 잉여생산물 자유처분이라는 시스템을 도입하여 자본주의식 경제체제를 모방한 정책을 추진하려한다. 그리고 그 조건으로 농업 생산물은 국가와 농민이 7대 3의 비율로 나눈다는 것이다. 국가가 70%를 세금으로 걷어 들이고, 농민이 30%를 갖는다는 것이다. 북한 당국은 나라 형편이 나아지면 세금을 50%로 줄일 것이라는 선전 또한 하고 있다.[230] 그러나 요셉이 생산물의 20%만 세금으로 받고, 농민이 80%를 갖는 것에 비하면 여전히 강탈이나 마찬가지인 셈이다.

그런데 이 애굽인들의 상황이 이스라엘의 반전된 여건을 나타내는 구절들 가운데 위치하고 있다는 점에서 분명 두 민족들의 처지가 뒤바뀐 불편한 진실을 은연중 드러내고 있다고 할 수 있다.

요셉이 바로의 명령대로 그의 아버지와 그의 형들에게 거주할 곳을 주되 애굽의 좋은 땅 라암셋을 그들에게 주어 소유를 삼게 하고 또 그의 아버지와 그의 형들과 그의 아버지의 온 집에 그 식구를 따라 먹을 것을 주어 봉양하였더라(창 47:11-12)

애굽인들의 상황(창 47:13-26)

이스라엘 족속이 애굽 고센 땅에 거주하며 거기서 생업을 얻어 생육하고 번성하였더라(창 47:27)

이스라엘은 소유지를 얻고, 먹을 것이 공급되며, 생육하고 번성하는 가운데 애굽인들은 돈도, 가축도, 토지도 그리고 자신들의 몸까지도 바로의 종으로 넘긴다. 이 속에는 미래의 애굽의 바로 왕이 이스라엘을 종으로 부리려 할 때 누가 애굽에서 종의 신분이었는가, 이스라엘 백성인가, 애굽인들인가라는 질문에 응답할 수 있는 내용 또한 내포하고 있다. 물론 그 대답은 애굽인들이 실제로 종이었다는 것이다. 그에 반해 이스라엘은 애굽의 제사장들과 같은 자유와 신성한 지위를 누렸다는 점을 강조한다. 애굽인들의 이야기에서 오직 예외적인 존재들이 애굽의 제사장들로 이들은 자신들의 토지를 지킬 수 있었고, 자신들의 몸을 종으로 바로에게 넘길 필요가 없었다. 왜냐하면 제사장들은 바로가 주는 녹을 먹으므로 바로로부터 식량이 공급되었기 때문이었다(창 47:22-23). 이를 통해 이스라엘은 이미 애굽에서부터 하나님의 섭리에 의해 제사장으로서의 대우를 받으며, 하나님 나라의 제사장으로서의 역할을 할 미래를 준비하고 있었다고 할 수 있다. 하나님은 이렇게 이스라엘의 역할에 맞추어 이들을 이방 땅에서도 예우하셨던 것이다. 이스라엘은 미래에 시내 산에서 하나님으로부터 그 역할로의 사명을 부여받을 것이다: "세계가 다 내게 속하였나니 너희가 내 말을 잘 듣고 내 언약을 지키

면 너희는 모든 민족 중에서 내 소유가 되겠고 너희가 내게 대하여 제사장
(כֹהֲנִים 코하님/제사장들) 나라가 되며 거룩한 백성이 되리라"(출 19:5-6).

그렇다고 이 토지법이 이스라엘과 애굽의 지위의 고하를 비교하기 위한 의도를 가진 것으로 보는 것은 잘못이다. 오히려 이 속에는 이스라엘의 제사장으로서의 책임을 강조하기 위한 의도가 들어있는 것이다. 애굽인 전체가 땅을 바로의 국고로 돌리고, 모두가 거류민이요 소작하는 자로서 살아간다는 것은 빈부의 격차를 벗어나 평등의 공동체를 이룰 수 있는 출발선이 된다. 요셉은 그런 세상을 애굽에서 실현하고 있는 것이다. 그리고 요셉이 애굽 땅 이 끝에서 저 끝까지의 백성들을 성읍들에 옮겼다는 것은 새롭게 애굽 땅 분배가 공평하게 이루어졌다는 것을 보여준다(창 47:21). 요셉과 같은 하나님의 사람이 존재할 때 애굽의 바로 왕 밑에서도 이 일이 가능했다면 전능하신 하나님 밑에서는 더욱 쉬운 일이 될 것이다. 이스라엘이 이루어야 할 세상이 바로 이와 같은 토지는 모두 하나님의 것이며, 사람들은 모두 거류민이요 동거하는 자로서 하나님과 함께 살아가는 토지의 사유화가 존재하지 않는 평등과 평화의 세상이다(레 25:23). 이러한 삶이 바로 제사장 나라요 거룩한 백성으로서 이스라엘이 약속의 땅에서뿐만 아니라, 세상 모든 나라에 실현해 나가야 할 삶의 방식인 것이다.

이렇게 애굽인들의 절박한 상황 속에서 이스라엘의 소명이 무엇인가를 제시한 후에 사건의 모든 초점은 야곱에게 모아진다. 야곱이 나이가 많아 늙어서 죽음이 눈앞에 와 있다. 그로 인해 야곱은 자식들에게 있는 힘을 다 모아 유언의 말을 쏟아 붇는다. 야곱이 유언을 하는 내용 또한 동일한 구조를 보이는데 야곱의 죽음에 대한 예고(창 47:28-31)와 실제적인 죽음을 보도하는 내용(창 49:29-33) 사이에 이스라엘 열두 지파를 차례로 축복하는 내용이 자리 잡고 있다.

야곱의 임박한 죽음을 예고하며 요셉을 불러서 맹세시킴(창 47:28-31)

  * 애굽에 장사하지 말고 베어다가 조상의 묘지에 장사할 것

므낫세와 에브라임(창 48장), **이스라엘 열두 지파의 축복**(창 49:1-28)

---

  * 애굽에 장사하지 말고 베어다가 조상의 묘지인 막벨라 굴에 장사할 것
   야곱이 죽음 직전에 열두 아들들에게 명령하고 죽음(창 49:29-33)

야곱의 임박한 죽음 예고에서도, 그의 죽음을 보도하는 내용에서도 동일하게 등장하는 것은 장사되는 장소에 대한 집중적인 관심이다. 야곱은 결코 애굽에 장사되는 것을 원치 않으며, 반드시 가나안 땅 조상들의 묘지에 장사할 것을 맹세시킨다. 이것은 단순히 야곱의 소망을 피력하는 차원이 아니라, 하나님의 백성이 가져야 할 당연한 소망이요, 이념이 되어야 함을 강조한 것이다. 이러한 가나안 땅에 대한 간절한 염원을 그 테두리로 하고 그 중심에 이스라엘 열두 지파에 대한 축복이 그 자리를 차지하고 있다는 것은 이스라엘의 궁극적인 삶의 자리가 어디인지를 제시하려는 목적이 있다.[231]

　　이러한 축복을 뒤로하고 마침내 야곱이 그 생을 마감하게 되고, 거대한 장례행렬이 그의 바람대로 가나안 땅으로 향한다(창 50:1-14). 야곱이 막벨라 굴에 장사되고 난 뒤 두려움에 사로잡힌 사람들이 있다. 바로 요셉의 형제들이다. 아버지 야곱이 살아 있을 때에는 아버지의 낯을 보아서 자신들을 용서하는 척하며 복수극을 펼치진 않았지만 이제 아버지가 죽은 마당에 요셉이 더 이상 자신들에게 우호적일 이유가 없다는 결론에 이른 것이다(창 50:15). 형제들은 이렇게 늘 마음속에 자신들이 저지른 일에 대한 죄책으로 두려움 가운데 거하고 있었다는 것을 느껴볼 수 있다. 형제들은 요셉에게 사절을 보내어 다시 한 번 간곡하게 용서를 구하고, 그도 모자라 자신들이 직접 요셉에게 가서 엎드려 종임을 자처하고 살려줄 것을

간청한다(창 50:16-18). 요셉은 형들의 말을 듣고 눈물을 흘리며, 그들을 간곡한 말로 위로하며 두려워하지 말 것과 그들과 그들의 자녀들을 끝까지 보살피겠다고 약속한다(창 50:21). 이렇게 요셉과 형제들의 이야기는 마지막 순간까지 용서와 화해가 든든하게 결속된 연합을 이룬다.

　　　그리고 마지막으로 창세기는 요셉의 죽음을 보도하며 그 대단원의 막을 내린다. 요셉은 죽음의 순간에 연합된 이스라엘이 나아가야 할 미래를 활짝 열어놓고 그 생을 마감한다. 바로 하나님께서 애굽에서 이들을 구원하여 아브라함과 이삭과 야곱에게 맹세하신 땅으로 인도하실 것이라는 사실을 천명한 것이다(창 50:24). 여기서 애굽으로부터의 구원이라는 실제적인 수혜자는 분명 요셉의 발치에 앉아서 그의 예언을 듣는 사람들이 아닐 것이다. 애굽의 종살이가 끝나는 시점에 살았던 사람들이 일차적인 수혜자가 될 것이며 그리고 어느 누구든지 창세기의 이 글을 읽는 사람들은 그 예언의 수혜자가 될 자격이 있는 사람들이 된다. 요셉은 이렇게 미래를 예고하며 애굽에서 가나안으로 갈 때에 반드시 자신의 뼈를 메고 올라가서 가나안 땅에 장사할 것을 맹세시킨다. 야곱이 죽음에 직면하여 맹세시킨 것과 차이점이 있다면 야곱은 당장에 가나안에 장사할 것을 맹세시켰다면, 요셉은 이스라엘이 하나님의 손길에 의해 애굽에서 가나안으로 향할 때 뼈를 메고 올라가라는 것이다(창 50:25).

　　　창세기 50장에 나타난 마지막 이야기들 또한 지금까지 보았던 동일한 샌드위치식 구성을 가진 형태를 보이며, 두 죽음과 장례가 테두리를 이루고 그 가운데 요셉이 형제들과 가족들을 계속해서 돌보는 연합의 이야기가 위치하는 구조를 가지고 있다.

야곱의 장례식 (애굽에서 가나안으로) (창 50:1-14)

요셉이 형제들을 계속 돌보는 연합의 지속(창 50:15-21)

요셉의 장례식 (애굽에서 입관하고, 미래에 뼈는 가나안으로) (창 50:22-26)

현재 가나안으로 향하는 죽음과 미래에 가나안으로 향하는 죽음을 테두리로 하고 요셉이 형제들을 끝까지 돌보는 내용이 중심을 차지하고 있다. 그 의미는 무엇인가? 요셉의 돌보는 사명이 완수되지 못하고, 복수로 치닫게 되면 결코 이스라엘은 가나안이라는 본향을 향하여 현재이든, 미래이든 갈 수가 없다는 것이다. 즉, 하나님의 백성의 분열은 약속의 땅을 향한 걸음에 지장을 초래한다는 것이다. 하나님의 뜻을 받들어 끝까지 그 책임을 다하는 삶 속에 민족의 연합이 있고, 생육하고, 번성하는 길이 열린다는 것이다. 야곱은 가나안에서 이스라엘을 기다릴 것이며, 요셉은 애굽에서 이스라엘의 연합의 상징으로 그들과 그 성장을 함께 할 것이다. 그리고 애굽에서 하나님의 계획이 완성된 날 이스라엘 백성들과 함께 가나안 땅으로의 여정에 동참할 것이다. 요셉의 뼈가 가나안 땅에 안착하는 그 날 이스라엘은 '생육하고, 번성하며, 땅에 충만하여, 땅을 정복하는 것'이 끝이 나고(창세기 1:28절에서 여호수아 24:32절까지) 드디어 사명의 완성인 '모든 것을 다스리는 삶'이 시작될 것이다(사사기 이후).

2. 이야기의 문학적 구조 따라 읽기

'하나님의 백성의 탄생(이스라엘) 이야기'(창 46:28-50:26)는 야곱의 후손 모두가 애굽 땅에 도착하여 벌이는 사건들로 가득하다. 이전 이야기가 '요셉 이야기'(창 37:1-46:27)라는 제목을 가지며, 주인공으로서의 요셉만이 애굽에 거주하며 그의 활약이 내용의 주류를 이루고 있었다면, 창세기의 끝에서는 요셉도 단지 한 부분만을 차지하는 12지파의 이야기로 확장된다.[232] 관심의 초점이 넓혀지고 있는 것이다. 장소라는 면에서도 지금까지는 가나안이나, 밧단아람, 혹은 가나안과 애굽을 번갈아 왕래하던 내용들이 주류를 이루고 있었다면 이 마지막 이야기에는 애굽 땅이 주 무대로 등장한다. 족장들의 이야기에서 아브라함, 이삭과 야곱의 이야기가 갈대아 우르든, 밧단아람이든 무게중심이 이방 땅에서 점점 가나안으로 옮겨지는 것을 보여주었다면, 창세기의 마지막 이야기는 가나안에서 애굽으로 무게중심이 옮겨지는 이야기이다. 그러나 애굽 땅이 주 무대로 등장함에도 불구하고 결코 애굽이 종착점이 아니라는 것만큼은 명백하다. 설사 무게중심이 애굽으로 옮겨졌다 할지라도 그 땅에 결코 뿌리내려서는 안 된다는 것이 강조되기 때문이다(창 47:29; 48:4; 50:25). 잠시 삶의 터전이 애굽으로 바뀌었을지라도 가나안 땅을 바라보는 시선만큼은 절대로 놓치지 말아야 한다는 것이다.

구조적으로 '하나님의 백성의 탄생(이스라엘) 이야기'(창 46:28-50:26)를 살펴볼 때 시작은 애굽에 도착하여 생활에 적응하며 생육하고 번성하는 장면으로 빠르게 진행된다(창 46:28-47:27). 그러나 마지막은 주검으로라도 애굽에서 벗어나야 한다는 이야기와 뼈가 되어서라도 빠져나와야 한다는 이야기로 마감한다(창 50장). 이처럼 시작과 끝은 하나의 반전을 만들고 있다. 이러한 반전의 중심에 이스라엘 열두 지파를 구성하는 인물들과 그들에 대한 축복의 말이 자리하고 있다(창 48-49장). 그리고 이 축복의 말들은 테두리가 분명하게 주어져 있는데 다름 아닌 '야곱의 임박한 죽음 예고'(창 47:28-31)와 '야곱의 실제 죽음'(창 49:29-33)이다. 결국 '하나님의 백성의 탄생(이스라엘) 이야기'의 핵심은 바로 이스라엘 열두 지파의 구성과 이들에 대한 축복의 말들인 것이다. 즉, 야곱이 살아서 애굽에 도착한 것으로 이야기가 시작하고, 마지막은 야곱이 죽어서 가나안으로 돌아가는 것으로 마감하며 이야기의 바깥 테두리를 형성한다. 그리고 그의 죽음 예고와 실제 죽음이 그 안쪽 테두리가 되고, 가장 중심에는 이스라엘 열두 지파의 구성과 축복이 자리 잡고 있다.

구조적으로 살펴볼 때 야곱의 죽음 예고와 그의 실제 죽음 사이를 갈라서 의도적으로 열두 지파의 구성과 축복의 말을 그 중심에 삽입하였다는 느낌을 지워버릴 수 없다. 그 증거는 창세기에서 다른 족장들이나, 인물들의 죽음 보도와 야곱의 죽음 보도를 비교해 보면 분명하게 드러난다.

아브라함	아브라함의 향년이 백칠십오 세라 그의 나이가 높고 늙어서 기운이 다하여(ויגוע 와이그와) 죽어 자기 열조(עמיו 암마이으)에게로 돌아가매 그의 아들들인 이삭과 이스마엘이 그를 마므레 앞 헷 족속 소할의 아들 에브론의 밭에 있는 막벨라 굴에 장사하였더라(창 25:7-9)
이스마엘	이스마엘은 향년이 백삼십칠 세에 기운이 다하여(ויגוע 와이그와) 죽어 자기 백성(עמיו 암마이으)에게로 돌아갔고(창 25:17)
이 삭	이삭이 나이가 백팔십 세라 이삭이 나이가 많고 늙어 기운이 다하매(ויגוע 와이그와) 죽어 자기 열조(עמיו 암마이으)에게로 돌아가니 그의 아들 에서와 야곱이 그를 장사하였더라(창 35:28-29)
야 곱	야곱이 애굽 땅에 십칠 년을 거주하였으니 그의 나이가 백사십칠 세라 이스라엘이 죽을 날이 가까우매 그의 아들 요셉을 불러 그에게 이르되(창 47:28-31) ------ **이스라엘 열두 지파의 구성과 축복(창 48:1-49:28)** ------ 그가 그들에게 명하여 이르되 내가 내 조상들에게로 돌아가리니 나를 헷 사람 에브론의 밭에 있는 굴에 우리 선조와 함께 장사하라…야곱이 아들에게 명하기를 마치고 그 발을 침상에 모으고 숨을 거두니 ויגוע 와이그와/기운이 다하여) 그의 백성(עמיו 암마이으)에게로 돌아갔더라(창 49:29-33)

일반적으로 죽음에 대한 보도는 먼저 살아온 연수인 나이를 말하는 것으로 시작하여, 늙고 '기운이 다하여'(וַיִּגְוַע 와이그와/숨을 거두니) '자기 열조/백성'(עַמָּיו 암마이으)에게로 돌아갔다는 언급으로 끝난다. 그리고 이 두 가지의 언급이 분리되지 않고 연결되어 종결에 이른다. 그러나 야곱의 죽음보도 만큼은 예외가 된다. 그의 향년 연수가 몇인지를 얘기하는 것과 '기운이 다하여'(숨을 거두니) 그의 백성에게 돌아갔다는 말이 거대한 공간을 두고 분리되어 있는 것이다. 이렇게 야곱의 죽음이야기를 분리하여 그 가운데 12지파의 구성과 그들에 대한 축복을 담은 이유는 무엇일까? 이 핵심적인 부분이 야곱의 죽음 이야기로 둘러싸여 있다는 것은 이스라엘이라는 이름으로 변화된 야곱이 12지파로 확장됨으로 하나님의 백성의 정신이 되고 있다는 것이다. 그 정신은 창세기 48-49장을 설명하는 곳에서 분명하게 제시될 것이다.

이상에서 거론된 내용을 토대로 하여 '하나님의 백성의 탄생(이스라엘) 이야기'의 구조를 분석해 보면 역시 또 하나의 교차대칭구조가 형성되어 있음을 살펴볼 수 있다.

A. 프롤로그: 애굽에 정착하여 적응함(창 46:28-47:27)

　　B. 야곱의 임박한 죽음예고와 매장지에 대한 지시(창 47:28-31)

　　　　C. 이스라엘 12지파의 구성과 야곱의 축복(창 48:1-49:28)

　　B'. 야곱의 매장지에 대한 지시와 야곱의 죽음(창 49:29-33)

A'. 에필로그: 약속의 땅 가나안을 향하여(창 50:1-26)

먼저 A와 A'의 프롤로그와 에필로그를 비교해 보면 분명한 평행들이 발견된다. 각각 네 단계로 나누어지며 각각의 단계는 서로 평행을 이루게 된다.

A. 프롤로그(창 46:28-47:27)	A'. 에필로그(창 50:1-26)
a. 요셉과 야곱의 만남(창 46:28-34)	a'. 요셉과 야곱의 사별(창 50:1-3)
b. 애굽 정착지를 위한 야곱과 그 아들들의 바로 왕 면담(창 47:1-12)	b'. 야곱의 장례를 위해 요셉이 바로 왕의 허락을 요청함(창 50:4-14)
c. 요셉이 애굽인들에게 식량을 제공하여 생존케 함(창 47:13-26)	c'. 요셉이 형제들에게 식량을 제공하여 생존케 할 것을 약속(창 50:15-21)
d. 이스라엘의 애굽에서의 생육과 번성 (창 47:27)	d'. 이스라엘의 애굽 탈출을 예고 (창 50:22-26)

a와 a'에서는 만남과 헤어짐을 다루고 있다. 양쪽에서 동일하게 얼굴을 구푸려서(נָפַל 나팔) 우는(בָּכָה 바카) 장면이 나타난다(창 46:29; 50:1). 하지만 그 감정에 있어서는 정 반대의 방향을 향한다. 첫 번째 것이 만남의 감격을 담은 통곡이라면, 두 번째 것은 죽음으로 인한 헤어짐의 슬픔을 담은 통곡인 것이다. b와 b'는 바로에게 땅을 놓고 부탁하는 이야기가 등장한다. b가 애굽에 도착한 야곱과 가족들이 거주할 장소를 바로가 제공하는 이야기라면, b'는 아버지 야곱의 장례를 치르기 위하여 가나안 땅에 다녀 올 것을 허락하기를 요청하는 것이다. 두 곳에서 다 바로의 허락으로 순조롭게 일이 진행된다. c와 c'는 각각 요셉이 애굽인을 돌보는 것과 자신의 형제들을 돌보는 이야기이다. c에서는 요셉이 애굽인들을 모두 바로의 종으로 삼으며 식량을 제공하고 있다면(창 47:19), c'에서는 아버지 야곱이 죽은 후에 요셉의 보복이 두려워 형제들이 요셉의 종이 되겠다고 하나, 요셉은 그들을 끝까지 잘 돌보겠다는 말로 그들을 안심시킨다(창 50:18, 20). 여기서 애굽인들은 종이 되나, 이스라엘 열두 지파는 결코 어느 누구에게도 종의 신분이 아니라는 강조가 나타난다. d와 d'는 이스라엘이 애굽의 고센 땅(אֶרֶץ 에레쯔; 창 47:27)에서 생업을 얻어 생육하고 번성하는 축복을 누릴지라도 그 곳은 결코 이스라엘이 영원히 머물 장소가 아니며, 결국

은 하나님께서 아브라함과 이삭과 야곱에게 맹세하신 땅(אֶרֶץ 에레쯔; 창 50:24)으로 돌아가야만 한다는 이념으로 마무리된다. 땅은 땅이로되 하나님의 백성이 축복을 누리며, 바른 다스림을 실현해야 할 장소는 먼저 '하나님께서 조상들에게 맹세하신 땅'이어야 한다.

B와 B'는 야곱이 죽음을 앞두고 자신을 장사지낼 장소에 대하여 맹세시키는 내용들이다. B는 야곱이 요셉에게만 이야기하는 것으로 나타나며 요셉의 아들들인 므낫세와 에브라임에 대한 이야기가 연결되고, B'는 야곱이 열두 아들들에게 장례지에 대해 명령하는 것으로 열두 아들들에 대한 축복의 말의 결론으로 나타난다는 점에서 논리적이다. 그러므로 B와 B'는 공통적으로 야곱이 자신의 매장지에 대하여 아들들에게 거듭 명령하는 내용이라 할 수 있다. B에서는 야곱이 요셉에게 자신을 애굽에 장사하지 말고 반드시 애굽에서 메어다가 "조상의 묘지에 장사하라"(창 47:30)고 맹세시킨다면, B'에서는 그 조상의 묘지는 '헷 사람 에브론에게서 산 가나안 땅 마므레 앞 막벨라 밭에 있는 굴'로 위치가 정확하게 주어진다. 한쪽 테두리가 애굽에서의 정착에서 가나안으로의 전이를 꿈꾸고 있듯이 야곱의 죽음과 연계된 다른 쪽 테두리 또한 애굽이 아닌 가나안 땅이라는 장소를 강조하고 있다. 이것은 하나님의 백성 이스라엘은 애굽이 아닌 하나님께서 약속하신 땅 가나안을 바라보는 삶이어야 한다는 것을 강조하는 것이다.

이에 대한 분명한 증거는 이 이야기의 중심이라 할 수 있는 C에 나타나 있다.

이전에 가나안 땅 루스에서 전능하신 하나님이 내게 나타나사 복을 주시며 내게 이르시되 내가 너로 생육하고 번성하게 하여 네게서 많은 백성이 나게 하고 내가 이 땅을 네 후손에게 주어 영원한 소유(אֲחֻזַּת עוֹלָם 아후자트 올람)가 되게 하리라 하셨느니라(창 48:3-4)

하나님께서 약속하신 땅만이 아브라함과 이삭과 야곱의 후손들에게 '영원한 소유'이다. 하나님께서는 이미 아브라함과 언약을 맺으실 때 그 땅의 지리적인 위치까지 정확하게 명시하여 주셨다.

> 그 날에 여호와께서 아브람과 더불어 언약을 세워 이르시되 내가 이 땅을 애굽 강에서부터 그 큰 강 유브라데까지 네 자손에게 주노니 곧 겐 족속과 그니스 족속과 갓몬 족속과 헷 족속과 브리스 족속과 르바 족속과 아모리 족속과 가나안 족속과 기르가스 족속과 여부스 족속의 땅이니라 하셨더라 (창 15:16-21)

또한 그 땅은 지명으로도 분명하게 명명되며 그 땅이 바로 이스라엘에게는 영원한 기업(소유)이라고 아브라함에게 알려주셨다.

> 내가 너와 네 후손에게 네가 거류하는 이 땅 곧 가나안 온 땅을 주어 <u>영원한 기업</u>(אֲחֻזַּת עוֹלָם 아후자트 올람)이 되게 하고 나는 그들의 하나님이 되리라 (창 17:8)

아브라함의 후손들은 그들이 어디에 있든지 항상 영원한 소유(기업)는 바로 가나안 땅임을 명심해야 하는 것이다. 애굽 땅은 단 한번도 '영원한'이란 수식어가 붙은 적이 없고 단순히 '소유'(אֲחֻזָּה 아후자)라는 임시적인 의미만을 내포하고 있을 뿐이다(창 47:11).

　　　야곱의 매장지에 대한 이야기는 마침내 창세기 48-49장의 중심으로 초점이 맞춰지며 애굽은 임시적인 소유라면 가나안 땅은 영원한 소유라는 상반성이 강조된다. 그리고 이 중심에는 이스라엘 열두 지파를 이루는 명단이 드러난다. 요셉의 두 아들인 므낫세와 에브라임은 야곱의 손자의 위치가 아닌 당당하게 야곱의 양자로 입적되며 르우벤과 시므온 같은 지위로 격상된다(창 48:5). 그 이유에 대해서는 역대기상 5:1절의 "르우벤은 장자라도 그의 아버지의 침상을 더럽혔으므로 장자의 명분이 이스라엘의 아들 요셉의 자손에게로 돌아가서 족보에 장자의 명분대로 기록되지 못하였다"라고 명시하고 있는 점을 들 수 있다. 즉, 르우벤의 장자권에 속한 일부의 권리가 요셉에게 주어졌는데, 다름 아닌 두 배의 몫을 받을 권리가 요셉에게 넘어간 것으로 보인다(신 21:17). 요셉은 에브라임과 므낫세를 통해 두 몫의 땅 분배를 받을 수 있게 된 것이다. 이렇게 에브라임과 므낫세가 야곱의 양자가 됨으로 열두 지파 구도에 변화를 예측해 볼 수 있다는 점에서 '하나님의 백성의 탄생(이스라엘) 이야기'의 중심이 열두 지파의 구성과 이들에 대한 축복을 중점적으로 다루는 것이라 할 수 있다.

그리고 창세기 48-49장의 열두 지파의 구성과 축복을 다루는 내용이 애굽이 아닌 가나안 땅으로의 전이를 꿈꾸는 내용으로 감싸여졌다는 것은 이스라엘 열두 지파는 바로 그 땅으로 돌아가야 한다는 신념을 강조하는 것이다. 이러한 신념은 창세기 48-49장의 중심에서도 동일하게 야곱의 입을 통해 강조된다.

> 이스라엘이 요셉에게 또 이르되 나는 죽으나 하나님이 너희와 함께 계시사 너희를 인도하여 너희 조상의 땅으로 돌아가게 하시려니와 내가 네게 네 형제보다 세겜 땅을 더 주었나니 이는 내가 내 칼과 활로 아모리 족속의 손에서 빼앗은 것이니라(창 48:21-22)

그렇다면 자연스레 창세기 49장에 각 지파별로 야곱이 전한 하나님의 축복은 바로 하나님께서 맹세하신 땅에서 누릴 영광이 되는 것이다. 이것은 창세기 49장 안에 가나안 땅에서의 삶과 축복에 대한 내용이 가득한 것을 통해 분명하게 입증할 수 있다(7, 11, 13, 15, 20, 22. 25절). 이와 같이 문학적인 구조를 통해 살펴볼 때 창세기의 마지막 이야기는 애굽에서의 생육과 번성이라는 현재의 안락에 머무는 것에 대한 경고와 더불어 이스라엘 열두 지파가 바라보아야 할 진정한 미래인 가나안 땅으로의 전이를 꿈꾸고 있는 것이다.

3. 이야기의 세부적인 주제 따라 읽기

1) 애굽에서의 이스라엘(창 46:28-47:27)

(1) 이스라엘의 애굽 도착(창 46:28-34)

드디어 야곱과 그의 가족들이 애굽의 고센 땅에 도착했다. 고센은 애굽 나일 강의 하류지역으로 삼각주 지대를 이루어 땅이 기름지고, 물이 풍족하여 농사짓기 알맞고, 목축을 위한 풀 또한 풍성한 곳이다. 요셉은 자신의 가족을 애굽의 가장 기름진 곳에서 살아갈 수 있도록 최선을 다해 준비한다. 야곱과 요셉의 22년만의 해후가 이루어지고, 서로가 끌어안고 얼마 동안 감격의 통곡을 한다. 그리고는 곧바로 요셉은 아버지와 형제들에게 바로와의 알현을 준비시킨다. 자신이 먼저 바로를 알현하여 가족들이 가나안에서 도착하였다고 아뢰면, 바로가 그들을 부를 것이며, 그들에게 "직업이 무엇이냐?"는 질문을 할 것인데, 그때 조상대대로 목축을 하며 살았다고 아뢸 것을 가르친다. 그러면 분명 애굽인들과 거리를 둔 고센 땅에 살게 될 것이라고 확신한다. 왜냐하면 애굽인들은 목축을 가증히 여기기 때문이라는 것이다. 여기서 "가증히 여기다"는 히브리어 '토에바'(תוֹעֵבָה)로 주로 제의적으로 부정한 것을 표현하는 용어이다(레 18:22, 27, 29, 30; 20:13; 신 7:25, 26; 17:1). 즉, 애굽인들이 자신들의 종교적인 의미에서 목축을 가증히 여기는 것이다(창 43:32; 출 8:26). 이스라엘이 제의에 바치는 짐승들 중에 자신들이 신으로 신성시하는 짐승들이 있기 때문이다. 이러한 분리는 오히려 이스라엘에게도 바람직한 요소이기도 하다. 이방인들의 풍습과 섞이지 않을 수 있는 구별을 쉽게 이룰 수 있기 때문이다. 이런 점에서 애굽의 고센지역은 이스라엘이 생육하고, 번성하여 큰 민족을 이룰 수 있는 천혜의 장소가 된다는 점에서 중요하다. 이스라엘은 이 고센 땅에서 구별된 하나님의 백성이라는 정체성을 이루어갈 소명이 주어져 있다.

(2) 누가 종인가?(창 47:1-26)

애굽에서 이스라엘은 이러한 정체성은 물론이거니와 민족적인 자부심으로 가득 차 있다. 이들의 이야기 속에는 비록 애굽에 기근을 피하여 들어갔지만 자신들은 떠돌이 피난민이 아니라 전능하신 하나님의 백성이라는 긍지로 가득 차 있음을 살펴볼 수 있다. 창세기 47장은 그러한 자부심을 애굽과의 비교를 통해 풍자적으로 그려내고 있다.

	본문	중심내용	목표
1	47:1-6	이스라엘은 땅의 기근으로 인해 가축을 돌볼 수가 없어서 애굽으로 내려왔고, 바로는 이들에게 고센 땅을 주어 거하게 함과 동시에, 능력 있는 사람이 있으면 자신의 가축 또한 관리할 것을 부탁한다. 여기서 이스라엘은 결코 아무것도 없어 빌붙어 살기 위해 애굽으로 온 거지 떼가 아니라는 것이다. 짐승까지도 잘 돌보기 위해 최선을 다하는 헌신적인 목자라는 의미도 내포하고 있다. 이는 이스라엘의 이러한 목자로서의 유능함이 없이는 바로의 가축도 돌볼 수 없을 정도로 애굽의 무능을 드러내는 것이라 할 수 있다.	이스라엘의 유능함에 비교되는 애굽인의 무능함 대조

| 2 | 47:7-10 | 이스라엘은 단순히 기근을 피하기 위해 애굽에 온 것이 아니라 애굽을 축복하기 위해서 왔다. 이것은 야곱과 바로의 만남에서 시작과 끝이 야곱의 축복으로 연결되기 때문이다. 야곱은 들어가며 축복하고, 나가며 축복한다. 이스라엘의 대표자 야곱이 애굽의 대표자 바로에게 축복을 수여하고 있는 것이다. 여기서 바로는 비록 좋은 땅 라암셋을 주지만 축복의 수여자가 아니라 오히려 축복의 수혜자라는 것이다. 중심에 야곱의 인생길이 선조들의 세월에 미치지 못하는 130년임을 강조하는 것은 애굽인들의 죽음에 대한 두려움과 110세가 그들이 생각하는 가장 이상적인 연수라는 점에서 축복의 통로가 될만함을 강조하기 위함이다. [233]

A. 창 47:7 야곱이 바로를 축복함(בָּרַךְ 바라크)
   B. 창 47:8-9 야곱의 130년 인생길
A'. 창 47:10 야곱이 바로를 축복함(בָּרַךְ 바라크)

아브라함을 부르셨을 때의 목표인 "땅의 모든 족속이 너로 말미암아 복을 얻을 것이라"(창 12:3)는 사실이 애굽에서 이스라엘에 의해 실현된다. 이스라엘이 고센 땅 라암셋에 거주함으로 인해 애굽에 큰 축복이 된다는 것이다. 이처럼 이스라엘은 만국을 향한 축복의 통로이다. | 이스라엘은 피난민이 아니라 축복의 통로가 되기 위해 애굽에 왔다. |
| 3 | 47:11-27 | A. 창 47:11-12 라암셋(고센)을 소유지로 얻고
        양식을 무상으로 공급받음
B. 창 47:13-26 이스라엘과 애굽인 비교
① 애굽인들의 돈이 바로에게(13-15절): 이스라엘은 요셉에 의해 양식이 무상으로 공급되나, 애굽인들은 기근이 점점 심해지고 가진 양식이 다 소모되자, 양식을 위해 돈을 다 소모하기에 이른다. 그러자 요셉에게 호소하기 시작한다. | |

"-우리에게 먹을 거리를 주소서 어찌 주 앞에서 죽으리이까"(15절)

② 애굽인들의 가축이 바로에게(16-17절): 요셉은 애굽인들에게 양식을 위하여 모든 가축을 받고 그 해 동안 곡식을 제공한다.

③ 애굽인들의 토지와 몸이 바로에게(18-21절): 그 해가 다 가고 새해가 되어도 상황은 호전되지 않았고, 애굽인들은 마침내 양식을 위해 토지와 자신들의 몸까지 바로에게 다 판다. 그리고 애굽인들은 요셉에게 소작농으로 살아갈 수 있게 심을 종자를 달라고 한다.

"우리에게 종자를 주시면 우리가 살고 죽지 아니하며 토지도 황폐하지 아니하리이다"(19절)

④ 제사장만은 예외(22-26절): 이러한 와중에도 애굽의 제사장들은 토지와 양식을 바로에게 공급받음으로 토지와 가축 그리고 자신들의 몸을 바로에게 팔 필요가 없었다. 이 부분의 내용은 제사장들의 특별한 위치에 대한 것으로 시작하고, 끝을 맺고 있다.

* 창 47:22 제사장들의 토지는 사지 않았으니
* 창 47:26 제사장의 토지는 바로의 소유가 되지 아니하여 오늘날까지 이르니라

그러나 백성들은 바로의 종이 되어 세금을 내는 소작농이 되었다. 그럼에도 애굽인들은 결코 요셉을 비난하지 않았다. 왜냐하면 그의 정책으로 자신들이 생존하게 되었고, 자신들에게 부과한 소작세는 너그러운 것이었기 때문이다. 애굽인들은 기꺼이 종의 위치를 수용한다.

"주께서 우리를 살리셨사오니 우리가 주께 은혜를 입고 바로의 종이 되겠나이다"(25절)

A'. 창 47:27 이스라엘이 애굽 고센 땅에서 생육하고 번성하였다.

이스라엘과 애굽인의 삶을 비교대조하는 것으로 이스라엘은 소유지를 얻어 땅에서 안정되게 양식을 공급받으며 살아가고, 애굽은 모든 것을 팔고 자신들의 몸도 팔아 바로의 종으로 전락한다. 이스라엘은 애굽을 구원하기 위해 애굽에 들어 왔다. 그리고 이스라엘은 애굽의 제사장들과 같은 대우를 받았다.

이스라엘이 애굽에서 종이 아니라, 오히려 애굽인들이 바로의 종이라는 해학이 넘쳐나고 있다. 심지어 이 속에 넘쳐나는 해학은 이스라엘은 애굽에서 바로 왕 다음의 권력을 누리고 있던 제사장들과 같은 지위에 있다는 것을 은연중에 비치고 있다. 이것은 이스라엘은 바로 왕을 위해 봉사하는 제사장이 아니라 '하나님을 위한 제사장'이라는 자신의 정체성까지도 전해 줄 수 있다(출 19:5-6). 이와 같은 차이점에도 애굽인들은 요셉에게 "생명을 살려줄 것"과 마지막에는 "주께서 우리를 살리셨사오니 우리가 주께 은혜를 입고 바로의 종이 되겠다"고 하며 그에게 감사한다(창 47:25). 이것은 요셉이 세운 토지법인 '오분의 일'(1/5)을 세금으로 바치는 것은 그 당시의 일반적인 행태인 '삼분의 일'(1/3)의 세금보다도 낮은 편이란 점에서 그들의 감사의 이유를 살펴볼 수 있다. 심지어 가나안의 전제정권 속에서 행해졌던 방식은 전제 군주가 정복하여 얻고, 군대의 힘으로 지켜낸 토지를 농부들에게 빌려주어 땅을 경작하는 대가로 총생산의 1/2인 50% 혹은 더 많은 생산물을 다양한 세금과 사용료라는 형식으로 갈취한 것으로 드러난다. 이러한 농민들의 혈세는 상류 2%의 지배계층이 즐기며 살아가는 도구가 되었다.[234] 그리고 메소포타미아 지역의 통례라고 할 수 있는 함무라비 법전의 '농업 및 가옥'에 관한 법 64조에 명시된 '삼분의 이'(2/3)의 소작료에 비하면 요셉이 세운 토지세는 비교도 안 될 정도로 현저히 낮은 편이다: "어떤 사람이 과수원을 빌렸으면 과수원 수확의 2/3를 주인에게 주고, 1/3은 자신이 갖는다." 그러므로 요셉이 애굽인들에게 폭군이 아닌 구원자로 비치는 것이 결코 무리가 아니라 할 수 있다(47:17, 19, 25).[235] 요셉이 세운 이 토지법이 "오늘까지 이르렀다"(창 47:26)는 강조는 하나님의 백성이 이방 나라의 삶의 방식까지도 바꾸어 바르게 이끌어 가고 있다는 것을 보여주고자 하는 목적이 있는 것이다. 하나님의 백성이 존재하는 목적은 이렇게 세상에 영향력을 끼쳐 하나님의 법이 통용되는 세상을 열어가는 것이다. 이것은 미래에 있을 애굽 왕 바로의 이스라엘에 대한 강제 노예화 정책이 애굽을 살린 이러한 과거의 은혜를 외면한 악행임과 동시에 하나님의 법을 따르는 것을 파기하고 과거 불의한 법으로 돌아간 것이라 할 수 있다.

이런 점에서 요셉이 행한 토지정책과 식량정책은 하나의 위험성을 내포하고 있는 것이 사실이다. 언젠가 요셉과 다른 생각을 품은 통치자가 군림하게 되면 과중한 세금으로 백성을 억압할 수 있으며, 자주권이 주어진 종이 아닌 모든 자치권을 잃어버려 착취당하는 노예화가 이루어질 수 있다는 것이다. 이것은 아무리 작은 통치권을 가진 자라도 주의해야 할 요소이다. 하나님의 백성도 이로 인해 고통당할 수 있기 때문이다. 하나님을 경외하는 사람과 함께 할 때는 아무것도 가진 것이 없어도 결코 종이 되지 않을 것이나, 하나님을 모르는 사람과 함께 할 때는 자치권을 가진 시민조차도 아무런 권리를 내세울 수 없는 종으로 전락하는 것은 시간문제일 뿐이기 때문이다. 요셉과 애굽인들의 이야기는 반드시 하나님을 경외하는 바탕 위에서 행해져야 한다는 것을 기억해야 한다. 그리고 이러한 관계를 바르게 열어가는 것이 바로 하나님의 백성 이스라엘의 책임이요 소명이다.

(3) 생육하고 번성하였더라(창 47:27)

야곱이 애굽으로 내려갈 때 하나님께서는 약속을 주셨다. 거기서 큰 민족을 이루게 해 주시겠다는 것이다(창 46:3). 이것은 이스라엘 족속이 애굽 고센 땅에서 생육하고 번성했다는 말 속에서 그 성취를 살펴볼 수 있다. 태초의 창조 때에 하나님께서 계획 하셨던 것이 마침내 하나님의 백성 이스라엘에게 초점이 맞춰지고 있다는 것을 통해 이스라엘은 창조의 성취라는 점이 드러난다. 이 사실은 "생육하고 번성하다"라는 표현이 어떤 대상들에게 주어지고 있으며, 마지막으로 성취되고 있는지를 살펴보면 쉽게 파악해 볼 수 있다.

	창세기 본문	대상
1	1:28	인류
2	6:1	인류
3	8:17; 9:1, 7	노아
4	17:6	아브라함
5	17:20	이스마엘
6	26:22-24	이삭
7	35:11	야곱
8	47:27	이스라엘(애굽에서)

　　창세기의 천지창조라는 대 서사시에서 하나님께서는 인간에게 축복이 가득 담긴 소명을 부여해 주셨다. 그런데 창세기 6:1절에는 사람이 땅에 번성하기 시작할 때, 죄악도 가득하게 되었다고 전한다(창 6:5). 이러한 생육과 번성은 하나님의 뜻에 어긋나는 방향으로 나아가는 것이다. 그렇다면 하나님의 백성은 생육하고 번성하되 하나님의 뜻을 실현하는 방향으로 나가야 한다는 책임이 들어있는 것이다.

　　여기 하나님의 백성 한 사람이 서 있다. 바로 요셉이다. 하나님의 백성 중에 한 사람이 하나님의 뜻을 깨닫고 바로 서 있을 뿐인데 세상이 구원을 얻는다. 주변의 모든 민족들이 생명을 영위하며, 동물들까지 삶을 영위해 갈 수 있다. 그렇다면 이러한 백성이 생육하고 번성하여 땅에 가득 차게 되어 땅을 정복하고 세상을 다스린다면 어떤 세상이 될 것인가 기대해 보라는 것이다. 죄악이 가득 차는 것이 아니라 축복이 가득한 세상을 열어 갈 것이다. 하나님의 뜻하심이 바로 거기에 있다. 아브라함 같고, 요셉 같은 하나님의 백성이 세상을 뒤덮는 것, 바로 그 곳에 하나님 나라가 임할 것이다.

하나님이 그들에게 복을 주시며 하나님이 그들에게 이르시되 생육하고 번
성하여 땅에 충만하라 땅을 정복하라 바다의 물고기와 하늘의 새와 땅에 움
직이는 모든 생물을 다스리라 하시니라(창 1:28)

인간에게 주어진 이 지고의 소명이 창세기에서 결국 누구에게 주
어지고 있느냐가 목표이다. 이 소명의 종착점이 애굽에 있는 이스라엘이
라면, 하나님께서 계획하셨던 그 인류의 원형이 바로 이스라엘이라는 확신
이다. 이것은 이스라엘의 '정체성 선언'이며 또한 '소명 선언서'가 되는 것이
다. 이 속에는 단순히 생육하고 번성하는 일만이 포함된 것이 아니라, 하나
님의 뜻을 이루는 백성들이 생육하고 번성함으로 이 땅에 올바른 다스림이
실행되므로 이 세상이 하나님의 땅이 되게 하는 목적이 있다. 그리고 창세
기 47:27절의 애굽에서 생육하고 번성한 이스라엘은 이제 당연히 새 하늘
과 새 땅을 바라보는 출발이 필요할 것이 분명하다. 출애굽기는 이러한 이
념을 바르게 연결시키려는 목표를 가지고 있다.

이스라엘 자손은 생육하고 불어나 번성하고 매우 강하여 온 땅에 가득하게
되었더라(출 1:7)

이제 다음에 이루어져야 할 것은 다름 아닌 땅을 정복하고, 그 땅
에서 하나님의 다스림을 실현하는 것이 될 것이다. 이 두 가지의 완성을 위
해서는 반드시 애굽을 벗어나는 것이 선행되어야 한다. 그러므로 창세기
다음의 이야기는 출애굽의 대역사가 펼쳐져야 하는 것이다. 하나님께서 목
적하셨던 생육하고 번성하여 큰 민족을 이루는 일이 그 완성에 이르렀기
때문이다. 그리고 그 큰 민족은 아브라함과 이삭과 야곱의 뒤를 잇는 열두
지파로 형성된 이스라엘이라는 분명한 정체성을 가진 백성이다.

그럼에도 위기는 있다. 이스라엘이 애굽에서 땅을 얻어 생육하고 번성하고 있다. 이 기간이 길어지면 자칫 그 땅에 안주하여 그 민족들과 혼합되어 정체성을 상실하는 상태가 발생할 수 있게 될 수 있다. 그러기에 다음의 이야기는 당연히 이러한 위험을 상기시키고 가야 할 바른 방향을 잃지 않게 하는 내용이 자리 잡아야 한다. 이를 위해 한 사람의 일생이 담긴 마지막 유언보다 더 나은 것은 없을 것이다. 흡사 가나안 땅을 바라보며 마지막 말을 전하는 모세처럼 야곱 또한 애굽에서 모세보다 앞서 자신의 장례와 이스라엘의 미래를 유언이라는 형태로 제시한다. 그 유언의 핵심은 돌아가야 할 땅에 대한 것이며, 그 땅에서 축복을 누릴 이스라엘 열두 지파에 대한 것이다. 이와 같이 이제 창세기의 마지막 부분은 돌아가야 할 땅에 대한 강조점으로 가득할 것이다. 야곱과 요셉의 유언 속에도, 축복 속에도, 또 장례식 속에도 하나님께서 약속하신 땅은 실체가 되어 움직일 것이다.

2) 야곱의 유언과 이스라엘 12지파의 구성과 축복(창 48-49장)

이 부분의 구조를 살펴보면 강조점이 어디에 있는지 알 수 있다.

A. 야곱의 유언 시작 – 애굽에 장사하지 말고 조상의 묘지에 장사하라(47:27-48:7)

　　(애굽은 임시거처이며 가나안이 영원한 소유이다)

　B. 요셉의 두 아들인 므낫세와 에브라임을 야곱이 양자 삼아 축복함(48:8-20)

　　C. 유언 중심– 하나님께서 이스라엘을 조상의 땅으로 인도하실 것 확신(48:21-22)

　B'. 12 아들들을 각각의 분량에 따라 축복함(49:1-28)

A'. 야곱의 유언 끝 – 애굽이 아닌 가나안 조상의 묘에 장사하라(49:29-33)

야곱의 유언의 테두리와 중심이 하나님께서 약속하신 땅으로의 복귀를 전하고 있다는 것은 하나님의 백성 이스라엘이 최종적으로 있어야 할 장소를 강조하는 것이다. 임시적인 거처에서의 안정과 평안에 안주해서는 안 되며 항상 하나님의 계획이 무엇인가를 인식하고 살아가야 할 하나님의 백성으로서의 소명을 말하고 있는 것이다. 야곱의 입을 통해 주어지는 축복 또한 약속의 땅과 밀접하게 연관되는 것임을 직감해 볼 수 있다.

야곱이 죽음을 눈앞에 두고 행하는 자식들을 향한 축복의 말들은 이처럼 그의 죽음에 대한 예고(창 47:28-31)와 실제 죽음(창 49:29-33)으로 둘러싸여 있다. 그리고 이 축복의 말들 속에는 지금까지 창세기가 보여주었던 하나님의 언약에 내재된 중요한 요소들이 모두 등장하고 있다는 점에서 눈여겨볼 필요가 있다. 아브라함 이후로 하나님의 언약은 세 가지로 축약되며 선택된 계보를 통해 면면히 이어져 왔다. 그 세 가지는 '땅과 후손과 축복'이며, 아브라함에서 이삭으로 이삭에서 야곱으로 연결되었다. 그리고 그 연결은 언제나 하나님의 직접적인 계시에 의해 이루어졌다(창 12:1-9; 26:1-6; 28:10-22). 그러나 창세기의 마지막에 이르러 이제 새로운 역사가 시작된다.

창세기의 전반부에서 모든 일의 주체는 하나님이셨다. 천지를 말씀으로 창조하시고, 인간을 만드시며, 에덴을 창설하여 그 곳에 만드신 사람을 두시고, 선악과를 먹지 말 것을 명령하셨고, 어겼을 때는 심판과 저주로 징계하시고, 그 곳에서 추방하셨다. 노아에게 방주를 지을 것을 명령하시고, 홍수를 보내서 죄악 된 세상을 쓸어버리기도 하셨다. 인간사의 모든 것이 하나님의 절대 주권과 직접계시로 이루어졌고, 아무도 하나님께 왜 그렇게 하시느냐고 반문할 여지가 없었다. 거기에는 인간의 입김이 개입할 틈이 없는 것이다. 그러나 아브라함 이후로는 하나님께서 서서히 자신의 출현을 자제하시고, 요셉 이야기에서는 단 한 번도 직접 나타나시는 법이 없으시다. 그리고 창세기의 마지막에 와서는 전반부와는 완전히 다른 양상을 보인다. 아무리 인간 대리자가 약속의 말을 전했을지라도 항상 하나님께서 직접 나타나서서 다시 그 약속에 대한 확증을 해 주시는 것이 지금까지의 상황이었다면, 창세기의 마지막은 달라져있다. 정작 하나님의 백성 이스라엘을 형성하는 열두 지파의 수장들은 '땅과 후손 그리고 축복'에 대하여 하나님의 직접적인 언약의 말씀을 받은 바가 없다. 그 대신 아브라함과 이삭을 통해 야곱에게 전해진 그 약속을 야곱의 입을 통해 받을 뿐이다. 이제 인간의 말은 하나님의 말씀으로까지 격상된 지위를 갖게 되었다. 이것이 하나님의 백성이 누리는 권위요, 권능인 것이다. 하나님의 말씀이 세상을 창조하였다면, 이제 그 백성 된 자들의 말을 통하여 세상이 새로운 시대 앞에 서게 되는 것이다.

이렇게 하나님의 권위로까지 격상된 야곱의 말은 두 부분에서 나타나는데 창세기 48장에서는 손자들의 순위를 바꾸고, 49장에서는 아들들이 삶 속에서 행한 것에 따라 저주와 축복으로 미래를 제시하는 사건을 들 수 있다. 이전까지는 이 모든 것은 다 하나님의 절대적인 주권 가운데 있었던 것이다. 형제들의 순위가 바뀌는 것은 가인과 아벨, 이스마엘과 이삭, 에서와 야곱, 세라와 베레스, 요셉과 형제들로 모두 전적으로 하나님의 주권으로 행해진 일이었다. 그러나 여기에서는 야곱이 요셉의 아들들인 므낫세와 에브라임의 순서를 바꾼다. 죄에 대한 심판과 순종에 대한 축복 또한 지금까지는 모두 하나님의 주권 가운데 있었던 것이다. 아담과 하와, 가인, 함, 바로, 소돔과 고모라, 아비멜렉에 대한 심판선고와 실행은 모두 하나님의 주권 하에 있었다. 그런데 인간의 행위에 대한 저주와 축복이 이제 야곱의 입을 통해 선고된다. 드디어 창세기 1:26절에서 기대했던 '하나님의 형상'으로서의 인간이 이 땅에 탄생된 것이다. 단순히 한 인간이 아니라, 아브라함과 이삭과 야곱의 뒤를 잇는 열두 지파로 구성된 하나님의 백성 이스라엘이 바로 그 주체라는 것이다. 그러므로 야곱이 행하는 모든 말들과 행동은 하나님의 권능을 전하는 통로로서의 역할이며, 그의 말을 듣는 모든 이들은 이제 그러한 권능의 삶으로 초대된 소명자들이라는 것이다. 결국 창세기 48-49장은 미래를 향해 나아가야 할 이스라엘의 소명이 야곱의 유언 형태로 주어진 것이다.

(1) 요셉과 그의 아들들인 므낫세, 에브라임

창세기 48장은 먼저 요셉의 두 아들인 에브라임과 므낫세를 축복하는 내용으로 구성되어 있다. 이곳에서도 변함없이 창세기가 처음부터 걸어왔던 길답게 장자권의 순위가 뒤바뀌는 사건이 벌어진다. 므낫세가 요셉의 첫째요 에브라임이 둘째지만 권위는 에브라임에게 돌아간다. 거기에 덧붙여서 더욱 중요한 위치의 변동이 일어나고 있는데, 에브라임과 므낫세가 요셉의 아들의 위치에서 이제는 야곱의 아들의 위치로 전이가 일어났다는 것이다. 야곱이 요셉의 두 아들을 자신의 양자의 위치로 올린 것이다.

> 내가 애굽으로 와서 네게 이르기 전에 애굽에서 네가 낳은 두 아들 에브라임과 므낫세는 내 것이라 르우벤과 시므온처럼 내 것이 될 것이요(창 48:5)

양자나 양녀를 들이는 것은 성경의 곳곳에 나타난다(룻 4:16-17; 에 2:7). 야곱이 에브라임과 므낫세를 자신의 무릎 사이에 두고 축복을 한 것을 보면 흡사 여인이 아이를 낳는 듯한 자세를 취하는 것을 통해 야곱이 이들을 낳았다는 일종의 의식을 행하는 것처럼 보인다(창 48:12).[236] 요셉은 여기서 장자가 갖는 권위의 한 부분을 획득한 것으로 볼 수 있다(대상 5:1). 장자가 취하는 권위는 세 가지 정도를 들 수 있다. 첫째, 두 몫의 재산을 받는 것을 들 수 있고(신 21:17), 둘째, 집안의 가장으로서의 권위로 왕권과 직결되어 있으며, 셋째, 집안의 제의를 집전할 수 있는 제사장권을 들 수 있다. 여기서 요셉은 자신의 두 아들을 열두 지파의 위치에 넣음으로 두 배의 몫을 취할 수 있는 특권이 주어진 것이다. 왕권은 역시도 야곱의 축복에서 보여 지듯이 유다에게 돌아간다(창 49:8-12). 제사장권은 차후에 출애굽기에서 금송아지 숭배로부터 구별되어 있던 레위지파로 넘어가게 된다(출 32:29; 신 10:8; 33:9). 원래 제사장의 역할은 각 집안의 첫째가 맡았을 것이란 점은 레위 지파가 각 집안의 장자를 대신하는 것에서 제사장권이 이들에게 넘어간 것을 살펴볼 수 있다(민 3:11-13). 이처럼 르우벤이 누려야 할 장자권이 다른 세 지파에게로 분산된 것이라 할 수 있다.

여기서는 단순히 에브라임과 므낫세가 야곱의 양자로 격상되는 것뿐만 아니라, 이 두 아들의 순위가 바뀌는 사건도 발생한다. 요셉은 장자인 므낫세를 아버지 야곱의 오른손을 향하여, 차자인 에브라임을 아버지의 왼손을 향하여 데려간다. 야곱은 자연스레 자신의 두 팔을 앞으로 내밀어 므낫세와 에브라임의 머리에 얹기만 하면 되는 것이다. 그런데 야곱이 손을 엇바꾸어 얹었다. 장자와 차자의 위치를 바꾼 것이다. 이에 대하여 요셉이 눈을 잘 보지 못하는 아버지의 실수로 알고 불만을 토로한다. 즉, 장자와 차자의 위치를 바꾸지 말라는 요청이다. 그러나 이에 대한 야곱의 반응은 단호하다.

나도 안다 내 아들아 나도 안다 그도 한 족속이 되며 그도 크게 되려니와 그의 아우가 그보다 큰 자가 되고 그의 자손이 여러 민족을 이루리라(창 48:19)

이것은 야곱이 나이로 인하여 눈이 어두워서 보지 못하기 때문이 아니라는 것이 분명하다(창 48:10). 이와 유사한 상황을 우리는 이미 야곱의 초반부

삶에서 보았던 적이 있다. 야곱의 아버지 이삭도 자식들에게 축복하려는 순간에 동일한 처지에 놓여 있었다(창 27:1). 그때 야곱은 눈이 어두운(כָּהָה 카하) 아버지로부터 장자의 축복을 가로챘다. 그러나 이제 자신의 눈이 흐린(כָּבֵד 카베드) 지금 그때의 상황이 결코 인간의 조작으로 바꿀 수 있는 것이 아니라는 사실을 알고 있다. 인간이 육체적인 장자에게 축복하기를 소망하여도 하나님께서는 주권적으로 그 손을 옮겨 영적인 장자에게로 향하게 하실 수 있다는 사실을 이미 깨달은 것이다.

야곱이 에브라임과 므낫세를 축복하는 이야기는 창세기 27장에 야곱이 장자인 에서의 축복을 탈취하는 사건을 해설해주는 설명서와도 같은 사건이다. 요셉이 하나님의 뜻을 바꾸려고 하나, 성취하지 못한다. 그것은 야곱이 그 옛날 자신의 힘으로 하나님의 신탁을 이루려 했던 상황과 다를 바가 없다. 하나님의 결정은 인간의 노력으로 이루어지는 것이 아니라 하나님께서 정하신 때에 하나님에 의해 이루어지는 것이다. 에브라임과 므낫세에게 요구되는 것도 역시 마찬가지인 것이다. 어느 누구도 힘이나, 계략으로 하나님의 약속을 이루려 해서는 안 된다. 에브라임과 므낫세도 하나님의 뜻을 존중하며, 기다릴 필요가 있다. 이를 통해 서로를 향한 질시와 반목을 피해야 한다. 하나님은 모두가 행복한 축복을 이루어가길 원하시는 것이다. 야곱과 에서가 이러한 하나님의 뜻을 진작 알았다면 둘 사이에 존재하는 질시와 반목은 애초에 없었을 것이며, 두 나라는 다른 역사를 만들었을 것이다.

그렇다면 왜 하필이면 이 장소에서 다시 그때의 상황이 재현되는 것일까? 더군다나 하필 하나님의 시간표를 자신 마음대로 조종하려고 했던 야곱의 입술을 통해서일까? 지금 이 부분이 이스라엘 열두 지파를 이루는 구성 인물들을 다루는 내용이라는 점에서 과거를 상기하는 것이 중요하다. 하나님의 백성은 결코 한 개인으로 이루어지지 않는다. 열두 형제들이 하나로 뭉쳐 이루어진 나라가 바로 하나님의 백성이다. 그리고 미래에는 인종, 국경, 나라, 언어, 사상을 뛰어넘어 이 세상의 모든 인류가 하나 되어야 하는 것이 바로 하나님 나라의 이념이다. 이렇게 다양한 사람들로 구성된 하나님의 백성 안에는 그 다양성만큼이나 다른 삶의 모양새들이 존재한다. 지위의 높고, 낮음, 생활의 부유함과 가난함, 학식의 유무 등 수많은 차이를 양산하는 잣대가 존재한다. 에서와 야곱, 세라와 베레스 그리고 므낫세와 에브라임이라는 형제 사이에 존재하는 차이 또한 무시할 수 없을 것이다. 큰 자가 작은 자를 섬기고, 작은 자가 큰 자보다 더 크게 되고, 더 번성하게 될 수 있다는 것이다. 하나님의 백성은 이러한 차이를 바르게 다룰 줄 아는 백성이어야 한다. 어느 누구에게도 억울함이 없는 세상을 만들어야 하는 것이다. 비록 큰 자로 태어났을지라도, 작은 자가 더 성공적인 승리를 이루는 상황에서 기꺼이 박수쳐주며 축하해 줄 수 있는 세상을 만들어야 하며, 더욱 높아진 작은 자는 원래의 위치를 상실한 큰 자를 존중하고, 아끼며, 돌보는 세상이 되어야 한다. 이것은 하나님의 백성을 이루는 열두 지파 안에는 결코 에서와 야곱이 가졌던 반목과 질시가 있어서는 안 된다는 것이다. 그래야만 에서가 에돔이 되고, 야곱이 이스라엘이 되는 이러한 분리의 벽을 만들지 않을 수 있기 때문이다.

요셉의 두 아들 에브라임과 므낫세가 야곱의 양자가 되어 이스라엘 열두 지파에 포함된다는 것은 뒤바뀐 운명에도 결코 흔들리지 않고, "하나님이 네게 에브라임 같고 므낫세 같게 하시리라"(창 48:20)는 축복의 말과 같이 모두 함께 공존해야 함을 의미한다. 비록 에브라임을 므낫세보다 앞세우기는 하였을지라도 하나님께서는 결코 어느 누구도 소외시키려는 것이 아니라, 하나님의 절대주권을 인정하는 삶 가운데 모두가 축복을 누리는 삶이되기를 원하시는 것이다. 이것은 단순히 에브라임과 므낫세에게만 해당되는 것이 아니라 이후의 모든 후손들에게도 해당되며, 또한 하나님께서 주신 영원한 소유인 가나안 땅에서 이루어야 할 삶의 방식인 것이다. 이 내용이 후손과 땅에 대한 약속 가운데 펼쳐지고 있다는 것은 약속의 땅의 신학을 극대화시키는 요소가 된다(창 48:1-4, 21-22). 하나님의 백성의 연합은 크기, 숫자, 높낮이, 빈부, 뒤틀림, 왜곡 그리고 오류라는 분리의 벽을 모두 극복해내는 능력을 소유해야 한다. 약속의 땅은 바로 그것이 실현되어야 할 장소인 것이다.

(2) 12지파의 형성

야곱이 요셉의 두 아들인 에브라임과 므낫세를 양자로 들이고, 축복한 후에 이야기 전개는 이제 열두 아들들 전체를 향한 축복으로 나아간다. 하지만 단순히 축복이라고 하기에는 내용이 무척이나 방대하며, 무시간적이다. 무시간적이라는 것은 지금 당장 벌어질 일에 대한 것만이 아닌 먼 미래까지도 내다보고 있는 예언적 성격이 강하다는 것이다. 그래서 열두 아들들에 대한 축복의 말이라기보다는 열두 지파를 향한 미래적 계시가 투영되어 있다고 할 수 있다. 이것은 시작과 끝을 살펴보면 분명하게 그 의도를 알 수 있다.

야곱이 그 아들들을 불러 이르되 너희는 모이라 너희가 후일에 당할 일을 내가 너희에게 이르리라(창 49:1)

이들은 이스라엘의 열두 지파라 이와 같이 그들의 아버지가 그들에게 말하고 그들에게 축복하였으니 곧 그들 각 사람의 분량대로 축복하였더라(창 49:28)

시작은 후일에 당할 일을 말하는 것이라고 운을 떼고 마침은 각기 그들의 분량대로 축복하였다고 한다. 그러나 그 정확한 진의를 살펴보면 르우벤과 시므온과 레위는 축복이라기보다는 저주의 심판을 받은 것이라고 하는 것이 나을 것이다(창 49:3-7). 하지만 엄밀하게 말하면 이러한 저주의 심판 또한 축복과 무관하다고 할 수 없다. 왜냐하면 르우벤이 행한 아버지 야곱의 첩 빌하와의 통간(창 35:22)은 이스라엘이 결코 행하지 말아야 할 가나안 땅에 거하는 이방인들이 행하는 가증한 풍속이다(레 18:8; 20:11). 이러한 범죄를 저지르는 자는 반드시 죽임으로 그 땅을 정화해야 한다. 르우벤을 향한 저주의 심판선언은 곧 이스라엘에게 경각심을 심어주고, 저주가 아닌 축복된 삶으로 나아갈 것을 독려하려는 목적이 있다. 그리고 시므온과 레위 또한 잔혹한 폭력행위로 저주의 심판을 받았다는 것은 이스라엘 안에서는 성급한 복수심으로 과도한 폭력을 가하는 범법 행위가 결코 있어서는 안 된다는 경고가 되는 것이다.

그러므로 이곳에서는 창세기 49장의 전체적인 주제를 열두 지파를 향한 야곱의 축복이라고 명명하는 것에 무리가 없을 것이다. 축복이라 함은 이미 이루어진 것보다는 미래적인 것이 더 강하게 내포되어 있기 때문이다. 열두 지파를 향한 축복의 내용은 출생순서로 이루어져 있지 않고, 다른 원리를 따르는 것으로 보인다. 여기 출생순서와 야곱의 축복의 순서를 비교해 보면 차이점을 느껴볼 수 있다.

창세기 49장의 순서는 레아의 여섯 명의 아들이 나열되고, 빌하의 한 아들이 그 다음을 잇고, 실바의 두 아들이 중심에 있고, 빌하의 다른 한 아들이 나열되고, 마지막으로 라헬의 두 아들로 마감된다. 그 구조는 창세기에 이미 익숙한 교차대칭구조로 배열되어 있음을 알 수 있다.[238]

A. 레아의 아들들
　B. 빌하의 아들
　　C. 실바의 아들들
　B'. 빌하의 아들
A'. 라헬의 아들들

출생순서(창세기 30:1-24; 35:18)			축복순서(창세기 49장)		
레아(언니)	1	르우벤	레아(언니)	1	르우벤
"	2	시므온	"	2	시므온
"	3	레위	"	3	레위
"	4	유다	"	4	유다
빌하(라헬의 몸종)	5	단	"	10	스블론
"	6	납달리	"	9	잇사갈
실바(레아의 몸종)	7	갓	빌하(라헬의 몸종)	5	단
"	8	아셀	실바(레아의 몸종)	7	갓
레아(언니)	9	잇사갈	"	8	아셀
"	10	스불론	빌하(라헬의 몸종)	6	납달리
라헬(동생)	11	요셉	라헬(동생)	11	요셉
"	12	베냐민	"	12	베냐민

이렇게 배열하는 이유에 대해서 분명하게 답을 내릴 수는 없다. 단지 열두 지파체제에서 중요한 역할을 하는 레아의 아들들과 라헬의 아들들이 전체를 감싸는 구조로 되어 있다는 것 정도라고 할 수 있다. 그리고 레아의 아들들에서 중심적인 역할은 역시 유다이고, 라헬의 아들들 중에서는 요셉이란 점에서 유다와 요셉이 전체를 감싸는 형태라고 할 수 있다. 이제 간략하게 열두 지파를 향한 야곱의 축복의 내용을 살펴볼 필요가 있겠다.

르우벤은 역시도 아버지의 첩인 빌하와의 통간으로 인하여 탁월하지 못할 것이라는 심판을 받고, 그 숫자가 미약해져가는 운명에 처할 것이라는 내용이 주류를 이루고 있다. 르우벤 지파는 점점 열두 지파 체제에서 그 권위를 잃고 위력을 상실해 가는 상황이 반영되어 있는 것을 느껴볼 수 있다. 이것은 모세가 야곱처럼 죽음을 눈앞에 두고 이스라엘 열두 지파를 마지막으로 축복할 때 르우벤에 대하여는 "죽지 아니하고 살기를 원하며 그 사람 수가 적지 아니하기를 원하나이다"(신 33:6)라는 간구 속에 그 심판이 실행되고 있음을 알 수 있다.

시므온과 레위는 여동생인 디나가 히위 족속 세겜에게 강간당한 사건으로 인해 그 마을 전체에 행한 가혹한 살상행위로 인하여 야곱에게 저주의 심판을 받는 내용이 주류를 이룬다. 그리고 그 심판 내용은 "내가 그들을 야곱 중에서 나누며 이스라엘 중에서 흩어버린다"는 것이다(창 49:7). 실제로 이들에 대한 심판은 역사 속에서 단행되었다. 시므온은 미약해져서 항상 유다에 의존하는 삶을 살게 되었고(삿 1:1-3), 가나안 땅에서의 땅 분배도 유다지파의 기업에서 분배를 받게 되며(수 19:1-9), 결국에는 유다지파에 흡수 합병되어 흩어져 버리게 된다. 이러한 결과로 모세의 마지막 축복 속에 시므온 지파는 아예 제외되어 버리고 등장조차 하지 않는 유일한 지파가 된다(신 33장). 이러한 현상은 이미 야곱의 심판선언 속에 들어있는 시므온의 운명이기도 했다.

레위 또한 동일한 죄목으로 시므온과 같은 운명이 예고되어 있었다. 그러나 레위의 흩어짐은 시므온과는 사뭇 다른 결과를 만들어낸다. 시므온과 같이 칼을 폭력의 도구로 휘둘러 무차별 살상을 가한 잔혹한 성격의 소유자인 레위의 자손들은 마침내 그 칼을 올바르게 사용하게 됨으로 새로운 기회를 부여받는다. 시내 산에서 금송아지 숭배에 가담했던 자들과는 다르게 레위 지파는 결코 우상숭배에 속하지 않았고 구별되어 있었다. 그리고 모세의 "여호와의 편에 있는 자는 나오라"(출 32:26)는 명령에 모두 분연히 일어나 그 앞으로 나아갔고, 허리에 칼을 차라는 명령에 순종하였고, 그리고 우상숭배자들을 죽이라는 명령에 칼을 뽑아들고 단호하게 심판을 행했다. 각 사람이 자기의 아들과 형제와 이웃을 친 것이다. 칼을 들고 살상을 행하는 것은 동일했으나, 레위 지파 사람들은 조상인 레위와는 다르게 오직 하나님의 명령에만 칼을 뽑는 헌신을 한 것이다. 이들의 헌신은 복을 받게 되었다(출 32:29). 모세는 그의 유언과도 같은 축복의 말에서 레위 지파의 철저한 헌신에 대하여 높이 평가한다.

> 그는 그의 부모에 대하여 이르기를 내가 그들을 보지 못하였다 하며 그의
> 형제들을 인정하지 아니하며 그의 자녀를 알지 아니한 것은 주의 말씀을 준
> 행하고 주의 언약을 지킴으로 말미암음이로다 주의 법도를 야곱에게 주의
> 율법을 이스라엘에게 가르치며 주 앞에 분향하고 온전한 번제를 주의 제단
> 위에 드리리로다(신 33:9-10)

레위 지파 사람들은 이제 칼을 오직 여호와께 제사를 드리는 제물
을 잡는데만 사용하는 지파가 되었다. 그리고 이들은 이스라엘 전국 각지
의 48개 성읍을 부여받아 이스라엘 가운데 흩어져 살면서 주의 율례와 법
도를 가르치는 사명 또한 부여받았다(수 21장). 레위 지파를 통해서 살펴
볼 수 있는 것은 심판의 내용은 삶을 통해 충분히 수정 가능하다는 사실이
다. 하나님의 말씀을 준행하고, 주의 언약을 지키기만 한다면 언제든지 새
로운 길로의 반전을 이룰 수 있다는 것이다. 이스라엘 가운데 흩으신다는
하나님의 심판은 그대로 실행되었지만 그것이 불행한 흩어짐이 아니라, 하
나님의 백성을 바로 세우기 위한 긍정적인 것으로 뒤바뀐 것이다.

야곱의 축복에서 특기할 사항은 유다와 요셉에 대한 내용이다. 그
이유는 다른 형제들이 단 한 절이나 두 절 정도로 축복이 간략하게 요약되
어 있는 것에 반해 유다와 요셉은 동일하게 다섯 절이나 할애되며, 이 두
지파의 중요성이 부각된다(창 49:8-12, 22-26). 이것은 창세기에서뿐만 아
니라 이스라엘 역사 속에서도 이 두 지파의 위상은 결코 무시할 수 없는 것
임을 살펴볼 때 드러난다. 하지만 창세기 속에서 두 인물인 유다와 요셉의
이야기는 단순히 과거의 이야기가 되어서는 안 되며, 미래의 삶의 방향이
되어야 한다는 점에서 중요하다. 이것은 이스라엘의 왕도라는 점에서 더욱

부각되어야만 한다. 그리고 이들이 주축이 되어 이스라엘 열두 지파를 이끈다는 점에서 주목해야 할 필요가 있다. 유다에게는 통치자의 왕권을 상징하는 규와 지팡이가 떠나지 않을 것이라는 점을 강조하며 왕권이 유다 지파에게 있음을 부각시킨다. 요셉 또한 왕권에 관한 단어는 들어있지 않지만 형제 중에 뛰어날 것이란 점에서는 의문의 여지가 없다. 차후의 역사 속에서 남유다의 주축이 유다지파가 되고, 북이스라엘의 주축이 에브라임 지파가 된다는 점에서 유다와 요셉은 남과 북의 분리를 조장할 수도 있지만, 특별히 통합을 위한 길에서 중심이 되어야 할 지파들이다.

그 외의 다른 아들들에 대하여는 이들이 약속의 땅에서 누릴 축복과 더불어 이들의 미래적인 삶의 터전의 형태에 대한 이야기들이 주류를 이루고 있다(창 49:11, 13, 14-15, 20, 22, 25-26). 그리고 정확하게 역사적으로 추론을 불가능하게 하는 예언적인 내용 또한 포함되어 있음을 인정할 필요가 있다. 잇사갈이 어깨를 내려 짐을 메고 압제 아래서 섬긴다는 것(창 49:15), 갓이 군대의 추격을 받으나 도리어 그 뒤를 추격한다는 것(창 49:19) 그리고 베냐민은 물어뜯는 이리라 아침에는 빼앗은 것을 먹고 저녁에는 움킨 것을 나누리로다(창 49:27)는 분명하게 알려지지 않은 역사 속에서 그 해답을 찾을 수 있을 것이다.

야곱은 이처럼 죽기 전에 이스라엘 열두 지파의 구성은 물론이요 그들 각각에 대하여 그들의 행위에 따라 축복과 저주를 내리고 있다. 그러나 이것은 결코 결정된 미래를 전하는 의미가 아님을 알아야 한다. 레위 지파처럼 저주를 축복으로 충분히 바꿀 수 있다는 것을 통해 미래를 창조적으로 이해할 필요가 있다. 그러나 하나님의 백성 이스라엘은 이렇게 각자의 행동에 책임을 져야만 한다는 것만큼은 철저하게 깨달아야 한다. 그리고 이스라엘 열두 지파가 이러한 축복을 누리는 장소는 약속의 땅 가나안이며, 유다와 요셉을 주축으로 남과 북이 연합된 결속을 이루어야 함이 강조된다. 특별히 왕권을 상징하는 규와 통치자의 지팡이가 유다와 함께한다는 점에서 유다의 왕권을 중심으로 모두가 하나 되어야 함을 드러내고 있다. 만약 이것을 바르게 이루지 못한다면 하나님은 돌들을 들어서 그 사명을 감당케 하실 것이다(눅 19:40). 그리고 그 돌은 다른 민족이 될 수도 있다는 경각심을 가져야 할 필요가 있다.

3) 어떤 12지파를 선택할 것인가?

창세기에는 하나님의 백성의 반열에 들지 못하는 많은 족속들이 있다. 그런데 이들에게 나타나는 공통적인 특징이 있다. 그것은 그들의 족보들 또한 어떤 목적에 부응하려는 듯이 모두 열두 방백으로 이루어진 민족 체계를 이루려고 애를 쓰고 있다는 사실이다. 무슨 이유 때문일까? 특히 아브라함과 혈연적으로 관련된 모든 민족들이 열두 부족 체제를 만들려고 분투하고 있다는 점은 정통성을 놓고 씨름하고 있음을 알 수 있다. 누가 열두 부족 연맹으로 하나님의 뜻을 이루는 하나님의 백성이 될 것인가를 놓고 치열하게 경쟁하고 있는 것이라 할 수 있다. 아브라함의 친족 중에 이스라엘을 제외한 세 민족들이 열두 지파 체제를 흉내 내고 있다.

첫 번째로 나홀의 후손들을 들 수 있다(창 22:20-24). 나홀은 아브라함의 동생으로 갈대아 우르에서 아버지 데라와 같이 이동을 했고, 하란(밧단아람)에 머물렀을 때 나홀은 그 곳에 정착하게 되었다(창 11:31). 그리고 그 곳에서 터전을 잡고, 후손이 퍼져나갔다. 나홀의 족보는 나홀이 밀가와 르우마라는 두 명의 아내에게서 열두 방백들로 이루어진 민족을 탄생시키는 것으로 나타난다.

* 밀가: 우스, 부스, 그므엘, 게셋, 하소, 빌다스, 이들랍, 브두엘(8명)

　　* 르우마: 데바, 가함, 다하스, 마아가(4명)

　　　두 번째로 아브라함의 첫째 아들이면서 내보낸 이스마엘의 후손들을 들 수 있다(창 25:12-18). 이스마엘은 동방 아라비아 사막 지역으로 퍼져나갔고, 이삭의 결혼이야기가 끝난 다음에 이스마엘의 후손의 족보를 기록하고 있는데 여기서도 역시 열두 방백들로 구성된 족보를 보이고 있다. 그리고 "그 족속대로 열두 지도자들이었더라"고 언급하고 있다(창 25:16).

　* 느바욧, 게달, 앗브엘, 밉삼, 미스마, 두마, 맛사, 하닷, 데마, 여둘,
　　나비스, 게드마

　　　세 번째로는 야곱의 쌍둥이 형인 에서의 족보을 들 수 있다(창 36장). 에서의 경우는 자신의 아들만이 아닌 결혼으로 탄생된 연합체인 세일 산 원주민인 호리 족속과 연합해서 열두 부족 체제를 만든다는 점에서 열둘에 대한 집착을 살펴볼 수 있다. 에서는 세 명의 부인을 두었는데 아다와 오홀리바마, 그리고 바스맛이다. 이 중에 오홀리바마는 세일 산 원주민인 호리족 아나의 딸이란 점에서 부족연합의 고리를 이루는 인물이라 할 수 있다(창 36:25). 그리고 바스맛은 이스마엘의 딸이란 점에서 약속에서 제외된 인물들의 연합을 살펴볼 수 있다.

① 에서의 아내들을 통하여 5명의 아들을 낳음(창 36:1-5)
　* 아다: 엘리바스(1명)
　* 바스맛: 르우엘(1명)
　* 오홀리바마: 여우스, 얄람, 고라(3명)

② 세일의 자손 7명과 연합(창 36:20-21)
  * 로단, 소발, 시브온, 아나, 디손, 에셀, 디산(7명)

　　왜 이렇게도 열둘이라는 숫자를 중요시 할까? 이러한 열둘에 대한 집착은 아브라함과 관련된 사람들에게만 나타나는 현상이란 점에서 풀어야 할 과제가 남아있는 것이다. 이것은 하나님께서 열두 지파로 형성된 한 민족을 만드시려 하시는데 모두 다 그러한 조건을 갖추려고 노력하지만 결국 선택은 하나님께서 하신다는 것을 보인다. 하란 땅의 나홀이 열두 명의 아들들을 낳고, 이스마엘 또한 열두 명의 아들들을 두고 그리고 에서가 자신의 아들 다섯 명과 세일로 옮기면서 호리족속 세일의 자손 일곱 명과 연합하여 또 열두 부족 체제를 만든다. 이것은 어느 모로 보나 하나님의 백성 이스라엘의 열두 지파 체제와 경합을 벌이고 있음을 알 수 있다. 누가 하나님께서 택하신 열두 지파인가? 모두가 열둘 이라는 외형을 갖춘 것은 분명히 동일하다. 그러나 겉모습만으로는 하나님의 백성이라고 단언할 수 없다. 껍질만 유사하다고 하나님의 뜻이 이루어지는 것은 분명 아니기 때문이다. 바로 그 속에 하나님의 뜻이 실현되는 사람들, 그들이 하나님의 백성인 것이다.

　　창세기의 관심이 어떤 열두 지파를 택할 것인가에 있다면 그 대답은 분명하다. 아브라함의 순종의 신앙으로 하나님과 사람의 관계를 회복하고, 요셉과 형제들의 용서와 화해를 통해 사람과 사람의 관계를 회복함으로 탄생된 하나님의 백성을 원하신다. 물론 그 가운데에는 이삭과 야곱이라는 축복과 그 축복을 올바로 전하는 사명을 이룸으로 이스라엘로 거듭난 열두 지파가 되어야 한다는 것 또한 반드시 통과해야 할 관문이다. 그러므로 하나님께서 원하시는 열두 지파 연합체제는 외형적인 숫자보다도 더욱 중요한 것이 이러한 하나님의 백성의 이념을 깨닫고, 실현하는 것이란 사실이다. 그래야만 이들이 걸어가는 길과 살아가는 땅이 하나님의 나라로 뒤바뀔 것이기 때문이다.

4) 이스라엘의 미래 - 약속의 땅을 향하여(창 50:1-14)

(1) 가나안을 향한 야곱의 장례행렬

창세기의 마지막은 출애굽을 준비하고 있다. 이스라엘 백성이 비록 애굽에서 땅을 얻고 소유로 삼아 든든한 기반을 다지며 생육하고 번성하고 있지만 그 곳에 결코 안주하지 않게 만드는 구조를 가지고 있다. 이스라엘이 애굽 땅에서 라암셋 지역의 고센 지방에서 가장 좋은 땅을 얻어 부족함 없이 살아가고 있지만 이스라엘의 길은 애굽에서 '큰 민족'으로 성장하는 것이지 그 곳에 영구히 정착하는 것이 아니다(창 46:3-4). 야곱은 이것을 명확하게 인식하고 있다. 그의 유언이 두 번이나 자신의 시신을 애굽에 매장하지 말고 가나안 땅에 장사지낼 것을 명령하는 동일한 내용을 가지고 첫 번째는 요셉에게 주어지고(창 47:29-31), 두 번째는 모든 아들에게 주어지고(창 49:29-33) 있는 것만 보아도 잘 알 수 있다. 그리고 야곱은 요셉을 앞에 두고 축복의 말을 전하며 하나님께서 가나안 땅을 야곱의 "후손에게 주어 영원한 소유가 되게 하리라"(창 48:4)고 하셨다는 것을 분명하게 회상한다. 즉, 애굽 땅은 이스라엘에게 일시적인 대안일 뿐이며, 영원한 땅은 바로 선조들에게 약속하신 가나안이라는 사실을 강조하고 있는 것이다.

이것은 창세기 마지막 이야기의 구조만 보아도 잘 알 수 있다. 먼저 애굽 땅에서의 정착을 다루고(창 46:28-47:27), 구조의 중심인 야곱이 열두 지파를 향해 축복을 선언하는 장면(창 48-49장)이 자신의 시신을 반드시 가나안 땅에 장사지낼 것을 명하는 유언의 내용으로 감싸고(창 47:28-31; 창 49:29-33), 마무리는 야곱이 죽어서 가나안으로 돌아가는 이야기를 전하고 있다(창 50:1-14). 이것은 이스라엘이 돌아가야 할 곳이 어디인지를 분명하게 증거하고 있는 것이다. 이러한 영원한 땅에 대한 강조점은 우리 그리스도인들에게는 새로운 옷을 입고 다가올 수 있다. 우리는 이 땅에서 영원히 정착해서 살아갈 존재들이 아니라 본향을 향하는 순례자들이라는 점에서 죽음으로도 가나안 땅으로 돌아가는 야곱의 모습은 우리에게 시사하는 바가 큰 것이다. 이 땅에서 영원히 머물 것처럼 살아가는 태도를 버리고 본향을 향한 시선을 늘 새롭게 다져야만 하는 것이다.

이러한 내용전개는 야곱이 소유의 사람이 아니라 약속의 사람임을 입증한다. 약속을 바라보는 사람은 기다릴 수 있다. 만약 하나님의 약속을 기다리지 못한다면 애굽 땅은 영원한 소유가 되어 이스라엘은 그 곳에 영구히 정착하고 말 것이다. 그리고 이스라엘은 애굽화 되어 정체성 상실의 위기에 처할 것이 분명하다. 이처럼 '안전'이라는 것은 우리의 삶에 '안정'을 가져다주지만, 동시에 '안주'라는 신앙적인 파괴를 동반할 수 있다는 점을 명심해야한다. 야곱은 이러한 신앙적인 퇴보를 극복하기 위해 늘 하나님의 약속(하나님의 말씀)을 기억한다.

> 이전에 가나안 땅 루스에서 전능하신 하나님이 내게 나타나사 복을 주시며 내게 이르시되 내가 너로 생육하고 번성하게 하여 네게서 많은 백성이 나게 하고 내가 이 땅을 네 후손에게 주어 영원한 소유가 되게 하리라 하셨느니라(창 48:3-4)

하나님의 백성 이스라엘은 이러한 야곱의 정신을 이어야 할 필요가 있다. 현재 누리고 있는 것을 소유하려는 자세가 아니라, 항상 하나님의 약속을 향하여 나아가는 자세가 요구되는 것이다.

드디어 야곱이 그 생을 마감했다. 파란 많은 인생길이었다. 가나안 땅에서, 밧단아람으로, 또 가나안으로 그리고 생의 마지막은 애굽에서 끝을 맺는다. 그러나 생명이 끝났음에도 야곱은 애굽에 머물지 않고 가나 안으로 돌아온다. 그의 인생여정 자체가 하나님의 백성이 돌아가야 할 곳을 지시하고 있다. 시작했던 그 곳으로 돌아가는 것이다.

가나안 - 밧단아람 - 가나안 - 애굽 - 가나안

늘 떠나지만 돌아가야 할 곳은 한 곳이다. 삶의 중심이 가나안이고, 삶의 테두리가 가나안이다. 이방 땅은 잠시 머물 세상인 것이다. 이것은 곧 미래의 이스라엘 민족이 가야 할 길이기도 하다. 밧단아람이 메소포타미아 지역이라면 그곳에서도 돌아와야 하고, 애굽으로 내려간 사람들도 반드시 올라와야 한다. 그리고 그 성취는 하나님께서 야곱에게 약속하신 것처럼 하나님의 열심이 이루실 것이다. 야곱이 밧단아람으로 갈 때에 하나님께서 반드시 함께하시며 가나안 땅으로 인도하여 돌아오게 할 것이며, 애굽으로 내려갈 때에도 동일하게 함께하시며 가나안 땅으로 인도하여 올리실 것이라고 약속해 주셨다. 이것이 바로 하나님의 백성 이스라엘이 걸어야 할 길이며, 약속의 땅을 향한 여정인 것이다.

창 28:10-15	밧단아람으로 갈 때의 약속(브엘세바에서 밧단아람으로 갈 때)
창 46:1-5	애굽으로 내려갈 때의 약속(브엘세바에서 애굽으로 갈 때)

야곱의 시신은 방부처리가 되어 애굽식의 미이라로 만들어진다. 이렇게 하는데 40일이 걸렸고, 애굽인들은 70일 동안 그를 위하여 애곡했다(창 50:1-3). 흡사 왕의 죽음과 같은 예우를 받은 것이다. 요셉이 바로에게 허락을 받고 가나안 땅으로의 장례 행렬을 이끈다. 수많은 사람들이 거대한 행렬을 이루어 애굽으로부터 가나안으로 향한다. 그리고 요단 동편

아닷 타작 마당에서 다시 또 7일 동안의 통곡의 날을 보낸다. 이를 본 가나안 사람들이 '아벨미스라임'(애굽인의 통곡)이라는 지명을 붙일 정도로 요셉과 형제들 그리고 '애굽 사람들의 거대한 애통'이 있었다(창 50:11). 그리고 야곱의 시신은 마침내 그의 유언과도 같이 가나안 땅 마므레 앞 막벨라 굴에 안치되었다(창 50:13). 미래의 언젠가 이스라엘 민족 전체가 이 요단 동편지역에서 한 위대한 지도자의 시신을 앞에 두고 큰 애통으로 30일을 보내고 요단을 건너 조상들의 뼈가 묻힌 곳인 가나안으로 진군해 들어갈 날 그때까지(신 34:8) 야곱의 뼈는 수백 년의 세월동안 그 땅을 지키며 후손들을 기다리고 있을 것이다. 이처럼 야곱은 죽음으로 그 땅에 돌아가서 가나안 땅이 하나님께서 이스라엘에게 선물로 맹세하신 땅임을 입증해 주는 증인의 역할을 감당할 것이다.

(2) 애굽 땅은 안 되고, 가나안 땅이어야 하는 이유

그렇다면 왜 애굽 땅은 안 되고, 가나안 땅이어야만 하는가? 이 질문 속에는 하나님께서 약속의 땅으로 가나안 땅을 주셨으니 당연히 그 곳이 영원한 소유가 되어야 한다는 대답이 주어질 수 있다. 그러나 여기에 "왜?"라는 질문을 한 번 더 할 수 있다. 그것은 왜 하나님께서는 애굽 땅에서 이스라엘이 정착하게 하시지 않으셨을까? 즉, 가나안 땅도 어차피 전쟁을 치러서 정복을 해야 한다면, 애굽인들이 이스라엘의 강대함을 두려워하고 있으니 살기 좋은 애굽 땅을 정복하는 것이 더 낫지 않느냐는 반문을 할 수 있기 때문이다. 생활의 환경으로 보아서는 척박한 가나안 땅보다는 나일 강을 젖줄로 삼고 있는 애굽이 더 낫지 않느냐는 결론이 나기 때문이다. 그러나 이것이 바로 하나님께서 애굽 땅이 아닌 가나안을 약속의 땅으로 선택한 이유일 것이라 여겨진다. 신명기 11:8-17절은 애굽 땅과 가나안 땅의 비교를 통해 두 땅의 차이점을 명확하게 제시해 놓고 있다.

애굽 (신 11:10)	네가 들어가 차지하려 하는 땅은 네가 나온 애굽 땅과 같지 아니하니 거기에서는 너희가 파종한 후에 발로 물 대기를 채소밭에 댐과 같이 하였거니와
가나안 (신 11:11-12)	너희가 건너가서 차지할 땅은 산과 골짜기가 있어서 하늘에서 내리는 비를 흡수하는 땅이요 네 하나님 여호와께서 돌보아 주시는 땅이라 연초부터 연말까지 네 하나님 여호와의 눈이 항상 그 위에 있느니라

이 비교를 살펴보면 애굽 땅은 농사를 짓되 나일 강이라는 물줄기에 의지하여 파종한 후에 그 물을 인간의 힘으로 끌어대어 농작물을 키운다. 그렇기에 애굽 땅은 하늘을 바라볼 필요가 없다. 이미 눈에 보이는 것을 신격화 시키면 그만이다. 나일 강이 신이 되고, 또한 물을 끌어들이는 인간의 힘이 신이 되는 세상이 되고 말 것이다. 그에 반해 가나안 땅은 흐르는 물줄기에 의지할 수 없는 땅이다. 요단 강은 골짜기의 하류에 있어서 농사를 짓기 위해 물을 끌어들일 수조차 없는 곳에 위치한다. 그러므로 가나안 땅은 오직 하늘에서 내리는 비에 의존하여 살아가는 땅이다. 하늘의 하나님만 의지할 수밖에 없는 곳이 바로 약속의 땅이다. 모든 것이 풍족하게 차고 넘쳐서 약속의 땅이 아니라 하나님의 눈이 연초부터 연말까지 항상 지켜보고 돌봄으로 그 땅은 약속의 땅이 되는 것이다. 젖과 꿀이 흐르는 땅은 하나님의 돌보심으로 가능해 진다는 것이다. 그래서 이들에게 하나님의 뜻을 따라 살아가는 것은 절대적인 삶의 길이 된다.

내가 오늘 너희에게 명하는 명령을 너희가 만일 청종하고 너희의 하나님 여호와를 사랑하여 마음을 다하고 뜻을 다하여 섬기면 여호와께서 너희의 땅에 이른 비 늦은 비를 적당한 때에 내리시리니 너희가 곡식과 포도주와 기름을 얻을 것이요 또 가축을 위하여 들에 풀이 나게 하시리니 네가 먹고 배부를 것이라(신 11:13-15)

믿음을 가지고 살아가는데 가나안 땅보다 더 나은 곳은 없다. 오직 하나님만 바라보아야 하는 땅이기 때문이다. 그러나 애굽은 조만간 하나님의 백성에게 유혹과 퇴보의 장소가 될 것이 분명하다. 그것은 출애굽 후에 광야여정에서 분명하게 드러나기 시작한다. 애굽에서의 기나긴 정착과 안주가 이들을 그 삶에 익숙하게 만들어 버렸다. 때가 되면 자라는 식물들, 아무 값없이 먹었던 생선들 같이 나일 강은 이처럼 풍요로운 많은 것을 약속해 주었고, 이들은 그것에 의지해 수백 년의 세월을 살았다. 그러나 약속의 땅으로의 여정은 이 모든 눈에 보이는 것에 대한 의지를 끊고, 오직 눈에 보이지 않으시는 하나님의 약속에 의지해서 살아가는 땅이라는 것을 배워야만 했다. 애굽은 물질(눈에 보이는 것과 인간의 힘)에 의지해 살아가는 땅이라면, 가나안 땅은 오직 믿음으로 유지되는 땅이라는 사실이다.

이러한 하나님을 향한 절대적인 믿음이 있다면 애굽 땅보다 가나안 땅이 훨씬 더 살기 좋은 땅일 것이다. 왜냐하면 애굽에서는 생계를 위해 발로 물을 대는 노동을 하여야 하지만, 가나안 땅은 필요한 곳마다, 필요한 때에 하나님께서 비를 내려주시는 은혜가 가득한 땅이기에 노동이 아닌 찬양의 예배가 이루어지는 장소이기 때문이다. 노동은 탄식을 가져오지만, 찬양의 예배는 기쁨과 감격으로 하나님의 백성의 삶을 가득 채울 것이다. 이제 이스라엘 12지파로 인하여 약속의 땅에서 믿음으로 회복되어야 할 것이 무엇인지를 분명하게 제시하며 창세기는 대장정의 결론에 이를 것이다.

5) 과거를 떨치고 미래를 향하여(창 50:15-26)

창세기의 시작(1-11장)은 모든 파괴의 실상을 보여준다. 하나님과의 관계 그리고 사람과의 관계가 모조리 다 뒤틀려 버렸고, 어떠한 해결점도 없이 그렇게 마감되고 말았다. 하나님 같이 되려는 욕망으로 가득한 사람들로 인해 망가져 버린 세상이 시작부분을 지배했었다면 창세기의 끝은 분명 달라야만 한다. 왜냐하면 어지럽혀진 문제들로 세상을 끝낼 수는 없기 때문이다. 창세기의 끝에서 이것이 어떤 결론에 이를 것인가? 우리는 마지막 결론부분에서 결코 '하나님을 대신하지 않으려는 한 사람'을 만난다.

(1) 과거를 떨치고: 요셉의 용서확증 - 하나님 사랑과 형제 사랑의 결정체

창세기의 마지막은 창세기의 전반부에서 보여준 모든 죄악들이 총체적으로 회복되고 확고하게 바로 서는 장소가 된다. 이것은 하나님의 뜻을 깨달은 하나님의 백성에 의해서 이루어지고 있다는 점에서 의미가 깊다. 아버지 야곱이 죽고, 장례가 치러진 다음에 요셉의 형제들은 아버지의 죽음을 더 이상 슬퍼할 겨를도 없이 두려움으로 가득 찬다. 슬픔이 공포에 압도되는 것이다. 그것은 요셉의 용서에 대한 오해에서 비롯된 것이다. 아버지 야곱이 살아 있을 때에는 아버지의 낯을 보아서 요셉이 복수를 감행하지 않았지만 이제 아버지도 안 계신 마당에 더 이상 자신들을 향한 원한을 그대로 묵혀두겠느냐는 추측이다.

이러한 두려움의 발로에서 형제들은 두 번에 걸쳐서 요셉과의 접촉을 시도한다. 첫 번째는 요셉의 마음을 돌릴 수 있을 정도의 영향력을 가진 지인을 통해서, 그리고 두 번째는 자신들이 직접 찾아간다. 그 이유는 용서에 대한 확증을 받고 싶기 때문이다.

> (요셉의 형제들이) 요셉에게 말을 전하여 이르되 당신의 아버지가 돌아가시기 전에 명령하여 이르시기를 너희는 이같이 요셉에게 이르라 네 형들이 네게 악을 행하였을지라도 이제 바라건대 그들의 허물과 죄를 용서하라 하셨나니 당신 아버지의 하나님의 종들인 우리 죄를 이제 용서하소서 하매 요셉이 그들이 그에게 하는 말을 들을 때에 울었더라(창 50:16-17)

<u>그의 형들이 또 친히 와서</u> 요셉의 앞에 엎드려 이르되 우리는 당신의 종들
이니이다(창 50:18)

이러한 형들의 간곡한 속죄의 말에 대해 요셉은 눈물을 흘리며 창세기가
그렇게도 바라는 대답으로 하나님의 백성이 서 있어야 할 자리를 증거 한
다. 그의 대답에는 사람이 하나님과의 관계가 어떠해야 하며, 사람과의 관
계가 어떠해야 하는지를 분명하게 보여주고 있다는 점에서 주목할 만하다.

요 셉	아담과 하와
요셉이 그들에게 이르되 두려워하지 마소서 내가 하나님을 대신하리이까 당신들은 나를 해(רעה 라아/악)하려 하였으나 하나님은 그것을 선(טבה 토바/선)으로 바꾸사 오늘과 같이 많은 백성의 생명을 구원하게 하시려 하셨나니(창 50:19-20)	너희가 그것을 먹는 날에는 너희 눈이 밝아져 하나님과 같이 되어 선악(טוב ורע 토브 와라)을 알줄 하나님이 아심이니라(창 3:5)
① 내가 하나님을 대신하리이까? ② 하나님이 악을 선으로 바꾸셨다.	① 하나님 같이 되어 ② 하나님 같이 선악을 안다.

인간 죄악의 시작은 하나님 같이 되려는 인간의 욕망에서 기인한
것이다. 이것은 하나님을 대신해서 자신들이 주권을 휘두르려고 하는 삶의
자세를 말한다. 그 곳은 하나님과의 관계가 파괴되어 죄악이 가득한 곳이
요, 살인이 횡행하는 거칠고, 황폐한 곳이다. 사람이 살만한 장소가 못되는
곳이다. 그러나 여기 하나님의 위치를 결코 넘보지 않는 사람이 있다. 하나
님 같이 되려는 욕망이 없는 사람 요셉, 그는 결코 하나님의 위치를 차지하
려 하지 않는다. 모든 결정권과 의지가 전폭적으로 하나님께 주어진 사람
인 것이다. 그는 모든 선악의 판단 또한 하나님께 맡긴다. 그의 입에서 나
오는 고백은 "내가 하나님을 대신하리이까?"라는 반문이다. 모든 결정은

하나님의 뜻에 달려있고, 인간은 그것을 대행하는 역할이라는 것이다. 이 것은 아무것도 할 수 없는 인간의 무능성을 강조하는 것이 아니라 모든 주권을 하나님께 돌려드리는 인간의 겸손에 기인한 것이라 할 수 있다. 악이 삶을 짓누를지라도 그 악을 마침내 선으로 바꾸시는 하나님을 믿고 그 하나님의 뜻에 맡기는 것이다. 이것은 창세기 50:20절을 '쉬운성경'으로 읽으면 오히려 히브리어 원어의 의미를 더 잘 느껴볼 수 있다.

> 형님들은 나를 해치려 했지만 하나님께서는 형님들의 악을 선으로 바꾸셨습니다. 그래서 오히려 많은 사람들의 생명을 구할 수 있었습니다.

하나님께서는 형들의 악을 선으로 바꾸셨다. 악이 마침내 선으로 바뀐 것이다. 태초에 인간은 선을 악으로 바꾸는 악행을 저질렀다. 그러나 하나님께서 원하시는 것은 바로 세상의 악이 선으로 바뀌는 것이다. 그런데 세상의 악이 선으로 바뀌기 위해 하나님께 반드시 필요한 것이 있다. 바로 하나님께 절대적인 신뢰를 두는 사람인 요셉 같은 사람이다. 아무리 많은 악이 그의 삶에 쏟아져 들어올지라도 악이 악으로 쏟아져 나가지 않고, 오히려 그 악을 선한 것으로 바꾸는 사람이 필요하다. 즉, 선을 악으로 갚는다든지(삼상 25:21; 시 35:12; 38:20; 109:5), 악을 악으로 되돌려 주는 복수를 감행하는 것이 아니라(삼상 25:26; 롬 12:17; 벧전 3:9), 선으로 악을 이기는 사람인 것이다(롬 12:21). 그것이 하나님의 백성의 삶에서 이루어져야 한다. 그렇게 하나님의 뜻을 전폭적으로 신뢰하는 사람을 통하여 죽음이 아닌 생명과 구원이 이루어지는 것이 하나님의 소망이기 때문이다. 이러한 신앙의 길은 분명 태초에 저질러진 죄악을 뒤엎고 새로운 길을 열어갈 것이다.

창 1장	창 3장	창 6장
하나님: 보시기에 (심히) 좋았더라(선)	**인간**: 선악을 아는 일에 하나님 같이 되리라	**인간**: 마음으로 계획하는 바가 항상 악할 뿐이라

창 50:20	창 50:19	창 50:20
형제들: 형들이 악을 저지름	**요셉**: 내가 하나님을 대신 하리이까	**하나님**: 형들의 악을 선으로 바꾸심

요셉의 응답은 여기서 한 걸음 더 나아간다. 복수는 고사하고, 오히려 형제들에게 그들은 물론이요, 그들의 자녀들까지 끝까지 지키고 돌보겠다는 의지를 표명하는 것이다.

요셉과 형제들	가인과 아벨
당신들은 두려워하지 마소서 내가 당신들과 당신들의 자녀를 기르리이다 하고 그들을 간곡한 말로 위로하였더라(창 50:21)	가인이 그의 아우 아벨에게 말하고 그들이 들에 있을 때에 가인이 그의 아우 아벨을 쳐 죽이니라 여호와께서 가인에게 이르시되 네 아우 아벨이 어디 있느냐 그가 이르되 내가 알지 못하나이다 내가 내 아우를 지키는 자니이까(창 4:8-9)
* 내가 형제들과 자녀들을 끝까지(평생토록) 지키겠습니다.	* 나는 내 형제를 지키는 자가 아닙니다.

창세기 전반부는 사람이 사람을 외면하는 세상이었다. "내가 내 형제를 지키는 자니이까"라는 반문으로 하나님께 역공을 취할 정도로 세상은 안하무인이었다. 그러나 여기 형제들의 모든 악행까지도 용서하며, 그들뿐만 아니라 그들의 자녀까지도 책임지고 돌보며 지키려는 마음이 죽음의 공포를 몰아내고 연합이라는 결속을 이루어낸다. 그렇다. 하나님의 백성은 세상의 문제를 해결해 나가는 사람들이다. 이 세상이 안고 있는 고

질병들을 이러한 정신으로 바로잡아 가는 사람들이다. 하나님의 백성이 서 있는 곳은 어떤 환경에서건 이렇게 회복되고 바르게 서나가야 한다. 요셉과 형제들이 전 세계적인 기근이라는 저주스런 환경 속에서 이러한 결속을 만들어 내었다는 것은 세상이 얼마나 거칠고 황폐하든지에 관계없이 하나님의 백성은 가장 아름다운 세상을 만들어 갈 수 있는 사람들임을 증거하고 있는 것이다. 이것이 바로 하나님의 백성의 정체성이기 때문이다. 이렇게 과거의 모든 죄악의 짐들이 떨쳐진 사람들에게 남아있는 것이 무엇일까? 그것은 분명 미래를 향한 발돋움일 것이다. 그리고 그 미래상이 무엇인지는 이미 태초의 이야기 속에 해답으로 주어져 있다.

아담과 하와의 불순종 (하나님 같이 되려는 욕망) 선악을 아는 일에 하나님 같이	요셉의 순종과 경외 (내가 하나님을 대신하리이까?) 선악의 판단을 오직 하나님께
가인과 아벨 사이의 형제살해 (내가 내 형제를 지키는 자입니까?)	요셉과 형제들의 형제애 회복 (내가 당신들과 당신들의 자녀를 기르리이다)
* 심판: 에덴에서의 추방과 멀어짐	* 회복: (에덴으로의 복귀 기대)

(2) 미래를 향하여: 요셉의 유언(창 50:22-26)

이상에서 보는 바와 같이 요셉은 하나님께서 허락하신 역할의 경계를 절대 침범하지 않겠다는 각오와 함께 민족을 살리기 위한 임무를 끝까지 성실히 수행할 것을 그의 형제들에게 전하고 있다. 요셉의 이 결심이 이스라엘을 한 민족으로 성장시켜나가는 계속적인 원동력이 된다는 것과 미래를 향한 희망을 제공해 주고 있다는 것은 부인할 수 없는 사실이다. 이것은 요셉이 그의 형제들에게 그가 죽기 전에 과거는 잊고 이제 밝아오는 미래를 준비해야 할 것을 유언으로 남기는 것으로 증명된다.

에덴에서의 추방	가나안을 향하여
하나님과의 관계파괴로 에덴동산에서 쫓겨나고, 가인은 형제를 살해함으로 그 에덴의 동쪽으로 더 멀리 추방된다. 즉, 인간은 죄로 인해 에덴으로부터 점점 더 멀어진다.(창 3:23-24; 4:16)	요셉이 그의 형제들에게 이르되 나는 죽을 것이나 하나님이 당신들을 돌보시고 당신들을 이 땅에서 인도하여 내사 아브라함과 이삭과 야곱에게 맹세하신 땅에 이르게 하시리라 하고(창 50:24)
* 에덴에서의 추방은 이제 먼 과거가 되고, 가나안으로의 여정은 에덴 회복의 이상이 실현되는 장소가 될 것이다.	

이 미래는 보는 바와 같이 바로 하나님께서 이스라엘을 약속의 땅으로 인도하실 것이라는 희망 가득한 메시지를 전하고 있다. 이를 통해 창세기는 결론의 책이 아닌, 미래를 향해 활짝 열려진 새 시작의 책이 되는 것이다. 창세기는 하나님의 신실하심을 믿고 그 약속의 땅으로의 회복이 있을 것임을 고대하는 희망으로 그 대단원의 막을 내리고 있다. 그러므로 창세기는 닫힌 책이 아니라 끊임없이 미래를 향하여 열려있는 하나님의 백성을 향한 신앙의 도전이라 할 수 있다. 그러나 그 미래는 과거를 바르게 함이 없이는 결코 열려지지 않는다는 것 또한 명심해야만 한다. 창세기의 마지막은 그것을 명확하게 우리에게 증거하고 있다. 태초의 죄악을 해결한 하나님의 백성 이스라엘은 약속의 땅으로 갈 준비가 되었다. 이제 때가 차면 하나님께서 그 곳으로 이들을 이끄실 것이다. 가나안 땅 그 곳은 수천 년의 세월동안 그 땅을 선물로 부여받은 가나안 일곱 족속들이 사람이 더 이상 호흡하며 살아갈 수도 없을 만큼 악으로 땅을 더럽혀 놓아 땅이 스스로 그 원주민들을 토해내는 지경에 이르렀다(레 18:24-30). 그러나 하나님의 백성이 걸어가는 곳, 그리고 이들이 머무는 곳은 회복과 화해, 용서가 이루어질 것이기에 더 이상 추락할 수 없을 정도로 더럽고, 추하며, 거칠고, 황폐한 땅일지라도 이들은 에덴을 만들 수 있을 것이다. 요셉은 전 세

계적인 기근 속에서도 힘 있고, 복되게 살아갈 수 있는 세상을 만들고 있기 때문이다.

　　　요셉은 애굽인들이 가장 이상적으로 생각하는 최고의 연령인 110세를 향수한 것으로 기록하고, 에브라임과 므낫세의 자손 삼대를 보았다고 한다(창 50:22-23). [239] 그렇다면 요셉까지 합하면 4대를 본 것이다. 한 사람이 향수할 수 있는 최고의 세월을 보냈다는 것을 시사하는 것이다. 요셉은 죽으며 유언으로 이스라엘의 미래를 자신의 뼈와 결부시켜 일체화 시키고 있다. 자신의 뼈와 이스라엘이 운명공동체 임을 시사하고 있는 것이다.

　　　A. 50:22　요셉이 애굽에 거주하여 110세를 살고
　　　　B. 50:23　에브라임의 자손 삼대
　　　　　C. 50:24　하나님께서 가나안으로 인도하실 것이라
　　　　B'. 50:25　이스라엘 자손에게 해골을 메고 올라가라고 명함
　　　A'. 50:26　요셉이 110세에 죽으매 애굽에서 입관

　　　야곱과 요셉의 유언은 주검으로라도 돌아가야 하고, 뼈가 되어서라도 돌아가야 할 땅은 바로 약속의 땅, 가나안이라는 것을 역력히 증거하고 있다. 이제 이스라엘은 약속의 땅으로 돌아갈 준비가 되었다. 그 땅에서 하나님과의 관계를 든든히 하고, 사람과의 관계를 바로 세워서 세상 모든 족속들에게 하나님의 복을 전하는 다스림의 삶을 살아갈 준비가 갖추어진 것이다. 요셉의 시신은 죽자마자 즉시 가나안으로 돌아간 야곱과는 달리 이스라엘이 장차 약속의 땅으로 돌아갈 것이란 사실을 계속해서 일깨워주기 위해 애굽에 남아서 그들과 함께한다. 신실한 자의 뼈는 땅의 약속이 아직도 성취되기를 기다리고 있음에 대한 표적의 역할을 한다(출 13:19; 수 24:32). 이제 다음에 펼쳐질 이야기는 약속의 땅으로의 전진을 꿈꾸는 하나님의 백성인 이스라엘의 이야기가 전개될 것이 분명하다.

6) 하나님의 백성 이스라엘이 성취한 것

창세기의 전반부인 1-11장이 두 인물인 아담과 노아의 이야기를 펼쳤다면, 창세기의 후반부인 12-50장은 하나님의 백성 이스라엘의 믿음의 시작을 보여주는 아브라함부터 이삭, 야곱 그리고 요셉과 그의 형제들까지의 이야기를 전한다. 아담과 노아가 이루지 못한 것을 아브라함-요셉과 형제들까지 연결되며 모두 성취해 낸 것을 통해 하나님의 백성이 안고 있는 소명이 무엇인가를 돌아 볼 수 있다. 지금까지 창세기가 걸어왔던 길을 도표로 요약하면 다음과 같다.

세상 (1-11장)	아브라함 (12-22장)	이삭 (23-24장)	야곱 (25-36장)	요셉-형제들 (37-45장)	이스라엘 (46-50장)
◉ 인류의 문제 (원인)	① 하나님과의 관계회복 (절대적 순종)	(결과) *저주➡축복 *추방➡정착	*야곱이 이스라엘로 *부분적인 화해를 만듦	② 사람과의 관계회복 (형제를 위한 전적인 희생)	◉ 인류의 문제 해결 (방법)
① 하나님과의 관계 파괴 (불순종) ② 사람과의 관계파괴 (형제살해) (결과) *축복➡저주 *정착➡추방	인류가 안고 있던 문제들을 이스라엘이 해결해야 한다. 이것이 바로 하나님의 백성 이스라엘의 정체성이며 존재 이유이다. 아브라함 이후의 족장들의 이야기는 이스라엘의 의미를 보여주는데 목적이 있다.				① 아브라함의 순종부터 ② 요셉과 형제들의 연합 까지 - 그 정신 계승하는 이스라엘 (결과) *야곱의 축복 *애굽➡가나안

인류의 실패를 다루고 있는 창세기 1-11장까지의 사건은 또다시 두 번의 기회로 세분화 될 수 있다. 그리고 이 두 번의 기회 속에서 실패로 끝난 것이 결국 아브라함부터 이삭, 야곱을 거쳐 요셉과 그 형제들의 삶 속에서 온전한 결실을 맺게 된다. 그 세세한 비교를 통해 하나님의 백성이 이루어야 할 소명이 무엇인가를 더 세밀하게 살펴볼 수 있다.

아담 이야기 (창 1:1-6:8)	노아 이야기 (창 6:9-11:26)	아브라함-이스라엘 (창 11:27-50:26)
혼돈의 물, 창조 (1:1-2:3)	혼돈의 물, 창조 (6:9-9:17)	혼돈에서 천지창조로 (아브람을 부르심) (12:1-4)
에덴동산(아담과 하와) (2:4-25)	아라랏산지역(노아 가족) (9:18-19)	가나안 땅(아브람 가족) (12:5-9)
아담과 하와의 타락 (3:1-24)	노아의 타락 (9:20-29)	아브라함의 순종 (22:1-19)
아담의 아들들-형제 분열과 저주 (4:1-16)	노아의 아들들-형제 분열과 저주 (9:18-29)	이삭의 축복 (26장)
아담의 후손들의 계보 (형제분리와 갈등) (4:17-5:32)	노아의 후손들의 계보 (형제분리와 갈등) (10:1-32)	아브람의 후손들의 계보 (형제분리와 갈등) ① 이삭-이스마엘(연합실패) ② 야곱-에서(연합실패) ③ 요셉-형제들(연합성취)
가인과 셋의 후손들의 연합 인간의 교만 - 네피림 (6:1-6) **(이름의 사람들)**	노아의 후손들의 연합 인간의 교만 - 바벨탑 (11:1-9) **(우리 이름을 내고)**	요셉과 형제들의 화해와 연합 이스라엘의 12지파 탄생 (46-50장) **(내가 하나님을 대신하리이까)**
지면에서 쓸어버리실(מחה 마하) 계획 (6:7)	온 지면에서 흩어버리심(פוץ 푸쯔) (11:9)	하나님이 당신들을 이 땅에서 인도하여 내사 아브라함과 이삭과 야곱에게 맹세하신 땅에 이르게 하시리라(עלה 알라) - 땅으로 모으실 것(50:24)
선택된 노아 (6:8)	선택된 아브람 (11:10-26)	선택된 이스라엘 자손들 (50:25)
(새로운 기회 - 창조의 파괴와 새 창조)	**(새로운 기회 - 부르심에 응답하는 인간)**	**(새로운 기회 - 약속의 땅을 향하여)**

[2부 주석]

24) W. J. Dumbrell, *Covenant & Creation: An Old Testament Covenantal Theology*, (Devon: Paternoster Press, 1984), 27-28쪽; G. J. Wenham, *Genesis 1-15* (WBC), (Waco, Texas: Word Books, 1978), lii쪽.

25) G. J. Wenham, "Sanctuary Symbolism in the Garden of Eden Story," R. S. Hess & D. T. Tsumura(eds.), *I Studied Inscriptions from before the Flood: Ancient Near Eastern, Literary and Linguistic Approaches to Genesis 1-11*, (Winona Lake, Indiana: Eisenbrauns, 1994), 399-404쪽.

26) W. M. Clark, "A Legal Background to the Yahwist's Use of 'Good and Evil' in Genesis 2-3," *JBL* 88 (1969), 277쪽.

27) F. Landy, "The Song of Songs and the Garden of Eden," *JBL* 98 (1979), 513-28쪽; 김창주, "에로스 동산과 에덴동산,"「구약논단」25집 (2007년 9월), 120-41쪽. 이들은 잃어버린 에덴동산을 사랑으로 회복할 수 있다고 본다.

28) Gary A. Rendsburg, *The Redaction of Genesis*, (Indiana: Eisenbrauns, 1986), 23쪽.

29) Wenham, *Genesis 1-15*, li쪽; B. W. Anderson, "From Analysis to Synthesis: The Interpretation of Genesis 1-11," *JBL* 97 (1978), 39쪽.

30) Kenneth A. Mathews, *Genesis 1-4:26* (NAC; Nashville: Broadman & Holman, 1996), 128쪽. 매튜스는 '바라'가 구약성경에서 주로 '새로움 혹은 갱신'(newness or a renewing)의 의미로 상용되나, 오직 하나님만이 주어가 된다는 점에서 무로부터의 창조를 뜻한다는 견해를 지지한다.

31) 아놀드 B. 로드스(A. B. Rhodes), 『통독을 위한 성서해설: 하나님의 위대한 행동(The Mighty Acts of God)』 (문희석 & 황성규 역) (서울: 대한기독교서회, 1977), 40쪽.

32) 세상이 무로부터 창조되었다는 사고는 구약성경 속에 전혀 나타나지 않는다. 처음으로 그 신학이 나타나는 장소는 외경 마카비하 7:28절부터이다(약 BC 2세기경). 마카비서의 이러한 창조신앙은 풀무불 속에서 아무것도 남기지 않고 모조리 태워버리는 극렬한 핍박으로 고통 받는 유대인들에게 육체가 흔적조차 남지 않을지라도 하나님은 충분히 새롭게 부활의 생명을 주실 수 있다는 희망을 주기 위한 강조점이라 할 수 있다.

33) 한동구, 『창세기의 신앙과 신학』(한국구약학총서 14; 서울: 프리칭아카데미, 2010), 63-67쪽. 한동구는 창세기에 나타난 육식을 부정하는 먹을거리에 담긴 평화사상은 포로 전환기와 포로 후기의 초기에 이스라엘이 꿈꾸었던 정복과 지배가 없는 완전한 평화 공존의 사회에 대한 희망에 그 근원을 둔 것이라고 본다. 하지만 창세기는 그 평화의 세상은 이미 태초부터 품으셨던 하나님의 뜻임을 강조하고 있다.

34) 박준서,『구약세계의 이해』(서울: 한들출판사, 2001), 21-28쪽; Jon D. Levenson, *Creation and the Persistence of Evil: The Jewish Drama of Divine Omnipotence* (New Jersey: Princeton University Press, 1988), 144쪽.

35) 박준서,『구약세계의 이해』, 32쪽.

36) 장일선,『구약세계의 문학』(서울: 대한기독교출판사, 1981), 331-32. 바벨론의 창조서사 시 '에누마 엘리쉬'(Enuma Elish/When On High)의 제6서판에 인간창조에 대한 이야기가 등장한다.

37) 한동구,『창세기의 신앙과 신학』, 76-80쪽.

38) Wenham, *Genesis 1-15*, 6-10쪽.

39) 김창대, "이사야의 구조와 신학적 주제들: 시온을 공의와 의로 빛나게 하라,"『이사야를 어떻게 설교할 것인가?』(제 33차 한국복음주의 구약신학회 학술대회: 구약과 목회와의 만남, 2017년 6월 22일), 15쪽; 메리데스 G. 클라인(Meredith G. Kline), 『하나님 나라의 서막(*Kingdom Prologue : Genesis Foundations for a Covenantal Worldview*)』(김구원 역) (서울: CLC, 2007), 63쪽.

40) 김세윤,『요한복음 강해』(서울: 두란노아카데미, 2001), 100쪽.

41) 아브라함 요수아 헤셸(A. J. Heschel),『누가 사람이냐(*Who is Man?*)』(이현주 역) (서울: 한국기독교연구소, 2008), 147쪽.

42) Lawrence E. Stager, "Jerusalem and the Garden of Eden," *EI* 26 (1999), 189쪽; idem, "Jerusalem as Eden," *BAR* 26 (2000), 38-39쪽.

43) Magnus Ottosson, "Eden and the Land of Promise," (VTSup. XL; Leiden: E. J. Brill, 1988), 177-188쪽.

44) Walter Brueggemann, *Genesis* (Int; Atlanta: John Knox Presss, 1982), 47쪽.

45) W. S. Prinsloo, "The Theology of the Book of Ruth," *VT* 30 (1980), 341쪽.

46) 이희학,『인간의 죄악과 하나님의 구원행동: 창 1-11장의 신학』(서울: 대한기독교서회, 2003), 107-108쪽.]

47) 김창주, "에로스 동산과 에덴동산,", 28-29쪽.

48) 존 칼빈(John Calvin),『기독교 강요 상(*Institutes of the Christian Religion I*)』(원광연 역) (서울: 크리스챤다이제스트, 2004), 49쪽.

49) B. S. Childs, "Tree of Knowledge, Tree of Life," *IDB* vol. iv (New York: Abingdon Press, 1962), 695-97쪽.

50) Childs, "Tree of Knowledge, Tree of Life," 696-97쪽.

51) A. 피에르(Abbé Pierre),『단순한 기쁨(*Mémoire d'un croyant*)』(백선희 역) (서울: 마음산책, 2001), 75-76쪽.

52) 순종에 대한 이런 의미는 헬라어에도 동일하다. 헬라어에 '순종하다'라는 뜻으로 주로 쓰이는 단어가 '후파쿠오'(ὑπακούω)인데, 두 단어의 합성어로 '아래'를 뜻하는 전

치사 '후포'(ὑπό)와 '듣다'를 뜻하는 동사 '아쿠오'(ἀκούω)가 결합된 것으로 '아래에서 듣다'라는 의미가 된다. 이렇게 순종은 헬라어에서도 겸손히 경청한 후에 전심으로 따르는 것을 의미한다.

53) 김세윤,『요한복음 강해』, 95쪽.

54) 제임스 L. 크렌쇼(J. L. Crenshaw),『구약지혜문학의 이해(*Old Testament Wisdom: An Introduction*)』(강성열 역) (서울: 한국장로교출판사, 1993), 58-78쪽.

55) 에이브러햄 H. 매슬로(A. H. Maslow),『인간욕구를 경영하라(*Maslow on Management*)』(왕수민 역) (서울: 리더스북, 2011).

56) 이명구, "리더십이란 무엇인가: 함께하는 마음이 우선이다,"『*Tomorrow: Magazine for the Future Leader*』 5월호 (2012), 58-61쪽.

57) 매슬로,『인간욕구를 경영하라(*Maslow on Management*)』, 63-103, 152-161, 232-265쪽.

58) D. J. A. Clines, "The Tree of Knowledge and the Law of Yahweh(Psalm 19)," *VT* 24 (1974), 8-14쪽; P. C. Craigie, *Psalms 1-50* (WBC 11; Waco, Texas: Word Books, 1983), 177-84쪽.

59) 제임스 L. 메이스(James L. Mays),『시편(*Psalms*)』(Int; 서울: 한국장로교출판사, 2002), 393-94쪽.

60) 디트리히 본회퍼(D. Bonhoeffer),『창조와 타락(*Schöpfung und Fall*)』(강성영 역) (디트리히 본회퍼 신서 3; 서울: 대한기독교서회, 2010), 138쪽. 본회퍼는 이것을 "인간이 어떤 원리나 하나님 이해를 무기삼아 하나님의 구체적인 말씀을 대적하는 곳에서 인간은 스스로 정당화하고 하나님의 주인이 되는 것이다"라고 본다.

61) 폰 라트(G. von Rad),『창세기(*Das erste Buch Mose: Genesis*)』, 94쪽.

62) 폰 라트(G. von Rad),『창세기(*Das erste Buch Mose: Genesis*)』, 98쪽.

63) 한동구,『창세기의 신앙과 신학』, 139쪽.

64) Nahum M. Sarna, *Genesis* (JPS Torah Commentary; Philadelphia: Jewish Publication Society, 1989), 31쪽.

65) Alan J. Hauser, "Linguistic and Thematic Links Between Genesis 4:1-16 and Genesis 2-3," *JETS* 23 (1980), 297-305쪽.

66) Hauser, "Linguistic and Thematic Links," 297-98쪽; Wenham, *Genesis 1-15*, 99-100쪽.

67) 존 H. 월턴(John H. Walton),『차트 구약: 구약 연대표 및 배경사(*Chronological and Background Charts of the Old Testament*)』(서울: 기독교문서선교회, 1999), 59쪽.

68) Hamilton, *The Book of Genesis Chapters 1-17*, 265쪽.

69) J. M. Sasson, "The Tower of Babel as a Clue to the Redactional Structuring of the Primeval History(Gen. 1-11)," G. Rendsburg(ed.), *The Bible World: Essays in Honor of Cyrus H. Gordon*, (New York: KTAV Publishing House, 1980), 211-19쪽; R. L. Cohn, "Narrative Structure and Canonical Perspective in Genesis," *JSOT*

25 (1983), 5쪽; Susan Niditch, *Chaos to Cosmos: Studies in Biblical Patterns of Creation*, (Atlanta, Georgia: Scholars Press, 1985), 22-24쪽; Jan P. Fokkelman, *Reading Biblical Narrative: An Introductory Guide*, Ineke Smit(trans.), (Louisville, Kentucky: Westminster John Knox Press, 1999), 156-57쪽.

70) K. R. R. Gros Louis, "Gensis 3-11," K. R. R. Gros Louis(ed.), *Literary Interpretation of Biblical Narrative*, vol. II, (Nashville: Abingdon, 1982), 50쪽; Robert W. E. Forrest, "Paradise Lost Again: Violence and Obedience in the Flood Narrative," *JSOT* 62 (1994), 3-18쪽.

71) Hamilton, *The Book of Genesis 1-17*, 321쪽.

72) Wenham, *Genesis 1-15*, 199쪽; F. W. Bassett, "Noah's Nakedness and the Curse of Canaan: A Case of Incest?" *VT* 21 (1971), 232-37쪽.

73) A. J. Tomasino, "History Repeats Itself: The 'Fall' and Noah's Drunkenness," *VT* 42 (1992), 128-130쪽; Forrest, "Paradise Lost Again," 15-17쪽. 아담, 가인, 그리고 노아가 행한 범죄에 대한 상세한 비교 대조표는 다음을 참조하시오; Devora Steinmetz, "Vineyard, Farm, and Garden: The Drunkenness of Noah in the Context of Primeval History," *JBL* 113 (1994), 197-98쪽.

74) Rendsburg, *The Redaction of Genesis*, 16쪽.

75) 그 반복적인 실패의 동일한 과정에 대한 비교 도표는 다음을 참조하시오: 김재구, "여성 아브라함들," 「구약논단」30집 (2008년 12월), 35쪽; Anderson, 윗글, 23-39쪽.

76) Allan K. Jenkins, "A Great Name: Genesis 12:2 and the Editing of the Pentateuch," *JSOT* 10 (1978), 45쪽.

77) H. A. J. Kruger, "Subscrips to Creation: A Few Exegetical Comments on the Literary Device of Repetition in Gen. 1-11," André Wénin(ed.), *Studies in the Book of Genesis* (BETL; Leuven: Leuven University/Peeters, 2001), 439쪽; Rendsburg, *The Redaction of Genesis*, 23쪽.

78) Sasson, "The Tower of Babel as a Clue to the Redactional Structuring of the Primeval History(Gen. 1-11:9)," 211-19쪽; Rendsburg, *The Redaction of Genesis*, 8쪽.

79) Sarna, *Genesis*, 51쪽.

80) 송병현, 『창세기』(엑스포지멘터리; 서울: 국제제자훈련원, 2010), 172-73쪽.

81) G. J. Wenham, "The Coherence of the Flood Narrative," *VT* 28 (1978), 338쪽.

82) Waltke, *Genesis: A Commentary*, 141쪽.

83) W. M. Clark, "The Flood and the Structure of the Pre-Patriarchal History," *ZAW* 83 (1971), 195쪽.

84) Hamilton, *The Book of Genesis Chapters 1-17*, 321-22쪽.

85) W. L. Holladay, *A Concise Hebrew and Aramaic Lexicon of the Old Testament* (Grand

Rapids, Michigan: Eerdmans, 1971), 292쪽.

86) G. von Rad, *Genesis* (OTL; Philadelphia: Westminster, 1972), 146쪽.

87) Waltke, *Genesis*, 169쪽.

88) Von Rad, *Genesis*, 151쪽.

89) Robert R. Wilson, "The Old Testament Genealogies in Recent Research," *JBL* 94 (1975), 169-189쪽.

90) Jenkins, "A Great Name: Genesis 12:2 and the Editing of the Pentateuch," 41-57쪽.

91) Hamilton, *The Book of Genesis 1-17*, 10-11쪽.

92) Nahum M. Sarna, *Understanding Genesis*, (New York: Schoken Books, 1970), 161쪽; Karel A. Deurloo, "Because You Have Harkened to My Voice(Genesis 22)," M. Kessler(trans. & ed.), *Voices From Amsterdam: A Modern Tradition of Reading Biblical Narrative*, (Georgia: Scholars Press, 1994), 125쪽.

93) David M. Carr, "Βίβλος χενέσεως Revisited: A Synchronic Analysis of Patterns in Genesis as Part of the Torah(Part Two)," *ZAW* 110 (1998), 332쪽; Kruger, "Subscrips to Creation: A Few Exegetical Comments on the Literary Device of Repetition in Gen. 1-11," 439쪽.

94) Rendsburg, *The Redaction of Genesis*, 28-29쪽.

95) Nahum M. Sarna, "The Anticipatory Use of Information as a Literary Feature of the Genesis Narratives," in *The Creation of Sacred Literature: Composition and Redaction of the Biblical Text*, ed. R. E. Friedman (Los Angeles: University of California Press, 1981), 80쪽.

96) Rendsburg, *The Redaction of Genesis*, 39-40쪽.

97) 이러한 아브라함의 전설에 관한 논쟁은 David A. De Silva, "Why Did God Choose Abraham?" *BR* 16 (2000), 16-21, 42-44쪽을 참고하라.

98) 김재구, "여성 아브라함들," 36쪽; W. J. Dumbrell, *Covenant & Creation: An Old Testament Covenantal Theology* (Devon: Paternoster Press, 1984), 61쪽; Brodie, *Genesis as Dialogue*, 210-11쪽.

99) Rendsburg, *The Redaction of Genesis*, 30-35쪽.

100) Sarna, *Genesis*, 92쪽. 사르나는 이 지역들은 이미 가나안의 신전들이 위치하고 있었으나, 아브라함은 이것을 무시하고 자신의 하나님 여호와께 제단을 지음으로 그 지역들에 새로운 종교 역사를 부여하고 있다고 본다. 그레고리 K. 비일(G. K. Beale),『성전신학(*The Temple and the Church's Mission: A Biblical Theology of the Dwelling Place of God*)』(강성열 역) (서울: 새물결플러스, 2014), 133쪽. 비일은 이와 같은 행동은 마치 "깃발을 꽂고서 땅의 소유권을 주장하는 것과도 같은" 행동이라는 것에 동의한다.

101) Von Rad, Genesis, 159, 239쪽; Benno Jacob, *The First Book of the Bible: Genesis* (New York: KTAV Publishing House, 1974), 143쪽; Rendsburg, *The Redaction of Genesis*, 31쪽.

102) Waltke, *Genesis*, 304쪽.

103) Jae Gu Kim, "The Existence and Function of the Isaac-Rebekah Cycle(Genesis 23:1-25:18)," J. R. Wood, et al.(eds), *From Babel to Babylon: Essays on Biblical History and Literature in Honour of Brian Peckham*,, (LHBOTS 455[JSOTS]), (New York: T&T Clark, 2006), 45-46쪽.

104) R. Youngblood, *The Book of Genesis: An Introductory Commentary* (Grand Rapids; Baker, 1992), 186쪽.

105) Bereshit Rabbah 55:8. Ricky Novick, "Abraham and Balaam: A Biblical Contrast," *JBQ* 35 (2007), 29쪽.

106) 송병현,『창세기』, 400쪽.

107) Sarna, *Genesis*, 396-397쪽; Victor P. Hamilton, *The Book of Genesis 18-50* (NICOT; Grand Rapids, Michigan: W. B. Eerdmans Publishing Company, 1995), 205쪽.

108) Hamilton, *The Book of Genesis Chapters 18-50*, 113-14쪽.

109) Hamilton, *The Book of Genesis Chapters 1-17*, 390쪽.

110) Hamilton, *The Book of Genesis Chapters 1-17*, 420쪽. 다음을 참조하시오. E. A. Speiser, "Notes to Recently Published Nuzi Texts," *JAOS* 55 (1935), 435-36쪽; C. H. Gordon, "Biblical Customs and the Nuzi Tablets," *BA* 3 (1940), 2-3쪽.

111) 김윤희, "바벨서술 심판인가 축복인가?,"『성경과 신학』68 (2013), 269쪽.

112) 존 H. 세일해머(J. H. Sailhamer),『구약신학개론(*Introduction to Old Testament Theology: A Canonical Approach*)』(김진섭 역) (서울: 솔로몬, 2003), 530-35쪽.

113) G. J. Wenham, *Genesis 16-50* (WBC; Waco, Texas: Word Books, 1994), 7-8쪽.

114) Hamilton, *Genesis 1-17*, 462-63쪽.

115) Wenham, *Genesis 16-50*, 20쪽.

116) Brodie, *Genesis as Dialogue*, 92-93쪽.

117) E. A. Speiser, *Genesis* (ABC 1; New York: Doubleday, 1982), 182쪽.

118) Rendsburg, *The Redaction of Genesis*, 71-77쪽; Waltke, Genesis, 19쪽.

119) Martin Noth, *A History of Pentateuchal Traditions* (New Jersey: Prentice-Hall, 1972), 102-15쪽.

120) W. H. Gispen, "A Blessed Son of Abraham," W. C. Delsman et al. ed. *Von Kanaan bis Kerala Festschrift für prof. J. P. M. von der Ploeg O. P.*, AOAT 211 (Neukirchen-Vluyn: Newkirchener Verlag, 1982), 124쪽.

121) 사라가 127세가 죽었다는 것(창 23:1)은 그 때 아브라함의 나이가 137세 였다는 것을 말

한다. 75세에 가나안을 향하여 이동했다는 점에서 정확하게 62년의 유랑이 된다.

122) Jacob, *The First Book of the Bible: Genesis*, 149쪽; Lieve Teugels, "Strong Woman, Who Can Find? A Study of Characterization in Genesis 24, with Some Perspectives on the General Presentation of Isaac and Rebekah in the Genesis Narratives," *JSOT* 63 (1994), 92쪽.

123) Sarna, *Genesis*, 161쪽.

124) Sarna, *Genesis*, 174쪽. 참조, *Genesis Rabba* 62:7.

125) Von Rad, *Genesis*, 255쪽.

126) Wenham, *Genesis 16-50*, 152쪽.

127) S. R. Driver, *An Introduction to the Literature of the Old Testament*, 9th ed. (New York: Charles Scribner's Sons, 1913), 16쪽.

128) Jan P. Fokkelman, *Narrative Art in Genesis: Specimens of Stylistic and Structural Analysis*, Studia Semitica Neerlandica (Assen: Van Gorcum, 1975), 115쪽.

129) 월터 브루그만(Walter Brueggemann),『성경이 말하는 땅: 선물·약속·도전의 장소(*The Land: Place as Gift, Promise and Challenge in Biblical Faith*)』(정진원 역) (서울: 기독교문서선교회, 2005), 14-15쪽.

130) 성서와 함께 편집부,『성서가족을 위한 창세기 해설서: 보시니 참 좋았다』(서울: 성서와 함께, 1988), 285-86쪽; 송병현,『창세기』, 407-408쪽.

131) Sarna, *Genesis*, 156-57쪽; Wenham, *Genesis 16-50*, 130쪽; N. C. Habel, *The Land is Mine: Six Biblical Land Ideologies* (OBT; Minneapolis: Fortress, 1995), 123쪽.

132) H. Gunkel, *Genesis* (Macon, Ga.: Mercer University Press, 1997), 274쪽; Von Rad, *Genesis*, 244-45쪽.

133) J. Licht, *Storytelling in the Bible* (Jerusalem: Magnes/Hebrew University, 1978), 21쪽.

134) Carr, "Βιβλος χενεσεως Revisited: A Synchronic Analysis of Patterns in Genesis as Part of the Torah(Part Two)," 337쪽.

135) Wenham, *Genesis 16-50*, 130쪽.

136) 송병현,『창세기』, 410쪽.

137) Devora Steinmetz, *From Father to Son: Kinship, Conflict and Continuity in Genesis* (Louisville: Westminster, 1991), 173-74쪽.

138) Joel S. Kaminsky, "Humor and the Theology of Hope: Isaac as a Humorous Figure," *Int* 54 (2000), 363-75쪽.

139) Waltke, *Genesis*, 328쪽.

140) 창세기 12:1절은 여호와께서 아브라함에게 "너는 너의 고향(אֶרֶץ 에레쯔)과 친척(וּלֶדֶת 모레데트)과 아버지의 집(בֵּית–אָב 베이트-아브)을 떠나 내가 네게 보여줄 땅으로 가라"고 하셨다.

141) Hamilton, *The Book of Genesis 1-17*, 152쪽. 해밀톤은 '어머니의 집'이란 표현이 다른 곳에서 아비의 죽음이 명백하지 않은 상황 속에서도 나타나는 것을 볼 때 모계세습의 한 증거일수도 있다고 본다(룻 1:8; 아 8:2).

142) Teugels, 'A Strong Woman, Who Can Find?', 97-98쪽. 토이겔스는 리브가의 결혼 이야기는 아브라함의 신앙을 반복하고 있음을 강조하고 그리고 이삭이 직접 가지 않고 종이 대리인으로 간 것도 아브라함에게서처럼 전적이며 무조건적인 리브가의 믿음을 기대하기 때문이라고 본다.

143) Teugels, 'A Strong Woman, Who Can Find?', 102쪽.

144) Wenham, *Genesis 16-50*, 138쪽.

145) '묵상하다'로 번역된 히브리어 수아흐(שׂוח)는 구약성경에서 단 한 번 밖에 나오지 않으며, 시편에 나타나는 '시아흐'(שׂיח)와 같은 어근을 가진 것으로 이해하여 '묵상하다'로 번역한다(시 119:15, 23, 27, 48, 78, 148; 143:5; 145:5).

146) Brodie, *Genesis as Dialogue*, 279쪽.

147) W. Brueggemann, "Of the Same Flesh and Bone(GN 2,23a)," *CBQ* 32 (1970), 532-42쪽; Hamilton, *The Book of Genesis: Chapters 1-17*, 179쪽.

148) Wenham, *Genesis 16-50*, 151-52쪽. 웬함은 다음과 같이 주의하기도 한다: "만약 이삭이 결혼 할 때 40세였다면(창 25:20), 그의 아버지는 그 때 140세였을 것이다 그리고 그는 175세까지는 죽지 않는다(창 25:7)."

149) Von Rad, *Genesis*, 254쪽; Sarna, *Genesis*, 156쪽.

150) B. Peckham, *History and Prophecy: The Development of Late Judean Literary Traditions* (ABRL; New York: Doubleday, 1993), 82쪽.

151) Teugels, 'A Strong Woman, Who Can Find?', 103쪽; Brodie, *Genesis as Dialogue*, 279쪽.

152) Martin Shaw, Henry Coleman & T. M. Cartledge(eds.), *National Anthems of the World* (Dorset, Great Britain: Blandford Press, 1975), 218-19쪽.

153) 토마스 V. 브리스코(Thomas V. Brisco), 『두란노 성서지도(Holman Bible Atlas)』 (강사문 외 7명 역) (서울: 두란노, 2008), 27쪽.

154) Terence E. Fretheim, "Which Blessing Does Isaac Give Jacob?" in *Jews, Christians, and the Theology of the Hebrew Scripture*, eds. A. O. Bellis and J. S. Kaminsky (SBL Symposium Series no. 8; Atlanta: Society of Biblical Literature, 2000), 279-91쪽.

155) Fretheim, "Which Blessing Does Isaac Give Jacob?" 279-91쪽.

156) Rendsburg, *The Redaction of Genesis*, 53-54쪽; Stanley D. Walters, "Jacob Narrative," *ABD* vol. 3 (Garden City; Doubleday, 1992), 600쪽.

157) Walters, "Jacob Narrative," 606쪽; Rendsburg, *The Redaction of Genesis*, 55쪽.

158) Fokkelmann, *Narrative Art in Genesis*, 240-41쪽.

159) Lyn M. Bechtel, "What If Dinah is not Raped?(Genesis 34)," *JSOT* 62 (1994), 19-36
쪽; Aaron Wildavsky, "Survival Must not be Gained Through Sin: Moral of the
Joseph Stories Prefigured Through Judah and Tamar," *JSOT* 62 (1994), 37-48쪽.

160) Walters, "Jacob Narrative," 606쪽.

161) Fokkelmann, *Narrative Art in Genesis*, 197쪽.

162) Fokkelman, *Narrative Art in Genesis*, 197-98쪽.

163) Rendsburg, *The Redaction of Genesis*, 65쪽. 렌즈버그는 레아를 암양으로 보고, 라헬
은 (야생)암소로 해석한다.

164) Hamilton, *The Book of Genesis Chapters 18-50*, 185쪽.

165) 유연희,『아브라함과 리브가와 야곱의 하나님』(서울: 대한기독교서회, 2009), 220-21쪽.

166) 이재철,『인간의 일생: 신앙을 자기 야망의 도구 삼는 시대에 띄우는 마지막 청년서신』
(서울: 홍성사, 2004), 66-67쪽.

167) 매슬로,『인간욕구를 경영하라(*Maslow on Management*)』, 71, 236쪽; 마빈 해리스
(Marvin Harris),『문화의 수수께끼(*Cows, Pigs, Wars and Witchs: The Riddles
of Culture*)』(서울: 한길사, 1982), 109-128쪽. 해리스는 선댄스 의식과 비슷한 밴
쿠버 섬(Vancouver Island) 원주민인 콰키우틀족 사이에서 행해졌던 포트래취
(potlatch)에 관하여 상세하게 전하고 있다.

168) Holladay, *A Concise Hebrew and Aramaic Lexicon of the Old Testament*, 257쪽;
Wenham, *Genesis 16-50*, 221-22쪽.

169) Cohn, "Narrative Structure and Canonical Perspective in Genesis," 10쪽.

170) Robert Alter, *The Art of Biblical Narrative* (New York: Basic Books, 1981), 10쪽.

171) Waltke, *Genesis*, 420쪽.

172) 유진 피터슨(E. H. Peterson),『응답하는 기도 *Answering God: The Psalms as Tools
for Prayer*』(서울: IVP, 2003), 93쪽.

173) 보통 일곱 번 절을 하는 것은 고대 근동에서 왕에게 올리는 신하의 예이다. W. W.
Hallo & K. L. Younger, *The Context of Scripture*, vol. iii (Leiden, Boston: Brill,
2003), 239-41쪽.

174) R. E. Longacre, *Joseph: A Story of Divine Providence, A Text Theoretical and
Textlinguistic Analysis of Genesis 37 and 39-48* (Winona Lake: Eisenbrauns,
1989), 22-23쪽.

175) 김재구, "요셉 이야기 속에서 유다-다말 이야기의 문학적 기능,"『협성신학논단』 7
(2005), 258-98쪽. 이 논문에서 본 저자는 주제적인 면에서 요셉 이야기를 두 부분
으로 나누는 근거에 대한 논증은 물론이요, 요셉 이야기 안에서 '유다-다말 이야
기'(창 38장)의 문학적, 신학적인 기능 또한 제시했다.

176) D. B. Redford, *A Study of the Biblical Story of Joseph (Gen. 37-50)* (Leiden: Brill,

1970), 13-14쪽; D. A. Garrett, *Rethinking Genesis: The Sources and Authorship of the First Book of the Pentateuch* (Grand Rapids, Michigan: Baker Book House, 1991), 99-100쪽.

177) J. 스키너(John Skinner, *Genesis* [ICC; Edinburgh: T & T Clark, 1930], 438쪽)는 요셉 이야기를 "구약 인물 이야기들 중에서 가장 예술적이고 환상적"이라고 칭하고, 폰 라트(Von Rad, *Genesis*, 1972], 347쪽)는 이 이야기를 '하나의 유기적인 형태로 구성된 이야기'라고 묘사하며, 사르나(Nahum Sarna, *Understanding Genesis* [New York: Schoken Books, 1970], 211쪽)는 요셉 이야기가 어느 것에도 비교할 수 없는 이야기의 연속성을 지니고 있다고 평가하고, 궁켈(H. Gunkel, *The Legend of Genesis: The Biblical Saga and History* [trans. W. H. Carruth] [New York: Schoken Books, 1964], 79-80쪽)은 이 이야기를 '하나의 로맨스'라고 표현하고, 데이빗슨(R. M. A. Davidson, *Genesis 12-50* [Cambridge: University Press, 1979], 212쪽)은 이것을 '단편소설'이라 칭하기도 하고, 레드포드(D. B. Redford, *A Study of the Biblical Story of Joseph* (Gen. *37-50*) [Leiden: E. J. Brill, 1970], 66-68쪽)는 '동화 같은 소설'(Märchen-Novelle)이라 표현하고 있고, 렌즈버그(Rendsburg, *The Redaction of Genesis*, 79쪽)는 요셉 이야기는 "창세기 안에서, 아마도 전 오경 안에서, 나아가서는 전 구약성경 안에서 가장 통일성이 있는 이야기일 것이다"라고 단언하고 있기도 하며, 웬함(Wenham, *Genesis 16-50*, 1994], 344쪽)은 "요셉 이야기는 만장일치로 족장 이야기들 중에서 가장 밀접하게 연합된 이야기로 간주되며, 자주 단편이야기(독일 용어로 *Novelle*)로 불린다"고 한다.

178) Redford, *A Study of the Biblical Story of Joseph*, 13-14쪽; Dyane A. Garrett, *Rethinking Genesis*, 99-100쪽.

179) 창 37:3, 13, 14; 42:5; 43:6, 8, 11; 45:21, 28; 46:1, 2, 5, 8; 46:29, 30; 47:29, 31; 48:2, 8, 10(2번), 13(2번), 14, 21; 49:2; 50:2. 특이하게도 창세기 37:2-46:27절 안에서 민족의 개념으로는 이스라엘이라는 용어 대신 '히브리인'이라는 단어가 쓰이고 있다(창 39:14, 17; 40:15; 41:12).

180) G. W. Coats, *From Canaan To Egypt: Structural and Theological Context for the Joseph Story* (Washington D.C.: The Catholic Biblical Association of America, 1976), 9-11쪽.

181) 창세기 47:27절에서 하나의 주어인 '이스라엘'이 등장하는데 첫 번째 동사는 단수형이나 나머지 세 개의 연속되는 동사들은 모두 복수형의 형태를 취하고 있다. 이에 대해 사르나(N. Sarna, *Understanding Genesis*, 323쪽)는 이 불일치와 모호함은 계획적이고 의도적인 것으로 개인적인 의미의 '이스라엘'이 민족적인 의미의 '이스라엘'과 합병되어 있는 것이라 주장한다.

182) Redford, *A Study of the Biblical Story of Joseph*, 14쪽.

183) Coats, *From Canaan To Egypt*, 7-8쪽.

184) Donald A. Seybold, "Paradox and Symmetry in the Joseph Narrative," K. R. R. Gros Louis (ed), *Literary Interpretation of Biblical Narratives*, vol. I (Tennessee: Abingdon, 1978), 59-73쪽.

185) Claus Westermann, *Joseph: Eleven Bible Studies on Genesis* (Omar Kaste, trans.) (Minneapolis: Fortress Press, 1996), viii-x쪽.

186) Longacre, *Joseph: A Story of Divine Providence*, 22-23쪽.

187) Rendsburg, *The Redaction of Genesis*, 80쪽.

188) 돌시,『구약의 문학적 구조: 창세기-말라기 주석 (*The Literary Structure of the Old Testament: A Commentary on Genesis-Malachi*)』, 82쪽.

189) 참고. Westermann, *Joseph: Eleven Bible Studies on Genesis*, x쪽; Longacre, *Joseph: A Story of Divine Providence*, 22-23쪽; 험프리스 (W. L. Humphreys), *Joseph and His Family: A Literary Study* (Columbia, South Carolina: The University of South Carolina Press, 1988), 32쪽.

190) Westermann, *Joseph: Eleven Bible Studies on Genesis*, x-xi쪽.

191) Sarna, *Understanding Genesis* , 317쪽; Waltke, *Genesis*, 577쪽.

192) Wenham, Genesis 16-50, 451쪽. 여기서 웬함은 주장하기를 하나님이 약속을 이루어 가시는 역사가 애굽 땅에 내려간 70명의 야곱의 후손들 - 이것은 실제적인 숫자라기보다는 많은 후손 혹은 신성함이라는 상징적인 의미를 가지고 있는 - 에게서 잘 보인다고 한다. 이것은 야곱의 후손들의 족보를(창 46:8-26) 통해 이미 이스라엘은 아브라함에게 주어졌고(창 12:2) 또 야곱에게서 다시 확증된(창 46:3) 큰 민족에 대한 약속을 하나님께서 이루어 가시고 계심을 보고 있다는 것이다. 그리고 그 분명한 증거는 그 족보에 기록된 사람들이 단순한 일개 가족들의 우두머리가 아닌 각 지파와 그리고 그 지파 안에서의 개개의 부족들의 우두머리들의 명단이라는 점에서 더욱더 명백해 진다고 본다.

193) Carr, *Reading the Fractures of Genesis*, 275쪽; Seybold, "Paradox and Symmetry in the Joseph Narrative," 59-73쪽; J. S. Ackerman, "Joseph, Judah and Jacob," K. R. R. Gros Louis (ed), *Literary Interpretation of Biblical Narratives*, vol. II (Nashville: Abingdon, 1982), 85-113쪽. 액커만(Ackerman) 은 요셉의 꿈이 성취되어 가는 과정을 세 단계로 나누어서 설명하고 있다: 첫 번째는 열 형제들이, 두 번째는 열한 형제들이, 그리고 마지막으로는 야곱과 그의 전 가족들이 요셉에게 내려감.

194) Waltke, *Genesis*, 558쪽.

195) Longacre, *Joseph: A Story of Divine Providence*, 55쪽.

196) Sarna(*Understanding Genesis*, 263-264쪽)는 동일한 어근이 '유다-다말 이야기'에서 뿐만 아니라 '요셉 이야기'에서도 나타나는 것을 통해 전체 이야기의 긴밀한 연관

714 창세기 로드맵

성을 보여주려 시도한다.

197) Longacre, *Joseph: A Story of Divine Providence*, 55쪽. 롱개크르는 이 변화된 유다를 도덕적 정직성을 가진 사람 그리고 탁월함을 인정받을 수 있는 희생적 책임감을 소유한 사람으로서 묘사하고 있다.

198) Wenham, *Genesis 16-50*, 364쪽.

199) Waltke, *Genesis*, 559쪽. 월트키(Waltke)는 유다의 이 변화는 창 38 장의 유다-다말 이야기에서부터 시작되었으며 44 장의 이 유다의 호소에서 그 절정에 이른다고 본다. 그리고 유다의 이 호소는 요셉의 중심을 만졌고 이를 통해 형제들 사이를 화해시켰다고 여긴다.

200) Westermann, *Genesis 37-50*: A Commentary, 49쪽. 베스터만은 창세기 38장은 본질적으로 유다 지파가 기원된 여러 가족들의 이야기로 요셉 이야기와는 아무런 연관이 없고, 오히려 야곱 이야기의 한 부분인 야곱의 아들들의 이야기들을 다룬 창세기 34장(시므온, 레위) 그리고 창세기 35:22-23절(르우벤)과 밀접한 관련이 있다고 주장한다.

201) Speiser, *Genesis*, 299쪽; G. W. Coats, "Redactional Unity in Gen. 37-50," *JBL 93* (1974), 15쪽.

202) 형이 아들이 없이 죽으면, 형수에게 들어가 형의 이름으로 아들을 낳아주는 법. Susan Niditch, "The Wronged Woman Righted: An Analysis of Genesis 38," *HTR* 72 (1979), 143-149쪽. 니디치는 고대 이스라엘에서 여자는 일반적으로 일생을 통해 세 단계의 보호과정을 거치는데 결혼 전에는 아버지, 결혼 후에는 남편, 그리고 남편 사별 후에는 아들의 보호가 필요하기 때문에 창세기 38장은 자식이 없이 남편을 사별한 여인이 우여곡절 끝에 아들을 낳음으로 그 삶의 터전을 되찾는 것을 보여주고 있다고 본다.

203) James B. Pritchard, ed., Ancient Near Eastern Texts: Relating to the Old Testament, 3rd ed. with Supplement (Princeton, New Jersey: Princeton University Press, 1969), 196쪽, 193번.

204) Alter, *The Art of Biblical Narrative*, 3-12쪽; J. P. Fokkelman, "Genesis 37 and 38 at the Interface of Structural Analysis and Hermeneutics," L. J. de Regt/J. de Waard/J. P. Fokkelman (eds), *Literary Structure and Rhetorical Strategies in the Hebrew Bible* (Van Gorcum & Com. B. V.: The Netherlands, 1996), 152-187쪽; Cohn, "Narrative Structure and Canonical Perspective in Genesis," 12쪽.

205) Waltke, *Genesis*, 508쪽.

206) 월터 윙크(Walter Wink),『사탄의 체제와 예수의 비폭력: 지배체제 속의 악령들에 대한 분별과 저항(*Engaging the Powers: Discernment and Resistance in a World of Dominance*)』(한성수 역) (서울: 한국기독교연구소, 2004), 361쪽.

207) Aaron Wildavsky, "Survival Must not be Gained Through Sin: Moral of the Joseph Stories Prefigured Through Judah and Tamar," *JSOT* 62 (1994), 37-48쪽.

208) Arnold Ages, "Why Didn't Joseph Call Home?" *BR* 9 (1993), 42-46쪽. 애게스는 자신의 질문에 대해 사회, 정치적인 대답을 제시한다. 요셉은 이방 땅에서 그 곳의 사회와 정치에 동화되어 고향은 의도적으로 잊고 살아가는 삶의 형태를 대표적으로 보여주며, 그러나 결국 하나님의 섭리로 자신의 정체성을 다시 회복하는 것이라 본다.

209) Ackerman, "Joseph, Judah and Jacob," 92-93쪽.

210) 김재구, "용서와 화해의 목회적 모델로서의 요셉 이야기," 「한국기독교신학논총」73 (2011), 29-53쪽.

211) Jae Gu Kim, "Chiasmus-The Redactional Structure of the Book of Genesis," 236쪽.

212) Hamilton, *The Book of Genesis: Chapters 18-50*, 532쪽.

213) Waltke, *Genesis*, 548쪽. 형제들의 후회하는(잠 28:13) 말을 듣고 요셉이 흘리는 눈물은 원한이 아닌 화해의 길을 열어갈 것을 기대하게 한다고 본다(창 42:24; 43:30).

214) Ackerman, "Joseph, Judah and Jacob," 93쪽.

215) H. C. White, *Narration and Discourse in the Book of Genesis* (Cambridge: Cambridge University, 1991), 263쪽. 형제들은 자루 속에 들어 있는 돈을 통해 요셉을 팔고 얻은 돈을 상기했음에 틀림없다.

216) G. W. Savran, *Telling and Retelling: Quotation in Biblical Narrative* (Bloomington: Indiana University, 1988), 44쪽; M. Sternberg, *The Poetics of Biblical Narrative* (Bloomington: Indiana University, 1985), 298쪽.

217) Ackerman, "Joseph, Judah and Jacob," 92쪽; Carr, *Reading the Fractures of Genesis*, 274-75쪽.

218) Hamilton, *The Book of Genesis: Chapters 18-50*, 532쪽. 해밀톤은 요셉이 아닌 하나님께서 이 모든 일의 주역으로 보며 요셉은 하나님의 도구(instrument)라는 점을 강조한다(창 50:19).

219) Waltke, *Genesis*, 556-57쪽.

220) Ages, "Why Didn't Joseph Call Home?" 44쪽.

221) Wenham, *Genesis 16-50*, 364쪽; Longacre, *Joseph: A Story of Divine Providence*, 55쪽.

222) Cindy Hess Kasper, "은행에 무엇을 저축했나요?(What's in the Bank?)," 「오늘의 양식」(1월), 31쪽.

223) Alter, *The Art of Biblical Narrative*, 175쪽.

224) Humphreys, *Joseph and His Family*, 48-49쪽.

225) P. J. Berlyn, "His Brothers' Keeper," *JBQ* 26 (1998), 73-83쪽.

226) 양용의, 「마태복음 어떻게 읽을 것인가」(서울: 성서유니온선교회, 2005), 298쪽.

227) 사도행전 7:14절에는 "요셉이 사람을 보내어 그의 아버지 야곱과 온 친족 일흔다섯 사

람을 청하였더니"를 통해 75명이 애굽에 내려간 것으로 되어 있다. 이것은 창세기 46:27절과 모순점이 아니다. 사도행전은 그 인용을 히브리어 성경에서가 아니라 헬라어로 번역된 70인역(LXX; Septuaginta)의 내용을 인용하기 때문이다. 70인역 창세기 46:20절에는 히브리어 성경에는 없는 요셉의 아들들인 므낫세와 에브라임의 아들들과 손자를 도합 5명을 더 기록하고 있기 때문이다: "애굽 땅에서 온 제사장 보디베라의 딸 아스낫이 요셉에게 낳은 므낫세와 에브라임이요, 므낫세는 마키르를 낳고 마키르는 갈라아드를 낳고, 므낫세의 형제 에브라임의 아들들은 수탈라암과 타암이요 수탈라암의 아들은 에뎀이요."

228) Wenham, *Genesis 1-15*, 214쪽; Sassson, "The Tower of Babel as a Clue to the Redactional Structuring of the Primeval History(Gen. 1-11)," 212쪽, n. 2.

229) Von Rad, Genesis, 403쪽; Speiser, *Genesis*, 346쪽; Sarna, *Genesis*, 317쪽; Wenham, *Genesis 16-50*, 444쪽.

230) 주성하, "자본주의식 개혁에 北 농민 '술렁'…무슨 일?" 「미디어 다음 동아일보」2012년 9월 25일자.

231) Von Rad, *Genesis*, 433쪽; Sarna, *Genesis*, 351쪽.

232) Horst Seebass, "The Joseph Story, Genesis 48 and the Canonical Process," *JSOT* 35 (1986), 29쪽; Wenham, *Genesis 16-50*, 468쪽.

233) J. A. Wilson(trans.), "The Instruction of the Vizier Ptah-hotep," *ANET* (Princeton, New Jersey: Princeton University Press, 1969), 414쪽. 애굽의 이 문헌에는 110세를 가장 이상적인 수명의 상한선으로 인정하고 있다.

234) 마빈 L. 체이니(M. L. Chaney),『농경사회 시각으로 바라본 성서 이스라엘: 구약성서의 종교와 사회이 역사문학 해석(*Biblical Israel through an Agrarian Lens: Essays on Religion and Society in Old Testament History, Literature and Interpretation*)』(우택주 외 역) (서울: 한들출판사, 2007), 122쪽.

235) Waltke, *Genesis*, 591쪽.

236) Waltke, *Genesis*, 596쪽.

237) Waltke, *Genesis*, 603쪽.

238) Sarna, *Genesis*, 331쪽; Wenham, *Genesis 16-50*, 469쪽.

239) Wilson(trans.), "The Instruction of the Vizier Ptah-hotep," *ANET*, 414쪽.

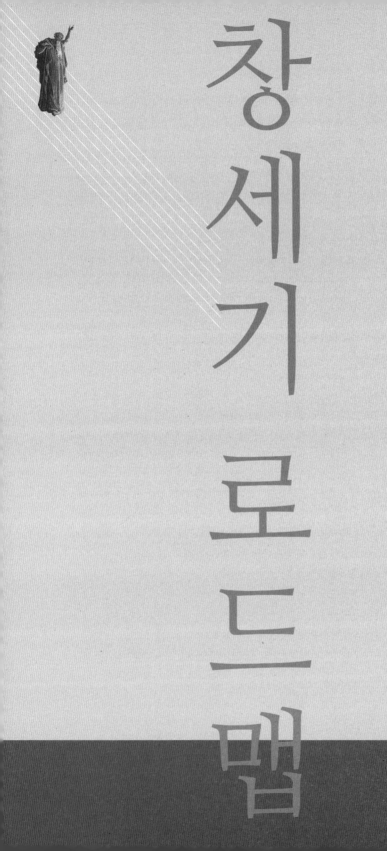

창세기 로드맵

제 3 부

창세기의 구조와 메시지는 무엇인가?

지금까지 숨 가쁘게 창세기에 나타난 굵직한 이야기들을 통하여 창세기가 흘러가는 신앙의 방향을 추적해 보았다. 이제 창세기가 보여준 의도적인 7중 구조를 통하여 전하고자 하는 메시지가 무엇인지를 알아볼 필요가 있다. 먼저 창세기에 나타난 일곱 개의 이야기들이 서로 어떤 연관을 맺고 있는지를 다시 한번 거론할 필요가 있다. 일곱 개의 이야기는 독립적인 이야기이면서 동시에 서로에게 영향을 미치는 구조로 이루어져 있다. 특히 창세기는 중심의 한 이야기를 축으로 하여 양쪽의 이야기들이 서로 역으로 대칭되는 다음과 같은 교차대칭구조(chiastic structure)를 보인다는 것은 이미 거론하였다.

▣ 창세기에 나타난 교차대칭구조 – 창조로부터 이스라엘의 형성까지

    A. 서론: 천지창조와 인류의 탄생(아담) 이야기(창 1:1-6:8)
     B. 노아 이야기(창 6:9-11:26)
      C. 아브라함 이야기(창 11:27-22:24)
       D. 중심: 이삭-리브가 이야기(창 23:1-25:11)
      C'. 야곱 이야기(창 25:12-36:43)
     B'. 요셉 이야기(창 37:1-46:27)
    A'. 결론: 하나님의 백성의 탄생(이스라엘) 이야기(창 46:28-50:26)

여기서 다루어야 할 내용은 서로 교차대칭 되는 이야기들이 어떻게 서로 연결되며, 창세기에서 전하고자 하는 신학적인 내용을 분명하게 해주는가이다. 다른 부분에서는 찾아볼 수 없는 서로 대칭되는 이야기들만이 가지고 있는 독특한 사항들을 추적하여 창세기의 메시지를 추적하는 것이 이제 남겨진 과제인 것이다.

다섯 가지 정도에서 서로 대칭되는 이야기들을 비교하고 분석할 것이다. 첫째, 서로 대응되는 주요 인물들의 역할과 경험(role and experience)의 동질성, 둘째, 동일한 주제적 요소들(topics), 셋째, 주요한 동기들(motifs)의 반복, 넷째, 지리적인 요소(geographical indication)의 동질성, 그리고 다섯 째, 대칭 이야기들 속에 나타난 동일한 핵심단어들이나 구문들(key-words or common phrases)의 비교이다. 이러한 비교에서 중요한 사항은 이 다섯 가지 사항들이 각각의 대칭 이야기에서만 등장하고 다른 이야기들의 비교에서는 나타나지 않는 독특한 것이어야만 한다는 것이다. 어느 이야기에서나 볼 수 있는 내용들이라면 교차대칭구조가 의도되었다고 말 할 수 없을 것이다.

이러한 대응되는 인물들이나, 사건들은 명백하게 반전되는 내용들을 포함할 때가 있다. 특히 이러한 극적인 반전은 결론으로 갈 때 더욱 강해진다. 그 이유는 결론은 시작에서 나타난 문제점들을 해결하는 장소이기 때문이라 할 수 있다. 전반부에서 발생한 대부분의 오류가 개선되거나, 회복되는 형태의 긍정적인 완성을 향한 반전이 후반부에서 이루어지는 것이다. 이것이 창세기가 나아가는 궁극적인 방향이라는 점에서, 하나님의 백성의 소명을 명백하게 제시하고자 하는 의도가 있는 것이라 할 수 있다. 이제 서로 교차대칭 되는 이야기들을 위의 내용들을 중심으로 비교해보기로 하자.

I
천지창조와 인류의 탄생(아담) 이야기(A)와 하나님의 백성의 탄생(이스라엘) 이야기(A')의 연관성

'천지창조와 인류의 탄생(아담) 이야기(A)'에서는 세계가 안고 있는 문제들을 속속들이 드러내 보이며, 세상은 이에 대한 해결점을 제시할 수 없다는 점과 문제들은 점점 더 커져 가는 상황이 펼쳐진다. 아름다운 출발이 불순종으로 망가지고, 그 불순종을 철저한 순종으로 바꾸어 놓을 사람을 세상은 기다리고 있다. 이와 대칭이 되는 '하나님의 백성의 탄생(이스라엘) 이야기(A')'는 세계가 안고 있던 문제들이 이스라엘이라는 공동체 안에서 하나하나 해결되어 가는 것을 보여주고 있다. 이처럼 첫 번째 대칭은 이스라엘 탄생의 목적은 하나님의 음성에 순종하는 백성들을 통하여 인간이 저지른 잘못들이 해결되고, 하나님께서 계획하셨던 창조 본래의 세계와 목적으로 돌아가는 것임을 느껴볼 수 있다. 그리고 다음과 같은 대칭들이 이 두 이야기 속에서 발견된다. 이 두 대칭은 시작과 결론이라는 점에서 주로 반전의 요소들의 대거 등장한다. 즉, 세상이 안고 있던 문제들이 이스라엘 안에서 해결되는 것을 보이고 있다. 이를 통해 하나님의 백성이 이 세상에 존재하는 이유를 분명하게 제시하고 있는 것이다. 하나님의 백성은 한마디로 해결사(terminator)인 것이다.

비교 내용	A. 서론: 천지창조와 인류의 탄생(아담) 이야기 (창 1:1-6:8)	A' 결론: 하나님의 백성의 탄생 (이스라엘) 이야기 (창 46:28-50:26)
역할과 경험	하나님께서 창조하시고, 명령하시고, 심판하시는 절대주권을 보이심(창 1-6장)	야곱이 명령하고, 심판하는 전권을 행함(창 46-49장)
	하나님께서 에덴을 창설하시고, 사람을 그 곳에 두심(창 2:5-17)	바로가 요셉을 통해 살아난 애굽 땅에 이스라엘이 거주하도록 허락함(창 47:1-12)
	하나님께서 인류와 동물에게 먹을 것을 제공해 주심(창 1:29, 30; 2:9)	요셉이 이스라엘, 세상 사람들과 동물들에게 먹을 것 제공(창 47장)
	아담과 하와가 하나님처럼 되려는 불순종으로 축복이 저주로 바뀌고 추방이 일어남-땅의 회복 고대(창 3:22-24)	요셉이 하나님처럼 되지 않는 순종으로 이스라엘이 애굽 땅에서 안전하게 축복을 누림-가나안 땅 기대(창 50:19-21)
	가인이 아벨을 죽이는 죄악으로 인해 사람 사이의 관계가 파괴됨 * 질투심으로 인한 형제 살해 (가인이 아벨을 살해) * 가인과 셋의 족보의 갈라짐 (민족들의 분열, 갈등)	요셉과 형제들의 화해로 사람과의 관계회복이 이스라엘 안에서 이루어짐 * 질투심으로 인한 형제살해 극복 (열 형제들의 요셉살해 음모) * 연합된 족보 형성, 한 민족을 이룸 (형제간의 분열, 갈등 해소)
	아담과 하와 그리고 가인의 죄로 저주가 세상으로 확장됨(창 3-4장)	저주로 가득 찼던 세상이 야곱의 축복으로 결론에 이름(창 49장)
	인류의 첫 사람 아담(남자와 여자)- 생육하고, 번성하여, 땅에 충만하라, 땅을 정복하라, 다스리라(창 1:28)	열방을 대표하는 이스라엘- 애굽 땅에서 생육하고 번성하였더라 (창 47:27)

주제	세계의 창조로 시작하여(창 1장)	이스라엘의 창조로 그 초점이 마무리 (창 49장)
	불순종과 형제살해가 행해짐	순종과 형제살해 음모가 해결됨
	선과 악을 인간의 주권으로 판단하여 아는 것(창 3:22)	선과 악의 판단기준을 오직 하나님께 맡기는 것(창 50:20)
	정착에서 추방으로(창 3:23; 4:16)	이동에서 안정적인 정착으로(창 47:11, 27)
동기	가인이 아벨을 죽이는 동기가 선택되지 못함에 대한 질투(창 4:4-5)	형제들이 요셉을 죽이려는 음모의 동기가 선택되지 못함에 대한 질투(창 37:11)
	인간의 죄악으로 인해 땅이 그 소출을 내지 않아 땅에서 유리하는 삶을 살게 됨(창 3:17-19; 4:12-14)	형제들의 불화와 세계적인 기근이 연합되어 인간이 땅에서 유리하는 삶이 되나 하나님의 사람으로 인해 회복이 일어남(창 47:6, 12, 13, 27)
지리	가장 살기 좋은 땅 에덴에서 추방되어 점점 더 불모지로 향하여 감	가뭄으로 거칠고 황폐한 땅 가나안으로부터 안전한 땅 애굽에 정착함
	추방은 회복을 고대하는 것이다.	애굽은 결코 영원한 소유가 아니고 임시 정착지이며, 영원한 약속의 땅은 가나안이 될 것이다(창 48:4; 50:24)
핵심 단어들과 구문들	남자와 여자-생육하고 번성하라는 축복의 명령(창 1:28)	이스라엘-애굽에서 생육하고 번성하였더라는 최종적인 성취(창 47:27)
	선과 악(창 2:9, 17; 3:5)	올바르게 선악을 안 사람은 요셉 (창 50:20)
	마음으로 '생각하는 것이 항상 악할'(רָעָה תָּשַׁב 타샤브 라아/생각이 악하다) 뿐임을 보시고(창 6:5) - 해결되지 못함으로 홍수심판의 원인이 됨	당신들은 나를 '해하려 하였으나'(רָעָה תָּשַׁב 타샤브 라아/생각이 악하다)(창 50:20) - 요셉의 해결로 인해 관계회복의 길이 됨

II
노아 이야기(B)와
요셉 이야기(B')의 연관성

이 두 이야기 다 세계에 닥쳐진 대 재난 속에서 계속해서 하나님의 창조 역사를 이어갈 씨를 세상에 남기기 위하여 선택된 두 인물의 이야기를 다루고 있다. 노아는 그 역할의 범위에서 하나님의 창조세계, 즉 인간과 동물세계 모두를 보존하기 위해서 선택된 인물이며, 요셉도 물론 기근에 대비함으로 사람과 동물들을 구해내지만 역시 그 중심 되는 초점에 있어서는 '이스라엘'을 구원하고 성장시키기 위하여 미리 파견된 선발요원으로 나타난다. 그리고 요셉은 이스라엘의 구원과 더불어 세상을 향한 책임도 감당한다는 점에서 열방 속에서의 이스라엘의 소명 또한 말하고 있는 것이다. 무너질 듯한 하나님의 창조세계와 끊어질 듯한 하나님의 계획을 가장 아름답게 연결시켜가는 고리 역할을 하는 두 사람을 통하여 세계가 그리고 이스라엘이 생명을 얻는 이야기를 흥미진진하게 풀어나가고 있다.

　　이런 점에서 요셉을 '제2의 노아'라고 부를 수 있다. 그러나 노아가 마지막까지 자신의 과업을 다 이루지 못하고 실패하고 말았다면, 요셉은 끝까지 자신의 소명을 완수함으로 형제들이 분리가 아닌 연합의 길을 걷게 한다. 그리고 70개의 민족으로 흩어진 노아의 후손들이 마침내 70명의 연합된 야곱의 후손으로 대체되는 역사가 이루어진다. 이 두 사람의 공통점과 차이점은 이스라엘에게 그리고 현재를 살아가는 우리들에게도 많은 살아있는 교훈을 제공하고 있다.

비교 내용	B. 노아 이야기(창 6:9-11:26)	B'. 요셉 이야기(창 37:1-46:27)
역할과 경험	노아가 세계적인 홍수로부터 인류세계(인간, 동물)를 지킴(창 6:19 ,20; 7:3)- 초점은 창조세계	요셉이 세계적인 흉년으로부터 이스라엘과 세상 사람들과 동물들을 보존함(창 44:7; 50:20) - 초점은 이스라엘
	노아가 방주에 음식(מַאֲכָל 마아칼)을 준비하고(창 6:21)	요셉은 창고에 음식(מַאֲכָל 마아칼)을 준비함(창 41:35-36)
	암수 둘씩 노아에게 나아와 방주로 들어감(창 7:9)	각국 백성이 양식을 사려고 애굽으로 들어와 요셉에게 나아옴(창 41:57)
	홍수 경고, 방주를 짓고, 음식 모으고 준비하는 이 모든 명령을 하나님께서 노아에게 내리셨음(창 6:14-21)- 노아가 명령하신 대로 행함(창 6:22)	기근 경고, 창고 짓고, 음식을 모으고 준비하는 모든 명령을 요셉이 내림(창 41:46-51)- 바로가 백성들에게 요셉에게 가서 그가 이르는 대로 하라함(창 41:55)
	노아에게 저주 받은 함의 아들 가나안에 대한 사건이 삽입(창 9:25)	유다와 가나안인과의 관계가 삽입됨(창 38장) 그리고 요셉이 함의 후손인 애굽을 살림
	셈, 함, 야벳의 후손들이 세계 70개의 민족으로 갈라짐(창 10장)	야곱의 후손 70명이 하나로 연합되어 세상에 복의 근원이 됨(창 46:8-26)
주제	세계적인 대 재난(홍수)으로부터의 구원	세계적인 대 재난(기근)으로부터의 구원
	형제의 피를 흘리는 것에 대한 금지(창 9:1-7)	르우벤과 유다가 형제의 피를 흘리지 말 것을 강조(창 37:22, 26)

	세상에 가득 찬 부패함과 폭력으로 인해 세계적인 홍수 심판을 결심	형제들의 폭력으로 인해 요셉이 팔려 가고 세계적인 흉년이 시작됨
동기	셈과 함과 야벳 사이에 갈등이 빚어지고, 서로 분리의 길을 걸음(창 10장)	요셉과 형제들 간의 갈등이 해소되고, 형제들이 연합(창 45장)
	하나님의 기억하심으로 인해 홍수가 물러가고 새 역사 시작(창 8:1)	바로 왕의 신하인 술 맡은 관원장의 기억으로 요셉의 새 삶이 시작됨(창 41:9)-하나님의 기억케 하심
지리	아라랏 산이 노아 가족 생존의 새 시작이 되는 곳(창 8:15-19)	애굽이 생존의 새 시작이 되는 곳 (창 45:9-11; 46:1-7)
	셈, 함, 야벳의 후손들이 바벨탑 사건 후 온 세상에 흩어짐을 당함(창 11:9)	하나님께서 야곱의 후손들을 애굽에 안전하게 정착시키심(창 46:3)
핵심 단어들과 구문들	홍수는 전 세계적(כל־הָאָרֶץ 콜-하아레쯔)(창 7:3; 8:9)	기근 또한 전 세계적(כל־הָאָרֶץ 콜-하아레쯔)(창 41:56, 57)
	노아의 역할 – 생명을 보존하게 하는 것(חָיָה 하야)(창 6:19, 20)-생태계 전체	요셉의 역할 – 생명을 보존하는 것(חָיָה 하야)(창 45:7)-이스라엘에 초점이 맞추어짐
	기억함(זָכַר 자카르)이 새로운 시작 가능케 함(창 8:1)	기억함(זָכַר 자카르)이 새로운 시작 가능케 함(창 41:9)
	하나님의 바람/영(רוּחַ 루아흐)이 새 역사를 가져옴(창 8:1)	하나님의 영/바람(רוּחַ 루아흐)이 새 역사를 가져옴(창 41:38)
	노아가 포도주를 "마시고(שָׁתָה 샤타) 취하였다(שָׁכַר 샤카르)"(창 9:21)- 아들 함을 저주함으로, 형제들이 분열의 길로 가게 함	요셉과 형제들이 요셉의 집에서 "마시고(שָׁתָה 샤타) 취하였다(שָׁכַר 샤카르/즐거워하였다)"(창 43:34)- 분열되었던 형제들이 즐겁게 하나 되는 길이 열리게 된다.

III
아브라함 이야기(C)와
야곱 이야기(C')의 연관성

　　아브라함과 야곱은 할아버지와 손자의 관계이지만 그들의 삶은 많은 부분에서 닮아 있다. 지도로 삶의 여정을 그릴 때 아브라함과 야곱만이 동일한 지역을 오가며 살았으며, 하나님께서 이름을 바꿔주신 남자들이라는 공통점을 갖고 있다. 즉, 아브라함과 야곱만이 하나님께서 이름을 바꿔주신 남자 족장들이다. 이들의 삶을 동일한 것으로 그려나가는 이유는 두 사람 다 동일한 역할을 부여 받았다는 것을 설명 하고자 하는 방법이라 여겨진다. 아브라함은 그의 변화된 이름인 '많은 민족의 아버지'에 걸맞게 세계를 품고, 야곱은 역시도 그의 변화된 이름인 '이스라엘'이 보여주듯이 배타성이 다분한 이름을 통하여 하나님의 선택된 백성의 이야기로 그 초점이 맞추어진다. 아브라함의 전 생애를 통한 순종은 이삭을 지나 야곱을 기점으로 이스라엘의 직접적인 시작을 가져오는 계기를 마련하고 있다. 믿음의 조상 아브라함, 그리고 이스라엘로 변화된 야곱은 하나님의 백성 이스라엘의 정체성이 무엇인지를 보여주기에 충분한 조합이라 여겨진다.

비교 내용	C. 아브라함 이야기 (창 11:27-22:24)	C'. 야곱 이야기 (창 25:12-36:43)
역할과 경험	아브라함의 신앙여정의 획기적인 분기점이 시작과 끝에 위치함 - 갈대아 우르(창 12:1-4)에서 모리아 산까지(창 22장)	야곱의 신앙여정의 획기적인 분기점이 역시 시작과 끝 부분에 위치함 - 벧엘(창 28:10-17)에서 브니엘까지(창 32:26-29)
	그 출발에서(우르/밧단아람) 동일한 약속 받음(땅, 후손, 축복)(창 13:1-3)	그 출발에서(벧엘) 동일한 약속 받음(땅, 후손, 축복)(창 28:13-15)
	하나님이 이름 바꾸심(아브람 - 아브라함) - 남자 중에는 오직 아브라함과 야곱만이 하나님의 이름 바꾸심 경험(창 17:5)	하나님이 이름 바꾸심(야곱 - 이스라엘)(창 32:28) - 요셉은 바로에 의해 이름 바뀜(창 41:45)
	아브람이 아브라함으로 변화된 것은 많은 민족의 아버지가 되는 길 - 열방이 그 초점에 들어와 있다 - 아브라함의 첩들의 자식들은 모두 다른 민족을 형성하고, 약속의 땅에서 떠난다.	그러나 야곱이 이스라엘이 되는 것은 그 초점이 하나님의 백성 이스라엘로 맞추어지고 있는 것이다. - 야곱의 아내와 첩들의 자녀들 모두 하나로 연합하여 하나님의 백성 이스라엘을 형성한다.
	아브라함은 언약의 증표인 할례를 행했다(창 17:9-27)	야곱은 환도뼈가 탈골됨으로 평생 절어야 하는 하나님의 다루심을 겪었다(창 32:25-32)
	사랑하는 아들(이삭)을 잃을 뻔한 경험	사랑하는 아들(요셉, 베냐민)을 잃을 뻔한 경험
	애굽에서의 400년 동안의 종살이 예언을 받음(창 15:12-16)	그 종살이 예언의 성취로 애굽에 내려가 정착함

주제	아브라함이 하나님의 언약을 받음 (창 12:1-3)	그 언약이 이삭을 통해 야곱에게 전달됨(창 28:3-4)
	세상 모든 민족이 너를 통해 복을 누릴 것(창 12:3)	야곱의 이야기 속에 처음으로 세상 다른 민족이 복을 받는 이야기가 분명한 고백으로 등장함 - 라반(창 30:27)
동기	아브라함의 아내 사라가 불임을 경험함	야곱의 아내 라헬이 불임을 경험함
	아브라함이 기근으로 애굽으로 내려감	야곱이 후에 기근으로 애굽으로 내려감
	아브라함과 롯의 결별원인: 서로 소유가 많음으로 그 땅이 그들이 동거하기에 넉넉지 못하였기 때문(창 13:5-6)	야곱과 에서의 결별원인: 서로 소유가 많음으로 그 땅이 그들이 동거하기에 넉넉지 못하였기 때문(창 36:6-8)
지리	아브라함의 여행경로(유일하게 야곱과 동일): 밧단아람(우르포함) - 가나안 - 애굽(기근)	야곱의 여행경로(유일하게 아브라함과 동일): 밧단아람 - 가나안 - 애굽(기근)
	제단을 쌓은 장소(세겜, 벧엘, 헤브론) (창 12:7, 8; 13:8) - 오직 약속의 땅에만 제단 쌓음	제단을 쌓은 장소(세겜, 벧엘) (창 28:13; 35:1-8, 27) - 오직 약속의 땅에만 제단 쌓음
	약속의 땅의 방향지시- 북쪽과 남쪽 그리고 동쪽과 서쪽을 바라보라(창 13:14)	약속의 땅 방향지시 - 네 자손이 땅의 티끌 같이 되어 서쪽과 동쪽과 북쪽과 남쪽으로 퍼져 나갈지며(창 28:14)
	아브라함이 자신의 고향과 친척과 아버지의 집을 떠나 가나안으로 가라는 명령을 따라 왔다면(창 12:1-4)	야곱은 밧단아람에서 조상의 땅, 자신의 족속 곧 고향 땅으로 돌아가라는 명령을 따라 가나안으로 간다(창 31:3, 13)
핵심 단어들과 구문들	십일조에 대한 이야기는 오직 아브라함과 야곱에게만 나타남(창 14:20)	십일조에 대한 이야기는 오직 아브라함과 야곱에게만 나타남(창 28:22)
	후손들이 땅의 먼지와 같을 것이란 약속 받음(창 13:16)	후손들이 땅의 먼지와 같을 것이란 약속 받음(창 28:14)
	엘-샤다이(전능하신 하나님)께서 아브라함 축복(창 17:1-6)	동일한 엘-샤다이(전능하신 하나님)께서 이삭을 통해 야곱에게 축복전수(창 28:3-4)

IV
중심: 이삭-리브가 이야기(D)

창세기의 중심은 인간적으로 유약해 보이나, 신앙적으로 강인한 한 인물에 고정된다. 바로 이삭이다. 창세기에서 이삭은 그의 아버지 아브라함의 순종으로 인하여 그의 전 생애가 조용하고 차분하게 하나님께서 함께하시는 가운데 동일한 환경의 어려움(기근, 이방인, 불임)을 아주 가볍게 이겨내며 온통 축복을 누리는 인물로 나타난다. 그리고 이삭은 창세기에서 유일하게 하나님께서 허락하신 '약속의 땅'에서 한 발자국도 벗어나지 않는 안정된 삶을 살아가는 것으로 묘사된다. 이삭을 중심으로 아담, 가인, 노아, 아브라함이 한 쪽을 차지하고, 반대편으로는 이스마엘, 야곱, 에서 그리고 요셉과 그의 형제들 모두가 자신들이 탄생한 곳에서 이동하여 다른 곳으로 이주한다. 그러나 이삭만큼은 결코 자신의 탄생지인 약속의 땅 가

731

나안에서 벗어나 본적이 없는 유일한 인물이다. 모두가 자의든 타의든 간에 이동이 불가피하였지만, 창세기의 중심에 유일하게 움직이지 않고 축복을 누리는 인물이 바로 이삭인 것이다.

A. 아담과 하와 – 에덴에서 쫓겨난다.

　　　　　　　　그 후손들은 땅에서 쓸어버림을 당한다

B. 노아 – 출생지에서 아라랏 산 지역으로 이동한다

　　　　　　　　그 후손들은 바벨 탑 사건으로 세계로 흩어짐을 당한다

C. 아브라함 – 갈대아 우르에서 밧단아람, 가나안, 애굽을 왕래

D. 이삭 – 가나안 땅에 정착

C'. 야곱 – 가나안에서 밧단아람, 가나안, 애굽을 왕래

B'. 요셉 – 출생지인 가나안에서 애굽으로 이동한다

A'. 이스라엘(12지파) – 애굽으로 이동하여 성장한다.

　　　전반부의 '아담-노아-아브라함'이 전체적으로 가나안 땅의 북쪽 지역인 메소포타미아와 깊은 연관을 가지고 있다면, '야곱-요셉-이스라엘'은 전체적으로 가나안의 남쪽 지역인 애굽과 밀접한 연관을 갖는다. 이삭의 이야기가 어느 곳으로도 이동하지 않는 약속의 땅 가나안에서의 정착을 다루고 있다면 북쪽의 갈대아 우르든, 남쪽의 애굽이든 이스라엘은 이 두 지역으로부터 나와서 중심인 약속의 땅으로 향해야 한다는 신앙적 외침이 있다. 즉, 하나님의 백성은 약속의 땅을 향한 삶을 살아야 한다는 촉구가 있는 것이다.

　　　그리고 창세기의 중심이라 할 수 있는 24장에 이삭의 결혼 이야기가 장황하게 펼쳐지는 것도 특별한 의미가 있을 것이다. 한 남녀의 만남을 이렇게 길게 펼치며 지면을 낭비할 이유가 없기 때문이다. 남녀의 만남

으로 이루어진 조화로운 가정, 그리고 이 두 사람이 누리는 축복은 분명 말하고자 하는 바가 크다. 이러한 이삭의 삶은 이스라엘 민족에게 있어서 이상적인 모습으로 비쳐졌을 것을 추측해 볼 수 있다. 그리고 이삭이 평생을 통해 누린 축복의 삶이 아브라함이 보여준 철저한 순종을 통해서만 현실이 될 수 있다는 것은 하나님의 백성 이스라엘에게 신앙적 이념을 전하는 표본이 되었을 것이다.

D. 중심: 이삭 이야기 (창 23:1-25:11; 26장)	
땅	유일하게 자신의 탄생지에서 움직이지 않고 축복을 누린 사람(창 24:6-8; 26:2) * 결혼에도: "내 아들을 그리로 데리고 가지 말라"(창 24:6, 8). * 기근에도: "애굽으로 내려가지 말고 내가 네게 지시하는 땅에 머물라"(창 26:2).
후손	이삭의 결혼 이야기는 창세기의 중심에 위치하며 이것은 약속의 씨가 하나님의 섭리와 보호 가운데 계속됨을 상징함(창 24장).
축복	아브라함의 순종으로 인한 축복의 삶(창 26:1-5, 24). 최고의 축복 - "여호와께서 함께 하시는 것"(창 26:3). "(아비멜렉이) 여호와께서 너와 함께 계심을 우리가 분명히 보았다"(창 26:28). 리브가 또한 축복의 말과 함께 축복의 사람 이삭에게로 온다: "천만인의 어미가 될지어다 네 씨로 그 원수의 성문을 얻게 할 지어다"(창 24:60). 이삭이 농사하여 백배의 소출을 얻음(창 26:12) - 저주받은 땅이 회복됨 우물을 파는 곳 마다 물이 나옴(창 26:17-25) - 생명을 상징함

창세기를 이해할 수 있는 이 교차대칭구조는 창세기 전체의 관심을 잘 표현해주고 있다. 전반부는 창조로부터 시작하여 인간의 죄로 인한 창조의 파괴와 저주스런 세상의 문제를 심각하게 드러내며, 순종의 사람 아브라함에게서 그 해결의 실마리를 찾고 있다. 그에 이어 후반부는 아브라함의 이

상을 이어가는 약속의 계보를 통해 세상이 안고 있는 죄악과 저주의 문제가 해결되며 마침내 이스라엘이 탄생한다. 그리고 그 중심에는 하나님께서 허락하신 약속의 땅에서 축복의 평온한 삶을 누린 한 인물이 자리하고 있다. 이러한 구조는 하나님의 백성 이스라엘의 소명이 무엇인가를 분명하게 보여주는 구실을 한다. 바로 세계가 안고 있는 문제들을 하나님의 뜻 가운데 가장 아름답게 해결해 나가는 것이며, 세상을 저주가 아닌 축복의 땅으로 바꾸어 평화를 누리는 것이다. 전반부의 이야기들인 'A-B-C'가 아브라함 이야기까지 포함하여 그 초점이 세계를 품고 있다면 후반부의 이야기들인 'C'-B'-A"는 야곱 이야기부터 그 초점이 이스라엘로 맞추어진다. 이것은 이스라엘과 세계가 결코 별개가 아니라 이스라엘의 존재 목적은 세계를 향한 소명을 이루기 위한 것이라는 사실을 강조하는 것이다. 그 소명은 다름 아닌 모든 이야기들의 중심인 '이삭-리브가 이야기(D)'가 보여주는 축복의 온전한 회복이 약속의 땅으로부터 시작하여 전 세계를 향하여 흘러나가는 것이다. 즉, 이삭과 리브가가 새로운 아담과 하와가 되어 하나님께서 허락하신 땅 가나안에서 에덴의 축복을 회복하고 에덴에서 강이 흘러나와 동산을 적시고 네 근원이 되어 온 세상을 적셨던 것처럼 하나님의 축복이 가나안에서부터 온 세상을 향하여 흘러가는 이상을 실현하는 것이다. 이처럼 하나님의 백성은 세상 모든 민족이 복을 누리는 길이 되어야 한다.

지리적인 점에 초점을 맞춘다면 전반부의 'A-B-C'(창 1-22장)가 갈대아 우르(메소포타미아 지역)에서 가나안으로의 이동을 그리고 있고, 후반부인 'C'-B'-A"(창 25-50장)는 가나안에서 애굽으로의 이동임과 동시에 다시 가나안으로의 여정을 고대하는 구조이다. 즉, 역으로 'A'-B'-C"의 순으로 본다면 애굽에서 가나안으로의 이동이라 할 수 있다. 그리고 그 중심에는 약속의 땅에서 결코 벗어나지 않는 이삭의 삶이 자리 잡고 있다. 창세기는 이런 점에서 교차대칭구조(chiasm) 중에서도 '중앙집중구조'(introversion) 방식으로 치밀하게 구성된 대표적인 모습을 보여준다고 할 수 있다.

```
A  -  B  -  C  -  D  -  C'  -  B'  -  A'
(갈대아 우르 ⇨ 가나안) (가나안 정착)    (가나안 ⇦ 애굽)
```

창세기는 이야기의 전개자체 속에 이미 그 당시의 지리적인 구도가 함축되어 있다. 북쪽의 메소포타미아(바벨론 포함), 남쪽의 애굽 그리고 그 중심에 약속의 땅인 가나안이 놓여져 있는 것이다. 이러한 구조는 하나님의 백성은 어디에 거하고 있든지 항상 중심인 약속의 땅을 향한 신앙의 여정을 성취해야 한다는 선언인 것이다. 비록 메소포타미아 땅이 고향과 친척과 아버지의 집이 되어버렸을지라도 과감히 떨치고 일어나 전진해야 하며, 심지어 애굽에서는 주검으로라도 벗어나야 하고, 뼈가 되어서라도 그 땅을 벗어나 약속의 땅으로 돌아가야 한다는 것이다. 왜냐하면 약속의 땅은 죄악으로 인해 흩어지고, 분열된 인류가 하나님의 자비와 긍휼, 정의와 공의를 통해 우주적 질서를 이루는 전초기지가 될 것이기 때문이다. 먼저는 하나님의 백성이 그 중심을 향한 신앙의 여정을 이루어야 할 것이고(사 40장; 렘 33장; 겔 39장; 호 1:10-11), 그 후에는 열방이 그 곳을 향하는 축이 되어야 하는 것이다(사 2:1-4; 미 4:1-5; 슥 14:16-21). 이것이 바로 이스라엘의 예언자들이 꿈꾸었던 이상의 실현이다.

이것은 그 당시를 살아갔던 사람들은 물론 창세기를 읽었던 어느 시대의 사람이든지 그리고 오늘 이 시대를 살아가는 우리들에게도 똑같은 믿음의 도전을 가지고 다가온다. 이스라엘은 자신들이 존재하는 이유는 하나님의 창조질서를 이 땅에 이루어 내는 것이라고 확신했다. 그리고 자신들이 존재하지 않으면 하나님의 창조세계가 그 존재의 의미를 상실한다는 것을 선언하고 있는 것이다. 자신들의 존재의 시작은 바로 아브라함이 보여준 절대적 순종으로 인해 가능하게 되었으며, 그 순종만이 끊임없이 계속되는 저주의 악순환을 끊어내고 하나님께서 약속하신 축복을 이 땅에 실현하는 단 하나의 길이라는 것을 증거한다. 그리고 세상이 안고 있는 문제들은 하나님의 백성인 자신들에 의해서 해결되어야 한다는 신념을 표출하고 있다. 이스라엘이 세계에 축복과 화해를 가져오는 유일한 희망이라는 것을 자신들에게 그리고 세계에 선포하고 있는 것이다. 창세기가 완전을 의미하는 7일 동안의 천지창조를 시작으로 7중 구조를 통과하며 마침내 하나님의 백성 이스라엘의 탄생으로 그 막을 내리고 있는 것 또한 이 주장을 강조하고 있는 것이라 할 수 있다. 이들의 신념은 지금 우리 그리스도인들에게 커다란 도전을 던져주고 있다. 그러나 이러한 신념이 아직도 신념으로만 존재하고 현실이 되지 못했다는 점에서 이것을 현실이 되게 하는 자 그들을 하나님께서 지금도 기다리고 계신다는 것을 자각해야 할 필요가 있다. 창세기는 이처럼 하나님의 백성 이스라엘이 세계를 향하여 가졌던 그 신념이 이제는 우리의 것이 되어야 함을 촉구하고 있다.

히브리 사상가요, 철학자며, 신학자인 아브라함 요수아 헤셀은 이러한 하나님의 백성이라는 진정한 인간의 소명을 분명하게 이해하고 있는 사람이었다. 그의 이해는 지금 이 시대를 살아가는 그리스도인들 또한 동일하게 품고 가야 할 깨달음이요, 사명임을 느껴볼 수 있다. 그에게 있어 사람이란?

하나님의 꿈과 계획을 함께 품고 해산의 고통을 겪는 존재, 세계를 구원하고 땅과 하늘을 화해시키는 하나님의 꿈, 그분의 참된 형상이며 그분의 지혜, 정의 그리고 사랑을 반영하는 인류에 대한 그분의 꿈을 함께 꾸는 존재다. 하나님의 꿈은 그분만의 꿈일 수 없다. 그 꿈은 계속되는 창조의 드라

마에서 한 배역을 담당한 인간과 함께 꾸어야 하는 꿈이다. 우리는 무슨 일을 하든 간에 우리의 행동 하나 하나로, 구원의 드라마를 전개시켜 나가든지 아니면 가로막든지 한다. 악의 힘을 약화시키든지 아니면 강화시키든지 한다. [240)

이제 이러한 이상을 삶으로 온전히 성취하신 분, 죄악으로 가득 차 망가져 버린 옛 창조의 7일을 십자가로 회복하고 안식 후 첫날에 부활하신 우리 구주 예수 그리스도의 뒤를 따라 이 세상을 하나님의 나라로 만들 때이다.

V
창세기에 나타난
교차대칭구조 요약

A. 천지창조와 인류의 탄생(아담) 이야기(창 1:1-6:8)

① 하나님의 주도권: 창조와 심판 그리고 축복과 저주

② 아담에게 생육하고 번성하고 땅에 충만하라 땅을 정복하라 모든 것 다스리라

③ 하나님께서 완전한 장소인 에덴에서 음식을 공급하심

④ 아담과 하와가 선악을 아는 일에 하나님처럼 됨

⑤ 가인과 아벨 형제간의 불화가 질투로 야기되고, 처음으로 형제 살해가 벌어짐

⑥ 저주와 추방이 가득함

B. 노아 이야기(창 6:9-11:26)

① 노아가 하나님의 직접 계시로 소명을 인식함

② 전 세계적인 재난 - 홍수에서 생명을 구원함

③ 노아가 모든 생물들을 생존케 하기 위해 방주를 만들고 음식을 저장함

④ 모든 짐승들이 노아에게 나와 음식을 얻고 생존함

⑤ 하나님께서 노아와 방주에 있는 모든 것을 기억하셨을 때

　하나님의 바람(영)이 물을 밀어냄(8:1)

⑥ 노아의 70명의 민족들이 세상을 가득 채움(10장)

C. 아브라함 이야기(창 11:27-22:24)

① 아브라함의 신앙여정(땅의 약속과 함께): 하란(밧단 아람) - 가나안 - 애굽

　- 땅 약속이 동서남북으로 표현됨(13:14)

② 후손이 땅의 티끌과 같을 것(13:16)

③ 제단을 세겜, 벧엘, 헤브론에 쌓음(12:7; 12:8; 13:8)

④ 그의 삶의 시작과 끝에 삶을 뒤바꾸는 신앙 경험이 있음: 갈대아 우르와 모리아

⑤ 하나님께서 직접 아브람을 아브라함으로 바꾸어 주심

⑥ 하나님께서 직접 혹은 사자로 꿈으로 계시하심

D. 중심: 이삭-리브가 이야기(창 23:1-25:11)

① 이삭은 땅과 후손과 축복의 약속을 맛보는 사람

② 태어난 땅에서 움직이지 않는 유일한 사람(땅 약속의 확고함)

③ 이삭과 리브가는 아브라함과 사라를 대체하고 아담과 하와를 대체하는 새 시작

C'. 야곱 이야기(창 25:12-36:43)

① 야곱의 신앙여정(땅의 약속과 함께): 하란(밧단 아람) - 가나안 - 애굽

　- 땅 약속이 동서남북으로 표현됨(28:13-14)

② 후손이 땅의 티끌과 같을 것(28:14)

③ 제단을 세겜, 벧엘에 쌓음(33:20; 28:13; 35:1-8)

④ 그의 삶의 시작과 끝에 삶을 뒤바꾸는 신앙 경험이 있음: 벧엘과 브니엘

⑤ 하나님께서 직접 야곱을 이스라엘로 바꾸어 주심

⑥ 하나님께서 직접보다는, 사자로 꿈으로 섭리로 계시하심

B'. 요셉 이야기(창 37:1-46:27)

① 요셉이 하나님의 섭리로 소명을 깨달음

② 전 세계적인 재난(41:54, 56, 57) - 가뭄에서 생명을 구원함

③ 요셉이 모든 사람과 짐승들을 생존케 하기 위해 창고를 만들고 음식을 저장함

④ 모든 사람과 짐승들이 요셉에게 나와 음식을 얻고 생존함

⑤ 하나님께서 술 맡은 관원장이 기억나게 하셨을 때(40:23; 41:9)

　하나님의 영(바람; 41:38)이 함께 한 요셉이 감옥에서 나와 가뭄을 이김

⑥ 야곱의 후손들인 요셉과 형제들의 후손들의 70명이 세상을 뒤바꿀 것 기대

A'. 하나님의 백성의 탄생(이스라엘) 이야기(창 46:28-50:26)

① 사람의 주권 살아남: 야곱이 축복과 저주

② 이스라엘이 애굽에서 생육하고 번성함(47:27)

③ 하나님께서 안전한 장소인 애굽에서 음식을 공급하심

④ 요셉이 아담과 하와 같이 선악을 아는데 하나님처럼 되는 것을 강력히

거부(50:19-20)

⑤ 형제간의 불화가 질투로 야기되었던 것이 용서와 화해로 결론에 이름

⑥ 축복과 정착이 가득함

[3부 주석]

240) 헤셸,『누가 사람이냐(*Who is Man?*)』, 151쪽.

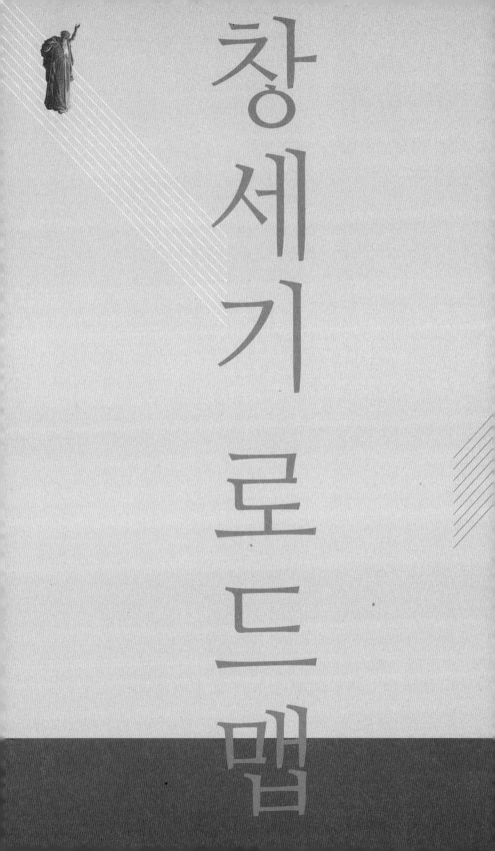

창세기 로드맵

제 4 부

창세기가 제시하는 **이상적인 미래상은 무엇인가?**

I
하나님과 세상:
창조와 이스라엘의 관계

구약성경의 주요한 핵심적인 사상이 이스라엘의 구원사라고 피력하며, 그 구원사에 대한 초기의 이스라엘의 신앙고백(신 6:20-24; 26:5-9; 수 24:2-13)을 자신의 구약신학의 주제로 채택한 학자가 있다. 폰 라트라는 독일 신학자로 그는 구원의 역사를 되뇌이고 있는 이스라엘의 전통적인 작은 신앙고백문들이 이스라엘 신앙의 핵심을 이루는 것이라고 주장한다.[241] 대표적인 한 가지를 들라면 단연 여호수아 24:2-13절을 들 수 있을 것이다. 여기 일부분을 소개하면 다음과 같다.

여호와께서 이같이 말씀하시기를 옛적에 너희의 조상들 곧 아브라함의 아버지, 나홀의 아버지 데라가 강 저쪽에 거주하여 다른 신들을 섬겼으나 내가 너희의 조상 아브라함을 강 저쪽에서 이끌어 내어 가나안 온 땅에 두루 행하게 하고 그의 씨를 번성하게 하려고 그에게 이삭을 주었으며 이삭에게는 야곱과 에서를 주었고 에서에게는 세일 산을 소유로 주었으나 야곱과 그의 자손들은 애굽으로 내려갔으므로 내가 모세와 아론을 보내었고(수 24:2-5)

이 신앙고백 속에는 아브라함을 갈대아 우르에서 부르시는 사건으로부터 시작하여 여호수아서에서 마감된 땅 정복과 분배까지를 다루고 있다(수 24:13). 즉, 이스라엘 신앙의 시조인 아브라함부터 시작하여 구원사의 완성인 가나안 땅 정착까지를 단숨에 엮어가는 구원사의 완결판이라 해도 과언이 아닐 것이다. 창세기부터 시작하여 여호수아서까지 하나님의 놀라운 구원의 역사가 숨 가쁘게 진행되며 이스라엘의 자부심과 정체성을 드높이고 있는 것이다. 이러한 구원사는 이스라엘의 근본이면서, 언제든 돌아가야 할 미래상이 되기도 한다는 점에서 그들의 뿌리신앙이라 할 수 있다(에스라-느헤미야; 사 40-55; 렘 30-33; 겔 40-48).

1. 세상의 창조에서 구원으로(은혜)

이처럼 창세기는 이스라엘 구원사의 시작을 보여주는 중요한 역할을 맡고 있다는 점을 살펴볼 수 있다. 그런데 한 가지 의문스러운 것은 창세기는 결코 아브라함부터 시작하지 않는다는 것이다. 아브라함 전에도 기나긴 역사가 있었다. 그 기나긴 과정은 창세기 1-11장까지로 일반적으로 '원역사'(the Primeval History)라고 불린다. 이 부분은 한 민족을 구원하신 '구원주 하나님'과는 동떨어진 온 우주의 '창조주 하나님'에 대한 신앙으로 시작한다. 창조와 구원은 도대체 무슨 관계인가? 구원사에 창조의 이야기가 덧붙여진 것인가, 아니면 창조의 이야기에 구원사가 부가적으로 붙은 것인가? 이것은 구원사가 이스라엘 신앙의 중심이라고 주창한 폰 라트에게도 고민거리였음에 틀림없다. 그가 이 부분에 대한 단안을 내리기 위하여 별도의 논문을 쓴 것을 보면 그 고민의 흔적을 살펴볼 수 있다.[242]

폰 라트는 구약성경 속에서 창조신앙의 위치와 기능을 추적하여 결론을 내리기를 창조신앙은 그 자체를 위해서 소개되는 것이 아니라 그 신앙을 바탕으로 다른 것을 강조하기 위한 목적이 있다는 것이다. 즉, 창조신앙이 주가 아니라 그것을 기초로 하여 주장하고자 하는 것이 주가 된다는 것이다. 그리고 창조신앙이 강조하고자 하는 본질적인 주요한 논제는 이스라엘의 구원사로 초점이 맞춰진다는 것이다. 폰 라트는 이에 대한 예들을 시편과 예언서에서 들고 있다.

> 지혜로 하늘을 지으신 이에게 감사하라 그 인자하심이 영원함이로다 땅을 물 위에 펴신 이에게 감사하라 그 인자하심이 영원함이로다 큰 빛들을 지으신 이에게 감사하라 그 인자하심이 영원함이로다……애굽의 장자를 치신 이에게 감사하라 그 인자하심이 영원함이로다 이스라엘을 그들 중에서 인도하여 내신 이에게 감사하라 그 인자하심이 영원함이로다 (시 136:5-11)

위의 시편은 5-9절에서는 우주의 창조를 다루며 창조주로서의 여호와를 찬양한다. 그런데 갑자기 10절부터 역사 속에서 활동하시는 여호와의 위대하심을 증거하는 것으로 방향을 전환한다. 이것은 시편 8편 속에서도 역시 동일하게 나타난다.

> 주의 손가락으로 만드신 주의 하늘과 주께서 베풀어 두신 달과 별들을 내가 보오니 사람이 무엇이기에 주께서 그를 생각하시며 인자가 무엇이기에 주

께서 그를 돌보시나이까 그를 하나님보다 조금 못하게 하시고 영화와 존귀로 관을 씌우셨나이다 주의 손으로 만드신 것을 다스리게 하시고 만물을 그의 발 아래 두셨으니 (시 8:3-6)

시편 8편도 단순히 하나님께서 만드신 천지만물을 보며 찬양하는 것에 그치지 않고 그 모든 것을 인간의 손에 맡겨주신 하나님의 은혜를 찬미하는 것으로 전진하고 있다. 즉, 창조주 하나님으로부터 인간을 선택하시고 구속하신 구원의 하나님으로 그 주제를 옮겨가고 있는 것이다.

예언서들 중에서 이사야서를 살펴보면 여호와가 창조주라는 것을 전하며, 그 결론은 구원사로 마감하는 이유를 분명하게 파악해 볼 수 있게 한다.

누가 손바닥으로 바닷물을 헤아렸으며 뼘으로 하늘을 쟀으며 땅의 티끌을 되에 담아 보았으며 접시 저울로 산들을 막대 저울로 언덕들을 달아 보았느냐……너희는 눈을 높이 들어 누가 이 모든 것을 창조하였나 보라 주께서는 수효대로 만상을 이끌어 내시고 그들의 모든 이름을 부르시나니 그의 권세가 크고 그의 능력이 강하므로 하나도 빠짐이 없느니라 야곱아 어찌하여 네가 말하며 이스라엘아 네가 이르기를 내 길은 여호와께 숨겨졌으며 내 송사는 내 하나님에게서 벗어난다 하느냐 너는 알지 못하였느냐 듣지 못하였느냐 영원하신 하나님 여호와, 땅 끝까지 창조하신 이는 피곤하지 않으시며 곤비하지 않으시며 명철이 한이 없으시며 피곤한 자에게 능력을 주시며 무능한 자에게는 힘을 더하시나니 (사 40:12-31)

하늘을 창조하여 펴시고 땅과 그 소산을 내시며 땅 위의 백성에게 호흡을 주시며 땅에 행하는 자에게 영을 주시는 하나님 여호와께서 이같이 말씀하시되 나 여호와가 의로 너를 불렀은즉 내가 네 손을 잡아 너를 보호하며 너를 세워 백성의 언약과 이방의 빛이 되게 하리니(사 42:5-6)

이사야서가 여호와는 창조주라고 강조하는 이유는 실망하고 좌절한 하나님의 백성 이스라엘에게 용기와 힘을 주기 위해서이다. 즉, 이스라엘을 구원하여 일으키시기 위한 목적이 있는 것이다. 이스라엘의 하나님은 다름아닌 지금 현재 눈으로 볼 수 있는 삼라만상을 모두 있게 하신 능력의 주시라는 고백을 통해 실망한 하나님의 백성의 구원이 반드시 실현된다는 것을 일깨우고 있다. 천지만물을 둘러보면 창조주 하나님의 능력을 언제든 살펴볼 수 있고 이제 그 능력이 이스라엘 위에 펼쳐질 것이라고 확신하는 것이다. 이러한 예를 통해 폰 라트는 구약성경 속에서 창조신앙은 보조적인 기능을 수행하며 여호와 하나님의 구원의 목소리를 강화하여 하나님의 백성의 신앙을 격려하고 북돋워주는 기능을 담당한다고 본다. 그에게 있어 창조신앙은 구원의 메시지를 강화시키기 위한 훌륭한 '금박종이'와 같은 역할이기에 더욱 힘 있고, 확신 있는 목소리를 갖는 것이라는 주장이다.[243]

2. 구원에서 세상의 창조로(소명)

하지만 이러한 폰 라트의 주장은 일방적인 통행밖에는 되지 않는다는 점에서 문제점이 드러난다. 창세기가 보여주는 사건의 진행방향은 분명하게 폰 라트의 주장에 힘을 실어주기도 한다. 천지창조에서 시작하여 그 마지막이 하나님의 백성 이스라엘의 창조라는 결론에 이른다는 점이 창조에서 구원으로의 전환이라는 주장을 뒷받침해 줄 수 있기 때문이다. 그러나 창세기 1-11장에서 강조되고 있는 세상에 대한 관심을 어떻게 설명할 것인가에 대한 난제가 남아있다. 창조에서 이스라엘의 구속이라는 차원으로의 전진은 하나님의 백성에 대한 배타적인 권리만을 주장할 수 있는 폐단을 담고 있기 때문이다.

천지를 창조하신 하나님은 온 우주 만물을 창조하신 것이다. 그리고 그 안에 거하는 모든 인류(אָדָם 아담/인간)를 창조하셨다. 그렇다면 온 인류가 모두 하나님께 속해 있는 것이다(창 1:26). 인류가 죄악으로 인하여 창조의 질서와 아름다움을 잃었고, 가장 살기 좋은 땅인 에덴을 상실했다. 이러한 상실은 단순히 하나님의 백성 이스라엘만의 상실이 아니다. 모든 인류가 하나님의 뜻으로부터 벗어나 혼돈과 공허가 판을 치는 세상 속에서 고뇌하고 있는 것이다. 고뇌는 곧 갈망을 낳는데, 바울 사도의 표현을 빌리자면 이 모든 피조물들이 고통 가운데 고대하는 바는 다름 아닌 하나님의 아들들이 나타나는 것이며, 피조물들이 썩어짐의 종노릇 한데서 해방되어 하나님의 자녀들의 영광의 자유에 이르는 것이다(롬 8:19-21). 창세기 12장의 아브라함을 부르시는 구속의 사건은 이러한 빛에서 읽어야 할 필요가 있다. 아브라함에게 땅을 주시고, 후손을 주시고, 복을 주시는 이유는 결국 "땅의 모든 족속이 너로 말미암아 복을 얻을 것이라"(창 12:3)는 숭고한 목적을 이루기 위한 것이다. 이것은 아브라함의 후손들에게도 동일하게 주어진 사명이다. 이들이 서 있는 곳과 걸어가는 곳은 세상에 복을 전하기 위함이다. 이삭도, 야곱도 그리고 그의 열두 아들들도 모두 세상의 평안을 위하여 헌신해야 할 사명이 있는 것이다. 구원은 목표가 아니라, 과정이며 그 구원을 통해 이루고자 하시는 하나님의 목표가 결론이 되어야만 한다.

세계가 다 내게 속하였나니 너희가 내 말을 잘 듣고 내 언약을 지키면 너희는 모든 민족 중에서 내 소유가 되겠고 너희가 내게 대하여 제사장 나라가 되며 거룩한 백성이 되리라 너는 이 말을 이스라엘 자손에게 전할지니라(출 19:5-6)

이스라엘을 모든 민족 중에서 특별한 소유, 제사장 나라, 거룩한 백성으로 부르신 이유는 모든 피조물들을 썩어짐의 종노릇하는 것에서 해방하여 하나님의 영광의 자유에 이르게 하는 것이다. 여기서 분명해 지는 것은 창조신앙이 단순히 이스라엘의 구원신앙에 확신을 주기 위한 금박종이의 구실만이 아닌, 구원의 목적과 의미, 사명을 심어주는 역할을 한다는 것을 되새길 필요가 있다. 프레다임(Fretheim)의 주장은 이러한 강조점을 일목요연하게 잘 요약하고 있다는 점에서 참고해 볼 가치가 있다.

> 창조신학은 이스라엘을 위한 하나님의 구속행동 배후에 있는 우주적인 목적을 알게 한다. 하나님의 행동은 이스라엘의 해방에 초점을 맞추고 있지만, 그것이 최종적인 목적은 아니다. 이스라엘의 구원은 궁극적으로 모든 피조물들을 위한 것이다. [244]

그러므로 창조신앙은 보조적이요, 구원신앙이 주라는 주장보다는 오히려 구원은 창조의 이상을 실현하기 위한 보조적인 조처란 점을 깨달아야 할 필요가 있다. 하나님의 백성 이스라엘의 탄생이 먼저가 아니라, 인류를 포함하고 있는 세상(universe)의 창조가 먼저였다는 것을 기억해야 할 필요가 있다. 그래야만 구원의 배타성이라는 늪에 빠져 세상을 멸시하는 오류를 범하지 않을 수 있다. 세상을 창조하신 하나님께서 우리에게 구원의 손길을 베풀어 주셨다는 은혜를 가슴 깊이 간직한 공동체는 결코 그 자리에 멈춰 서서 누리려고만 하지 않을 것이다. 하나님의 구속받은 선민으로서 어떻게 세상을 하나님의 품으로 돌릴 것인가를 고민하게 될 것이다. 바로 소명으로의 전진인 것이다. 창세기는 물론 이것에 관하여 우리에게 좋은 답을 이미 제시해 주었다. 그것은 다름 아닌 세상이 안고 있는 문제를 해결하는 것을 가르침으로 이 땅의 모든 피조물들을 하나님의 자녀들의 영광의 자유에 이르도록 돕는 것이다. 죄로 인해 혼돈과 무질서로 가득한 세상에 창조의 질서를 불어넣는 것이다.

세상의 창조 ➡➡➡ (은혜) 하나님의 백성의 구원 (소명) ➡➡➡ 세상의 창조 완성

이러한 소명을 이루는 길은 아브라함의 순종(하나님을 향하여)과 요셉과 형제들의 용서와 화해(사람을 향하여)로 무장한 하나님의 백성의 강한 영향력으로 세상을 하나님의 나라로 변화시켜 나가는데 있다.

II
하나님과 사람: 아브라함,
이상적인 믿음의 길을 말하다

　　하나님의 백성으로 택함 받은 이스라엘의 역사 속에서 아브라함의 중요성은 아무리 강조해도 지나치지 않을 것이다. 인류사가 그로부터 시작되는 것은 아니지만 정작 가장 중요한 이스라엘의 정체성의 기초가 되는 믿음의 시작이기 때문이다. 그의 믿음은 하나님의 말씀에 대한 전적인 순종에 기인한 것이다. 그의 순종이 무엇을 내포하고 있는지를 정확하게 규명하는 것은 신앙의 후손들에게 지극히 중요한 사안이다. 왜냐하면 그것이 그들의 정체성을 지시해 주는 나침반과도 같은 역할을 하며 그들에게 공통의 정신과 감정, 뜻과 목적을 제시해 주기 때문이다.[245] 좀더 나아가서 아브라함은 심지어 하나님의 자기소개 방식까지 새롭게 한다: "나는 네 아버지 아브라함의 하나님이니 두려워하지 말라"(창 26:24)와 "나는 여호와니 너의 조부 아브라함의 하나님이요"(창 28:13). 사르나와 해밀톤 같은 학자들은 아브라함 전에는 "나는 네 아비 데라의 하나님이다"와 같은 표현이 부재한 것은 아브라함과 함께 이스라엘 종교사에 새로운 시대가 시작되는 것을 지시하는 것이라 주장한다.[246] 이와 같이 아브라함은 사람에게나 하나님께나 새 시작을 제공해 준다. 그렇다면 아브라함의 신앙은 그 자신만의 것이 아니라 반드시 그의 후손들의 삶 속에서도 재현되어져야만 할 것이다.

1. 아브라함, 과거세대의 실패를 극복

아브라함의 신앙여정은 두 번의 중요한 부르심으로 감싸여져서 그 시작(창 12장)과 끝(창 22장)을 하나로 연결시키는 수미쌍관(首尾雙關 inclusio)을 이루고 있다. 그 구체적인 예는 첫째로, 출발에 대한 하나님의 동일한 명령이 주어지고 있다: "가라" (לֶךְ־לְךָ 레크-레카; 12: 1; 22: 2). 특이하게도 이 명령형은 히브리 성경 전체 속에서 오직 아브라함 이야기에만 나타나며 그의 이야기 중에서도 오직 이 두 문맥 속에서만 나타나는 희귀한 표현이다. 이것은 이 두 사건의 밀접한 연관성을 강조해 주는 효과를 더하고 있다. 둘째로, 그 출발을 포기할 수 있는 조건이 동일한 3단계로 주어지며 그 강도를 점점 더하고 있다는 점이다. 시작은 '고향, 친척, 아버지 집'(12:1)이고 그 끝은 '네 아들, 네 사랑하는 독자, 이삭'(22:2)이다. 즉, 부모와의 결별과 자식과의 결별을 행하라는 것이다. 이것은 '아들'이 없는 상태에서 부모가 상징하는 과거와의 전적인 단절이며 또한 부모와의 단절 뒤에 아들이 상징하는 미래에 대한 완전한 포기를 의미한다. 이 잔혹하게 보이는 명령에 똑같은 순종으로 응답하는 아브라함의 결단이 나타난다: "이에 아브람이 여호와의 말씀을 좇아갔고(הָלַךְ 할라크)"(12:4)와 "아침에 일찍이 일어나 떠나 하나님의 지시하시는 곳으로 '가더니'(הָלַךְ 할라크)"(22:3). 아브라함의 특징은 명령이 떨어지면 단 한 마디의 질문도 없이 모든 것을 신속히 준비하여 그 명령을 실행하기 위하여 '간다.' 셋째로, 두 출발 다 명확하게 주어지지 않은 어떤 미지의 장소로 가라고 지시하고 있다. 처음에는 "내가 네게 지시할 땅으로 가라"(12:1)고 하시고 그 다음은 "내가 네게 지시할 한 산 거기서 그를 번제로 드리라"(22:2)고 명령하고 있다. 아브라함은 정확하고 분명한 것을 보고 출발한 것이 아니라 아직 아무것도 보지 못한 상태에서 그의 여정을 시작한 것이다. 넷째로, 두 사건에서 동일하게 아브라함은 그의 믿음의 증표로 제단을 쌓는다. 벧엘에 쌓고 (12:8) 그리고 모리아 산 꼭대기에 쌓는다(22:9). 마지막으로, 두 번의 떠남의 사건은 아브라함이 그 출발에서 받았던 동일한 축복의 확증으로 마감된다.

내가 나를 가리켜 맹세하노니 네가 이같이 행하여 네 아들 네 독자도 아끼지 아니 하였은즉 내가 네게 큰 복(בָּרַךְ 바라크)을 주고 네 씨가 크게 번성하여 하늘의 별과 같고 바닷가의 모래와 같게 하리니 네 씨가 그 대적의 성문을 차지하리라 또 네 씨로 말미암아 천하 만민이 복(בָּרַךְ 바라크)을 얻으리니 이는 네가 나의 말을 준행하였음이니라(창 22: 16-18; 12: 2-3절과 비교해 보라)

이 비교를 통해서 유대인 신학자 사르나(Sarna)는 하나님의 부르심으로 시작하고(창 12:1-9), 끝맺는(창 22:1-19) 구조 속에 나타난 문학적 유사성들을 조사하여 아브라함의 신앙을 오디세이적(spiritual odyssey)인 영적여정이라 평가하고 있다. 그리고 그 하나님의 명령은 단호한 충성심으로만 완성되며 그리고 "결국은 영광스러운 후손의 약속으로 그 결말에 이르는 고통스러운 결정을 포괄하고 있다"고 본다.[247]

이와 같이 이 두 부분은 하나님의 명령에 대한 아브라함의 완전한 순종과 결단의 모습을 보여주고 있다. 이 똑같은 순종의 이야기가 아브라함의 신앙여정 전체를 둘러싸고 있는 보호막이 되고 있다는 것은 하나님의 백성 이스라엘에게 정말 중요하다. 그 이유는 이러한 철저한 순종은 아브라함이 나타나기 전의 인물이나 사건들 속에서는 결코 이루어지지 않은 것이기 때문이다. 이것은 아브라함 전에 살았던 대표적인 인물들인 아담과 노아의 삶을 살펴보면 더욱 명확하게 드러난다.

아담과 하와의 좋은 시작은, 사람을 창조하신 후에 "하나님이 보시기에 '심히 좋았더라'(מאד טוב 토브 메오드)"(창 1:31)라는 큰 격찬으로 시작된 출발임에도 불순종으로 인한 타락으로 끝을 맺고 말았다. 그리고 결국은 저주가 땅에 쏟아지게 하였다. 또 '당대에 완전한자,' '하나님과 동행하는 자,' 그리고 '의인'(창 6:9)이라는 칭찬을 받으며 새 창조의 시작을 열어갔던 노아도 그의 실수로 인해 함을 저주함으로 저주받은 땅 위에 또다시 저주를 퍼붓는 결과를 가져왔다. 이들은 모두 하나님의 계획과 이상을 송두리째 날려버리는 오류를 범하고 만다. 그러나 하나님의 명령에 대한 순종으로 그 삶의 시작과 끝을 장식한 아브라함의 이 믿음의 응답은 인류사에 새로운 지평을 열게 되었다. 왜냐하면 태초의 사람인 아담과 하와, 그리고 그 이후에 기회를 부여받은 노아를 통해서는 결코 이루지 못했던 하나님의 뜻이 이루어 졌기 때문이다. 아브라함 전에 기회를 부여 받았던 두 인물의 이야기는 다음과 같은 연결성을 가지며 그들의 실패를 강조하고 있다.[248]

아담 이야기(창 1:1-6:8)		노아 이야기(창 6:9-11:26)
혼돈, 창조(1:1-3:24)		혼돈, 창조(6:9-9:17)
아담의 아들들(4:1-16)	새 시 작	노아의 아들들(9:18-29)
아담의 후손들의 계보(4:17-5:32)		노아의 후손들의 계보(10:1-32)
인간의 교만 - 네피림(6:1-7)		인간의 교만 - 바벨탑(11:1-9)
선택된 노아(6:8)		선택된 아브람(11:10-26)
(새로운 기회 - 창조의 파괴와 새 창조)		(새로운 기회 - 부르심에 응답하는 인간)

우리가 원역사라고 부르는 창세기 1-11장의 내용 속에는 이렇게 커다란 실패의 이야기가 동일하게 반복되고 있다. 족장들을 부름은 바로 이러한 실패와 악의 흐름을 끊기 위한 하나님의 인내하심과 또한 하나님의 백성을 이루시기 위한 기다림의 표현이다. 하나님의 백성은 어떠한 존재인 가라는 정체성을 인식케 하고자 하는 목표가 있는 것이다. 바로 인간의 교만과 불순종을 끊고 절대적인 순종으로 하나님 앞에 서 있는 사람이다.

이제 또 다른 시작은 오로지 하나님의 뜻에 전적으로 순종하여 어떤 여건 속에서도 아무 질문 없이 하나님의 명령을 그대로 실행하는 자를 통해 이루어질 것이다. 이 새 역사를 이루고자 하시는 하나님의 계획이 아브라함을 그 먼 곳으로부터 불러 내셨다. 아담과 노아가 이루어내지 못한 하나님의 뜻을 이루기 위해 부름 받은 아브라함은 떠나라는 그 음성에 순종하여 갈 바를 알지 못함에도 아무런 질문 없이 출발한다. 이것이 바로 아브라함을 '믿음의 조상'이라 부르는 이유일 것이다. 이러한 철저한 순종을 통해서만 새 역사가 열린다는 것을 창세기는 여러 이야기들의 전개를 통해서 여실히 보여 주고 있는 것이다. 아브라함이 출발 때 받은 약속이 모리아 산 위에서 반복되는 이유 또한 하나님의 약속이 이 땅 위에서 실현될 수 있는 유일한 길은 하나님께로 향한 전폭적인 순종과 헌신이라는 것을 강조하기 위함임에 틀림없다.

이러한 아브라함의 출발은 하나님의 계획 속에 새로운 창조의 시발점이 된다. 하지만 노아 때처럼 창조하신 세계를 파괴하시고 다시 시작하시는 방법을 택하지 않으시고 순종의 사람을 부르셔서 창조의 이상을 실현하게 하신다. 아브라함을 부르시는 그 속에 하나님의 창조목적이 그대로 농축되어져 있다. 천지창조가 하나님의 말씀대로 그대로 이루어지는 순종을 보여주고 있다면 아브라함의 이야기도 역시 창조와 동일한 순종의 역사를 보여주고 있다는 점에서 같은 신학을 펼치고 있다고 할 수 있다. 하나님께서 말씀하시면 그 말씀이 아무리 불확실한 미래를 담고 있더라도 그 말씀에 순종하여 그대로 실행하는 것 바로 그것이 하나님의 창조를 이루어가는 삶이라는 것이다. 아브라함의 이야기는 이제 그 자신만의 전기로 남지 않고, 그 뒤를 잇는 모든 이들을 위한 믿음의 본이 된다.

2. 아브라함, 미래세대를 위한 역할모델(Role Model)

아브라함의 이야기는 그의 죽음으로 끝나지 않고, 그의 순종의 삶은 이제 후손들이 따라야 할 모형이 된다. 이것은 이미 여호와께서 아브라함을 통해 계획하신 일이다: "아브라함은 강대한 나라가 되고 천하 만민은 그로 말미암아 복을 받게 될 것이 아니냐 내가 그로 그 자식과 권속에게 명하여 여호와의 도를 지켜 의와 공도를 행하게 하려고 그를 택하였나니 이는 나 여호와가 아브라함에게 대하여 말한 일을 이루려 함이니라"(창 18:18-19).

이제 아브라함이 갈대아 우르에서 부름 받은 사건은 새로운 상징으로 등장한다. '갈대아'라는 말은 '카스딤'(כשדים 갈대아인)으로 창세기부터 열왕기하까지의 역사서술에서 특이하게도 아브라함 이야기와 열왕기하의 유다의 멸망 이야기에만 나타나는 지극히 제한된 용어이다(창 11:28, 31; 15:7; 왕하 24:2; 25:4, 5, 10, 13, 24, 25, 26). 이러한 연관 관계는 분명 역사의 마지막을 다시 또 시작으로 돌리려는 의도가 있음을 직감해 볼 수 있다. 이스라엘 역사의 마지막에 유다가 바벨론의 갈대아 땅으로 포로되어 잡혀갔다면, 시작의 책인 창세기는 아브라함이 갈대아 우르에서 하나님의 부름을 받아 가나안 땅으로 오는 여정을 그리고 있다. 바벨론에 포로 된 이스라엘은 70년이 넘는 세월을 그 곳에서 보내며, 포로 1세대는 거의 사라지고, 2-3세대가 그 곳에서 태어나서 자라게 된다. 그들에게 갈대아 우르는 더 이상 포로지가 아닌 고향과 친척과 아버지 집이 되어 버린 장소이다. 그렇다면 아브라함이 75세에 하나님의 부르심에 응답하여 고향과 친척과 아버지 집인 갈대아 우르를 떠나야만 한다는 것은 어떤 의미일까? 이것은 아브라함을 바벨론의 갈대아로부터 불러내신 하나님은 약 1500년 뒤에 동일한 장소에 포로가 된 아브라함의 후손들 또한 다시 약속의 땅으로 부르실 것이며, 갈 바를 알지 못하고 떠난 아브라함의 순종만이 부르심에 응답할 수 있는 유일한 길임을 제시하고 있는 것이라 할 수 있다.[249] 밴 시터스(Van Seters)는 창세기 15:7절의 갈대아 우르에서의 부르심과 출애굽기 20:2절 애굽 땅에서의 구원의 연관 관계를 밝히며 아브라함의 우르에서의 탈출은 아브라함의 후손들에게 제2의 출애굽으로 비쳐지고 있다고 본다. 그리고 그는 출애굽의 선언이 원형이었다면 바벨론 포로에서의 해방의 이미지가 새롭게 아브라함에게 부여된 것이라 주장한다.[250] 그리고 이 두 사건에 대한 신학적인 재해석은 예레미야서에 잘 연합되어 나타나고 있다 (렘 16:14-15; 23:7-8).

보라 날이 이르리니 다시는 이스라엘 자손을 애굽 땅에서 인도하여 내신 여
호와께서 살아계심을 두고 맹세하지 아니하고 이스라엘 자손을 북방 땅과

그 쫓겨났던 모든 나라에서 인도하여 내신 여호와께서 살아계심을 두고 맹세하리라 내가 그들을 그들의 조상들에게 준 그들의 땅으로 인도하여 들이리라(렘 16:14-15)

이 주장은 창세기 15:13, 16절에 나타난 시간적인 포괄성에도 그대로 드러난다. 애굽에서의 고생이 400년 동안이라고 서술하고서는 아브라함의 자손이 사대 만에 약속의 땅으로 돌아온다는 예언이 주어진다. 이 사대는 400년이라는 거대한 숫자보다는 오히려 예레미야가 주창한 70년간의 바벨론 포로기간과 잘 맞아떨어진다(렘 29:7). 그리고 이 기간은 아내를 취해 자녀를 낳고, 그 자녀들이 결혼을 해 자녀를 낳는 기간에 해당된다(렘 29:4-6). 즉 이 70년 기간동안 3-4대의 세대가 공존하게 되는 것이다. 이것은 또한 '죄를 갚되 삼, 사대까지 이르게 한다'는 선언에서처럼 죄악을 사하는 기간과도 잘 맞아 떨어진다 (출 20:5; 34:7; 민 14:18; 신 5:9).

이는 원래의 출애굽 사건이 바벨론의 포로지에 있는 아브라함의 후손들에게 미래를 향한 희망적인 약속이 되어 새로운 출애굽으로 재형성되었을 것을 짐작해 볼 수 있다.[251] 이제 아브라함의 믿음과 순종의 이야기는 포로지에 있는 후손들에게는 자신들이 저지른 모든 문제를 해결하고 다시 하나님의 약속을 성취하는 길을 보여주는 이상적인 역할을 하는 것이다.[252] 모벌리(Moberly)는 아브라함의 이러한 전적인 순종을 믿음의 최고의 본으로 여기며 또한 토라적으로 형성된 순종의 모델로 강조한다.[253] 이것은 아브라함의 순종이 시내 산에서 법이 주어지기 전에 이미 그 법의 모든 것을 다 준수한 것으로 나타나는 것을 통해 명백하게 증명된다: "네 자손을 하늘의 별과 같이 번성하게 하며 이 모든 땅을 네 자손에게 주리니 네 자손으로 말미암아 천하 만민이 복을 받으리라 이는 아브라함이 내 말을 순종하고 내 명령과 내 계명과 내 율례와 내 법도를 지켰음이라 하시니라"(창 26:4-5).

이와 같이 아브라함의 이야기는 희망을 내포하고 있으며, 회복의 메시지가 담겨있다. 하나님의 백성이 되기를 원하는 자, 하나님의 축복된 약속 가운데 거하기를 소망하는 자, 그리고 하나님이 허락하신 약속의 땅에 거하기를 갈망하는 자 그들은 어느 누구이든지 간에 아브라함의 믿음과 순종의 삶을 재현해야만 한다. 기꺼이 그 길을 걷기를 희망하는 사람을 통해 새로운 역사는 시작될 것이라는 사실을 아브라함의 이야기는 보여주고 있다. 믿음의 조상 아브라함이 걸었던 그 길을 기꺼이 걷기를 결심하는 자 그는 남자든 여자든, 유대인이든 이방인이든, 아브라함의 씨로 종말론적인 하나님 나라를 이루는 주의 백성이 되는 것이다.

III
사람과 사람: 유다와 요셉,
이상적인 왕도를 말하다

　역사의 끝인 열왕기하의 마지막에 그려진 유다의 마지막 운명과 처음 책인 창세기의 시작이 주제와 신학, 그리고 문학적인 구조에서 밀접한 연관을 갖는 다는 것은 흥미로운 사실이다. 철저한 파괴와 수치스런 포로라는 절망적인 상황이 희망으로 가득 찬 변혁이 물결치는 새창조의 날과 만난다는 것은 사망에서 생명으로 옮겨지는 기적이 일어나는 것이기 때문이다.

　브루거만(W. Brueggemann)은 천지창조 이야기(창 1:1-2:4a)를 신화적인 색채를 띤 현실의 '정치-역사적 상황'이라고 본다. 그는 창세기 1:2절의 무질서한 상태인 '혼돈과 공허'(תהו ובהו 토후 와보후)를 땅을 잃은 포로기의 상황과 동일시한다.[254] 그의 주장이 정당성을 발휘할 수 있는

761

이유는 이 동일한 두 단어의 조합이 예레미야 4:23절에 한 번 더 나타나는데 창조의 파괴는 물론이요, 그 파괴가 북쪽에서 내려오는 가공할 적(바벨론)에 의해 이루어질 이스라엘의 파멸을 묘사하고 있기 때문이다.[255] 창세기에서는 동일한 하나님께서 명령하시니 황폐한 파괴적 상황이 점점 희망적인 회복에 그 길을 내어주고 있다.

또한 창세기 1:28절에 나타난 인간을 향한 하나님의 축복이 땅을 잃은 포로기의 상태를 뒤집는 땅 정복 언어를 포함하고 있다는 것이 의미 있다: "땅을 정복하라"(כָּבַשׁ 카바쉬/정복하다). 이 단어는 창세기에는 더 이상 나타나지 않으며, 민수기 32:29절과 여호수아 18:1절에 다시 나타나고 있는데 항상 약속의 땅 정복과 연관되어 있다.[256] 그리고 안식일 제정과 함께 천지창조가 마감되는 것은 세계 창조의 목표는 하나님의 백성들이 모여서 안식일을 기념하는 거룩한 성전의 건축을 고대하고 있음을 추측해 볼 수 있다.[257] 열왕기서에 반복적으로 나타나 결국은 이스라엘을 망국으로 이끌었던 '악'(רַע 라)은 새로운 시작의 책인 창세기의 천지창조에서 "보시기에 심히 좋았더라"는 '선'(טוֹב 토브/좋았더라)으로 변했다.

아담과 하와 그리고 가인과 아벨의 이야기도 역시 열왕기하의 끝 부분을 연결시키는 역할을 한다. 이 두 이야기들은 죄에 대한 심판을 보여주고 있으며, 그 심판의 결국은 땅에서의 추방이다. 이것은 이 두 이야기를 읽는 독자들이 어떠한 상태에 있는지를 추측해 볼 수 있으며, 그것은 곧 바벨론 포로의 상황이 바로 그들의 현실일 것이라는 결론을 내릴 수 있다.[258] 아담과 하와, 가인 그리고 이스라엘 백성은 모두 동일하게 자신들이 살던 땅의 동쪽으로 추방되었다는 것은 의미가 깊다. 그러므로 죄의 형벌을 끝내고, 포로에서 풀려난 이스라엘이 약속의 땅으로 귀향하는 것이 낙원인 에덴동산으로의 복귀처럼 그려지는 것이 결코 우연은 아닐 것이다.[259] 그렇다면 역사의 끝에 유다의 왕 여호야긴이 옥에서 풀려나 왕의 지위를 회복했다는 사실은 분명 새로운 시작에 대한 갈망과 밀접하게 연결될 것이 틀림없다. 그리고 그 회복과 새로운 출발은 반드시 왕조에 대한 반성과 더불어 그 잘못의 해결과 함께 시작될 것임을 직감해 볼 수 있다. 창세기에서 족장들의 이야기는 그 사실을 살펴볼 수 있는 좋은 장소가 될 것이다.

1. 다윗에서 솔로몬으로
– 과거 역사 속에 나타난 왕도(Kingship)

다윗 왕위계승 설화에 대해서는 많은 학자들이 여러 가지 의견을 제시한바 있다. 1926년에 로스트(L. Rost)는 사무엘하 9-20장과 열왕기상 1-2장이 문체와 주제에서 통일성을 가지고 있는 문학적 한 단위로 보고 그 기록 목적을 솔로몬의 왕위계승에 대한 정통성을 수립하기 위한 것이라고 피력한바 있다.[260] 그 후 와이브레이(R. N. Whybray)는 왕위계승 설화의 교훈적인 부분을 강조하며, 그 기원을 지혜운동에 두고 잠언과 같이 삶의 길을 가르치기 위한 목적이 있다고 보았다.[261] 암논의 간교한 친구 요나답의 교훈을 통해 좋은 친구를 사귀는 것의 중요성(삼하 13: 3), 지혜로운 드고아 여인의 중재(삼하 14: 1-24), 궁전 조언자들인 후새와 아히도벨의 모략의 경쟁(삼하 17장) 등을 통해 이러한 요소들을 파악해 볼 수 있다는 것이다. 그러나 몇몇 학자들은 이 부분을 왕위계승 설화가 아닌 다윗의 통치이야기에 속한 것으로 보며, 독립적인 단위가 아닌 다윗 이야기 전체 속에서 이해해야 한다고 본다.[262]

현재 형태의 사무엘서의 이야기를 면밀히 살펴볼 때 사무엘하 12-24장은 다윗의 후반부의 삶과 더불어 솔로몬으로 이어지는 과정을 동시에 그리고 있다. 먼저 사무엘하 12장의 다윗이 밧세바를 취하고, 우리아를 죽이는 사건이 다윗의 삶을 가르는 분기점이 된다. 그 전에는 승승장구하던 다윗이 이 사건을 기점으로 완전히 그 주도권을 상실하게 되며, 자신이 저지른 죄악에 대한 스스로의 심판과 하나님의 징계를 받는 이야기들이다. 다윗은 나단 선지자가 말한 비유 속에 나타난 가난한 자의 암양을 빼앗아 자신의 손님에게 대접한 양과 소가 많은 부자에 대해 분노에 차서 "이일을 행한 사람은 마땅히 죽어야 하며, 그 양 새끼를 사배나 갚아 주어야하리라"고 선고한다(삼하 12:5-6). 하나님께서는 "우리아를 암몬 자손의 칼로 죽이고 그 처를 빼앗았으니, 칼이 네 집에 영영히 떠나지 않을 것이며, 네 집에 재앙을 일으키고, 네 처들을 가져 네 눈앞에서 다른 사람에게 주리라. 너는 은밀히 행했으나 그 사람은 이스라엘 무리 앞에서 백주에 동침하리라"(삼하 12:10-12)고 선포하신다. 이 두 저주 선포는 그 효력을 즉시로 발휘하여 먼저 집안에서 강간 사건이 벌어지며, 아들들이 서로 칼로 죽이는 일어 벌어지고, 아들인 압살롬이 칼을 들고 다윗에게 반역하며, 심지어 백주대낮에 이스라엘이 보는데서 아버지 다윗의 첩들과 동침까지 한다(삼하 16:22). 베냐민 족속 시므이가 피난 가는 다윗을 극렬하게 저주하고, 세바는 반역의 기치를 높이 든다. 그리고 이러한 일련의 과정 중에 다윗 자신의 선고처럼(물론 율법의 규정; 참조, 출 22:1) 탈취와 살인에 대해 네 배로 갚기 위해 아들 넷을 차례로 잃는다: 밧세바와의 간음에서 태어난 아들, 암논, 압살롬, 아도니야. 그리고 주요한 이 세 명의 왕위계승 후보자들이 제거된 뒤에 솔로몬의 통치가 본격적으로 시작된다.[263]

솔로몬의 등장은 이런 점에서 희망적이다. 솔로몬이 모세의 율법을 지키라는 소명을 받는 부분(왕상 2:3-4)과 지혜를 간구하는 부분(왕상 3장)은 다윗의 후반부의 삶과 비교해서 새로운 희망의 시대를 예고하기에 충분하다. 다윗의 우매한 선택으로 인해 초래된 모든 악한 일들이 솔로몬의 지혜로운 선택으로 회복의 길을 걸어갈 기대감을 갖게 한다.[264]

	삼하 11-12장(다윗)	왕상 3장(솔로몬)
행위	**삼하 11:1-3** 우매한 선택(간음)	**왕상 3:3-9** 지혜로운 선택(지혜선택)
결과	**삼하 11:4-27** 부정한 임신, 속임수, 음모, 살인	**왕상 3:10-15** 지혜로운 마음, 부귀, 영화, 장수
평가	**삼하 12:1-15** 재판, 아이의 죽음, 온 이스라엘 앞에서 악이 다윗의 집에 난무	**왕상 3:16-28** 재판, 아이가 생존, 온 이스라엘이 재판을 듣게 됨

　　그러나 그 기대감에 반하여 음울한 전조가 솔로몬의 삶의 중요한 기점마다 나타난다. 그 전조는 '바로의 딸'이다. 솔로몬이 지혜를 부여받기 전에, 성전의 외관과 기물을 완성하는 중간에, 역군을 일으켜 대 공사를 하는 중에, 그리고 결국은 솔로몬이 여호와를 버리게 만드는 이방여인의 그 선두에 이렇게 이 여인은 이름도 없이 나타난다(왕상 3:1; 7:8; 9:16, 24; 11:1). 그녀의 아버지의 권위를 상징하는 '바로'라는 그 칭호만으로도 이미 그 암시적인 징조를 느껴볼 수 있다. 그리고 바로의 딸을 따라가는 솔로몬을 통해 이스라엘이 겪게 될 수난을 짐작해 볼 수 있다.[265]

　　바로가 이스라엘을 '강제노역'(מַס 마쓰)을 시키고 그들 위에 '감독관'(שָׂרֵי מִסִּים 싸레이 미씸)을 세워 억압한 것 같이, 솔로몬 또한 동일한 '강제노역'(מַס 마쓰)을 이스라엘 사람들에게 부과하고 그들 '위에 감독관'(עַל־מַס 알-함마쓰)을 세워 관리하게 했다(출 1:11; 왕상 4:6-7; 5:13-14). 그리고 '노역'이라는 말은 두 이야기에서 동일한 단어인 씨브라/쌉발(סֵבֶל/סִבְלָה; 출 1:11; 2:11; 5:4, 5; 6:6, 7; 왕상 5:15, 11:28)이 사용된다. 바로를 위하여 강제로 '국고성을 짓던'(וַיִּבֶן עָרֵי מִסְכְּנוֹת 와이벤 아레 미쓰케노트) 이스라엘은 이제 솔로몬을 위하여 동일한 것을 짓는(וַיִּבֶן...עָרֵי הַמִּסְכְּנוֹת 와이벤 아레 함미쓰케노트/국고성을…짓다) 노예가 되어버렸다(출 1:11; 왕상 9:17-

19).[266] 이 모든 요소들이 오직 출애굽기의 바로와 열왕기의 솔로몬과만 연관되어 나타나는 단어들이라면 그 심각성을 짐작해 볼 수 있으리라 본다. 이스라엘은 이제 자신이 세운 왕에 의해 고역에 시달리는 노예가 되었고, 약속의 땅은 점점 애굽 땅이 되어간다. 열왕기상 9:15-22절에는 밀로 성 건축의 강제노동에 이스라엘 인이 아닌 가나안 잔류 민들만을 동원했다고 기록하고 있지만 열왕기상 11:26-28절에는 여로보암이 밀로 성 건축을 위한 요셉 족속의 '강제노동'인 '쎄벨'(סֵבֶל)을 감독했다고 기록하고 있다. 그리고 자신의 왕궁의 물품과 수많은 말들에게 먹일 풀들을 조달하기 위해 유다지파는 제외하고 북이스라엘 지역을 12행정 구역으로 분할하고 과중한 짐을 지웠다(왕상 4:7-19). 더 나아가 솔로몬은 약속의 땅의 한 부분인 북쪽 갈릴리 지역의 성읍 20개를 두로 왕 히람에게 성전과 궁전 건축 물품을 조달하기 위해 팔아 치우기도 한다(왕상 9:10-14).

이렇게 기대는 절망으로 끝나버렸고, 결국 솔로몬의 사후에 남과 북은 더 이상 관계회복이 불가능한 상태가 되어 분리되고 만다. 남과 북의 분열은 결국 힘의 약화를 가져오고, 이방세력의 먹이가 되기에 이른다. 그리고 역사의 끝은 바벨론의 침공으로 인한 포로기의 시작과 약속의 땅에 남아있던 모든 대소백성들이 자진하여 애굽으로 내려가는 것으로 그 결론에 이른다(왕하 25:22-26). 솔로몬으로부터 시작된 애굽의 위력은 결국 신명기의 저주(신 28:68)의 완성으로 이스라엘이 애굽으로 돌아가는 것으로 마감된 것이다. 그리고 열왕기서는 날카롭게 이렇게 이스라엘이 망국으로 가는 그 시작을 다윗과 솔로몬의 실패에서부터 더듬고 있다. 그렇다면 회복은 시작부터 달라야 할 것이 분명하다.

2. 야곱에서 유다와 요셉으로
– 창세기가 기대하는 미래의 왕도(Kingship)

　　창세기에서 야곱과 그의 아들들의 이야기는 마치 다윗과 그의 아들들의 이야기를 새롭게 쓰고 있는 듯이 보인다. 유다가 야곱의 권위를 이어받는 과정이 솔로몬이 다윗의 왕권을 물려받는 과정과 유사하기 때문이다. 유다는 야곱의 네 번째 아들이며, 그의 앞에 부족장의 권위를 놓고 경쟁해야 할 세 명의 형들(르우벤, 시므온, 레위)이 있었던 것처럼. 솔로몬도 네 번째 아들은 아니었지만 왕권 순위는 네 번째로 나타난다(암논, 압살롬, 아도니야). 그리고 이 두 경우 모두 앞 순위에 있는 세 명의 형들이 제거되는 과정이 동일한 사건들의 연속으로 이루어진다는 점에서 그 의도적인 연관성을 추측해 볼 수 있다.

　　첫째로, 르우벤이 장자권의 서열에서 제외되는 이유는 아버지의 하체를 범하는 근친상간의 범죄를 저질렀기 때문이다: "이스라엘이 그 땅에 거주할 때에 르우벤이 가서 그 '아버지의 첩'(פִילֶגֶשׁ אָבִיו 필레게쉬 아비으) 빌하와 동침하매 이스라엘이 이를 들었더라(וַיִּשְׁמַע יִשְׂרָאֵל 와이쉬마 이스라엘)"(창 35:22). 이것은 열두 아들을 향한 야곱의 마지막 유언과도 같은 선언에서도 르우벤이 장자권을 상실하는 이유로 제시되고 있다(창 49:3-4). 이와 동일한 범죄를 저지른 자가 바로 다윗에게 반역의 기치를 높이 든 아들 압살롬이다: "남겨두어 왕궁을 지키게 한 '아버지의 첩들'(פִלַגְשֵׁי אָבִיךָ 필라그세 아비카)과 동침하소서…온 이스라엘이 들으리니 (וְשָׁמַע כָּל-יִשְׂרָאֵל 웨샤마 콜-이스라엘)…압살롬이 온 이스라엘 무리의 눈 앞에서 그 아버지의 후궁들과 더불어 동침하니라"(삼하 16:21-22). 이 두 이야기의 연관에서 야곱의 이름이 이스라엘로 거듭 불려지는 것이 결코 우연은 아닐 것이다.

둘째로, 시므온과 레위가 연루된 그들의 여동생 디나가 히위 족속 세겜에게 강간을 당하는 사건(창 34장)은, 암논과 압살롬이 연루된 압살롬의 친여동생 다말이 암논에게 강간당하는 사건(삼하 13장)과 평행을 이룬다. 특히 이 두 이야기 속에는 완전히 일치되는 여러 개의 평행구들이 의도적인 연결성을 살펴보기에 충분하다.[267]

창 34장	2절	세겜이 그를 보고 끌어들여 강간하여(וַיִּשְׁכַּב אֹתָהּ 와이쉬카브 오타흐) 욕되게 하고(וַיְעַנֶּהָ 와이아네하)
	7절	야곱의 아들들은 이를 듣고(שָׁמְעוּ 샤마) 그들 모두가 근심하고 심히 노하였으니(וַיִּחַר לָהֶם מְאֹד 와이하르 라헴 메오드)
	7절	이는 세겜이 야곱의 딸을 강간하여 이스라엘에 부끄러운 일 곧 행치 못할 일을 행하였음이더라(כִּי-נְבָלָה עָשָׂה בְיִשְׂרָאֵל...וְכֵן לֹא יֵעָשֶׂה 키-네발라 베이스라엘...웨켄 로 에아세)
삼하 13장	14절	암논이 그 말을 듣지 않고 다말보다 힘이 세므로 억지로 강간하여(וַיְעַנֶּהָ 와이아네하) 그와 동침하니라(וַיִּשְׁכַּב אֹתָהּ 와이쉬카브 오타흐)
	21절	다윗 왕이 이 모든 일을 듣고(שָׁמַע 샤마) 심히 노하니라(וַיִּחַר לוֹ מְאֹד 와이하르 로 메오드)
	12절	내 오라비여 나를 욕되게 하지 말라 이런 일은 이스라엘에서 마땅히 행치 못할 것이니 이 어리석은 일을 행하지 말라(אֶת-הַנְּבָלָה הַזֹּאת 키 로-에아세 켄 베이스라엘 알-타아세 에트-한네발라 하조트) כִּי לֹא-יֵעָשֶׂה כֵן בְּיִשְׂרָאֵל אַל-תַּעֲשֵׂה

야곱의 딸 디나의 사건에서 또 시대착오적인 나라와 민족의 개념인 '이스라엘'(창 34:7)이 등장하며 두 사건의 연관성을 나타낸다. '이스라엘'이라는 용어는 아직 민족적인 개념이 나타나지 않고 단지 야곱의 다른 이름으로 사용되는 창세기 보다는 오히려 사무엘서에 더 어울리는 표현이기도 하다. 이 두 사건이 결국은 이러한 일을 저지른 사람에 대한 친오빠(들)의 복수의 살육으로 그 막을 내린다. 시므온과 레위는 할례를 행하면

같이 결혼의 동맹을 맺겠다는 거짓 맹세의 음모를 꾸미며 세겜과 그의 가족은 물론이요 그 부족들을 모두 살해한다. 압살롬은 양털을 깎는 잔치 날에 음모를 꾸미고 암논을 초대하여 살해해 버린다. 이 폭력은 결국 이들 모두의 운명을 바꾸게 된다. 시므온과 레위는 르우벤 다음 차례의 장자권에서 제외되고(창 49: 5-7), 압살롬은 결국은 아버지를 대항하는 반역으로 나아가며, 마침내는 아버지의 첩들을 범하고 그 마저도 전쟁에서 죽임을 당하고 만다.

셋째로, 마지막 남은 솔로몬의 왕위 경쟁자인 아도니야 또한 아버지 다윗의 동녀였던 수넴 여인 아비삭을 자신의 아내로 삼으려다 결국 죽임을 당하고 만다. 아도니야가 정말 아비삭을 순수하게 좋아한 것이었는지 아니면 다윗의 첩을 취함으로 자신의 왕권을 은근히 드러내려 했었는지에 대해서는 분명치 않게 기록되어 있다. 그러나 다윗의 경우 죽은 사울왕의 처첩을 차지하는 것(삼하 12:7-8) 그리고 압살롬의 경우 아버지의 첩들과 동침하는 것이 왕권을 차지했다는 전시효과가 분명히 있었음을 살펴볼 때 아도니야의 의도가 순수치 않음을 파악해 볼 수 있다. 솔로몬도 이것을 자신의 왕좌를 노리는 것으로 읽었다. 결국 아도니야도 압살롬이나 르우벤이 갔던 길을 걸으려했고, 그 시초부터 덜미가 잡혀 죽음에 이르게 된 것이다. 이와 같이 야곱의 세 아들들인 르우벤, 시므온, 레위와 다윗의 세 아들인 암논, 압살롬, 아도니야는 모두 아버지의 첩과 동침하거나 취하려는 근친상간, 여동생과 연루된 강간행위와 이로 인한 잔혹한 폭력적인 살해행위로 인해 장자로서의 권위를 상실한다. 이제 남은 사람은 그 다음 차례인 유다와 솔로몬이다. 이들이 부족장의 권위와 왕권을 차지할 수 있을 만큼 합당한 인물들인지가 그 다음 역사의 관건이다.

위에서 보여진 것처럼 솔로몬의 통치는 희망적인 시작으로 출발했지만 자신의 이기적인 사욕과 누림을 위해 점점 더 동료 이스라엘 백성들을 억압하고 착취하는 노예화 정책으로 이스라엘이 탈출한 애굽 같이 변해버렸다. 그 희생은 고스란히 북쪽 지파들의 몫이었고, 결국은 남과 북이 분리되어 다른 길을 걸어가는 분단국가가 되었고, 마침내는 양쪽 다 약소국으로 전락하여 망국의 한을 겪게 된다.[268] 이제 다시 쓰는 역사에서는 이러한 비극은 더 이상 반복되어서는 안 된다. 하지만 야곱의 열두 아들들의 이야기 또한 그 시작은 절망스럽다. 하나님으로부터 왕권으로의 꿈을 부여받은 요셉은 그것을 떠벌리며 자랑하고, 형제들의 리더로 부상한 유다는 시기심에 주동이 되어 잔혹하게 요셉을 애굽으로 팔아치운다. 이 속에는 남(유다)과 북(요셉/에브라임)이 주도권을 놓고 벌이는 왕권 경쟁이 극명하게 드러나고 있다. 초반에 나타나는 왕권의 모형은 열방의 그것과 다름이 없는 지배와 통치, 군림, 억압의 모형을 갖는다. 그러나 거기에서 멈추지 않고, 나아가야 할 올바른 이상을 제시하는 것으로 결론에 이른다. 마침내는 남쪽의 유다도 그리고 북쪽의 요셉도 가장 이상적인 왕도(kingship)를 보이는 것이다.

유다는 변화되어 형제인 베냐민을 대신하여 그 자신이 기꺼이 애굽에 종으로 남기를 자청한다(창 44:14-34). 군림이나 지배가 아닌 다른 사람을 위해 종이 되겠다는 희생의 자세가 마침내 요셉의 마음을 움직였고 형제들 간의 화해와 연합이 이루어진다. 서로 주도권을 놓고 유다와 요셉이 경쟁할 때에는 화해와 연합은 찾아볼 수 없고, 시기와 질투, 그리고 분노만이 형제들을 주도했다. 그러나 반대로 자신이 종이 되겠다는 자세는 화해와 연합을 불러온다. 월트키는 이 유다에 대해 왕권에 적합한 인물이라고 단언한다:

> 야곱은 유다에게 왕권을 부여할 것이다. 왜냐하면 유다는 왕이 백성을 섬기는 것이지 결코 그 반대가 아니라는 이스라엘 왕권에 대한 하나님의 이상

에 따라 다스리기에 적합한 인물이라는 것을 보였기 때문이다. 유다는 처음에는 그의 동생을 노예로 파는 자였지만 마침내 그의 동생을 위해서 기꺼이 노예가 되기를 자청하는 자가 된다. 이 행동으로 그는 이스라엘의 이상적인 왕권을 모범적으로 보여주고 있다.[269]

북쪽을 대표하는 요셉 또한 이상적인 왕도에서 벗어나지 않는다. 그는 그의 힘을 결코 복수를 위한 도구로 사용하지 않는다. 그에게는 형제들을 죽일 능력도, 노예로 만들어 버릴 권력도 손에 쥐고 있다. 그러나 그는 자신의 현재의 위치가 하나님의 전적인 섭리로 인한 것이며, 지배와 군림, 억압과 탈취를 위해서가 아니라 형제들을 위해 식물을 공급하는 책임을 감당케 하기 위해 하나님께서 맡기신 사명임을 깨달았다(창 45:5-8; 50:19-21).[270] 이와 같이 유다와 요셉은 '그의 형제를 지키는 자'가 된다.[271] 한걸음 더 나아가 이들의 사명은 '형제를 지키는 자'에서 그치지 않고, '나라를 지키는 자'로 확장된다. 왜냐하면 남쪽을 대표하는 유다와 북쪽을 대표하는 요셉을 주축으로 열두 형제의 연합은 새로운 이스라엘을 만들기에 충분하기 때문이다. 이것은 유다와 요셉이 주축이 된 형제들의 연합은 과거를 깨끗이 청산했기에 가능하다. 솔로몬은 약속의 땅마저 악명 높은 애굽으로 만들어 버렸으나, 유다와 요셉, 그리고 그 형제들은 정작 애굽에 거주하면서도, 전혀 애굽의 영향을 받지 않으며, 오히려 애굽이 이들로 인해 생명을 얻고 여호와의 은혜를 체험한다. 솔로몬처럼 요셉도 애굽 여인과 결혼하지만 결코 여호와만 섬기는 신앙에 흔들림이 없으며, 형제들의 결속은 더 강해진다. 이들의 이러한 든든한 연합은 애굽에서의 탈출과 가나안 땅으로의 전진을 기대하고 있다(창 50:24). 이런 점에서 역사의 마지막인 열왕기하의 끝에 기록되어 있는 유다지파의 왕 여호야긴의 석방은 분명 유다의 리더십을 주축으로 다시 한번 남과 북이 새롭게 시작할 시점이라는 강

조가 들어가 있을 것이 분명하다.[272]

이와 같이 창세기는 사무엘서부터 열왕기까지에서 보여 진 왕들의 이야기 속에서 민족과 나라를 망국으로 가게 만든 원인들을 파악하고 바로잡기 위한 의도가 들어가 있다. 이것이 바로 이 양자 간에 평행, 대조되는 많은 이야기들이 존재하는 이유일 것이다. 이 양쪽의 이야기들은 서로를 비추어 주며 새로운 시작으로의 발돋움을 기대하고 있다. 그러므로 창세기를 새 출발의 책이라고 부르기에 합당하며, 역사의 끝은 다시 시작과 만나게 된다. 그리고 과거의 이야기들이 창세기와 만나서 화해를 이루고 새로운 시작을 요청하고 있는 것이다. 연합을 이루어내는 섬김의 리더십은 이미 창세기에서부터 시작되고 있는 것이다. 그러므로 시대를 초월하여 어느 누구든지 크고자 하는 자는 다른 사람을 섬기는 자가 되어야 하고, 누구든지 으뜸이 되고자 하는 자는 모든 사람의 종이 되어야 한다(막 10:43-44). 하나님 나라는 가장 낮아져 섬기는 자가 가장 위대한 역전된 세상이기 때문이다. 새로운 출애굽은 이제 이러한 이상을 마음에 품고 하나님 나라의 회복을 꿈꾸는 사람들과 함께 시작될 것이다.

나가는 말

이제 창세기 전체의 주제가 무엇인지가 분명하게 드러났을 것이라 본다. 천지창조로부터 출발한 우주가 결국은 이 땅에 이스라엘 민족이라는 하나님의 백성의 탄생으로 그 결론에 이르고 있다는 것은 한 백성을 얻으시고자 하시는 하나님의 갈망을 느껴볼 수 있다. 우주의 초점이 이스라엘에게 맞추어져 있다. 그렇다면 이제 이스라엘은 이 세계는 물론 이 우주를 향하여 나아가야 할 소명이 주어져 있는 것이다. 우주가 이스라엘로 이제 이스라엘이 우주를 향한다는 것은, 지금 우리에게는 세계가 하나님의 백성에게로 하나님의 백성이 이 세계를 향해 나아가는 대비가 가능해 진다. 이처럼 하나님의 백성은 우주의 중심이면서 또한 우주의 관리자이기도 하다.

〈 창세기 이해를 위한 대칭구조 〉

전	천지창조와 인류의 탄생(아담) 이야기(1:1-6:8)	세
반	노아 이야기(6:9-11:26)	계
부	아브라함 이야기(11:27-22:24)	

--- 중심 ---------------- 이삭 이야기(23:1-25:11) -------------------------

후	야곱 이야기(25:12-36:43)	이스
반	요셉 이야기(37:1-46:34)	라엘
부	하나님의 백성의 탄생(이스라엘) 이야기(47:1-50:26)	

창세기가 보여주고자 하는 신앙의 그림은 첫 번째로 세계와 이스라엘의 관계를 그려 보여주고 있다. 이 세계와 이스라엘의 관계는 창세기 전체를 통해서 전반부와 후반부의 구도를 통해 전반부에서는 세계의 이야기를 다루며, 후반부에서는 이스라엘 민족의 형성을 다루는 것으로 보여지며, 이 두 이야기가 어떻게 연결되는가를 통해 그 핵심적인 메시지인 이스라엘의 존재의 의미와 세계를 향한 책임을 선포하고자 하는 뚜렷한 의도를 보여주고 있다. 전반부를 통해서 끊임없이 하나님 같이 되려는 인간의 어리석음과 교만을 폭로하며, 그로 인해 벌어지는 죄의 결과인 하나님과의 분리, 인간과의 분열 그리로 계속적인 땅으로부터의 격리가 이루어지고 있음을 볼 수 있다. 이와는 반대로 후반부는 그 악의 흐름을 끝낸 아브라함의 순종으로 인해(창 12:1-4; 22:1-19) 탄생된 한 민족인 이스라엘을 통해서 세계가 안고, 신음하던 그 해결할 수 없던 죄의 문제들이 서서히 해결되어져 감을 보이며 하나님과의 분리(야곱-하나님께서 어디로 가든지 함께 하실 것임을 보증하심; 창 28:15), 인간과의 분열 (요셉과 그의 형제들의 용서와 화해; 창 45:5-16) 그리고 땅으로부터의 격리(애굽 땅에서의 풍성함

을 누림, 생육하고 번성함; 창 47:27)가 이 이스라엘 민족을 통해 해결되어짐을 보이고 있다. 이것은 이스라엘 민족 공동체가 전반부의 세계가 보여주는 것과는 대조되게 하나님께서 정해 놓으신 경계의 범위, 즉 인간으로서의 본분을 철저히 인식하고 하나님 앞에서의 위치와 임무를 깨달은 것을 통해 문제해결의 실마리를 제공하는 길을 열어가게 된다. 그 구체적인 실례들이 야곱과 요셉의 말속에 그대로 들어가 있다. 창세기 30:1-2절에는 라헬이 불임으로 고민하다 야곱에게 "나로 자식을 낳게 하라 그렇지 아니하면 내가 죽겠노라"라는 라헬의 강한 불평에 대해 야곱이 "그대로 성태치 못하게 하시는 이는 하나님이시니 **내가 하나님을 대신하겠느냐?(하타하트 엘로힘 아노키** הֲתַחַת אֱלֹהִים אָנֹכִי)" 라고 항변하는 대목이 있다. 이것은 생육과 번성의 약속은 하나님만이 이룰 수 있다는 인간 자신의 위치에 대한 철저한 인정과 피조물로서의 위치를 지키는 것이다. 요셉의 이야기는 그의 형들이 아버지 야곱이 죽고 나자 요셉의 복수가 두려워 떨며 애원하는 상황 속에서 요셉이 **"내가 하나님을 대신 하리이까?" (창 50:19 하타하트 엘로힘 아니** הֲתַחַת אֱלֹהִים אָנִי) 라는 말 속에서 인간의 위치를 인식해 볼 수 있다. 그리고 그들을 위로하며 계속해서 보호해 줄 것을 약속하는 이야기로 전반부의 자신의 조그만 불이익에 무죄한 형제를 죽이고 마는 가인의 인간의 경계를 넘어가는 행동이(노아와의 계약에서 "무죄한 피를 흘리지 말 것"을 강조, 그리고 요셉 이야기에서 유다가 형제의 피를 흘리지 말자고 강조함) 해소된다. 이것은 하나님께 모든 주권을 맡기는 순종의 사람으로 인해 해결될 수 있다는 확신을 보이고 있다. 이와 같이 창세기의 전반부는 하나님과 인간 사이의 경계를 넘어가는 이야기로 가득 차 있고, 후반부는 하나님과 인간 사이에 정해진 경계의 틈을 넘보지 않고 자신의 위치를 철저히 인식하고 그 안에서 자신들의 의무를 수행하고 권리를 누리는 한 백성의 이야기로 가득 차 있다. 그리고 그 백성을 통해서 세상이 안고 있는 안타까운 문제들이 모두 해결되어 질 수 있음을 창세기는 선명하게 보이고 있는 것이다.

두 번째로 그 세계와 이스라엘이 만나는 약속의 땅 가나안은 아브라함이 보여준 철저한 순종으로 이루어진 땅이며, 그 구체화된 실제는 이삭이 그 약속의 땅에서 아브라함의 순종으로 인한 약속의 열매를 거두는 장소라는 사실이다. 이것은 이삭이 그 약속의 땅으로부터 결코 요동치 않고 역경 가운데서도 안정된 삶을 사는 것으로 증명된다. 이삭을 제외한 창세기의 모든 인물들이 자신들이 살던 삶의 터전으로부터 끊임없이 이동하는 방랑의 삶을 살아갔다는 사실을 인식한다면 이삭이 어떠한 축복을 누렸는가를 짐작해 볼 수 있다. 이삭이 누린 축복의 삶은 이스라엘 민족이 항상 자신들의 삶을 통해서 끊임없이 역사적 현실 속에서 구체화, 실제화 시키기를 원했던 것이다. 이것을 이룰 수 있는 유일한 길은 불순종의 원형인 아담의 본을 따라 가는 것이 아니라 참 순종의 모범인 아브라함의 삶을 본받는 것에 의해서 이룰 수 있다는 것이 이스라엘의 신앙고백이며, 이 신앙고백이 그들의 삶을 바로 이끄는 살아 있는 길을 제시해 주고 있는 것이다.

그러므로 창세기에서 아브라함, 이삭, 야곱 그리고 요셉과 형제들의 이야기는 과거의 이야기면서, 현재를 바로잡고, 새로운 미래를 기대하는 희망이 되는 것이다. 이것은 창세기가 창조로부터 하나님의 백성의 탄생을 꿈꾸고 있으며, 이 백성을 통해 전 세계가 하나님의 품으로 돌아온다는 선지자들의 꿈과 이상을 그대로 품고 있는 책이라는 점에서 분명하게 입증된다.

일어나라 빛을 발하라 이는 네 빛이 이르렀고 여호와의 영광이 네 위에 임하였음이니라 보라 어둠이 땅을 덮을 것이며 캄캄함이 만민을 가리려니와 오직 여호와께서 네 위에 임하실 것이며 그의 영광이 네 위에 나타나리니 나라들은 네 빛으로 왕들은 비치는 네 광명으로 나아오리라 (사. 60:1-3)

아브라함은 강대한 나라가 되고 천하 만민은 그로 말미암아 복을 받을 것이 아니냐 내가 그로 그 자식과 권속에게 명하여 여호와의 도를 지켜 의와 공도를 행하게 하려고 그를 택하였나니 이는 나 여호와가 아브라함에게 대하여 말한 일을 이루려 함이니라 (창 18:18-19)

지금도 창세기는 현재를 살아가는 우리를 향해서 끊임없이 하나님의 백성이 어떠한 사람들인가를 보여 주고 있으며 창세기가 꿈꾸는 이상적인 백성의 모습이 바로 우리 기독교인들이 다시 이 땅에 실현해야 할 모습임을 우리들에게 신앙의 도전으로 던져주고 있다. 창세기는 시대와 세대를 초월해 하나님의 사람이 어떠해야 하는가 그리고 어떠한 책임이 그 어깨에 놓여져 있는가를 보여주는 하나님 말씀의 시작이요 끝이 없이 열려진 하나님의 마음의 간절한 표현임을 명심해야 한다.

창세기는 이렇게 하나님의 백성 이스라엘을 새로운 삶의 출발선상에 데려다 놓았다. 잃어버린 하나님의 동산 에덴을 이 땅에 회복하기 위해 출발해야 한다. 그 땅에서 온 세계를 바라보시고 품으시는 그 하나님의 뜻을 받들어 이 세상 모든 족속에게 하나님의 축복을 전하는 삶을 살아야 한다.

[4부 주석]

241) G. 폰 라드, "육경의 양식사 문제,"『폰 라드 논문집(*The Problem of the Hexateuch and Other Essays*)』(김정준 역) (서울: 대한기독교출판사, 1978), 13-22쪽.

242) 폰 라드, "구약 창조신앙의 신학적 문제,"『폰 라드 논문집(*The Problem of the Hexateuch and Other Essays*)』, 254-69쪽.

243) 폰 라드, "구약 창조신앙의 신학적 문제," 258쪽.

244) 테렌스 E. 프레다임(T. E. Fretheim),『출애굽기(*Exodus*)』(강성열 역) (Int; 서울: 한국장로교출판사, 2001), 40쪽.

245) James Muilenburg, "Abraham and the Nations: Blessing and World History," *Int* 19 (1965), 387-398쪽.

246) Sarna, *Genesis*, 396-397쪽; Hamilton, *The Book of Genesis 18-50*, 205쪽.

247) Sarna, *Understanding Genesis*, 161쪽.

248) B. W. Anderson, "From Analysis to Synthesis: The Interpretation of Genesis 1-11," *JBL* 97 (1978), 23-39쪽.

249) David N. Freedman, "Pentateuch," (IDB 3; Nashville: Abingdon Press 1962), 713 쪽; idem, *The Unity of the Bible* (Ann Arbor: The University of Michigan Press, 1993), 9쪽; Brodie, *Genesis as Dialogue*:, 44쪽.

250) John van Seters, "Confessional Reformulation in the Exilic Period," VT 22 (1972), 455쪽; 참조, R. N. Whybray, *The Making of the Pentateuch: A Methodological Study* (JSOTSup. 53; Sheffield: Sheffield Academic Press, 1987), 239쪽.

251) Michael Fishbane, "The 'Exodus' Motif/The Paradigm of Historical Renewal," (ed.), *Text and Texture: Close Reading of Selected Biblical Texts* (New York: Schocken Books, 1979), 130쪽.

252) Hamilton, *The Book of Genesis 1-17*, 11쪽; G. W. Coats, "The God of Death: Power and Obedience in the Primeval History," *Int* 29 (1975), 227-239쪽.

253) R. W. L. Moberly, *Genesis 12-50* (Sheffield: Sheffield Academic Press, 1992), 42, 49쪽.

254) Walter Brueggemann, "The Kerygma of the Priestly Writers," W. Brueggemann(ed), *The Vitality of Old Testament Traditions* (Atlanta: John Knox Press, 1975), 110-11쪽.

255) P. C. Craigie, P. H. Kelley and J. F. Drinkard, *Jeremiah 1-25* (WBC; Waco, Texas: Word Books, 1991), 83-84쪽.

256) Brueggemann, "The Kerygma of the Priestly Writers," 108쪽; A. Graeme Auld, *Joshua Retold: Synoptic Perspective*, (OTS; Edinburgh: T&T Clark, 1998), 64-65쪽.

257) Klaas A. D. Smelik, "The Creation of the Sabbath(Gen. 1:1-2:3)," J. W. Dyk et

al(eds), *Unless some one Guide me... Festschrift for Karel A. Deurloo* (ACSup 2; Maastricht: Uitgeverij Shaker Publishing, 2001), 11쪽. 스멜릭은 천지창조는 전 인류를 위해 쓰여진 우주적인 관점이 아니라 하나님께서 하셨던 것처럼 안식일을 준수하는 이스라엘 백성을 의도한 것이라고 주장한다.

258) D. N. Freedman, *The Unity of the Hebrew Bible* (Ann Arbor: University of Michigan Press, 1993), 13쪽.

259) M. Emmrich, "The Temptation Narrative of Genesis 3:1-6: A Prelude to the Pentateuch and the History of Israel," *EvQ* 73 (2001), 5쪽.

260) Leonhard Rost, *Die Überlieferung von der Thronnachfolge Davids* (BWANT III/6; Stuttgart: W. Kohlhammer, 1926).

261) R. N. Whybray, *The Succession Narrative: A Study of 2Sam. 9-20 and 1Kings 1 and 2* (SBT II/9; London: SCM, 1968).

262) J. W. Flanagan, "Court History or Succession Document? A Study of 2Samuel 9-20 and 1Kings 1-2," *JBL* 91 (1972), 172-81쪽; P. R. Ackroyd, "The Succession Narrative(so-called)," *Int* 35 (1981), 383-96쪽.

263) 다윗의 아들들을 계수해 보면 헤브론에서 암논, 길르압, 압살롬, 아도니야, 스바댜, 이드르암, 이렇게 여섯 명이 태어났고(삼하 3: 2-5), 예루살렘에서 삼무아, 소밥, 나단, 솔로몬, 입할, 엘리수아, 네벡, 야비아, 엘리사마, 엘랴다, 엘리벨렛, 이렇게 열한 명이 태어났다(삼하 5: 13-16). 이 순위로 본다면 솔로몬의 왕위 계승 서열은 9위로 나타나 있다. 그러나 현재의 이야기 속에서는 흡사 솔로몬이 왕위계승 서열 4위에 있는 듯한 인상을 준다. 암논, 압살롬, 아도니야 외에는 다른 아들들의 이름이 더 이상 나타나지 않기 때문이다.

264) Carole Fontaine, "The Bearing of Wisdom on the Shape of 2Samuel 11-12 and 1Kings 3," *JSOT* 34 (1986), 71쪽.

265) John W. Olley, "Pharaoh's Daughter, Solomon's Palace, and the Temple: Another Look at the Structure of 1Kings 1-11," *JSOT* 27 (2003), 355-69쪽.

266) Michael D. Oblath, "Of Pharaohs and Kings-Whence the Exodus?" *JSOT* 87 (2000), 25쪽; Amos Frisch, "The Exodus Motif in 1Kings 1-14," *JSOT* 87 (2000), 14쪽.

267) Yair Zakovitch, "Assimilation in Biblical Narrative," Jeffrey H. Tigay(ed), *Empirical Models for Biblical Criticism* (Philadelphia: University of Pennsylvania, 1985), 189-90쪽.

268) J. David Pleins, "Murderous Fathers, Manipulative Mothers, and Rivalrous Siblings: Rethinking the Architecture of Genesis-Kings," A. B. Beck et al. (eds), *Fortunate the Eyes That See: Essays in Honor of D. N. Freedman in Celebration of His*

Seventieth Birthday (Grand Rapids: Eerdmans, 1995), 135쪽.

269) Waltke, *Genesis*, 567쪽. 다음도 참고하시오: Moshe Weinfeld, "The King as the Severnt of the People: the Source of the Idea," *JJS* 33 (1982), 189-94쪽.

270) Carr, *Reading the Fractures of Genesis*, 276-277쪽.

271) Berlyn, "His Brothers' Keeper," 73쪽.

272) T. D. Alexander, "From Adam to Judah: The Significance of the Family Tree in Genesis," *EvQ* 61 (1989), 5-19쪽.

[참고문헌]

김윤희, "바벨서술 심판인가 축복인가?,"「성경과 신학」68 (2013), 251-81쪽.

김재구, "요셉 이야기 속에서 유다-다말 이야기의 문학적 기능,"「협성신학논단」 7 (2005), 258-98쪽.

_____, "여성 아브라함들,"「구약논단」30집 (2008년 12월), 31-51쪽.

_____, "용서와 화해의 목회적 모델로서의 요셉 이야기,"「한국기독교신학논총」73 (2011), 29-53쪽.

김창대, "이사야의 구조와 신학적 주제들: 시온을 공의와 의로 빛나게 하라,"「이사야를 어떻게 설교할 것인가?」(제 33차 한국복음주의 구약신학회 학술대회: 구약과 목회와의 만남, 2017년 6월 22일), 13-22쪽.

김창주, "에로스 동산과 에덴동산,"「구약논단」25집 (2007년 9월), 120-41쪽.

놀(Noll), K. L.,『고대 가나안과 이스라엘의 역사(Canaan and Israel in Antiquity: An Introduction)』(소형근 역) (한국구약학총서 10; 서울: 프리칭아카데미, 2009).

돌시(Dorsey) 데이빗 돌시(David. A.),『구약의 문학적 구조: 창세기-말라기 주석(The Literary Structure of the Old Testament: A Commentary on Genesis-Malachi)』(서울: 크리스챤출판사, 2003).

로드스(Rhodes), 아놀드 B. (Anold),『통독을 위한 성서해설: 하나님의 위대한 행동(The Mighty Acts of God)』(문희석 & 황성규 역) (서울: 대한기독교서회, 1977).

매슬로(Maslow), 에이브러햄 H. (A. H.),『인간욕구를 경영하라(Maslow on Management)』(왕수민 역) (서울: 리더스북, 2011).

매칸(McCann), J. 클린튼(J. Clinton),『새로운 시편여행(A Theological Introduction to the Book of Psalms: The Psalms as Torah)』(김영일 역) (서울: 은성, 2000).

메이스(Mays), 제임스 L. (James L.),『시편(Psalms)』(Int; 서울: 한국장로교출판사, 2002).

박준서,『구약세계의 이해』(서울: 한들출판사, 2001).

본회퍼(Bonhoeffer), 디트리히(D.),『창조와 타락(Schöpfung und Fall)』(강성영 역) (디트리히 본회퍼 신서 3; 서울: 대한기독교서회, 2010).

부버(Buber), 마르틴(Martin),「나와 너(Ich und Du)」(김천배 역) (서울: 대한기독교서회, 1991).

브루그만(Brueggemann), 월터(Walter),『성경이 말하는 땅: 선물·약속·도전의 장소(The Land: Place as Gift, Promise and Challenge in Biblical Faith)』(정진원 역) (서울: 기독교문서선교회, 2005).

브리스코(Brisco), 토마스 V. (Thomas),『두란노 성서지도(Holman Bible Atlas)』(강사문 외 7명 역) (서울: 두란노, 2008).

비일(Beale), 그레고리 K.,『성전신학(*The Temple and the Church's Mission: A Biblical Theology of the Dwelling Place of God*)』(강성열 역) (서울: 새물결플러스, 2014).

세일해머(Sailhamer), 존 H. (John. H.),『구약신학개론(*Introduction to Old Testament Theology: A Canonical Approach*)』(김진섭 역) (서울: 솔로몬, 2003).

송병현,『창세기』(엑스포지멘터리; 서울: 국제제자훈련원, 2010).

양용의,『마태복음 어떻게 읽을 것인가』(서울: 성서유니온선교회, 2005).

왕대일,『구약신학』(서울: 감신대성서학연구소, 2003).

월턴(Walton), 존 H. (John H.),『차트 구약: 구약 연대표 및 배경사(*Chronological and Background Charts of the Old Testament*)』(서울: 기독교문서선교회, 1999).

유연희,『아브라함과 리브가와 야곱의 하나님』(서울: 대한기독교서회, 2009).

이명구, "리더십이란 무엇인가: 함께하는 마음이 우선이다,"『*Tomorrow: Magazine for the Future Leader*』5월호 (2012), 58-61쪽.

이재철,『인간의 일생: 신앙을 자기 야망의 도구 삼는 시대에 띄우는 마지막 청년서신』(서울: 홍성사, 2004).

이희학,『인간의 죄악과 하나님의 구원행동: 창 1-11장의 신학』(서울: 대한기독교서회, 2003).

장일선,『구약세계의 문학』(서울: 대한기독교출판사, 1981).

주성하, "자본주의식 개혁에 北 농민 '술렁'…무슨 일?"「미디어 다음 동아일보」2012년 9월 25일자.

체이니(Chaney), 마빈 L. (M. L.),『농경사회 시각으로 바라본 성서 이스라엘: 구약성서의 종교와 사회이 역사문학 해석(*Biblical Israel through an Agrarian Lens: Essays on Religion and Society in Old Testament History, Literature and Interpretation*)』(우택주 외 역) (서울: 한들출판사, 2007).

카(Carr), E. H.,『역사란 무엇인가(What Is History?)』(서울: 범우사, 1996).

캐스퍼(Kasper), C. 헤스(Kasper, Cindy Hess), "은행에 무엇을 저축했나요?(What's in the Bank?),"「오늘의 양식」(1월), 30-31쪽.

크렌쇼(Crenshaw), 제임스 L. (James. L.),『구약지혜문학의 이해(*Old Testament Wisdom: An Introduction*)』(강성열 역) (서울: 한국장로교출판사, 1993).

클라인, 메리데스 G. (Kline, Meredith G.),『하나님 나라의 서막(*Kingdom Prologue : Genesis Foundations for a Covenantal Worldview*)』(김구원 역) (서울: CLC, 2007).

폰 라드(Von Rad), G., "육경의 양식사 문제,"『폰 라드 논문집(*The Problem of the Hexateuch and Other Essays*)』(김정준 역) (서울: 대한기독교출판사, 1978), 13-22쪽.

_____, "구약 창조신앙의 신학적 문제,"『폰 라드 논문집(*The Problem of the Hexateuch and Other Essays*)』(김정준 역) (서울: 대한기독교출판사, 1978),

254-69쪽.

_____,『창세기(*Das erste Buch Mose: Genesis*)』(국제성서주석; 서울: 한국신학연구소, 1983).

프레다임(Fretheim), 테렌스 E.,『출애굽기(*Exodus*)』(강성열 역) (Int; 서울: 한국장로교출판사, 2001).

피에르(Pierre), Abbé,『단순한 기쁨(*Mémoire d'un croyant*)』(백선희 역) (서울: 마음산책, 2001).

피터슨(Peterson), 유진(E. H.),『주와 함께 달려가리이다(*Run With the Horses*)』(홍병룡 역) (서울 : IVP, 2003).

_____,『응답하는 기도 *Answering God: The Psalms as Tools for Prayer*』(서울: IVP, 2003).

한동구,『창세기의 신앙과 신학』(한국구약학총서 14; 서울: 프리칭아카데미, 2010).

해리스(Harris), 마빈(Marvin),『문화의 수수께끼(*Cows, Pigs, Wars and Witchs: The Riddles of Culture*)』(서울: 한길사, 1982).

헤셸(Heschel), 아브라함 요수아(Abraham. J.),『누가 사람이냐(*Who is Man?*)』(이현주 역) (서울: 한국기독교연구소, 2008).

Ackerman, James S., "Joseph, Judah and Jacob," K. R. R. Gros Louis (ed), *Literary Interpretation of Biblical Narratives*, vol. II (Nashville: Abingdon, 1982), 85-113쪽.

Ackroyd, P. R. "The Succession Narrative(so-called)," *Int* 35 (1981), 383-96쪽.

Ages, Arnold, "Why Didn't Joseph Call Home?" *BR* 9 (1993), 42-46쪽.

Alexander, T. D. "From Adam to Judah: The Significance of the Family Tree in Genesis," *EvQ* 61 (1989), 5-19쪽.

Alter, Robert, *The Art of Biblical Narrative* (New York: Basic Books, 1981).

Anderson, B. W., "From Analysis to Synthesis: The Interpretation of Genesis 1-11," *JBL* 97 (1978), 23-39쪽.

Auld, A. Graeme. *Joshua Retold: Synoptic Perspective*, (OTS; Edinburgh: T&T Clark, 1998).

Bar-Efrat, S., "Some Observations on the Analysis of Structure in Biblical Narrative," *VT* 30 (1980), 154-78쪽.

Bassett, F. W., "Noah's Nakedness and the Curse of Canaan: A Case of Incest?" *VT* 21 (1971), 232-37쪽.

Bechtel, Lyn M., "What If Dinah is not Raped?(Genesis 34)," *JSOT* 62 (1994), 19-36쪽.

Beekman, John, John Callow & Michael Kopesec, *The Semantic Structure of Written Communication* (Dallas: Summer Institute of Linguistics, 1981).

Berlyn, P. J. "His Brothers' Keeper," *JBQ* 26 (1998), 73-83쪽.

Breck, John, "Biblical Chiasmus: Exploring Structure for Meaning," *BTB* 17 (1987), 70-74쪽.

Brodie, Thomas L., *Genesis as Dialogue: A Literary, Historical, & theological Commentary* (Oxford: Oxford University Press, 2001).

Brown, A. Whitney, *The Big Picture: An American Commentary* (New York: Harper Perennial, 1991).

Brueggemann, Walter, "Of the Same Flesh and Bone(GN 2,23a)," *CBQ* 32 (1970), 532-42쪽.

_____, "The Kerygma of the Priestly Writers," W. Brueggemann(ed), *The Vitality of Old Testament Traditions*, (Atlanta: John Knox Press, 1975), 101-13쪽.

_____, *Genesis* (Int; Atlanta: John Knox Presss, 1982).

Carr, David M. *Reading the Fractures of Genesis: Historical and Literary Approaches* (Louisville, KY: Westminster/John Knox Press, 1996).

_____, "Βίβλος γενέσεως Revisited: A Synchronic Analysis of Patterns in Genesis as Part of the Torah(Part Two)," *ZAW* 110 (1998), 327-47쪽.

Childs, B. S., "Tree of Knowledge, Tree of Life," *IDB* vol. iv (New York: Abingdon Press, 1962), 695-97쪽.

Clark, W. M., "A Legal Background to the Yahwist's Use of 'Good and Evil' in Genesis 2-3," *JBL* 88 (1969), 266-78쪽.

_____, "The Flood and the Structure of the Pre-Patriarchal History," *ZAW* 83 (1971), 184-211쪽.

Clines, D, J. A., "The Tree of Knowledge and the Law of Yahweh(Psalm 19)," *VT* 24 (1974), 8-14쪽.

Coats, G. W., "Redactional Unity in Gen. 37-50," *JBL* 93 (1974), 15-21쪽.

_____, "The God of Death: Power and Obedience in the Primeval History," *Int* 29 (1975), 227-39쪽.

_____, *From Canaan To Egypt: Structural and Theological Context for the Joseph Story* (Washington D.C.: The Catholic Biblical Association of America, 1976).

Cohn, R. L., "Narrative Structure and Canonical Perspective in Genesis," *JSOT* 25 (1983), 3-16쪽.

Craigie, P. C., *Psalms 1-50* (WBC 11; Waco, Texas: Word Books, 1983).

Craigie, P. C., P. H. Kelley & J. F. Drinkard. *Jeremiah 1-25*, (WBC; Waco, Texas: Word Books, 1991).

Dahlberg, Bruce T., "On Recognizing the Unity of Genesis," *TD* 24 (1976), 360-67쪽.

Davidson, R. M. A., *Genesis 12-50* (Cambridge: University Press, 1979).

De Silva, David A., "Why Did God Choose Abraham?" *BR* 16 (2000), 16-21, 42-44쪽.

Deurloo, Karel A., "Because You Have Harkened to My Voice(Genesis 22)," M. Kessler(trans. & ed.), *Voices From Amsterdam: A Modern Tradition of Reading Biblical Narrative*, (Georgia: Scholars Press, 1994), 113-30쪽.

Driver, S. R., *An Introduction to the Literature of the Old Testament*, 9th ed. (New York: Charles Scribner's Sons, 1913).

Dumbrell, W. J., *Covenant & Creation: An Old Testament Covenantal Theology* (Devon: Paternoster Press, 1984).

Emmrich, M. "The Temptation Narrative of Genesis 3:1-6: A Prelude to the Pentateuch and the History of Israel," *EvQ* 73 (2001), 3-20쪽.

Fishbane, Michael, "The 'Exodus' Motif/The Paradigm of Historical Renewal," (ed.), *Text and Texture: Close Reading of Selected Biblical Texts* (New York: Schocken Books, 1979), 121-140쪽.

Flanagan, J. W. "Court History or Succession Document? A Study of 2Samuel 9-20 and 1Kings 1-2," *JBL* 91 (1972), 172-81쪽.

Fokkelman, Jan P., *Narrative Art in Genesis: Specimens of Stylistic and Structural Analysis, Studia Semitica Neerlandica* (Assen: Van Gorcum, 1975).

_____, "Genesis 37 and 38 at the Interface of Structural Analysis and Hermeneutics," L. J. de Regt/J. de Waard/J. P. Fokkelman (eds), *Literary Structure and Rhetorical Strategies in the Hebrew Bible* (Van Gorcum & Com. B. V.: The Netherlands, 1996), 152-187쪽.

_____, *Reading Biblical Narrative: An Introductory Guide*, Ineke Smit(trans.), (Louisville, Kentucky: Westminster John Knox Press, 1999).

Fontaine, Carole. "The Bearing of Wisdom on the Shape of 2Samuel 11-12 and 1Kings 3," *JSOT* 34 (1986), 61-77쪽.

Forrest, Robert W. E., "Paradise Lost Again: Violence and Obedience in the Flood Narrative," *JSOT* 62 (1994), 3-18쪽.

Freedman, David N., "Pentateuch," (IDB 3; Nashville: Abingdon Press 1962), 711-727쪽.

_____, *The Unity of the Bible* (Ann Arbor: The University of Michigan Press, 1993).

Fretheim, Terence E., "Which Blessing Does Isaac Give Jacob?" in *Jews, Christians, and the Theology of the Hebrew Scripture*, eds. A. O. Bellis and J. S. Kaminsky (SBL Symposium Series no. 8; Atlanta: Society of Biblical Literature, 2000), 279-91쪽.

Frisch, Amos. "The Exodus Motif in 1Kings 1-14," *JSOT* 87 (2000), 3-21쪽.

Garrett, Dyane A., *Rethinking Genesis: The Sources and Authorship of the First Book of the Pentateuch* (Grand Rapids, Michigan: Baker Book House, 1991).

Gispen, W. H., "A Blessed Son of Abraham," W. C. Delsman et al. ed. *Von Kanaan bis Kerala Festschrift für prof. J. P. M. von der Ploeg O. P.*, AOAT 211 (Neukirchen-Vluyn: Newkirchener Verlag, 1982).

Gordon, C. H., "Biblical Customs and the Nuzi Tablets," *BA* 3 (1940), 2-3쪽.

Gros Louis, K. R. R., "Gensis 3-11," K. R. R. Gros Louis(ed.), *Literary Interpretation of Biblical Narrative*, vol. II, (Nashville: Abingdon, 1982), 37-52쪽.

Gunkel, H., *The Legend of Genesis: The Biblical Saga and History*, W. H. Carruth (trans.) (New York: Schoken Books, 1964).

_____, *Genesis* (Macon, Ga.: Mercer University Press, 1997).

Habel, N. C., *The Land is Mine: Six Biblical Land Ideologies* (OBT; Minneapolis: Fortress, 1995).

Hallo, W. W., & K. L. Younger, *The Context of Scripture*, vol. iii (Leiden, Boston: Brill, 2003).

Hamilton, Victor P., *The Book of Genesis 1-17* (NICOT; Grand Rapids, Michigan: W. B. Eerdmans Publishing Company, 1990).

_____, *The Book of Genesis 18-50* (NICOT; Grand Rapids, Michigan: W. B. Eerdmans Publishing Company, 1995).

Hauser, Alan J., "Linguistic and Thematic Links Between Genesis 4:1-16 and Genesis 2-3," *JETS* 23 (1980), 297-305쪽.

Herberg, Will, "Five Meanings of the Word 'Historical'," *CS* XLVII (1964), 327-330쪽.

Holladay, W. L., *A Concise Hebrew and Aramaic Lexicon of the Old Testament* (Grand Rapids, Michigan: Eerdmans, 1971).

Humphreys, W. L., *Joseph and His Family: A Literary Study* (Columbia, South Carolina: The University of South Carolina Press, 1988).

Jacob, Benno, *The First Book of the Bible: Genesis* (New York: KTAV Publishing House, 1974).

Jenkins, Allan K. "A Great Name: Genesis 12:2 and the Editing of the Pentateuch," *JSOT* 10 (1978), 41-57쪽.

Kaminsky, Joel S., "Humor and the Theology of Hope: Isaac as a Humorous Figure," *Int* 54 (2000), 363-75쪽.

Kim, Jae Gu, "Chiasmus - The Redactional Structure of the Book of Genesis," (Uni. of St.

Michael's College in Uni. of Toronto, Unpublished Dissertation, 2003).

_____, "The Existence and Function of the Isaac-Rebekah Cycle(Genesis 23:1-25:18)," J. R. Wood, et al.(eds), *From Babel to Babylon: Essays on Biblical History and Literature in Honour of Brian Peckham,,* (LHBOTS 455[JSOTS]), (New York: T&T Clark, 2006), 38-47쪽.

Kruger, H. A. J., "Subscrips to Creation: A Few Exegetical Comments on the Literary Device of Repetition in Gen. 1-11," André Wénin(ed.), *Studies in the Book of Genesis,* (BETL; Leuven: Leuven University/Peeters, 2001), 429-46쪽.

Labuschagne, C. J., "The Setting of the Song of Moses," M. Vervenne and J. Lust (eds.), *Deuteronomy and Deuteronomic Literature, Festchrift C. H. W. Brekelmans* (Leuven: Leuven University Press, 1997), 111-129쪽.

Landy, F., "The Song of Songs and the Garden of Eden," *JBL* 98 (1979), 513-28쪽.

Levenson, Jon D., *Creation and the Persistence of Evil: The Jewish Drama of Divine Omnipotence* (New Jersey: Princeton University Press, 1988).

Licht, J., *Storytelling in the Bible* (Jerusalem: Magnes/Hebrew University, 1978).

Longacre, R. E., *Joseph: A Story of Divine Providence, A Text Theoretical and Textlinguistic Analysis of Genesis 37 and 39-48* (Winona Lake: Eisenbrauns, 1989).

Moberly, R. W. L., *Genesis 12-50* (Sheffield: Sheffield Academic Press, 1992).

Muilenburg, James, "Abraham and the Nations: Blessing and World History," *Int* 19 (1965), 387-398쪽.

Niditch, Susan, "The Wronged Woman Righted: An Analysis of Genesis 38," *HTR* 72 (1979), 143-149쪽.

_____, *Chaos to Cosmos: Studies in Biblical Patterns of Creation,* (Atlanta, Georgia: Scholars Press, 1985).

Noth, Martin, *A History of Pentateuchal Traditions* (New Jersey: Prentice-Hall, 1972).

Novick, Ricky, "Abraham and Balaam: A Biblical Contrast," *JBQ* 35 (2007), 28-33쪽.

Oblath, Michael D. "Of Pharaohs and Kings-Whence the Exodus?" *JSOT* 87 (2000), 23-42쪽.

Olley, John W. "Pharaoh's Daughter, Solomon's Palace, and the Temple: Another Look at the Structure of 1Kings 1-11," *JSOT* 27 (2003), 355-69쪽.

Ottosson, Magnus, "Eden and the Land of Promise," (VTSup. XL; Leiden: E. J. Brill, 1988), 177-188쪽.

Peckham, B., *History and Prophecy: The Development of Late Judean Literary Traditions* (ABRL; New York: Doubleday, 1993).

Pleins, J. David. "Murderous Fathers, Manipulative Mothers, and Rivalrous Siblings:

Rethinking the Architecture of Genesis-Kings," A. B. Beck et al.(eds), *Fortunate the Eyes That See: Essays in Honor of D. N. Freedman in Celebration of His Seventieth Birthday*, (Grand Rapids: Eerdmans, 1995), 121-36쪽.

Pritchard, James B. ed., Ancient Near Eastern Texts: Relating to the Old Testament, 3rd ed. with Supplement (Princeton, New Jersey: Princeton University Press, 1969).

Prinsloo, W. S., "The Theology of the Book of Ruth," *VT* 30 (1980), 330-41쪽.

Redford, D. B., *A Study of the Biblical Story of Joseph (Gen. 37-50)* (Leiden: E. J. Brill, 1970).

Rendsburg, Gary A., *The Redaction of Genesis* (Indiana: Eisenbrauns, 1986).

Rost, Leonhard. *Die Überlieferung von der Thronnachfolge Davids*, (BWANT III/6; Stuttgart: W. Kohlhammer, 1926).

Sarna, Nahum M., *Understanding Genesis*, (New York: Schoken Books, 1970).

_____, "The Anticipatory Use of Information as a Literary Feature of the Genesis Narratives," in *The Creation of Sacred Literature: Composition and Redaction of the Biblical Text*, ed. R. E. Friedman (Los Angeles: University of California Press, 1981), 76-82쪽.

_____, *Genesis* (JPS Torah Commentary; Philadelphia: Jewish Publishcation Society, 1989).

Sasson, J. M., "The Tower of Babel as a Clue to the Redactional Structuring of the Primeval History(Gen. 1-11)," G. Rendsburg(ed.), *The Bible World: Essays in Honor of Cyrus H. Gordon*, (New York: KTAV Publishing House, 1980), 211-19쪽.

Savran, G. W., *Telling and Retelling: Quotation in Biblical Narrative* (Bloomington: Indiana University, 1988).

Seebass, Horst, "The Joseph Story, Genesis 48 and the Canonical Process," *JSOT* 35 (1986), 29-43쪽.

Seybold, Donald A., "Paradox and Symmetry in the Joseph Narrative," K. R. R. Gros Louis (ed), *Literary Interpretation of Biblical Narratives*, vol. I (Tennessee: Abingdon, 1978), 59-73쪽.

Shaw, Martin, Henry Coleman & T. M. Cartledge(eds.), *National Anthems of the World* (Dorset, Great Britain: Blandford Press, 1975).

Skinner, John, *Genesis* (ICC) (Edinburgh: T & T Clark, 1930).

Smelik, Klaas A. D. "The Creation of the Sabbath(Gen. 1:1-2:3)," J. W. Dyk et al(eds), *Unless some one Guide me...Festschrift for Karel A. Deurloo*, (ACSup 2; Maastricht: Uitgeverij Shaker Publishing, 2001), 9-11쪽.

Speiser, E. A., "Notes to Recently Published Nuzi Texts," *JAOS* 55 (1935), 435-36쪽.

_____, *Genesis* (ABC 1; New York: Doubleday, 1982).

Stager, Lawrence E., "Jerusalem and the Garden of Eden," *EI* 26 (1999), 183-94쪽.

_____, "Jerusalem as Eden," *BAR* 26 (2000), 36-47쪽.

Steinmetz, Devora, *From Father to Son: Kinship, Conflict and Continuity in Genesis* (Louisville: Westminster, 1991).

_____, "Vineyard, Farm, and Garden: The Drunkenness of Noah in the Context of Primeval History," *JBL* 113 (1994), 197-98쪽.

Sternberg, M., *The Poetics of Biblical Narrative* (Bloomington: Indiana University, 1985).

Teugels, Lieve, "Strong Woman, Who Can Find? A Study of Characterization in Genesis 24, with Some Perspectives on the General Presentation of Isaac and Rebekah in the Genesis Narratives," *JSOT* 63 (1994), 89-104쪽.

Tomasino, A. J., "History Repeats Itself: The 'Fall' and Noah's Drunkenness," *VT* 42 (1992), 128-130쪽.

Van Seters, John, "Confessional Reformulation in the Exilic Period," *VT* 22 (1972), 448-459쪽.

Von Rad, G., *Genesis: A Commentary* (Philadelphia: Westminster, 1972).

Walters, Stanley D., "Jacob Narrative," *ABD* vol. 3 (Garden City; Doubleday, 1992), 600-6쪽.

Waltke, Bruce K & Cathi J. Fredricks, *Genesis: A Commentary* (Grand Rapids, Michigan: Zondervan, 2001).

Weinfeld, Moshe. "The King as the Severnt of the People: the Source of the Idea," *JJS* 33 (1982), 189-94쪽.

Welch, John W. (ed), *Chiasmus in Antiquity: Structure, Analyses, Exegesis* (Hildesheim: Gerstenberg Verlag, 1981).

Wenham, Gordon J., *Genesis 1-15* (WBC; Waco, Texas: Word Books, 1978).

_____, "The Coherence of the Flood Narrative," *VT* 28 (1978), 336-48쪽.

_____, *Genesis 16-50* (WBC; Waco, Texas: Word Books, 1994).

_____, "Sanctuary Symbolism in the Garden of Eden Story," R. S. Hess & D. T. Tsumura(eds.), *I Studied Inscriptions from before the Flood: Ancient Near Eastern, Literary and Linguistic Approaches to Genesis 1-11* (Winona Lake, Indiana: Eisenbrauns, 1994), 399-404쪽.

Westermann, Claus, *Joseph: Eleven Bible Studies on Genesis*, Omar Kaste(trans.) (Minneapolis: Fortress Press, 1996).

White, H. C., *Narration and Discourse in the Book of Genesis* (Cambridge: Cambridge University, 1991).

Whybray, R. N. *The Succession Narrative: A Study of 2Sam. 9-20 and 1Kings 1 and 2* (SBT II/9; London: SCM, 1968).

_____, *The Making of the Pentateuch: A Methodological Study* (JSOTSup. 53; Sheffield: Sheffield Academic Press, 1987).

Wildavsky, Aaron, "Survival Must not be Gained Through Sin: Moral of the Joseph Stories Prefigured Through Judah and Tamar," *JSOT* 62 (1994), 37-48쪽.

Wilson, J. A. (trans.), "The Instruction of the Vizier Ptah-hotep," *ANET* (Princeton, New Jersey: Princeton University Press, 1969).

Wilson, Robert R., "The Old Testament Genealogies in Recent Research," *JBL* 94 (1975), 169-189쪽.

Youngblood, R., *The Book of Genesis: An Introductory Commentary* (Grand Rapids; Baker, 1992).

Zakovitch, Yair. "Assimilation in Biblical Narrative," Jeffrey H. Tigay(ed), *Empirical Models for Biblical Criticism* (Philadelphia: University of Pennsylvania, 1985), 175-96쪽.